U0858581

中华人民共和国行业标准

Gonglu Gongcheng Biaozhun Guifan Huibian Quanshu

公路工程标准规范汇编全书

养护管理卷

本社汇编

人民交通出版社

内 容 提 要

《公路工程标准规范汇编全书》分九卷对现行公路工程行业标准、规范、规程进行了汇编，并对上述图书出版过程中的疏漏予以校正。本书为《公路工程标准规范汇编全书》之养护管理卷，汇编了《公路养护技术规范》(JTG H10—2009)、《公路桥涵养护规范》(JTG H11—2004)、《公路隧道养护技术规范》(JTG H12—2003)、《公路水泥混凝土路面养护技术规范》(JTJ 073.1—2001)、《公路沥青路面养护技术规范》(JTJ 073.2—2001)、《公路技术状况评定标准》(JTG H20—2007)、《公路养护安全作业规程》(JTG H30—2004)等七部现行公路工程行业标准，以便于公路工程养护、管理人员使用。

图书在版编目（CIP）数据

公路工程标准规范汇编全书. 养护管理卷 / 人民交通出版社编. -- 北京 : 人民交通出版社, 2011.6
ISBN 978-7-114-08994-7

Ⅰ. ①公… Ⅱ. ①人… Ⅲ. ①道路工程－标准－汇编－中国②公路养护－标准－汇编－中国 Ⅳ. ①U41-65

中国版本图书馆CIP数据核字(2011)第088031号

书　　名：公路工程标准规范汇编全书·养护管理卷
著 作 者：本社汇编
责任编辑：李　农
出版发行：人民交通出版社
地　　址：(100011)北京市朝阳区安定门外外馆斜街3号
网　　址：http://www.ccpress.com.cn
销售电话：(010)59757969、59757973
总 经 销：人民交通出版社发行部
经　　销：各地新华书店
印　　刷：北京盛通印刷股份有限公司
开　　本：880×1230　1/16
印　　张：37.75
字　　数：1200千
版　　次：2011年6月　第1版
印　　次：2011年6月　第1次印刷
书　　号：ISBN 978-7-114-08994-7
印　　数：0001-2000册
定　　价：148.00元
(如有印刷、装订质量问题的图书，由本社负责调换)

目　　录

JTG

中华人民共和国行业标准 JTG H10—2009

1

公路养护技术规范

Technical Specifications of Maintenance for Highway

2009-10-30 发布 2010-01-01 实施

中华人民共和国交通运输部发布

中华人民共和国交通运输部
公　　告

2009 年第 45 号

关于公布《公路养护技术规范》（JTG H10—2009）的公告

现公布《公路养护技术规范》（JTG H10—2009），作为公路工程行业标准，自 2010 年 1 月 1 日起施行，原《公路养护技术规范》（JTJ 073—96）同时废止。

该规范的管理权和解释权归交通运输部，日常解释和管理工作由主编单位浙江省公路管理局负责。请各有关单位在实践中注意总结经验，及时将发现的问题和修改意见告浙江省公路管理局（地址：杭州市梅花碑 4 号，邮政编码：310009），以便修订时研用。

特此公告。

中华人民共和国交通运输部

二○○九年十月三十日

前　　言

《公路养护技术规范》(JTJ 073—96)(以下简称原规范)发布实施以来,对提高我国公路养护工作质量起到了积极作用。但随着我国公路事业的迅速发展,特别是高速公路里程的不断增长,国内外新技术、新工艺、新材料、新设备科技成果的不断研发与应用,原规范的部分内容和技术指标已不能适应我国公路养护事业的发展需要。为此,交通部于2005年组织浙江省公路管理局为主编单位,交通部公路科学研究院、上海市公路管理处等单位为参编单位,共同组成《公路养护技术规范》编写组,对原规范进行全面修订。

在规范编制过程中,编写组进行了广泛的调查研究,查阅了大量有关公路养护方面的文件资料,征求了各地交通主管部门及有关单位的意见,充分考虑与其他相关标准、规范的协调一致,配合相关法规的实施和标准化改革工作,围绕畅通、安全、环保等基本要素,贯彻"突出重点、注重结果、简化过程、强化标准"的原则,采纳和吸取了先进技术和经验,结合我国目前的公路养护技术状况,在原规范基础上,经反复修改,最终形成《公路养护技术规范》(JTG H10—2009)(以下简称本规范)。

本规范由总则,术语,路基,路面,桥梁、涵洞与渡口,隧道,路线交叉,公路防灾与突发事件处置,交通工程及沿线设施,公路绿化与环境保护,公路养护作业安全,技术管理等12章及9个附录组成。本规范与原规范相比,作了以下较大修改:删除了技术管理体系有关技术管理机构职责和人员配备的规定,以及改善土路面、浮桥、木桥、苗圃等养护内容;取消了高速公路一章,有关高速公路的养护内容及特殊要求纳入其他相关章节;增加了公路突发事件处置、环境保护、公路养护作业安全、档案管理等章节和内容。

请各有关单位在执行规范过程中将发现的问题和意见及时函告浙江省公路管理局(地址:浙江省杭州市梅花碑4号,邮编:310009),以便再次修订时研用。

主 编 单 位:浙江省公路管理局

参 编 单 位:交通部公路科学研究院
上海市公路管理处
山东省交通厅公路管理局
陕西省公路管理局
辽宁省交通厅公路管理局
湖南省公路局

主要起草人:洪秀敏　张德理　侯利国　曹国银　寿　华　徐建伟　朱定勤
梁明进　马建青　李飞泉　李　丽　梁平安　徐春林　陈玉林
黄敏妮　王　征　苏文英　王一如　李哲梁　张玉宏　于　晓
欧阳海霞　金宏忠　祖熙宇　刘世权

目　　录

1 总则

1.0.1 为加强公路养护工作,统一和规范公路及其沿线设施的养护标准,提高公路养护质量和服务水平,制定本规范。

1.0.2 本规范适用于各级公路的养护工作。

1.0.3 公路养护应贯彻“预防为主,防治结合”的方针,加强预防性养护,保持公路及其沿线设施良好的技术状况。

1.0.4 公路养护工作应切实贯彻“科技兴交,科学养路”的方针,大力推广和应用先进的养护技术、机械装备和科学的管理方法。公路养护机械配备参见本规范附录A。

1.0.5 公路养护工作应重视资源节约和环境保护。

1.0.6 公路养护工作应注重养护生产作业安全及减少对通行车辆的影响。

1.0.7 公路养护按其工程性质、技术复杂程度和规模大小,分为小修保养、中修工程、大修工程、改建工程等四类。各类养护工程的具体作业内容参见本规范附录B。

1.0.8 公路养护质量的考核,应严格按照现行《公路技术状况评定标准》(JTG H20)规定执行。

1.0.9 公路养护工作除遵守本规范规定外,尚应符合国家其他现行有关标准、规范的规定。

2 术语

2.0.1 小修保养 routine maintenance

对公路及其沿线设施经常进行维护保养和修补其轻微损坏部分的作业。

2.0.2 中修工程 intermediate maintenance

对公路及其沿线设施的一般性损坏部分进行定期的修理加固,以恢复公路原有技术状况的工程。

2.0.3 大修工程 heavy maintenance

对公路及其沿线设施的较大损坏进行周期性的综合修理,以全面恢复到原技术标准的工程。

2.0.4 改建工程 highway reconstruction

对公路及其沿线设施因不适应现有交通量增长和荷载需要而进行全线或逐段提高技术等级指标,显著提高其通行能力的较大工程项目。

2.0.5 滑坡 slide

斜坡上的岩体或土体在自然或人为因素的影响下沿带或面滑动的现象。

2.0.6 崩塌 rock fall

高陡斜坡上岩体或土体在重力作用下倒塌、倾倒或坠落的现象。

2.0.7 泥石流 debris flow

挟带大量泥沙、石块的间歇性洪流。

2.0.8 稀浆封层 slurry seal

用适当级配的集料、填料(水泥、石灰、粉煤灰、石粉等)与乳化沥青、外掺剂和水,按一定比例拌和而成的稀浆混合料,将其均匀地摊铺在路面上形成的沥青封层。

2.0.9 微表处 micro-surfacing

采用适当级配的集料、填料(水泥、石灰、石粉等)与聚合物改性乳化沥青、外掺剂和水按一定比例拌和而成的稀浆混合料,将其均匀地摊铺在路面上形成的沥青封层。

2.0.10 拱起 blow-up

水泥混凝土路面在气温升高时,因胀缝不能充分发挥作用,造成板体向上隆起的现象。

2.0.11 沉陷 depression

由于路基的竖向变形而导致路面下沉的现象。

2.0.12 翻浆 frost boiling

季节性冰冻地区,春融时路基或路面基层含水量过大,强度急剧降低,在行车作用下造成路基湿软弹簧、路面破裂、冒出泥浆等的现象。

2.0.13 错台 faulting of slab ends

接缝或裂缝处相邻面板出现垂直高差的现象。

2.0.14 唧泥 pavement pumping

由于路面排水不良,引起基层材料产生液化,在行车的重复作用下,因板体上下运动而产生抽吸作用,使路面下稀释的泥浆或细料从接缝或裂缝处挤出的现象。

2.0.15 露骨 surface angularity

在行车作用下,路面被严重磨损而形成骨料裸露的现象。

2.0.16 罩面 overlay of pavement

在原有路面上加铺一层水泥混凝土或沥青混凝土面层,以恢复路面磨耗及表层轻度破损的措施。

2.0.17 混凝土路面加铺层 concrete overlay

为提高原有路面的承载能力,在其上加铺的水泥或沥青混凝土层。

2.0.18 分离式加铺层 unbonded concrete overlay

在原有混凝土路面上铺沥青材料或其他材料的隔离层,其上再铺筑的新混凝土面层。

2.0.19 直接式加铺层 partially bonded concrete overlay

在经过清理的原有混凝土路面上直接铺筑的新混凝土面层。

2.0.20 调治构造物 regulating structure

为引导和改变水流方向,使水流平顺通过桥孔并减缓水流对桥位附近河床、河岸的冲刷而修建的水工构造物。

2.0.21 养护维修作业控制区 traffic control zone for maintenance work

为公路养护维修作业所设置的交通管理区域,分为警告区、上游过渡区、缓冲区、工作、下游过渡区和终止区等6个区域。

2.0.22 警告区 warning area

从作业控制区起点设置的施工标志到上游过渡区之间的路段,用以警告车辆驾驶员已经进入养护维修作业路段,按交通标志调整行车状态。

2.0.23 警告区最小长度 minimum length of warning area

保证驶入警告区的车辆减速至工作区规定的限速所需要的警告区路段的最短长度。

2.0.24 上游过渡区 upstream transition area

保证车辆平稳地从封闭车道的上游横向过渡到缓冲区旁边非封闭车道的路段。

2.0.25 缓冲区 buffer space

上游过渡区和工作区之间的路段。

2.0.26 工作区 activity area

养护维修作业的施工操作区域。

2.0.27 下游过渡区 downstream transition area

保证车辆平稳地从工作区旁边的车道横向过渡到正常车道的路段。

2.0.28 终止区 termination area

设置于工作区下游调整车辆行车状态的路段。

2.0.29 渠化装置 channelizing devices

警告、提醒和引导车辆和行人通过养护维修作业控制区域,隔离车流、人流与工作区的设施。

3 路基

3.1 一般规定

3.1.1 公路路基养护应符合下列要求：

1 通过日常巡查，发现病害及时处治，保持良好稳定的技术状况。

2 路肩无病害，边坡稳定。

3 排水设施无淤塞、无损坏，排水畅通。

4 挡土墙等附属设施良好。

5 加强不良地质路基边坡崩塌、滑坡、泥石流等灾（病）害的巡查、防治、抢修工作。

3.2 路肩与边坡

3.2.1 公路路肩应保持平整、坚实，横坡适顺，排水顺畅。土路肩或草皮路肩的横坡应略大于路面横坡，硬路肩与路面同坡。硬路肩产生病害应参照同类型路面病害处治。

3.2.2 路基边坡应保持平顺、坚实，遇有缺口、坍塌、高边坡碎落、侧滑等病害，应分别针对具体情况采取各种相应的加固整修措施。

3.3 排水设施

3.3.1 路基排水设施应保持排水畅通。如有冲刷、堵塞和损坏，应及时疏通、修复或加固。

3.3.2 路基排水设施断面尺寸和纵坡应符合原设计标准规定。

3.3.3 对暗沟、渗沟等隐蔽性排水设施，应加强检查，防止淤塞，如有淤塞，应及时修理、疏通。

3.3.4 原有排水设施不能满足使用要求时，应适时增设和完善。

3.3.5 新增排水设施时，其设计、施工应符合现行《公路路基设计规范》（JTG D30）和《公路路基施工技术规范》（JTG F10）的有关规定。

3.4 挡土墙

3.4.1 对挡土墙应加强检查，发现病害应查明原因，并观察其发展趋势，采取相应的修复、加固等措施，损坏严重时，可考虑全部或部分拆除重建。

3.4.2 应保持挡土墙的泄水孔畅通，定期检查和维修，清理伸缩缝、沉降缝，使其正常发挥作用。

3.4.3 重建或增建挡土墙，应根据公路所在地区地形及水文地质等条件合理选择挡土墙类型（附录C），并应符合现行《公路路基设计规范》（JTG D30）和《公路路基施工技术规范》（JTG F10）有关规定。

3.5 透水路堤

3.5.1 透水路堤透水层及设置于其内的泄水管应保持稳定和良好的透水（泄水）性能，若有损坏应及时修复。

3.5.2 透水路堤的上下游护底铺砌应保持平整密实，若有损坏应及时修复。

3.5.3 透水路堤的透水层，若失去透水性能影响路堤稳定且无法修复时，应考虑改建为桥涵。

3.6 特殊地区路基

3.6.1 特殊地区主要指盐渍土地区、黄土地区、沙漠地区、多年冻土地区、泥沼和软土地区等。

3.6.2 盐渍土地区公路受水流侵袭后，路基出现坍塌或溶陷，应加强排水并采取相应的加固措施。

3.6.3 黄土地区路基遇水容易发生沉陷、坍塌、边沟冲深和蚀宽、边坡松散等病害，应根据各种病害特征采取相应的处治措施。

3.6.4 沙漠地区路基养护应采取“固、阻、输、导”等措施进行综合治理。公路两侧的固沙植物应加强管护。

3.6.5 多年冻土地区的路基养护，应遵循“保护冻土”的原则，填土路基坡脚20m范围内不得破坏原地貌，取土坑应设在坡脚20m以外。

3.6.6 多年冻土地区路基应注意加强排水，填土路基上方20m以外、路堑坡顶5m以外应设置截水沟，将雨雪水引至路基以外。

3.6.7 对有涎流冰产生的路段，应适当提高路基高度，保持路基高于涎流冰最大壅冰高度加0.5m。

3.6.8 泥沼和软土地区路基应加强排水，改善排水条件，采取适当的技术措施稳固路基。

3.7 路基翻浆与沉陷处治

3.7.1 路基翻浆主要发生在季节性冰冻地区的春融时节，以及盐渍土、泥沼、水网、软土等地区。路基翻浆根据导致其发生的水类来源和翻浆时路面的变形破坏程度，可分为五种类型和三个等级，见表3.7.1-1、表3.7.1-2。

表3.7.1-1 翻浆分类

序号	翻浆类型	导致翻浆的水类来源
1	地下水类	受地下水的影响，土基经常处于潮湿状态，导致翻浆。地下水包括上层滞水、潜水、层间水、裂隙水、泉水、管道漏水等。潜水多见于平原区，层间水、裂隙水、泉水多见于山区
2	地表水类	受地表水的影响，土基潮湿，导致翻浆。地表水主要指季节性积水，也包括路基、路面排水不良而造成的路旁积水和路面积水
3	土体水类	因施工遇雨或用过湿的土填筑路堤，造成土基原始含水量过大，在负温度作用下上部含水量显著增加导致翻浆
4	气态水类	在冬季强烈的温差作用下，土中水主要以气态形式向上运动，聚积于土基顶部和路面结构层内，导致翻浆
5	混合水类	受地下水、地表水、土体水或气态水等两种以上水类综合作用产生的翻浆。此类翻浆需根据水源主次定名

表3.7.1-2 翻浆分级

翻浆等级	路面变形破坏程度
轻	路面龟裂、潮湿、车辆行驶时有轻微弹簧
中	大片裂纹、路面松散、局部鼓包、车辙较浅
重	严重变形、翻浆冒泥、车辙很深

3.7.2 路基发生翻浆病害时，应根据翻浆的类型和级别（翻浆程度）采取相应的防治措施。各种防治翻浆的措施参见附录D。

3.7.3 当由于软土地基沉降、路基翻浆等病害，引起桥头跳车、路基沉陷时，应采取相应的技术措施进行处治。

3.8 路基局部改建

3.8.1 当路基的局部改建在维持通车的情况下进行时，宜采取半幅施工、半幅养护通车的方式交替施工。施工长度不宜过长。

3.8.2 路基局部改建的设计和施工应符合现行《公路路基设计规范》(JTG D30)和《公路路基施工技术规范》(JTG F10)的有关规定。

4 路面

4.1 一般规定

4.1.1 路面养护应符合下列要求：

1 经常清扫路面，及时清除杂物、清理积雪积冰，保持路面整洁，做好路面排水。

2 加强路况巡查，发现病害，及时进行维修、处治。

4.1.2 定期对路面的技术状况进行调查和评定。应以路面管理系统分析结果为依据，科学制订公路养护维修计划。

4.1.3 路面技术状况各分项指标低于规定值时，应采取相应措施恢复或提高。

4.1.4 路面损坏分类、技术状况调查方法和频率，应按现行《公路技术状况评定标准》（JTG H20）执行。

4.1.5 改建工程、大中修工程的路面结构、施工工艺、材料、质量指标应符合现行有关设计、施工技术规范的规定。大交通量路段应制订科学合理的交通组织方案，减少对通行车辆的影响。

4.2 沥青路面

4.2.1 公路沥青路面养护应符合下列要求：

1 对沥青路面应进行预防性、经常性和周期性养护，加强路况巡查，掌握路面的使用状况，根据路面的实际情况制订日常小修保养和经常性、预防性、周期性养护工程计划。对于较大范围路面损坏和达到或超过设计使用年限的路面，应及时安排大中修或改建工程。

2 应及时掌握路面的使用状况，加强小修保养，及时修补各种破损，保持路面处于整洁、良好的技术状况。

3 沥青路面养护工程使用的沥青、粗集料、细集料和填料的规格、质量要求、技术指标、级配组成及大修、中修、改建工程的设计、施工、质量控制，均应符合现行《公路沥青路面设计规范》（JTG D50）和《公路沥青路面施工技术规范》（JTG F40）的有关规定。

4.2.2 沥青路面的技术状况应符合现行《公路技术状况评定标准》（JTG H20）有关规定。

对沥青路面采取中修、大修、改建时，除遵守本规范的相关技术规定外，还应遵守现行《公路沥青路面施工技术规范》（JTG F40）、《公路路基施工技术规范》（JTG F10）、《公路路面基层施工技术规范》（JTJ 034）的有关规定。

4.2.3 沥青路面养护质量的评定等级分为优、良、中、次、差 5 个等级，按现行《公路技术状况评定标准》（JTG H20）评定，并应按以下情况分别采取各种养护对策：

1 在满足强度要求的前提下，当高速公路及一级公路的路面损坏状况指数（PCI）评价为优、良，或者二级及二级以下公路的路面损坏状况指数评价为优、良、中时，以日常养护为主，并对局部破损进行小修；当高速公路及一级公路的路面损坏状况指数评价为中及中以下，或者二级及二级以下公路的路面损坏状况指数评价为次及次以下时，应采取中修罩面措施。

2 当强度不能满足要求时，应采取大修补强措施以提高其承载能力。

3 当高速公路及一级公路的路面行驶质量指数（RQI）评价为优、良，或者二级及二级以下公路的路面行驶质量指数评价为优、良、中时，以日常养护为主；当高速公路及一级公路的路面行驶质量指数评价为中及中以下，或者二级及二级以下公路的路面行驶质量指数评价为次及次以下时，应采取罩面等措施改善路面的平整度。

4　高速公路及一级公路的抗滑能力不足(SFC <40)的路段,或二级及二级以下公路抗滑能力不足(SFC <33.5)的路段,应采取加铺罩面层等措施提高路表面的抗滑能力。

5　当路面不适应现有交通量或荷载的需要时,应通过提高现有路面的等级,或通过加宽等改建措施提高公路的通行能力和服务质量。

6　大、中修及改建工程的结构类型和厚度,可根据公路等级、交通量、当地经济条件和已有经验,通过设计确定,具体要求应符合本规范第4.2.6、4.2.8、4.2.9条的有关规定。

对项目级的养护维修对策,可根据公路网的资金分配情况和养护工作计划安排,结合各路况分项评价结果和本地区成熟的养护经验,选择具体的养护维修措施。

4.2.4　沥青路面的日常养护。

1　沥青路面的初期养护应按下列规定进行:

1)摊铺、压实后的热拌沥青混合料路面,待摊铺层自然冷却,混合料表面温度低于50℃后方可开放交通。开放交通初期,应控制行驶车辆限速在20km/h以下,视表面成型情况,逐步恢复到设计时速。乳化沥青路面(含稀浆封层和微表处)的初期稳定性差,应设专人管理,按实际破乳情况,封闭交通2~6h。在未破乳的路段上,严禁一切车辆、人、畜通过;开放交通初期,应控制车速不超过20km/h,并不得制动和掉头。

2)沥青贯入式路面及层铺法施工的沥青表面处治路面,应及时将行车驱散的面料回扫,扫匀、压实,以形成平整密实的上封层。

2　沥青路面日常养护应按下列规定进行:

1)加强路况巡查,及时发现病害,研究分析病害产生的原因,并有针对性地及时对病害进行维修处治。

2)路面清扫应按下列规定进行:

(1)巡查过程中,发现路面上有杂物,应及时清扫,保持路面整洁。

(2)路面的日常清扫,应根据实际情况,采用机械或人工的方法进行。高速公路和一级公路应以机械清扫为主,其他等级公路可以机械和人工相结合进行清扫。

(3)二级及二级以上公路路面的清扫作业频率宜不少于1次/d,其他等级公路可根据路面污染程度、交通量大小及其组成、气候及环境等因素而定,但不宜少于1次/周,中央分隔带内的杂物清理宜不少于1次/月。长隧道内和大型桥梁的清扫频率应适当增加。

(4)清扫时,应防止产生扬尘而污染环境,危及行车安全,并及时清除和处理路面油类或化工类等玷污物。

3)雨后路面积水应及时排除。

4)在春融期,特别是汛期,应对排水设施进行全面检查并疏通。

5)冬季降雪天气应及时除雪除冰,并采取必要的路面防滑措施。

6)加强经常性和预防性的日常养护,以保障路面及沿线设施良好的技术状况。

7)严禁履带车和铁轮车在沥青路面上直接行驶,如必须行驶,应采取相应保护措施。

4.2.5　沥青路面常见病害的维修应符合下列要求:

1　对各种路面病害应分析其产生的原因,并根据路面的结构类型,设计使用年限,维修季节、气温等实际情况,及时采取相应维修处治措施,防止病害扩大,并应符合沥青路面养护标准。

2　高速公路和一级公路路面病害的维修应采用机械作业,所使用的沥青混合料宜集中厂拌,并采取保温措施,其他等级的公路应逐步提高维修作业的机械化水平。

3　对病害的维修事先应有周密的计划,做好材料准备,保证工序之间的衔接,对坑槽、沉陷、车辙等需将原路面面层挖除后进行机械修补作业的病害,宜当日开挖当日修补,并设置警示标志保障行车安全。

4　修补面积应大于病害的实际面积,修补范围的轮廓线应与路面中心线平行或垂直,并在病害面积范围以外100~150mm。应采取措施使修补部分与原路面联结紧密。

5　在病害的处治中，凡需重新做面层的，其技术要求应符合现行《公路沥青路面施工技术规范》（JTG F40）的规定；凡需重新做基层的，其技术要求应符合现行《公路路面基层施工技术规范》（JTJ 034）的规定。

4.2.6　公路沥青路面罩面应符合下列要求：

1　罩面类型

沥青路面罩面按其功能划分为普通型罩面（简称罩面）、防水型罩面（简称封层）和抗滑层罩面（简称抗滑层）三种。

2　适用范围

1）罩面主要适用于消除破损，恢复原有路面平整度，改善路面性能的修复工作。

2）封层主要适用于提高原有路面的防水性能、平整度和抗滑性能的修复工作。

3）抗滑层主要适用于提高路面抗滑能力的修复工作。

3　材料要求

1）罩面的沥青结合料宜使用性能较好的黏稠型道路石油沥青、乳化石油沥青、改性乳化沥青、改性沥青。

2）矿料应选用耐磨、强度高、水稳定性好的石料。

3）所采用的沥青结合料、矿料规格、各项技术指标应符合现行《公路沥青路面施工技术规范》（JTG F40）和其他有关规范的规定。

4　厚度要求

1）罩面

（1）罩面厚度应根据路段的交通量、公路等级、路面状况、使用功能等综合考虑确定。

（2）当路面损坏状况指数、行驶质量指数在中、良等级，路面仅有轻度网裂时，可采用较薄的罩面层（厚10～30mm）。

（3）当路面破损、平整度、抗滑三项指标都在中等以下，要求恢复到优、良等级时，应采用较厚的罩面层（厚30～50mm）。

（4）一般情况下，高速公路、一级公路罩面宜采用40～50mm的厚度；其他公路可采用较薄的罩面（厚10～40mm）。

（5）各级公路的罩面厚度不得小于最小施工层厚度。

2）封层

（1）交通量较大、重型车较多的路段宜采用厚约10mm的封层。

（2）在中等交通量路段宜采用厚约7mm的封层。

（3）在交通量小、重型车少的路段宜采用厚3～4mm的封层。

3）抗滑层

（1）用于高速公路、一级公路时宜采用不小于40mm的厚度。

（2）用于二级公路时，宜采用中粒式、细粒式沥青混凝土结构，也可采用热拌沥青碎石或沥青表面处治结构，厚度不得小于最小施工层厚度。

（3）用于三级、四级公路时可采用乳化沥青封层结构，厚度可为5～10mm。

4.2.7　公路沥青路面翻修与再生利用应符合下列要求：

1　路面破损严重，采用罩面等措施不能使路面恢复良好的工作状态时，为保证必要的服务功能，应进行翻修并对旧沥青面层尽可能予以再生利用。

2　翻修前，应对需要翻修路段的路面结构、路基土特性和交通量进行调查分析，并按路面补强设计要求或现行《公路沥青路面设计规范》（JTG D50）的规定进行结构厚度设计。

3　如因路基软弱导致路面损坏时，应对软弱路基采取有效措施处治达到质量标准后再修筑基层、面层。

4　热拌和冷拌再生沥青混合料一般运用于翻修养护工程，可用于高速公路和一级、二级、三级公路的中、下面层，以及四级公路的面层。对于一级、二级及三级公路的上面层，以及高速公路中、下面层，必须经试验、总结、评定合格后才能使用。

5 再生沥青混合料的运输、施工和质量管理等技术要求应符合现行《公路沥青路面施工技术规范》(JTG F40)的规定。

4.2.8 公路沥青路面补强应符合下列要求:

1 补强设计:

在现有公路等级不变的情况下,沥青路面因损坏严重、路面结构强度指数(PSSI)不符合要求,应进行路面补强。补强也适用于提高公路等级而进行的改建工程。

1)补强设计应综合考虑由补强厚度导致的纵坡与横坡的调整,以及与沿线结构物的联结等的相互协调,使纵坡线形符合现行《公路工程技术标准》(JTG B01)的要求,否则应改建线形,使其符合标准后再进行补强设计。

2)补强设计中应考虑补强结构层与原路面结构的联结问题。

2 沥青路面补强层材料的类型及结构形式的选择:

1)沥青路面补强层材料类型应按现行《公路沥青路面设计规范》(JTG D50)的规定选取。

2)路面补强结构形式应注意按如下情况进行选择:

(1)高速公路和一级、二级公路宜采用半刚性、热拌或冷拌沥青碎石混合料、沥青贯入式碎石基层加沥青混合料面层的补强结构形式。

(2)三级公路在不提高公路等级的情况下,可采用单层或多层补强结构;当需提高公路等级时,宜采用半刚性基层加沥青混合料面层的补强结构形式。

(3)四级公路可采用单层或多层的补强形式。

3 补强前,应对原有公路的技术状况进行详细调查:

1)调查原有公路路况,如路面破损及病害的情况和程度、路表排水(积水)状况、积雪(砂)状况,路肩采用的加固措施等。

2)调查原有路面设计、施工、养护的技术资料,及从使用开始至改建的间隔时间、使用效果等。

3)调查年平均双向日交通量、交通组成和交通量增长率等。

4)调查路基和路面(行车道)的宽度、路线纵坡、路面横坡、平曲线半径等。

5)原有公路的分段及弯沉调查按现行《公路沥青路面设计规范》(JTG D50)的有关规定进行。

4 补强前,应对原有公路进行适当处治:

1)公路路拱不符合现行《公路工程技术标准》(JTG B01)时,应结合补强设计对路拱进行调整,使其符合规定。

2)对原路面的病害,应视其层位、严重程度和范围,按有关规定进行处治。

5 当基层需补强时,其结构的选择应根据公路等级、交通量大小、材料种类、路基干湿类型、现有路况,以及施工季节、施工机械配备和工期要求等因素综合考虑后确定。补强设计应符合现行有关设计规范的规定。

6 路面的补强应注意与桥涵的良好衔接:

1)路面补强路段内若有桥涵等构造物,在补强前应对其铺装层进行检查。若原有铺装层出现破损,应及时修复。

2)为保证路面与桥涵顶面的纵坡顺适,应综合考虑和重新设计路线纵坡。

7 补强设计中,补强层材料设计参数按新建路面材料设计参数的选择方法进行,并应符合现行《公路沥青路面设计规范》(JTG D50)的有关规定。

4.2.9 公路沥青路面加宽应符合下列要求:

1 路面加宽前,应对原有路面作全面的调查,调查内容同第4.2.8条第3款。

2 加宽方案应根据原有公路等级、线形及交通量等确定。当原有公路线形不需改善,且路基较宽,加宽后路肩宽度符合现行《公路工程技术标准》(JTG B01)时,可在原公路的基础上直接加宽,否则应首先改善和加宽路基;如原有公路因线形较差而需改善,设计时应尽可能利用原有的沥青路面。

3 路基、路面加宽的设计应按现行《公路路基设计规范》(JTG D30)和《公路沥青路面设计规范》

(JTG D50)的规定进行。

4 加宽时应处理好新路面与原有路面的纵横向衔接。由于路基宽度不足需对路基尤其是高路堤路基加宽时,还应对加宽部分路基进行加固,避免加宽路面出现不均匀沉降。

5 当路基加宽宽度小于1m时,加宽的路面或基层压实质量不易控制,宜采用单侧加宽的方式。单侧加宽也包括因线形的约束只能在一侧进行加宽的情况。单侧加宽时应调整原有路面的路拱横坡。双侧加宽宜采用两侧相等的加宽方式。当不能采用两侧相等加宽的路面,如两侧加宽宽度差在1m以下时,不必调整横坡;当两侧加宽宽度差超过1m时,应调整路拱横坡。

6 若加宽路面处于路线平曲线处,则应按现行《公路工程技术标准》(JTG B01)规定设置相应的超高和加宽。

7 加宽路面的基层和面层材料应按规定进行试验和配合比设计。

8 当路基路面同时加宽时,路基应加至应有宽度。为使路面边缘坚实,基层宜比面层宽出200~250mm,或埋设路缘石。

4.3 水泥混凝土路面

4.3.1 水泥混凝土路面养护应符合下列要求:

1 做好预防性、经常性的保养和破损修补,保持路面处于良好的技术状况与服务水平。

2 应保持路容整洁,定期进行清扫保洁,清扫频率按本规范第4.2.4条有关要求执行。

4.3.2 水泥混凝土路面的接缝应保持良好,表面平顺。

1 填缝料凸出板面的高度,高速公路及一级公路不得超过3mm,其他等级公路不得超过5mm。

2 填缝料局部脱落、缺损时,应及时灌缝填补;填缝料老化、接缝渗水严重时,应及时进行整条接缝的填缝料更换。填缝料更换前,应清除原接缝内的填缝料和杂物。新灌注填缝料时,应做到饱满、密实、黏结牢固。材料应符合相关规范的规定。

4.3.3 水泥混凝土路面应加强日常巡查,并做好定期检查。

4.3.4 日常巡查是对水泥混凝土路面外观状况进行的日常巡视检查。主要检查拱起、沉陷、错台等病害,以及路面油污、积水、结冰等能诱发病害的因素和可能妨碍交通的路障。

1 巡查频率应不小于1次/d。雨季、冰冻季节和遇台风暴雨等灾害性气候,应加强日常巡查工作。

2 日常巡查可以车行为主,采用观察、目测,及人工计量,定性与定量观测相结合,重要情况应予摄影或摄像。

3 发现妨碍交通的路障应及时清除,一时无法清除的,应采取相应的安全措施。

4 日常巡查结果应及时做好记录。

4.3.5 定期检查是按一定周期对水泥混凝土路面的基本技术状况进行全面检查。主要检查内容按现行《公路技术状况评定标准》(JTG H20)执行。

4.3.6 水泥混凝土路面的养护质量评定等级分优、良、中、次、差5个等级。评定方法按现行《公路技术状况评定标准》(JTG H20)执行。

4.3.7 水泥混凝土路面的养护应符合现行《公路技术状况评定标准》(JTG H20)有关规定。

4.3.8 水泥混凝土路面的养护对策:

1 高速公路及一级公路的路面损坏状况指数评价为优和良,二级及二级以下公路的路面损坏状况指数评价为中及中以上时,可采取日常养护和局部或个别板块修补措施。

2 高速公路及一级公路的路面损坏状况指数评价为中及中以下,二级及二级以下公路的路面损坏状况指数评价为次及次以下时,应采取全路段修复或改善措施。

3 高速公路及一级公路的路面行驶质量指数、抗滑性能指数评价为中及中以下,二级及二级以下公路的路面行驶质量指数、抗滑性能指数评价为次及次以下时,应分别采取措施,改善路面平整度,提高路表面的抗滑能力。

4 路面结构承载能力不满足现有交通的要求时,应采取铺筑沥青混凝土或水泥混凝土加铺层措施,提高其承载能力。

4.3.9 采用整块板更换和板的局部更换处治,应符合下列要求:

1 处治好基层或垫层,并设置横向排水设施。

2 原有拉杆、传力杆应保持顺直、有效。

3 重新浇筑的水泥混凝土强度不应低于原设计强度。

4 重新浇筑的水泥混凝土材料要求、配合比、施工工艺、标准等应符合有关设计与施工规范的规定。

5 修复后的路面平整度,包括接缝在内,用三米直尺检测,高速公路、一级公路应不大于3mm,其他等级公路应不大于5mm。

4.3.10 采用灌浆法和条带罩面法处治裂缝,应符合下列要求:

1 灌浆法处治裂缝主要有压注灌浆、扩缝灌浆、直接灌浆等,应根据病害程度和施工条件等因素进行选择。

2 灌浆材料应具有较好防水性能和足够的强度与湿度稳定性,并应通过试验确定。

3 当采用条带罩面法时,裂缝两侧的切缝应平行于横缝(或纵缝),且距裂缝距离不小于150mm,凿除的混凝土深度以70mm为宜。

4 平整度要求按本规范第4.3.9条第5款执行。

4.3.11 采用注浆法处治板底脱空,应符合下列要求:

1 根据检查结果,确定空隙部位,合理布置注浆孔。

2 注浆材料应具有足够的强度和耐久性,采用沥青类材料时,灌浆压力控制在200~400kPa,水泥类材料控制在1.5~2.0MPa,待其抗压强度达到3MPa时,方能开放交通。

3 注浆效果检查可采取钻孔取芯、超声波或雷达检测等方法。

4 注浆结束后,应将注浆孔及检查孔用水泥砂浆封填密实。

4.3.12 水泥混凝土路面板发生拱起、胀起、坑洞等病害时,应及时采取措施进行处治。

4.3.13 采用机械刻槽法恢复水泥混凝土路面表面功能,应符合下列要求:

1 刻槽深度3~5mm,槽宽3~5mm,槽距10~20mm。

2 纵向刻槽时,应平行于纵缝;横向刻槽时,应平行于横缝。

3 刻槽深度应逐步推进,不求一蹴而就,以免刻槽边缘碎裂。

4.3.14 采用在旧水泥混凝土路面上直接加铺,应符合下列要求:

1 旧水泥混凝土路面上直接加铺的路面种类主要有:素混凝土、钢筋混凝土、钢纤维混凝土、沥青混凝土等,应根据检查、检测结果,针对外部环境和交通量发展状况,按照经济、合理的原则,选择相应的路面加铺层类型。

2 高速公路及一级公路的路面损坏状况指数和行驶质量指数应在良及良以上;二级及二级以下公路的路面损坏状况指数和行驶质量指数应在中及中以上。

3 无论采用何种路面类型,均应对旧路面的病害进行修复处治。

4 新旧路面之间应设隔离层,一般用沥青混凝土、土工布、油毡等。

5 加铺层的路面厚度应通过计算确定,普通水泥混凝土不小于180mm,钢纤维混凝土不小于120mm,钢筋混凝土不小于140mm,沥青混凝土不小于70mm。

6 路面加铺层的纵、横缝位置应与旧水泥混凝土面板一致。

7 路面加铺层的设计与施工,按照相关路面的设计、施工规范规定执行。

4.3.15 采用在旧水泥混凝土路面上分离加铺,应符合下列要求:

1 旧水泥混凝土路面的损坏状况指数和行驶质量指数在中或中以下。

2 旧水泥混凝土板块应充分破碎,或压裂,并稳定无脱空,必要时可采用乳化沥青、水泥浆压注稳定。

3 在旧水泥混凝土板破碎或压裂时,应做好涵洞、地下管道、电缆、排水管等设施的保护。

4 基层的厚度应通过结构设计确定,且不小于最小结构厚度。

5　加铺的基层与面层的设计与施工,按照相关设计、施工规范规定执行。

4.3.16　旧水泥混凝土再生利用时,应符合下列要求:

1　旧水泥混凝土被破碎以后,作为再生混凝土集料使用,其强度应达到二级标准及以上,且最大粒径应为40mm,小于20mm的粒料不能再作为混凝土集料,应筛除。

2　作为基层集料使用,其强度应达到三级标准且集料含量以80%~85%为宜。

3　用做底基层时,应将混凝土板块充分破碎或压裂,并做到稳定无松动碎块。

4.3.17　水泥混凝土路面的加宽,应符合下列要求:

1　路基加宽应符合公路路基设计、施工规范的有关规定。

2　基层加宽时,新加宽的基层强度不得低于原有水泥混凝土路面的基层强度,并宜采用台阶法搭接。

3　两侧新加宽的水泥混凝土路面宽度差大于1m和单侧加宽时,应调整路拱。如条件许可,应尽可能采取双侧相等加宽方式。

4　在平曲线处,应按现行《公路工程技术标准》(JTG B01)规定设置超高、加宽,原来漏设的,应予补设。

5　路面板加宽处的纵缝应设置拉杆。

6　加宽水泥混凝土面板的强度、厚度、路拱、横缝均应与原设计相同。

7　加宽水泥混凝土路面的施工,应符合相关施工规范规定。

4.4　砌块路面

4.4.1　砌块路面分为水泥混凝土预制块路面及块石路面两大类,其养护应符合下列要求:

1　砌块路面的填缝料应无散失、损坏。

2　砌块路面应保持平整,无严重破碎块。

3　砌块路面应排水良好,无积水。

4　砌块路面应定期清扫保洁。

4.4.2　砌块路面的养护标准,应符合表4.4.2规定。

表4.4.2　砌块路面养护标准

项　目	允 许 值	说　明
平整度(mm)	≤10	用三米直尺量测
相邻块顶面高度差(mm)	≤5	用钢尺量测,取最大值
最大缝宽(mm)	≤10	用楔形塞尺量测,取最大值
横坡度(%)	±0.5	用水准仪测量
破损率(%)	≤1	量测每1 000m^2中破损块的面积

4.4.3　砌块路面的填缝料修复应符合下列要求:

1　用水泥砂浆做填缝料的,可采用快硬早强砂浆,砂浆强度未达到设计强度的不得开放交通。

2　用砂做填缝料的,应填筑密实,并及时添补。

4.4.4　砌块路面的局部损坏维修,应符合下列要求:

1　破碎砌块应按原材料和原尺寸补换。

2　基层和垫层应压实处治。

3　重铺的砌块宜高出原路面5mm。

4　缝隙内的填料应保持密实、饱满。

4.4.5　砌块路面的破损率大于15%时,应予以翻修。

砌块路面翻修时,应对路基土、路面结构、排水、地下水以及交通量等进行详细调查,并据此进行设计。

4.4.6 砌块路面翻修施工,应符合下列要求:

1 水泥混凝土预制块和石块强度指标应达到设计要求。

2 原有的各种病害应彻底处治。

3 砂垫层厚度以 30mm 为宜,砂的含泥量不应大于 3%。

4 砌块路面两侧应预先设置坚固的边缘约束。

5 应按设计形式铺好第一排砌块,随后的铺砌应与前一排砌块稳固、紧密相靠。

6 约束边缘与砌块间的空隙,应按设计要求镶嵌。不得采用小而薄的切割块填塞。

7 边缘内孔隙镶嵌完毕,应采用平板振动器全面振压砌块表面。振动板的面积宜为 0.35 ~ 0.5m²;振动频率以 75 ~ 100Hz 为宜。振压后应在铺砌面上撒砂,用砂填充缝隙,并继续振压 2 ~ 3 遍,即可开放交通。

8 当用水泥砂浆做填缝料时,砌块周边应干净无浮尘,坐浆饱满、密实。水泥砂浆强度未达到设计强度的不得开放交通。

4.5 砂石路面

4.5.1 砂石路面养护应符合下列要求:

1 保持路面平整坚实,防止和修复路面的破损和变形,保持排水良好。

2 养护材料应尽可能就地取材以降低养护成本。

3 路面磨耗层和保护层应保持良好,发现波浪、坑槽、车辙等病害应及时维修。

4 路面与路肩连接处,应保持平整坚实,高差(错台)不得大于 20mm。路面与桥涵衔接应平顺,防止跳车。

5 当原有路面磨耗过甚,强度或宽度不足,不能满足交通量增长的需要时,应对路面采取加宽、加厚或翻修措施,提高通行能力。

4.5.2 砂石路面的日常养护工作,主要是保护层的养护(铺砂、扫砂、匀砂),磨耗层的小面积修补,排除路面积水,保持路面整洁。冬季扫雪、除冰时,应注意防止损坏路面结构。

4.5.3 砂石路面出现磨耗层破损、坑槽、车辙、松散、波浪等病害时,应及时修复。

4.5.4 当砂石路面保护层(含松散保护层和稳定保护层)出现大面积损坏或飞散、减薄,磨耗层损坏、松散时,应及时加铺磨耗层和保护层。

4.5.5 当砂石路面强度不足,出现坑槽、车辙既深且多,或破坏面积大,且深达基层,或路面沉陷过剧、路基翻浆严重等时,应进行局部或整段大修。在大修前应分析破坏原因,调查路基稳定性,确定大修方案。

4.5.6 交通量增大或重型车辆增多,原有路面宽度、厚度已不能满足行车要求时,可加宽、加厚原路面。加宽、加厚路面,应根据原有路况及所用材料,做好综合调查,通过设计确定方案。

4.5.7 砂石路面加宽应符合下列要求:

1 应按原路面厚度、材料和操作方法铺筑。

2 根据路基情况,因地制宜,视路肩宽窄确定双边或单边加宽。如路基过窄,则在加宽路基后,再加宽路面。新加宽的路基达到要求的压实度后才能加铺路面。

4.5.8 砂石路面加厚应符合下列要求:

1 按设计要求加厚。加厚层的压实厚度最小不得小于 80mm,否则应将旧路表面挖松后与加厚部分一并拌和压实。超过 120mm 时,应分层铺筑,其上层厚度宜为全部加厚层的 40%。

2 加厚部分与原路面的接头处,宜采用 5 ~ 10m 长的缓坡搭接。

4.5.9 砂石路面同时加宽、加厚应符合下列要求:

1 先进行综合调查,并做好设计。

2 先加宽,后加厚。新加厚的路面,可采用同样结构类型。要求做到路面横坡适宜,并做好新旧部分的结合。

3 加宽、加厚的路段稳定后，及时铺筑磨耗层和保护层。

4 加强初期养护，使其早日达到稳定、密实、平整，保证工程质量，特别应注意加宽部分与路肩接合处保持平整，排水顺畅。

4.5.10 在有足够强度和平整度的砂石路面上，为改善路面技术状况，可加铺一层厚度为10～15mm的沥青磨耗层。其施工方法可参照现行《公路沥青路面施工技术规范》(JTG F40)的有关规定执行。

5 桥梁、涵洞与渡口

5.1 一般规定

5.1.1 公路桥涵养护应符合下列要求：

1 桥涵外观整洁。

2 桥面铺装坚实平整、横坡适度。

3 桥头顺适。

4 排水、伸缩缝、支座、护墙、栏杆、标志、标线等设施齐全良好。

5 结构无损坏。

6 基础无冲刷、淘空。

7 与路基不同宽度的小桥，应逐步改建成与路基同宽。

5.1.2 公路桥涵养护工作应贯彻“预防为主，防治结合”的方针，以桥梁结构安全为中心，以承重部件为重点加强全面养护。

5.1.3 应加强桥涵的日常巡查。桥涵日常巡查是桥涵日常养护工作的重要内容之一，应予以充分重视，发现隐患或病害应及时处治。

5.1.4 桥涵构造物的养护，应首先使原结构保持原设计汽车荷载等级的承载要求及设计交通量的通行要求。

5.1.5 桥涵养护工程应重视经济技术方案的比选，并充分利用原有工程材料和原有工程设施，以降低成本。

5.1.6 桥梁管养单位应对辖区内所有桥梁建立“桥梁基本状况卡片”（附录 E 表E-1），将有关信息输入数据库，建立信息化档案。

5.1.7 为利于分析判断桥梁可能发生的病害原因，应在结构正常状况时设置永久性控制检测点。控制检测项目见表 5.1.7。

表 5.1.7 桥梁永久性控制检测项目

检测项目		检测点	检测方法
1	墩、台身、索塔锚碇的高程	墩、台身底部（距地面或常水位 0.5～2m 内），桥台侧墙尾部顶面和锚碇的上、下游两侧各 1～2 点	水准仪
2	墩、台身、索塔倾斜度	墩、台身底部（距地面或常水位 0.5～2m 内）上、下游两侧各 1～2 点	垂线法或测斜仪
3	桥面高程	沿行车道两边（近缘石处），按每孔跨中、$L/4$、支点等不少于 5 个位置（10 个点）。测点应固着于桥面板上	水准仪
4	拱桥桥台、吊桥锚碇水平位移	在拱座、锚碇的上、下游两侧各 1 点	经纬仪
说明	①上下行分离式桥按两座桥分别设点； ②倾斜度测点应用于上下相距 0.5～1m 的两点标记检测； ③永久性测点宜用统一规格的圆头锚钉和在铝板上用钢印编号，或靠地固着于被测部件上； ④所有测点的位置和编号，以及检测数据必须在桥梁总体图和数据表中注明，并归档		

1　新建大、中桥和特大桥交付使用前，公路管理机构应事先要求在竣工测量时设置便于校验复测的永久性控制检测点。测点的编号、位置（表明距离、高程和地物特征）和竣工测量数据，均应在竣工图上标明，作为验收文件中必要的竣工资料予以归档。

2　没有设置永久性控制检测点的既有大、中桥和特大桥，应在定期检查时按规定补设。测点的布设和首次检测的时间及数据等，应按竣工资料的要求予以归档。

3　桥梁主体结构维修、加固或改建工程竣工后，应保持原有的永久性控制检测点，并重新检测一次。

4　桥梁的永久性控制检测点应牢固可靠，按永久性测量标志设定。当与国家大地测量网联网困难时，可建立本桥相对独立的基准测量系统。

5.1.8　加强桥涵档案管理工作。

5.2　桥梁检查

5.2.1　桥梁检查分为经常性检查、定期检查和特殊检查。

1　经常性检查是对桥面设施、上下部结构及其附属设施进行一般性检查，每季度不少于一次，并填写经常性检查记录表（附录E 表E-2），汛期应加强不定期检查。特大型桥梁宜采用信息技术与人工作业相结合的手段进行经常性检查。

2　定期检查是桥梁养护管理系统中，采集结构技术状况动态数据的工作。通过定期检查可以对结构的损坏作出评估，评定结构构件和整体结构的技术状况，从而确定特别检查的需求与结构维修、加固或更换的优先排序。

定期检查周期视桥梁技术状况而定，最长不得超过3年。新建桥梁缺陷责任期满时，进行第一次全面检查，临时性桥梁每年检查不少于1次。定期检查应填写桥梁定期检查记录表，并校核桥梁基本状况卡片（附录E 表E-1）。

在经常性检查中发现重要部（构）件的缺损明显达到三、四、五类技术状况时，应安排一次定期检查。

3　特殊检查是查清桥梁病害原因、破损程度、承载能力、抗灾能力，确定桥梁技术状况的工作。

特殊检查分为专门检查和应急检查，在下列情况下应作特殊检查（专门检查）：

1）定期检查中难以判明损坏原因及程度的桥梁。

2）桥梁技术状况为四、五类者。

3）拟通过加固手段提高荷载等级的桥梁。

4）条件许可时，特殊重要的桥梁在正常使用期间可周期性进行荷载试验。

桥梁遭受洪水、流冰、滑坡、地震、风灾、漂流物或船舶撞击，因超重车辆通过或其他异常情况影响造成损害时，应进行应急检查。

桥梁特殊检查应根据需要对以下三个方面问题作出鉴定：

1）桥梁结构缺损状况。

2）桥梁结构承载能力，包括对结构强度、稳定性和刚度的验算、试验和鉴定。

3）桥梁防灾能力，包括桥梁抵抗洪水、流冰、风、地震及其他地质灾害等能力的检测鉴定。

5.2.2　桥梁技术状况评定分为一般评定和适应性评定。

1　一般评定是依据桥梁定期检查资料，通过对桥梁各部件技术状况的综合评定，划定桥梁各部件及总体技术状况类别，提出各类桥梁的养护措施。其评定方法应按现行《公路技术状况评定标准》（JTG H20）执行。

2　适应性评定是对桥梁的承载能力、通行能力、抗洪能力周期性地进行评定。评定周期一般为3～6年。评定工作可与桥梁的定期检查、特殊检查结合进行。

承载能力、通行能力的评定一般采用现行荷载标准及交通量，也可考虑使用期预测交通量。承载能力、通行能力评定方法见有关规定。抗洪能力按本规范第8章规定进行评定。

3　对一般评定划定的各类桥梁,分别采取不同的养护对策措施:

一类桥梁进行正常养护;二类桥梁需进行小修;三类桥梁需进行中修,酌情进行交通管制;四类桥梁需进行大修或加固,及时进行交通管制,如限载、限速通过,当缺损较严重时应关闭交通;五类桥梁需要进行加固、改建或重建,及时关闭交通。桥梁技术状况分类标准按现行《公路技术状况评定标准》(JTG H20)执行。

4　对适应性不能满足的桥梁,应采取提高承载力、加宽、加长、基础防护等改造措施。若整个路段有多座桥梁的适应性不能满足,则应结合路线改造进行方案比较和决策。

5　公路旧桥、线路整体评定分为使用价值评定、承载能力评定、通行能力评定、泄洪能力评定。

5.3　桥梁上部结构及桥面系

5.3.1　钢筋混凝土及预应力混凝土桥的养护应符合下列要求:

钢筋混凝土及预应力混凝土桥包括简支梁(板)桥、连续梁桥等,还包括钢管混凝土拱、刚架拱、桁架拱、双曲拱等钢筋混凝土拱桥。

1　及时清除表面污垢;混凝土孔洞、破损、剥落、表面风化以及裂缝应及时修补。

2　钢筋混凝土及预应力混凝土梁桥梁(板)端头、梁体底面、隔板表面应适时清扫,保持清洁,排除积土。

3　箱形截面结构应保持箱内通风,减少因箱内外温差过大可能引起的裂缝。

4　构件裂缝宽度值在允许范围内时应进行封闭处理。

5　当裂缝宽度大于限值时,应采用压力灌浆法灌注环氧树脂胶。裂缝宽度限值见表5.3.1-1。

表5.3.1-1　裂缝宽度限值

<table>
<tr><th>结构类型</th><th colspan="3">裂缝种类</th><th>允许最大缝宽(mm)</th><th>其他要求</th></tr>
<tr><td rowspan="5">钢筋混凝土梁</td><td colspan="3">主筋附近竖向裂缝</td><td>0.25</td><td></td></tr>
<tr><td colspan="3">腹板斜向裂缝</td><td>0.30</td><td></td></tr>
<tr><td colspan="3">组合梁结合面</td><td>0.50</td><td>不允许贯通结合面</td></tr>
<tr><td colspan="3">横隔板与梁体端部</td><td>0.30</td><td></td></tr>
<tr><td colspan="3">支座垫石</td><td>0.50</td><td></td></tr>
<tr><td rowspan="2">预应力混凝土梁</td><td colspan="3">梁体竖向裂缝</td><td>不允许</td><td></td></tr>
<tr><td colspan="3">梁体纵向裂缝</td><td>0.20</td><td></td></tr>
<tr><td rowspan="3">砖、石、混凝土拱</td><td colspan="3">拱圈横向</td><td>0.30</td><td>裂缝高度小于截面高度一半</td></tr>
<tr><td colspan="3">拱圈纵向</td><td>0.50</td><td>裂缝长度小于跨径的1/8</td></tr>
<tr><td colspan="3">拱波与拱肋结合处</td><td>0.20</td><td></td></tr>
<tr><td rowspan="7">墩台</td><td colspan="3">墩台帽</td><td>0.30</td><td rowspan="7">不允许贯通墩身截面一半</td></tr>
<tr><td rowspan="5">墩台身</td><td rowspan="2">经常受侵蚀性水影响</td><td>有筋</td><td>0.20</td></tr>
<tr><td>无筋</td><td>0.30</td></tr>
<tr><td rowspan="2">常年有水,但无侵蚀性水影响</td><td>有筋</td><td>0.25</td></tr>
<tr><td>无筋</td><td>0.35</td></tr>
<tr><td colspan="2">干沟或季节性有水河流</td><td>0.40</td></tr>
<tr><td colspan="3">有冻结作用部分</td><td>0.20</td></tr>
</table>

注:表中所列除特指外适用于一般条件。对于潮湿环境和空气中含有较强腐蚀性气体条件下的缝宽限制,应比表列更严格。预应力混凝土梁指全预应力或部分预应力A类构件。

6　当裂缝发展严重时,应查明原因,采取加固措施。

7　对梁(板)体混凝土的空洞、蜂窝、麻面、表面风化、剥落等应进行修补,并切实防止钢筋因混凝土碳化引起锈蚀。构件缺损严重时,应及时进行修复和加固。

8　中、下承式的吊杆及系杆拱桥采用无混凝土包裹的预应力钢索系杆的养护，参见本规范第5.3.4条。

9　当钢筋混凝土、预应力混凝土梁式桥主梁或拱桥的挠度超过规定的允许值（表5.3.1-2）并有严重发展趋势时，应查明原因，经设计计算进行加固或更换构件。

表 5.3.1-2　桥梁允许挠度值表

桥梁结构类型		最大允许挠度值
钢筋混凝土桥及预应力混凝土桥	梁式桥，梁跨中	$\frac{1}{600}L$
	梁式桥，梁悬臂端	$\frac{1}{300}L_1$
	拱、桁架桥	$\frac{1}{800}L$
混凝土、砖、石拱桥和双曲拱桥		$\frac{1}{1\,000}L$

注：L 为桥跨的计算跨径；L_1 为梁桥悬臂端长度。

5.3.2　圬工拱桥的养护应符合下列要求：

1　及时清除表面污垢及圬工砌体因渗水而在表面附着的游离物。

2　及时疏通泄水管孔，保持桥面及实腹拱拱腔排水畅通。如发现拱桥桥面漏水，应及时修补。主拱圈（肋）若发现渗水，应修补防水层，修理排水管道，堵塞渗水裂缝。

3　主拱及拱式腹拱的拱铰及变形缝应保持正常工作状态。若有损坏应及时修复。

4　当主拱圈（拱肋）或桁架拱、刚架拱、双曲拱构件由于各种原因引起开裂、劈裂、压碎、变形甚至失效时，应分别针对各种情况采取加大截面、粘贴钢板或复合纤维板、变更拱上建筑、更换填料等措施进行加固修复。

5.3.3　钢桥的养护应符合下列要求：

1　及时清除钢结构的表面污垢，保持杆件清洁。

2　更换松动和损坏的铆钉或销子、螺栓。

3　发现连接螺栓松动应及时拧紧，对于高强螺栓应施加设计的预拉应力。

4　焊接连接的构件，焊缝处若发现裂纹、未熔合、夹渣、未填满、弧坑等缺陷时，应进行返修焊，焊后的焊缝应随即铲磨匀顺。

5　钢杆件受到冲击造成局部弯曲时，应及时矫正。

6　及时更换破损桥面板，加铺轨道板或加设辅助横梁。

7　定期对钢桥构件进行防锈、油漆，一般应1～2年进行一次。如钢桥所处环境属严重污染区，则防锈、油漆间隔时间应适当缩短。

8　钢桥杆件如有损坏应及时进行加固或更换。

9　钢—混凝土组合梁桥应防止钢材与混凝土之间的联结因开裂或钢材锈蚀而失效。

5.3.4　悬索桥养护与维修应符合下列要求：

1　悬索桥的索塔视其结构形式可参照钢筋混凝土、预应力混凝土桥或钢桥进行日常养护。

2　主缆各索股的受力应保持均匀，如出现明显偏差、松弛或过紧，应通过索端拉杆螺栓进行调整。

3　防止主缆索股的锚头、锚杆、裸露索股、分索器、散索鞍等锈蚀，涂装防锈油漆的部分应定期涂刷，涂抹黄油的部分应定期加涂，发现剥落、锈蚀应及时处治。

4　主缆索的防护层如有开裂、剥落应及时修复，保持其良好状态。

5　网格式悬索桥，肢杆拉索应保持正常的工作状态。若发现松弛，应调整端头拉杆螺母使其复位。

6　索鞍尘土杂物堆积、积水（雪）及锈蚀应及时清扫和处治。索鞍的辊轴或滑板应保持正常工作状态。

7　锚室及封闭的索鞍罩内应保持干燥。有除湿设备的应保持设备正常工作，发现故障应及时检修。

8 索夹、索鞍、吊杆等的紧固螺栓应保持其原设计受力状态，视其工作情况，每半年至两年定期紧固，若发现松动应及时紧固，如有损坏应及时更换。

9 若吊杆有明显摆动、倾斜或经检查发现其受力变化，应查明原因。若索夹松动，应使其复位并紧固锚栓；若拉杆螺栓松动，应予拧紧；若吊索锚头出现松动，应予更换；因锚具、钢索损坏而超出安全限值的吊杆、锚具、钢索应予更换。吊杆复位后应进行索力检测。

10 吊杆的保护套、止水密封圈、防雨罩等应保持良好，若发现老化、开裂、破损应及时修补、更换。

11 吊杆的减震装置应保持正常工作状态，发现异常或失效应及时检修。

12 未做衬砌的岩石锚室或锚洞，若有表面风化或表面裂纹，应用环氧树脂砂浆或钢丝网水泥砂浆进行处治。

5.3.5 斜拉桥的养护与维修应符合下列要求：

1 斜拉桥梁体和索塔部分的养护，视其结构类型可参照钢筋混凝土桥、预应力混凝土桥及钢桥的相关规定进行。

2 拉索：

1）拉索两端的锚具及护筒应保持清洁和干燥。塔端锚头若漏水、渗水，应及时用防水材料封堵；梁端锚头若漏水、积水，应及时将水排出并封堵水源。

2）定期更换拉索两端锚具锚杯内的防护油。

3）定期更换钢护筒与套管连接处的防水垫圈及阻尼垫圈，做好搭接处的防水处理。

4）定期对索端钢护筒作涂漆防锈处治。

5）若拉索护套出现开裂、漏水、渗水，应及时处治。

6）斜拉索的减震装置应保持正常工作状态，发现异常或失效应及时维修。

7）对因钢索、锚具损坏而超出设计安全限值的拉索应及时进行更换。

8）对索力偏离设计限值的拉索应进行索力调整。张拉的顺序、级次和量值应按设计规定进行，并同时对测定索力和延伸值进行控制。

9）拉索的更换按改建工程进行，应对各方案技术经济的合理性进行分析比选，确定安全、简便的施工方案。竣工后应对全桥斜拉索的索力和主梁高程进行测定，检验换索效果，并作为验收的依据。

3 索塔：

空心索塔的塔内应保持通风干燥。塔内通风、照明系统每年至少检查保养一次，损坏的灯具应及时更换。

4 加强对斜拉桥营运使用阶段的观测，并做好记录，进行数据对比、分析，及时发现问题，消除隐患。

5.3.6 桥面系养护应符合下列要求：

1 桥面铺装：

1）桥面应及时清扫，排除积水，清除泥土、杂物、冰凌和积雪。

2）桥面出现病害，应及时处治。当损坏面积较小时，可局部修补；损坏面积较大时，有条件的可将整跨铺装层凿除，重铺新的铺装层。一般不应在原桥面上直接加铺，以免增加桥梁恒载。

3）桥面防水层如有损坏，应及时修复。

2 排水系统：

桥梁的敞开式或封闭式排水设施（排水管、泄水管、排水槽）应及时疏通，损坏的应及时更换，缺少的应补充。

3 人行道、栏杆、护栏、防撞墙：

1）人行道块件应牢固、完整，桥面路缘石应保持良好状态。若出现松动、缺损，应及时进行修整或更换。

2）桥梁栏杆包括钢筋混凝土及钢质护栏、防撞护栏等，应保持良好的技术状况。如有缺损，应及时修复。因栏杆损坏而采取临时防护措施时，使用时间不得超过3个月。

钢质栏杆应涂漆防锈，一般每年一次，或根据环境实际条件确定。

3)桥梁两端的栏杆柱或防撞墙端面，涂有立面标记或示警标志的，应定期涂刷，一般一年一次，使油漆颜色保持鲜明。

4 桥上灯柱应保持良好状态，如有缺损和歪斜，应及时修理、扶正。灯具损坏应及时更换。

5 伸缩装置：

应及时清除缝内沉积物，拧紧螺栓等。伸缩缝发生松动、翘裂，破损、老化或功能失效，应及时修理、更换。

6 桥头搭板脱空、断裂或枕梁下沉引起桥路连接不顺适，出现桥头跳车时，应进行维修处治，并检查桥台稳定等安全因素。

7 交通安全设施：

桥上的交通标志和标线、防眩板、防护隔离设施、航空灯、航道灯、供电线路、通信线路、避雷设施等应齐全、醒目、牢固，标志板应保持整洁、无裂纹和残缺。若有损坏应及时整修或更换。

5.3.7 桥梁支座养护应符合下列要求：

1 支座各部位应保持完整、清洁。

2 滚动支座的滚动面应定期涂润滑油(一般每年一次)。

3 对钢支座应定期进行除锈防腐。除铰轴和滚动面外，其余部分均应涂刷防锈油漆。

4 及时拧紧钢支座各部接合螺栓，使支承垫板平整、牢固。

5 应防止橡胶支座接触油污引起老化、变质。

6 应及时维护滑板支座、盆式橡胶支座的防尘罩，防止尘埃落入或雨、雪渗入支座内。

7 支座如有缺陷或产生故障不能正常工作时，应及时修整或更换。

8 应防止支座脱空。

5.3.8 特大桥梁养护通道、爬梯、工作电梯应加强养护，如有损坏应及时维修，保障养护人员作业安全。

5.4 桥梁下部结构

5.4.1 墩台基础的养护与加固应符合下列要求：

1 应采取措施保持桥梁墩台基础附近即桥梁上下游各200m的范围内(当桥长的1.5倍超过200m时，范围应适当扩大)河床的稳定。

2 若基础冲刷过深或基底局部淘空，应及时抛填块石、片石、铅丝石笼等进行维护。

3 桥下河床铺砌出现局部损坏时应及时维修。

4 对设置的防撞、导航、警示标志等附属设施应加强检查、维护，保持良好的技术状况。

5 当重力式基础或桩基础的承载能力不足，出现超过允许值的沉降，以及基础局部被冲空、墩台周围河床被严重冲刷或因基础病害致使墩台滑移、倾斜时，应对基础进行加固。

简支结构桥梁墩台容许沉降值：

1)墩台均匀总沉降值(不包括施工中的沉降)：$20\sqrt{L}$(mm)；

2)相邻墩台总沉降差值(不包括施工中的沉降)：$10\sqrt{L}$(mm)；

3)墩台顶面水平位移值：$5\sqrt{L}$(mm)。

注：L为相邻墩台间最小跨径，以m计。跨径小于25m时，仍以25m计。

5.4.2 墩台的养护与加固应符合下列要求：

1 保持墩台表面整洁，及时清除墩台表面杂物。

2 当圬工砌体发生灰缝脱落，砌体表面风化剥落或损坏，砌体镶面部分严重风化和损坏，砌块出现裂缝，墩、台表面发生侵蚀剥落、蜂窝麻面、裂缝、露筋等病害，或墩、台混凝土裂缝宽度超过限值时(表5.3.1-1)，应根据损坏类型及程度，采取相应的技术措施进行维修处治。

5.4.3 锥坡、翼墙(耳墙)的养护应符合下列要求：

1　锥坡应保持良好。锥坡开裂、沉陷、冲空时,应及时采取措施进行维修加固。

2　翼墙(耳墙)出现下沉、断裂或其他损坏时,应及时维修加固。

5.5　桥梁抗震

5.5.1　桥梁抗震加固应遵循下列原则:

1　地震动峰值加速度为0.10g及以上地区的桥梁,应采取相应的抗震加固措施;地震动峰值加速度小于或等于0.05g地区的桥梁,除特殊规定外,可简易设防。

2　加固后的桥梁必须满足桥梁正常使用情况下的变形要求。

3　对重点桥梁应做好震后抢修准备和预案,争取震后尽快恢复交通。

5.5.2　桥梁抗震检查:地震动峰值加速度为0.10g及以上地区公路桥梁检查的重点是上、下部结构抗震薄弱部位。

1　上部结构的薄弱部位有下列各处:

1)梁式桥:跨中、横梁、支座;

2)拱桥:拱顶、拱1/4跨径处、拱脚及腹拱与立柱联结处;

3)其他形式桥梁:跨中、支座部位,及设计部门提出的抗震薄弱部位。

2　下部结构的薄弱部位有下列各处:

1)墩(台)帽、墩身、台身、基础等相互结合的部位及截面突变处;

2)水中墩(桩)干湿交替易风化的部位;

3)基础冲刷严重的部位;

4)水泥混凝土桥墩(台)的混凝土工作缝处。

5.5.3　梁桥抗震加固的重点是:

1　防止顺桥向(纵向)落梁的抗震加固;

2　防止横向落梁的抗震加固;

3　防止支座破坏的抗震加固。

5.5.4　拱桥抗震加固的重点是:

1　防止拱圈落拱;

2　加强用预制构件(块件)形成的拱圈的整体性;

3　加强拱脚与墩台的联结;

4　对空腹式拱桥立柱间增设横系梁加强联结。

5.5.5　墩、台和基础的抗震加固。

应根据不同情况采用相应的方案,主要有:增强结构的整体性,增强抗滑动、抗倾覆的稳定性,防止地基液化增大地基承载力,加强盖梁、墩(台)身、承台基础的结构承载力。采取以增强整体性和稳定性,增强抗滑动、抗倾覆及抵御台背的土压力等为目的的工程措施。对原未做抗震设防的桥梁墩、台、基础及地基进行加固,对盖梁和承台进行加固。

5.6　超重车辆过桥

5.6.1　组织超重车辆安全通过桥梁应符合下列要求:

1　收集查找桥梁技术档案,现场查看桥梁状况,依据桥梁的技术资料,按超重车辆的实际荷载,对结构进行强度、稳定性、刚度验算。

2　必要时进行荷载试验。

3　对不能满足通行条件的桥梁进行加固处治。当有多条线路可通行时,应选取桥梁技术状况好、加固工程费用低的路线通过。

4　对超重车辆通过桥梁进行现场管理。

5.6.2 超重车辆过桥时,遵守以下规定:

1 一般情况下,超重车辆应沿桥梁的中心线行驶。

2 车辆以不大于 5km/h 速度匀速行驶。

3 不得在桥上制动、变速、停留。

4 必要时可调整牵引车与平板挂车的行驶间距,或让其分别通过桥梁。

5 超重车辆过桥时,应临时禁止其他车辆及行人通过。

6 超重车辆过桥时,应组织有关技术人员观测桥梁各部的位移、变形、裂缝等,并予记录。必要时,应观测应变、反力等。

7 不宜在行洪等可能发生灾害时通过。

5.7 涵洞

5.7.1 涵洞养护的基本要求是:

1 定期进行检查,发现病害及时修复加固。

2 建立健全完善的技术档案,准确掌握涵洞的技术状况。

3 加强对涵洞的经常性保养、维修,对损坏严重的涵洞应及时加固或改建。

5.7.2 洪水、冰雪前后及汛期应对涵洞进行一次全面检查,掌握变化情况,及时采取正确的养护措施。涵洞经常性检查每季度不少于两次,定期检查 2 ~ 3 年一次。

定期检查时,应现场填写"涵洞定期检查表"(表 5.7.2);实地查明损坏情况,根据涵洞的技术状况,提出日常养护、维修、加固、改建等建议。

表 5.7.2 涵洞定期检查表

<table>
<tr><td>1. 路线编号</td><td></td><td colspan="2">2. 路线名称</td><td></td><td>3. 涵洞桩号</td><td colspan="2"></td></tr>
<tr><td>4. 养护单位</td><td></td><td colspan="2">5. 涵洞类型</td><td></td><td>6. 检查时间</td><td colspan="2"></td></tr>
<tr><td>7. 序号</td><td>8. 部件名称</td><td colspan="3">9. 损坏或需维修情况描述</td><td colspan="3">10. 维修建议(方式、范围、时间)</td></tr>
<tr><td>(1)</td><td>进水口</td><td colspan="3"></td><td colspan="3"></td></tr>
<tr><td>(2)</td><td>出水口</td><td colspan="3"></td><td colspan="3"></td></tr>
<tr><td>(3)</td><td>涵身两侧</td><td colspan="3"></td><td colspan="3"></td></tr>
<tr><td>(4)</td><td>涵身顶部</td><td colspan="3"></td><td colspan="3"></td></tr>
<tr><td>(5)</td><td>涵底铺砌</td><td colspan="3"></td><td colspan="3"></td></tr>
<tr><td>(6)</td><td>涵附近填土</td><td colspan="3"></td><td colspan="3"></td></tr>
<tr><td colspan="2">11. 涵洞技术状况总评</td><td>好</td><td>较好</td><td>较差</td><td>差</td><td colspan="2">危险</td></tr>
<tr><td>12. 养护方案</td><td>日常养护</td><td>维修</td><td>加固</td><td>改建</td><td>13. 下次检查时间</td><td colspan="2">年 月</td></tr>
<tr><td colspan="8">14. 备注</td></tr>
<tr><td>主管负责人</td><td></td><td colspan="2">检查人</td><td></td><td>检查时间</td><td colspan="2">年 月 日</td></tr>
</table>

5.7.3 涵洞日常养护应符合下列要求：

1 保持洞口清洁无杂物，洞内排水畅通，发现淤塞或积雪、积冰应及时疏通和清除。经常积雪或积雪较深的涵洞，入冬前可在洞口外加设栅栏；易发生积冰的涵洞，宜用柴草封住洞口，融雪时及时拆除。

2 涵底铺砌，洞口上下游路基护坡、引水沟、泄水槽、沉沙井发生变形或出现缺口，应及时修理或封塞填平。

3 涵洞进水口的沉沙井和出水口的跌水构造，应适时检查其是否损坏、与洞口是否结合成整体，如有损坏或发现裂隙甚至脱离，应及时修复加固。

5.7.4 对局部损坏及承载力不足的涵洞应及时维修加固或改建，保障通行安全。

5.7.5 当加宽或加高路基后原有涵洞长度不足时，经验算满足承载力要求的涵洞一般进行接长。当路基加宽加高不多时，也可采取加高涵洞上下游端墙的措施。

5.8 漫水桥与过水路面

5.8.1 漫水桥与过水路面应保持桥（路）面平整坚实。

5.8.2 漫水桥与过水路面的行车道两侧应设置整齐、醒目的导向标柱。

5.8.3 漫水桥与过水路面在洪水发生时的漫水期间，在确保安全且漫水深度在允许范围内的前提下，才允许车辆减速通行。允许通车的漫水深度见表5.8.3。

表5.8.3 允许通车的漫水深度

水流速度（m/s）	最大允许通车漫水深度（m）	水流速度（m/s）	最大允许通车漫水深度（m）
<1.5	0.4～0.5	>2.0	0.2～0.3
1.5～2.0	0.4		

5.8.4 漫水桥的日常养护应符合下列要求：

1 加强汛期前的预防性养护，保持导流构造物良好、功能正常、桥孔无淤塞，保持基础的抗冲刷能力。

2 在洪水或流冰到来前，应与气象部门、河道和上游水库管理部门保持联系，了解水文信息，并作出相应安排。

3 在洪水期间，应加强观察和养护，在保证养护人员人身安全的前提下，及时清除堵塞桥孔的漂流物，减少对桥梁安全的威胁。

4 洪水、流冰过后，应及时进行检查，认真记录损毁情况，及时修复，在确认行车具有安全保障后开放交通。

5 其他养护内容和要求参见一般公路桥梁养护的相关部分。

5.8.5 过水路面的日常养护应符合下列要求：

1 保持路面整洁，及时清除淤泥、沙石杂物。

2 及时修复砌石松动、圬工砌体损失等病害。水泥混凝土或砌块路面出现的病害按本规范路面的相关要求修复。

3 及时清除混合式过水路面涵洞内的淤塞，保持排水通畅。

4 当过水路面漫水过深，阻车时间过长、过于频繁时，应逐步进行改善，最有效的措施是改建为普通桥梁。

5.9 调治构造物

5.9.1 导流堤、梨形堤、丁坝、顺坝、格坝和透水坝等调治构造物应切实加强日常养护，保持良好的技术状况。洪水前后应加强巡查，及时清除调治构造物上的漂流物。

5.9.2 调治构造物发生局部损坏或砌体开裂时，应及时进行防护、维修或加固。

5.9.3 对河道改变而增设的护岸工程，应注意坡面有无变化，基础是否牢固，发现缺损及时处治。

5.9.4 通过观察，发现调治构造物的位置不当，数量、长度不合理，不能发挥正常作用时，应在洪水退后进行改善、增建或改建。

5.9.5 因河道变迁、流向不稳定，或因桥梁上、下游河道弯曲形成斜流、涡流危及桥梁墩台、基础、桥头引道时，应因地制宜地增设调治构造物。新增调治构造物的布设应进行多方案比选。调治构造物的增设与加固参见现行《公路工程水文勘测设计规范》(JTG C30)。

5.10 公路渡口

5.10.1 公路渡口养护应符合下列要求：

1 切实做好防洪、防滑、防冻、防火、防风工作，保障安全。

2 引道、码头的路基、路面、桥梁、涵洞和其他人工构造物的养护与维修，按本规范有关章节相关规定执行。

3 公路渡口应设立明显的“渡口管理区”标志及《渡口守则》(或《过渡须知》)标牌。

5.10.2 引道、码头及其附属设施应保持通畅、整洁、稳固，各种设施保持良好、齐全。

引道、码头作业区范围内，如有妨碍渡运安全的碛坝、沙洲、礁石、漂流物以及淤积或冲刷，应及时采取措施处治。大型渡口，应具备水位、风速、风向等观测设施。

5.10.3 渡口船舶(含趸船)及其机械设备，应按船舶及机械养护的相关标准、规范及时进行检查和维修保养，各部件保持良好的技术状况。做好渡运安全工作。

6 隧道

6.1 一般规定

6.1.1 公路隧道养护应符合下列要求：

1 保持隧道外观整洁、隧道内路面平整、衬砌完整无明显开裂和剥落。

2 标志标线清晰醒目，排水系统良好。

3 对结构物及其附属设施(照明、通风、监控等)进行预防性维护和修复，保持良好的技术状况。

6.1.2 公路隧道养护工作的内容包括隧道结构、防排水设施、附属设施的检查和保养、维修、加固以及隧道安全管理等。

6.1.3 加强隧道的日常巡查。隧道日常巡查是隧道日常养护工作的重要内容之一，应予以充分重视，发现隐患及病害应及时处治。

6.2 隧道检查

6.2.1 隧道检查分为经常性检查、定期检查和特殊检查三类。

6.2.2 经常性检查是对隧道及其附属设施的外观状况进行的一般性检查。经常性检查宜采用简单的检查工具进行，及时填写经常性检查记录表(附录 F 表 F-1)，并保留必要的照片资料。经常性检查以定性判定为主(附录 F 表 F-2)。

定期检查是按规定周期对隧道的基本技术状况进行全面检查。定期检查宜配备必要的检查工具或设备，进行目测或量测检查，及时填写定期检查记录表(附录 F 表 F-3)，并保留必要的照片资料。定期检查时，应依次检查各个结构部位，注意发现异常情况和已有异常情况的发展变化。对于有异常情况的结构，应在其适当位置做出标记绘人"隧道病害展示图"(附录 F 表 F-4)，并作出判定(附录 F 表 F-5)。

特殊检查是根据定期检查的结果，或者当隧道内发生重大交通事故、起火爆炸、遭受自然灾害，或发生其他非常事件后，对隧道结构进行详细检查和检测。通过特殊检查，应完整掌握受损情况或病害的详细资料，为采取对策措施提供依据。

6.2.3 高速公路和一级公路隧道的经常性检查频率宜不少于 1 次/周，其他公路隧道宜不少于 1 次/月。在雨季或冰冻季节，应加强经常性检查。平时应加强对隧道的巡查，发现隐患，及时排除。

隧道定期检查频率应不少于 1 次/年。隧道的特殊检查可根据实际需要安排。

6.2.4 当经常性检查中发现隧道存在异常情况但结论不明确时，应进行定期检查；当定期检查中发现隧道存在异常情况且较严重，但无法判定时，应进行特殊检查。

6.2.5 当经常性检查中发现隧道存在附录 F 表 F-2、表 F-5 所列 A 种异常情况，危及行人、行车安全时，应及时采取处治措施。

6.3 隧道养护

6.3.1 隧道日常养护主要包括经常性和预防性养护及对破损的维修等，保持和恢复隧道良好的技术状况，保持隧道外观整洁，隧道内路面平整，衬砌无损坏，标志标线清晰醒目，洞口、洞身无松动岩石和危石，人行和车行横洞清洁畅通，隧道内外排水设施保持良好，人行道或检修道畅通，斜(竖)井和风道保持良好。

6.3.2 在养护过程中,对有衬砌隧道和无衬砌隧道应有不同的侧重面。

当隧道衬砌(洞壁)或洞内路面结构发生病害时,应视病害类型、危害程度,采取注浆、挂网、喷混凝土、增设锚杆、增设仰拱、灌浆、修补或更换衬砌和路面等措施进行处治。修补或更换衬砌(洞壁)、路面时,不得侵占隧道的建筑限界。

6.3.3 隧道的交通标志标线应保持完整、清晰、醒目、交通信息无误。

6.3.4 水下隧道的巡查和检查工作除应符合本规范第6.2节规定外,根据水下隧道的特点,还应对下列各部位作重点检查:伸缩缝、施工缝和裂缝的渗、漏水状况,洞口及洞内铁件有无锈蚀,各种排水设备的运行状况。

6.3.5 水下隧道必须定期进行渗漏水检查。一般应每季度检查一次,并做好检查记录。当隧道内的渗漏水明显时,应定期测量渗漏水的数量(m^3/d),一般每月测量一次,做好记录,并采取相应措施。

6.3.6 水下隧道内部金属构件设施应定期进行除锈、防腐工作。

6.3.7 隧道病害处治应根据检查结果,针对病害产生的原因,按照安全、经济、合理的原则确定方案。

6.3.8 明洞与半山洞的养护应符合下列要求:

1 当明洞上边坡出现危石或有崩塌可能时,应及时清除或加固,也可进行保护性开挖或采取打抗滑桩等抗滑措施。

2 明洞顶的填土厚度和地表线,应保持原设计状态。当遇边坡塌方形成局部堆积,或遇暴雨、洪水原填土大量流失时,应及时采取措施调整到原有状态,以免产生严重偏压,导致明洞结构变形、损坏。

3 明洞的防水层失效或损坏时,应及时修复。

4 半山洞因部分外露,对飘落的雨雪、泥草杂物以及洞顶坠落的碎石块,应及时清除,并保持边沟畅通。

5 半山洞应及时修复、添补缺损的护栏、护墙。

6 适时检查半山洞周围山体、洞顶围岩及外侧挡墙、边坡的稳定性。

7 半山洞围岩破碎和危石等病害,应本着“少清除、多稳固”的原则进行处治。

6.4 隧道防护与排水

6.4.1 加强和完善隧道的防护设施。如遇山体滑动可能引起隧道破坏和洞口处的边、仰坡坡率与石(土)质不相适应导致坍塌时,应采取相应的工程技术措施,并定期检查其工作状态,发现病害及早处治;隧道处山坡岩石如节理发育、风化严重或有坑穴、溶洞、裂缝时,应对地表采取防护性封闭措施。

6.4.2 必要时增设和完善隧道内外的排水设施,保持隧道内外排水畅通。

6.4.3 隧道内渗漏水的处治应贯彻“预防为主,防、排、截、堵相结合”的综合治理原则。对防水层,纵、横、竖向渗沟,明暗边沟、截水沟、排水横坡、泄水孔等应及时维修,保持排水畅通。

6.4.4 隧道冻害的防治应符合下列要求:

1 高寒地区隧道应注意洞口构造物的防冻保温。防冻层损坏时,可用同样的轻质膨胀珍珠岩混凝土或浮石混凝土修补,必要时应进行改造。无防冻层的,应设法加筑。

2 高寒地区隧道的防冻保温设施应做好保养维护,如有损坏及时维修,保持其使用功能。洞口设有防雪设施的隧道,应做好防雪设施的保养维护,并在大雪降临前完成设施的维修加固;冬季应及时清除洞口处积雪。防冻保温设施的维修保养应不少于1次/年。在北方寒冷地区,应在每次大雪后,对防冻保温设施进行一次检查,发现损坏及时维修。

3 路面出现渗漏水时,应及时处治,将水引入边沟排出,防止结冰。对局部易冻结路段的路面,应适时撒布防冻材料。

6.4.5 水下隧道的排水泵房内应配备备用水泵,并作定期检查和保养、维修,保持其良好状态。

6.5 隧道附属设施

6.5.1 隧道通风:

1　隧道应保持良好的通风,保持CO、烟雾浓度小于规定的容许值。

1)隧道CO容许浓度应按表6.5.1-1取值,当为人车混合通行隧道时应按表6.5.1-2取值。

表6.5.1-1　CO容许浓度δ(一)

隧道长度(m)	≤1 000	≥3 000
$\delta(cm^3/m^3)$	250	200

注:隧道长度为1 000~3 000m时,可按内插法取值。

表6.5.1-2　CO容许浓度δ(二)

隧道长度(m)	≤1 000	≥2 000
$\delta(cm^3/m^3)$	150	100

注:隧道长度为1 000~2 000m时,可按内插法取值。

2)隧道烟雾容许浓度应按表6.5.1-3取值。

表6.5.1-3　烟雾容许浓度

设计速度(km/h)	100	80	60	40
烟雾容许浓度$K(m^{-1})$	0.006 5	0.007 0	0.007 5	0.009 0

3)保持隧道通风设施良好,满足隧道内风速不小于2.5m/s的要求。

2　通风设施主要包括轴流风机、离心风机、射流风机及其配套设施。通风设施的设备完好率不应低于98%,在养护中应注意:

1)通风设施应按各种设备的相关操作规程和养护要求进行操作和养护,并使其主要性能指标,如风速、风力、功率、噪声及防护等级等符合产品说明书的要求。

2)选用的风机,在环境温度为250℃情况下其可靠运转时间应不低于60min。

3)通风设施养护应配备专用电工工具和机修工具,必要时配备风压计、风速计、声级计等。

4)进行通风设施养护维修时,应根据隧道交通流量和通风能力,对交通进行必要的组织和管制。

3　通风设施的日常检查主要是通过观察设备运转有无异常,确定设备是否存在隐患,并及时排除故障。高速公路隧道日常检查不少于1次/d,其他公路可按1次/(1~3)d进行。必要时应进行应急检查。

4　通风设施的经常性检修、定期检修、分解性检修可按附录G表G-1的要求进行。

5　单向交通排烟风速应按2~3m/s进行控制,双向交通排烟风速应按1.5m/s进行控制。

6.5.2　隧道照明:

1　隧道内照明亮度应满足设计要求。

2　照明灯具的防护等级应不低于IP65。

3　加设照明设施时,可根据以下原则确定:

1)长度大于100m的高速公路、一级公路隧道应设置照明设施。

2)二、三、四级公路的长、特长隧道应设置照明设施;中隧道可根据需要进行设置;交通量较小的短隧道可不设照明设施。

3)未设照明设施的隧道,应在隧道洞门外设置限速标志及减速设施。

4　照明设施养护工具除必备的电工工具、高空作业车、清洁卫生用具外,还应配备照度仪等相关设备。

5　高速公路隧道照明设施的完好率应不低于95%,其他公路隧道应不低于90%。当照明光源达到其额定寿命的90%时,应进行成批更换,并选用节能光源。

6　照明设施日常检查主要是对设施的使用及损坏情况进行巡检登记。当中间段连续损坏2盏以上灯、洞口加强段连续损坏3盏以上灯时,应及时进行更换或维修。

7　照明设施的经常性检修、定期检修可按附录G表G-2的要求进行。

6.5.3　监控和消防:

1 应加强对隧道内监控设施的日常检查,对隧道内各种监控传感器、信息板及信号标识、监控室的各种监视设备进行外观巡检,发现异常及时处治。对监控设施的经常性检修、定期检修可按附录 G 表 G-3 进行。

2 监控设施养护主要指标应按相应设备的产品说明要求进行,高速公路隧道监控设施设备完好率应不低于 98%,其他各级公路隧道应不低于 95%。

3 高速公路、一级公路的长隧道和特长隧道,其他公路的特长隧道监控系统的软件维护每年应不少于两次,其他公路隧道监控系统的软件系统维护每年应不少于一次。维护时应注意软件的修改完善,保障联动运行功能的实现和软件可靠性各项技术措施的落实,严格按操作规程或使用说明进行。

4 高速公路、一级公路的长隧道和特长隧道,应根据需要设置紧急电话、报警装置、排烟设备、消防给水管网及消防器材库等消防与救援设施。高速公路、一级公路的中、长隧道和特长隧道应单独设置存放专用消防器材的洞室,并设置明显标志,对存放的消防器材应定期进行补充、更换;其他公路的长隧道和特长隧道可视具体情况,简化设置,但应在适当位置设置消防器材库。各种消防与救援设施的标志应保持完好、醒目。

5 对消防设备、报警设备和洞外消防设施应加强日常巡视检查,及时处治设施的异常情况。对消防与救援设施的经常性检修、定期检修可按附录 G 表 G-4 进行。在检修期间应有相应的防灾措施。

6 各类消防与救援设备必须保持完好状态。消防设施的设备完好率应达到 100%,救援设施的设备完好率应不低于 98%。

7 隧道内不准存放汽油、柴油等易燃易爆物品。严禁明火作业与取暖。隧道内的紧急停车带、行车(人)横洞、避车洞或错车道不准堆放杂物。

8 高速公路的长隧道和特长隧道、其他公路的特长隧道应针对隧道内可能出现的火灾及交通事故,制订周密的救援计划,并按计划进行不少于 1 次/年的针对性的实地救援及防灾演习,其他各种设施应与消防救援设施紧密配合。

6.5.4 隧道消音设施设置与养护应符合下列要求:

1 高速公路的长隧道和特长隧道、其他公路的特长隧道原未设置消音设施的,随着交通量增长引起噪声增大,影响正常通行管理时,可根据实测的噪声值,增设消音设施。增设的消音设施,不得侵入隧道建筑限界。

2 消音设施应每月清洁一次,如有损坏应及时修复或更换。

6.6 隧道安全管理

6.6.1 隧道安全管理应包括正常营运及养护作业时和发生事故时的交通组织和安全防护。

6.6.2 隧道洞口周围 200m 范围内,不得挖沙、采石、取土、倾倒废弃物,不得进行爆破作业及其他危及公路隧道安全的活动。

6.6.3 养护作业的安全防护应包括养护作业机械、养护人员的安全防护。养护作业宜选择在交通量较小时段进行。隧道内的养护作业,应按本规范第 11 章相关规定进行,养护维修作业控制区经设定后不得随意变更,作业人员不得在作业控制区外活动或将任何施工机具、材料置于养护维修作业控制区以外。

6.6.4 隧道内发生火灾及重大交通事故或坍塌等突发事件时,必须立即报警并按消防等预案进行救助;并配合有关部门到现场处理事故。事后,应尽快清理现场,排除路障,恢复隧道正常通行,并登记相关损失。应认真分析事故原因,恢复或改善隧道的防灾能力。

7 路线交叉

7.1 一般规定

7.1.1 路线交叉范围内,应保持设施良好、排水畅通、通视良好,保障车辆正常通行。

7.1.2 路线交叉范围内属于公路的桥涵等构造物、路基、路面和防撞设施、隔离设施等,应加强检查,发现病害及时维修与加固。

7.1.3 路线交叉处的各种警告、禁令、指示标志和轮廓标、示警标柱、立面标记、标线以及各种安全保障工程设施,应齐全、良好、清晰、醒目。

7.2 立体交叉

7.2.1 公路立体交叉含分离式立体交叉和互通式立体交叉。

7.2.2 公路立交的跨线桥,其桥下净空应保持现行《公路工程技术标准》(JTG B01)规定的净空限界,不得有任何部件侵入。

7.2.3 公路立交的跨线桥桥墩处于路面范围内时,桥墩前后一定范围内(一般为 20 ~ 30m)应设置柔性防撞设施。

7.2.4 公路下穿式立交采取自然排水的,对其排水沟渠,特别是进水口的窨井和出水口,应加强养护清理,保持排水良好。

7.2.5 公路下穿式立交因地形限制设置机械排水设施的,设备设置应选择在地势较高的位置,防止受淹。排水泵阀和动力设备、排水管道应保持运转正常,并进行定期检修。备用的动力设备也应定期维修保养,并至少每月发动一次并检查其功能。其他配套设施如窨井、沉淀池应及时清淤,排除杂物,以防堵塞管道。

7.2.6 公路下穿式立交积水过深影响车辆安全通行时,应封闭桥下交通,提示、引导车辆绕行,保障安全。

7.2.7 公路上跨式立交的防撞护栏、安全带、栏杆应保持完整。

7.2.8 公路上跨式立交的桥梁,应保持桥面及排水设施(管道)的排水畅通,防止桥面水向下行道任意溢流、渗漏。

7.2.9 立交桥的桥头,设有踏级、阶梯以及人行天桥或地道的,应保持其良好状态。

7.2.10 立交的照明设施、反光标志、防落设施,应经常检查,及时维修和更换,保持其正常良好状态。

7.2.11 当公路与通信线、电力线、电缆、管道、渠道等相交或接近时,各种管线均不得侵入公路建筑限界,并不得妨碍公路交通,不得损坏公路的构造物和设施,也不得妨碍养护作业。并应符合公路路线设计的相关规定。

7.2.12 立体交叉范围内的排水,应与相交公路的排水协调统一,构成完整的排水系统。

7.3 平面交叉

7.3.1 平面交叉间距应满足交织长度、视距、转弯车道长度等的最小距离要求。一、二级公路平面交叉的最小间距应符合表 7.3.1 的规定。当平面交叉间距不能满足要求时,应进行适当调整和归并。

表 7.3.1 平面交叉最小间距

<table>
<tr><td>公路等级</td><td colspan="3">一级公路</td><td colspan="2">二级公路</td></tr>
<tr><td rowspan="2">公路功能</td><td colspan="2">干线公路</td><td rowspan="2">集散公路</td><td rowspan="2">干线公路</td><td rowspan="2">集散公路</td></tr>
<tr><td>一般值</td><td>最小值</td></tr>
<tr><td>间距(m)</td><td>2 000</td><td>1 000</td><td>500</td><td>500</td><td>300</td></tr>
</table>

7.3.2 除Y形交叉外,平面交叉两相交公路斜交角度小于70°时,可对次要公路在交叉前后一定范围内作局部改线,使交叉的交角不小于70°。

7.3.3 平面交叉路口应保持通视良好,交叉点前后,各交叉公路的停车视距长度所构成的三角形范围内,应保证通视。

7.3.4 平面交叉应根据交叉公路等级和交通量设置必要的预告、指路或警告、支线减速让行或停车让行等标志、反光突起路标和配套、完善的交通安全设施。

7.3.5 交通量较大的平面交叉路口应加宽路口增加车道或利用标线、导流岛等设施渠化交通。

7.3.6 一级公路与其他等级公路相交的平交路口应设置通行权、优先权明确的标志、标线。

7.3.7 环形交叉中心环岛周围的排水设施应保持良好状态,使排水通畅。中心环岛和导流岛的砌体如有损坏应及时修复。中心环岛应进行绿化美化。

7.3.8 铺有水泥混凝土或沥青混合料路面的公路与无铺装路面的道路交叉处,后者不小于30m的路面应进行铺装;与公路平面交叉的其他道路,包括不属等级公路之列,用于机动车、非机动车及行人通行的道路,应对其公路路面以外5~10m范围进行硬化处理,并及时维护。

7.3.9 公路与铁路相交时,应保持与铁路接茬平顺,以减轻跨越铁路时的跳车。

7.3.10 路线交叉处的长下坡,宜根据实际情况,设置必要的减速设施。

8 公路防灾与突发事件处置

8.1 一般规定

8.1.1 为维护公路的正常交通,应坚持“预防为主、防治结合”的方针,对洪水和流冰侵袭公路造成公路设施的损坏、路面积雪和积沙影响行车安全或阻碍交通,以及各类突发事件损坏公路设施和影响公路使用功能的情况,采取行之有效的措施,予以预防和处治。

8.1.2 应根据当地的水文气候条件、季节特点、公路状况,加强公路防灾(防洪、防冰、防雪和防沙)能力定期检查和观察,分析掌握路段、桥隧的抗灾害能力,采取必要的预防措施。

8.1.3 重要工程和水毁、雪阻、沙阻多发路段,宜事先储备必要的材料和机械设备,一旦发生毁阻,应按先抢通后修复的原则,及时组织抢修。

8.1.4 应建立公路防灾和重大突发事件处置的预案,对可能发生灾害路段,应加强检查、检测,建立各类检查、检测档案,提倡灾害预警体系建设。

8.2 公路防洪与水毁抢修

8.2.1 公路防洪检查应符合下列要求:

1 汛前检查。在每年汛期到来之前,应落实专人对公路及其沿线设施进行防汛抗汛的全面检查,建立健全检查档案,对检查中发现的病害及时处治。

汛前检查的重点是:

1)公路防排水系统;

2)公路上、下边坡和路基的稳定性;

3)各类结构物的稳定性和桥涵的泄洪能力。

2 洪水观测。在汛期应进行必要的水文观测,对照水文资料和实地观察情况判断洪水对公路的危害性,作为今后制订公路改善和加固措施的依据。洪水观测的主要内容是:水位观测、流速观测、河床横断面和冲刷深度观测,以及流向观测等。一般情况下主要进行水位观测。

特大桥、大桥和河床处于不良状态的中桥,洪水观测的主要内容是:桥位处及桥下洪水水位变化、流速、流向、浪高、漂流物等,及河床断面变化的观测。一般情况下桥梁只观测和记录当年的最高水位。

沿河公路受洪水顶冲部位和平曲线凹岸洪水观测的主要内容是:洪水水位、顶冲角(或洪水流向)、流速的观测,并测记洪水前后路基的变化情况。一般情况下主要进行水位观测。

导流堤、丁坝和护岸等调治构造物应观测洪水时的工作情况,重要地段的调治构造物应观测最高洪水位及洪水前后基础附近河床的冲刷深度。一般情况下不进行专门的水位观测。

8.2.2 公路水毁及其防治:

1 公路塌方、滑坡的防治。对可能发生塌方、滑坡的路段,应采取下列措施进行防治:

1)在坍、滑体上方,按其汇水面积及降雨情况,结合地形设置截水、排水沟,防止地表水、地下水流入坍、滑体。

2)设置挡土墙或抗滑桩等,维持土体平衡。

3)种植草皮、表面喷混凝土(水泥砂浆)、砌筑护坡或进行刷坡减轻土体,稳定边坡。

2 泥石流的防治应遵循下列原则:

1)发生频率高的黏性泥石流及规模较大的稀性泥石流路段,经技术经济比较宜改线绕避;无法绕避时应避重就轻选择线路。

2）布设调治构造物，应根据路段和桥梁所在位置，结合地形、沟槽宽度、可能发生泥石流性质、流势及其发展变化规律，综合考虑确定，宜导不宜挑。

3）对于危害性大、涉及面广的泥石流，且当地人类活动、经济建设有可能促使泥石流发育时，宜与有关部门协商，进行工程和生物水土保持相结合的综合治理。

4）在泥石流易形成区，平整山坡、填塞沟缝、修建阶梯和土埂等控制水土流失和滑坍发展。

5）泥石流流通区，在地形、地质及储淤条件较好处，可修建拦挡坝或停淤场。

3 沿河路基水毁的防治可采取设置丁坝、浸水挡土墙、抛石等防治措施。

4 桥梁水毁防治。

1）稳定、次稳定河段上桥梁水毁防治措施，可根据调整桥下滩流、河床冲淤分布的实际需要以及水流流向等分别情况选择修建调治构造物。

2）在不稳定河段上，桥梁水毁防治可根据河岸条件、河床地貌以及桥孔位置等分别情况修建调治构造物。

3）根据跨径大小、墩台基础埋置深度、桥位河段稳定情况，增建基础防护构造物。河床稳定，冲刷范围较小时，宜采用立面防护措施；河床稳定，冲刷范围较大时，宜采用平面防护措施。

8.2.3 公路、桥涵抗洪能力的评定。

1 每隔3～6年应对公路、桥涵进行一次抗洪能力评定。如遇设计洪水及超设计洪水年，宜结合水毁调查于当年进行一次抗洪能力评定。公路可根据水文、地质、路基、路面等条件基本相同的原则，划分成若干路段，按表8.2.3-1进行评定；桥涵以工程为单元，按表8.2.3-2进行评定。

表8.2.3-1 路段抗洪能力评定标准

等级	评定标准
强	1.路基坚实、稳定，高度达到设计计算高程；路面为半刚性基层、水泥混凝土或沥青混凝土等铺装路面； 2.边坡稳定、平顺无冲沟；坡度符合规定的高限值（缓）；边坡有良好的防护加固； 3.边沟、截水沟、排水沟完善，纵坡适度，无淤塞，水流畅通；进出口良好； 4.支挡结构物布设合理、齐全，完整无损坏，泄水孔无堵塞； 5.防冲结构物布设合理、齐全，完整无损坏，基础冲刷符合设计
可	1.路基坚实、稳定，高度低于设计计算高程不超过0.5m；路面为半刚性基层、沥青碎石、沥青贯入式或沥青表面处治等简易铺装路面； 2.边坡稳定、平顺无冲沟；坡度不低于规定的低限值（陡）；边坡有必要的防护加固； 3.边沟、截水沟、排水沟完善，纵坡适度，有淤塞但易于清除；进出口良好； 4.支挡结构物布设合理，有缺损但易于修理，泄水孔基本畅通； 5.防冲结构物重点布设合理，基础冲空面积不超过10%，结构物无断裂、沉陷、倾斜等变形
弱	1.路基高度低于设计计算高程达到或超过0.5m，高于次一技术等级的设计洪水高程，无明显沉降；路面为柔性基层、简易铺装路面； 2.边坡有冲沟或少量坍塌，坡度接近规定的低限值； 3.边沟、截水沟、排水沟有短缺，或淤塞量较大，或进出口有缺损，影响正常排水； 4.支挡结构物短缺，或损坏严重，但无倾斜、沉陷等变形； 5.防冲结构物短缺，或基础冲空面积达10%～20%，或结构物局部断裂、沉陷，但无倾斜等变形
差	1.路基有明显沉陷，高度低于次一技术等级的设计高程；路面为柔性基层、砂石（无铺装）路面； 2.边坡沟洼连片，局部坍塌，坡度陡于规定的低限值； 3.边沟、截水沟、排水沟应设而未设； 4.支挡结构物应设而未设，或结构物断裂、倾斜、局部坍塌； 5.防冲结构物应设而未设，或基础冲空面积在20%以上，或结构物折裂、倾斜、局部坍塌

表 8.2.3-2 桥涵抗洪能力评定标准

等级	评定标准
强	1. 孔径大小:桥下实际过水面积满足设计排水面积,桥下净空高度、最小净跨符合规定; 2. 孔、涵位置合适,调治构造物设置合理、齐全; 3. 墩、台基础埋深足够,深基础的冲刷深度线在设计冲刷线以上;浅基础已做防护,防护周边的基础深度线在设计冲刷线以上; 4. 墩、台无明显冲蚀、剥落
可	1. 孔径大小:桥下实际过水面积满足设计排水面积,上部结构底高程与计算水位相同,或净跨偏小但不超过规定值10%; 2. 孔、涵位置略有偏置,设置了调治构造物,其基础冲刷深度线在基底最小埋深安全值的30%以内,或调治构造物有局部缺损,河床无大的不利变形; 3. 深基础冲刷深度线在规定的基底最小埋深安全值的30%以内;浅基础防护周边冲刷深度线在规定的基底最小埋深安全值的30%以内,防护有局部缺损; 4. 墩、台有冲蚀剥落,面积小于10%,深度小于20mm
弱	1. 孔径大小:桥下实际过水面积小于设计排水面积20%以内,上部结构底高程与计算水位相同,或净跨小于规定10% ~20%; 2. 孔、涵位置偏置,调治构造物短缺,或调治构造物局部损坏,河床发生严重的不利变形; 3. 深基础冲刷深度线在规定的基底最小埋深安全值的30% ~60%内;浅基础防护周边冲刷深度线在规定的基底最小埋深安全值的30% ~60%内,或防护体损坏明显; 4. 墩、台冲蚀剥落露筋,面积超过10%,钢筋严重锈蚀
差	1. 孔径大小:桥下实际过水面积小于设计排水面积20%以上,上部结构底高程低于计算水位,或净跨小于规定值20%以上; 2. 孔、涵位置偏置,无必要的调治构造物; 3. 深基础的冲刷深度线在规定的基底最小埋深安全值的60%以上;浅基础未做防护,冲空面积在20%以上; 4. 墩、台冲蚀剥落严重,桩有缩颈,砌体松动脱落或变形

注:计算水位已计入壅水、浪高等。

评定方法可采用现场检查、量测取得数据,按路段、桥涵原有技术等级标准,用现行有关技术规范进行验算评定。

2　当路段、桥涵抗洪能力评定为"强"时,进行正常养护;当路段、桥涵抗洪能力评定为"可"时,除正常养护外,应加强汛期病害观测,采取必要的技术措施,防止病害扩大;当路段、桥涵抗洪能力评定为"弱"或"差"时,路段应针对病害情况分别采取修理、加固或改建等技术措施,桥涵应对照现行《公路技术状况评定标准》(JTG H20)确定其技术类别并采取相应的技术措施。

8.3　公路防冰与防雪

8.3.1　公路防冰、防雪应根据当地的气候条件、公路状况因地制宜实施,分析并掌握公路的抗灾能力,制订必要的预防措施和应急抢修技术方案。重要工程和冰害、雪害多发路段,应制订应急抢修预案,保障公路正常通行。

8.3.2　公路冰害防治应根据灾害特征和以往治理经验,制订经济适用的预防和抢修措施,提高治理效果,降低工程造价,并对预防和治理措施进行全面记录。

1　采取有效措施防止路面积冰,对发生河水漫路造成路面积冰的路段应加强冬季养护,重点防范。路面一旦出现积冰应采取除冰或防滑措施。

2　当路面或结构物表面发生涎流冰覆盖时,应采取措施清除,并查找水源,进行疏导、拦截、排放,避免形成新的涎流冰。

3 当由于气温突变河流解冻产生大量流冰，可能对桥涵墩、桩柱、台和导流坝产生冲击时，应采取措施进行防治。

8.3.3 公路防雪工作应做到：制订防雪工作预案，备好防雪材料和设备，保持防雪设施的良好状态；及时了解现有防雪设施的防护功能，增添必要的防雪减灾设施，切实防治风雪流和雪崩。

8.3.4 风雪流的防治应符合下列要求：

1 公路路基应有利于风雪越过，避免积聚。

2 根据需要增设防风雪设施。

3 公路受风雪流影响形成雪阻时，应及时清除，恢复交通。

4 在冬季风雪流频繁发生的平原和微丘荒野地区，可选择沿公路另建辅道。

8.3.5 在雪季前后，应对防雪崩工程如水平台阶、稳雪栅栏、导雪堤、导雪槽等及时进行检查、维修。

8.3.6 雪崩的防治应符合下列要求：

1 路线（特别是盘山公路）多次通过同一雪崩地带时可选择改线。

2 保护公路上山坡坡面树木，以阻止雪体滑移而形成雪崩。

3 采取铺撒除雪材料、机械（炮轰）等措施破坏雪体，降低形成雪崩的可能性。

8.4 公路防沙

8.4.1 公路防沙治沙的原则是：预防为主、防治结合；固、阻、输、导结合；坚持日常维护，及时处治沙害。

8.4.2 公路风沙防治工程措施应符合下列要求：

1 工程防护措施有固、阻、输、导等方法，可单独使用，也可几种方法配合使用。

2 “固”是增加地表粗糙度，应采用各种材料作覆盖物，或设置各种沙障，将贴地层风速控制在起风沙之下或用不易被风吹的物质把沙粒与风隔离。固沙措施详见附录H。

3 “阻”是阻滞风沙流，拦截过境流沙，切断沙源。应利用各种材料，在迎风路侧设置人工障碍物，减少和抑制沙丘前移，减轻或防止流沙对公路的危害。

4 “输”是通过改变建筑物的几何形态，采取措施增大通过建筑物的风动沙运移强度，使原饱和风沙流在通过建筑物时处于非饱和状态，从而不产生沙的停留。

5 “导”是通过导风工程设施改变气流方向，采取各种措施引导风沙流所挟的沙改变沉积部位，从而使建筑物本身免遭风沙危害。

8.4.3 植物固沙措施（生物防沙）应符合下列要求：

植物固沙措施是利用植物的生态特点防止沙移并且达到沙漠稳固的一种措施，包括固结活动沙丘、阻沙、稳定边坡以及设置沙地林带。

1 应采用耐风蚀和沙埋、耐旱、耐盐的防沙植物。

2 对于大范围的固沙，应以种植低矮的灌木或半灌木为主，其种植范围在路基的上风侧应不小于500m，下风侧不小于200m。

3 对于大面积防沙，可设置防风沙林带。林带可由草、灌木、乔木合理结合种植。林带至公路的最短距离，迎风面应不小于100m，背风面不小于50m。

4 防沙植物的选择应根据沙层情况及地下水位的深浅，合理选择适合生长的物种。

8.4.4 沙漠地区公路养护与维修应符合下列要求：

1 加强全面养护。在养护好公路本身的同时，应加强公路防沙治沙设施的养护与维修。

2 及时消除可能导致公路沙害的因素，加强对沙害隐患的防治。

3 掌握养护路段的气候规律，加强风期的养护，公路发生沙害应及时排除。

4 对重大沙害路段的养护应集中力量，尽快排除因沙害引起的阻车现象。

5 公路遭沙埋后，应及时清除干净，并将沙子搬运到公路下风侧的洼地或20～30m外地形开阔处摊平撒开，严禁堆弃在迎风面或路肩上。

6　加强对沿线机械沙障、阻沙堤和下导风栅板等防沙设施的检查。发现损坏，应及时维修、扶正及抽拔提高，或适当调整位置及必要时加设。

7　对路基两侧栽植的草木应加强培育管理，对风蚀严重、根系裸露的应及时扶正，重新埋好，并做好浇水、补苗、除虫、整枝或间伐工作。

8.5　突发事件处置

8.5.1　对公路突发事件的处置应做到快速反应，准备充分，组织有力，处置得当，最大限度降低灾害损失。

8.5.2　对各类公路突发事件应建立应急预案。

8.5.3　应急预案的主要内容应包括：组织领导体系；应急抢险队伍；人、材、物及资金的保障；信息报告制度；临时交通组织方案；抢险工程措施等。

8.5.4　应对公路重要设施建立灾害预警体系，以切实掌握公路设施在运行过程中的使用状态，尽可能减少突发事件的发生，达到公路设施隐患治早、治小、治了的目标。

8.5.5　当公路及其沿线设施发生因自然或人为因素造成严重损坏影响交通或造成人身伤害的重特大突发事件时，应积极采取应急措施，避免灾害扩大，做好灾后工程修复工作。

9 交通工程及沿线设施

9.1 一般规定

9.1.1 交通工程及沿线设施包括:交通安全设施、公路机电系统(监控系统、收费系统、通信系统、供配电系统)、服务设施及养护房屋等。

9.1.2 交通工程及沿线设施应遵循“保障安全、提供服务、利于管理”的原则,保持完整、齐全和良好的工作状态。

9.1.3 各种设施应加强养护,及时维修和更换损坏部件。设施不全或设施设置不合理的,应根据公路性质、技术等级和使用要求,有计划、有步骤地补充和完善。

9.2 交通安全设施

9.2.1 基本要求

1 交通安全设施的养护内容包括:检查、保养维护和更新改造。检查包括经常性检查、定期检查、特殊检查和专项检查。平时应加强日常巡查。

2 经常性检查的频率不少于1次/月;定期检查的频率不少于1次/年;遭遇自然灾害、发生交通事故或出现其他异常情况时,应及时进行附加的特殊检查;设施更新改造之后,应进行全面的专项检查。

3 应结合设施特点,加强对交通安全设施的养护维修和更新改造。

4 交通安全设施的养护应满足设施完整和外观质量、安装质量、技术性能等各项质量的要求。

5 因交通事故、自然灾害或其他原因造成的设施损伤应及时进行修复。

6 采用常青绿篱和绿色植物进行隔离和防眩时,参照本规范公路绿化的相关规定进行养护。

7 对于事故多发路段和一些特殊路段,应结合公路安全保障工程的技术内容,及时改造完善各种交通安全设施。

8 交通安全设施的养护质量参照现行《公路技术状况评定标准》(JTG H20)进行评定。

9.2.2 交通标志

公路交通标志的养护应符合下列要求:

1 应保持交通标志设置合理、结构安全,版面内容整洁、清晰。

2 标志板、支柱、连接件、基础等标志部件应完整、无缺损且功能正常。

3 标志应无明显歪斜、变形,钢构件无明显剥落、锈蚀。

4 标志面应平整,无明显褪色、污损、起泡、起皱、裂纹、剥落等病害。

5 标志的图案、字体、颜色等应符合相关标准要求。

6 反光交通标志应保持良好的夜间视认性。

9.2.3 路面标线

路面标线的养护应符合下列要求:

1 具有良好的可视性,边缘整齐、线形流畅,无大面积脱落。

2 颜色、线形等应符合相关标准要求。

3 反光标线应保持良好的夜间视认性。

4 重新画设的标线应与旧标线基本重合。

9.2.4 突起路标

突起路标的养护应符合下列要求：

1　突起路标应无严重的缺损。

2　破损的突起路标应不对车辆、人员等造成伤害。

3　突起路标应无明显的褪色。

4　突起路标的光度性能应保持其在夜间良好的视认性。

9.2.5　轮廓标

轮廓标的养护应符合下列要求：

1　轮廓标应进行表面清洗。

2　轮廓标应无缺损。

3　轮廓标应无明显的褪色。

4　轮廓标的光度性能应保持其在夜间良好的视认性。

9.2.6　护栏

护栏的养护应符合下列要求：

1　波形梁钢护栏

1)保持波形梁钢护栏的结构合理、安全可靠。

2)护栏板、立柱、柱帽、防阻块(托架)、紧固件等部件应完整、无缺损。

3)护栏质量符合相关标准要求。

4)护栏的防腐层应无明显脱落,护栏无锈蚀。

5)护栏板搭接方向正确,螺栓紧固。

6)护栏安装线形顺畅,无明显变形、扭转、倾斜。

2　水泥混凝土护栏

1)保持水泥混凝土护栏线形顺畅、结构合理。

2)水泥混凝土护栏应无明显裂缝、掉角、破损等缺陷。

3)水泥混凝土护栏使用的水泥、砂、石、水、外加剂、钢筋等材料质量应符合相关标准、规范及设计要求。

4)水泥混凝土护栏的几何尺寸、地基强度、埋置深度,以及各块件之间、护栏与基础之间的连接应符合设计要求。

3　缆索护栏

1)缆索护栏各组成部件应无缺损。

2)缆索护栏各组成部件应无明显变形、倾斜、松动、锈蚀等现象。

3)缆索护栏使用的缆索、立柱、锚具等材料质量应符合相关标准、规范及设计要求。

9.2.7　隔离栅

隔离栅的养护应符合下列要求：

1　应保持隔离栅完整无缺,功能正常。

2　隔离栅金属网片、立柱、斜撑、连接件、基础等部件应无缺损。

3　隔离栅质量应符合相关标准要求。

4　隔离栅应无明显倾斜、变形,各部件稳固连接。

5　隔离栅防腐涂层应无明显脱落、锈蚀现象。

9.2.8　防眩设施

防眩设施的养护应符合下列要求：

1　防眩板、防眩网等防眩设施应保持完整、清洁,具有良好的防眩效果。

2　防眩设施应安装牢固,无缺损。

3　防眩设施应无明显变形、褪色或锈蚀。

4　防眩设施的质量应符合相关标准要求。

9.2.9　其他交通安全设施

1 应保持里程碑、百米桩、道口标柱、公路界碑、防落网、锥形交通路标、公路防撞桶、减速垫、安全岛、平曲线反光镜、声屏障、示警标柱等交通安全设施的清洁完整和功能正常。

2 应选择恰当和可行的方法对里程碑、百米桩、道口标柱、公路界碑、防落网、锥形交通路标、公路防撞桶、减速垫、安全岛、平曲线反光镜、声屏障、示警标柱等交通安全设施进行养护。

9.3 公路机电系统

9.3.1 公路机电系统包括监控系统、收费系统、通信系统、供配电系统等,其维护质量标准参照现行《公路工程质量检验评定标准(机电工程)》(JTG F80/2)执行。

9.3.2 定期对监控系统的地图屏、投影显示屏、计算机系统、区域控制器、匝道控制器、车辆检测器、可变信息标志、闭路电视、气象检测仪,交通调查数据采集设备,隧道照明、风机、消防喷淋等设备的控制系统的工作环境、状态和性能进行检查、检测和维护。

9.3.3 应定期对收费系统的车道控制器、闭路电视、对讲系统、显示器、键盘、IC(磁)卡发卡机、IC(磁)卡读写器、票据打印机等收费车道亭内设备,和电动栏杆机、费额显示器、摄像机、手动栏杆、电源线、雨棚信号灯、车道通信灯、雾灯、车辆检测器、不停车收费系统的路侧读写单元和天线控制器等设备进行检查、检测和维护。

9.3.4 应定期对通信系统的光电缆传输线路、数字传输系统(包括准同步数字系列 PDH、同步数字系列 SDH)、数字程控交换机、IP 网络设备、紧急电话系统和无线通信系统进行检查、检测和维护。

9.3.5 应定期对公路专用的供配电系统(包括高压配电装置、电力变压器、低压配电装置、配电线路和照明设备等)进行检查、检测和维护。

9.3.6 应认真做好公路机电系统的检查、检测和维护工作记录。公路机电系统各设备的检查、检测及维护的主要项目和周期参见附录 I。

9.4 服务设施

9.4.1 服务设施包括服务区、停车区和收费站、加油站等的土建及附属设施,以及公共汽车停靠站等设施。

9.4.2 服务设施的配置应符合相关要求。

9.4.3 服务设施的养护应符合下列要求:

1 及时清扫场地,清除场内杂物,清理疏通排水设施。保持服务区内环境的整洁卫生。

2 定期检查消防设备的数量及完好情况。灭火器药剂必须定期更换。

3 服务区内的道路、房屋、立体交叉、交通标志和标线、绿化、通信等设施的养护与维修,参照本规范有关章节的规定执行。

9.5 养护房屋

9.5.1 养护房屋的设置应满足公路养护生产和管理需要。养护房屋内应配备通信设备等各种必要的生产、生活、消防设施。

9.5.2 养护房屋及周围环境应布局合理,整洁美观,设施适用、方便,并保持排水畅通。

9.5.3 养护房屋应定期检查、维护,及时修复损坏部分。

10 公路绿化与环境保护

10.1 一般规定

10.1.1 公路绿化应贯彻“因地制宜、因路制宜、适地适树”的方针，科学规划，合理选择绿化植物品种。

公路绿化规划，应根据公路等级、沿线地形、土质、气候环境和绿化植物的生物学特性，以及对绿化的功能要求，结合地方绿化规划进行编制。

10.1.2 新、改建公路的绿化工程应与公路主体工程设计、施工、验收同步进行，由公路养护部门一并接养。

10.1.3 公路绿化栽植成活率、保存率指标，不同类型区应分别符合下列要求：

1 平原区：成活率达 90% 为合格，95%（含）以上为优良；保存率达 85% 为合格，90%（含）以上为优良。

2 山区：成活率达 85% 为合格，90%（含）以上为优良；保存率达 80% 为合格，85%（含）以上为优良。

3 寒冷草原区及沙、碱、干旱区：成活率达 75% 为合格，80%（含）以上为优良；保存率达 70% 为合格，75%（含）以上为优良。

10.1.4 公路绿化植物应定期进行修剪、整形，加强病虫害防治。

10.1.5 公路环境保护应贯彻“预防为主、防治结合、综合治理”的方针，保护和改善、提高公路环境质量。

10.2 栽植与管护

10.2.1 不同等级和不同路段公路绿化，应分别符合下列要求：

1 高速公路、一级公路的中央分隔带宜种植灌木、花卉或草皮。服务区应结合当地环境、景观要求，另行设计，单独实施。

2 二级及二级以下公路，宜采用乔木与灌木相结合的方式，并充分体现当地特色。

3 平面交叉在设计视距影响范围以内，不得种植乔木；在不影响视线的前提下，可栽植常绿灌木、绿篱和花草。

4 小半径平曲线内侧不得栽植影响视线的乔木或灌木，其外侧可栽植成行的乔木，以诱导汽车行驶，增加安全感。

5 立体交叉分割形成的环岛，可选择栽植小乔木或灌木，实现丛林化。互通式立体交叉的匝道转弯处构成的三角区内，应满足通视要求。

6 隧道进出口两侧 30 ~ 50m 范围内，宜栽植高大乔木，尽可能形成隧道内外光线的过渡段，以利车辆安全行驶。

7 桥头或涵洞两头 5 ~ 10m 范围内，不宜栽植乔木，以免根系破坏桥（涵）台。

10.2.2 不同类型地区的公路绿化，应分别符合下列要求：

1 山区：应实施具有防护功能的绿化工程，如防护林带、灌木、草皮护坡等。

2 平原区：应栽植单行或多行防护林带。

3 草原区：应在线路两侧栽植以防风、防雪为主的防护林带。

4 风沙危害地区：以营造公路防风、固沙林带为主，栽植耐干旱、根系发达、固沙能力强的植物品种。

5 盐碱区：应选择抗盐碱、耐水湿的乔木、灌木品种，配栽成多行绿化带。

6 旅游区：通往名胜古迹、风景区、疗养休闲区、湖泊等地的公路，应注重美化，营造风景林带，可栽植有观赏价值的常绿乔木、灌木、花卉以及珍贵树种和果树类。

10.2.3 公路绿化植物的栽植应符合现行《公路工程技术标准》(JTG B01)关于公路建筑限界的规定，乔木和灌木的株行距可根据不同的树种、冠幅大小选择。

10.2.4 绿化植物成活后到郁闭前，应加强抚育管理，及时检查、补植、浇水、除草、松土、施肥、整形等。绿化植物郁闭后，应及时修剪抚育。

10.2.5 加强公路绿化巡查，根据各类绿化植物病虫害发生、发展和传播蔓延的规律，及时采取相应防治措施，保障绿化植物正常生长。每年春季或秋季，宜在乔木树干上距地面1～1.5m高度范围内刷涂白剂。

防治绿化植物病虫害应以预防为主，开展生物、化学防治与营林措施相结合进行综合防治。应贯彻“治早、治小、治了”的防治方针。严格苗木检疫制度，消灭越冬虫卵、蛹，烧毁落叶虫婴、虫茧，及时消除衰弱、病害植株。

10.2.6 绿化公路的乔木、灌木、花草及防护林、风景林等，不宜在较长路段内采用同一绿化植物品种，应分段轮换栽植不同品种，以减少病虫害的传播和蔓延。

10.2.7 严格遵守《中华人民共和国森林法》，任何单位和个人不得擅自砍伐、破坏公路绿化。公路绿化符合下列情况之一者，方可履行报批手续经批准后采伐或更新：

1 公路路树过密且不宜移植，需进行抚育采伐的；

2 经有关部门鉴定，树木确已进入衰老期或品种严重退化的；

3 公路改建或加宽需采伐原有公路绿化的；

4 公路树木发生大规模病虫害，经有关部门鉴定确需采伐或更新的；

5 生长势弱，绿化效果差，影响路容路貌的。

10.2.8 公路绿化采伐证须按有关规定程序办理。经批准采伐公路绿化，必须按采伐证规定的树种、数量、路线长度，在规定的时间内采伐，不得超量或超期采伐。公路改建需采伐的树木，如有移植价值，应尽可能移植利用。路树经采伐形成的空白路段应在其后的第一个绿化季节及时补植，并加强管护。

严禁无证采伐。但在非常时期，如遇战备、救灾、水毁抢修等特殊情况，为保障公路通行，可先行砍伐，后补办有关手续。

10.2.9 为了掌握公路绿化的发展变化情况，积累资料，应建立公路绿化档案。

10.3 环境保护

10.3.1 公路及沿线设施周围环境的保护应符合下列要求：

1 公路环境保护应与公路建设和养护相结合，开发和利用环境。

2 公路环境保护应体现经济效益、社会效益，各种环境保护设施应因地制宜，做到技术可行、经济合理。

3 公路养护工程应以维护生态、降低污染、保护沿线环境为目标，对施工与营运期产生的污染应采取相应的处治措施。

4 位于自然保护区、水源保护地、森林、草原、湿地和野生生物及其栖息地的公路，养护作业时应妥善处理施工废料、废水。废方弃置应注意保护自然水流形态，避免阻塞河道水流或造成水土流失。废水不得直接排入饮用水体和养殖水体。

5 增强生态保护和水土保持意识，保护生态资源，少占土(耕)地，做好公路用地范围内的水土保持工作。对公路用地范围内环境脆弱、地质灾害易发路段，应采取生物、工程等综合措施，做好防护工作；对边坡、荒地的水土流失，应做好治理工作。

10.3.2 公路养护应注意防治下列生活环境污染：

1 养护施工作业噪声对声环境的污染；

2 搅拌站(场)的烟尘、施工扬尘、路面清扫扬尘对环境空气的污染；

3 公路服务区等的生活污水、路面径流、施工废水和废渣等对水环境的污染；

4 养护施工中的废弃物对环境的污染。

10.3.3 公路养护环境污染防治应采取下列有效措施：

1 积极试验和采用无污染或少污染环境的新工艺、新技术、新产品。在路面养护施工中，应积极推广再生、快速修补等环保工艺，减少工程废料。

2 环境空气污染防治应结合景观绿化，选择有吸附或净化能力，适合当地气候、土壤条件的花草、灌木和乔木。在用地许可时，宜种植多层次的绿化林带。

3 沥青混合料一般应集中场站搅拌，其设备污染物排放应符合现行《沥青工业污染物排放标准》(GB 4916)的有关规定。

4 石灰、粉煤灰等路用粉状材料运输和堆放应有遮盖，有条件时其混合料应集中拌和，减轻对空气、农田的污染。

5 养护作业应考虑对施工路段及便道适时洒水，减轻扬尘污染。

6 公路服务区、停车区等产生的废水排放应符合现行《污水综合排放标准》(GB 8978)的有关规定。

10.3.4 公路养护作业应采取有效措施，减少对生态环境、水环境、声环境、环境空气、社会环境的影响，并注意保护公路沿线文物古迹。

11 公路养护作业安全

11.1 一般规定

11.1.1 公路养护维修作业必须保障养护维修作业人员和设备的安全,以及车辆的安全运行。在进行养护维修作业前,应制订安全保障方案。

11.1.2 公路养护维修作业单位应建立安全管理制度,实施对养护维修作业人员的安全培训和教育。养护维修作业人员必须接受安全技术教育,遵守各项安全技术操作规程。

11.1.3 公路养护维修作业单位或经营单位应加强养护维修作业安全的管理。各级公路管理机构应加强对养护维修作业安全的监督和检查。

11.1.4 养护维修作业的安全设施在未完成养护维修作业之前应保持完好,任何人不得随意撤除或改变安全设施的位置,扩大或缩小控制区范围,以保证养护维修作业控制区的安全。

11.2 养护作业安全

11.2.1 凡在公路上进行养护维修作业和管理的人员必须穿着带有反光标志的橘红色工作服装。

11.2.2 公路路面养护维修作业应按作业控制区交通控制标准设置相关的渠化装置和标志,必要时应指派专人负责维持交通。在可能发生山体滑坡、塌方、泥石流及高路堤、陡边坡等路段养护维修作业,必要时应设专人观察险情,严防安全事故发生。

11.2.3 养护维修作业人员应在控制区内作业和活动,养护机械或材料不得堆放于控制区外。

11.2.4 公路桥梁、涵洞、隧道养护现场,应专门设置养护维修作业的交通标志。在桥梁栏杆外侧和桥梁墩台进行养护维修作业时,必须设置有效的安全防护设施,作业人员必须系安全带。

11.2.5 在隧道内进行养护作业时,除遵守第11.1.4、11.2.3条规定外,还应遵守以下规定:

1 养护施工路段内的照明应满足要求,并设置必要的安全设施。

2 注意观察和控制隧道内的有害气体浓度,做好通风工作。

3 隧道内禁止存放易燃易爆物品,严禁烟火。

4 电子设施等对维护安全有特别要求的,应按相关安全规程执行。

11.2.6 特殊条件下的养护维修作业应符合下列要求:

1 高温季节实施养护作业,应按劳动保护规定,采取防暑降温措施,并适当调整作息时间,尽量避开高温时段。

2 冬季养护维修作业时应采取保温防冻等安全防护措施,除雪作业时应加强交通管制,并对作业人员、作业机械加强防滑措施。

3 雨季养护维修作业应做好防洪排涝工作,加强防水、防漏电、防滑、防坍塌等措施。如遇暴风雨应停止作业。

4 大雾天不宜进行养护维修作业,当必须进行抢修作业时,应采取封闭交通,并在安全设施上设置黄色施工警告灯号等安全设施。

5 夜间养护维修作业,现场必须设置符合操作要求的照明设备。

11.2.7 山区养护维修作业时,应遵守下列规定:

1 在视距条件较差或坡度较大的路段进行养护维修作业,必要时应设专人指挥交通,作业控制区应增加有关交通安全设施。

2 控制区的施工标志应与急弯标志、反向标志或连续弯标志等并列设置。

3 在同一弯道不得同时设置两个或两个以上养护维修作业控制区。

4 养护维修作业人员在作业时应戴安全帽。

11.2.8 清扫、绿化养护及道路检测作业,应遵守下列规定:

1 严禁在能见度差(如夜间无照明设施、大雾天)的条件下进行人工清扫。

2 高速公路和一级公路路面清扫应以路面清扫车进行机械清扫为主,二级及二级以下公路路面清扫可以机械清扫和人工清扫相结合,当进行人工清扫路面时,应采取安全防护措施。

3 凡需占用车道进行绿化作业时,必须按作业控制区布置要求设置有关标志。

4 高速公路、一级公路中央分隔带、边坡绿化浇水作业时,浇水车辆尾部应安装发光可变标志或按移动养护维修作业控制区布置。

5 道路检测车、路面清扫车、护栏清洗车等在高速公路、一级公路进行道路性能检测和作业时,凡行进速度低于50km/h时,应按临时定点或移动养护维修作业控制区布置,或在设备尾部安装发光可变标志。

11.2.9 加强养护维修机具的操作安全防范和维修保养。养护机械的操作、维修和保养按有关规定执行。

11.2.10 养护维修作业控制区由警告区、上游过渡区、缓冲区、工作区、下游过渡区和终止区组成。

各项养护维修作业控制区的布置位置和长度应保证公路养护维修作业人员、设备和过往车辆的安全。

11.2.11 养护维修作业安全设施的设置与撤除应遵守以下程序:当进行养护维修作业时,应顺着交通流方向设置安全设施;当作业完成后,应逆着交通流方向撤除为养护维修作业而设置的有关安全设施,恢复正常交通。

12 技术管理

12.1 一般规定

12.1.1 公路养护应加强技术管理，严格遵守和贯彻执行有关公路技术标准、规范和规程，以提高公路养护质量和服务水平。

12.1.2 公路养护技术管理的内容包括：公路养护信息化管理、养护工程管理、公路检查和档案管理等。

12.1.3 公路养护技术管理应本着服务及保畅的原则，大力推行技术创新和制度创新，不断提高公路养护技术水平和管理水平。

12.1.4 各级公路管理机构应建立健全公路养护管理制度，依靠现代科技手段，逐步建立公路养护信息化管理平台。

12.2 信息化管理

12.2.1 公路养护技术管理应建立公路数据库作为基础平台，所有公路基本信息采用计算机进行储存和管理。各地公路管理机构应根据现行有关公路数据库标准的要求，逐步建立完善省、市、县各级公路数据库系统。

12.2.2 公路数据库的内容应包括公路几何数据、路面结构数据、公路养护历史数据、交通量和轴载数据、桥涵及路基防护构造物数据、安全保障工程设施数据、绿化植物数据、路域环境数据等基本数据资料，以及路面结构强度、路面破损、路面平整度和路面抗滑等路面状况数据和交通事故数据。

12.2.3 公路基本数据采集以公路竣工文件为主要依据，并结合现状调查进行。当公路大修或改建后，数据应及时进行更新。路面状况数据应现场采集，并应尽量采用高效检测仪器进行数据采集。

12.2.4 公路数据信息包括：文字信息、数字信息和图片信息。数据的采集和整理以路段（一般为1km）为单位。路域环境信息除文字和数字信息外，宜每百米拍摄一张全景式数码照片作为图片信息存入数据库。路域环境图片信息也可用前方图像系统采集的连续录像信息代替。

12.2.5 各地应创造条件在公路数据库的基础平台上，根据需要建立起地理信息系统（GIS）以及路面管理系统、桥梁管理系统、隧道管理系统、公共信息服务系统等应用系统。

12.3 养护工程管理

12.3.1 各级公路管理机构应定期组织对公路路况进行调查，正确评价和掌握公路技术状况，并通过动态分析各种病害产生的原因、机理和变化规律，科学预测路况发展趋势，为养护工程决策提供科学依据。

12.3.2 养护工程应引入竞争机制，推行招投标制度、工程监理制度和合同管理制度。对于大中修工程，应由具有相应资质的单位进行施工和监理。对于改建工程，应按照工程建设管理的规定，对设计、施工和监理实行招投标制度。

12.3.3 各级公路管理机构应严格养护工程管理程序，完善重大工程项目的报批和审查制度；对技术难度较大的工程项目，应组织专家进行技术论证。

12.3.4 公路大修或改建工程项目，应由具有相应资质的设计单位进行勘测设计。

12.3.5 各级公路管理机构应加强对养护工程的中间检查。

12.3.6 养护工程完工后,必须符合以下条件才能接养:

1 经竣工验收为合格工程。

2 公路编号、命名以及相应的交通工程及沿线设施系统设置规范、完善。

3 各项竣工文件、档案资料齐全。

12.4 公路检查

12.4.1 各级公路管理机构应坚持和完善公路检查制度,定期对公路进行检查,及时、准确掌握公路路况质量和使用品质,评价和考核公路的运营性能以及公路养护生产和管理工作成效。

12.4.2 公路检查的内容包括:公路技术状况、日常养护情况、养护工程实施情况、养护计划和管理制度的执行情况等。

12.4.3 公路检查应做到科学、合理,考核评定应客观、公正,检测手段应先进、准确。应对公路主要技术指标进行全面检测或抽检,客观地评价公路路况和养护水平。公路检查的评价标准按现行《公路技术状况评定标准》(JTG H20)执行。

12.4.4 公路因遭受洪水、台风、积雪等自然灾害毁坏或人为破坏,造成交通中断时,沿线养护道班(工区、站)应调查了解情况,并迅速向县级公路管理机构报告;受损线路为国省干线时,应立即上报至省级公路管理机构,国道应上报交通部。

12.4.5 应加强对收费公路,特别是经营性收费公路的监督检查,以保障收费公路的服务水平。

12.4.6 多雨地区或公路水毁多发地区的公路管理机构,应加强雨季公路检查。

12.5 档案管理

12.5.1 公路养护档案管理应符合下列规定:

1 公路养护档案工作应遵循"统一管理、分级负责"的原则。

2 公路养护应严格执行工程档案管理的有关规定,公路养护工程所形成的档案应及时归档,并由档案管理部门实行集中统一管理,不得由承办部门和个人分散保存。

3 应建立档案管理制度,由专人负责管理。

4 公路养护工程的计划、统计、审计、机械设备、设计文件、竣工档案等信息资料,应按相应的管理规定进行管理。

5 建设单位应对养护工程原工程档案组织设计、施工单位据实修改、补充和完善。对改变的部位,应当重新编制工程档案,并在工程验收后3个月内向相应的档案管理部门移交。

6 应积极采用先进技术,逐步实现档案管理现代化。

7 公路养护档案应对小修保养、中修工程、大修工程和改建工程分别立卷归档。

12.5.2 档案的整理应符合下列要求:

1 公路养护技术档案应每年按照档案要求分类整理,装订成册,编好目录,分类归档。

2 立卷应遵循工程文件的自然形成规律,保持卷内文件的有机联系,便于档案的保管和利用。

3 档案资料应进行科学组卷,每单位工程为一卷,如文件材料多时可分为若干册。

4 卷内文件排列顺序一般为封面、目录、文件材料部分。

5 文件应字迹清楚,图样清晰,图表整洁,签字盖章手续完备。

12.5.3 档案的保存与使用应符合下列要求:

1 加强档案的保存与管理,遵循"统一管理、分级负责"的原则。

2 档案保管分别按永久、长期和短期三种保管期限进行系统排列。

3 安放档案的档案室管理应贯彻"预防为主,防治结合"的方针,认真做好防盗、防火、防光、防潮、防尘、防污染、防有害生物等"七防"工作。

4　坚持库房检查制度和库房温湿度记录制度，注意调节和控制库房的温湿度，确保档案的安全。

5　档案管理部门应建立定期检查库存档案和设备制度，并做好检查记录。对破损和字迹模糊或变质的档案，应及时修补或复制。对库存档案发现可疑情况或者发生意外事故，应及时进行检查。

6　档案的使用应遵循“严守国家机密、禁止涂改抽拆、切勿私自携出，不得转借散失、妥善保护案卷、用毕及时归还”的原则。

12.5.4　电子档案

1　设计图纸应数字化保存。

2　应建立动态公路设施基础数据库，做好路面管理系统、桥梁管理系统、隧道管理系统、基础数据库的软件备份及数据更新和备份。

3　应做好文字、数据、影像记录等电子文件的保存和维护，逐步实现技术档案电子化。

4　应保证电子文件信息安全。

5　逐步建立档案信息化检索体系。

附录 A 公路养护每 100km 机械配备参考表

表 A 公路养护每 100km 机械配备参考表

项目	机械名称	规格参数(参考值)	沥青路拥有量		水泥路拥有量		碎石、土路拥有量	备注
			高速公路	其他公路	高速公路	其他公路		
日常养护机械	路面清扫车	清扫宽度 2~3m	1~2	1~2	1~2	1~2	—	或真空吸扫车,按需配备
	多功能洒水车	5 000~10 000L	1~3	1~2	1~3	1~2	1~2	能洒水、浇树、喷药、清洗标志等
	割灌除草机	$30cm^2/s$,≥1.8kW	2~4	2~4	2~4	2~4	2~4	背携式
	绿篱机		2~4	2~4	2~4	2~4	2~4	绿化修剪
	油锯		2~4	2~4	2~4	2~4	2~4	绿化修剪
	高枝剪		—	0.5	—	0.5	0.5	高大树木剪枝
	防撞护栏清洗机		1~2	1~2	1~2	1~2	—	
	多功能养护机	≥26kW	1	1	1	1	0.5	可换装挖掘、挖护坑、挖沟等养护作业常用的十多种装置,按需配置
	公路巡查车	3~6 座	2	2	2	2	1	
交通安全设施维修机械	路面画线机(车)	线宽 80~300mm	1~2	1~2	1~2	1~2	—	热熔或冷喷式,按需配置
	路面除线机	线宽 80~300mm	1~2	1~2	1~2	1~2	—	按需配置
	高空作业车	举升高度 10~12m	1	0.5	1	0.5	0.5	构造物、沿线设施、行道树用
	护栏打桩机	打桩力≥20kN	1	1	1	1	—	安装护栏立柱,按需配置
	护栏拔桩机		1	1	1	1	—	拔护栏立柱,按需配置
	护栏板校正机		0.5	0.5	0.5	0.5	—	按需配置

续上表

项目	机械名称	规格参数(参考值)	沥青路拥有量		水泥路拥有量		碎石、土路拥有量	备注
			高速公路	其他公路	高速公路	其他公路		
除雪清方排障抢险机械	除雪撒布机(车)	除雪宽度 1.5 ~ 3.5m,撒布宽度≥6m,撒布量≥50g/m²	1 ~ 2	1 ~ 2	1 ~ 2	1 ~ 2	1	推雪除冰,撒防结防滑剂,按需配置
	装载机(或推土机)	斗容量 3 ~ 5t	1 ~ 2	1 ~ 2	1 ~ 2	1 ~ 2	1	清塌方、推雪用,按需配置
	挖掘机	斗容 ≥0.8m³	0.5	0.5	0.5	0.5	—	清塌方、挖边沟等,按需配置
	道路清障车	起吊 5t,拖力 20t	1	0.5	1	0.5	—	按需配置
	事故抢险车		1	0.5	1	0.5	—	
	移动标志车		2 ~ 3	1 ~ 2	2 ~ 3	1 ~ 2	1 ~ 2	施工安全标志移动
	移动式现场照明设备	照明范围 >200m	1 ~ 2	1 ~ 2	1 ~ 2	1 ~ 2	1 ~ 2	夜间抢险及施工,按需配置
	水泵	扬程≥25m,吸程≥6m	1 ~ 3	1 ~ 3	1 ~ 3	1 ~ 3	1 ~ 3	排水抗洪
路面养护维修机械	路面破碎机		2 ~ 3	2 ~ 3	2 ~ 3	2 ~ 3	—	液压或气压破碎装置
	路面切割机		2 ~ 3	2 ~ 3	2 ~ 3	2 ~ 3	—	规范化修补切割
	吹风机		2 ~ 3	2 ~ 3	2 ~ 3	2 ~ 3	—	坑洞及伸缩缝清理
	路面铣刨机	宽度 0.5 ~ 2m	1	0.5	—	—	—	按需配置
	沥青洒布机	500 ~ 2 000L	—	1 ~ 2	—	—	—	
	沥青洒布车	≥2 000L	1	1	—	—	—	
	稀浆封层车	厚度 3 ~ 12mm	0.5	0.5	—	—	—	用于路面预防性养护,按需配置
	沥青路面综合养护车	汽车底盘	1 ~ 2	1	—	—	—	具有路面破碎、沥青洒布、拌和、压实等功能,按需配置
	沥青路面加热机	加热面积 0.5 ~ 2m²	2 ~ 3	1 ~ 2	—	—	—	路面热铣或铲油包,按需配置
	沥青路面热再生修补车	加热面积 0.5 ~ 4m²	1	—	—	—	—	按需配置

续上表

项目	机械名称	规格参数(参考值)	沥青路拥有量		水泥路拥有量		碎石、土路拥有量	备注
			高速公路	其他公路	高速公路	其他公路		
路面养护维修机械	沥青路面就地热再生机组		0.1	—	—	—	—	按需配置
	沥青料就地冷再生机		0.1	—	—	—	—	按需配置
	沥青混凝土摊铺机	摊铺宽度4.5~9m	1~2	1	—	—	—	
	水泥混凝土摊铺机		—	—	1	—	—	按需配置
	水泥混凝土摊铺整平机		—	—	0.5	1	—	按需配置
	真空吸水机	真空度≥97%	—	—	2	2	—	
	振捣器	1.1kW	—	—	4	4	—	
	抹平机	叶片直径800mm	—	—	2	2	—	
	切缝机	刀宽2.5~6mm	—	—	2	2	—	
	路面凿毛机		—	—	2	2	—	
	砂浆灌注机		—	—	1	1	—	包括钻孔机械、压浆泵等
	水泥路面破碎机		—	—	1~2	1	—	水泥路面破碎,按需配置
	多锤头破碎机或共振破碎机		—	—	0.1	0.1	—	水泥路面破碎压实,按需配置
	冲击式压实机		—	—	0.1	0.1	—	水泥路面破碎压实,按需配置
	清缝机		1	1	1	1	—	裂缝清理
	灌缝机		1	1	1	1	—	裂缝填充与修补
	路缘石成形机	250mm×250mm	0.5	0.5	0.5	0.5	—	按需配置
	石屑撒布机(车)	宽度1~3m	0.5	0.5	—	—	0.5	按需配置
	回砂机	宽度1.8~3m	—	—	—	—	1~2	
	撒砂机	宽度1.5~2m	—	—	—	—	0.5	
	扫浆机	宽度1.5~2m	—	—	—	—	1~2	

续上表

项目	机械名称	规格参数(参考值)	沥青路拥有量		水泥路拥有量		碎石、土路拥有量	备注
			高速公路	其他公路	高速公路	其他公路		
路基养护维修机械	推土机	>56kW	1	0.5	1	0.5	0.5	
	挖掘机	斗容量≥0.8m³	0.5	0.5	0.5	0.5	0.5	
	挖掘装载机(两头忙)	≥0.6m³	1	0.5	1	0.5	0.5	
	平地机	>100kW	1	0.5	1	0.5	0.5	
	稳定土摊铺机	最大宽度4.5~9m	1~2	1	1~2	1	—	按需配置
	稳定土路拌机	宽度2m	1	0.5	1	0.5	—	
	涵洞清淤机(车)		1	0.5	1	0.5	0.5	
压实机械	平板振动夯和冲击夯	100~200kg	各1~3	各3~6	各1	各1	各1	用于日常修补
	手扶振动压路机	≤2t	2~4	1~3	1	1	1	用于日常修补
	静碾压路机	≤10t	2	2	—	—	—	用于日常修补
	双钢轮振动压路机	≤8t	1~3	1~2	—	—	—	用于日常修补
		≥9t	1~3	1~2	—	—	—	用于路面压实
	轮胎压路机	16~25t	1~2	1	—	—	—	用于路基路面压实
	单钢轮振动压路机	14~28t	1~2	1	1~2	1	1	用于路基压实
材料准备机械	沥青储存加温设备	300~2 000t	1	0.5~1	—	—	—	
	沥青储存加温罐	50t	1~3	1~2	—	—	—	
	沥青混合料搅拌站	强制拌和,≥40t/h	1~2	1	—	—	—	按需配置(承担薄层罩面或面层翻修的宜配140~160t/h)
	沥青混合料拌和机	10~30t/h	1~2	1	—	—	—	
	沥青混凝土热再生拌和设备	>3t/h	0.1~1	1	—	—	—	按需配置
	沥青混凝土冷再生拌和设备	>3t/h	0.1~1	1	—	—	—	按需配置
	稳定土厂拌设备	≥200t/h	1~2	1~2	1~2	1~2	—	按需配置

续上表

项目	机械名称	规格参数(参考值)	沥青路拥有量		水泥路拥有量		碎石、土路拥有量	备注
			高速公路	其他公路	高速公路	其他公路		
材料准备机械	水泥混凝土拌和站	强制拌和,30m³/h	0.5	0.5	1~2	1	—	按需配置
	水泥混凝土拌和机	10~25m³/h	0.5	0.5	1~2	1~2	—	按需配置
	砂浆拌和机	7~12m³/h	—	0.5	—	0.5	0.5	按需配置
	凿岩机	钻孔深3~9m	0.5	0.5	0.5	0.5	0.5	配空压机,按需配置
	碎石机械	8~10m³/h	2	2	2	2	4	或碎石筛分机组,按需配置
	地磅	10~40t	0.5	0.5	0.5	0.5	—	按需配置
	皮带运输机	带宽500~800m	2	2	2	2	2	按需配置
	卷扬机	3~5t	1	1	1	1	1	按需配置
	发电机组	50~200kW	1	1	0.5	0.5	0.5	按需配置
装运设备	拖拉机或农用运输车	0.5~1.5t	—	1~3	—	1~3	1~3	
	皮卡	0.5~1t	1~2	1	1	1	1	
	轻型货车	1~4.5t	0.5	0.5	0.5	0.5	0.5	
	自卸汽车	1.5~15t	1~2	1~2	1	1	1	
	平板拖车	10~30t	1	0.5	1	0.5	—	转运设备
	装载机	斗容量3~5t	1~3	1~3	1~2	1~2	1	
	沥青运输油罐车	5~10t	1	1	—	—	—	
	汽车起重机	10~30t	1	0.5	1	0.5	—	转吊设备,抢险

续上表

项目	机械名称	规格参数(参考值)	沥青路拥有量		水泥路拥有量		碎石、土路拥有量	备注
			高速公路	其他公路	高速公路	其他公路		
公路检测设备	公路路况与病害综合检测车		0.1		0.1		—	按需配置
	桥梁检测车		0.1		0.1		—	按需配置
	激光断面仪		0.1		0.1		—	检测路面平整度,按需配置
	车载式自动弯沉仪或落锤弯沉仪		0.1		0.1		—	按需配置
	路面横向力系数测试车或纵向摩擦系数测试车		0.1		0.1		—	检测路面摩阻系数,按需配置
	探地雷达测试仪		0.1		0.1		—	检测路面各层厚度与密实度,按需配置
	标志标线逆反射系数测试仪		0.1		0.1		—	按需配置
桥隧养护机械			钢桥		水泥混凝土桥		隧道	
	钢筋加工机械	加工直径 6 ~ 40mm	1		1		—	具有切断、调直、弯曲等功能
	钢筋对焊机		1		1		—	
	喷漆机械		1 ~ 2		—		—	
	吊装设备	起重能力 5 ~ 30t	1		1		—	
	水泥混凝土泵(车)	10 ~ 15m^3/h	—		0.5		0.5	按需配置
	混凝土喷射机	排量 2 ~ 6m^3/h	—		—		1	按需配置
	压浆设备	压力 > 10MPa	—		1		1	按需配置
	隧道清洗机(车)	5MPa,50L/min	—		—		1	按需配置

注:以上是公路养护主要机械设备配置参考表,各地可根据当地情况,按需制定本地养护机械配备标准。

附录B　公路养护工程作业内容表

表B　公路养护工程作业内容表

工程项目	小修保养	中修工程	大修工程	改建工程
路基	保养： 1. 整理路肩、边坡，修剪路肩、分隔带草木，清除杂物，保持路容整洁； 2. 疏通边沟，保持排水系统畅通； 3. 清除挡土墙、护坡滋生的有碍设施功能发挥的杂草，修理伸缩缝，疏通泄水孔，及清除松动石块； 4. 路缘带的修理。 小修： 1. 小段开挖边沟、截水沟或分期铺砌边沟； 2. 清除零星塌方，填补路基缺口，轻微沉陷翻浆的处理； 3. 桥头接线或桥头、涵顶跳车的处理； 4. 修理挡土墙、护坡、护坡道、泄水槽、护栏和防冰雪设施等局部损坏； 5. 局部加固路肩	1. 局部加宽、加高路基，或改善个别急弯、陡坡、视距； 2. 全面修理、接长或个别添建挡土墙、护坡、护坡道、泄水槽、护栏及铺砌边沟； 3. 清除较大塌方，大面积翻浆、沉陷处理； 4. 整段开挖边沟、截水沟或铺砌边沟； 5. 过水路面的处理； 6. 平交道口的改善； 7. 整段加固路肩	1. 在原路技术等级内整段改善线形； 2. 拆除、重建或增建较大挡土墙、护坡等防护工程； 3. 大塌方的清除及善后处理	整段加宽路基，改善公路线形，提高技术等级
路面	保养： 1. 清除路面泥土、杂物，保持路面整洁； 2. 排除路面积水、积雪、积冰、积沙，铺防滑料、灭尘剂或压实积雪维持交通； 3. 砂土路面刮平，修理车辙；	1. 砂土路面处理翻浆，调整横坡； 2. 碎砾石路面局部路段加厚、加宽，调整路拱加铺磨耗层，处理严重病害； 3. 沥青路面整段封层罩面；	1. 整段用稳定材料改善土路； 2. 整段加宽、加厚或翻修重铺碎砾石路面； 3. 翻修或补强重铺铺装、简易铺装路面；	1. 整线整段提高公路技术等级，铺筑铺装、简易铺装路面；

续上表

工程项目	小修保养	中修工程	大修工程	改建工程
路面	4. 碎砾石路面匀、扫面砂，添加面砂，洒水润湿，刮平波浪，修补磨耗层； 5. 处理沥青路面的泛油、拥包、裂缝、松散等病害； 6. 水泥混凝土路面日常清缝、灌缝及堵塞裂缝； 7. 路缘石的修理和刷白。 小修： 1. 局部处理砂石路的翻浆变形，添加稳定料； 2. 碎砾石路面修补坑槽、沉降，整段修理磨耗层或扫浆铺砂； 3. 桥头、涵顶跳车的处理； 4. 沥青路面修补坑槽、沉陷，处理波浪、局部龟裂、啃边等病害； 5. 水泥混凝土路面板块的局部修理	4. 沥青路面严重病害的处理； 5. 水泥混凝土路面严重病害的处理； 6. 水泥混凝土路面接缝材料的整段更换； 7. 整段安装、更换路缘石； 8. 桥头搭板或过渡路面的整修	4. 补强、重铺或加宽铺装、简易铺装路面	2. 新铺碎砾石路面； 3. 水泥混凝土路面病害处理后，补强或改造为沥青混凝土路面
桥梁、涵洞、隧道	保养： 1. 清除污泥、积雪、积冰、杂物，保持桥面清洁； 2. 疏通涵管，疏导桥下河槽； 3. 伸缩缝养护，泄水孔疏通，钢支座加润滑油，栏杆油漆； 4. 桥涵的日常养护； 5. 保持隧道内及洞口清洁。	1. 修理、更换木桥的较大损坏构件及防腐； 2. 修理更换中小桥支座、伸缩缝及个别构件； 3. 大中型钢桥的全面油漆除锈和各部件的检修； 4. 永久性桥墩、台侧墙及桥面的修理和小型桥面的加宽； 5. 重建、增建、接长涵洞；	1. 在原技术等级内加宽、加高、加固大中型桥梁； 2. 改建、增建小型桥梁和技术性简单的中桥； 3. 增改建较大的河床铺底和永久性调治构造物； 4. 吊桥、斜拉桥的修理与个别索的调整更换； 5. 大桥桥面铺装的更换；	1. 提高公路技术等级，加宽、加高大中型桥梁； 2. 改建、增建小型立体交叉； 3. 增建公路通道； 4. 新建渡口的公路接线、码头引线； 5. 新建短隧道工程

续上表

工程项目	小修保养	中修工程	大修工程	改建工程
桥梁涵洞隧道	小修： 1. 局部修理、更换桥栏杆和修理泄水孔、伸缩缝、支座和桥面的局部轻微损坏； 2. 修补墩、台及河床铺底和防护圬工的微小损坏； 3. 涵洞进出口铺砌的加固修理； 4. 通道的局部维修和疏通修理排水沟； 5. 清除隧道洞口碎落岩石和修理圬工接缝，处理渗漏水	6. 桥梁河床铺底或调治构造物的修复和加固； 7. 隧道工程局部防护加固； 8. 通道的修理与加固； 9. 排水设施的更换； 10. 各类排水泵站的修理	6. 大桥支座、伸缩缝的修理更换； 7. 通道改建； 8. 隧道的通风和照明、排水设施的大修或更新； 9. 隧道的较大防护、加固工程	
交通工程及沿线设施	保养： 标志牌、里程碑、百米桩、界碑、轮廓标等埋置、维护或定期清洗。 小修： 1. 护栏、隔离栅、轮廓标、标志牌、里程碑、百米桩、防雪栏栅等修理、油漆或部分添置更换； 2. 路面标线的局部补画	1. 全线新设或更换永久性标志牌、里程碑、百米桩、轮廓标、界碑等； 2. 护栏、隔离栅、防雪栏栅等的全面修理更换； 3. 整段路面标线的画设； 4. 通信、监控、收费、供配电设施的维修	1. 护栏、隔离栅、防雪栏栅等增设； 2. 通信、监控、收费、供配电设施的更新	1. 整段增设防护栏、隔离栅等； 2. 整段增设通信、监控、收费、供配电设施
绿化	保养： 1. 行道树、花草的抚育、抹芽、修剪、治虫、施肥； 2. 苗圃内幼苗的抚育、灭虫、施肥、除草。 小修： 1. 行道树、花草缺株的补植； 2. 行道树冬季刷白	更新、新植行道树、花草，开辟苗圃等		

附录C 各类挡土墙适用条件

表C 各类挡土墙适用条件

挡土墙类型	适用条件
重力式挡土墙	适用于一般地区、浸水地区和地震地区的路肩、路堤和路堑等支挡工程。墙高不宜超过12m，干砌挡土墙的高度不宜超过6m。高速公路、一级公路不应采用干砌挡土墙
半重力式挡土墙	适用于不宜采用重力式挡土墙的地下水位较高或较软弱的地基上，墙高不宜超过8m
悬臂式挡土墙	宜在石料缺乏、地基承载力较低的填方路段采用，墙高不宜超过5m
扶壁式挡土墙	宜在石料缺乏、地基承载力较低的填方路段采用，墙高不宜超过15m
锚杆挡土墙	宜用于墙高较大的岩质路堑地段，可用做抗滑挡土墙，可采用肋柱式或板壁式单级墙或多级墙，每级墙高不宜大于8m，多级墙的上、下级墙体之间应设置宽度不小于2m的平台
锚定板挡土墙	宜使用在缺少石料地区的路肩墙或路堤式挡土墙，但不应建筑于滑坡、坍塌、软土及膨胀土地区。可采用肋柱式或板壁式，墙高不宜超过10m。肋柱式锚定板挡土墙可采用单级墙或双级墙，每级墙高不宜大于6m，上、下级墙体之间应设置宽度不小于2m的平台，上、下两级墙的肋柱宜交错布置
加筋土挡土墙	用于一般地区的路肩式挡土墙、路堤式挡土墙，但不应修建在滑坡、水流冲刷、崩塌等不良地质地段。高速公路、一级公路墙高不宜大于12m，二级及二级以下公路不宜大于20m。当采用多级墙时，每级墙高不宜大于10m，上、下级墙体之间应设置宽度不小于2m的平台
桩板式挡土墙	用于表土及强风化层较薄的均质岩石地基，挡土墙高度可较大，也可用于地震区的路堑或路堤支挡或滑坡等特殊地段的治理

附录D　各种防治翻浆措施

表D　各种防治翻浆措施

编号	措施种类	适用翻浆类型	翻浆等级	适用地区或条件	使用说明
1	路基排水	①②⑤	轻、中、重	平原区、丘陵区、山区	适用于一切新、旧道路
2	加高路基	①②⑤	轻、中、重	平原、洼地、平地	新、旧路均可使用，必要时也可与3、4、5、6、7、9任何一类组合应用
3	砂桩、砂砾、垫层	①②③⑤	中、重	产砂、砾地区	新、旧路均可用，主要做垫层或与2、4类组合应用
4	石灰土结构层	①②③④⑤	轻、中、重	缺少砂、石地区	新、旧路均可用，主要做基层或垫层，或与3、5类措施组合应用
5	煤渣、石灰土结构层	①②③④⑤	中、重	缺少砂、石地区，煤渣供应有保证	新、旧路均可用，主要做基层或垫层，或与4类措施组合应用
6	透水性隔离层	①⑤	中、重	产砂、石地区	适用于新路
7	不透水隔离层	①②④⑤	中、重	沥青、油毡、塑料薄膜供应有保证	多用于新路
8	盲沟	①⑤	轻、中、重	坡腰或横向地下水出露地段、地下水位高的地段	新、旧路均可使用
9	换土	①②③⑤	中、重	产砂砾或水稳定性好的材料地区	适用于新、旧路

注：1. ①-地下水类；②-地表水类；③-土体水类；④-气态水类；⑤-混合水类。

2. 冰冻地区的潮湿路段及其他地区的过湿路段上，不宜采用石灰土做基（垫）层。

附录 E　桥梁检查记录表

表 E-1　桥梁基本状况卡片

A. 行政识别数据

1	路线编码		2	路线名称		3	路线等级	
4	桥梁编码		5	桥梁名称		6	桥位中心桩号	
7	功能类型		8	下穿通道名		9	下穿通道中心桩号	
10	设计荷载		11	通行载重		12	弯斜坡度	
13	桥面铺装		14	管养单位		15	建成年月/设计使用年限	

B. 结构技术数据

16	桥长(m)		17	桥面总宽(m)		18	车行道宽(m)	
19	桥面高程(m)		20	桥下净高(m)		21	桥上净高(m)	
22	引道总宽(m)		23	引道路面宽(m)		24	引道线形	

上部结构	25	孔号					下部结构	29	墩台		
	26	形式						30	形式		
	27	跨径(m)						31	材料		
	28	材料						32	基础形式		

33	伸缩缝类型		34	支座形式		35	地震动峰值加速度系数	
36	桥台护坡		37	护墩体		38	调治构造物	
39	常水位		40	设计水位		41	历史洪水位	

C. 档案资料(全、不全或无)

42	设计图纸		43	设计文件		44	施工文件	
45	竣工图纸		46	验收文件		47	行政文件	
48	定期检查报告		49	特殊检查报告		50	历史维修资料	
51	档案号		52	存档案		53	建档年月	

D. 最近技术状况评定

54	55	56	57	58	59	60	61	62	63	64
检查年月	定期或特殊检查	全桥评定等级	桥台与基础	桥墩与基础	地基冲刷	上部结构	支座	经常保养小修	处治对策	下次检查年份

续上表

E. 修建工程记录

65	施工日期	66	修建类别	67	修建原因	68	工程范围	69	工程费用(万元)	70	经费来源	71	质量评定	72	建设单位	73	设计单位	74	施工单位	75	监理单位
开工	竣工																				

76	备注

F. 桥梁照片

77	立面照				78	桥面正面照	
79	主管负责人		80	填卡人	81	填卡日期	年　月　日

表 E-2　桥梁经常性检查记录表

管理单位：

路线编码		路线名称		桥位中心桩号	
桥梁编码		桥梁名称		养护单位	
部件名称	缺损类型	缺损范围		保养措施意见	
翼墙、耳墙					
锥坡、护坡					
桥台					
桥墩					
基础					
地基冲刷					
支座					
上部结构异常变形					
桥与路连接					
伸缩缝					
桥面铺装					
人行道、缘石					
栏杆、护栏					
标志、标线					
排水设施					
照明系统					
桥面清洁					
调治构造物					
（其他）					
负责人		记录人		检查日期	年　月　日

附录 F 隧道检查及判定表

表 F-1 隧道经常性检查记录表

隧道名称:＿＿＿＿＿＿＿＿(左洞/右洞)　　路线名称:＿＿＿＿＿＿＿＿

隧道编码:＿＿＿＿＿＿＿＿　　路线编码:＿＿＿＿＿＿＿＿

养护机构:＿＿＿＿＿＿＿＿　　检查日期:＿＿＿＿年＿＿月＿＿日　　天气:＿＿＿

里程桩号	项目名称	检查内容	状 态 描 述	判 定 结 论
……	……	……		

检查人:　　　　　　　　记录人:

表 F-2　隧道经常性检查内容及判定表

项目名称	检 查 内 容	判 定		
		S	B	A
洞口	边(仰)坡有无危石、积水、积雪;洞口有无挂冰;边沟有无淤塞;构造物有无开裂、倾斜、沉陷等	边坡稳定,洞口无挂冰;边沟畅通;构造物完好	存在落石、积水、积雪隐患;洞口局部挂冰;构造物局部开裂、倾斜、沉陷,有妨碍交通的可能	坡顶落石、积水漫流或积雪崩塌;洞口挂冰掉落路面;构造物因开裂、倾斜或沉陷而致剥落或失稳;边沟淤塞,已妨碍交通
洞门	结构开裂、倾斜、沉陷、错台、起层、剥落;渗漏水(挂冰)	结构物完好,无开裂现象	侧墙出现起层、剥落;存在渗漏水或结冰,尚未妨碍交通	拱部及其附近部位出现剥落;存在喷水或挂冰等,已妨碍交通
衬砌	结构裂缝、错台、起层、剥落	结构无裂缝、错台、起层、剥落	衬砌起层,且侧壁出现剥落状况,尚未妨碍交通,如继续发展可能构成危险	衬砌起层,且拱部出现剥落状况,已妨碍交通,并有继续恶化的可能
衬砌	(施工缝)渗漏水	无渗漏水现象	存在渗漏水,尚未妨碍交通	大面积渗漏水,已妨碍交通
衬砌	挂冰、冰柱	无结冰现象	存在结冰现象,尚未妨碍交通	拱部挂冰,形成冰柱,已妨碍交通
路面	落物、油污;滞水或结冰;路面拱起、坑洞、开裂、错台等	路面洁净、平整,无坑洞、开裂、错台等	存在落物、滞水、结冰、裂缝等,尚未妨碍交通	拱部落物,存在大面积路面滞水、结冰或裂缝,路面出现拱起、坑洞、错台等病害,已妨碍交通
检修道	结构破损;盖板缺损;栏杆变形、损坏	结构完好、无变形	栏杆变形、损坏;道板缺损;结构破损,尚未妨碍交通	栏杆局部毁坏或侵入建筑限界;道路结构破损,已妨碍交通
排水设施	破损、堵塞、积水、结冰	排水设施畅通无堵塞	存在破损、积水或结冰,尚未妨碍交通	沟管堵塞,积水漫流,结冰,设施破损严重,已妨碍交通
吊顶	变形、破损、漏水(挂冰)	结构完好、无变形破损	存在破损、漏水,尚未妨碍交通	破损严重,或从吊顶板漏水严重,已妨碍交通
内装	脏污、变形、破损	洁净,无变形、破损	存在破损,尚未妨碍交通	破损严重,已妨碍交通

表 F-3　隧道定期检查记录表

隧道名称:____________________

隧道编码:____________________　　　　　　　　路线名称:____________________

养护机构:____________________　　　　　　　　路线编码:____________________

上次检查日期:______年____月____日　　　　　　本次检查日期:______年____月____日

里程桩号	项目名称	检查内容	状 态 描 述	判 定 结 论
……	……	……		

检查人:　　　　　　　　　　　　　　　　　　　　　　　　记录人:

表 F-4　隧道病害展示图

桩　号		
土建结构	左墙	
	拱部	
	右墙	

隧道名称:____________　　　　检查日期:______年______月______日

检查人:　　　　　　　　　　　　记录人:

1　2　3

4　5　6

病害表述图例

1-出水冒泥;2-衬砌凸起;3-围岩碎落;4-墙体变形;5-衬砌或围岩开裂;6-漏水、挂冰、堆冰

表 F-5　隧道定期检查内容及判定表

项目名称	检查内容	判定		
		S	B	A
洞口	山体有无滑坡,岩石有无崩塌的征兆;边坡、碎落台、护坡道等有无缺口、冲沟、潜流涌水、沉陷、塌落等	山体稳定无滑坡,岩石无崩塌;边坡、碎落台、护坡道等完整无缺口,无冲沟、潜流涌水、沉陷、塌落等	存在滑坡、崩塌的初步迹象,尚不危及交通	山体开裂、滑动,岩体开裂、失稳,已危及交通
	护坡、挡土墙有无裂缝、断缝、倾斜、鼓出、滑动、下沉或表面风化;泄水孔有无堵塞、墙后积水,周围地基有无错台、空隙等	护坡、挡土墙完好,无裂缝、断缝、倾斜、鼓出、滑动、下沉或表面风化,无泄水孔堵塞、墙后积水、周围地基错台、空隙等	存在此类异常情况,尚不妨碍交通	挡土墙、护坡等产生开裂、变形、位移等,可能对交通构成威胁
洞门	墙身有无开裂、裂缝	墙身无开裂	墙身存在轻微开裂,尚不妨碍交通	由于开裂,衬砌存在剥落的可能,对交通构成威胁
	衬砌有无起层、剥落	衬砌无起层、剥落	存在起层、剥落,不妨碍交通	在隧道顶部发现起层、剥落,有可能妨碍交通
	结构有无倾斜、沉陷、断裂	结构完好无倾斜、沉陷、断裂	墙身存在轻微的倾斜或下沉等,尚不妨碍交通	通过肉眼观察,即可发现墙身有明显的倾斜、下沉等,或洞门与洞身连接处有明显的环向裂缝,有外倾的趋势,对交通构成了威胁
	混凝土钢筋有无外露	混凝土钢筋无外露	存在轻微的外露现象,尚不妨碍交通	混凝土保护层剥落,钢筋外露,受到锈蚀,对交通安全构成威胁
衬砌	衬砌有无裂缝、剥落	衬砌无裂缝、剥落	在拱顶或拱腰部位,存在裂缝且数量较多,尚不妨碍交通	衬砌开裂严重,混凝土被分割形成块状,存在掉落的可能,对交通构成威胁
	衬砌表层有无起层、剥落	衬砌表层无起层、剥落	存在起层,并有压碎现象,尚不妨碍交通	衬砌严重起层、剥落,对交通构成威胁
	墙身施工缝有无开裂、错位	墙身施工缝良好,无开裂、错位	存在这类异常现象,尚不妨碍交通	接缝开口、错位、错台等引起止水板或施工缝砂浆掉落,发展下去可能妨碍交通
	洞顶有无渗漏水、挂冰	洞顶无渗漏水、挂冰现象	存在漏水,未妨碍交通,但影响隧道内设备的安全	衬砌大面积漏水、结冰,已妨碍交通

续上表

项目名称	检查内容	判定		
		S	B	A
路面	路面上有无塌(散)落物、油污、滞水、结冰或堆冰等;路面有无拱起、沉陷、错台、开裂、溜滑	路面洁净平整,无塌(散)落物、油污、滞水、结冰或挂冰等;路面无拱起、沉陷、错台、开裂、溜滑	存在此类异常情况,尚不妨碍交通	路面出现严重的拱起、沉陷、错台、裂缝、溜滑,以及漫水、结冰或堆冰等,已妨碍交通
检修道	道路有无毁坏;盖板有无缺损;栏杆有无变形、锈蚀、破损等	道路无毁坏;盖板无缺损;栏杆无变形、锈蚀、破损等	道路局部破损,栏杆有锈蚀,尚未妨碍交通	道板毁坏,碎物散落,栏杆破损变形,可能侵入限界,已妨碍交通
排水系统	结构有无破损,中央窨井盖、边沟盖板等是否完好,沟管有无开裂漏水;排水沟(管)、积水井等有无淤积堵塞、沉沙、滞水、结冰等	结构无破损,中央窨井盖、边沟盖板等完好,沟管无开裂漏水;排水沟(管)、积水井等无淤积堵塞、沉沙、滞水、结冰等	存在沉沙、积水,尚不妨碍交通	由于结构破损或泥沙阻塞等原因,积水井、排水沟(管)等淤积、滞水,已妨碍交通
吊顶	吊顶板有无变形、破损;吊杆是否完好等;有无漏水(挂冰)	吊顶板无变形、破损;吊顶完好,无漏水(挂冰)	存在此类异常情况,尚不妨碍交通	存在严重的变形、破损、漏水,已妨碍交通
内装	表面有无脏污、缺损;装饰板有无变形、破损等	表面无脏污、缺损;装饰板无变形、破损等	存在此类异常情况,尚不妨碍交通	存在严重的污染、变形、破损,已妨碍交通

附录G 隧道附属设施检修表

表 G-1 通风设施经常性检修、定期检修、分解性检修主要项目表

设施名称	检查项目	主要检查内容	经常性检修 1次/(1~3)月	定期检修 1次/年	分解性检修 1次/(3~5)年
轴流风机及离心风机	全部	1. 运转状态有无异响和异常振动；	√		
		2. 各计量仪器、仪表读数是否正确；	√		
		3. 基础螺栓及连接螺栓的状态有无异常；		√	
		4. 轴承温度、油温、油压有无异常；		√	
		5. 振动测试有无异常；		√	
		6. 逆转1h以上的工作状况有无异常；		√	
		7. 与监控测试联动试验；		√	
		8. 手动旋转的平衡状态；		√	
		9. 正、反转间隔一定时间的试验；		√	
		10. 叶片安装状态检查		√	
	减速机	1. 油量是否正常；	√		
		2. 有无异响，油温是否正常；		√	
		3. 润滑油老化试验；		√	
		4. 更换油脂		√	
	润滑油冷却装置	1. 配管、冷却器、交换器、循环泵的状态；	√		
		2. 运转中有无振动、异响、过热现象	√		
	气流调节装置	1. 动作状态有无异常；	√		
		2. 内翼有无损伤、裂纹；		√	
		3. 密封材料状态		√	
	动翼、静翼及叶轮	1. 翼面有无损伤、剥离；		√	
		2. 焊接部有无损伤；		√	
		3. 检查叶轮液压调节装置		√	
	导流叶片及异型管	有无生锈、涂装剥离、螺母松动		√	
	驱动轴	1. 接头、齿轮润滑状态有无异常；	√		
		2. 传动轴的振动与轴承温度有无异常；	√		
		3. 加油脂		√	

续上表

设施名称	检查项目	主要检查内容	经常性检修 1次/(1~3)月	定期检修 1次/年	分解性检修 1次/(3~5)年
轴流风机及离心风机	电动机	1. 运转中有无异响、振动、过热；	√		
		2. 连接部的工作状态；	√		
		3. 绝缘测试；		√	
		4. 三相电流平衡试验		√	
	消音器	1. 清扫消音器内壁灰尘；		√	
		2. 噪声检测；		√	
		3. 吸音材料检查与变质材料更换			√
	其他	1. 仪表的检查、校正和更换；			√
		2. 供油装置的检验；			√
		3. 必要时的金属探伤；			√
		4. 组装、检查后的试运转及风速、推动测试			√
射流风机	全部	1. 风机运转过程中有无异响；	√		
		2. 风机运转时电流值是否在额定值内；	√		
		3. 风机反转是否正常	√		
	各安装部位	有无松动、腐蚀现象		√	
	叶片	1. 叶片有无损伤与裂纹，叶片是否清洁；	√		
		2. 叶片与机壳有无摩擦；	√		
		3. 叶片涂装有无剥离	√		
	电动机	1. 转动轴有无振动、异响、过热；		√	
		2. 润滑油的检查、更换及轴承清洗；		√	
		3. 电机的拆卸检查、轴承清洗与油脂更换；			√
		4. 防护情况检查；		√	
		5. 绝缘测试；		√	
		6. 三相电流平衡试验；		√	
		7. 运行中的电动机温升是否正常		√	
	其他	拆卸组装后的风速及风力测试			√

表 G-2　照明设施经常性检修、定期检修主要项目

设施名称	检查项目	主要检查内容	经常性检修	定期检修
			1次/(1~3)月	1次/年
隧道灯具	全部	1. 电压是否稳定,灯的亮度是否正常; 2. 灯泡的损坏与更换; 3. 灯具的清洁; 4. 引入线检查,电磁接触器、配电盘是否积水; 5. 开关装置定时的准确性与动作状态有无异常; 6. 脱漆部位补漆及灯具修理更换; 7. 补偿电容器、触发器、镇流器、金属器是否损坏; 8. 对地绝缘检查	1次/季 1次/季 1次/季 1次/季 1次/季 	 √ √ √
	各安装部位	有无松动、腐蚀		√
	密封性	灯具内是否有尘埃、积水,密封条是否老化		√
	检修孔、手孔	有无积水		√
	照度测试	清洁后进行照度测试,是否满足设计指标		√
标志及信号灯	全部	1. 指示灯的损坏与更换; 2. 灯具的清洁与维护; 3. 灯的亮度是否正常; 4. 设置状态是否有误	√ √ √ 	 √
洞外路灯	灯杆	1. 外观有无裂纹,焊接及连接部位状况; 2. 有无损伤及涂装破坏; 3. 接地端子有无松动		√ √ √
	基础	1. 设置状况是否稳定; 2. 有无开裂、损伤; 3. 锚具、螺栓有无生锈、松动		√ √ √
	灯体	1. 有无损坏,亮度目测是否正常; 2. 灯具的清洁; 3. 防护等级检查	√ √	 √
照度计	全部	1. 动作状态是否有误; 2. 感光部的清洁维护; 3. 安装是否松动等; 4. 光度计校正	√ √ √ 	 √
照明线路	全部	1. 回路工作是否正常; 2. 有无腐蚀及损伤; 3. 托架是否松动及损伤; 4. 对地绝缘检查	√ 	 √ √ √

表 G-3 监控设施经常性检修、定期检修主要项目

设施名称	检查项目	主要检查内容	经常性检修	定期检修
			1 次/(1~3)月	1 次/年
烟雾浓度控制仪	感光单元	1. 外观有无污染、损伤； 2. 聚焦镜防护罩全面检查清洁	√ 1 次/季	
	记录仪	1. 记录状态； 2. 补充油墨、记录纸	√ √	
	监控单元	1. 外观是否有污染、损伤； 2. 调整工作状态、透过率指标； 3. 计量仪、显示器、故障显示灯是否正常； 4. 操作开关、继电器、电磁开关、配线断路器是否正常； 5. 配线有无异常、污染、损伤、过热、松动、断线等； 6. 清扫	√ √ 	 √ √ √ √
CO 检测仪	分析仪及自动校正装置	1. 确认分析仪的指示值是否正确； 2. 空气过滤器是否有污染； 3. 确认除湿装置的功能； 4. 确认自动校正装置的功能； 5. 检查通风装置的功能	√ √ 	 √ √ √
	吸气装置	1. 吸气泵的运转有无异响、过热、振动； 2. 外观有无污染、损伤； 3. 检查检测仪读数有无异常	√ √ √	
	记录仪	同烟雾浓度记录仪		
	采气口	隧道采气口过滤器的清洁与更换		√
	监控单元	同烟雾浓度探测仪监控单元		√
交通量检测仪	检测单元	1. 外观有无污染、损伤； 2. 检查动作及调整灵敏度； 3. 安装状态		√ √ √
	监控单元	1. 外观有无污染、损伤； 2. 动作状态； 3. 各种测量数据可靠度； 4. 测量仪、显示器、故障显示灯有无异常； 5. 测定传输电流； 6. 电子线路板、继电器的安装状态； 7. 盘内配线有无损伤、过热、松动、断线； 8. 清扫	√ √ √ 	 √ √ √ √
	记录仪	同烟雾浓度记录仪	√	

续上表

设施名称	检查项目	主要检查内容	经常性检修	定期检修
			1次/(1~3)月	1次/年
车高仪	检测单元	1.外观是否有污染、损伤;	√	
		2.确认工作是否正常;	√	
		3.调整光轴;		√
		4.发射和受光部的清扫;		√
		5.确认设定高度		√
	控制单元	1.外观有无污染、损伤;	√	
		2.工作状态;	√	
		3.测量仪、显示灯有无异常;	√	
		4.配电部分检查		√
电视监控设施	摄像机	1.外观有无污染、损伤;	√	
		2.动作确认;	√	
		3.防护罩的清洁;	√	
		4.电流电压测量;		√
		5.调整聚焦及焦距		√
	安装部位	是否松动、锈蚀		√
	控制装置	1.外观是否污染、损伤;	√	
		2.操作是否灵敏、正常;	√	
		3.与紧急电话等的联动试验;	√	
		4.与防灾控制的联动试验;	2次/月	
		5.电压、电流测量;	√	
		6.设备清洁;		√
		7.机内保养		√
	传送装置	1.外观检查是否有油污、损伤;	√	
		2.电压、电流测量;		√
		3.测定传送水平		√
	操作台	1.外观有无污染、损伤;	√	
		2.功能是否正常	√	
	监视器	1.外观有无污染、损伤;	√	
		2.除尘;	1次/周	
		3.图像是否清晰、稳定	√	
	录像机	走带及录像质量测试	1次/周	
播音设施	中波播音装置	1.行车接听试验;	√	
		2.外观有无污染、损伤;	√	
		3.电压及输出功率测定;		√
		4.调制输入确认;		√
		5.设备清洁		√

续上表

设施名称	检查项目	主要检查内容	经常性检修	定期检修
			1次/(1~3)月	1次/年
播音设施	扩音装置	1. 外观是否有污染、损伤；	√	
		2. 电压、电流测量；		√
		3. 确认输出功率；		√
		4. 设备清洁		√
	操作平台	1. 外观有无污染、损伤；	√	
		2. 紧急播音试验；		√
		3. 监控试验；		√
		4. 电流、电压测量		√
	话筒	1. 外观检查；	√	
		2. 紧急播音试验		√
	扩音器	1. 安装状态检测；		√
		2. 接听试验		√
	空中线路	有无腐蚀、损伤		√
可变信息板	全部	1. 外观检查；	√	
		2. 检查自动闭合器的动作；	√	
		3. 配线断路器、电磁接触器、变压器等有无异常；		√
		4. 显示板及继电器的安装状态；		√
		5. 接发信号水平测定；		√
		6. 各接线端子是否松动；		√
		7. 更换坏灯		√
计算机主控系统	全部	1. 外观检查；		√
		2. 各部位检查、清洁、加油；	√	
		3. 各部位的电压、电流检查；		√
		4. 发热检查；		√
		5. 病毒的防治；	√	
		6. 系统启动的动作确认；		√
		7. 线路板检查、清扫；		√
		8. 控制软件维护与系统联动；		√
		9. 打印设备状况检查；		√
		10. 磁带存储设备的动作检查及磁头行车与清洁；		√
		11. 系统的开机检查与维护		√
中控室	全部	1. 温、湿度及清洁检查；	1次/周	
		2. 地板抗静电检查		√

表 G-4　消防与救援设施经常性检修、定期检修主要项目

设施名称	检查项目	主要检查内容	经常性检修 1次(/1~3)月	定期检修 1次/年
火灾报警器	火灾传感器	1. 感应部的清洁; 2. 各回路的报警随机抽检试验	√ √	
	手动报警按钮	报警信号及传输测试	√	
消火栓及灭火器	全部	1. 有无漏水、腐蚀、软管损伤; 2. 确认灭火器的数量及其有效期; 3. 室外消火栓的放水试验及水压试验; 4. 灭火器腐蚀情况,有无失效; 5. 泡沫消火栓的使用与防渣检查; 6. 消火栓的放水试验; 7. 寒冷地区消防管道的防冻检修	√ √ √	 √ √ √ √
自动阀	全部	1. 外观检查,有无漏水、腐蚀; 2. 操作试验是否正常; 3. 导通试验; 4. 保温装置的状况	√ √ √	 √
泵	全部	1. 运转时有无异响、振动、过热,压力上升时闸阀的动作是否正常; 2. 外观有无污染与损伤; 3. 轴承部位加油与排气检查; 4. 启动试验与自动阀同时进行	√ √ √ √	
电动机	全部	1. 运转时有无异响、振动、过热; 2. 外观有无污染、损伤; 3. 电压、电流检测; 4. 启动试验; 5. 各连接部情况; 6. 绝缘试验	√ √ √ √ √ √	
配水管	全部	1. 有无漏水,闸阀操作是否灵活; 2. 管支架是否腐蚀、松动; 3. 洞外及隧道内水管的防冻; 4. 管过滤器清洗		√ √ √
横通道门	全部	是否开关自如	√	
紧急停车带	全部	有无障碍物	√	
水池	全部	1. 有无渗漏水; 2. 水位是否正常及水位计是否完好; 3. 泄水孔是否畅通; 4. 水池的清洁; 5. 寒冷地区保温防冻检查	√ √ √	 √ √
紧急电话	全部	1. 外观有无污染、损伤; 2. 通话效果试验; 3. 内部检查; 4. 测定输入输出电流; 5. 强制切断试验; 6. 测定接地阻抗	√ √	 √ √ √ √
引导设施	全部	有无污染、损伤	√	

附录 H　固沙措施一览表

表 H　固沙措施一览表

类型	沙障种类	设置形式、方法、规格、要求	适用条件和性能
平铺式沙障	土类压沙	利用黏质土全面铺压或带状铺压固沙，铺压厚度为 50mm 左右，带状铺压应与主导风向垂直，带宽一般为 100～200mm，带与带间隔为 10～15m	适用于产有黏质土地带的流沙防护，多用于路堤流沙的防护。 全面铺压黏质土，雨水难以渗入沙层内，影响沙丘水分，不利于植物固沙。因此，当配合植物固沙时，需改为带状或格状铺压为宜，维持年限较长
	沙石类压沙	利用粗沙、卵石全面铺压或带状铺压固沙，铺压厚度以不超出其最大粒径为度，对于强风地区不宜用粗沙覆盖。 带状铺草要求同上	适用于产有沙石地段的流沙防护。 砾、卵石具有凝结水的作用，有利于植物生长。维持年限长。但较费工，尤其在流动沙丘地带，由于运输较困难，所以，多用于平坦流动沙地和靠近路旁的流沙防护
	铺草压沙	利用草类全面铺压或带状铺压固沙，铺压厚度 50mm 左右，用草绳或枝条纵横固结，或者用沙压盖，以免为风所吹蚀。 带状铺草要求同上	适用于产有草类地段的流沙防护。 有利于植物生长，具有简单易行的优点，但材料用量较大，并易于引起火灾。 维持年限 3～5 年
	席或笆块压沙	用草类和枝条编制成席或笆块，全面铺压固沙，搭接处需用小桩固定	适用于路侧局部沙丘的处理。因其编织较费工，且材料用量大，大面积采用较困难。 维持年限 3～5 年
	喷洒盐、碱水	在我国沙漠地区分布着许多盐池、碱湖，利用天然盐、碱溶液喷洒沙面，形成坚实的板结层或硬壳，借以达到固沙目的	具有抗风能力较强、简单易行、效果好等优点，是一种就地取材、因地制宜的有效措施
高立式枝柴沙障	高立式枝柴沙障	材料以灌木枝柴为主，如沙柳等。高度在 1.0m 以上，根据当地风的状况，分为条状、带状、格状三种规格形式，均为透风结构。单一风向地区采用条、带状形式；在风向多变地区采用格状。 条间距离 5～10m，并与主风向垂直； 带间距离 10～20m，每带 3～5 行构成； 行间距离为 2～3m，并与主风向垂直； 格状为 5m×5m 和 5m×10m	适用于产有枝柴地区的流沙防止。 该种沙障由于系透风结构，因此具有将整体气流分为若干小气流，化强为弱，从而抑制流沙活动的性能，并能较均匀地散布外来沙，有一定的阻沙作用。 有利于植物固沙。 如在适宜季节（春、秋）用新砍伐的沙柳做沙障，掌握好埋植深度，尚能成活一部分，效果较好
低立式沙障	隐蔽式柴草沙障	设置方法：先在沙地上开挖宽 150～200mm 的沟，然后将柴草竖直放入沟中（如柴草过长，可横向摆好，然后用锹竖直切入），踏实两边的沙（或在沟中填沙，踏实），要求障顶与沙表相平或不超过 50mm。根据风的情况，可为格状或条状，格状规格 1.0m×1.0m 或 1.0m×2.0m，条状规格：条距为 1.0m 或 1.5m，并与主风向垂直	适用于路旁流沙的防护，具有固定就地沙，使外来沙顺畅通过、施工简单易行等优点。 适用年限较同类材料的外露沙障为长

类型	沙障种类	设置形式、方法、规格、要求	适用条件和性能
低立式沙障	半隐蔽式柴草沙障	设置方法:对于流动沙丘,在迎风坡先设主带,即与主风向垂直的沙障,后设副带,即与次要风向垂直的沙障(对格状沙障而言),主带从迎风坡下部开始向上进行;在背风坡,宜先设副带,再自下而上设置主带。柔韧性的柴草沙障,对于较硬的柴草(如沙蒿、板条等)需开挖边槽,然后埋入沙中,并将沙障两边的沙踏实。 沙障外露高度以150~300mm为宜。 沙障的埋植深度,应根据沙丘不同部位的风蚀程度而定。一般情况下,埋入深度与外露部分的比例为1:2。 沙障规格,主要是根据当地风的状况和沙面起伏程度而定。在单一风向作用下(包括反向风),可设置成条状,并与主风向垂直,间距以1~2m为宜;除主风向外,还有其他风向作用时,可设置为格状。方格愈小,固沙能力愈强,一般以1m×1m及1m×2m两种规格为宜(与主风向垂直方向的距离为1m,与次要风向垂直方向的距离为1m或2m)。 如草类过长,可适当放大规格尺寸。当沙面坡度大时,规格尺寸则应小些,反之应适当放大些	适用于产有草类的路侧大面积流沙的防治。该种沙障既有效地降低沙表风速,削弱风蚀作用,从而稳定大面积流沙,又能阻挡部分外来沙,并使外来沙较均匀地分布在整个障内,具有固、阻双重作用。工程造价较低。 既可作为植物固沙的较理想辅助措施,又可作为进行植物固沙困难地段的一种永久性的防护措施(但需经常维护)。 该种沙障,是目前我国公路、铁路防沙常用的一种固沙措施。 草类沙障维持年限约2~3年; 沙蒿、柳枝沙障维持年限3~5年
	半隐蔽式黏土沙障	黏土沙障是用黏质土碎块堆成的小土埂,高200~300mm,底宽500~700mm。在风向单一的地区为条状,土埂与主风向垂直;在风向多变的地区,则设成格状,土埂间距为1~2m。 为减少黏质土用量,可利用就地沙堆成沙埂,然后封闭50~100mm厚的黏质土,予以拍实,同样可达到上述效果	适用于产有黏质土地区的流沙防治。 该种沙障简单、易行、省工,具有固沙保水作用,有利于植物生长。 单一黏质土沙障,用土量大。 维持年限长
	半隐蔽式草皮沙障	草皮规格:长×宽=400mm×200mm。铺设有三种形式:①错缝层铺,高度300~400mm。②错缝斜立铺设(先用就地沙堆成沙埂,然后斜立铺设),横断面为梯形,高度300~400mm,底宽500mm。上述两种,根据当地风的状况,可为格状或条状,间距1~2m。③平铺	适用于有草皮产地的流沙防治。 施工简单、省工,具有固沙保水作用,有利于植物生长。 平铺式多用于路旁的流沙防护。 缺点是易于干缩。 维持年限3~5年

附录I 公路机电系统检查、检测及维护周期表

表 I-1 监控系统检查、检测及维护的主要项目和周期

序号	项 目	周期	备 注
1	除尘、保洁	d	机房保洁每日一次，摄像机（含镜头）为每月一次，外场设备为每季一次，其他设备每周一次
2	地图屏、投影显示屏各项显示功能检查	d	键入命令观察
3	闭路电视设备检查	周	观察、检查，编解码器和视频切换器每季检查一次
4	车重测量仪设备检查	周	现场检查积水或杂物，机箱、紧固螺（栓）丝。车重测量仪应定期送检
5	一氧化碳浓度、烟雾浓度等环境检测装置	周	观察、检查、保洁与维护
6	交通调查数据采集设备检查	周	检查，检测精度测试每季一次，其中车速用手持式测速器测试对照，车型、流量与人工测试对照
7	浪涌保护器检测	月	性能测试，夏季雷雨季节应及时检查
8	计算机系统维护	月	功能测试，数据保存、备份设备整理，网络及系统目录和文件的维护，系统软件、防病毒软件升级与补丁
9	隧道照明、风机、消防喷淋等的控制系统	月	实际操作，检查其控制功能
10	桥梁检测装置的检查和检测	月	试验、检查
11	通信功能与传输性能测试	季	测试
12	车辆检测器性能测试	季	车速用手持式测速器测试对照，流量与人工测试对照
13	线缆、电源、接插件检查、测试	季	万用表测试（室内为每周一次）
14	可变信息标志显示屏亮度与光控	季	亮度计检测，光控功能试验
15	区域控制器、匝道控制器功能检测	季	试验
16	视频光端机发送功率、接收灵敏度检测	年	用光功率计测试
17	气象检测仪检查	年	检查和调整灵敏度，必要时检查和校准传感器
18	外场设备的箱体、门架和紧固件	年	检查、紧固螺（栓）丝，除锈、油漆
19	绝缘电阻测试	年	500V 兆欧表测试
20	接地电阻测试	年	接地电阻测定仪测试

表 I-2 收费系统检查、检测及维护的主要项目和周期

序号	项目	周期	备注
1	除尘、保洁	d	收费车道亭内设备及费额显示器、雾灯、车道通行灯、电动与手动栏杆等
2	发卡机保养	周	IC 卡：每周检查和清洗驱动轮，每两周检查紧固件、驱动轮； 磁卡：每周清洗磁头，清理纸屑，调整跳板，每月上油、更换色带
3	报警系统、闭路电视检查	周	检查、保洁，摄像机镜头清洁、机身除尘
4	读卡机保洁	周	IC 卡：读卡机清洁； 磁卡：每周清洗磁头、传感器，每季调整传送带
5	电源测试	月	万用表测试
6	浪涌保护器检测	月	性能测试，夏季雷雨季节应及时检查
7	缆线、接插件	月	观察、检查，及时调整、更换、紧固
8	对讲系统性能检查、录音设备保洁	月	试验、测试、调整（包括录音设备）与保洁
9	数据保存、备份	月	数据磁带
10	车道设备检查	月	包括费额显示器、雾灯、车道通行灯等，发现故障，及时维修
11	车道控制器	月	每月箱内除尘、风扇清洁，每季空气过滤器清洁，每年更换过滤器
12	电动、手动栏杆	月	紧固、加润滑油、校准
13	车辆检测器	季	线圈电感量、绝缘电阻、功能测试
14	票据打印机	季	清洁，及时更换色带
15	路侧读写单元与天线控制器	季	雷雨季节，应适当增加检查次数
16	计算机系统维护	季	测试，软件修改后应立即测试
17	传输功能测试	年	测试
18	外场附属设备	年	防腐、涂漆
19	绝缘电阻测试	年	500V 兆欧表测试
20	接地电阻测试	年	接地电阻测定仪测试

表 I-3　通信系统检查、检测及维护的主要项目和周期

序　号	项　目	周　期	备　注
1	数字传输系统监测和记录	d	包括误码秒(ES)、严重误码秒(SES)事件次数,误码计数、误码率(BER)、不可用时间和各类告警等
2	电源和设备状态显示检查	d	每天交接班时检查记录,紧急电话电源每季一次
3	数字程控交换机、IP 网络设备运行状况检查	d	告警、工作电压,数字程控交换机还应包括中继闭塞、设备和电路变更等状况,IP 网络设备还应包括路由器的路由表、端口流量、交换机的 VLAN 表和端口流量等
4	机房与设备保洁、除尘	周	设备表面清扫除尘每周一次,机顶、走线架、配线架及机框内部清扫除尘每年一次
5	浪涌保护器检测	月	性能测试,夏季雷雨季节应及时检查
6	数字程控交换机、IP 网络维护	月	包括防尘滤网除尘或更换,数字程控交换机磁带机清洁、系统时间核准、后备磁带(光盘)制作、告警记录分析等
7	紧急电话总机、分机外观与功能检查、维护	月	检查并进行通话试验
8	数字传输系统网管数据备份	季	数据修改后和网管系统升级前应及时做好数据备份
9	光电缆线路巡视检查	季	尾纤(缆)、终端盒、配线架外观检查每月一次,人孔内检查有无积水、垃圾每半年一次
10	数字程控交换机性能测试	季	包括告警性能、中继线电路、迂回路由、I/O 设备诊断等,障碍自动诊断、信号音电平、计费差错率等测试每年一次
11	无线通信设备的检查	季	转发器功率及接收灵敏度、收信机分路器隔离度及损耗、天馈系统、发信机合路器损耗和系统控制器功能等测试
12	数字传输系统倒换试验、光功率测试	半年	包括更换滤尘网,网管无此功能可不测发送和接收光功率
13	电缆绝缘电阻测试	年	绝缘电阻测试仪抽测 10% 芯线
14	光纤通道后向散射信号曲线测试检查	年	OTDR 测试
15	数字传输系统通道误码性能测试	年	每个组抽测一个通道,在线测试 24h
16	无线铁塔检查	年	天线、避雷针、地线、紧固螺丝、锈蚀和基础等
17	强电端与外壳的绝缘电阻测试	年	500V 兆欧表测试
18	防雷和接地检查	年	防雷测试仪和接地电阻测定仪测试

表 I-4　供配电系统检查、检测及维护的主要项目和周期

序　号	项　目	周　期	备　注
1	电力变压器检查	d	按变压器的要求进行声响、温升、瓷套管、负荷、冷却、通风装置、高低压接线、周围环境等检查
2	油枕和气体继电器的油位、油色及密封检查	d	油浸式变压器检查项目,目测检查油位、油色及有无渗油、漏油现象
3	低压配电设备检查	d	包括母线及接头的温度、绝缘瓷瓶、电缆及其终端头、熔断器的检查
4	有值守变配电所巡视并记录	班	每年一次或每次短路跳闸后进行定期维修
	无人值守变配电所(包括箱式变电站)	周	
5	低压配电室的通风、照明及安全防火装置	周	观察,包括周围情况,发现问题,及时整改
6	低压供配电设备的无功功率电容器	周	检查与维护
7	二次系统的设备工作状况	月	包括仪表、继电器,以及电力监控远程终端等
8	架空、电缆线路巡查和维护	月	巡查,发现异常情况,及时处置
9	接地装置检查	月	接地连接处有无松动、脱落、断线
10	照明设备巡视检查	月	包括灯具、配电箱的检查,发现损坏更换
11	交流稳压器、开关电源、不间断电源、太阳能电池、外场电源箱等电源检查	季	不间断电源、蓄电池每周一次;柴油发电机每周开机一次,并进行例行保养,二、三级保养
12	高压开关电器	半年	隔离开关、断路器、负荷开关、熔断器的检查
13	管道、人井维护和线路检修	半年	及时排水和检修
14	照明设备的清扫与检修	半年	保洁与维修,包括光控、时控、高杆灯的升降器
15	低压供电设备检修	年	更换已损器件,箱式变压器两年一次预防性试验
16	接地电阻测试	年	接地电阻测定仪测试
17	变压器和避雷器绝缘保护和放电试验	两年	宜由电业部门进行

本规范用词说明

执行本规范时，对条文严格程度的用词按以下写法，以便在执行过程中区别对待。

1　表示很严格，非这样做不可的用词：

正面词采用"必须"，反面词采用"严禁"。

2　表示严格，在正常情况下均应这样做的用词：

正面词采用"应"，反面词采用"不应"或"不得"。

3　表示允许稍有选择，在条件许可时应首先这样做的用词：

正面词采用"宜"，反面词采用"不宜"。

4　表示有选择，在一定的条件下可这样做的，采用"可"。

附件

《公路养护技术规范》

（JTG H10—2009）

条 文 说 明

1 总则

1.0.1 原规范实施多年以来,对提高和规范我国公路养护与管理工作发挥了很大作用,但随着公路建设和养护事业的迅速发展,原规范的某些内容已不适应当前公路养护事业的发展需要。为此,交通部相继制定并发布了公路沥青路面、公路水泥混凝土路面、公路桥涵、公路隧道等专业性养护技术规范及公路养护安全作业规程等,并且还将陆续制订和发布多部专业性养护规范(或技术指南)。

为了进一步加强公路养护,统一和规范公路及其沿线设施的养护质量标准,提高公路养护质量和服务水平,对现行各规范进行整合,制定一部综合性的具有普遍指导意义、重点突出公路养护主要技术指标和标准要求的《公路养护技术规范》十分必要。

1.0.2 本规范适用于各级公路的养护工作。对于厂矿道路、林区道路以及风景旅游区内部道路等专用公路,由于其使用功能、服务对象等各不相同,因此不包括在本规范的适用范围之内,但也可参照执行。

1.0.3 公路养护的基本任务是:

(1)贯彻"预防为主,防治结合"的方针,加强预防性养护,提高公路的抗灾害能力。

(2)加强公路及其沿线设施的基本技术状况调查,及时发现和消除隐患。

(3)保持公路及其沿线设施良好的技术状况,及时修复损坏部分,保障公路行车安全、畅通、舒适。

(4)吸收和采用新技术、新工艺、新材料、新设备,采取科学的技术措施,不断提高公路养护工程质量,有效延长公路的使用寿命,降低路桥设施的全寿命周期成本,提高养护资金使用效益。

(5)加强公路的技术改造,以适应公路交通事业的不断发展。

1.0.4~1.0.6 条文规定了公路养护工作应遵循的技术政策。公路养护工作应切实贯彻"科技兴交,科学养路"的方针,推广和应用先进的养护技术和科学的管理方法,加强综合治理,积极推广养护机械,重视资源节约和环境保护,注意保护农田,保护路旁景观和文物古迹。

公路养护应积极运用路面、桥梁、隧道等管理系统,建立数据库,这是科学发展进入信息时代的要求,是公路养护决策科学化的必要条件。

注重养护生产作业安全,保障养护作业人员和设备的安全及车辆的安全运行。

1.0.7 原规范中,对高速公路和普通公路的养护工程分类分别作出规定。本规范为统一标准,同时考虑随着交通量的迅速增长,高速公路也可能实施改建工程,如四车道公路拓宽改建为六车道、八车道等,因此,将高速公路和普通公路的养护工程进行统一分类,分为小修保养、中修工程、大修工程和改建工程等四类。相关作业内容按部颁《公路养护工程管理办法》(交工路发〔2001〕327号)执行,使其既适用于高速公路,又适用于普通公路,以便于合理安排养护作业。

1.0.8 公路养护质量的考核,应严格按照现行《公路技术状况评定标准》(JTG H20)执行。

此前,公路养护质量检验评定标准分为普通公路和高速公路两部标准,分别为《公路养护质量检查评定标准》和《高速公路养护质量检评方法》,其采用的质量指数、分项指标及计算方法均有所不同。现为了统一标准,部决定将两部标准合并修订为《公路技术状况评定标准》(JTG H20—2007),作为今后对所有公路的养护工作进行检验、评价的依据。

3 路基

3.1 一般规定

3.1.1 路基是公路的重要组成部分,是路面的基础。路基质量的优劣,必然影响路面质量,影响公路的使用质量和服务水平,因此,必须保证路基的高度密实和稳定,这是路面坚实、平整和稳定的基本保证。

本条规定了路基养护的基本要求。路基作为路面的支承结构物,它必须具有足够的强度和稳定性、耐久性。路基养护应根据公路所在地区气候特点,地理、地质条件,加强预防性养护,采取相应的技术措施,防治各种病害。

3.2 路肩与边坡

3.2.1 本条规定了路肩养护的基本要求。路肩起着保护路面在行车作用下不致横向变形和在紧急情况下临时避车的作用。当路肩由于车辆碾压或雨水侵袭等产生病害时,应根据路肩类型及时维修处治。

根据现行《公路工程技术标准》(JTG B01)关于公路建筑限界的规定,在建筑限界内,不得有任何部件和物体侵入。由于历史的原因,在部分二、三、四级公路上,特别是四级公路绿化时,在路肩上(建筑限界内)栽植乔木的情况比较普遍,也有少数公路附属设施(如标志、标牌等)设置在建筑限界内,影响公路的通视和有效空间,影响交通安全。由于行道树树枝侵入公路建筑限界而导致的交通事故也有发生,因此,在养护中应逐步消除此类情况,保障公路建筑限界空间不受侵占。对于养路材料,应在路肩外设置堆料台堆放。

对土路肩可种植草皮或利用天然草加固路肩。种植草皮应选择适宜于当地土质、易于成活和生长的草类。采用铺草皮或利用天然草加固土路肩时,草皮或天然草应定期修剪,草高不宜超过150mm,以利于排水,并保持路容美观。

3.2.2 边坡稳定是保持路基稳定的必要条件,边坡发生病害,应采取相应的技术措施维修和加固。为使边坡状况尽可能与周边自然景观相协调,在有条件的路段应优先采取植物防护坡面技术,如种植灌木、铺草皮或种植香根草——一种从马达加斯加等国引进的生长繁殖快、耐旱又耐涝的禾科多年生植物。也可采用“液压喷播”、“客土喷播”和“岩质坡面喷混植生技术”等技术措施。

“液压喷播”是利用液态播种原理,先将植物种子(草种、花种或树种)或植物体的一部分(芽、根、茎等可发芽萌生的部分),经科学处理后混入水中,并配以一定比例的专用配料(如肥料、纸浆、黏合剂、保水剂、土壤改良剂等),通过喷播机搅拌,利用高压泵体的作用,喷播在公路路基坡面,促使其生长而形成坡面植被的技术措施。

“客土喷播”技术主要应用于稳定的砂、砾质以及风化岩质边坡坡面,将植物种子、保水材料(高吸水树脂)、稳定材料(水泥和合成树脂类土壤稳定剂)、疏松材料(木糠、谷壳等)、客土和肥料等,经科学配方和混合,通过压缩空气喷于坡面,经过良好养护,生长成植被。

“岩质坡面喷混植生技术”是对裸露的岩质边坡,利用人工配制的有机植物生长基材,配以黏结剂、固网技术,喷射于坡面,使这层适合于植物生长的有机物料紧贴坡面,通过成孔物质的合理配置,使种植基土壤固体、气体、液体三相物质处于平衡状态,创造草类与灌木的良好生长环境,再选用草、灌、藤等种子混合配方,进行液态喷播,以得到石质坡面生态复合功能。

对于土质(或高度风化)路基边坡,河(湖)滩、河(湖)岸、常年受水淹和风浪侵袭的路堤边坡,以及经常有浮石坠落或土块坍落的路堑高边坡,如植树、种草等效果不佳,应采取抛石防护、石笼防护、浆砌或干砌块(片)石护坡,或挡土墙防护(图 3-1 ~ 图 3-3),也可考虑喷混凝土、设置碎落台等措施,或采取铁丝网、尼龙编织网、高强塑料网格等,铺于坡面并固定之,在网格内种草,或铺砌框格形砌块,然后在框格内种草等措施。对于路堑(半路堑)不稳定高边坡,根据边坡的地质条件,除选择采取以上加固措施外,也可打抗滑桩稳固边坡。如有条件,推荐采用预应力锚索钢筋混凝土框格梁加固防护,其原理是锚索一端插入并固定于边坡下基岩或不动体(钻孔、灌浆),另一端施加预应力,并锚固于浇筑在坡面的钢筋混凝土框格梁上,使边坡坡体在可能失稳之前就受到主动加固支护。采用钢筋混凝土框格梁能有效地使所有锚索整体受力,防止体积较大的孤石在失稳时导致单根锚索受力而破坏。框格梁及锚索的规格尺寸经设计计算确定。

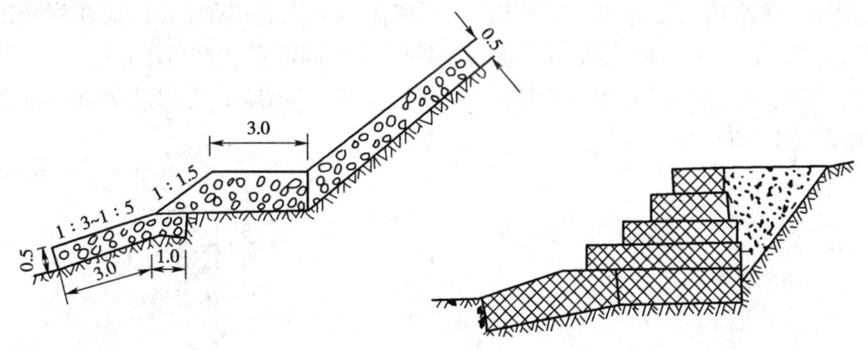

图 3-1　石笼护坡(尺寸单位:m)

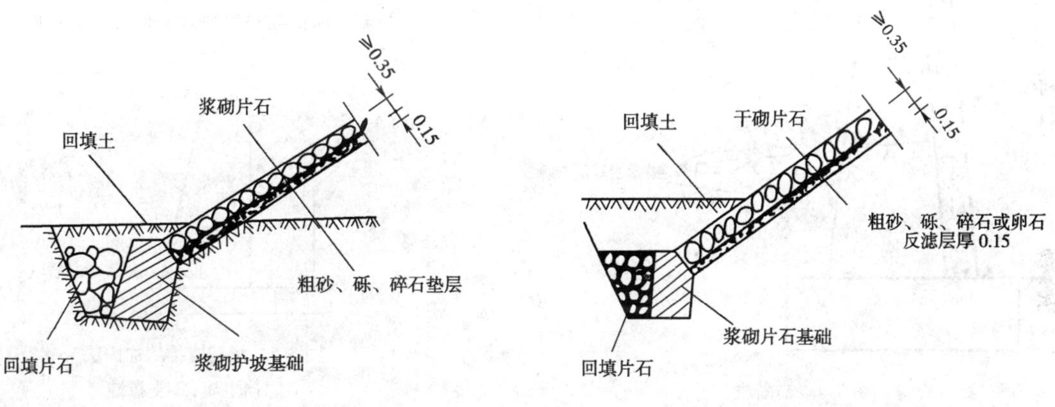

图 3-2　浆砌片石护坡(尺寸单位:m)

图 3-3　干砌片石护坡(尺寸单位:m)

3.3　排水设施

3.3.1　路基排水设施包括地面和地下排水设施。地面排水设施通常有边沟、截水沟、排水沟、泄水槽、跌水及急流槽、拦水带等;地下排水设施有暗沟、盲沟、渗沟、有管渗沟、洞式渗沟及防水隔离层等。

3.3.2　本条规定,路基排水设施的断面尺寸和纵坡应符合原设计标准。路基边沟沟底应保持不小于 0.5% 的纵坡,平原地区排水困难路段应不小于 0.2%。边沟连续长度过长对排水不利,应分段设置横向排水沟将水流引离路基。其分段长度一般地区不超过 500m,多雨地区不超过 300m;若为三角形边沟,其长度不宜超过 200m。当土质边沟纵坡大于 3% 时,应采取浆砌或干砌块(片)石加固,也可用水泥混凝土浇筑加固,其厚度一般为 150 ~ 250mm。

3.4 挡土墙

3.4.1 挡土墙发生病害时,应根据病害情况合理选择加固方法进行加固。当挡土墙产生裂缝、断裂(无沉降错台)并已停止发展时,应在清缝后用水泥砂浆填塞,也可用环氧树脂等材料灌注黏合。

当挡土墙发生倾斜、局部鼓出、滑动或下沉等病害时,可采用下列方法之一进行加固:

(1)锚固法:适用于水泥混凝土或钢筋混凝土挡土墙。采用直径在25mm以上的高强螺纹钢筋做锚杆,穿入预先钻就的孔内,用水泥砂浆灌满钢筋插入(扩孔后的)岩体部分并固定锚杆,待砂浆达到一定强度后,对锚杆实施张拉,然后用锚头固紧(图3-4)。必要时,在加固前,可先在挡土墙外侧设置锚杆的断面处现浇宽300~400mm、厚150~250mm的水泥混凝土条块,以供埋置锚头之用。

(2)套墙加固法:在原挡土墙外侧加宽基础、加厚墙体。采用套墙加固时,应注意新旧基础、墙体的结合,方法是凿毛旧基础和旧墙体,必要时可设置钢筋锚或石榫增强联结(图3-5)。

(3)增建支撑墙加固法:在挡土墙外侧每隔一定间距增建支撑墙。支撑墙的基础埋置深度、尺寸和间距通过计算确定(图3-6)。

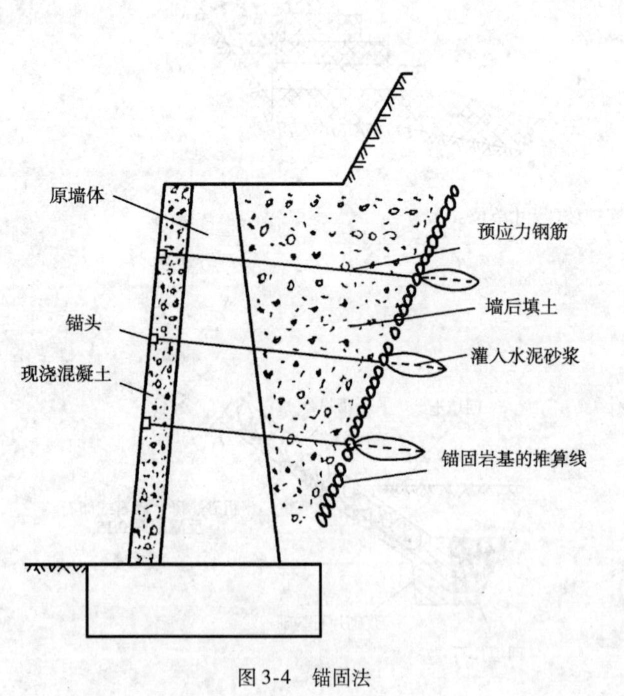

图3-4 锚固法

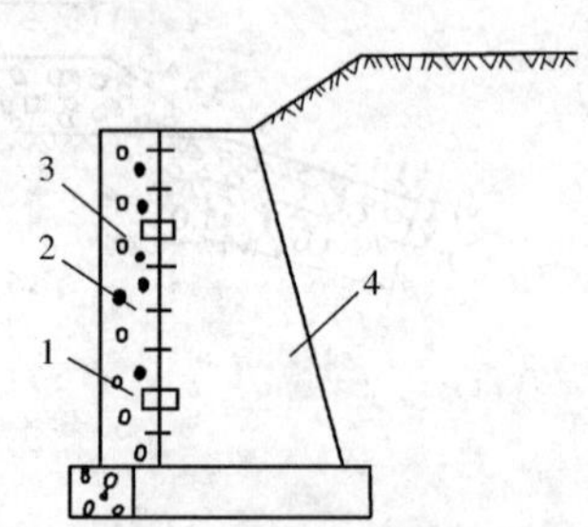

图3-5 套墙加固法
1-连系石榫;2-钢筋锚栓;3-套墙;4-原挡土墙

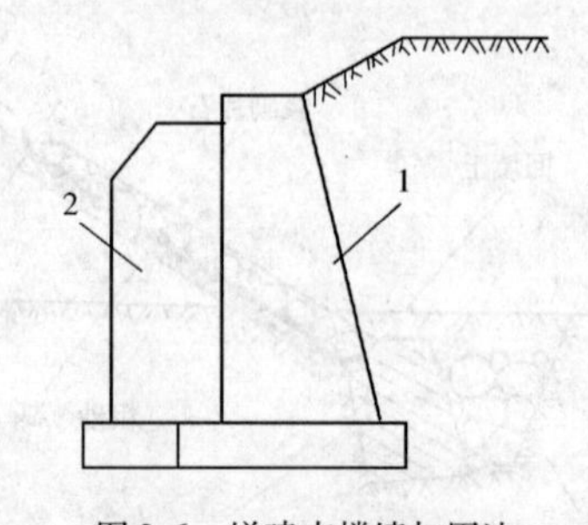

图3-6 增建支撑墙加固法
1-原挡土墙;2-支撑墙

3.4.2 挡土墙的泄水孔应保持畅通。当泄水孔被堵塞而无法疏通时,应另选适当位置增设泄水孔,或在挡土墙背后沿挡土墙增设排水设施。一般可增设盲沟将水引离路基,以防止墙后积水引起土压力增加或冻胀,进而损坏挡土墙。

3.6 特殊地区路基

3.6.2 地表1m以内的土层,易溶盐(如氯化盐、硫酸盐、碳酸盐等)含量大于0.3%时称之为盐渍土,此时土的质量受到盐分影响而发生变化。用盐渍土填筑的路基,遇水易发软,强度迅速降低。本条旨在强调做好排水工作,可采取下列措施:

(1)加密、加大或加深排水沟。

(2)对于发生春融、坍塌或溶陷地段应采取打砂砾桩、换填风积砂或矿料、设置护坡道等措施进行加固。

(3)在路基中设置砂砾隔断层,阻止盐分上渗。

(4)当边坡出现沟槽、溶洞、松散等病害时,也可采用盐壳平铺或砂砾黏土平铺拍实加固。

3.6.3 黄土在天然含水量时具有较高强度和较小压缩性,但浸水后其结构很快被破坏而发生剧烈变形,强度迅速降低。黄土地区路基受雨水侵袭后,易发生沉陷、沟槽、坍塌、松散等严重病害。本条规定应采取各种有利于稳定路基的处治措施,主要措施有:

(1)加强排水,减少水流对路基的侵蚀(如采取拦水带、急流槽,加大、加深或加固边沟等措施)。

(2)拍紧、拍实边坡,防止坡面松散。

(3)种植适合黄土地区生长的花草或铺草皮加固坡面。

(4)三合土抹面加固坡面。对高路堤可采取葵花拱式砌块铺砌,或将边坡开挖成台阶,台阶宽度不小于1m(图3-7、图3-8)。

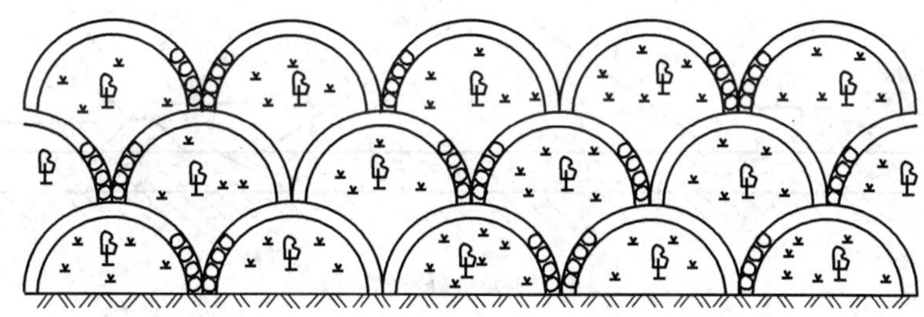

图3-7 葵花拱式浆砌边坡

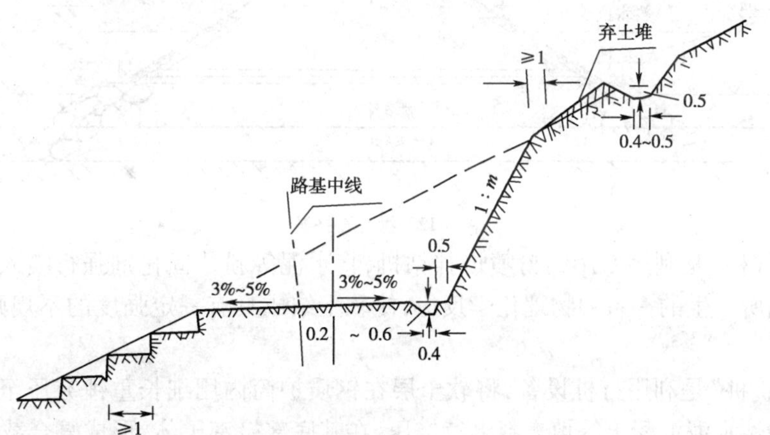

图3-8 边坡疏松土挖台阶(尺寸单位:m)

3.6.6、3.6.7 多年冻土地区路基的排水沟、截水沟应保持深度不小于0.6m,沟底宽度0.4~0.6m,边坡一般为1:1.0~1:1.5。截水沟应设置于填土路基坡脚上方20m以外、路堑边坡坡顶5m以外。当地下冰层较厚时,排水沟、截水沟不宜过深,必要时可加设挡水埝。当路基处于有涎流冰的山坡时,可在路基上侧边沟外增设聚冰坑和挡冰墙(图3-9),也可在公路边沟外侧上方10~15m外山坡开挖与路线平行的深沟,沟深1~1.2m,底宽0.8~1.0m,以截断活动层泉流,使冬季涎流冰聚集在离公路较远处。

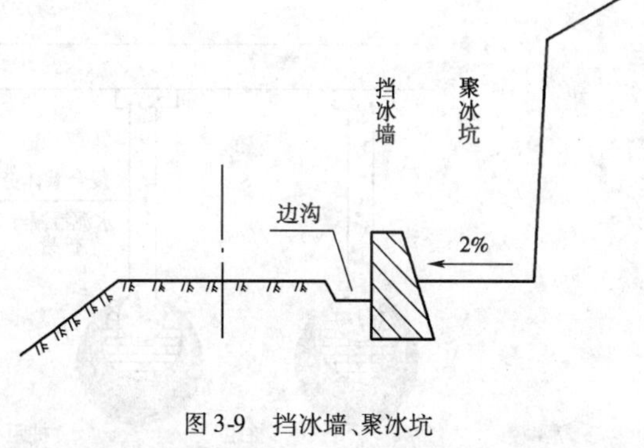

图3-9 挡冰墙、聚冰坑

3.6.8 泥沼和软土地区路基的病害处治有加深边沟降低水位、修筑反压护道、换填砂砾石或碎石、抛石挤淤等措施(图3-10~图3-12),或采用"现浇水泥混凝土薄壁筒桩"、"粉体喷射搅拌桩"和"复合载体夯扩桩"等技术进行加固,也可采用砂石垫层、石灰桩、砂井(桩)、袋装砂井、塑料排水板及土工织物滤垫等方法,以改善排水条件,稳固路基不致沉陷。

"现浇水泥混凝土薄壁筒桩"是一种空心薄壁结构,其主要原理是根据筒桩的设计壁厚,制作成钢质双层环状桩体(类似钢质模板),连同环形水泥混凝土桩尖打入路基土层,在双层钢质桩体形成的夹层空间内灌入水泥混凝土(同时逐渐拔出钢质桩体,桩尖脱离留于基底),形成环状薄壁桩,利用其桩身内外的摩阻力及桩尖阻力提高地基及路基土的承载力。

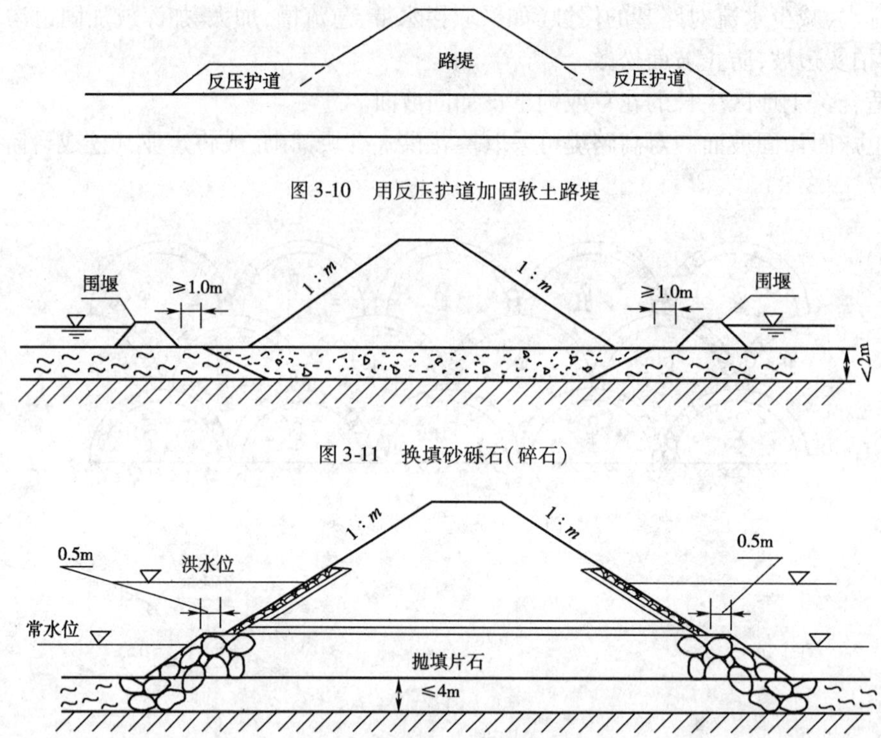

图 3-10 用反压护道加固软土路堤

图 3-11 换填砂砾石(碎石)

图 3-12 抛片石挤淤

"粉体喷射搅拌桩"是利用专用的粉喷搅拌钻机,将水泥等粉体固化剂强行喷入软土地基中,利用固化剂与软土之间所产生的一系列物理化学反应,使软土结成具有一定强度的不规则桩体而形成复合地基的技术措施。

"复合载体夯扩桩"是利用打桩设备,将软土层在钢质护筒内用细长重锤夯压至设计深度,而后填入碎石、碎砖、干硬性水泥混凝土等填充料继续夯压,在其底部挤密土体,形成复合载体(挤密体),然后灌注水泥混凝土桩身,振捣密实(同时缓慢拔出护筒),从而形成深层复合地基,提高地基的变形模量,使其承载能力较原状土的承载能力有较大幅度的提高(图 3-13)。

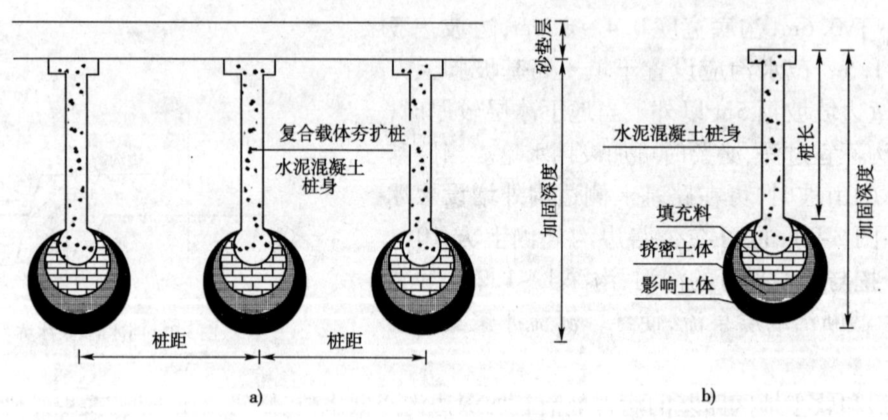

图 3-13 复合载体夯扩桩结构

a)复合载体夯扩桩剖面;b)复合载体夯扩桩详图

3.7 路基翻浆与沉陷处治

3.7.1 潮湿地段的路基在冰冻过程中，土中的水分不断向上移动聚集，引起路基土冻胀，春融时路基湿软、强度急剧降低，在行车作用下，路面发生“弹簧”、鼓包、冒浆、车辙、沉陷等现象，形成路基翻浆或沉陷。路基翻浆或沉陷主要发生在我国北方各省份和南方季节性冰冻地区以及泥沼、水网、软土等地区。

本条为了正确分析路基翻浆原因，针对不同情况采取相应措施，列出翻浆分类及分级表，以供选择处治措施时参考。

3.7.2 路基翻浆或沉陷的处治方法主要有：在路肩上开挖横沟排除路表积水、砂桩、砂砾垫层防治，深挖边沟、提高路基高度、路基换填透水性良好的砂质土，以及设置隔离层、盲沟降低地下水位等措施（图3-14～图3-17），也可采用铺设砂垫层改善路面结构以隔断毛细水上升或铺设水泥稳定类、石灰稳定类、石灰工业废渣类等路面基层，提高路面板体性、水稳定性和力学强度。对于高速公路、一级公路，应采取更彻底的处治措施，如在路基土内压注水泥砂浆、现浇水泥混凝土薄壁筒桩、粉体喷射搅拌桩、砂桩、砂井、袋装砂井、塑料排水板、土工织物滤垫等技术措施。

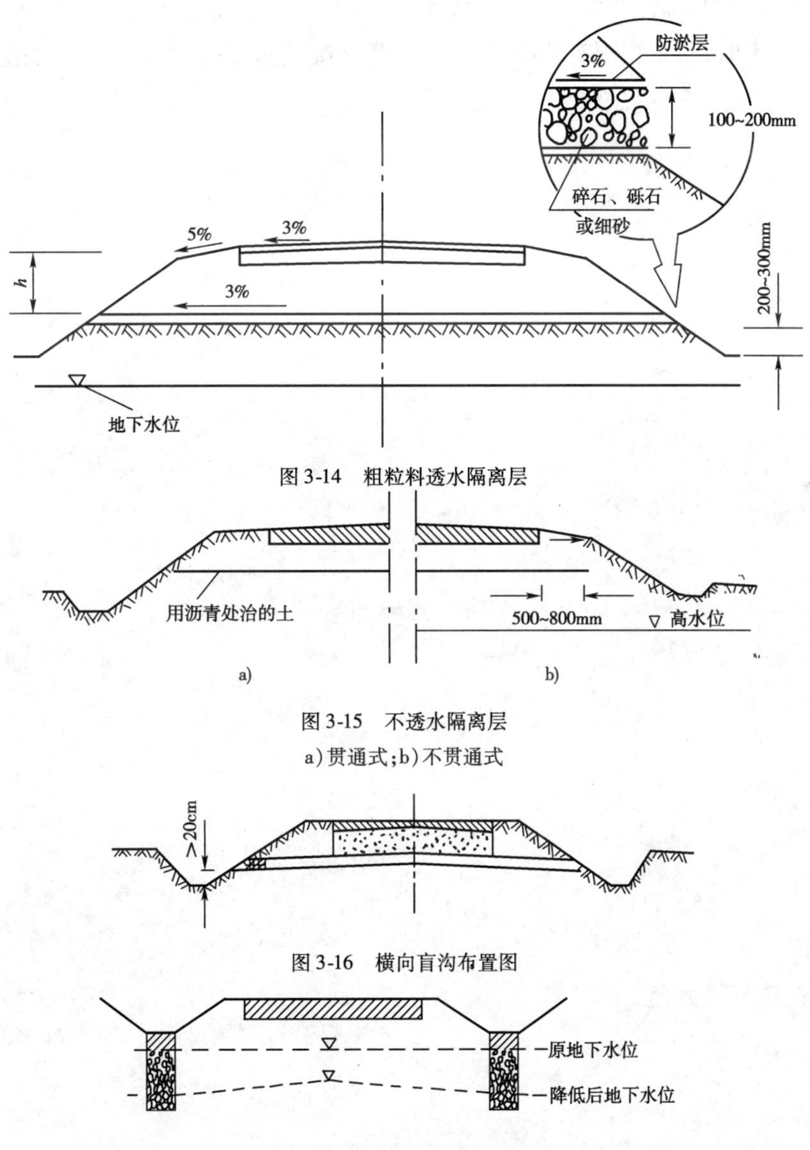

图3-14 粗粒料透水隔离层

图3-15 不透水隔离层

a）贯通式；b）不贯通式

图3-16 横向盲沟布置图

图3-17 路基两侧边沟下面的盲沟

3.7.3 软土地区公路桥梁大多采用长基桩基础，沉降相对较小，而路堤则直接填筑于软土地基而沉降量较大。由于路堤与桥梁的沉降量差异而产生错台，引起桥头跳车。处治桥头跳车有多种方法，主要有：

（1）较为简便的是养护中随着路堤下沉加铺桥头路面，即所谓桥头接坡。此方法的缺点是延续时间长，不易彻底消除错台。

（2）采用桥头钢筋混凝土搭板，一般长度为6~8m。此法仅适用于桥头路堤较小沉降，如沉降较严重，反而使搭板两头形成两次跳车。

（3）较为彻底的方法是改变桥头填土的物理性质，如路基土内压注水泥砂浆、现浇水泥混凝土薄壁筒桩、粉体喷射搅拌桩技术或打砂桩、砂井、袋装砂井及塑料排水板等技术措施。

3.8 路基局部改建

3.8.1 边通车边施工的路基局部改建时的施工长度，原规范规定不超过1km。当前，由于施工机械化程度不断提高，工程规模不断扩大，特别是高速公路，当因交通量迅速增长需增加行车道数量而进行拓宽改建时，施工长度往往达数十公里，因此，仍规定为施工长度不超过1km，势必对施工机械和施工队伍的调度带来困难，特别是高速公路的拓宽改建工程。因此，本条对施工长度不作硬性规定，仅要求施工长度不宜过长，施工时，可根据现有公路性质、交通量情况及施工机械、施工队伍的配备合理确定。

4 路面

4.1 一般规定

4.1.1 路面排水系统的维修养护和改善是公路养护体系的一个组成部分。实践证明，路面过早损坏多数是由于水渗入路面结构而造成的。因此当路面出现裂缝、坑槽、水泥混凝土路面接缝损坏等病害时，应尽快将损坏部分修复，同时应做好地面排水设施的养护。

4.1.2 路面管理系统为公路管理部门制订养护对策、分配养护资金、确定养护优先次序和养护工作计划提供决策依据，各地应积极推广使用路面管理系统。数据库是路面管理系统的基础，在使用的过程中，各地应重视并做好数据的采集、更新和数据库的完善工作。

4.2 沥青路面

4.2.1 本条规定了沥青路面养护的基本要求，主要包括技术政策、技术措施、计划管理和安全、环保措施等。

沥青路面的养护应贯彻"预防为主，防治结合"的方针，加强日常巡查，及时采取措施，修复损坏部分，使路面处于良好的技术状况。

沥青路面的科学养护有赖于推广应用路面管理系统，通过采用科学的检测手段和仪器，对路面进行正确的评价分析，提出科学的养护对策。

4.2.2 本条规定了沥青路面养护应符合现行《公路技术状况评定标准》(JTG H20)的规定。

随着公路里程的不断增加，渠化交通的加剧、车辆载重的不断提高，公路车辙已成为一个日益突出的问题，因此，应加强对公路车辙的养护与修理。

4.2.3 本条规定根据不同的公路等级和各项路况的评价结果，如路面损坏情况及强度、平整度、抗滑等指标，应分别情况确定相应的养护对策，以保持沥青路面良好的技术状况。

4.2.4 本条规定了沥青路面日常养护的基本技术要求，其中尤为重要的是做好初期养护，这对于沥青路面日后的使用质量、使用寿命将起关键作用，同时也可相应减轻日后的日常养护工作量。因此，对此应予以高度重视。

4.2.5 沥青路面常见病害主要有裂缝、拥包、沉陷、车辙、波浪与搓板、冻涨、翻浆、坑槽、麻面与松散、泛油、脱皮、啃边、磨光等，应根据病害的类型、程度，采取相应的技术措施。病害的修复质量应符合沥青路面养护标准，同时，当涉及路面基层及面层的大面积修复时，应符合现行《公路沥青路面施工技术规范》(JTG F40)及《公路路面基层施工技术规范》(JTJ 034)的有关规定。

4.2.6 公路沥青路面罩面是指在路面结构强度指数符合标准的情况下，在其上加铺混合料薄层对路面其他病害进行处治，一般情况下，可分为普通型(罩面)、防水型(封层)、抗滑型(抗滑层)。

(1)普通型：一般铺筑的厚度较厚，主要是处治路面破损，恢复路面平整度。

(2)防水型：主要是防治路面裂缝、渗水采取的封层处治措施，如单层封层、稀浆封层(微表处)等。

(3)抗滑型：当沥青路面的抗滑系数不能满足正常的行车安全要求(低于养护质量最低标准值)而采取的铺筑抗滑层的处治措施。

4.2.7 当路面结构承载力下降、混合料质量差、路面不稳定等因素造成路面严重损坏，采用其他养护措施无法恢复沥青路面原有技术状况时，应考虑对路面进行翻修并对旧料再生利用。在确定翻修之前，应对路面进行详细的调查，一般每50～100m路面进行取样试验，对材料进行分析，同时对路面结构强度指数(PSSI)进行测定，并根据交通量和公路等级进行翻修厚度设计。

对于再生沥青混合料，一般分为热拌和冷拌两种，热拌又可分为厂拌和路拌两种。根据资料，热拌再生沥青混合料一般用于一、二、三级公路路面面层的中、下层，也可用于高速公路路面的中、下层。冷拌再生沥青混合料一般只能用于四级公路。

4.2.8 本条从补强设计、补强层材料类型及结构形式的选择、补强前对原有路面的技术状况进行详细调查、补强实施前对原有路面的技术处理、路面补强与桥涵衔接部位的处理以及补强设计中材料设计参数的选择应用等作出了较为详细的规定。

对于路面补强的施工，应注意防止新旧基层之间出现夹层，影响路面的稳定性，应切实做好新旧层之间联结。对于旧基层出现的松散或强度不足的部分应予以挖除，换填水稳定性好的材料并整平碾压密实至设计规范的规定；调拱时，应注意调拱层的厚度适宜，太薄了会影响调拱层的稳定性。同时应做好路缘石及排水系统的整修和完善。

采用新材料(如土工格栅、土工织物、玻璃纤维格栅等土工复合材料)、新工艺进行沥青路面补强时，施工工艺的选用是保证工程质量的关键。因此，在大面积补强施工前，应选择试验路段进行试铺，取得经验后进行大面积施工，同时应切实加强补强路段的初期养护。

4.2.9 本条规定了沥青路面加宽的基本要求，并分别对基层加宽、路面双侧加宽、路面单侧加宽等各种情况作了相应的规定。路面双侧加宽又可分为双侧相等加宽(图4-1)和双侧不相等加宽，而双侧不相等加宽路面如两侧加宽差值在1m以下时，可不必调整横坡(图4-2)；如两侧加宽差值大于1m时，应同时对路拱横坡予以调整(图4-3)。

对于路面单侧加宽，加宽一侧必须设置调拱层，并注意三角调拱层与上下路面结构层的联结(图4-4)。

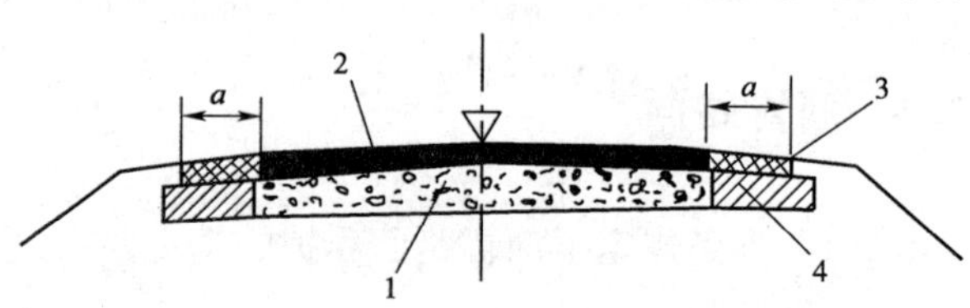

图4-1 两侧相等加宽路面

1-原基层；2-原路面；3-加宽面层；4-加宽基层

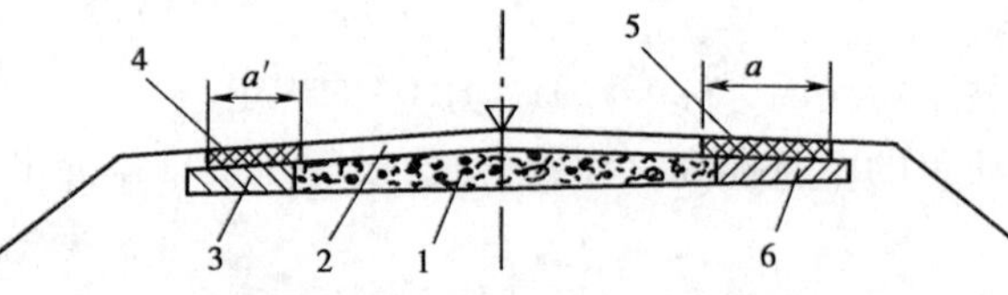

图4-2 两侧不相等加宽路面($a-a'<1$m)

1-原基层；2-原面层；3-加宽基层较窄；4-加宽面层较窄；5-加宽面层较宽；6-加宽基层较宽

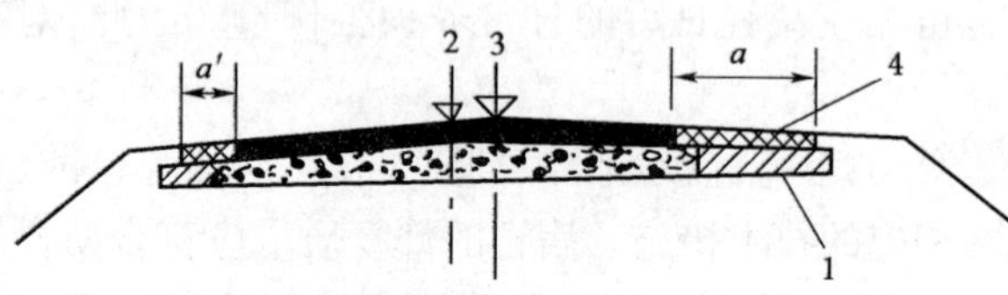

图4-3 两侧不相等加宽路面($a-a'>1$m)

1-加宽基层；2-原路拱中心点；3-新铺路拱中心点；4-加宽面层

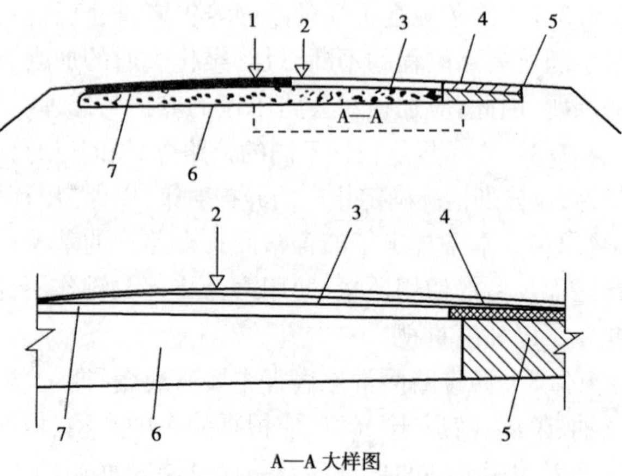

图4-4 单侧加宽路面

1-原路拱中心；2-调拱后中心；3-调拱三角垫层；4-加宽面层；5-加宽基层；6-旧基层；7-旧面层

4.3 水泥混凝土路面

4.3.1 水泥混凝土路面的特点是，在养护良好的条件下，使用年限比其他路面长；但如疏于日常养护，一旦开始破损，就会引起破损迅速发展，且修复困难。因此，加强水泥混凝土路面的预防性、经常性的保养工作显得十分重要，对小的病害应及时维修，防止病害扩展。随着交通流量的日益增大，其日常养护工作应以机械作业为主，以减轻养护人员的劳动强度，提高效率。养护人员上路作业时，必须穿着标志服,做好自身的劳动保护,机械设备应漆成统一醒目的标志色。

路面清扫保洁是水泥混凝土路面养护的一项日常工作,应根据不同路段的实际情况加强清扫,保持路面整洁。不同类型路面连接处及平面交叉道口容易污染,因此要求勤加清扫,即清扫频率要高于路面和分隔带。路面上的小石子在行车碾压下容易破坏路面和嵌入路面接缝,同时还会造成飞石伤人、毁车,因此应及时予以清除。

4.3.2 接缝是水泥混凝土路面特有的构造,接缝的好坏直接影响路面的使用寿命。水泥混凝土路面的接缝可分为纵缝、横缝两大类。

填缝料凸出板面的高度,与错台的要求一致,其原因是考虑填缝料凸出板面后造成的路面不平整特性与错台相似。在实际作业时,应尽量做到不高于路面。

气温较高时混凝土板膨胀,如填缝料本身压缩性能及热稳性差,就容易产生填缝料外溢甚至流淌到接缝两侧的板面,影响路面平整度和路容的美观。

填缝料的更换周期,主要取决于填缝料自身的寿命与施工质量,以及各地的气候特点和路面条件,一般宜2~3年更换一次。之所以要作出规定是因为水泥混凝土在使用时应定期更换填缝料。美国、英国的养护手册都提出了周期或寿命的要求。填缝料的日常更换是指对填缝料局部脱落、缺失、损坏的填实和更换,是一项经常性的养护工作。

填缝料的灌注深度,一般为30~40mm。当填料深度较大时,应设置垫底材料或支撑条,主要是为了保证路面在正常使用的条件下尽量节约填缝料以求经济实用。

填缝料的更换时间,根据国内外的经验,应选择在当地气温居中的时间段进行。一般在春秋季节实施。

填缝料更换时的工作质量直接关系到其使用寿命和路容的美观,因此应一丝不苟,精心施工,确保其密实、饱满、黏结良好。填缝材料应选择具有与混凝土板壁黏结牢固、回弹性好、不溶于水、不渗水,高温时不挤出、不流淌,抗嵌入能力强、耐老化龟裂、负温拉伸量大、低温不脆裂、耐久性好等性能的材料。填缝料有常温施工式和加热施工式两种,其技术指标应符合现行《公路水泥混凝土路面接缝材料》(JT/T 203)的规定。加热施工式填缝料主要有沥青玛蹄脂类、聚氯乙烯胶泥类、改性沥青类等。高速公路、一级公路应优先使用树脂类、橡胶类或改性沥青类填缝材料,并宜在填缝料中加入耐老化剂。

清缝、灌缝宜使用专用机具,主要是为了保证质量,提高工作效率。

4.3.3 水泥混凝土路面应加强日常巡查和定期检查,与其他路面和结构物的检查分类基本一致。主要是根据目前各地实际情况提出的,许多省、市已形成制度,且经实践证明是合理的。

4.3.4 日常巡查以目测为主,检查路面病害的发展趋势,为养护单位安排次日的养护作业提供依据。其检查频率应视交通流量、路面使用年限、气候变化等适当增加。

"妨碍交通的路障"主要是指路面中的石(砖)块、堆积物等影响交通正常通行和易引发交通事故的障碍物体。

检查记录格式宜由各省、区、市根据具体情况自行确定。主要内容为检查的路线名称、具体时间(年、月、日、时)、发现的问题、处理结果、检查人等。

4.3.5 定期检查是对路面破损状况、行驶质量、结构承载能力和抗滑能力等技术指标进行检测与总体评价。通过定期检查,可制订养护技术对策,安排养护工作项目的优先次序,确定年度大中修和改建项目。

每次定期检查的情况和所得的数据应按要求及时整理,输入数据库等管理文件。这些信息资料是动态的,应及时更新。

路面破损状况、行驶质量、结构承载能力和抗滑能力的检测方法和评定标准应符合相关规范规定。

4.3.6、4.3.7 路面破损状况、行驶质量和抗滑能力按优、良、中、次、差5个等级评定。它们反映了路面状况满足使用要求的程度,也反映了需要采取的养护对策水平。高速公路、一级公路和其他等级公路应分别符合现行《公路技术状况评定标准》(JTG H20)的规定。

4.3.8 本条规定了公路各技术等级评定后相应的养护对策与措施,虽然综合评定时作了量化处理,在实际决策时,仍需结合当地的经济条件或管理者的经验进行选择。路面状况的养护对策水平,可简分为日常养护、局部或个别板块的修补、全路段的修复或改善等。行驶质量和抗滑能力评定等级为中及中以下(高速公路及一级公路),或者次及次以下(二级及二级以下公路)的路段,需采用全路段修复或改善措施。

路面结构承载能力不足而需铺筑加铺层,属于改建范畴。可参照有关设计和施工规范进行加铺层的设计和铺筑。

4.3.9 旧混凝土局部板块凿除应采用液压镐,以免影响相邻板块。需对损坏基层或垫层进行清除的,由于修补面积较小,难以碾压,可采用 C15 贫混凝土进行补强,补强后的标高应与原基层顶面标高相同,并设置横向盲沟,以免路基积水。尤其是路肩路面化的,应设置盲沟。

4.3.10 水泥混凝土路面裂缝缝隙小于 3mm 且边缘无碎裂现象,适用于直接灌浆。直接灌浆材料,宜采用聚氯乙烯胶泥、焦油类填缝材料、橡胶沥青等加热施工式填缝料或选用聚氨酯油类常温施工式填缝料。

如采取扩缝灌浆,可按下列顺序进行:

(1)顺着裂缝扩宽成 15 ~20mm 的沟槽,槽最大深度不得超过 2/3 板厚。

(2)清除缝内松散碎屑,并吹净灰土后,填入粒径 3 ~6mm 的清洁石屑。

(3)将灌缝材料注入扩缝内。

(4)灌缝材料达到通车强度后,开放交通。

条带罩面法适用于裂缝贯穿于板块全厚,且缝宽大于 3mm、小于 15mm 的情况。施工可按以下顺序进行:

(1)在距裂缝两侧 150mm 处,切割平行于横缝(或纵缝)且深 70mm 的缝槽。

(2)凿除两切缝之间的混凝土。

(3)于裂缝两侧垂直于裂缝每隔 500mm 打一对深为 70mm 的钯钉孔(孔的间距为 200mm——裂缝两侧各 100mm),并在两钯钉孔之间打一条与钯钉孔直径相一致的钯钉槽。

(4)安装钯钉。钯钉宜采用 ϕ16mm 螺纹钢筋。钯钉长度为 200mm,弯勾长度 70mm。

(5)浇筑混凝土,振捣密实,抹平后,喷洒养护剂。

(6)混凝土达到强度后,开放交通。

4.3.11 确定板块脱空的方法,国内外普遍采用弯沉测定法,也可以在现场观察,当载重车通过时,根据混凝土是否垂直位移和发生"咚咚"响的脱空声音,来判断板块是否脱空。

混凝土面板弯沉测定应采用 5.4m 长杆弯沉仪、BZZ—100 标准轴载检测车。弯沉仪测点与支座应放在同一板块的接缝处。

在《美国路面修复手册》中,凡弯沉值超过 0.635mm 的,应确定为板块脱空。根据我国的实践,弯沉值超过 0.2mm 的,应确定为板块脱空。

灌浆孔的布设应根据路面板的情况及灌浆机械确定。灌浆孔数不能过多,孔与孔之间的距离也不能过短,孔与面板边的距离不应小于 500mm,以避免破坏面板的整体强度。一般一块面板上的灌浆孔数量以 5 个为宜。

灌浆材料可采用沥青、水泥浆、水泥粉煤灰和水泥砂浆。

4.3.12 水泥混凝土面板的拱起、胀起、坑洞等病害,尤其是拱起病害,极易引起交通事故,因此应尽快处治。拱起有高有低,拱起愈高,拱起两侧的影响板块愈多。在处治时应先将拱起板块两侧附近 1 ~2 条横缝切宽,待应力充分释放后切除拱起端(切缝宽不应大于 50mm),逐渐将板块恢复原位,并对已切的缝灌填接缝材料。胀起的处治与之相同。

坑洞分个别坑洞和连片坑洞。对个别坑洞,应清除洞内杂物,用水泥砂浆等材料填充密实;对连片坑洞,应将这些病害集中起来,划为一个施工面,进行罩面处治。

当采用沥青混凝土进行罩面时,为使罩面层与旧混凝土面板黏结牢固,应对旧混凝土面板进行切槽处理,并在罩面施工前刷一层黏层剂。

4.3.13 在水泥混凝土路面上刻槽,对处治路面磨光病害效果较显著。纵向刻槽与横向刻槽相比,纵向刻槽可以降低噪声,提高行车安全性,目前国内外已应用较多。

对陡坡、急弯路段的水泥混凝土路面进行刻槽，能有效改善路面的抗滑能力。

4.3.14、4.3.15 旧水泥混凝土路面病害调查是水泥混凝土路面维修的重要环节，必须认真仔细，逐块调查，做好记录，绘制平面图，以便制订相应的维修对策和修补措施。

在旧水泥混凝土面层上加铺水泥混凝土路面分为结合式、直接式和分离式三类型。结合式加铺层较薄（一般不小于100mm），利用了旧水泥混凝土的强度，要求旧水泥混凝土面板稳定，无较多病害，因此旧水泥混凝土路面应凿毛，施工难度较大；分离式加铺层施工方便，对新加铺的水泥混凝土板块尺寸没有严格的要求，但加铺层较厚且旧板块必须充分破碎、压实；直接式加铺层介于结合式与分离式之间，施工较为简单，旧水泥混凝土板表面不必凿毛，进行清洗即可，但新旧路面伸缩缝位置必须上下对应，以免出现反射裂缝。

钢纤维混凝土适用于桥面、桥头引道、城市道路等净空受到限制的路段。

旧水泥混凝土路面上加铺沥青混凝土路面，要求水泥混凝土面板必须稳定，否则接缝将很快反映到沥青面层，导致路面破坏。迄今为止，无论采用结合式还是直接式加铺，对反射裂缝的问题还没有真正解决，现有的铺设土工格栅、铺贴土工布、粘贴改性沥青油毡，切缝加灌接缝材料，设置半刚性基层和板块击破、压裂等防治反射裂缝的措施，只能延缓反射裂缝的产生。

旧水泥混凝土板块的击破或压裂方式主要有镐头式、冲击式（闸式、多锤头）和高频低幅共振式等。高频低幅共振设备在美国已应用二十多年，施工速度也较快，达到的效果比其他设备理想，但价格昂贵；冲击式因振动大，对公路的构造物和周边的结构物影响较大，因此，在施工时应做好相应的保护措施。

4.3.16 旧水泥混凝土用于集料制备时，首先应对旧水泥混凝土板进行检查。若旧水泥混凝土路面板破坏不属于碱集料反应，旧水泥混凝土中的碎石满足强度要求，则可对旧水泥混凝土板进行再生利用。由于小于20mm的细料强度达不到要求，而且吸水性较强，影响混凝土的和易性和强度，故不宜采用。

将旧水泥混凝土块轧碎加工后用做半刚性基层集料，旧料将得到充分利用，彻底避免产生反射裂缝，但工程造价明显增加。国内目前多采用对旧水泥混凝土路面直接破碎、压裂后用做基层，工作效率较高，但反射裂缝不能根本性解决。

用冲击式设备大面积破碎、压裂的，应用水泥砂浆或沥青灌入板块裂缝内，以便充填旧水泥混凝土块缝隙。对软弱松动的碎块应及时清除，并用C15贫混凝土填实。

4.3.17 水泥混凝土路面的加宽，其目的是为了提高车辆通行能力。当路肩宽度不足时，应拓宽路基。为防止路基的不均匀沉陷而导致路面板纵向开裂，应严格按照公路路基、基层的施工技术规范规定进行施工。

新加宽的基层材料应与原路面基层相一致。为防止新路基的压缩沉陷而造成路面下沉，加宽的路基应特别注意压实度，压路机无法碾压时，应用小型夯实机械充分夯实。新旧路基横坡应相同，以保证路面基层的排水。

水泥混凝土路面加宽宜在稳定的路面基层上进行，同时考虑到水泥混凝土路面调拱的困难性，尽量采用两侧相等宽度加宽。对两侧不相等加宽的路面，如差值超过1m，应进行调拱。在弯道上加宽，应设置超高。加宽的水泥混凝土面板的强度、板厚、横缝应与原面板相一致。为增加加宽部分与原水泥混凝土板的连接，须设置拉杆。

4.4 砌块路面

4.4.1 砌块路面是采用平面尺寸较小（一般为400mm×200mm）而抗压强度较高的水泥混凝土预制块或块石料紧密铺砌而成。砌块路面容易渗水，一旦路面积水，渗入垫层，在短时间内将引起沉陷、错台，同时填缝料在行车的作用下容易散失，荷载传递减小，从而引起砌块松动、破碎。因此，砌块路面的养护关键是及时添加嵌缝料，排除路面积水，保持排水畅通。

及时清扫砌块路面，既可以保持路面的整洁，又可将散失的嵌缝料及时回填。砌块路面应进行人工清扫，机械清扫容易吸走缝隙内的砂料。人工清扫频率应根据路段的交通量大小、路龄和周边环境等情况安排。

4.4.2 本条规定了砌块路面养护标准的最大误差允许值(也即最低要求)。一般情况下,高速公路和一级公路不修砌块路面,只在二级及二级以下公路的山区、陡坡路段修建,因而仅规定一项标准。

4.4.3 砌块间用水泥砂浆做填缝,多用在人行道和停车场。若在公路上用水泥砂浆做填缝,在长期的动荷载作用下,块间接缝处极易损坏,故不宜采用。

砌缝间用砂、砂砾、煤渣等做填料,主要是利用其嵌锁力,防止块料位移,传递荷载。因此,在施工时应将填缝料振捣密实,同时由于填缝料易被行车带出,特别是开放交通初期更易散失,要求加强初期养护,及时将飞散出的砂料扫回捣实或适当添加,使砌块间的缝隙充满填缝料,防止砌块松动。

4.4.4 砌块路面的嵌锁力依赖于块料的尺寸精度。砌块料由工厂(场)制作可达到精确的尺寸。需要更换的砌块应与原路面材质标准基本一致,应到工厂(场)购买,若有条件也可自行制作。

4.4.5 本条具体量化了砌块路面的翻修指标,尚应根据交通量、路段的重要性和经济状况,提前安排翻修。

翻修前须对原有路面损坏进行调查,以便制订翻修方案。

4.4.6 翻修施工应严格按照设计要求进行,同时应对交通进行控制。

4.5 砂石路面

4.5.1 现行《公路工程技术标准》(JTG B01)对砂石路面的概念作出了新的规定。《公路工程技术标准》(JTJ 001—1997)将路面分为高级、次高级、中级和低级四个等级,《公路工程技术标准》(JTG B01—2003)不再提及路面等级,将水泥混凝土路面和沥青混凝土路面称有铺装路面,将沥青表处、沥青碎石、沥青贯入式路面称简易铺装路面,将砂石路面称未铺装路面,并从5个方面规定了砂石路面养护的基本要求。

砂石路面在养护维修时,所采用的材料在符合技术要求的前提下,提倡就地取材和旧料再生利用(和新料参配使用)。

砂石路面翻修和加宽、加厚时,粒料规格应符合现行有关规范的规定;黏土的含量不应大于15%,塑性指数宜为18~27。

级配碎(砾)石路面翻修和加宽、加厚时,其矿料级配应符合表4-1的规定。在天然碎(砾)石材料不能满足表列要求时,应进行人工掺配,组成最佳混合料。

表4-1 级配碎(砾)石路面的矿料级配组成

分类	编号	通过下列筛孔(mm)的质量百分率(%)										塑性指数 I_P
		60	50	40	30	20	10	5	2	0.5	0.075	
碎石	1		100	90~100		68~85	45~70	30~55	20~37	15~25	7~12	12~21
	2			100	85~100	70~90	50~70	50~60	25~40	20~32	8~15	12~18
砾石	1		100	90~100		65~85	45~70	30~55	20~37	15~25	7~12	12~21
	2			100	85~100	70~90	50~70	40~60	25~40	20~32	8~15	12~18
	3			100		85~100	60~80	45~65	30~50	20~32	8~15	12~18

注:1. 碎石路面用圆孔筛时,可用1、2号级配;用方孔筛时,只用2号级配。

2. 砾石路面用圆孔筛时,可用1、2、3号级配;用方孔筛时,只用2、3号级配。

4.5.2 本条规定了砂石路面日常养护工作的主要内容和要求。

雨季和冬季冰雪时节是砂石路面养护的不利季节,应加强日常养护工作。做到雨前注意扫砂匀砂,保持路面平整;雨中注意排水,不使路面、路肩积水;雨后注意刮(铲)补,及时刮(铲)波浪和修补坑洞,冬季加强冰雪防治。

松散保护层的养护应做到勤添砂、勤扫砂、勤匀砂、勤除细粉。

4.5.3 本条要求对砂石路面的各种病害进行及时修复,主要有下列病害的处治:

(1)磨耗层的修理

①磨耗层发生高低不平,应铲去凸出部分,并用同样的润湿混合料补平低凹部分,碾压密实,使其与原磨耗层保持一致。

②局部路段磨耗层大面积被磨损,应清除残存部分,整平洒水润湿,然后按新铺磨耗层的方法用同样的混合料重铺。

③磨耗层经行车碾压而减薄,但还基本可以利用时,可加铺一层封面。

(2)路面坑槽和车辙的修理

①路面发生坑槽和车辙后,应按破损面积大小及深浅程度采取不同方法及时修补。

②面积较小、深度较浅的坑槽和较浅的车辙(小于30mm),用与原路面相同的材料拌和填补并碾压密实。

③坑槽或车辙的面积较大、深度较深(大于30mm)时,应采取挖槽修补措施。

④坑槽或车辙深达路基时,应先处治路基土层,再在其上修铺路面。

(3)路面松散和波浪的修理

①路面出现松散时,应将保护层和松动的材料扫集堆起,按有关要求补充新料、重新拌和摊铺并压实后扫回保护层。

②路面轻微波浪且稳定时,应铲高补凹,保持平整。波浪严重,其波峰与波谷高差达50mm以上时,可按大修处治。

4.5.4 铺筑磨耗层、保护层属中修工程范围,其厚度及级配应符合表4-2的规定。

表4-2 磨耗层厚度及级配组成

编号	通过下列筛孔(mm)的质量百分率(%)						<0.5mm塑性指数	厚度(mm)	适用地区
	30	20	10	5	2	0.5			
1	100	80~100	55~75	40~60	25~50	18~30	15~21	30~40	南方潮湿地区
2		100	75~90	50~70	38~56	18~35	15~21	20~30	南方潮湿地区
3		100	75~90	50~70	38~56	25~40	15~21	20~30	北方半干旱地区
4		100	75~85	55~70	45~55	30~45	>12	30~40	西北干旱地区
5			100	75~100	45~75	25~45	15~21	10~20	南方潮湿地区
6			100	80~95	60~80	35~50	15~21	20~30	北方半干旱地区
7				90~100	60~80	35~55	15~18	10~20	北方半干旱地区

(1)磨耗层的铺筑应严格按放样清底、扫浆、配料拌和、铺料、培肩和碾压、加铺保护层、初期养护等程序进行。

(2)松散保护层一般采用2~8mm的粗砂、砾砂、石屑等材料,厚度一般为5~10mm。材料应坚硬耐磨,粒径均匀,粒径小于0.5mm的颗粒含量不得超过15%。松散保护层粒径规格应符合表4-3的规定。

表4-3 松散保护层粒径规格

编号	粒径规格(mm)	0.5mm以下颗粒允许含量(%)	适宜厚度(mm)	适用范围
1	2~5	<15	5~8	铺有坚实平整的磨耗层,又出产合适的材料时
2	2~8	<15	8~10	磨耗层平整度差或不够坚实,又出产合适的材料时
3	6~10	<15	8~12	磨耗层平整度差,合格料采集困难地区

(3)稳定保护层分为下列几种:

①砂土稳定保护层。材料级配应符合表4-4的规定,压实厚度8~10mm。

表 4-4　砂土稳定保护层级配

编号	通过下列筛孔(mm)的质量百分率(%)				<0.5mm 的混合料塑性指数	适 用 条 件
	10	5	2	0.5		
1	100	90 ~ 100	60 ~ 80	35 ~ 55	12 ~ 18	不过分潮湿和不过分干燥且有坚实平整层的路段

②泥浆砂封面稳定保护层。

③在缺乏砂石材料的半干旱地区,可采用“黏土封面”或“泥浆封面”。

④在冰冻期长的地区,还可采用“冻土封面”保护层。即在大地封冻前,撒铺一层有一定水分的黏土,在封冻时,使它冻结成一层硬土层,以在冰冻季节保持平整和稳定。

5　桥梁、涵洞与渡口

5.1　一般规定

公路桥涵养护应做到：桥涵外观整洁，桥面铺装坚实平整，横坡适度，桥头连接顺适，排水畅通，伸缩缝、支座良好，结构无损坏，标志、标线等附属设施齐全良好。

桥涵构造物的养护，首先应使原结构保持原设计汽车荷载等级的承载要求及设计交通量的通行要求。根据交通发展的需要，也可通过改建来提高承载能力和通行能力。在确定改建工程方案时，应注意新旧结构之间的关系，充分发挥原有结构的作用。

5.2　桥梁检查

5.2.1　桥梁检查分为经常性检查、定期检查和特殊检查。

1　经常性检查：主要指对桥面设施、上部结构、下部结构及附属构造物的技术状况进行的检查。以目测为主，检查从外表可见到的病害和缺陷等，为小修保养计划提供依据。当场填写“桥梁经常性检查记录表”是及时、准确收集信息的重要保证。

2　定期检查：为评定桥梁使用功能，制订养护计划提供基本数据，对桥梁主体结构及其附属构造物的技术状况进行的全面检查，为桥梁养护管理系统搜集结构技术状态的动态数据。

定期检查中，校核桥梁卡片和填写“桥梁定期检查记录表”应在现场及时、准确地完成。缺损原因的判断、维修范围的估定、改建和限制交通的建议工作应慎重进行。

桥梁定期检查应给出检查结论文件：

(1)桥梁定期检查记录表。当天检查的桥梁现场记录，应在次日内整理成每座桥梁定期检查记录表。

(2)典型缺损和病害的照片及说明。缺损状况应说明缺损的部位、类型、性质、范围、数量和程度等。

(3)两张总体照片。一张桥面正面照片，一张桥梁上游侧立面照片。桥梁改建后应重新拍照一次。如果桥梁拓宽改造后，上下游桥梁结构不一致，还应有下游侧立面照片，并标注清楚。

(4)桥梁基本状况卡片。定期检查完成后，应将本次检查的桥梁各部件技术状况评定结果登记在桥梁基本状况卡片内。

(5)定期检查报告。

①辖区内所有桥梁的保养和小修情况。

②需要大中修或改建的桥梁计划，说明维修的项目、拟用的维修方案、估计费用和实施时间。

③要求进行特殊检查桥梁的报告，说明检验的项目及理由。

⑤需限制桥梁交通的建议报告。

3　特殊检查：指查清桥梁的病害原因、破损程度、承载能力、抗灾能力，确定桥梁技术状况的工作。特殊检查分为专门检查和应急检查。

(1)专门检查：根据经常性检查和定期检查的结果，对需进一步判明损坏原因、缺损程度或使用功能的桥梁，针对病害进行专门的现场试验检测、验算与分析等鉴定工作。专门检查的内容及方法是：

①结构材料缺损状况判断，主要有材料损坏程度检测、材料物理化学性能测试、缺损原因分析判断等。

②结构整体性能、功能状况鉴定，主要有结构承载力（强度、刚度和稳定性等）鉴定、桥梁抗洪能力的鉴定等。

③公路旧桥材料性能检测是对其结构及部件的材料质量所存在的缺陷状况进行详细检测、试验、判断的过程，主要有混凝土现场检测和钢筋锈蚀检测。

混凝土现场检测分为混凝土强度检测、碳化深度检测、缺陷损伤检测。

混凝土强度检测的主要方法有非破损检测法（回弹法、超声法、超声回弹综合法）、半破损检测法（钻芯法、贯入法、拔拉法、拉脱法）。

缺陷损伤检测主要有混凝土均匀性、综合面质量、表面损伤层、不密实区和空洞、浅裂缝、深裂缝检测。主要方法有超声波探伤法、目测法、声波检测法、声发射检测开裂活动法、射线照相法、防射测定法、红外线热测法、雷达检测法等。

钢筋锈蚀的检测分直接检测和间接检测两种。直接检测方法有半电池电位检测法、重量损失法、截面损失法3种。间接检测方法有混凝土碳化深度的现场检测、保护层厚度现场检测、电阻率检测、氯离子含量检测、气透性检测等5种。

④公路旧桥结构性能检测是对其结构及部件的工作性能所存在的缺陷状况进行详细检测、试验、判断的过程，包括承载力检测与承载力评价两方面。承载力鉴定的主要方法是荷载试验（静载试验＋动载试验）。

（2）应急检查：当桥梁受到灾害性损伤后，为了查明破损状况，采取应急措施，组织恢复交通，对结构进行的详细检查和鉴定工作。

技术状况为五类的桥梁，只是在其技术状况偏向四类、区分不明显时才考虑进行专门检查。随着养护经费增多、养护条件改善以及交通量的增长，从可能和需要两个方面考虑，应逐步增加进行荷载试验专门检查的桥梁。

特殊检查中，现场勘测、试验和验算，三个方面缺一不可。最终应有鉴定结论。

特殊检查应提出结论报告，报告文件包括下列主要内容：

（1）概述检查的一般情况。

（2）描述目前的桥梁技术状况。

（3）详细叙述检查部位的损坏程度及原因，并提出结构部件和总体的维修、加固或改建的建议方案。

5.2.2 桥梁技术状况评定分为一般评定和适应性评定。

1 一般评定

桥梁的一般评定包括桥梁各部件技术状况评定及确定桥梁部件及全桥总体技术状况分类两部分工作。

各部件技术状况评定是依据缺损程度、缺损对结构功能的影响程度、缺损发展变化状况进行量化评分。

在综合评定时，可根据各部件的重要程度按现行《公路技术状况评定标准》（JTG H20）给出不同的权重进行计算，得出桥梁总体技术状况。

2 适应性评定

承载能力评定是将桥梁的实际承载能力与现行设计荷载标准的荷载效应进行比较，反映结构能否达到承载要求。通行能力评定是将设计通行能力与现行交通量进行比较，也可和使用期预测交通量进行比较，反映桥梁能否满足当前（或使用期）交通量的要求。适应性评定通常与定期检查、特殊检查结合进行。

如遇设计洪水或超设计洪水，应结合水毁调查，于当年进行一次抗洪能力评定。对经常受洪水威胁的山区公路桥梁，宜每年进行一次抗洪能力评定。

5.3 桥梁上部结构及桥面系

5.3.1 本条主要规定了钢筋混凝土及预应力混凝土桥的养护和加固的主要技术要求。

钢筋混凝土梁的主要病害大致可归纳为混凝土表面缺陷、露筋及钢筋锈蚀、联结构件开焊和开裂,以及裂缝超限。

钢筋混凝土梁式桥加固方法,可归纳为加强构件截面加固法和改变结构受力加固法两大类。

加强构件截面加固法主要有绑扎钢筋骨架并与原有骨架连接浇筑钢筋混凝土加大截面、转换截面形式、粘贴钢板、加预应力、植筋和粘贴复合纤维板等。

改变结构受力加固法主要有加大截面、增加横隔板数量、调整连续梁支座标高、更换主梁、加大边梁截面及配筋等方法。当依据提高承载力幅度来选择加固方法时,可按下述考虑:当承载力相差较大时,选用更换主梁、加大钢筋混凝土断面、预应力加固及改变结构受力状态;相差较小时,可选用粘贴钢板法或粘贴碳纤维法。

(1)预应力加固法

①体外预应力加固法能在提高结构极限承载能力的同时改善结构的应力和变形状态。其中预应力拉杆加固法主要用于受弯构件,而预应力撑杆加固法适用于提高轴心受压以及偏心受压钢筋柱的承载能力。体外预应力加固法适用于中小跨径梁式桥,对于较大跨径的桥梁,一般需配合其他加固法进行综合加固。

加固结构的性能和受力特征与后张法无黏结部分预应力结构相似,可采用无黏结预应力结构理论进行设计计算。

预应力拉杆采用高强粗钢筋,将粗钢筋的两端用槽钢固定在主梁的两侧,槽钢的上端用螺栓穿孔固定在主梁上,下端装上紧固件,以供张拉预应力粗钢筋时使用。

②预应力混凝土的T梁或工字梁,可采用在梁底加设预应力水平拉杆(图5-1)进行加固,以提高梁的抗弯能力。

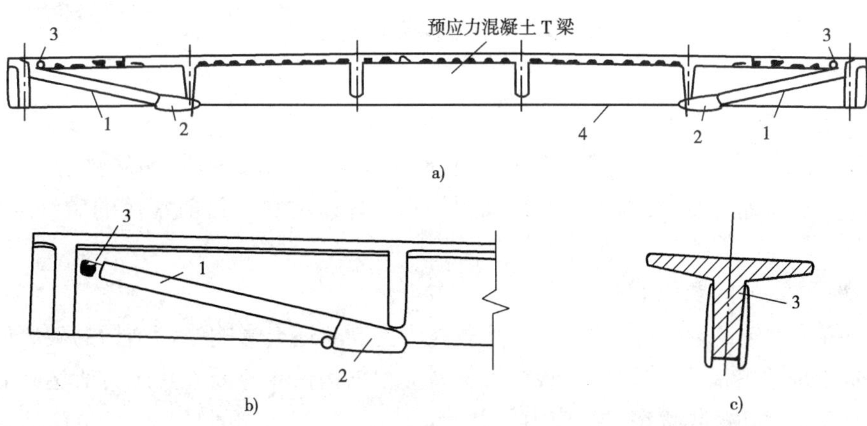

图5-1 T梁体外预应力杆加固

1-小槽钢;2-紧固件;3-固定点;4-预应力拉杆

③在桥下净空许可的条件下,可采用在梁(板)底下加八字撑加固(图5-2)。

④当需大幅提高承载力时,可采用组合式预应力补强拉杆进行加固,即采用水平补强拉杆和下撑式组合加固。此法对梁的补强效果较好。

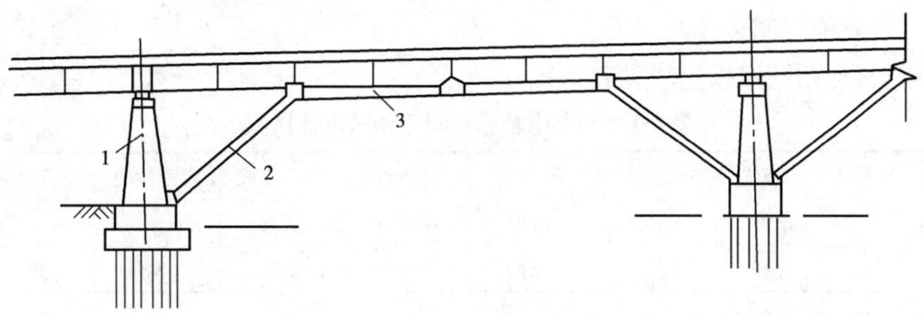

图5-2 梁下加八字撑加固

1-原桥墩;2-钢筋混凝土斜撑;3-钢筋混凝土水平撑

(2)增大截面和配筋加固法

当梁的强度、刚度、稳定性和抗裂性能不足时,通常采用增大构件截面、增加配筋、提高配筋率进行加固。此法是在梁的顶面、底面或侧面加大尺寸,增加主筋,提高梁的有效高度和抗弯强度,从而提高桥梁的承载力。增大截面和配筋加固法的关键是新、旧混凝土联结问题,植筋技术和界面胶能有效地解决这个问题。此法适用于截面尺寸偏小或截面刚度不足以及用其他加固法没有足够锚固长度时。

(3)粘贴钢板加固法

当桥梁出现承载力不足,构件出现严重的裂缝时,采用黏结剂及锚栓,将钢板粘贴锚固在混凝土结构的受拉缘,使其与结构形成整体,达到提高梁的承载能力及正常使用状态下抗裂的作用(图5-3)。合理与安全的设计应控制在钢板发生屈服变形前,黏结处混凝土不出现剪切破坏。确保钢板与被加固构件形成整体受力是加固成功与否的关键。这需要钢板具有足够的锚固长度,黏结剂具有足够的黏结强度和耐久性,同时用植入锚筋加强钢板与混凝土的联结。

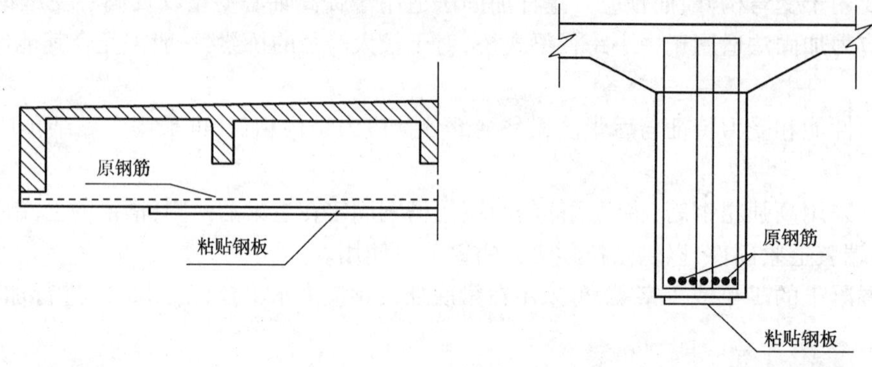

图5-3 梁底粘贴钢板加固

(4)碳纤维加固法

用于加固混凝土结构的纤维材料目前主要有三种:特种玻璃纤维(GFRP)、碳纤维(CFRP)和芳纶纤维(AFRP),其中最常用的是碳纤维。由于碳纤维材料具有高强、轻质、耐腐蚀、耐疲劳等优良的物理、力学性能,以及现场施工便捷,因此是旧桥加固补强的理想材料。目前常用的碳纤维片材有碳纤维薄板和碳纤维布。

使用该法必须注意的问题如下:

①由于碳纤维强度较高,在提高结构受弯承载能力的同时还会影响受弯结构的破坏形态,由塑性破坏变为脆性破坏,同时影响结构的延性。碳纤维材料应根据构件相应极限状态时所达到的应变,按线弹性应力—应变关系确定其极限状态时的应力。

②由于碳纤维强度较高,进行受弯加固的构件,尚应验算构件的抗剪承载力,避免因受弯承载力提高过大而导致受剪破坏先于受弯破坏。

③对不同断面形式,碳纤维材料有不同的经济性,应发挥其高强作用。该法适用于截面中心轴较高的断面,如T梁等。

④能大幅提高结构的极限抗弯承载能力,但对正常使用极限状态基本不能发挥作用。对裂缝能起封闭作用,但不能有效地限制裂缝的发展。

粘贴碳纤维材料与粘贴钢板比较见表5-1。

表5-1 粘贴碳纤维材料与粘贴钢板比较

比较项目	自重	强度	成本	抗腐蚀性	耐火性	适应性	设备要求	疲劳性能	施工成本	维修费用
粘贴钢板	重	高	低	不好	耐火	不太好	复杂	好	高	高
粘贴碳纤维	轻	很高	高	好	不耐火	不太好	复杂	极好	低	很低

(5)裂缝的封闭灌浆与混凝土表面的涂装

水泥混凝土结构由于施工不当,混凝土由于收缩徐变以及温度应力作用引起开裂。若裂缝宽度大于一定值,空气中的水分、氯离子及CO_2容易渗入,引起钢筋锈蚀,影响结构的耐久性。

①对于裂缝应及时进行修补，具体方法有喷涂法、粘贴法、充填法和灌浆法。

a. 喷涂法：适用于宽度小于 0.3mm 的表层裂缝修补；表面喷涂材料可选用环氧树脂类、聚酯树脂类、聚氨酯类、改性沥青类等涂料。

b. 粘贴法：分表面粘贴法和开槽粘贴法两种，前者适用于宽度小于 0.3mm 的表层裂缝修补，后者适用于宽度大于 0.3mm 的表层裂缝修补；粘贴材料可选用橡胶片材、聚氯乙烯片材等。

c. 充填法：适用于缝宽大于 0.3mm 的表层裂缝修补；充填材料应根据裂缝的类型进行选择，对死缝可选用水泥砂浆、聚合物水泥砂浆、树脂砂浆等，对活缝应选用弹性树脂砂浆和弹性嵌缝材料等。

d. 灌浆法：适用于深层裂缝和贯穿裂缝的修补；灌浆材料应根据裂缝的类型选择，死缝可选用水泥浆材、环氧浆材、高强水溶性聚氨酯浆材等，活缝可选用弹性聚氨酯浆材等。

②修补材料、施工环境和养护应符合下列要求：

a. 水泥、树脂、骨料等原材料的品质和储存应符合有关规范的规定。

b. 选用强度等级不低于 42.5 级的硅酸盐水泥、普通硅酸盐水泥，受侵蚀性介质影响或有特殊要求时，按有关规范或通过试验选用。

c. 选用质地坚硬、清洁、级配良好的中砂，砂的细度模数宜为 2.3 ~3.0。

d. 各种混凝土及砂浆的配合比必须通过试验确定。

e. 修补施工前宜进行工艺性试验。

f. 修补施工宜在 5 ~25℃环境条件下进行，不应在雨雪或大风等恶劣气候的露天环境下进行。

g. 树脂类修补材料干燥养护不少于 3d；水泥类修补材料潮湿养护不少于 14d；聚合物水泥类材料应先湿养护 7d，再干燥养护不少于 14d。

③水泥混凝土剥蚀修补应符合下列要求：

a. 对碳化引起的钢筋锈蚀，将保护层全部凿除，处理锈蚀钢筋，用高抗渗等级的混凝土或砂浆修补，并用防碳化涂料防护。

b. 对氯离子侵蚀引起的钢筋锈蚀，凿除受氯离子侵蚀损坏的混凝土，处理锈蚀钢筋，用高抗渗等级的材料修补，并用涂层防护。

c. 修补材料应符合下列规定：

(a)修补材料选用抗渗等级不低于 S12 的水泥混凝土及砂浆、聚合物水泥混凝土及砂浆，对遭受严重侵蚀的部位可选用树脂混凝土及砂浆。

(b)材料的性能不得低于建筑物材料原设计指标。

(c)配制水泥混凝土及砂浆所用原材料除符合《水工混凝土施工规范》(SDJ 207—1982)规定外，还应符合下列要求：

——在有氯离子侵蚀的环境中，水泥混凝土和砂浆必须掺用钢筋阻锈剂；聚合物水泥砂浆及混凝土硅粉砂浆，也可掺用阻锈剂；

——掺用的硅粉和粉煤灰的品质应符合规范规定。

(d)混凝土及砂浆的水灰比宜小于 0.40。

④水泥混凝土保护层的作用是保护钢筋，保证结构的耐久性。保护层过薄、碳化或露筋，将失去或减弱保护钢筋的作用，造成碳化、钢筋锈蚀、混凝土开裂等多种病害。目前常用方法是对混凝土表面进行涂装，延长结构的使用寿命。具体防护措施主要有：

a. 对碳化可能引起钢筋锈蚀的混凝土表面采用涂料涂层全面封闭防护。

b. 对有氯离子侵蚀的钢筋混凝土表面采用涂料涂层封闭防护，也可采用阴极保护。

c. 碳化与氯离子侵蚀引起钢筋锈蚀破坏时，应及时修补，并采用涂料涂层封闭防护。

⑤化学侵蚀防护应采取下列措施：

a. 已形成渗透通道或出现裂缝的溶出性侵蚀，采用灌浆封堵或加涂料涂层防护。

b. 酸类和盐类侵蚀防护措施：

(a)加强环境污染监测，减少污染排放。

(b)轻微侵蚀的采用涂料涂层防护，严重侵蚀的采用浇筑或衬砌形成保护层防护。

⑥钢筋锈蚀修补应符合下列要求：

a. 对碳化引起的钢筋锈蚀，将保护层全部凿除，处治锈蚀钢筋，用高抗渗等级的混凝土或砂浆修补，并用防碳化涂料防护。

b. 对氯离子侵蚀引起的钢筋锈蚀，凿除受氯离子侵蚀损坏的混凝土，处治锈蚀钢筋，用高抗渗等级的材料修补，并用涂层防护。

5.3.2 本条主要规定了拱桥养护与加固的主要技术要求：

1 及时清除表面污垢及圬工砌体因渗水而在表面附着的游离物。

2 及时疏通泄水管孔，保持桥面及实腹拱拱腔排水畅通。如发现拱桥桥面漏水，应及时维修。若发现空腹拱的主拱圈(肋)渗水，应对拱背进行清理，清除可能积水的残渣、堆积物等，并用砂浆等材料抹平或堵塞裂缝。若发现实腹拱主拱圈渗水，应检查拱腔排水系统，必要时可挖开拱上填料，修补防水层，维修排水管道。

3 主拱及拱式腹拱的拱铰及变形缝应保持正常工作状态。清除弧面铰及变形缝内嵌入的杂物，使其保持能自由转动、变形。填缝材料如油毛毡、浸渍沥青的木板等，如有损坏应及时更换。

4 当拱桥发生各种病害时，加固方法及适用范围如下：

(1)主拱圈强度不足时，可加大拱圈截面。

从拱腹面加固时，可采用下列方法：粘贴钢板；浇筑钢筋混凝土加大拱肋截面；布设钢筋网，用喷射混凝土或水泥砂浆加大拱圈截面；在拱肋间加底板，变双曲拱截面为箱形截面。条件许可时，也可在腹面做衬拱及相应的下部结构。

从拱背面加固时，可在拱脚区段的空腹段背面加大拱圈截面；或拆除拱上建筑，在全拱圈背面加大截面。一般使用混凝土或钢筋混凝土。

(2)拱肋、拱上立柱、纵横梁、桁架拱、刚架拱的杆件损坏时，可用粘钢或复合纤维片材加固。粘钢时可粘贴钢板，也可在四角处粘贴角钢。

(3)用粘钢板或复合纤维片材的方法加固节点。

(4)用嵌入剪力键的方法加固拱圈的环向连接。剪力键一般采用钢板或铸件，按一定间隔布置，其间的裂缝用环氧砂浆等处治。

(5)用加大截面的方法加强拱肋之间的横向连接。采用横拉杆的双曲拱，可把拉杆改为系梁。

(6)更换锈蚀、断丝或滑丝的吊杆。若原构造许可，可用收紧锚头的方法张拉松弛的系杆或吊杆调整内力。

(7)在钢管混凝土拱肋拱脚区段或其他构件的外面包裹钢筋混凝土。

(8)改变结构体系以改善结构受力，如在桥下通航许可的前提下加设拉杆。

(9)更换拱上建筑减轻自重，更换实腹拱的拱上填料为轻质填料。

(10)用更换桥面板，增加桥面铺装的钢筋网，加厚桥面铺装，换用钢纤维混凝土等方法维修加固桥面。

(11)因墩、台变位引起拱圈开裂时，应先维修加固墩台，然后修补拱圈。

(12)加固拱桥时，应注意恒载变化对拱压力线的影响及引起的推力变化，对各施工工序应进行验算，并进行详细的施工组织设计，严格按照设计的工序施工。

5.3.3 涂漆防锈是钢桥养护的主要工作内容。

钢桥养护中采用的防锈油漆，一般应与原涂料一致，也可选用更优良的防锈涂装，如无机磷酸盐型富锌漆等高档产品。涂装工艺十分重要，尤其当整座钢桥涂装时，应制订详尽的工艺要求。

采用金属涂层成本高，现场施工条件差且工效低，选择涂漆或涂金属涂层应作经济技术比较。

钢桥杆件的油漆，应符合下列要求：

(1)在涂漆之前，对铁锈、旧漆、污垢、尘土和油水等，均应仔细清除。对所有易锈蚀的部位，如凹处、缝隙、纵横梁及主桁架的弦杆等，尤应仔细清理。

(2)除锈应做到点锈不留、除锈彻底、打磨匀亮、揩擦干净，可采用在浓度10%的无机酸中加入0.2%~0.4%的面粉、树胶或煤焦油等缓蚀剂清洗锈蚀，也可采用喷砂除锈法或其他更有效的除锈方法。

(3)油漆层数一般为底、面漆各两层。对于易遭受损坏或工作条件困难的部位应多涂一层面漆。在第一层底漆干燥后,应对裂缝、不平整处和局部凹痕的部位用油性腻子腻塞,并对腻封质量进行检查,发现缺陷应予消除。

(4)钢桥油漆工作应在天气干燥和温暖季节(不低于5℃)进行。油漆时的气温应与被漆钢构件表面温度相近。在风沙天气、雾天、雨天不应进行油漆,对表面潮湿的钢构件不应进行油漆。

(5)钢桥的防腐可采用镀锌、铝等阳极防腐的金属涂层。金属涂层的制作工艺有喷涂、热镀、电镀、电泳、渗镀、包覆等方法。关键部位及维修困难的部位,可采取在喷、镀金属层上再涂防腐涂料的复合面层或涂玻璃鳞片涂料等防护措施。

5.3.4 悬索桥的日常养护与维修主要是吊索的索股偏差、松弛或过紧的调整,主缆索股的锚头、锚杆、分索器、索鞍、缆索保护层等的检查和养护(包括油漆、黄油涂装等)。

悬索桥的索塔多采用钢筋混凝土结构,加劲梁多采用钢箱梁或钢桁梁,也有采用钢筋混凝土或预应力混凝土结构做加劲梁的,视其结构形式可参照钢筋混凝土、预应力混凝土桥或钢桥进行日常养护。

5.3.5 斜拉桥的主梁、索塔、墩的养护可视其采用的结构形式,参照钢筋混凝土、预应力混凝土或钢桥的有关规定。

(1)斜拉桥养护的重点是斜拉索。斜拉索截面较小,处于高应力状态,对腐蚀作用十分敏感,因此拉索的防护十分重要。

应保持拉索防护套的良好,发现破裂、渗水,应及时修补。斜拉索最易进水的部位是索与锚具的连接部位。连接部位的阻水、密封装置应保持完好,若发现有渗漏水,则应打开防护套对拉索进行检查和除锈,然后作防锈涂装,恢复护套等。斜拉索两端锚具的防锈也是养护工作的重点。

(2)斜拉索的调整和更换。

斜拉桥是高次超静定结构,通过索力调整可使结构处于正常使用状态是斜拉桥的构造特点。调整或更换斜拉索,是斜拉桥维修的一种特有形式。应通过特殊检查、验算确定是否需要调索、换索,调索、换索的方案以及调索、换索的施工程序。更换斜拉索的费用相当高,技术也比较复杂,在研究方案时应对结构的安全性、耐久性、经济性、施工期间的交通组织等进行综合分析比选。

5.3.6 桥面系养护

1 桥面铺装

桥面铺装要求有一定的厚度、强度、平整度,防止开裂,并保证耐磨。桥面铺装有多种形式,有水泥混凝土、沥青混凝土、沥青表面处治和泥结碎石等。其中以水泥混凝土和沥青混凝土使用较为广泛。本条特别指出不宜在原桥面上加铺新的桥面铺装,若加铺桥面过厚,应对桥梁结构重新进行检算。桥面铺装的养护维修宜在不中断交通的情况下进行,可采用半幅施工或夜间施工。

2 排水系统

为了迅速排除桥面积水,防止雨水积滞于桥面、渗入梁体或拱腔,桥面应有一套完整的排水系统。排水系统的养护要求保持排水通畅,疏通堵塞,及时修复损坏的防、排水系统。

5 伸缩装置

(1)应及时清除缝内积土、垃圾等杂物,使其发挥正常作用,若有损坏或功能失效应及时修复或更换。

(2)伸缩装置出现下列病害时,应及时进行更换。

①U形锌铁皮伸缩装置的锌铁皮老化、开裂、断裂。

②钢板伸缩装置或锯齿钢板伸缩装置的钢板变形、断裂,螺栓脱落,伸缩不能正常进行。

③橡胶条伸缩装置的橡胶条老化、脱落,固定角钢变形、松动。

④板式橡胶伸缩装置的橡胶板老化开裂,预埋螺栓松脱,伸缩失效。

(3)更换的伸缩装置应选型合理,伸缩量应满足桥跨结构变形需要,安装应牢固、平整、不漏水。

(4)维修或更换伸缩装置时,应采取措施维持交通。

7 交通安全设施

(1)桥上的交通标志应齐全、醒目、牢固,标志板应保持整洁、无裂纹和残缺。若有损坏应及时整修。

(2)交通标线应保持良好、清晰,定期进行标线重涂。

(3)防眩板应保持齐全、整洁,若有损坏应及时整修。

(4)防护隔离设施应完整、牢固,若有损坏应及时修理。

(5)桥上设置的航空灯、航道灯及供电线路、通信线路应保持良好状态,如有损坏应及时修复。避雷设备应保持良好,接地电阻应符合要求,接地线附近禁止堆放物品,禁止挖取接地线的覆土。

5.3.7 桥梁支座处于下列情况时,应及时进行维修或更换:

(1)支座的固定锚销剪断,滚动面不平整,轴承有裂纹或切口,辊轴大小不合适,混凝土摆柱出现严重开裂、歪斜,必须更换。

(2)支座座板翘起、变形、断裂时应予更换,焊缝开裂应予整修。

(3)板式橡胶支座出现脱空或不均匀压缩变形时应进行调整。

(4)板式橡胶支座发生过大剪切变形、中间钢板外露、橡胶开裂、老化时应及时更换。

(5)油毡垫层支座失去功能时,应及时更换。

调整、更换板式橡胶支座、钢板支座、油毛毡垫层支座采用如下方法:在支座旁边的梁底或端横隔处设置千斤顶,将梁(板)适当顶起,使支座脱空不受力,然后进行调整或更换。调整完毕或新支座就位正确后,落梁(板)到正确位置。

需要抬高支座时,可根据抬高量的大小选用下列几种方法:

①垫入钢板(厚50mm以内)或铸钢板(厚50~100mm)。

②将油毛毡支座、钢板支座更换为较高大的板式橡胶支座。

③就地浇筑钢筋混凝土支座垫石,垫石高度按需要设置,一般应大于100mm。

5.4 桥梁下部结构

5.4.1 墩台基础的加固应根据以下几种情况分别进行:

(1)基础埋置深度不够

①利用板桩、连续地下墙等加固基础周围。此法对防止因冲刷而倒塌的基础处理效果较好。在刚性基础周围加砌圬工或混凝土,并以钢筋锚接新旧基础,使之结合牢固。此法的不足之处是易在基础四周造成局部冲刷,故在选用时,必须慎重考虑加固部分的埋置深度。

②用钢管桩、就地灌注水泥混凝土桩、连续地下墙等加固基础的周围和增强承载能力。此法必须将桩、地下墙和基础本身牢固地联结成整体。圬工结构可采用钢筋混凝土或预应力混凝土,以使墩台的部分压力传递到新桩基上。此法的施工通常都在梁下进行,故在设计时应考虑其现场的可施工性。

(2)承载能力不够

①扩大底座,加桩以增强承载能力。通过扩大基础底座和加桩的方法,增强桩基础和浅基础的承载能力。加桩是对负摩擦力的发生、荷载的加大等的补强措施。沉井基础的水平荷载强度不足时,在沉井外侧设置连续地下墙等,并刚结顶部。

②减轻作用于基础上的荷载。减轻作用于桥台的土压力以及将上部构造由水泥混凝土结构改变为钢结构等,通过结构形式的改变,以达到减轻荷载的目的。

③其他加固方法。基础底部的地基为砂性土时,可采用化学药剂灌注施工法;若为黏性土时,也可采用石灰桩和挤实砂桩施工法等。

(3)基础受冻而损坏

严寒地区,冬季冰层厚度变化,易造成浅桩冻拔,深桩环状冻裂。如桩基周围冰层较厚,可打入套管或板桩,中间填以保温材料,亦可将冰冻线以上(墩台周围)用矿渣换填。

(4)河床下降和冲刷

①护基工程的施工方法有:

a. 采用石笼或板桩加固。其措施有：用竹子、铅丝或钢筋制成石笼护基，将石笼间以钢筋或铅丝相互连接下沉；也可筑板桩围堰，堰内填筑砂砾石。

b. 采用板桩墩头加固。可采用板桩进行墩头防护，板桩顶面一般不应高出河床表面，宜埋置在冲刷线以下，否则将产生阻水，并造成局部冲刷，影响护桩安全。

c. 采用石块压梢捆（或柴排）加固。可用鲜柳枝、荆条编成梢捆，内装片石（或卵石），成捆放置在基础四周防护，具有较好的防冲效果。

d. 采用铺筑水泥混凝土或混凝土板（或块）加固。河床不稳定，基础埋置较浅，冲刷范围较大时，宜采取平面防护，在水流中部分施工宜用水泥混凝土砌块（或混凝土板），若全宽度施工宜用铺筑水泥混凝土防护。

e. 采用抛石加固。此法常用于深水墩台的加固及防护，将石块抛在桥梁墩台四周被冲刷的坑内，填满至河床面，以防再次冲刷。

②防止河床下降的施工方法有：

a. 采用铺筑水泥混凝土板加固。混凝土板属于局部冲刷平面防护，应将其置于一般冲刷线以下，并盖住所在位置的冲刷坑范围。混凝土板整体性强，抗冲耐磨，施工较方便，是一种防护桥墩局部冲刷的有效措施。

b. 采用堰堤方式加固。在基础一定距离内，用片石（或块石）浆砌成堰堤，使水流不至冲到基础部位。此法常用于改建、新建或基础未遭到冲刷的桥梁上。

c. 采用砌石或水泥混凝土铺筑河底。

d. 采用三级消力坎式加固。当下游冲刷严重时，为减缓水流冲刷的影响，可用浆砌片、块石或预制水泥混凝土块筑成三级跳坎，缓解水流冲击力。

5.4.2 墩台的加固方法及适用范围如下：

(1) 由于活动支座失灵而造成墩台拉裂，应修复或更换支座，并修补墩台裂缝。

(2) 墩台身发生纵向贯通裂缝时，可采用钢筋混凝土围带、粘贴钢板箍或加大墩台截面进行加固。

(3) 因基础不均匀下沉引起墩、台自下而上的裂缝时，应先加固基础，再采用灌缝或加箍进行加固。

(4) U 形桥台的翼墙外倾时，可在横向钻孔加设钢拉杆。钢拉杆固定在翼墙外壁的型钢或钢筋混凝土梁柱上。

(5) 当墩台损坏严重，如出现大面积开裂、破损、风化、剥落时，可用钢筋混凝土“箍套”加固。对结构基本完好，但承载能力不足的圆柱形墩柱，可用包裹碳纤维片材进行加固。

(6) 钢筋混凝土墩台出现缺损，而墩台身处于常水位以下时，可根据不同情况采用围堰抽水或水下作业进行修补。

5.5 桥梁抗震

5.5.3 本条规定了梁桥抗震加固的重点。

1 防止顺桥向（纵向）落梁的抗震加固措施，可采用下列方法：

(1) 加固桥台胸墙或重做钢筋混凝土胸墙，在梁端和胸墙间填塞缓冲材料（如沥青油毡或橡胶垫），也可安装防落梁装置。

(2) 设置纵向挡块，在墩台帽上增设锚栓、挡块，阻挠梁纵向位移。

(3) 固定主梁（或板）。

①用卡架把梁或板固定在桥墩上。卡架与梁（板）或墩之间填塞橡胶、油毡、软木等弹性材料，以保证梁（板）在温度变化时能自由伸缩。

②板端钻孔固定。采用油毡支座的板梁，可在每片板梁上钻孔至墩、台帽内，放入螺栓，固定端填以环氧砂浆，活动端应扩孔并填以弹性材料，以利温差伸缩，最后上紧螺帽。

③悬臂梁端固定。在悬臂梁端钻孔，固定螺栓可由上向下穿透挂孔及悬臂端，也可将联结钢板置于梁顶面或梁侧，钻孔并用螺栓固定。

(4)将主梁连成整体。

①增设横向钢拉杆或钢筋混凝土横隔板,提高主梁的整体性。

②纵向在两跨梁间安装防落梁装置或在端隔板之间用螺栓或其他钢构件连接,限制主梁纵向位移。

(5)梁与桥台胸墙纵向连接。用螺栓、钢板等将梁端与胸墙连接起来,以防落梁。

2　防止横向落梁的抗震加固措施,可采用下列方法:

(1)设置横向挡块或挡杆。在边主梁外侧墩、台帽上钻孔埋入锚筋,浇筑钢筋混凝土横向挡块,或埋设短角钢、钢轨、槽钢做挡杆,防止落梁。

(2)在边主梁外侧设置三角形钢支架及在边主梁外侧墩、台帽上埋设钢锚栓,将三角形钢支架固定,并在边主梁与钢支架间填塞垫木以固定主梁。

(3)对无桥面钢筋网的多梁式桥梁,可进行桥面改造,加铺钢筋网。

(4)用钢拉杆或横隔板加强主梁之间的横向联结。

3　防止支座破坏的抗震加固措施,可采用下列方法:

(1)设置支座挡块。对于采用平板式滑动支座、切线式滑动支座、板式橡胶支座或油毡支座的桥梁,若墩、台帽较宽,可采用钢筋混凝土纵向挡块进行加固。

(2)对于摆动、滚动支座,可在梁两侧设置挡块,并把挡块同下部构造连接起来,使之成为U形或一字形承托。

(3)对钢支座可将相邻跨径的两支座用钢筋纵向连接加固。

5.5.4　本条规定了拱桥抗震加固的重点。

1　防止拱圈落拱可在拱脚处设置防落拱牛腿或在横桥向加长墩台身或墩台帽。

2　将拱圈连成整体,双曲拱桥可设置斜向拉杆(交叉),石拱桥可设置钢板箍,将整个拱圈箍住(一般设3道,即拱顶和1/4拱处)。

3　加强拱脚与墩台的联结,可在拱座凿孔,埋设钢筋,一端伸入拱脚和埋设在拱肋上的锚栓相连,最后浇筑混凝土。

5.5.5　墩、台和基础的抗震加固

(1)柱式桥墩

①在柱之间安装用槽钢或角钢做成的横撑和斜撑,并用螺栓将其拧紧,或电焊联结。

②用钢套管加固,套管用钢板卷焊而成。柱应先进行打毛,套管与柱之间的空隙,用水冲洗后填以水泥砂浆或小石子混凝土。

(2)对多孔长桥,可增设抗震墩。即在原有桥墩两边加设钢筋混凝土斜撑,斜撑尺寸视原墩高度和跨径而定。

(3)若桥墩截面偏小,可采用加大桥墩断面或加设套箍进行加固。将原结构表面凿毛洗净,植入连接钢筋,使加大部分与原结构连成整体。基础扩大时,应同时对地基进行处治。

(4)桥台的抗震加固以增强抗滑、抗倾覆及抵御台背的土压力为原则,可分别采取下列方法:

①当桥台的抗倾覆及抗滑动稳定性不能满足安全要求时,可采用加筑围裙进行加固。

②当桥台台后填土在地震力作用下因土压力变化,危及桥台安全时,应采取下列措施:

a. 在台背增设挡墙或桥孔,新挡墙或新桥孔的桥台应能单独承受填土土压力;

b. 在台前修筑扶壁或斜撑,扶壁和斜撑与原桥台共同承受土压力;

c. 将埋置式或一字式桥台改为U形桥台。

(5)地震后拱桥桥台发生位移,引起拱抽线变形较大,承载能力不足时,可采用顶推法调整拱轴线,恢复其承载能力。

5.6　超重车辆过桥

5.6.1　超重车辆是指大于桥梁设计荷载标准及公路管理机构公布的限载量,采取技术措施方可通过桥梁,经过公路管理机构审批同意在指定公路上行驶的特殊车辆。

必要时,应对不能满足通行条件的桥梁进行加固:

(1)小跨径梁桥和拱桥,在下部结构和地基承载力许可时,可在桥台处设临时支点,在桥面上临时架设钢板梁或钢桁梁全桥跨越,以供超重车辆直接行驶通过。

(2)多跨桥梁当桥较长而无法采用全桥跨越时,若下部结构及地基承载力允许,可采用部分跨越法。在台、墩处的梁端部设临时支点架设钢梁,以减小临时钢梁跨度。

(3)梁式桥跨径较大,或下部结构及地基承载能力不足时,可另增加基础,采用竖向多点支承法或八字支撑法进行加固。

(4)当拱桥跨度较大,地基较好时,可采用拉杆加固法。

(5)其他用于加固桥梁上、下部结构及地基的方法均可用于超重车辆过桥时的加固措施。

5.7 涵洞

5.7.2 本条就涵洞检查的分类、方法和频率作了相关规定。

涵洞的检查可参照桥梁技术状况评定标准相关结构类型,对涵洞的技术状况作出综合评定。检查中如果发现有过水能力明显不足,经常造成内涝及路基损毁的涵洞,应考虑改建。

对有病害的涵洞,在填写检查表时,视具体情况对其技术状况等级进行简要的评述。对于五类涵洞,应封闭交通进行改建。

5.7.3 本条规定了涵洞日常养护的内容及基本要求。涵洞的日常养护工作大体可分为保洁、清淤、堵漏、结构损伤的维修等四部分。涵洞底部铺砌冲刷损坏,进出水口被冲刷淘空,侧墙、基础或管涵枕墙基础被冲刷淘空频率较高,这是日常养护的主要工作,应予以重视。进出水口如有裂缝,应及时填塞;若砌体开裂,可在砌体背后压注水泥砂浆或化学浆液;也可依据材料类型及损伤情况,参照相同材料的桥梁结构进行维修。

5.7.4 涵洞的维修、加固与改建可采取下列措施:

(1)涵洞圬工砌体表面发生局部风化、裂缝及灰缝剥落等,可分别采取勾缝、局部拆除重砌、表面抹浆或喷浆、加设涵内衬砌等措施进行加固。

(2)水泥混凝土管涵的接头处或有铰缝处发生填缝料脱落,引起路基渗水时,可用干燥麻絮浸透沥青填实,或用其他弹性材料封堵,不宜用灰浆抹缝,以免再次脱落。

(3)管涵的管节,如因基础被压沉而发生严重错裂,应挖开填土处治地基后重建基础。

(4)为提高涵洞的承载能力,砖石拱涵的加固,可采取拱圈上加拱措施。对于高填土、净空较大的暗涵,也可采取拱下加拱措施。

钢筋混凝土盖板涵的加固,除加固涵台外,需加厚盖板的,挖除涵顶填土后,还应将原盖板表面凿毛、洗刷干净,再在其上浇筑水泥混凝土或钢筋混凝土。

5.8 漫水桥与过水路面

5.8.1 漫水桥与过水路面是允许洪水漫过桥面或路面的结构物,通常采用水泥混凝土或砌石结构作为行车道面,其最大特点是桥面或路面的标高低,在河水流量较大时,水流将漫过桥面或路面。漫水桥与过水路面的行车道面经常受到洪水的浸泡和冲刷,容易出现坑洞、破损等病害,如不及时修复,会对行车安全造成严重危害。因此,保持行车道面平整坚实尤为重要。

5.8.2 漫水桥与过水路面由于受行洪限制不能设置固定护栏,应设置整齐、醒目的导向标柱,标明行车道边界,诱导视线。导向标柱间距宜按4~8m设置,河流漂流物较多的宜按上限设置,或设置活动标柱,以便在洪水期间拆除。对于漫水桥,也可设置随时可拆卸的活动栏杆。

5.8.4 漫水桥是桥梁的一种,因此,必须满足桥梁的基本要求,应按桥梁养护管理的有关要求进行检查、技术状况评定及维修加固,首先应保证桥梁结构本身的良好技术状况和承载能力要求。

漫水桥同其他桥梁相比更易遭受洪水破坏,因此,必须做好洪水和流冰到来前的养护。

5.8.5 过水路面一般所处位置为宽浅河流,河床较高,沙石、淤泥易上路面,应及时清除。

考虑公路发展的形势,过水路面应铺装正式路面,通常是铺装水泥混凝土或砌块路面,因此未提及沥青路面和无铺装路面的养护内容。

部分过水路面修建时根据泄洪要求设置了低水位桥或涵洞,其养护要求应按桥梁和涵洞的相关规定执行。

经济许可时,过水路面应逐步改建为桥梁。

5.9 调治构造物

5.9.1 调治构造物是在桥位及其上、下游附近河段上修建的水工构造物,其作用是调治水流,改善桥位河段水流条件,使桥孔排水、输沙通畅,并减缓水流对桥位附近河床、河岸的冲刷,保证桥梁墩台及桥头引道稳定、安全。按其作用的不同,调治构造物可分为下列四类:

(1)导流建筑物

导流建筑物与水流的交角较小,对水流压缩小而缓和,平顺、缓慢地改变水流方向,将水流导入桥孔,防止水流旁蚀淘刷。属于这一类的建筑有导流堤、顺坝、大堤(河堤)等。

(2)挑流建筑物

挑流建筑物按需要剧烈地改变水流方向,将水流部分或全部挑离被冲刷的河岸,对水流影响较大,其结构形式为一横向障碍物。属于这一类的建筑物有丁坝、透水坝、防水林等。

(3)固底建筑物

固底建筑物用于防止河床冲刷下降,常配合浅基墩台、导流堤等防护基础使用。属于这一类的建筑物有潜坝、拦沙坝、挑坎等。

(4)边坡加固建筑物

边坡加固建筑物用于导流堤、桥头引道路堤以及桥址上、下游河岸的防护加固。属于这一类的建筑物有浆砌或干砌片石砌体、铁丝石笼及抛石等。

各种调治构造物既可单独设置,也可联合设置。

应加强对桥涵及其调治构造物的巡查,及时清除调治构造物附近的漂流物,以免影响调治功能的正常发挥,减少其对构造物的撞击,避免其聚集而引起的碍洪。

洪水期间,对导流堤、丁坝的边坡坡脚破坏处,采用抛石和铁丝石笼防护时抛填应适度,不宜过多,以免减小泄洪面积而增大冲刷。抛填块、片石时,块片石应有良好的级配,并可设置临时木溜槽,以控制抛填位置。

5.9.2 砌石调治构造物砌体开裂,多数系其基础或地基遭水流的冲蚀下沉所致,应查明原因及时处治。基础冲空的维修与加固,可参照桥涵墩台基础相关规定执行,并重新对基础埋置深度进行核定,埋深不足时,可配合潜坝、挑坎、砌石等对冲刷范围进行防护。对于砌体裂缝,应在查明原因后及时处治。

5.9.4、5.9.5 条文对增设调治构造物作了相关规定。桥位调治构造物的设置,不仅与河流类型、河段特性有关,同时涉及交通、水利、农田,甚至城建部门的利益,因此应根据河段特性、水文、地形、地质、通航要求等,综合考虑总体布设。若桥位河段水文、水力情况复杂,宜进行水工模型试验,对调治构造物的形式与布控进行研究比选。

在桥涵养护中,除应对桥位处河段状况、桥孔泄洪、桥下冲刷、水位等进行观测记录外,还应加强对已建调治构造物工作状况、基础冲刷情况等的观测,为调治构造物的改善和增建提供依据。

5.10 公路渡口

5.10.1 公路渡口由码头、引道、渡船(轮)及防冲、防淤等调治构造物及其他附属设施组成。做好渡口的养护工作，加强渡船的检查、维修和渡运人员的培训和考试，对于确保渡运安全、延长渡口设施的使用年限以及提高渡运效益等均具有十分重要的意义。

5.10.2 渡口引道、码头的养护管理应做到：

(1)禁止在引道、码头上堆放物件；及时清除淤泥、淤沙、冰雪和漂流物；保持引道、码头路面整洁，水沟排水畅通。引道、码头因经常受水位涨落和渡船停靠冲撞，容易出现坑洞、沉陷、松散、倒塌等病害，应加强检查，特别是在水位涨落后应仔细检查，及时修复各种病害。

(2)引道、码头范围内的标号志、系泊设备、灯光照明等设施如有损坏，应及时修复或添置更新。

(3)引道、码头作业区范围内，如有妨碍渡运安全的碛坝、沙洲、礁石、漂流物以及淤积或冲刷，应查明原因，分别采取以下措施：

①对经常发生淤积或冲刷的引道、码头，可在上游适当位置设置调治构造物，以改变水流的流向或进行定期疏浚。

②对局部冲刷可采取抛石、石砌护墙、装配式水泥混凝土预制块件或石笼护基处治，但应注意防止石块和石笼抛填过高阻碍渡船靠岸。

③在碛坝、沙洲、礁石处，除临时设立标志指示船舶避开行驶外，还应采取挖除和疏浚措施。

5.10.3 渡口船舶各类检查的主要内容是：

(1)日常检查：主要检查船体有无渗漏积水、有无锈蚀，工具、索具、航行安全、救生等设施是否完备，跳板系统、机械运转部件等是否正常。

(2)作业前检查：主要检查润滑油、燃油是否充足，蓄电池的蓄电量、电压是否稳定，灯光、声号、警报系统及冷却系统是否正常。

(3)作业中检查：主要检查主机、副机、辅机及配套机械运转是否正常。

(4)作业后检查：主要是根据作业前和作业中检查发现的问题作进一步的核定检查。

渡口渡运工作应认真贯彻执行"安全第一，预防为主"的方针。

(1)渡口各岗位人员安全管理工作要点见表5-2。

表5-2 渡口各岗位人员安全管理工作要点

岗　位	安全管理要点
售票员	严格遵守票务制度，保管好票据和票款，严禁无关人员进入票房
放车员	根据渡轮的限载量和车辆的长度，使用红绿旗正确指挥车辆上船；当码头内有车辆发生故障时，应及时采取垫三角木或拖离措施；对装有危险品的车辆应实行专渡
放客员	要求客车上旅客下车到指定区域待渡，要求做到旅客不漏乘，不错乘
站长	加强安全渡运宣传工作，遇有下列情况时必须停止渡运：①雾天视距小于100m时（有雷达导航的除外）；②水面风力大于渡轮抗风等级时；③气象台发布台风紧急警报时；④发生影响航行安全的其他灾害时。 要求做到四不准：不准车辆载客上渡；不准危险品车辆与客车混渡；不准人、车同时放行；不准车、船同时放行
司机	严格遵守各项航行法规，加强瞭望，准确判断来船动态，严禁违章航行
轮机员	执行机务安全操作规程，船舶航行时严禁离岗。及时排除机电设备隐患和故障，保证船舶处于适航状态
水手	对渡运车辆进行合理配载，要求间距适中，船体平衡，过道通畅，方便消防。车辆应停靠在安全线内，严禁驾驶员离车和在船上加油，严禁在船上吸烟

(2)渡口应备有消防桶、消防沙、二氧化碳灭火机、干粉灭火器等，并加强检查，及时更换药剂，以便及时扑灭火灾。渡船安全设施配备参见表5-3。

表 5-3　渡船安全设施配备参考表

项目名称 / 名称	3~4车	6~8车	10~12车	14~18车	20车以上	拖轮	2~3车	4~8车	8~10车	备注
	机动船						平板船			
灭火机(个)	—	4	6	6	8	—	2	2	4	
消防泵(台)	—	1	2	2	2	—	—	—	—	
消防铲(把)	2	2	2	2	4	2	2	2	4	
沙箱(个)	4	4	6	6	6	2	4	4	6	
消防软管(m)	—	40	40×2	40×2	50×2	—	—	—	—	
消防水枪(个)	—	1	2	2	2	—	—	—	—	
太平桶(个)	—	2	4	8	10	10	2	2	4	
救生圈(个)	4	6	8	10	12	2	4	4	8	
救生衣(件)	80	120	160	180	200	8	30	40	140	
太平斧(把)	1	1	1	2	2	1	2	1	2	
救生绳(条)	4	6	8	12	16	2	4	4	8	>25m
救生筏(只)	—	—	—	—	1	—	—	—	—	
红绿旗(副)	1	2	2	2	4	1	2	2	2	
三角木(个)	12	12~18	18~22	22~28	30~36	2	6~8	8~12	12~16	等边三角形 160mm×500mm
胶拎(个)	2~4	4~6	6~8	8~12	2	4	8	6	—	>
安全缆(条)	2	2	2	2	2	2	2	2	2	>ϕ16mm
拖缆(条)	2	2	4	4	6	2	2	2	2	ϕ13~15mm
八字缆(条)	4	4	4	4	4	4	4	4	4	
锚链(条)	1	2	2	2	2	—	1	2	2	

(3)渡船系泊区安全设施见表 5-4。

表 5-4　渡口码头及渡船停泊区安全设施表

设施名称	设置要求及作用
1. 靠船桩	根据船舶(轮)的大小、水域的深浅、风浪以及地质等状况设置。要求牢固安全、位置适当、实用方便。每艘渡船(轮)至少应设一对桩墩
2. 防碰撞设施	采用废旧轮胎或其他防撞材料,设置在码头前沿的靠船桩(墩)、锚泊系留墩墙,避免或减少渡船(轮)直接与码头、靠船桩、锚泊系留墩墙的接触与碰撞
3. 照明设施	根据码头的位置、几何尺寸的大小设置,其悬挂高度以离地面高 6m 为宜
4. 安全护栏和故障车辆处理装置	采用无缝钢管或软铁链等形式设置,以起到分隔车道、阻挡行人进入车辆运行区的作用。引道斜坡度超过 5% 的码头,应设置防止车辆打滑冲出码头的安全门及与渡船装载车辆吨位相匹配的电动卷扬机,以便及时将事故车辆拖离
5. 水位、风速、风向观测设施(一般设于大型渡口)	视渡口所处水域的复杂程度及水域的宽度合理设置,以满足航区对水文和气象资料的需要
6. 驳岸跳板	能适应水位的变化,自由调节码头与船舶跳板的级差,坡度应适中,以保证船舶靠岸,车辆上下渡船安全
7. 通信、信号与导航设施	根据需要配备,雷达分辨率应满足识别要求
8. 消防用品	按规定配齐消防用品,完善消防系统,消防用品应经公安消防部门定期检验合格

6 隧道

6.1 一般规定

6.1.1～6.1.3 条文规定了隧道养护的具体要求和主要内容。公路隧道是公路穿越山岭、江河(湖)以及海峡等的重要工程构造物。隧道大多位于地势险要、通行困难,又无适当绕行路线的地段,隧道内发生事故,对交通影响较大,因而隧道的养护维修显得比公路其他部分(构造物)更为重要。有鉴于此,要求对公路隧道加强日常巡查,发现异常和病害,及时予以处治,保障隧道畅通。

6.2 隧道检查

6.2.2 隧道经常性检查以定性判断为主,翔实记述检查项目的破损类型,估算破损范围和程度以及养护工程量,作出判定分类,并采取相应的对策措施。

定期检查完成后,应提出隧道定期检查报告,内容应包括:

(1)对隧道的技术状况和功能状态的评价。

(2)对隧道养护维修状况的评价及建议。

(3)需要实施专项检查的建议。

(4)需要采取处治措施的建议。

此外,检查报告还应附有检查记录表、隧道病害展示图以及其他有关检测记录资料。

特殊检查是根据定期检查的结果,或者在隧道遭遇自然灾害、发生重大交通事故或出现其他异常事件后,对遭受影响的结构进行详细检查,并进行检测。通过特殊检查,应完整掌握受损情况或病害的详细资料,为采取对策措施提供依据。

(1)特殊检查应由具有相应检测资质的专业机构实施。

(2)检查的项目、内容及其要求,应根据定期检查的结果或异常情况的影响确定。

(3)检查人员应对有关的技术资料、档案进行调查,并对隧道周围的地质及地表环境等展开实地调查,以充分掌握相关的技术信息,分析结构发生变化的原因,探索其规律,确保特殊检查结果的准确性。

(4)特殊检查的结果可按外荷载作用、材料劣化和渗漏水三种主要情况分别考虑,进行判定分类:

①由外荷载作用而导致的结构破损,以衬砌变形、移动、沉降、裂缝、起层、剥落以及突发性的坍塌等主要形态表现,其判定可按表6-1执行。

②由材料劣化而导致的结构破损,一般出现衬砌强度降低、起层剥落、钢材腐蚀等形态,其判定可按表6-2执行。

③对于渗漏水、结冰、沙土流出等形态的破损,其判定可按表6-3执行。

特殊检查完成后,应提交特殊检查报告。特殊检查报告的内容应包括:

(1)检查的主要经过,包括检查的组织实施、时间和主要工作过程等。

(2)所检查结构的技术状况,包括检查方法、试验与检测项目及内容、检测数据与结果分析以及对破损结构的技术评价等。

(3)对病害的成因、范围、程度等情况的分析,及其维修处治对策、技术以及所需资金等建议。

表 6-1　外荷载作用所致结构破损的判定基准

判定＼异常情况	衬砌变形、移动、沉降	衬砌裂缝	衬砌起层、剥落	衬砌突发性坍塌
B	虽存在变形、位移、沉降，但已停止发展，已无可能再发生异常情况	存在裂缝，但无发展趋势	—	—
1A	出现变形、位移、沉降，但发展缓慢	存在裂缝，有一定发展趋势	—	衬砌侧面存在空隙，估计今后由于地下水的作用，空隙会扩大
2A	出现变形、位移、沉降，估计近期内结构物功能会下降	裂缝密集，出现剪切性裂缝，发展速度较快	侧墙处裂缝密集，衬砌压裂，导致起层、剥落，侧墙混凝土有可能掉下	拱部背面存在大的空洞，上部落石可能掉落至拱背
3A	出现变形、位移、沉降，结构物应有的功能明显下降	裂缝密集，出现剪切性裂缝，并且发展速度快	由于拱顶裂缝密集，衬砌开裂，导致起层、剥落，混凝土块可能掉下	衬砌拱部背面存在大的空洞，且衬砌有效厚度很薄，空腔上部可能掉落至拱背

表 6-2　材料劣化所致结构破损的判定基准

判定＼异常情况	衬砌断面强度降低	衬砌起层、剥落	钢材腐蚀
B	存在材料劣化情况，但对断面强度几乎没有影响	难以确定起层、剥落	表面局部腐蚀
1A	由于材料劣化等原因，断面强度有所下降，结构物功能可能受到损害	—	孔蚀或钢材表面全部生锈、腐蚀
2A	由于材料劣化等原因，断面强度有相当程度的下降，结构物功能受到一定的损害	由于侧墙部位材料劣化，导致混凝土起层、剥落，混凝土块可能掉落或已有掉落	由于腐蚀，钢材断面明显减小，结构物功能受到损害
3A	由于材料劣化等原因，断面强度明显下降，结构物功能损害明显	由于拱顶部位的材料劣化，导致混凝土起层、剥落，混凝土块可能掉落或已有掉落	—

表 6-3　渗漏水等所致的结构破损的判定基准

判定＼异常情况	渗漏水	结冰、沙土流出
B	从衬砌裂缝等处渗水，几乎不影响行车安全	有渗漏水，但现在几乎没有影响
1A	从衬砌裂缝等处漏水，不久可能会影响行车安全	由于排水不良，铺砌层可能积水
2A	从衬砌裂缝等处涌水，影响行车安全	由于排水不良，铺砌层积水
3A	从衬砌裂缝等处喷射水流，严重影响行车安全	在寒冷地区，由于漏水等，形成挂冰、冰柱，侵入规定限界；沙土等伴随漏水流出，铺砌层可能发生浸没和沉降

6.3 隧道养护

6.3.1 隧道日常养护主要包括经常性和预防性养护及对破损的维修等,保持和恢复隧道良好的技术状态。具体各部位的养护要求如下:

(1)洞口:及时清除洞口边坡危石、浮石,冬季应清除积雪和挂冰,保持洞口边沟和边仰坡上截(排)水沟的良好、畅通,修复洞口挡土墙、护坡、排水设施和减光设施等结构物的轻微损坏,维护洞口附近花草树木。

(2)洞身:对于无衬砌隧道出现的碎裂、松动岩石和危石,应本着"少清除、多稳固"的原则进行处治;对于围岩的渗漏水,应开设泄水孔接引水管,将水导入边沟排出;冬季应及时清除洞顶挂冰。

对于有衬砌隧道出现的衬砌起层或剥离,应及时清除和加固;对于衬砌的渗漏水,可将水流引入边沟排出;冬季应及时清除洞顶挂冰等。

(3)路面:及时清除隧道内外路面上的塌(散)落物,及时修复、更换损坏的窨井盖或其他设施的盖板;当路面出现渗漏水时,应及时处治,将水引入边沟,防止路面积水或结冰;冬季应及时清除洞口处积雪。

(4)人行和车行横洞:横隧道内严禁存放任何非救援用物品,及时清除散落杂物,修复轻微结构破损,定期保养横洞门,保持横洞清洁、畅通。

(5)斜(竖)井:及时清除井内可能损伤通风设施或影响通风效果的异物;维护井内排水设施,保持水沟(管)畅通;对井内的检查通道或设施进行养护,防止其锈蚀或损坏。

(6)风道:清理送(排)风口的网罩,清除堵塞网眼的杂物;定期保养风道板吊杆,防止其锈蚀;及时修复风口或风道的破损,更换损坏的风道板。

(7)排水设施:及时维护隧道内外排水设施,发现破损及时修复;排水管堵塞时,可用高压水或压缩空气疏通。

(8)吊顶和内装:吊顶和内装应保持良好和整洁美观,如有破损、缺失应及时修补恢复,不能修复的应及时更新。

(9)人行道或检修道:维护人行道或检修道的良好和畅通,道板如有破损或缺失,应及时进行修复和补充;定期保养人行道或检修道护栏,防止其锈蚀、损坏。

6.3.2 公路隧道按有无衬砌可分为有衬砌隧道和无衬砌隧道。

(1)有衬砌隧道的养护:

①衬砌变形、开裂,可采取下列措施进行处治:

a. 由于衬砌背面存在空隙造成的,可在衬背压注水泥砂浆,使衬砌受力均匀,有效地利用衬砌强度。

b. 由于衬砌厚度不足、年久变质、腐蚀剥落、严重裂缝而影响衬砌强度时,可在衬砌外露面喷射水泥混凝土,其厚度一般为80~150mm,必要时可加配锚杆及钢筋网。如建筑限界能满足要求,也可考虑在原衬砌下加筑套拱加固(图6-1)。

c. 对已稳定的裂缝,可采取压注环氧水泥砂浆或水泥砂浆加固。

②衬砌表面腐蚀、剥落及灰缝脱落但尚未影响其强度的,可先清除表面松动部分,分段或全面加喷一层水泥砂浆或水泥混凝土保护层,厚度为30~60mm。

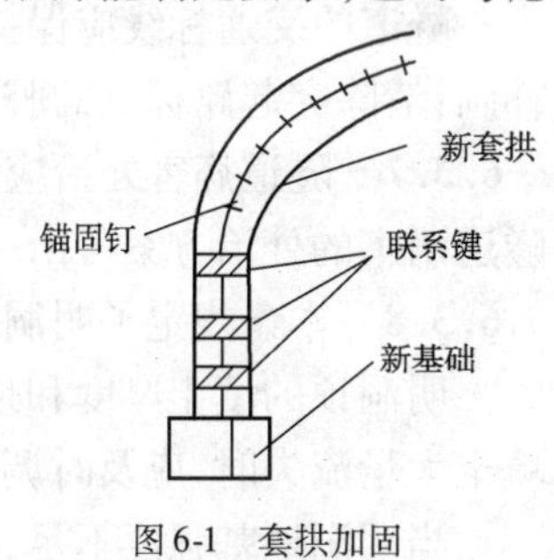

图6-1 套拱加固

③端墙、侧墙、翼墙位移、开裂,可采取下列措施进行处治:

a. 当地基为膨胀性岩层或承载力不足而引起局部下沉时:

(a)扩大基础,提高承载能力:如下沉不严重,可采取扩大基础,提高其承载能力。在隧道净宽能符合要求并不侵入建筑限界的前提下,还可在扩大的基础上浇筑水泥混凝土三角形撑托并用钢筋联结(图6-2)。

(b)设置仰拱:在路面下加设水泥混凝土或钢筋混凝土仰拱(图6-3)。

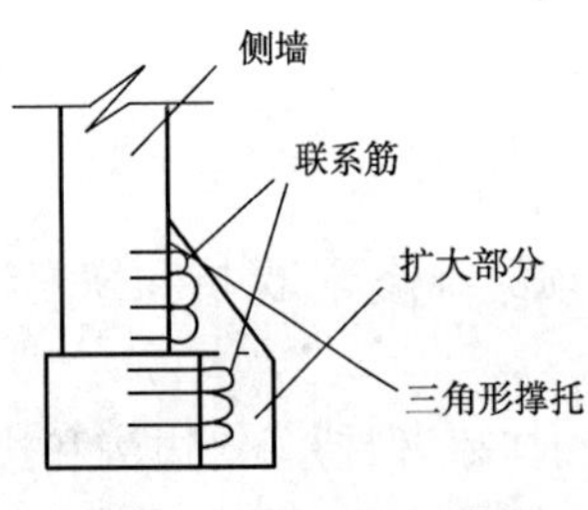

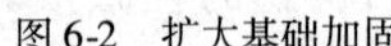
图 6-2　扩大基础加固

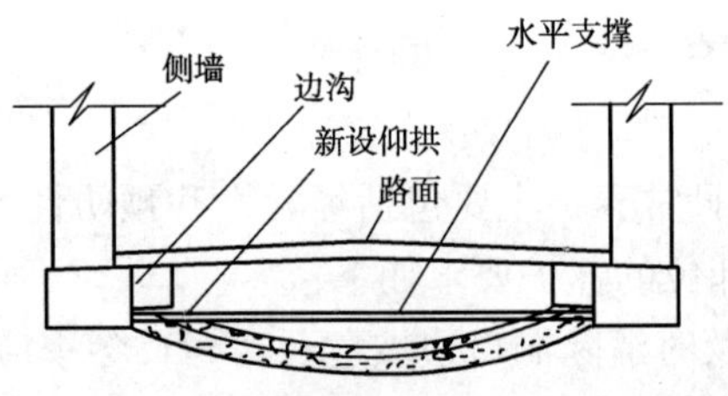

图 6-3　设仰拱或水平支撑

b. 当端墙外倾时：

(a)墙背填土改换内摩擦角大的填料。

(b)向墙背填土压注水泥砂浆。

(c)完善、整修端墙后的排水系统。

c. 当隧道衬砌侧墙外凸时：

(a)向侧墙与围岩之间的填料压注水泥砂浆。

(b)用锚杆锚入围岩体内，并用水泥砂浆封固。

④路面拱起、沉陷、错台、开裂，可采取下列措施进行处治：

a. 当由于围岩侧压力过大引起侧墙内移而导致路面拱起时，可在路面下加设水平支撑或仰拱(图 6-3)。

b. 当路面局部沉陷、错台、严重碎裂时：

(a)挖除碎裂路面及其下部已损坏的基层直至围岩，清底后用低强度等级水泥混凝土重铺基层，再铺面层。

(b)路面局部沉陷、错台、开裂处如伴有严重的渗漏水，应同时处治渗漏水，将水引入两侧边沟。

(2)无衬砌隧道的养护：

①隧道围岩发生破碎，产生危石、渗漏水等病害，应本着"少清除、多稳固"的原则，及时进行处治。

a. 当清除可能会牵动周围大片岩石时，可喷浆或压浆稳固。

b. 对不宜清除的小面积碎裂，可抹水泥砂浆稳固。

c. 碎裂范围较大时，根据病害程度及范围，可采取喷射混凝土、锚喷混凝土或挂网锚喷混凝土稳固。

d. 对不能清除又无法压浆稳固的个别较大危石，应首先用水泥混凝土或浆砌块石垛墙作临时支撑，然后采取根治措施。

②隧道内的围岩孔洞、溶洞或裂缝均应封闭。封闭前将松动的岩石清除。对有渗水的孔洞，应预埋接引水管，将水从边沟引出。

6.3.3　隧道的交通标志应保持完整、清晰、醒目，保持位置、高度和角度适当，交通信息无误。及时清洗标志板面的脏污，清除遮挡标志的障碍；及时修补变形、破损的标志，修复弯曲、倾斜的支柱，紧固松动的连接构件；对锈蚀损坏、老化失效的标志，应及时更换，缺失的应及时补充。

隧道的交通标线应保持完整、清洁和醒目。及时清洗脏污的标线，对破损严重和脱落的标线应及时补画；清除突起路标上的脏污和杂物，及时紧固松动的路标，发现损坏或丢失的，应及时修复或补换。

6.3.7　隧道病害处治应根据检查结果，针对病害产生的原因，按照安全、经济、合理的原则确定方案。隧道病害的处治方案可由一种或多种处治方案组成，处治方法可参考表 6-4 所列进行合理选择。

6.3.8　本条规定了明洞与半山洞养护的基本要求。

明洞顶的填土厚度和地表线，应保持原设计状态。当遇边坡塌方形成局部堆积，或遇暴雨、洪水原填土大量流失时，应及时调整到原有状态，以防产生严重偏压，导致明洞结构变形、损坏。

当明洞地基强度不足，引起两侧墙下沉时，可在两边墙间的路面下加建仰拱，以减少地基应力。

在半路堑地段，尤其是深埋基础的明洞外边墙可能向外侧位移时，可在路面下设置钢筋混凝土横向水平拉杆，锚固于内边墙基础或岩体中或用锚杆锚固于稳定的岩体中。当地形条件允许时，也可在外边墙外侧加建支撑垛墙。

表 6-4　隧道病害处治方法选择表

处治方法	病害原因												病害现象特征	预期效果
	外力引起的变化							材料劣化	渗漏水	其他				
	松弛压力	偏压	地层滑坡	膨胀性土压	承载力不足	静水压	冻胀力			衬砌背面空隙	衬砌厚度不足	无仰拱		
衬砌背面注浆	★	★	★	★	★	★	★		○	★			衬砌裂纹、剥离、剥落	衬砌与岩体紧密结合，荷载作用均匀，衬砌和围岩稳定
防护网								★					①衬砌裂纹、剥离、剥落； ②衬砌材料劣化	防止衬砌局部劣化
喷射混凝土	○	☆		☆	☆	○	○	☆			☆		①衬砌裂纹、剥离、剥落； ②衬砌材料劣化	防止衬砌局部劣化
锚杆加固	☆	★	☆	★	★	○	☆	○			☆	★	①拱部混凝土和侧壁混凝土裂纹，侧壁混凝土挤出； ②路面裂缝，路面基层膨胀	①岩体改善后岩体稳定性提高，防止松弛压力扩大； ②通过施加预应力，提高承受膨胀性土压和偏压的强度
排水止水	○	○	☆	○	○	★	★		★				①衬砌裂纹或施工缝漏水增加； ②随衬砌内漏水流出大量沙土	①防止衬砌劣化，保持美观； ②恢复排水系统功能，降低水压
套拱	○	☆	☆	☆	☆	○	○	☆			★		①衬砌裂纹、剥离、剥落； ②衬砌材质劣化	由于衬砌厚度增加，衬砌抗剪强度得到提高
绝热层							★						①拱部混凝土和侧壁混凝土裂缝，侧壁混凝土挤出； ②随季节变化而变动	①由于解冻，防止衬砌劣化； ②防止冻胀压力的产生
滑坡整治		☆	★										①衬砌裂缝，净空宽度缩小； ②路面裂缝，路面基层膨胀	防止岩层滑坡
围岩压浆	○	○				○		○	☆	☆	☆		①拱部混凝土和侧壁混凝土裂缝，侧壁混凝土挤出； ②路面裂缝，路面基层膨胀	周边岩体改善，提高了岩体的抗剪强度和黏结力
灌浆锚固	☆	★	★	★	★						○	★	①拱部混凝土和侧壁混凝土裂缝，侧壁混凝土挤出； ②路面裂缝，路面基层膨胀	由于施加预应力，提高膨胀性岩层、偏压岩层的强度
增设仰拱		★	☆	★	★	○	☆					★	①拱部混凝土和侧壁混凝土裂缝，侧壁混凝土挤出； ②路面裂缝，路面基层膨胀	提高对膨胀围岩压力和偏压围岩压力的抵抗力
更换衬砌	☆	☆	☆	☆	☆	○	○	★	☆	☆	★	★	①拱部混凝土和侧壁混凝土裂缝，侧壁混凝土挤出； ②路面裂缝，路面基层膨胀	更换衬砌，提高耐久性

注：1. 符号说明：★-对病害处治非常有效的方法；☆-对病害处治较有效的方法；○-对病害处治有些效果的方法。

2. 松弛压力中包括突发性崩溃的情况。

如因边墙后回填不密实导致边墙侧向位移,应将回填不密实部分用片石混凝土、浆砌片石回填密实或喷注水泥砂浆。

明洞的防水层已失效或损坏的,应及时修复。其顶部覆盖填土与边坡交接处上方,应加修截水沟。截水沟的深度应符合标准要求,一般不小于0.6m,底宽一般在0.4~0.6m;边坡1∶1.0~1∶1.5,截水沟的水流应尽量远离隧道口。

6.4 隧道防护与排水

6.4.1 如遇山体滑动可能引起隧道破坏或隧道处山坡岩石节理发育、风化和有坑穴、溶洞、裂缝等现象时,可采取下列防护措施:

(1)修建挡土墙进行保护性填土,使山体受力平衡。

(2)保护性开挖洞顶部分山体,减轻下滑重力。

(3)在滑动面以上的土体不厚的情况下,可在滑动面下端设置锚固桩抗滑。

(4)用浆砌片石、石灰土、黏土等填补洞穴、封闭裂缝、整修地表、稳固山坡。

(5)地表岩石松散破碎时,可喷水泥砂浆固结。

(6)洞口处的边、仰坡坡率与石(土)质不相适应导致坍塌时,可采取下列措施:

①根据实际的边、仰坡石(土)质及高度,整修坡率。

②如坡率无法整修,可局部加筑护面墙或挡土墙。

③边、仰坡用绿色植物进行防护。

④疏通或增建边、仰坡的排水系统。

6.4.2 对有坡度隧道的上洞口路基边沟及两侧沉沙井应及时清除泥沙杂物,疏导畅通。如地形条件允许,可将边沟纵坡改建成与路面纵坡方向相反,即向洞外方向倾斜,并在适当地点将水流横向排出路基,使上洞口地面水不致流向隧道。

隧道上洞口的路堑,如出现路面地表水来不及流入边沟而淌入洞内时,可在洞门外1m左右处设横向截水设施妥善引出。

应设法使隧道顶山坡上的地表水迅速向两侧排走,避免地表水渗入洞身。可采取对地表做防护性封闭或修建截水沟、排水沟等措施,使漫流顺势排至远离洞口处。

洞口覆盖层较薄和渗透性强的地层,地表水应及早处治,并符合下列要求:

(1)洞口附近和浅埋隧道应整平洞顶地表,不得积水。

(2)坑洼、钻孔、探坑等应回填黏土,并分层夯实。

(3)洞顶上方如有沟谷通过且沟谷底部岩层裂缝较多,地表水渗漏对隧道有较大影响时,应及时用浆砌片石铺砌沟底,或用水泥砂浆勾缝、抹面。

(4)洞顶附近有井、泉、池沼、水田等时,应妥善处理,不宜将水源截断、堵死。

(5)清理地表杂草和树丛,开沟疏导封闭积水洼地,不得积水。

(6)应整治洞顶已有排水沟槽,保持水流畅通,必要时应予铺砌。

6.4.3 隧道内渗漏水,可采取下列措施处治:

(1)增设衬砌背面排水系统,即在边墙内加设竖向盲沟(渗沟)及泄水管,将渗漏水引入隧道的边沟内排出(图6-4)。

(2)对裂缝集中处的漏水,可采取封闭裂缝埋管排漏。处治程序如下(图6-5):

①从各漏水缝向选定的排水集中点开凿八字形沟槽。

②视漏水量的大小,用可透水软管嵌入八字形沟槽内,同时抹速凝砂浆稳固。

③在排水集中点埋入一段硬塑管,并用砂浆稳固。

④在硬塑管外接一条排水管,并固定在侧墙上,使漏水通过排水管排入边沟。

(3)衬砌工作缝处漏水时,可加设工作缝环形暗槽,将漏水通过暗槽内的半圆管排入纵向边沟。处治程序如下(图6-6):

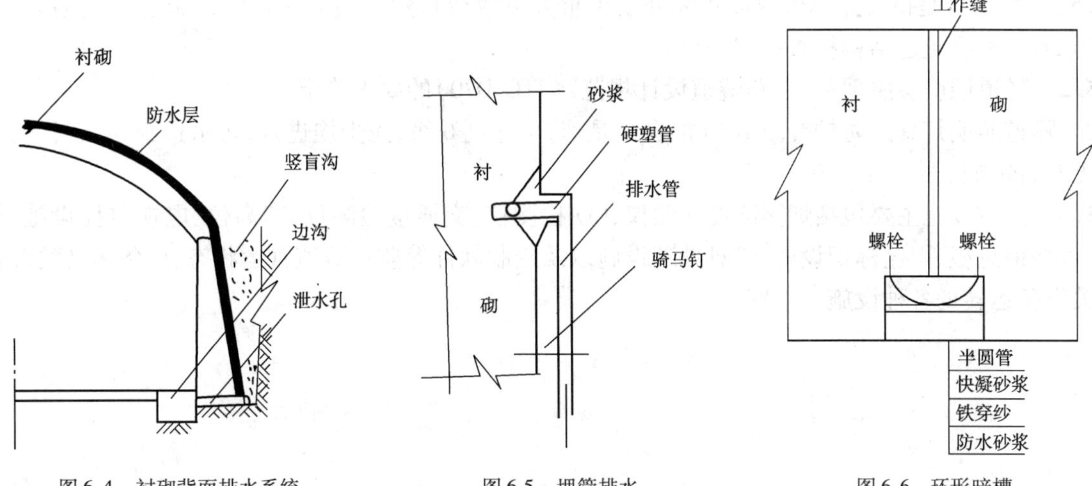

图 6-4　衬砌背面排水系统　　图 6-5　埋管排水　　图 6-6　环形暗槽

①以工作缝为中心,开凿宽 150mm、深 100mm 的槽,清槽,涂沥青一遍。

②布设玻璃布半圆管,可透水的平面紧贴槽壁,用螺栓将其固定在槽壁上。

③在半圆管外侧涂抹快凝砂浆。

④在快凝砂浆外侧布设铁窗纱两道。

⑤用防水砂浆将槽口封平。

(4)对少量渗水,可抹防水砂浆封闭,也可在衬砌表面铺一层防水层。防水材料可用水泥或树脂类材料,但注意不应使其承受水压。防水层外面还可喷一层水泥砂浆或水泥混凝土保护层。

(5)对地下涌水,可采用下列处治方法:

①设横向盲沟并加深纵向排水沟。若涌水量大,必要时还可加修路中心排水沟或盲沟。

②修建水泥混凝土路面,并在路面下设隔水层,以阻断地下涌水。

③在路面与围岩之间压注防水水泥砂浆或水泥浆。

6.5　隧道附属设施

隧道附属设施主要指为隧道营运服务的相关机电设施,包括供配电设施、通风设施、照明设施、监控和消防设施以及消音减噪设施等。

6.5.1　隧道通风:

1　隧道的通风要求,根据现行《公路隧道设计规范》(JTG D70)规定主要是对隧道内的一氧化碳(CO)、烟雾和异味进行稀释,并保持其浓度小于规定的容许值。

2　对于各种机电设施的养护效果可用设备完好率进行考核,设备完好率可按式(6-1)计算。

$$设备完好率 = \left(1 - \frac{设备故障台数 \times 故障天数}{设备总台数 \times 日历天数}\right) \times 100\% \qquad (6\text{-}1)$$

对通风设施量较大的隧道配备风压计、风速计、声级计等测试设备是必要的,而设施量较小的隧道可以委托专门的测试单位进行测试。

3、4　机电设施的养护维修可分为日常巡查、经常性检修、定期检修、分解性检修和应急检查。

(1)日常巡查是指在巡查车上或通过步行目测对机电设施外观和运行状态进行的一般巡查,高速公路隧道应不少于 1 次/d,其他公路可按 1 次/(1～3)d 进行。

(2)经常性检修是指通过步行目测或使用简单工具,对设施仪表读数、运转状态或损伤情况进行的检查,可按 1 次/(1～3)月进行;对破损零部件应及时进行维修更换。

(3)定期检修是指通过检测仪器对仪表进行标定,和对连接及装配状态等机电设施运转情况和性能进行的较全面的检查和维修,可按 1 次/年进行。

(4)分解性检修是指通过对设备分解拆卸而进行的重点检修,可按 1 次/(3～5)年进行。

(5)应急检查是指公路隧道内或相邻处发生重大事故或自然灾害后对机电设施进行的检查,没有固定周期,可配合土建结构检查一起进行。

6.5.2 隧道照明参照现行《公路隧道设计规范》(JTG D70)的要求确定。

2 隧道照明灯具的防护等级 IP65 的含义是:防尘达到 6 级,无尘埃进入;防水达到 5 级,任何方向喷水无有害影响。

6.5.3 监控设施主要包括烟雾浓度探测仪、CO 检测仪、交通量检测仪、车高仪、电视监控设施、播音设施、可变信息板、限速标识设施、信息处理设施以及控制软件等监视隧道营运状态、设备运转情况及控制相关设备运转的各种设施。

7 路线交叉

7.1 一般规定

7.1.3 交通标志与标线应配合使用,协调一致。交通标线应根据路面宽度、交通流量和视距等因素画设,做到标准、规范、线形流畅、齐全醒目。

7.2 立体交叉

7.2.2 公路立交的跨线桥,桥下净空不够时,在两侧桥基深度许可的情况下,可将公路路面高程降低,并在桥下一定范围内铺筑水泥混凝土路面,亦可将跨线桥的桥面结构改为建筑高度较低的结构,以增加桥下净高。如跨线桥下净宽不足(且为分离式立交),在原桥处扩宽有困难时,可在附近另辟桥孔,分向行驶。

7.2.7 防撞护栏的防撞性能要求不低于SB级(指护栏抗车辆冲击强度),见《公路交通安全设施设计规范》(JTG D81—2006)。

7.3 平面交叉

7.3.1 平面交叉的调整和归并主要指通过交叉支线在上游的归并减少交叉数量,也可通过在直行车道外侧增设分隔式辅助车道,将路侧出入口归并到主要交叉口。进行归并的原则是等级低的向等级高的归并,农村机耕路向等级公路归并。

7.3.5 平面交叉路口应根据直行、转弯交通量情况,按照公路路线设计的相关规定采取加辅转角、加宽路口、增设转弯车道、设置导流岛、施画导流标线等措施渠化交通。

7.3.8 对平交路口处的其他道路进行硬化的目的是防止公路路面啃边,防止泥土污染公路路面,提高车辆通行舒适度。

7.3.10 减速设施形式的选择应充分考虑行车的舒适性、路面排水及养护等因素,慎用坎式等强制性减速装置。

8 公路防灾与突发事件处置

8.2 公路防洪与水毁抢修

8.2.1 本条规定了公路防洪检查的总体要求。

1 汛前检查重点工作内容有：

1）检查公路防排水系统。检查其设施是否良好，对受损设施应做好记录，并在汛期到来之前完成修复；检查其功能是否正常，及时清理各种淤积、堵塞；检查其系统是否适应，对防排水系统本身的不足之处和因环境变化引起的不适应部分进行分析记录，适时进行完善。

2）检查公路上边坡、下边坡、挡墙和路基的稳定性。检查其是否存在裂缝，是否产生位移、滑动，边坡是否存在危石，各类情况要做好记录，存在问题应及时处治，并对上边坡、下边坡、挡墙和路基的稳定性以每公里为单位，分三类作出初步评价（基本稳定、易受水毁、存在缺陷），对易受水毁路段要加强观察，对存在缺陷路段应在汛期前采取措施进行防患。

3）检查各类结构物的稳定性和桥涵的泄洪能力。

2 洪水观测的主要内容有：

（1）水位观测

桥梁的水位观测，可借助设在桥墩上的固定水位标尺或水准仪进行。

平曲线凹岸、导流堤、丁坝和护岸等调治构造物的水位观测，可视工程设施的重要性，设置固定水尺或临时水尺进行。

（2）流速观测

大型桥梁在观测水位的同时应进行流速观测。其他构造物是否进行流速观测，视构造物的重要性及水毁后危害性等实际情况确定。

（3）河床横断面及冲刷深度观测

不稳定河床上的桥梁，一般应在桥位处及上、下游各50m处测3个横断面。稳定河床上的桥梁可只测桥位处横断面。

深槽区桥墩、浅埋式基础及丁坝和导流堤等调治构造物宜在最前、堤头等水流冲击处，观测洪水期间的局部冲刷深度变化。观测时间应与测速时间相对应。

（4）流向观测

不稳定河床或平曲线处应进行水流流向观测，并观测不同水位时的流向变化情况。

8.2.2 本条规定了公路水毁的防治对策。

1 公路塌方、滑坡的防治

山坡堆积物或路基土体在自重作用下，沿边坡产生不同程度的坍塌称为塌方。堆积层或岩层在自重作用下，沿滑动面下滑的现象称为滑坡。

坍方、滑坡产生的主要原因是地表水或地下水侵入土体，土体单位重增大，内部土体抗剪强度降低所致。在开挖、开荒种植不当等人为因素或地震、水冲击等自然力作用下，土体平衡条件受到破坏也能形成坍方和滑坡。

对塌方、滑坡，可采取下列措施：

1）设置截水、排水沟，防止地表水、地下水流入坍、滑体。

（1）在坍、滑体上方，按其汇水面积及降雨情况，结合地形设置一道或几道截水沟，使地表水全部汇入截水沟排出。截水沟断面一般可取深0.4～0.6m，沟底宽0.5m左右，边坡1:1～1:1.5。

在坍、滑体范围内,根据水量大小开挖树枝状排水沟。其主沟与滑动方向一致,以免滑坡体滑动时水沟破裂水量集中下渗。水沟跨过裂缝时,可采取搭建叠形渡槽引过。排水沟尺寸可略小于截水沟,填平坡体的洼地、水塘,整平夯实山坡坡面。

若截水沟和排水沟通过砂性土地带,应采用三合土或水泥砂浆抹面,以防漏水。

(2)坍、滑体内地下水丰富且层次较多时,可设支撑盲沟,用于排水和支撑。当坍、滑体上方有地下水时,在垂直于地下水流的方向设截水盲沟,将地下水引向两侧排出。

截水盲沟宽度一般为1m左右,深度视地下水或滑动面埋深而定,应设置于地下水层之中。其基底应置于滑动面之下的稳定土层上,盲沟内填充碎石或卵石,周围用细沙或草皮做反滤层,以防盲沟淤塞。

2)设置构造物,维持土体平衡。

(1)若滑坡体下有坚实基底,且滑坡体推力不大,可设置抗滑挡土墙。挡土墙尺寸应经过计算确定。

(2)若滑坡体底部有未扰动层,可打桩阻止坍体滑动。一般在坍体滑坡的斜面上,用木桩或水泥混凝土桩穿过坍、滑体,打入未扰动下层。桩的间距及打入深度应经过计算确定。

3)稳定边坡。

(1)土质边坡可植草皮,风化石质或泥质页岩坡面可植树种草,利用植物根系固定表土,并减少地表水下渗。

(2)岩石风化碎落坡面区,可用表面喷浆、三合土抹面或黄泥拌稻草抹面;土质坡面可采取铺砌块石护坡。

(3)根据边坡地形特点和地质条件,采用刷方减缓坡度或在滑坡体上部挖去一部分土体,减轻滑坡体重力,以减少下滑力,增强滑坡体的稳定性。刷方或上部减重的数量按平衡条件验算确定。

2 泥石流的防治

山岭地区,暴雨或融雪水挟带大量土、石等固体物质汇入沟谷,形成突然的短暂的间歇的破坏性水流为泥石流。

泥石流是在坡面土体疏松、植被稀少、边坡陡峻(30°~35°以上)、细沟微谷发育条件下,由大强度暴雨或融雪水的作用而形成的。按其物质组成和运动特性可分为下列三种:

(1)黏性泥石流:固体物质含量达40%~60%,最高可达80%,含有大量黏土和粉土并挟有石块,水和固态物质凝聚为黏稠的整体,以相同的速度作整体运动,大石块漂浮于表面而不下沉。流经弯道时有超高和裁弯取直作用,破坏性极大。

(2)稀性泥石流:固体物质含量10%~40%;黏土和粉土含量少,水和固体物质不能形成整体,水沙构成的泥浆速度远大于石块速度,石块在床面以滚动方式运动,并有一定的分选性。

(3)泥流:固体物质为粉沙,平均粒径小于1mm的含量为60%以上。其中粒径小于1mm的占90%以上。

当采用拦挡坝成群建筑形式治理泥石流时,坝间距离应按下游回淤的泥沙能对上一道起到防冲护基作用为准;拦挡坝有实体坝、格栅坝、铁丝石笼坝等多种形式。实体坝适用于各类泥流沟;格栅坝适用于稀性泥石流沟;铁丝石笼坝为临时性措施,适用于泥流沟。

停淤场可设在堆积区中、下部的扇面宽阔处,或设在两扇间的低洼处。

当桥梁跨过泥石流的山前堆积体离其顶端很远时,可根据实际情况采用挑导坝、丁坝、导流堤相结合的综合调治措施。

对于路侧的小量泥石流,应在路肩外缘设置碎落台或修建挡渣墙,并随时清除沉积的泥石。

3 沿河路基水毁的成因和防治

沿河路基水毁的成因如下:

(1)受洪水顶冲、淘刷的路段,路基缺少必要的防护构造物。

(2)路基防护构造物基础处理不当或埋置深度不足而破坏,引起路基水毁。

(3)半填半挖路基地面排水不良,路面、边沟严重渗水,路基下边坡坡面渗流普遍出露,局部管涌引起路基坍垮。

(4)风浪袭击路基边坡,边坡过量水蚀而坍垮。

其治理一般采用丁坝(不漫水丁坝和漫水丁坝)以及浸水挡土墙,可达到很好的治理效果。

4　桥梁水毁的成因和防治

桥梁受洪水冲击,墩台基础冲空危及安全或产生桥头引道缺、断,乃至桥梁倒塌,主要成因是:

(1)桥梁压缩河床,水流不顺,桥孔偏置时,缺少必要的水流调治构造物。

(2)基础埋置深度浅又无防护措施。

应采取下列措施进行水毁防治:

1)稳定、次稳定河段上桥梁修建调治构造物:

(1)正交桥位,两侧有滩且对称分布时,两侧桥头布置对称的曲线形导流堤。

(2)正交桥位,两侧有滩但不对称时,两侧导流堤一般布置成口朝上游的喇叭形。大滩侧为曲线形导流堤,小滩侧为两端带曲线的直线形导流堤。

(3)桥位在河流弯道上时,凹岸布置直线形导流堤,凸岸布置曲线形导流堤。

(4)桥位与河槽正交,一侧引道向上游与滩地斜交,另一侧引道与滩地正交时,斜交侧桥头布置梨形堤,引道上游侧设置短丁坝群。当水深小于1m,流速小于1m/s时,可以边坡加固代替短丁坝群;正交侧桥头设置直线形导流堤。

(5)桥位与河槽正交,一侧引道伸向下游与滩地斜交形成“水袋”,另一侧引道与滩地正交时,斜交侧桥头设置曲线形导流堤,引道上游进行边坡加固,并在适当位置设置小型排水构造物,以排除“水袋”积水;正交侧桥头设直线形导流堤。若斜交侧滩地不宽,可设封闭导流堤消除“水袋”。

(6)斜交桥位,两侧有滩地且对称分布时,根据河槽流向,锐角侧设梨形堤,另一侧设两端带曲线的直线形导流堤。

2)不稳定河段上桥梁修建调治构造物:

(1)桥梁位于出山口附近的喇叭形河段上,封闭地形良好,宜对称布置封闭式导流堤。

(2)引道阻断支岔,上游可能形成“水袋”。为控制洪水摆动,防止支岔水流冲毁桥头引道,视单侧或双侧有岔及地形情况,可对称或不对称设置封闭式导流堤。

(3)一河多桥时,为防止水流直冲两桥间引道路基,可结合水流和地形条件,在各桥间设置分水堤。

(4)桥梁位于冲积漫流河段的扩散淤积区,一河多桥而流水沟槽又不明显时,宜设置漫水隔坝,并加强桥间路堤防护。

8.2.3　本条规定了公路路段、桥涵抗洪能力的评定方法、评定标准以及应采取的相应技术措施。

8.3　公路防冰与防雪

8.3.1　公路冰害和雪害是我国北方地区的常见灾害。

基于经济技术条件,公路设计时是依据公路等级、结构物的规模及重要性,针对一定频率的灾害来设防。超过设防限度,就会造成损害,因此应有应对超过设计安全度的灾害的应急预案。灾害事件发生,轻则影响公路的通行安全和畅通,重则造成公路构造物毁坏、交通中断,使人民生命、财产造成重大损失。因此,在公路养护管理中对于防灾、减灾应高度重视,常备不懈。实践证明,加强防护、消除隐患以及准备充分的灾害应对措施可以大大减轻灾害的危害程度。

灾害防治应有预防措施和方案,应储备抢修的物资、器材,积极防治、治早、治小,应以确保安全通行为主要目标。确定抢修方案时,应尽量考虑抢修工程能在恢复工程时被充分利用。

8.3.2　路面积冰主要防治措施如下:

(1)发生低温降水时,在降水后半段撒融雪剂,防止雨水结成冰。

(2)对可能出现河水漫路的路段进行拦截、引流。

(3)采取机械设备或人工清除路面积冰。

(4)在路面结冰路段及时撒铺防滑料。

对涎流冰应采取如下防治措施:

(1)在涎流冰路段设置明显标志。

(2)及时阻拦涎流冰路段继续向路面流水。

(3)及时清除流至路面上的流冰,不能及时清除的,应及时撒铺防滑料,或撒铺盐、融雪剂等使之软化并铲除。

桥涵构造物冰害防治的措施有:

(1)桥梁上游如有大片低洼地,可用土坝截流。

(2)河床纵坡不大的河流,可于入冬初在桥位下游修筑土坝,使桥梁上、下游约50m范围形成水池。水面结冰坚实后,在水池上游开挖人字形冰沟,同时在下游河床最深处挖开土坝,放尽池内存水,保持上下游进、出水口不被堵塞,使水从冰层下流走。

(3)在桥位上下游各30~50m的水道中部顺流开挖冰沟,用树枝、柴草覆盖,再加铺土或雪保温,并经常进行检查维修,使冰沟不被冻塞,解冻开始时将其拆除。

(4)气温突变时河流解冻的流冰,对桥梁墩台、桩、破冰体和导流坝等会产生程度不同的冲击,应采取相应的防护措施。为使流冰从桥下顺利通过,除下游比上游解冻较早的桥梁外,可采取下列方法进行防护:

①解冻前,对桥梁上游5km内河道中的冰层厚度等,进行调查测探。在流速降低的河湾、浅滩处,流冰可能互相挤压,重新聚结,形成巨型冰块,甚至形成冰坝,造成水位抬高,威胁桥梁安全,应根据所掌握的资料,备足抢护材料、工具和安全照明设备等,在流冰期指定专职小组分工负责观测、抢护工作。并应提前在桥边设置悬梯,在墩台和破冰体之间搭设跳板。

②解冻临近时,对封冻的冰面,在桥位下游处用人工或爆破方法开挖冰池。其长度为河面宽的1~2倍;宽度为河面宽的1/3~1/4;并不小于河道的最大桥跨(图8-1)。

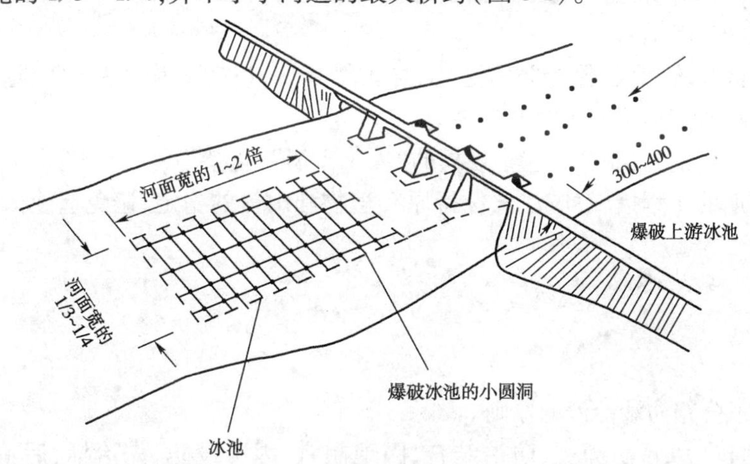

图8-1 开挖冰池处理冰块(尺寸单位:m)

当水面宽度小于30m时,冰池的长度宜增加到水面宽的5倍。接近冰池下游应开凿0.5m宽的横向冰沟。当冰块很厚,有强流冰发生时,可在桥台、墩、桩、破冰体周围及桥位下游20~25m范围内,开挖纵横冰沟。对冰池、冰沟应经常检查,若有冻结,应反复捣开。在危急时刻,可用撬棍、长杆、钩杆等工具,在下游将凿开的冰块逐一送入冰层下冲走。

③流冰临近时,应清除上游冰层。冰层厚度在300mm以下的,可用人工撬拨;大于300mm的,宜用炸药炸碎。对较大的流冰体,应在上游用炸药炸碎。

8.3.3 公路雪害主要有积雪和雪崩两种形式,其危害轻者影响交通安全,重者阻断交通。对雪害的防治,应通过全面的调查研究,摸清雪害的成因与基本规律,了解现有防雪设施的防护效能,保持防雪设施的良好状态,增添必要的防雪设施,减少雪害对公路交通的危害程度。

8.3.4 对风雪流应进行综合防治,实行工程防护和植物防护相结合的措施。

(1)受风雪流影响的公路,路基边坡应尽量放缓,与路肩交接处应筑成或保持流线型,清除公路两旁影响风雪流顺畅通过的草木和堆积物等。

(2)公路养护材料应堆放在路肩外的堆料台上,堆放高度不得高于路基。

(3)受风雪流影响的路段，在路旁一定范围内不得植树，公路中央分隔带内不得种植有碍风雪流通过的树木。

(4)防雪林必须按规定位置种植，应栽植在雪季主导风向的上风侧，与同侧路基边缘的距离应为防雪林高度的10倍左右；防雪林带宜选用不同树种组成具有一定高度，高低错落的林带，以更好地起到阻雪防雪的作用。

(5)对易发生积雪的路段，有条件时，应采取局部改线或提高路基高度。否则，应根据实际需要，增设防雪设施。

(6)风雪流影响能见度的路段，为保障行车安全，应在公路两侧设置反光型红色标柱或反光型导向桩。设置间距，在直线段一般为30～50m，平曲线上可适当加密。

(7)受风雪流影响形成雪阻时，及时清除积雪，尽快恢复交通。弃雪应抛置于下风一侧，以免造成重复雪阻。有条件时，应采用撒铺盐、环保型融雪剂等化学除雪方法。对不能及时清除积雪的路段，应撒铺防滑材料。

(8)在冬季风吹雪频繁的平原和微丘荒野地区，可沿公路另建一条辅道。开始降雪时，立即封闭主线，开放辅道，主线上的雪被吹除(或清除)后，开放主线交通，同时清除辅道的积雪，以备下次降雪时使用。平时，应对辅道进行必要的养护和维护。

8.3.6 本条规定了雪崩防治工作的具体要求。

(1)路线(特别是盘山公路)多次通过同一雪崩地带时，应尽可能将公路移出。

(2)对危害公路的雪崩生成区，应于雪季前后，对防雪崩工程如水平台阶、稳雪栅栏进行维修。保护森林、植被，以充分发挥稳定雪体的作用。

(3)对雪崩运动区，应保持防雪崩工程如土丘、楔、铅丝网和排桩的良好状态，以减缓和拦阻雪崩体的运动。

(4)对雪崩运动区和堆积区，保持防雪走廊、导雪槽良好，以使雪崩体从空中越过；保持堆雪场地(堤)的良好，以保证将雪崩体引向预定的堆雪地。

(5)在大型雪崩发生前，宜制造一些小规模的"人工雪崩"，化整为零，以减轻雪崩对公路的危害。

(6)各种防治雪崩的工程措施，应注意保持原有植物和山体的稳定，避免造成人为滑坡、泥石流与塌方。

8.4 公路防沙

8.4.1 本条规定了公路防沙治沙的原则。

公路防风沙应坚持"以预防为主、防治结合、因地制宜、因害设防，先治标、后治本、标本兼治"的原则。

(1)应保护公路两侧一定范围内的天然植被，防止人为破坏造成新的沙源。

(2)根据不同风沙地貌类型，顺应风沙运动规律，选择合理的路基断面形式，为沙子创造非堆积搬运条件。

(3)路基两侧的防护应按风沙通过地区的自然条件，因地制宜地采取不同的措施：

①草原地带应以植物固沙为主，工程防治为辅。

②半荒漠地带宜采取以工程防护措施为主，与植物固沙相结合，固沙植物应以灌木和半灌木为主。

③荒漠地带主要采取工程防护措施。

8.4.3 本条规定了采取植物固沙措施的要求和防沙固沙植物品种的选择。

(1)对于沙丘迎风堤的风蚀区，由于风力撞击，沙层坚实，一般固沙植物难以生长，以选择生命力很强的柠条、花棒及油蒿为宜。

(2)对于沙丘坡脚及丘顶的沙埋区，沙层较疏松，宜选用黄柳、沙拐枣及水木蓼等固沙灌木。

(3)对于靠近公路两侧的沙漠边坡地区，宜选择小冠花种植。

(4)对于公路两侧的活动沙地，宜种植半灌木或草类植物，并与草方格治理结合进行，以提高治理效果。

(5)对于沙地地下埋藏有黏、壤质土层且深度较浅时,保水性能好,肥力较高,可栽植乔木;如为基岩、卵石、粗沙等,则只能栽植耐旱耐贫瘠的灌木。

(6)对于地下水为矿化度较轻或淡质水,水位深不超过1m的潮湿沙地,适于杨、柳类喜湿树种生长;水位深1~2m的湿润沙地,一般树种均可栽植;水位深2~5m,沙地比较干燥,应选用耐旱的乔木、灌木造林;水位深大于5m沙地,只能选用耐旱的灌木栽植。

(7)盐渍化土壤含盐量在0.3%以下时,一般树种均可种植;含盐量在0.3%~0.7%的沙地,可选用耐盐树种;含盐量在0.7%以上时,采用改良盐碱地的措施,选用柽柳等抗盐性特别强的树种。

9 交通工程及沿线设施

9.1 一般规定

9.1.2 本条是对交通工程及沿线设施的总体要求。“保障安全、提供服务、利于管理”是现行《公路工程技术标准》(JTG B01)中交通工程及沿线设施的设计原则;只有使交通工程及沿线设施处于完整、齐全、良好的技术状况,才有可能满足要求,真正发挥其“保障安全、提供服务、利于管理”的作用。

9.1.3 加强并及时对各种设施进行养护、维修和更换,是保持其处于完整、齐全、良好的技术状况的手段和条件。对于因受当时的设计和施工条件所限,造成设施不全或设施设置不合理的公路,应结合使用要求和技术发展状况,进行动态养护管理,不断完善、增设并提高其整体水平。

9.2 交通安全设施

9.2.1 本条规定了交通安全设施养护应达到的目标和基本要求。

交通安全设施主要包括:交通标志、交通标线、突起路标、轮廓标、护栏(波形梁钢护栏、水泥混凝土护栏、缆索护栏)、隔离栅、防眩设施,以及其他交通安全设施如里程碑、百米桩、道口标柱、公路界碑、防落网、锥形交通路标、公路防撞桶、减速垫、安全岛、平曲线反光镜、声屏障、示警标柱、示警灯等。

随着公路交通事业的发展和科技的进步,公路交通安全设施新材料、新产品不断涌现,交通安全设施的种类和范围将会不断扩充,其保障公路交通安全的功能将会不断提高和完善。

交通安全设施的特殊检查是遭遇自然灾害、发生交通事故或出现其他异常情况时,对设施进行的附加检查;定期检查是根据设施特点所进行的定期的、全面的检测和核查;专项检查是在设施更新改造之后,由具备资质的检查测试机构和人员,按照现行《公路工程质量检验评定标准(土建工程)》(JTG F80/1)规定的要求所进行的全项内容的检测核查。

保养维修是对设施根据需要所进行的日常清洁保养和维护修理等工作。更新改造指对设施主要部件的整体更换或设施的补设、新增。

不同的交通安全设施,其养护特点会有所不同。应结合设施特点,及时对交通安全设施进行各项必要的检查测试、保养维护和更新改造。检查结果应予以记录并进行判定。检查结果的判定分为三类(表9-1)。

表9-1 检查结果的判定分类

判定分类	损坏程度	判定结论
A	无	无异常情况,只需进行规定的日常清洁保养
B	轻	存在轻微损坏,需根据损坏情况进行必要的维护修理
C	重	损坏严重,无法修护,需进行更新改造

各项交通安全设施的养护质量有其不同的具体要求,但均可归类为设施完整性、外观质量、安装质量、技术性能等。其中保证设施完整性是养护工作的重点,也是养护工作区别于新建公路工程的主要特点。

更新改造是对设施主要部件的整体更换或设施的补设、新增,其特点更接近于新建公路工程,应依据现行《公路工程质量检验评定标准(土建工程)》(JTG F80/1),对其工程安装质量和有关产品技术性能进行全面的检测。

除有计划地对交通安全设施进行养护以外,还应对因交通事故、自然灾害或其他原因造成的突发性设施损伤及时进行修复。

当采用常青绿篱和绿色植物作为隔离设施和防眩设施时，其养护工作应按照公路绿化的有关要求进行。

在公路的运营管理过程中，事故多发路段或一些特殊路段，其交通安全设施的养护应给予更多的关注，不断进行有效的改造和完善。

应对交通安全设施的养护质量进行检查和评定，以促进养护工作的开展。其评定方法按照现行《公路技术状况评定标准》(JTG H20)执行。

9.2.2 公路交通标志主要由标志板、支柱、连接件、基础等部件组成，是引导行车、保障交通安全的重要设施。应加强对公路交通标志的养护管理，使交通标志符合其质量要求。

(1)公路交通标志的养护质量应包括：保持交通标志的设置合理、结构安全，版面内容整洁、清晰；标志部件完整、无缺损且功能正常；标志无明显歪斜、变形，钢构件无明显剥落、锈蚀；标志面平整，无明显褪色、污损、起泡、起皱、裂纹、剥落等。交通标志的使用和制作，应符合现行《道路交通标志和标线》(GB 5768)、《道路交通标志板及支撑件》(GB/T 23827)等标准的规定。对于反光交通标志，应对其逆反射性能进行定期检测，以保证其保持足够的夜间视认性。

(2)公路交通标志的养护内容，除检查测试交通标志的各项质量要求外，主要是采用合适的方法，清理、清洁、修复标志板面、支柱、防腐涂层等，紧固、更换、增补各种连接件及缺损件。对于设置不合理或不完善的交通标志，尤其是特殊路段和事故多发路段的交通标志，应通过养护管理逐步补充完善。

具体的养护内容主要包括：

①检查测试交通标志的有关质量要求。

②清除标志板面及其周围的污秽、杂草、杂物或树木等遮挡物，或在规定范围内挪移标志。

③修复变形、弯曲、倾斜的标志板和支柱，补涂剥落的防腐涂层，增补缺损的标志件，紧固松动的连接件。

④标志设置或版面内容存在误差时，应进行必要的变更。

⑤对破损的基础进行修补。

⑥对事故多发路段及特殊路段的交通标志，应进行必要的增补、更换。

9.2.3 现行《道路交通标线质量要求和检测方法》(GB/T 16311)中，将路面标线按标线材料种类分为：a)溶剂型涂料标线；b)热熔型涂料标线；c)水性涂料标线；d)双组分涂料标线；e)预成型标线带标线。按标线功能分为：a)普通型标线；b)反光型标线；c)突起结构型振动反光标线。按标线设置方式分为：a)纵向标线；b)横向标线。

(1)标线颜色、线形应符合现行《道路交通标线质量要求和检测方法》(GB/T 16311)及相关设计要求。路面标线所用涂料应符合现行《路面标线涂料》(JT/T 280)的要求。重新画设标线时，应使新标线与旧标线重合；如无法重合，应将旧标线清除干净。

(2)路面标线的养护内容主要包括清洁标线表面和标线的局部补画。

具体的养护内容主要包括：

①检查测试路面标线的有关质量要求。

②清洁标线表面。

③标线的局部补画。

④事故多发路段及特殊路段标线的变更、增补。

9.2.4 突起路标是安装于路面的一种块状突起结构，一般与路面交通标线配合使用，设置在车行道的边缘线外侧或车行道分界线的虚线处。现行《突起路标》(JT/T 390)中，根据不同的结构形式以及是否具有逆反射特性，将突起路标分为 A1 类、A2 类、A3 类。

突起路标的质量应符合现行《突起路标》(JT/T 390)的要求。太阳能突起路标的质量应符合现行《太阳能突起路标》(GB/T 19813)的要求。

突起路标的平均寿命一般为 2 年左右，用于路侧边缘线、车辆较少碾压到的寿命会稍长。尤其反光型突起路标的反光片更易破损。因此，突起路标的养护主要是对破损者进行更换，并及时清理突起路标可能对人、车等造成伤害的残渣。太阳能突起路标是一种特殊形式的突起路标，可以集主动发光和逆反射特性于一体。太阳能突起路标的养护主要是保持其 LED 发光器件的正常发光。

突起路标的养护内容主要包括：

(1)检查测试突起路标的有关质量要求。

(2)补装、更换缺损的突起路标。

(3)修复或更换太阳能突起路标。

(4)清理突起路标可能对人、车等造成伤害的残渣。

(5)对事故多发路段及特殊路段增设或更换突起路标。

9.2.5 轮廓标是设置于道路边缘，用于诱导视线的一种设施。轮廓标上具有逆反射体或逆反射材料，在夜间车灯的照射下显示出道路边缘的轮廓，对行车进行安全引导。现行《轮廓标技术条件》(JT/T 388)中，轮廓标分为附着式和柱式两种。当路边有护栏等设施时，使用附着式轮廓标，轮廓标附设于设施之上；当路边无相关设施时，使用柱式轮廓标，轮廓标单独立于路侧。轮廓标的质量应符合现行《轮廓标技术条件》(JT/T 388)的要求。

为保证轮廓标的夜间视认性，应对轮廓标的表面定期进行清洗，去除附着于其上的灰尘、油污等。尤其对于安装在波形梁护栏上的附着式轮廓标，因其处于波形梁板凹进部分，雨水很难冲刷到其表面，自洁性较差，通过人工擦洗才能使其清洁。

轮廓标反射器如密封不好或受到损伤，雨水渗入其中，将使其逆反射性能大大降低甚至丧失其逆反射特性。因此，应加强对轮廓标的检查测试，对缺损及时进行更换和补充。

轮廓标的养护内容主要包括：

(1)检查测试轮廓标有关质量要求。

(2)清洁轮廓标表面。

(3)紧固轮廓标松动的连接件。

(4)更换破损的轮廓标。

(5)对事故多发路段及特殊路段增设或更换轮廓标。

9.2.6 护栏是一种重要的交通安全设施，通常设置于公路两侧和中央分隔带，用于防止失控车辆越出路外或穿越分隔带闯入对向车道，同时吸收碰撞能量，保护车辆和司乘人员生命安全。

根据其材料和结构特性，护栏分为半刚性护栏、刚性护栏和柔性护栏。半刚性护栏是一种连续的梁柱式护栏结构，具有一定的刚度和柔性。波形梁钢护栏是半刚性护栏的主要代表形式，是以波纹状钢护栏板相互拼接并由立柱支撑而组成的连续结构，主要由护栏板、立柱、柱帽、防阻块(托架)、紧固件等部件组成。刚性护栏是一种基本不变形的护栏结构。水泥混凝土护栏是刚性护栏的主要形式，是以一定形状的水泥混凝土块相互连接而组成的墙式结构。柔性护栏是一种具有较大缓冲能力的韧性护栏结构。缆索护栏是柔性护栏的主要代表形式，是以数根施加初张力的缆索固定于立柱上而组成的结构，主要由缆索、立柱、斜撑、锚具等部件组成。

护栏的养护工作应保持护栏的结构合理、安全可靠。护栏各组成部件应完整、无缺损，波形梁钢护栏、缆索护栏应无明显变形、扭转、倾斜、松动，钢构件无明显锈蚀；水泥混凝土护栏应无明显裂缝、掉角、破损等缺陷。护栏质量应符合现行《公路波形梁钢护栏》(JT/T 281)、《公路三波形梁钢护栏》(JT/T 457)及其他相关标准、规范的规定及设计要求。

护栏的养护内容主要包括：

1 波形梁钢护栏

(1)检查测试波形梁钢护栏的有关质量要求。

(2)清洗护栏表面，去除油污和脏物。

(3)补充、更换缺损的波形梁钢护栏部件。

(4)紧固松动的连接螺栓和拼接螺栓。

(5)对破损的防腐涂层进行部分或全部重新防腐并进行除锈处理。

(6)矫正、修复或更换毁损的波形梁板、立柱等部件。

(7)对事故多发路段及特殊路段的波形梁钢护栏进行相应的调整、加固。

2　水泥混凝土护栏

(1)检查测试水泥混凝土护栏的有关质量要求。

(2)修复破损、位移的水泥混凝土护栏。

(3)清洗水泥混凝土护栏表面的油污、脏物。

(4)对事故多发路段及特殊路段的水泥混凝土护栏进行调整、加固。

3　缆索护栏

(1)检查测试缆索护栏的有关质量要求。

(2)补充、更换缺损的缆索护栏部件。

(3)紧固松动的连接件。

(4)对锈蚀的缆索、立柱、锚具等进行更换或重新进行防腐处理。

(5)对事故多发路段及特殊路段的缆索护栏进行调整和加固处理。

9.2.7　隔离栅是设置于高速公路和一级公路的路侧,用于防止无关人员和牲畜进入、穿越,同时防止非法侵占公路用地的一种隔离设施。隔离栅主要由金属网片、立柱、斜撑、连接件、基础等部件组成。根据不同的金属网结构,隔离栅一般分为钢板网型隔离栅、焊接网型隔离栅、编织网型隔离栅以及刺钢丝型隔离栅。

隔离栅质量应符合现行《隔离栅技术条件》(JT/T 374)的要求。隔离栅的养护质量,主要应侧重于保证隔离栅的完整无缺,起到其防止人畜非法进入的正常作用,以保障高速公路和一级公路上车辆的快速安全通行。

当隔离栅出现破损时,犬类等动物能轻易翻越并进入高速公路,可能造成因躲避动物而发生交通事故。因此,应重视对隔离栅的养护管理工作。

隔离栅的养护内容主要包括:

(1)检查测试隔离栅的有关质量要求。

(2)修复破损的隔离栅金属网片。

(3)安装、紧固缺损或松动的连接件。

(4)修补立柱或基础。

(5)对严重锈蚀的隔离栅部件进行除锈、防腐处理或更换。

9.2.8　防眩设施是为防止对向车辆的灯光对驾车人的眼睛造成眩光,保障安全行驶而在公路的中央分隔带安装的一种设施。防眩设施目前一般使用防眩板,由金属、塑料、玻璃钢等耐候性较好的材料制作而成,也有利用中央绿化带作为防眩设施的。防眩板的防眩功能主要取决于防眩板的宽度、安装高度和安装间距。养护工作的重点是补装、修复或更换缺损的防眩设施,保持设施的完整和正常的防眩功能。

防眩设施质量应符合现行《公路防眩设施技术条件》(JT/T 333)的要求。

防眩设施养护的内容主要包括:

(1)检查测试防眩设施的有关质量要求。

(2)清洁防眩设施表面的油污、脏物。

(3)补装、修复或更换缺损的防眩设施。

9.2.9　随着公路建设的发展和新技术、新材料的不断涌现,交通安全设施也在不断推陈出新,更加趋于合理和完善。除以上标志标线、护栏等外,目前现有的其他交通安全设施主要有:里程碑、百米桩、道口标柱、公路界碑、防落网、锥形交通路标、公路防撞桶、减速垫、安全岛、平曲线反光镜、声屏障、示警标柱等。应根据其设施特点采取相应的养护手段,保持交通安全设施的清洁完整和功能正常,使其符合有关标准、规范的质量要求。

锥形交通路标的质量应符合现行《锥形交通路标》(JT/T 595)的要求,公路防撞桶的质量应符合现行《公路防撞桶》(JT/T 596)的要求,里程碑、百米桩、道口标柱、公路界碑、防落网、减速垫、安全岛、平曲线反光镜、声屏障、示警标柱等质量应符合相关的标准和规范要求。示警标柱是设置在漫水桥和过水路面两侧以及平原区 4m 以上、山岭区 6m 以上高路堤和危险路段两侧，以标明公路边缘和线形的标志。

9.3 公路机电系统

9.3.2 本条对监控系统主要设备的检查、检测及维护作了规定，其他设备可根据其技术特点、各地的实际情况规定检查、检测及维护的内容。

特殊地区（如雷击高发区等）的监控系统可根据该地区的特殊情况对相应的检查、检测及维护内容作出规定。

监控系统的设备及其维护均应满足设备所在环境、设备的类型和使用要求。

监控系统的维护应符合下列要求：

（1）设备电源电压应正常，应满足设备的使用要求。

（2）电源线和信号线的浪涌保护器安装与性能应可靠。

（3）线缆连接应良好，无松脱、老化，接头无锈蚀，接插件可靠。

（4）外场设备安装应牢固，外表无锈蚀，箱体应具有防尘、防水、防震、防雷、防盗等性能。

（5）计算机系统的功能应满足监控系统的需求，其网络系统应符合监控系统的技术条件。

（6）匝道控制器、区域控制器的功能应符合使用要求。

（7）车辆检测器检测线圈的绝缘电阻应不小于 10MΩ，车流量检测误差应不超过 ±2%，车速检测误差应不超过 ±5%。

（8）可变信息标志显示信息应准确，发光二极管（LED）显示屏在额定驱动电流时的发光强度应不小于 6 000cd/m^2。

（9）气象检测仪的检测精度应满足使用要求（表 9-2）。

表 9-2 公路气象检测表

序 号	检 测 项 目	检 测 范 围	分 辨 率	检 测 精 度
1	空气温度	-40 ~ +60℃	0.1℃	±0.2℃
2	相对湿度	0 ~ 100%	1%	±4%（≤80%） ±8%（>80%）
3	风向	0° ~ 360°	3°	±5°
4	风速	0 ~ 75m/s	0.1m/s	±(0.3 + 0.03v) m/s
5	雨量	雨量 0 ~ 999mm （雨强 0 ~ 4mm/min）	0.1mm	雨量 <10mm：±0.5mm 雨量 >10mm：±5%
6	路面温度	-50 ~ +80℃	0.1℃	±0.3℃
7	能见度	0 ~ 2 000m	1m	10m
8	气压	500 ~ 1 100hPa	0.1hPa	±0.3hPa

注：v-风速（m/s）；1hPa = 10^{2}Pa。

（10）光收发器、调制解调器等数据传输设备的传输性能应满足传输的要求。

（11）摄像机视距应保证在良好天气时，对小型车以上的目标不小于 500m，其除霜、雨刷、变焦功能正常，视频切换正确，编解码器工作正常。

（12）公路隧道的一氧化碳检测仪和烟雾浓度探测仪等装置性能应良好。

（13）风机控制箱箱体无锈蚀、无积水、控制性能良好。

（14）照明控制箱箱体应良好，亮度可根据洞外的亮度进行自动调节，自动集控手动操作应准确。

（15）隧道火灾报警系统在检测报警后，控制设备应能及时驱动风机工作，并能变换送风方向、疏导烟雾，消防喷淋设备应能正常工作。

(16)车重测量仪周围应无积水、无杂物。车重测量仪的动态允许误差(车辆总重)，低速设备在5km/h以下时的误差应不超过静态称量值的±2%，5~10km/h时的误差应不超过±3%，10~15km/h时的误差应不超过±5%。高速设备应不超过±7%。

(17)交通调查数据采集设备的交通流量测定精度应不小于98%，车型分类精度应不小于90%，车速测定精度应不小于90%。

(18)监控系统的室内设备应满足5~35℃的工作温度、20%~80%RH的湿度要求，外场设备应满足上限为所在区域气候类型的气温绝对极值数上增加5~15℃、下限为所在区域气候类型的气温绝对极值最严酷的工作温度，湿度不小于95%RH的要求。

(19)强电端与外壳的绝缘电阻应不小于50MΩ。

(20)设备外壳均应可靠接地，接地电阻应符合工作接地电阻不大于4Ω、保护接地电阻不大于4Ω、联合接地电阻不大于1Ω的要求。

9.3.3 公路收费系统由收费(清分)中心、收费站、收费车道的收费设备组成。应定期对收费系统的工作状态和性能进行检查、测试和维护。

收费系统定期维护的主要项目和内容与本规范监控系统相同的主要项目和内容，可参照其执行。

目前，国内公路收费系统收费介质使用较多的是IC卡和磁卡，因此对IC卡读写器、磁卡读写器作了规定，其他类型读写器的维护可参照执行。

收费系统的维护应符合下列要求：

(1)电源电压应正常。

(2)电源线和信号线的浪涌保护器安装与性能应可靠。

(3)线缆连接应良好，无松脱、老化，接头无锈蚀，接插件可靠。

(4)收费系统计算机工作应正常，软件功能应符合使用要求。

(5)收费亭内设备应可靠，工作应正常。

(6)数据传输性能应满足收费系统的工作要求。

(7)对讲系统话音频宽为300~3 400Hz，主机和分机的声强级为65dB，话音应清晰，监听、群呼、组呼、录音功能应正常。

(8)费额显示器应整洁，显示内容应正确。

(9)路侧读写单元(RSU)及天线控制器的功能应正常。

(10)雾灯、雨棚信号灯和车道通行灯控制、显示应正常，亮度和清晰度应满足使用要求。

(11)栏杆、箱体外壳等外场设备应无锈蚀。

(12)电动栏杆起落应正常，反光膜应清晰。

(13)车辆检测器应符合本规范条文说明9.3.2的相关规定，计数误差应不大于0.1%。

(14)收费系统的亭内外设备的工作温度、湿度及闭路电视的维护均应满足本规范条文说明9.3.2的相关规定。

(15)图像抓拍信息应符合要求，可按规定存储转发。

(16)绝缘电阻和接地电阻应符合本规范条文说明9.3.2的相关规定。

9.3.4 通信系统维护时，应严格按照通信系统的操作规程和维护手册的规定进行检测、维护和保养。

通信系统的通路特性主要指标应符合现行《数字复用设备安装工程施工及验收技术规范(PDH)》(YD 5014)和《公路工程质量检验评定标准(机电工程)》(JTG F80/2)第3章3.2节的规定，并按现行《电信网光纤数字传输系统工程施工及验收暂行技术规定》(YDJ 44)具体方法进行测试。

通信系统的维护应符合下列要求：

(1)通路特性主要指标应按照现行《数字复用设备安装工程施工及验收技术规范(PDH)》(YD 5014)和《公路工程质量检验评定标准(机电工程)》(JTG F80/2)第3章3.2节的有关规定执行。

(2)同步数字系列(SDH)传输设备系统性能测试和功能检查应按照现行《同步数字体系(SDH)光

缆线路系统进网要求》(GB 15941)和《公路工程质量检验评定标准(机电工程)》(JTG F80/2)第3章3.2节的有关规定执行。

(3)数字传输系统网管功能的检查应符合现行《同步数字系列(SDH)光缆传输设备安装工程验收暂行规定》(YD 5044)和《SDH光缆通信工程网管系统设计暂行规定》(YD 5080)的要求。

(4)光纤通道后向散射信号曲线测试的指标要求如下:

①变动量应不大于竣工值+0.1dB/km;

②最大变动量应不大于5.0dB。

(5)光缆中继段衰耗应不大于光缆线路全程衰耗计算值。

(6)数字程控交换机的标称工作电压为-48V±5V(DC),交流电源线的芯线间和芯线对地的绝缘电阻应不小于1MΩ,直流馈电线的正负芯线间和负线对地间的绝缘电阻应不小于1MΩ。

(7)数字程控交换机的局内和局间呼叫接续应正常,用户新业务、特种服务、带答业务、非话业务以及语音信箱等各项业务功能应正常。

(8)数字程控交换机的障碍率应不大于10^{-4},计费差错率应不大于10^{-4}。

(9)应保持紧急电话设备的清洁以及工作电压的正常。太阳能供电的紧急电话分机的太阳能电池板应清洁、蓄电池工作电压应正常。

(10)紧急电话设备应完好无损,呼叫状态在监控系统中的显示和报警应正确,箱体应密封,通话音量应满足需要,话音应清晰。

(11)IP网络设备的性能及各项业务功能应正常。

(12)IP网络的安全管理应符合国家有关网络安全的相关规定,应有应急处理预案。

(13)无线通信系统的通信应正常,话音应清晰,维护按照现行《公路工程质量检验评定标准(机电工程)》(JTG F80/2)第3章3.5节的有关规定执行。转发器功率和灵敏度应符合系统要求。

(14)无线通信系统电源线和信号线的浪涌保护器安装与性能应可靠。无线通信系统强电端与外壳的绝缘电阻,以及设备的接地电阻应符合本规范条文说明9.3.2的相关规定,紧急电话通话柱的接地电阻及防雷接地电阻≤10Ω。

9.3.5 公路供配电系统的维护,应严格按安全管理部门有关电气安全操作规程的规定进行操作。

供配电系统的维护应符合下列要求:

(1)额定电压、运行电流不得超过供配电设备的额定电压、额定电流。

(2)绝缘子应完好,无裂纹、无破损,表面应清洁、无闪络放电痕迹。

(3)触头应保持接触良好,触刀无变形、无污垢、无烧痕,弹簧片、弹簧和引线无折断、不疲劳、不锈蚀。

(4)锁住机构及联锁、闭销装置应良好。操动机构连动的切换接点位置应正确,操作杆应无锈蚀、无变形、安装牢固,传动部分应无销轴脱落。

(5)高压断路器、油浸式变压器、油浸式高压互感器的油色应清晰,油位应正常,油箱无渗漏油。

(6)少油断路器正常运行中应无异常声响和异味。

(7)真空断路器的真空灭弧室绝缘外壳应洁净、无裂纹,排气管应良好,无锈蚀,灭弧室内无残余物、无松动。

(8)熔断管应清洁无裂纹、不变形、无烧结现象,熔断管密封良好,指示器应良好,导电接触部分应良好、紧密,触座清洁、无锈蚀、无烧毛现象,接触处温度正常。

(9)油浸式的高压互感器、变压器应无异声、异味,铁心无振动声,吸湿器、硅胶吸附剂不应达到饱和,负荷与运行应正常。

(10)高压避雷器的瓷套管应牢固、密封,表面应清洁,无裂纹、无破损、无放电痕迹,运行应正常,内部无异常声响。

(11)导电排的环境温度为+25℃时,母线接头允许运行温度为70℃;接触处有锡覆盖层时,允许温度为85℃。短路故障后,母排应不变形、断裂、烧坏,支持绝缘子不断裂、不脱落。

(12)油浸式变压器最高顶层油温95℃,长期运行时不宜超过85℃。

(13)变压器的冷却系统的运转应正常、无异声，基础牢固、无倾斜，外壳无积污、无变形、无腐蚀，阀门应处于打开状态，防爆管应无破裂、损伤及喷油痕迹，防爆膜应完好无损。

(14)变压器室的门窗、排风、照明(包括应急照明)装置应良好，消防设施应齐全。

(15)电缆敷设、绝缘、温度监视及电缆巡视维修人员的安全要求应按现行《电力工程电缆设计规范》(GB 50217)的有关规定执行。

(16)稳压电源应满足使用要求，输入电压变化范围不大于220/380V ±20%，输出电压精度不大于220/380V ±5%，效率大于80%；附加波形失真小于4%；完全调压时间(稳压时间)不大于1.5s。

(17)外场电源箱箱体外形应完整、箱门紧闭、门锁良好，防腐层无开裂、剥落，箱内无进水、电器组件完好无缺、安装牢固，芯线间、芯线对地的绝缘电阻应不小于1MΩ。

(18)架空线路的电杆与铁塔应无倾斜、变形、锈蚀、损坏及基础下沉、杆面扭转变形，线路下方地面和电杆周围无易燃、易爆和强腐蚀性物品及其他异常，线路上无杂物悬挂，拉线和板桩完好，导线的接头处接触良好，绝缘子无污染、破损和放电现象，避雷装置的接地良好。

(19)电缆终端头及瓷套管无破损及放电痕迹、无漏油溢胶，外表无锈蚀、损伤，沿线挂钩、支架无脱落，周围无易燃、易爆物及强腐蚀性物品，电缆的盖板完整，路线标桩完整，电缆沟内无积水。

(20)紧急电话太阳能电源的太阳能板的朝向应正确，充电控制器输出电压与电流均应满足紧急电话的使用要求。

(21)柴油发电机组应符合现行《供配电系统设计规范》(GB 50052)和《通信专用柴油发电机组技术要求》(YD/T 502)的有关要求。

(22)备用电源的自动切换功能应完好。

(23)公路不同部位、场所照明的亮度应符合现行《公路照明技术条件》(JT/T 367)的要求。低压照明线路的末端电压应不低于额定电压的90%或不低于始端电压的95%。

(24)公路照明应采用高光效气体放电灯，不应采用白炽灯。高速公路、一级公路应采用截光型、半截光型灯具。

(25)当照明的光衰至现行《公路照明技术条件》(JT/T 367)规定的平均亮度维持值的70%、隧道照明光源达到其额定寿命的90%时，应清扫灯具和更换光源。

(26)接地装置应可靠，强电端与外壳的绝缘电阻、接地电阻应符合本规范条文说明9.3.2的相关规定，金属灯杆的接地电阻及防雷接地电阻≤10Ω。

9.4 服务设施

9.4.1～9.4.3 服务设施是公路为过往车辆和人员提供停置、加油、维修和食宿、休息等服务的服务区设施，以及长途客车停靠站、停车场等。

现行《公路工程技术标准》(JTG B01)中，将交通工程及沿线设施分为A、B、C、D四级：A级适用于高速公路；B级适用于一级公路、二级公路作为干线公路时；C级适用于一级公路、二级公路作为集散公路时，D级适用于三级公路、四级公路。其中规定A级、B级应设置服务区、停车区和公共汽车停靠站；C级、D级可根据需要设置加油站、公共厕所等设施。并对设置的具体内容进行了规定。服务设施的养护质量应保持其设置内容符合有关标准要求。

服务设施的保养与维修内容主要包括：清扫场地，清除场内杂物，清理疏通排水设施，保持服务区内环境的整洁卫生；按规定配备消防设备，定期检查消防设备的数量及完好情况，灭火器药剂必须定期更换等。

9.5 养护房屋

9.5.1、9.5.2 养护房屋及周围环境应布局合理，整洁美观，设施适用、方便，并保持排水畅通。各种建筑材料应经济实用，环保节能，且与周围环境相协调。

原规范对公路沿线道班房及段房的围墙、交通量观测站房屋的房檐等,要求按规定涂色和设置规定的公路路徽。本次修订在征求意见之后,对此不再明确规定。

9.5.3 养护房屋的保养与维修可参照普通房屋的要求进行,主要应定期对房屋及围墙进行粉刷或油漆,定期对房屋钢构件进行维护、清除锈蚀、涂刷防锈漆或油漆,定期对房屋消防设备进行检查、补充、更换等。

10 公路绿化与环境保护

10.1 一般规定

10.1.1 公路绿化是绿化国土的重要组成部分,是公路建设和养护中的一项重要内容,是稳固路基、保护路面、美化路容、改善环境、减少噪声、舒适行旅、诱导汽车行驶,也是防风、防沙、防雪、防水害的重要措施之一。

在公路两侧边坡、分隔带及沿线空地等一切可绿化的公路用地,利用绿色的乔木、灌木及花、草合理覆盖的工程,都属公路绿化。

公路隧道、桥、涵、石质路基及石方护坡,重盐碱、沙漠和特别干旱地区的路段等,不能人工栽植或不能自然生长木本、草本绿色植物的路段,是不可绿化路段。在公路用地范围内,能人工栽植和自然生长乔木、灌木和花草的路段为可绿化路段。

公路绿化按其绿化的位置、作用和性质,主要划分为防护林、风景林和美化沿线景观的小型园林、花圃、草坪等。

合理选择绿化植物品种是提高绿化、美化效果,丰富公路景观,达到防护与观赏相结合的保证。

10.1.3 绿化成活率,是指栽植后发芽长叶至少在一个生长季节以上的成活株数(m^2、丛、延米)占总栽植株数(m^2、丛、延米)的百分数。绿化保存率,是指栽植后成活两年及以上的株数(m^2、丛、延米)占总栽植株数(m^2、丛、延米)的百分数。

10.2 栽植与管护

10.2.2 本条规定了不同类型地区的公路绿化的不同要求。山区实施具有防护功能的绿化工程,是为了含蓄水分,滞缓地表径流,减轻水土流失,防冲刷、防塌固坡;平原区栽植单行或多行防护林带,是为了减轻或消除风、沙、雪、水等对公路的危害;草原区在线路两侧栽植防护林带,是为了阻挡风、雪侵蚀危害公路;盐碱区栽植抗盐碱、耐水湿的乔木、灌木品种,配栽成多行的绿化带,是为了降低地下水位,改善土壤结构。

10.2.4 绿化植物冠幅投影面积与绿化占地面积之比,达到0.6以上时为郁闭。

绿化植物郁闭后,应及时修剪抚育,促进其生长和发育健壮,形状优美,透光适度,通风良好,减少病虫害的发生,适时开花结果。

草皮应定期修剪,保持草高不超过150mm,避免叶茎过长,影响排水,遮挡阳光,通风不良,诱发病虫害。

10.2.5 刷涂白剂的目的是预防病虫害侵染,增添公路美观。涂白剂的配制方法:生石灰5kg+石硫合剂原液0.5kg+盐0.5kg+动物油0.1kg+水20kg。

10.2.7、10.2.8 《中华人民共和国森林法》把公路林列为防护林种。其主要作用是保护公路,改善环境条件。因此,不应进行主伐,只能进行抚育采伐或更新采伐。抚育采伐或更新采伐,应严格按《中华人民共和国森林法》和有关部门的规定进行。

10.3 环境保护

10.3.1 环境是人类赖以生存、繁衍和发展的基本条件,人类环境包括自然环境和社会环境。环境保护是我国的一项基本国策。为了避免公路建设和养护作业所产生的环境污染和对生态环境的破坏,必须切实做好公路环境保护工作。

公路环境保护应以防为主,在工程设计开始即从主观上考虑环境保护问题,以免引起环境破坏、污染,进而保护环境。

公路改建工程设计应妥善处理好主体工程与环保措施间的关系,尽可能从路线方案、指标的运用上合理取舍,而不应过多地依赖环境保护设施来弥补。当公路工程对局部环境造成较大影响时,应进行主体工程方案与采取环保措施间的多方案比选。

环境保护标准是指国家颁布的环境保护质量标准,如现行《环境空气质量标准》(GB 3095)、《地表水环境质量标准》(GB 3838)等。技术指标是指对环境保护总体设计原则量化的某些设计指标,如线位距环境敏感点的最小距离、乡村地区通道一般间距、路基填(挖)控制高度等。

自然保护区、水源保护区、湿地系指国家有关行政主管部门明文划定的且规定有相应的范围、级别的区域。野生生物主要指《国家保护植物名录》中的植物与《国家重点保护野生动物名录》中的动物。对生态环境提出保护方案主要指植物防护或工程防护方案,如尽量减少对原有地表植被的破坏,减少工程的开挖面与覆盖面,设置绿化带,将路面径流引出或筑砌挡墙、排水沟、改路堤为桥等。

10.3.2 生活环境是指人们正常生活的生活环境和工作环境,也包括人类食用生物的生长环境,如水产养殖水体等,其目的是保护人们的身体健康和正常生活、工作。

10.3.3 公路养护环境污染防治,是指对公路养护作业产生的噪声、废料、废气、污水等生活环境污染的防治。

10.3.4 公路养护环境保护工作,主要指生态环境、水环境、声环境、环境空气、社会环境的保护工作。同时应加强已有环保设施及其他公路沿线设施的清洁工作。

生态环境保护:包括保护重要生态系统及生物资源,保护基本农田,水土保持等。

水环境保护:包括保护水体不受公路路面径流水污染;科学处理施工废水,如机修废水、含油污水;防止施工中的弃土、弃渣等固体废物直接排入水体等。

声环境保护:主要指控制环境噪声污染。《中华人民共和国环境噪声污染防治法》称:"环境噪声污染,是指所产生的环境噪声超过国家规定的环境噪声排放标准,并干扰他人正常生活、工作和学习的现象。"

环境空气保护:主要指防治养护作业产生的扬尘、沥青烟尘等大气污染物对环境空气的污染,防治运送施工物料车辆排放的废气对环境空气的污染。

社会环境保护:《公路建设项目环境影响评价规范(试行)》(JTJ 005—96)称,社会环境,包括社区发展、居民生活质量、基础设施、矿产资源利用、土地利用、旅游资源、文物资源、城镇建设等。公路建设和养护作业,应尽量保护社会环境不受施工损坏和影响。

11 公路养护作业安全

11.1 一般规定

11.1.1 本条规定必须规范公路养护维修工程的安全管理和作业行为，保障养护维修作业人员、设备安全和过往车辆运行安全，保证车辆能够安全、顺畅通过养护维修作业控制区域，制订必要的安全保障方案。

11.1.2～11.1.4 在开放交通条件下进行养护维修作业，既有养护维修作业操作时的安全问题，又有交通安全问题，因此应针对这两方面的安全问题做好安全防护工作。公路养护维修作业施工单位、公路经营单位和公路管理机构在安全防护方面有不同的职责要求，必须履行相应的职责，共同做好安全防护工作。

11.2 养护作业安全

11.2.10 公路养护维修作业控制区为公路养护维修作业所设置的交通管理区域，分为警告区、上游过渡区、缓冲区、工作区、下游过渡区和终止区等6个区域。

(1)在作业控制区的6个分区中，警告区是最重要的一个分区。

警告区是从作业控制区起点设置的施工标志到上游过渡区之间的路段，从最前面的施工标志开始到工作区的第一个渠化装置为止，用以警告车辆驾驶员已经进入养护维修作业路段，按交通标志调整行车状态。

警告区长度应保证车辆驾驶员在到达工作区之前，有足够的时间改变行车状态。

警告区最小长度是保证驶入警告区的车辆减速至工作区规定的限速所需要的警告区路段的最短长度。

(2)当工作区包含了一条或多条车道时，就需要封闭工作区所包含的车道。为了防止车流在改变车道时发生突变，需要设置一个改变车道的过渡区，以使车流的变化缓和平稳。

过渡区一般有两种：上游过渡区和下游过渡区。

上游过渡区是保证车辆平稳地从封闭车道上游横向过渡到缓冲区旁边非封闭车道的路段。

下游过渡区是保证车辆平稳地从工作区旁边的车道横向过渡到正常车道的路段。若下游过渡区设置得当，将有利于交通流的平稳。下游过渡区的长度只要保证车辆有足够的路程来调整行车状态即可，一般可按30m取值。

在利用对向车道来转移本方向车流的情况下，本方向车道的下游过渡区实际上就是对向车道的上游过渡区，因此其设置要求与上游过渡区相同。

(3)缓冲区是上游过渡区和工作区之间的一个路段，其设置主要考虑假设行车驾驶员判断失误，有可能直接从过渡区闯入工作区，造成人员伤害和设备的损坏。设置缓冲区可以提供一个缓冲路段，给失误车辆有调整行车状态的余地，避免发生严重的事故。在缓冲区内一般不准堆放东西，也不准养护维修作业人员在其中活动或工作。为了更有效地保护养护维修作业人员，在过渡区与缓冲区之间，可以设置防冲撞装置，以加强防护作用。

(4)工作区是养护维修作业的施工操作区域。这是养护维修作业的工作场所，也是养护维修作业人员工作、堆放建筑材料、停放施工设备的地方。为了保证安全，在工作区与开放交通的车道之间要有明确的隔离装置。工作区的长度一般根据养护维修作业或施工的需要而定。工作区的布置，还应考虑为工程车辆提供安全的进口和出口。

(5)终止区是设置于工作区下游调整车辆行车状态的路段。其设置目的是为通过或绕过养护维修作业地段的车辆提供一个调整行车状态的路段。在终止区的末端应设置有关解除限速或超车的交通标志,这样可使驾驶员明白已经通过了养护维修作业地段,并恢复正常的行车状态。

11.2.11 根据养护维修作业的情况,为养护维修作业而临时设置的交通标志,主要有警告标志、禁令标志、指示标志和施工区标志。交通标志的设置,除应符合现行《道路交通标志和标线》(GB 5768)规定外,在养护维修作业时,还应根据具体情况设置于专门的位置,并尽可能利用公路可变信息板,配以图案或文字说明。在弯道、纵坡处进行养护维修作业时,应根据实际情况增设交通标志。

当工作区在道路右侧时,交通标志宜设在车道右侧或工作区上游车道上。当工作区在道路靠中央分隔带一侧时,交通标志宜设在中央分隔带护栏外侧或绿化带上。

公路养护安全设施的设置应按顺交通流方向设置;撤除时应按逆交通流方向撤除。

12 技术管理

12.2 信息化管理

在2001年全国公路普查后，交通部建立了《全国公路数据库系统(HDBS)》，并在此基础平台上，陆续推出了《中国国家公路数据库系统》(HDBS GIS部级版)以及《公路养护投资分配系统》、《HDBS公路档案管理系统》、《HDBS公路养护评价决策管理系统》、《HDBS公路养护业务管理系统》等应用系统。各省(区、市)应按照交通部统一部署和要求，逐步建立完善本省(区、市)公路数据库系统，并借此研发符合本省(区、市)实际的各类应用系统。

12.3 养护工程管理

12.3.2 对改建工程项目的设计、施工、监理及竣工验收等，应按照新建工程项目的建设管理规定执行。

12.3.4 本章虽取消了交通情况调查一节内容，但在进行养护工程设计时，应充分考虑当前车辆超载的实际情况，对车辆轴载情况进行检测；并根据实测结果进行路面结构设计。

12.4 公路检查

12.4.1 关于各级公路管理机构公路检查的频率，按照检查内容和要求的不同，并参考多年的惯例而定。

(1)交通部在2000年明确规定，每5年组织一次全国性公路检查。

(2)省级公路管理机构应每年至少组织一次检查。

(3)地(市)级公路管理机构可根据本辖区管养公路里程分布情况以及本级对公路养护目标考核的要求，每半年组织一次检查或每个季度组织一次检查。

(4)县级公路管理机构应每月组织一次检查。

12.5 档案管理

12.5.1 公路养护档案管理要求

公路养护档案工作应贯彻执行《中华人民共和国档案法》和《中华人民共和国档案法实施办法》，并符合《交通档案管理办法》的有关规定，既要执行交通行业档案管理的制度、规范、标准，又要接受所在地区档案行政管理部门的业务指导与监督。

公路养护档案可按如下要求实行分级管理：

(1)地(市)级及县级交通主管部门(公路管理机构)负责管理所在辖区内公路的全部基础档案资料。

(2)省(市、区)交通主管部门(公路管理机构)负责管理全省(市、区)县级以上(含县级)公路的全部基础档案资料。

(3)各省(市、区)也可根据当地实际情况确定分级管理范围。

(4)公路小修保养档案应包括以下内容：

①路况登记资料
a. 路面平面略图；
b. 公路基本资料；
c. 路况示意图；
d. 构造物卡片包括桥梁、隧道、渡口、过水路面、房屋等；
e. 登记表包括涵洞、挡土墙、绿化等。
②检查与验收资料
a. 日常作业检查记录；
b. 中间检查记录；
c. 定期检查资料；
d. 巡查记录。
(5)中修工程档案应包括以下内容：
①工程合同和造价文件
a. 合同文件；
b. 决算书。
②施工大纲及批复
a. 施工大纲；
b. 施工大纲批复。
③技术交底和会议纪要
a. 设计交底会议纪要；
b. 施工图交底会议纪要；
c. 关键施工技术交底记录；
d. 竣工验收会议纪要。
④工程施工过程资料
a. 开工报告；
b. 停工报告；
c. 复工报告；
d. 竣工报告；
e. 水准点、控制点和基准线复测记录；
f. 施工日志及施工原始记录。
⑤施工质量控制资料
a. 工程项目划分表；
b. 计量仪器、设备检定(测试)报告；
c. 工程质量检验评定表及汇总表；
d. 工程质量保证资料；
e. 工程质量事故报告及处理记录。
⑥竣工图表
a. 竣工图目录；
b. 变更单与相关竣工图对照汇总表；
c. 设计变更单；
d. 业务联系单；
e. 竣工图纸。
⑦工程总结及工程竣工验收报告
a. 施工总结；
b. 监理工作总结；

c. 设计工作总结；
d. 工程竣工验收报告单。
(6)大修工程档案应包括以下内容：
①工程合同和造价文件
a. 合同文件(包括招、投标文件)；
b. 决算书。
②施工组织设计、监理大纲及批复；
a. 施工组织设计；
b. 施工组织设计批复；
c. 监理大纲；
d. 监理大纲批复。
③技术交底和会议纪要
a. 设计交底会议纪要；
b. 施工图交底会议纪要；
c. 关键施工技术交底记录；
d. 竣工验收会议纪要。
④工程施工过程资料
a. 开工报告；
b. 停工报告；
c. 复工报告；
d. 竣工报告；
e. 水准点、控制点和基准线复测记录；
f. 施工日志及施工原始记录；
g. 监理日志及监理原始记录。
⑤施工质量控制资料
a. 工程项目划分表；
b. 计量仪器、设备检定(测试)报告；
c. 工程质量检验评定表及汇总表；
d. 工程质量保证资料；
e. 工程质量事故报告及处理记录。
⑥竣工图表
a. 竣工图目录；
b. 变更单与相关竣工图对照汇总表；
c. 设计变更单；
d. 业务联系单；
e. 竣工图纸。
⑦工程总结及工程竣工验收报告
a. 施工总结；
b. 监理工作总结；
c. 设计工作总结；
d. 工程竣工验收报告单。
(7)改建工程档案内容:应按现行《公路工程竣(交)工验收办法》的规定,包含综合文件、决算和审计文件、监理资料、施工资料和科研、新技术资料等五方面内容。

12.5.2　档案整理

1　案卷可采用装订与不装订两种形式。文字材料必须装订。既有文字材料,又有图纸的案卷应装订。装订应采用线绳三孔左侧装订法，应整齐、牢固，便于保管和利用。

2　档案资料立卷可按照工程项目立项、设计、施工准备、施工、竣工验收顺序，对各参建单位移交的全部案卷进行系统整理排序。

3　文字材料按事项、专业顺序排列。同一事项的请示与批复、同一文件的印本与定稿、主体与附件不能分开，并按批复在前、请示在后，印本在前、定稿在后，主体在前、附件在后的顺序排列。图纸按专业排列，同专业图纸按图号顺序排列。既有文字材料又有图纸的案卷，文字材料排前，图纸排后。

4　封面应具有工程名称、开竣工日期、编制单位、单位负责人、技术主管、技术负责人、卷、册、编号。文件材料部分的排列：管理性文件按问题重要程度排列；项目技术性文件材料应按现行《公路工程竣（交）工验收办法》的有关编制要求规定排列。

5　工程文件应采用耐久性强的书写材料，如碳素墨水、蓝黑墨水，不得使用易褪色的书写材料，如红色墨水、纯蓝墨水、圆珠笔、复写纸、铅笔等。工程文件的纸张应采用能够长期保存的韧力大、耐久性强的纸张。图纸采用计算机出图，竣工图应是新图。计算机出图必须清晰，不得使用计算机出图的复印件。

12.5.3　档案保存与使用

公路养护档案保存可分别按短期、长期和永久三种保存期限进行分类排列。

（1）公路定期检查资料、县级及县级以下公路大中修工程资料可作为短期保存档案资料进行保存。

（2）乡级及乡级以下公路的基础资料、县级公路改建工程资料、国省干线公路的大中修工程资料可作为长期保存档案资料进行保存。

（3）县级及县级以上公路的基础资料、国省干线公路的改建工程资料和各级公路桥梁、隧道等建筑物应作为永久保存档案资料进行保存。

（4）各省（市、区）也可根据当地的实际情况，按照有利于保存、利用的原则，确定短期、长期、永久保存的档案资料的类型。

档案库房（含胶片库、磁带库）的温度应控制在 14 ~ 24℃，有调节设备的库房温度日变化幅度不得超过 ±2℃；相对湿度应控制在 45% ~ 60%，配有调节设备的库房湿度日变化幅度不得超过 ±5%。保存母片的胶片库温度应控制在 13 ~ 15℃，相对湿度应控制在 35% ~ 45%。

12.5.4　电子档案

既重视电子档案，又能加强纸质等载体档案的管理，充分开发各类档案信息资源。加大档案数字化建设力度，使养护档案基础工作与数据建库扩容紧密结合，使档案数据库信息量包括全宗级、案卷级、文件级目录数据和各种专题档案目录数据，并逐步向全文数据发展。

JTG

中华人民共和国行业标准　　JTG H11—2004

2

公路桥涵养护规范

Code for Maintenance of Highway Bridges and Culvers

2004-06-28 发布　　2004-10-01 实施

中华人民共和国交通部发布

中华人民共和国交通部公告

第 14 号

2

关于发布《公路桥涵养护规范》（JTG H11—2004）的公告

现发布《公路桥涵养护规范》（JTG H11—2004），自 2004 年 10 月 1 日起施行，原《公路养护技术规范》（JTJ 073—96）中相应内容同时废止。

《公路桥涵养护规范》（JTG H11—2004）由陕西省公路局主编，标准的管理权和解释权归交通部，日常的具体解释和管理工作由陕西省公路局负责。

请各有关单位在实践中注意积累资料，总结经验，及时将发现的问题和修改意见函告陕西省公路局（陕西省西安市含光北路 110 号，邮政编码：710068，网站：http://www.sx-highway.gov.cn），以便修订时参考。

特此公告。

中华人民共和国交通部

二〇〇四年六月二十八日

前　　言

《公路养护技术规范》(JTJ 073—96)颁布执行以来,在指导我国公路养护管理工作中发挥了很大作用。"九五"计划实施以来,我国公路呈现超常快速发展的局面,公路的养护管理工作也取得了长足的进步。为了适应新形势的要求,根据部公路工程标准规范体系的要求,将原《公路养护技术规范》中第四章的桥涵养护作为《公路桥涵养护规范》进行修改,单独成册。按交公路发〔1996〕1085 号文下达的任务,其编写工作由陕西省公路局主持,长安大学,上海市公路管理处,黑龙江、四川、广东省公路局,西安公路研究所参加。

编写工作从 1997 年 5 月开始,9 月将评审通过的大纲正式下发。1998 年 2 月形成初稿、1998 年 10 月完成第二稿、1999 年底完成第三稿(征求意见稿),由交通部公路司发文在全国交通系统广泛征求意见,根据反馈的意见进行修改后于 2000 年 7 月完成第四稿(送审)报部。2001 年 12 月,交通部公路司在宁波主持召开《公路桥涵养护规范》审查会,编写组根据审查意见再次进行修改,于 2002 年完成编写任务。

为了达到"内容全、技术新、重实用"的要求,编写组广泛收集、整理了各地公路桥涵养护的实践经验,征询各方专家意见,力求本规范能反映出近年来桥涵养护的新技术、新工艺、新材料、新设备及新的研究成果。由于各地的条件差异较大,桥梁技术发展较快,在执行本规范中应注意结合实际特点,并将出现的问题和意见及时函告陕西省公路局(地址:陕西省西安市含光北路 110 号,邮编:710068,网站:http://www.sxhighway.gov.cn),以便修订时参考。

主 编 单 位:陕西省公路局
参 加 单 位:长安大学
上海市公路管理处
黑龙江省公路局
四川省交通厅公路局
广东省公路局
西安公路研究所
主要起草人:袁雪戡　卫英才　黄平明　金泰丽　宋绍明　舒　森　陈万春
徐　犇　王泳道　徐　爽　王虎全　冯明怀　李子青

目　录

1 总则

1.0.1 为了加强公路桥涵养护管理工作，保持桥涵处于正常使用状态，保证行车畅通、安全，制定本规范。

1.0.2 本规范适用于国道、省道、县道的桥涵养护，其他公路的桥涵养护可参照使用。对于特殊桥梁，可遵循本规范的原则，针对不同情况与要求制定专门养护管理规程。

1.0.3 公路桥涵养护工作的主要内容和基本要求：

1 建立、健全公路桥涵的检查、评定制度。对公路桥涵构造物进行周期性检查，系统地掌握其技术状况，及时发现缺损和相关环境的变化。按桥梁检查结果，对桥梁技术状况进行分类评定，制定相应的养护对策。

2 建立公路桥梁管理系统和公路桥梁数据库，实施桥涵病害监控，实行科学决策。逐步建立特大型桥梁荷载报警系统，地震、洪水和流冰等预防决策系统。

3 公路桥涵养护应做到：桥涵外观整洁，桥面铺装坚实平整、横坡适度，桥头连接顺适，排水畅通，结构完好无损，标志、标线等附属设施齐全完好。

4 桥涵构造物的养护，首先应使原结构保持设计荷载等级的承载要求及设计交通量的通行要求。根据交通发展的需要，也可通过改造和改建来提高承载能力和通行能力。

在确定改造或改建工程方案时，应注意新旧结构之间的关系，充分发挥原有结构的作用。

5 养护作业和工程实施应注意保障车辆、行人的安全通行及环境保护。

6 桥涵构造物养护应有对付洪水、流冰、泥石流和地震等灾害的防护措施，同时备有应急交通方案。

7 新建或改建桥梁交工接养，应有完备的交接手续并提供成套技术资料。特大、大桥应配置养护设施、机具，设置养护工作通道、扶梯、吊杆、平台，设计单位应提供养护技术要点及要求。未配置或配置不能完全满足养护工作需要的，可根据实际需要予以增添。

8 桥涵构造物的检查及技术状况评定、养护对策，维修、加固、改建的竣工验收等有关技术文件，均应按统一格式完整地归入桥梁养护技术档案及数据库。

1.0.4 公路桥涵养护应遵循下列技术政策：

1 公路桥涵养护工作按"预防为主，防治结合"的原则，以桥面养护为中心，以承重部件为重点，加强全面养护。

2 推广应用先进的养护技术和科学的管理方法，改善养护生产手段，提高养护技术水平，大力推广和发展公路桥涵养护机械。

3 公路桥涵的养护按其工程性质、规模大小、技术难易程度划分为小修保养、中修、大修、改建和专项工程五类。

专项抢修工程是指采用临时性措施在最短的时间内恢复交通的工程措施。专项修复工程是指采用永久性措施恢复桥涵原有功能的工程措施。对于阻断交通的桥涵修复工程，应优先安排。

4 桥涵养护工程应重视经济技术方案的比选，并充分利用原有工程材料和原有工程设施，以降低成本。

5 重视环境保护和环境综合治理。

1.0.5 桥涵养护管理工作，除执行本规范的规定外，还应符合国家及行业颁发的有关标准、规范的规定。

2 术语

2.0.1 养护 Maintenance

为保持桥涵及其附属物的正常使用而进行的经常性保养及维修作业;预防和修复桥涵的灾害性损坏及为提高桥涵使用质量和服务水平而进行的改造。

2.0.2 加固 Strengthening of structure

当桥涵构造物局部损坏或承载力不足时进行的修复和补强工程措施。

2.0.3 抢修 Emergency repair of road

当桥涵因水毁等自然灾害及超载、意外事故造成中断交通或严重影响通行的破坏时,所采取的迅速恢复交通的工程措施。

2.0.4 小修保养工程 Routine maintenance

对公路桥涵及其附属构造物进行预防性保养和修补其轻微损坏部分,使其保持完好状态的工程项目。

2.0.5 中修工程 Intermediate maintenance

对公路桥涵及其附属构造物一般性磨损和局部损坏进行定期的修理加固,以恢复原状况的小型工程项目。

2.0.6 大修工程 Heavy maintenance

对桥涵及其附属构造物的较大损坏进行周期性的综合修理,以全面恢复到原设计标准的技术状况,或在原技术等级范围内进行局部改善和个别增建,以逐步提高其通行能力的工程项目。

2.0.7 改建工程 Mad improvement

对桥涵及其附属构造物因不适应交通量、荷载、泄洪要求而提高技术等级,或因公路局部改移需要重建,或为了显著提高通行能力而进行的较大型、大型工程项目。

2.0.8 主桥 Main bridge

多孔桥梁的主要跨段。由设计时根据渲泄设计流量、通航要求或结构构造等确定。

2.0.9 引桥 Approach bridge

桥梁中连接主桥和路堤的部分。

2.0.10 上部结构 Superstructure

桥梁支座以上(无铰拱起拱线或框架底线以上)跨越桥孔部分的总称。

2.0.11 桥面系 Bridge deck system

上部结构中直接承受车辆、人群等荷载并将其传递到主梁(或主拱、主索)的整个桥面构造系统,包括桥面铺装、桥面板、纵梁、横梁及人行道等。

2.0.12 桥面铺装 Bridge deck pavement

用沥青混凝土、水泥混凝土等材料铺装在桥面上的保护层。

2.0.13 下部结构 Substructure

支承桥梁上部结构并将其荷载传递至地基的桥墩、桥台和基础的总称。

2.0.14 调治构造物 Regulating structure

为引导和改变水流方向,使水流平顺通过桥孔并减缓水流对桥位附近河床、河岸的冲刷而修建的水工构造物。

2.0.15 危桥 Dangerous bridge

处于危险状态,不能达到通行安全的桥梁。

3 桥梁检查与评定

3.1 桥梁检查的一般规定

3.1.1 桥梁检查分为经常检查、定期检查和特殊检查。

1 经常检查:主要指对桥面设施、上部结构、下部结构及附属构造物的技术状况进行的检查。

2 定期检查:为评定桥梁使用功能,制定管理养护计划提供基本数据,对桥梁主体结构及其附属构造物的技术状况进行的全面检查,它为桥梁养护管理系统搜集结构技术状态的动态数据。

3 特殊检查:特殊检查是查清桥梁的病害原因、破损程度、承载能力、抗灾能力,确定桥梁技术状况的工作。

特殊检查分为专门检查和应急检查。

1)专门检查:根据经常检查和定期检查的结果,对需要进一步判明损坏原因、缺损程度或使用能力的桥梁,针对病害进行专门的现场试验检测、验算与分析等鉴定工作。

2)应急检查:当桥梁受到灾害性损伤后,为了查明破损状况,采取应急措施,组织恢复交通,对结构进行的详细检查和鉴定工作。

桥梁管养单位应对辖区内所有桥梁建立"桥梁基本状况卡片"(附录A),将有关信息输入数据库,建立永久性档案。

3.2 经常检查

3.2.1 经常检查的周期根据桥梁技术状况而定,一般每月不得少于一次,汛期应加强不定期检查。

3.2.2 经常检查采用目测方法,也可配以简单工具进行测量,当场填写"桥梁经常检查记录表"(附录B),现场要登记所检查项目的缺损类型,估计缺损范围及养护工作量,提出相应的小修保养措施,为编制辖区内的桥梁养护(小修保养)计划提供依据。

3.2.3 经常检查中发现桥梁重要部件存在明显缺损时,应及时向上级提交专项报告。

3.2.4 经常检查应包括下列内容:

1 外观是否整洁,有无杂物堆积,杂草蔓生。构件表面的涂装层是否完好,有无损坏、老化变色、开裂、起皮、剥落、锈迹。

2 桥面铺装是否平整,有无裂缝、局部坑槽、积水、沉陷、波浪、碎边;混凝土桥面是否有剥离、渗漏,钢筋是否露筋、锈蚀,缝料是否老化、损坏,桥头有无跳车。

3 排水设施是否良好,桥面泄水管是否堵塞和破损。

4 伸缩缝是否堵塞卡死,连接部件有无松动、脱落、局部破损。

5 人行道、缘石、栏杆、扶手、防撞护栏和引道护栏(柱)有无撞坏、断裂、松动、错位、缺件、剥落、锈蚀等。

6 观察桥梁结构有无异常变形,异常的竖向振动、横向摆动等情况,然后检查各部件的技术状况,查找异常原因。

7 支座是否有明显缺陷,活动支座是否灵活,位移量是否正常。支座的经常检查一般可以每季度一次。

8 桥位区段河床冲淤变化情况。

9 基础是否受到冲刷损坏、外露、悬空、下沉,墩台及基础是否受到生物腐蚀。

10　墩台是否受到船只或漂浮物撞击而受损。

11　翼墙(侧墙、耳墙)有无开裂、倾斜、滑移、沉降、风化剥落和异常变形。

12　锥坡、护坡、调治构造物有无塌陷、铺砌面有无缺损、勾缝脱落、灌木杂草丛生。

13　交通信号、标志、标线、照明设施以及桥梁其他附属设施是否完好。

14　其他显而易见的损坏或病害。

3.3　定期检查

3.3.1　定期检查的时间应符合下列规定:

1　定期检查周期根据技术状况确定,最长不得超过三年。新建桥梁交付使用一年后,进行第一次全面检查。临时桥梁每年检查不少于一次。

2　在经常检查中发现重要部(构)件的缺损明显达到三、四、五类技术状况时,应立即安排一次定期检查。

3.3.2　定期检查以目测观察结合仪器观测进行,必须接近各部件仔细检查其缺损情况。定期检查的主要工作有:

1　现场校核桥梁基本数据(桥梁基本状况卡片,附录A)。

2　当场填写"桥梁定期检查记录表"(附录C),记录各部件缺损状况并做出技术状况评分。

3　实地判断缺损原因,确定维修范围及方式。

4　对难以判断损坏原因和程度的部件,提出特殊检查(专门检查)的要求。

5　对损坏严重、危及安全运行的危桥,提出限制交通或改建的建议。

6　根据桥梁的技术状况,确定下次检查时间。

3.3.3　特大型、大型桥梁的控制检测。

1　设立永久性观测点,定期进行控制检测。控制检测的项目及永久性观测点见表3.3.3。特大型桥梁或特殊桥梁还可根据养护、管理的需要,增加相应的控制检测项目。

表3.3.3　桥梁永久性观测点和检测项目

检测项目		观测点
1	墩、台身、索塔、锚碇的高程	墩、台身底部(距地面或常水位0.5~2m)、桥台侧墙尾部顶面和锚碇的上、下游各1~2点
2	墩、台身、索塔倾斜度	墩、台身底部(距地面或常水位0.5~2m内)的上、下游两侧各1~2点
3	桥面高程	沿行车道两边(靠缘石处),按每孔跨中、$L/4$、支点等不少于五个位置(10个点)。测点应固定于桥面板上
4	拱桥桥台、悬索桥锚碇水平位移	拱座、锚碇的上、下游两侧各1点
5	悬索桥索卡滑移	索卡处设1点

2　新建桥梁交付使用前,公路管理机构应事先要求桥梁建设单位在竣工时设置便于检测的永久性观测点。大桥、特大桥必须设置永久性观测点。测点的编号、位置(距离、标高和地物特征)和竣工测量数据,均应在竣工图上标明,作为验收文件中必要的竣工资料予以归档。

3　应设而没有设置永久性观测点的桥梁,应在定期检查时按规定补设。测点的布设和首次检测的时间及检测数据等,应按竣工资料的要求予以归档。

4　桥梁主体结构维修、加固或改建前后,必须进行控制测量,以保持观测资料的连续性。若控制点有变动,应及时检测,建立基准数据。

5　桥梁永久性观测点的设置要牢固可靠,当永久控制测点与国家大地测量网联络有困难时,可建立相对独立的基准测量系统。

6　特大、大、中桥墩(台)旁,必要时可设置水尺或标志,以观测水位和冲刷情况。

3.3.4　桥面系构造的检查:

1 桥面铺装层纵、横坡是否顺适,有无严重的裂缝(龟裂、纵横裂缝)、坑槽、波浪、桥头跳车、防水层漏水。

2 伸缩缝是否有异常变形、破损、脱落、漏水,是否造成明显的跳车。

3 人行道构件、栏杆、护栏有无撞坏、断裂、错位、缺件、剥落、锈蚀等。

4 桥面排水是否顺畅,泄水管是否完好、畅通,桥头排水沟功能是否完好,锥坡有无冲蚀、塌陷。

5 桥上交通信号、标志、标线、照明设施是否损坏、老化、失效,是否需要更换。

6 桥上避雷装置是否完善,避雷系统性能是否良好。

7 桥上航空灯、航道灯是否完好,能否保证正常照明。结构物内供养护检修的照明系统是否完好。

8 桥上的路用通信、供电线路及设备是否完好。

3.3.5 钢筋混凝土和预应力混凝土梁桥的检查:

1 梁端头、底面是否损坏,箱形梁内是否有积水,通风是否良好。

2 混凝土有无裂缝、渗水、表面风化、剥落、露筋和钢筋锈蚀,有无碱集料反应引起的整体龟裂现象。混凝土表面有无严重碳化。

3 预应力钢束锚固区段混凝土有无开裂,沿预应力筋的混凝土表面有无纵向裂缝。

4 梁(板)式结构的跨中、支点及变截面处,悬臂端牛腿或中间铰部位,刚构的固结处和桁架节点部位,混凝土是否开裂、缺损和出现钢筋锈蚀。

5 装配式梁桥应注意检查联结部位的缺损状况。

1)组合梁的桥面板与梁的结合部位及预制桥面板之间的接头处混凝土有无开裂、渗水。

2)横向联结构件是否开裂,连接钢板的焊缝有无锈蚀、断裂,边梁有无横移或向外倾斜。

3.3.6 拱桥的检查:

1 主拱圈的拱板或拱肋是否开裂。钢筋混凝土拱有无露筋、钢筋锈蚀。圬工拱桥砌块有无压碎、局部掉块,砌缝有无脱离或脱落、渗水,表面有无苔藓、草木滋生,拱铰工作是否正常。空腹拱的小拱有无较大的变形、开裂、错位,立墙或立柱有无倾斜、开裂。

2 拱上立柱(或立墙)上下端、盖梁和横系梁的混凝土有无开裂、剥落、露筋和锈蚀。中、下承式拱桥的吊杆上下锚固区的混凝土有无开裂、渗水,吊杆锚头附近有无锈蚀现象,外罩是否有裂纹,锚头夹片、楔块是否发生滑移,吊杆钢索有无断丝。采用型钢或钢管混凝土芯的劲性骨架拱桥,混凝土是否沿骨架出现纵向或横向裂缝。

3 拱的侧墙与主拱圈间有无脱落,侧墙有无鼓突变形、开裂,实腹拱拱上填料有无沉陷。肋拱桥的肋间横向联结是否开裂、表面剥落、钢筋外露、锈蚀等。

4 双曲拱桥拱肋间横向联结拉杆是否松动或断裂,拱波与拱肋结合处是否开裂、脱开,拱波之间砂浆有无松散脱落,拱波顶是否开裂、渗水等。

5 薄壳拱桥壳体纵、横向及斜向是否出现裂缝及系杆是否开裂。

6 系杆拱的系杆是否开裂,无混凝土包裹的系杆是否有锈蚀。

7 钢管混凝土拱桥裸露部分的钢管及构件检查参见钢桥检查有关内容,同时还应检查管内混凝土是否填充密实。

3.3.7 钢桥的检查:

1 构件(特别是受压构件)是否扭曲变形、局部损伤。

2 铆钉和螺栓有无松动、脱落或断裂,节点是否滑动、错裂。

3 焊缝边缘(热影响区)有无裂纹或脱开。

4 油漆层有无裂纹、起皮、脱落,构件有无锈蚀。

5 钢箱梁封闭环境中的湿度是否符合要求,除湿设施是否工作正常。

3.3.8 通道、跨线桥与高架桥的检查:

通道、跨线桥与高架桥的结构检查同其他一般公路桥梁。通道还应检查通道内有无积水,机械排水的泵站是否完好,排水系统是否畅通。跨线桥、高架桥还应检查防抛网、隔音墙是否完好。通道、跨线桥与高架桥下的道面是否完好,有无非法占用情况等。

3.3.9 悬索桥和斜拉桥的检查：

1 检查索塔高程、塔柱倾斜度、桥面高程及梁体纵向位移，注意是否有异常变位。

2 检测索体振动频率、索力有无异常变化，索体振动频率观测应在多种典型气候下进行。每观测周期不超过6年。

3 主梁或加劲梁的检查，按预应力混凝土及钢结构的相应要求进行。

4 悬索桥的锚碇及锚杆有无异常的拔动，锚头、散索鞍有无锈蚀破损，锚室（锚洞）有无开裂、变形、积水，温湿度是否符合要求。

5 主缆、吊杆及斜拉索的表面封闭、防护是否完好，有无破损、老化。

6 悬索桥的索鞍是否有异常的错位、卡死、辊轴歪斜，构件是否有锈蚀、破损，主缆索跨过索鞍部分是否有挤扁现象。

7 悬索桥吊杆上端与主缆索的索夹是否有松动、移位和破损，下端与梁连接的螺栓有无松动。

8 逐束检测索体是否开裂、鼓胀及变形，必要时可剥开护套检查索内干湿情况和钢索的锈蚀情况。检查后应做好保护套剥开处的防护处理。

9 逐个检查锚具及周围混凝土的情况，锚具是否渗水、锈蚀，是否有锈水流出的痕迹，周围混凝土是否开裂。必要时可打开锚具后盖抽查锚杯内是否积水、潮湿，防锈油是否结块、乳化失效，锚杯是否锈蚀。

10 逐个检查索端出索处钢护筒、钢管与索套管连接处的外观情况。检查钢护筒是否松动脱落、锈蚀、渗水，抽查连接处钢护筒内防水垫圈是否老化失效，筒内是否潮湿积水。

11 索塔的爬梯、检查门、工作电梯是否可靠安全，塔内的照明系统是否完好。

3.3.10 支座的检查：

1 支座组件是否完好、清洁，有无断裂、错位、脱空。

2 活动支座是否灵活，实际位移量是否正常，固定支座的锚销是否完好。

3 支承垫石是否有裂缝。

4 简易支座的油毡是否老化、破裂或失效。

5 橡胶支座是否老化、开裂，有无过大的剪切变形或压缩变形，各夹层钢板之间的橡胶层外凸是否均匀。

6 四氟滑板支座是否脏污、老化，四氟乙烯板是否完好，橡胶块是否滑出钢板。

7 盆式橡胶支座的固定螺栓是否剪断，螺母是否松动，钢盆外露部分是否锈蚀，防尘罩是否完好。

8 组合式钢支座是否干涩、锈蚀，固定支座的锚栓是否紧固，销板或销钉是否完好。

9 摆柱支座各组件相对位置是否准确，受力是否均匀。

10 辊轴支座的辊轴是否出现不允许的爬动、歪斜。

11 摇轴支座是否倾斜。

12 钢筋混凝土摆柱支座的柱体有无混凝土脱皮、开裂、露筋，钢筋及钢板有无锈蚀。

3.3.11 墩台与基础的检查：

1 墩台及基础有无滑动、倾斜、下沉或冻拔。

2 台背填土有无沉降或挤压隆起。

3 混凝土墩台及帽梁有无冻胀、风化、开裂、剥落、露筋等。

4 石砌墩台有无砌块断裂、通缝脱开、变形，砌体泄水孔是否堵塞，防水层是否损坏。

5 墩台顶面是否清洁，伸缩缝处是否漏水。

6 基础下是否发生不许可的冲刷或淘空现象，扩大基础的地基有无侵蚀。桩基顶段在水位涨落、干湿交替变化处有无冲刷磨损、颈缩、露筋，有无环状冻裂，是否受到污水、咸水或生物的腐蚀。必要时对大桥、特大桥的深水基础应派潜水员潜水检查。

3.3.12 调治构造物是否完好，功能是否适用，桥位段河床是否有明显的冲淤或漂浮物堵塞现象。

3.3.13 桥梁检查中发现的各种缺损均应在现场用油漆等将其范围及日期标记清楚。发现三类以上桥梁及有严重缺损和难以判明损坏原因和程度的桥梁，应作影像记录，并附病害状况说明。

3.3.14 桥梁定期检查后应提出下列文件：

1 桥梁定期检查数据表。当天检查的桥梁现场记录，应在次日内整理成每座桥梁定期检查数据表。

2 典型缺损和病害的照片及说明。缺损状况的描述应采用专业标准术语，说明缺损的部位、类型、性质、范围、数量和程度等。

3 两张总体照片。一张桥面正面照片，一张桥梁上游侧立面照片。桥梁改建后应重新拍照一次。如果桥梁拓宽改造后，上下游桥梁结构不一致，还要有下游侧立面照片，并标注清楚。

4 桥梁清单。

5 桥梁基本状况卡片。定期检查完成后，应将本次检查的桥梁各部件技术状况评定结果登记在桥梁基本状况卡片内。

6 定期检查报告。该报告应包括下列内容：

1）辖区内所有桥梁的保养小修情况。

2）需要大中修或改建的桥梁计划，说明修理的项目，拟用的修理方案，估计费用和实施时间。

3）要求进行特殊检查桥梁的报告，说明检验的项目及理由。

4）需限制桥梁交通的建议报告。

3.4 特殊检查

3.4.1 特殊检查应委托有相应资质和能力的单位承担。

3.4.2 在下列情况下应作特殊检查：

以下四种情况应作专门检查：

1 定期检查中难以判明损坏原因及程度的桥梁。

2 桥梁技术状况为四、五类者。

3 拟通过加固手段提高荷载等级的桥梁。

4 条件许可时，特殊重要的桥梁在正常使用期间可周期性进行荷载试验。

桥梁遭受洪水、流冰、滑坡、地震、风灾、漂流物或船舶撞击，因超重车辆通过或其他异常情况影响造成损害时，应进行应急检查。

3.4.3 特殊检查应根据桥梁的破损状况和性质，采用仪器设备进行现场测试、荷载试验及其他辅助试验，针对桥梁现状进行检算分析，形成鉴定结论。

3.4.4 实施专门检查前，承担单位负责检查的工程师应充分收集资料，包括设计资料（设计文件、计算所用的程序、方法及计算结果）、竣工图、材料试验报告、施工记录、历次桥梁定期检查和特殊检查报告，以及历次维修资料等。原资料如有不全或疑问时，可现场测绘构造尺寸，测试构件材料组成及性能，勘查水文地质情况等。

3.4.5 桥梁特殊检查应根据需要对以下三个方面问题做出鉴定：

1 桥梁结构材料缺损状况。包括对材料物理、化学性能退化程度及原因的测试鉴定；结构或构件开裂状态的检测及评定。

2 桥梁结构承载能力。包括对结构强度、稳定性和刚度的检算、试验和鉴定。

3 桥梁防灾能力。包括桥梁抵抗洪水、流冰、风、地震及其他地质灾害等能力的检测鉴定。

3.4.6 桥梁结构材料缺损状况鉴定，可根据鉴定要求和缺损的类型、位置，选择表面测量、无破损检测和局部取试样等有效可靠的方法。试样应在有代表性构件的次要部位获取。

3.4.7 桥梁结构检算及承载力试验应按国家及行业有关标准和技术规范进行。

3.4.8 桥梁抗灾能力鉴定一般采用现场测试与检算的方法，特别重要的桥梁可进行模拟试验。

3.4.9 原设计条件已经变化的，所有鉴定都应针对当时桥梁的实际状况，不能套用原设计的资料数据。

3.4.10 特殊检查报告包括下列主要内容：

1　概述检查的一般情况。包括桥梁的基本情况、检查的组织、时间、背景和工作过程等。

2　描述目前的桥梁技术状况。包括现场调查、试验与检测的项目及方法、检测数据与分析结果和桥梁技术状况评价等。

3　详细叙述检查部位的损坏程度及原因，并提出结构部件和总体的维修、加固或改建的建议方案。

3.5　桥梁评定

3.5.1　一般规定

桥梁评定分为一般评定和适应性评定。

1　一般评定是依据桥梁定期检查资料，通过对桥梁各部件技术状况的综合评定，确定桥梁的技术状况等级，提出各类桥梁的养护措施。

2　桥梁适应性评定包括以下内容：依据桥梁定期及特殊检查资料，结合试验与结构受力分析，评定桥梁的实际承载能力、通行能力、抗洪能力，提出桥梁养护、改造方案。

3　一般评定由负责定期检查者进行，适应性评定应委托有相应资质及能力的单位进行。

3.5.2　一般评定

全桥总体技术状况等级评定，宜采用考虑桥梁各部件权重的综合评定方法。亦可按重要部件最差的缺损状况评定，或对照桥梁技术状况评定标准（表3.5.2-3）进行评定。

1　桥梁各部件技术状况的评定方法如下：

1）根据缺损程度（大小、多少或轻重）、缺损对结构使用功能的影响程度（无、小、大）和缺损发展变化状况（趋向稳定、发展缓慢、发展较快）等三个方面，以累加评分方法对各部件缺损状况做出等级评定。评定方法见表3.5.2-1。

2）重要部件（如墩台与基础、上部承重构件、支座）以其中缺损最严重的构件评分；其他部件，根据多数构件缺损状况评分。

3）推荐的各部件权重见表3.5.2-2。各地区也可根据本地区的环境条件和养护要求，采用专家评估法修订各部件的权重。

表3.5.2-1　桥梁部件缺损状况评定方法

缺损状况及标度			组合评定标度					
缺损程度及标度		程度	小⟶大 少⟶多 轻度⟶严重					
		标度		0	1	2		
缺损对结构使用功能的影响程度	无、不重要 小、次要 大、重要	0 +1 +2				0 1 2	1 2 3	2 3 4
以上两项评定组合标度				0	1	2	3	4
缺损发展变化状况的修正	趋向稳定 发展缓慢 发展较快	−1 0 +1	 	 1	0 1 2	1 2 3	2 3 4	3 4 5
最终评定结果			0	1	2	3	4	5
桥梁技术状况及分类			完好	良好	较好	较差	差的	危险
			一类		二类	三类	四类	五类

注：“0”表示完好状态，或表示没有设置的构造部件。当缺损程度标度为“0”时，不再进行叠加；

“5”表示危险状态，或表示原未设置，而调查表明需要补设的部件。

表 3.5.2-2　推荐的桥梁各部件权重及综合评定方法

<table>
<tr><th>部件</th><th>部件名称</th><th>权重 W_i</th><th>桥梁技术状况评定方法</th></tr>
<tr><td>1</td><td>翼墙、耳墙</td><td>1</td><td rowspan="17">（1）综合评定采用下列计算式：
$$D_r = 100 - \sum_{i=1}^{n} R_i W_i / 5$$
式中：R_i——按表 3.5.2-1 方法对各部件确定的评定标度（0～5）；
W_i——各部件权重，$\sum W_i = 100$；
D_r——全桥结构技术状况评分（0～100）；评分高表示结构状况好，缺损少。
（2）评定分类采用下列界限
$D_r \geq 88$ 一类
$88 > D_r \geq 60$ 二类
$60 > D_r \geq 40$ 三类
$40 > D_r$ 四类、五类

$D_r \geq 60$ 的桥梁，并不排除其中有评定标度 $R_i \geq 3$ 的部件，仍有维修的需要</td></tr>
<tr><td>2</td><td>锥坡、护坡</td><td>1</td></tr>
<tr><td>3</td><td>桥台及基础</td><td>23</td></tr>
<tr><td>4</td><td>桥墩及基础</td><td>24</td></tr>
<tr><td>5</td><td>地基冲刷</td><td>8</td></tr>
<tr><td>6</td><td>支座</td><td>3</td></tr>
<tr><td>7</td><td>上部主要承重构件</td><td>20</td></tr>
<tr><td>8</td><td>上部一般承重构件</td><td>5</td></tr>
<tr><td>9</td><td>桥面铺装</td><td>1</td></tr>
<tr><td>10</td><td>桥头与路堤连接部</td><td>3</td></tr>
<tr><td>11</td><td>伸缩缝</td><td>3</td></tr>
<tr><td>12</td><td>人行道</td><td>1</td></tr>
<tr><td>13</td><td>栏杆、护栏</td><td>1</td></tr>
<tr><td>14</td><td>灯具、标志</td><td>1</td></tr>
<tr><td>15</td><td>排水设施</td><td>1</td></tr>
<tr><td>16</td><td>调治构造物</td><td>3</td></tr>
<tr><td>17</td><td>其他</td><td>1</td></tr>
</table>

2　桥梁技术状况评定等级分为一类、二类、三类、四类、五类。桥梁总体及部件技术状况评定标准见表 3.5.2-3。

表 3.5.2-3　桥梁技术状况评定标准

	一　类	二　类	三　类	四　类	五　类
总体评定	完好、良好状态 1. 重要部件功能与材料均良好； 2. 次要部件功能良好，材料有少量（3%以内）轻度缺损或污染； 3. 承载能力和桥面行车条件符合设计指标	较好状态 1. 重要部件功能良好，材料有局部（3%以内）轻度缺损或污染，裂缝宽小于限值； 2. 次要部件有较多（10%以内）中等缺损或污染； 3. 承载能力和桥面行车条件达到设计指标	较差状态 1. 重要部件材料有较多（10%以内）中等缺损，裂缝宽超限值，或出现轻度功能性病害，但发展缓慢，尚能维持正常使用功能； 2. 次要部件有大量（10%～20%）严重缺损，功能降低，进一步恶化将不利于重要部件和影响正常交通； 3. 承载能力比设计降低10%以内，桥面行车不舒适	差的状态 1. 重要部件材料有大量（10%～20%）严重缺损，裂缝宽超限值，风化、剥落、露筋、锈蚀严重，或出现轻度功能性病害，且发展较快。结构变形小于或等于规范值，功能明显降低； 2. 次要部件有20%以上的严重缺损，失去应有功能，严重影响正常交通； 3. 承载能力比设计降低10%～25%	危险状态 1. 重要部件出现严重的功能性病害，且有继续扩张现象，关键部位的部分材料强度达到极限，出现部分钢筋断裂、混凝土压碎或杆件失稳变形的破损现象，变形大于规范值，结构的强度、刚度、稳定性和动力响应不能达到平时交通安全通行的要求； 2. 承载能力比设计降低25%以上
墩台与基础	1. 墩台各部分完好； 2. 基础及地基状况良好	1. 墩台基本完好； 2. 墩台3%以内的表面有风化、麻面、短细裂缝，缝宽小于限值，砌体灰缝脱落； 3. 表面长有青苔、杂草； 4. 基础无冲蚀现象	1. 墩台3%～10%的表面有各种缺损，裂缝宽超限值，有风化、剥落、露筋、锈蚀现象；砌体灰缝脱落，局部变形等； 2. 出现轻微的下沉、倾斜、滑动等现象，发展缓慢或趋向稳定； 3. 基础有局部冲蚀现象，桩基顶段被磨损	1. 墩台10%～20%的表面有各种缺损，裂缝宽而密，剥落、露筋、锈蚀严重，砌体大面积松动、变形； 2. 墩台出现下沉、倾斜、滑动、冻拔现象，变形小于或等于规范值。台背填土有沉降裂缝或挤压隆起，变形发展较快； 3. 基础冲刷大于设计值，基底冲空面在10%～20%以内。桩基顶段被侵蚀、露筋、缩颈，或有环状冻裂，木桩腐蚀、蛀蚀严重	1. 墩台不稳定，下沉、倾斜、滑动、冻拔现象严重，变形大于规范值，造成上部结构和桥面变形过大，不能正常行车； 2. 墩台、桩基出现结构性裂缝，裂缝宽度超过限值； 3. 基底冲刷深度大于设计值，冲空面达20%以上。地基承载力降低，桥台岸坡滑移

续上表

	一　类	二　类	三　类	四　类	五　类
支座	1. 各部分清洁完好，位置正确； 2. 支座工作状态正常	1. 支座有尘土堆积、略有腐蚀； 2. 支座滑动面干涩	1. 钢支座固定螺栓松动，锈蚀严重； 2. 橡胶支座开始老化； 3. 混凝土支座有剥落、露筋、锈蚀现象	1. 钢支座的组件出现断裂； 2. 橡胶支座老化开裂； 3. 混凝土支座碎裂； 4. 活动支座坏死，不能活动； 5. 支座上下错位过大，有倾倒脱落的危险	支座错位、变形、破损严重，已失去正常支承功能，使上下部结构受到异常约束，造成支承部位的缺损和桥面的不平顺
砖、石、混凝土上部结构	1. 结构完好，无渗水，无污染； 2. 次要部位有少量短细裂纹，裂纹宽度小于限值	1. 结构基本完好； 2. 结构3%以内的表面有风化、麻面、短细裂缝，缝宽小于限值，砌体灰缝脱落； 3. 上下游侧表面有水迹污染，砌体滋生杂草	1. 结构3%～10%的表面有各种缺损，裂缝宽超限值，有风化、剥落、露筋、锈蚀，桥面板裂缝渗水； 2. 石砌拱桥砌体灰缝脱落，局部松动、外鼓； 3. 横向联接件断裂、脱焊或松动，边梁或边拱肋有横移或外倾迹象	1. 结构10%～20%的表面有各种缺损，重点部位出现接近全截面的开裂，裂缝宽超限值，顺主筋方向有纵向裂缝，钢筋锈蚀和混凝土剥落严重，桥面开裂渗水严重，砌体有较大松动、变形； 2. 结构存在明显的永久变形，变形小于或等于规范值，桥面竖向成波形	1. 结构永久变形大于规范值； 2. 重点部分出现全截面开裂，裂缝宽度超过限值，部分钢筋屈服或断裂，混凝土压碎。主拱圈出现四铰，成不稳定结构； 3. 受压构件有严重的横向扭曲变形； 4. 承载能力比设计降低25%以上
钢结构	1. 各部件及焊缝均完好； 2. 各节点铆钉、螺栓无松动； 3. 各部分油漆均匀、完整，色泽鲜明	1. 各部件完好，焊缝无开焊； 2. 少数节点有个别铆钉、螺栓松动变形； 3. 油漆变色、起泡剥落，面积在10%以内	1. 个别次要构件有局部变形，焊缝有裂纹； 2. 连接铆钉、螺栓损坏在10%以内； 3. 油漆失效面积在10%～20%之间	1. 个别主要构件有扭曲变形、损伤裂纹、开焊、严重锈蚀； 2. 连接铆钉、螺栓损坏在10%～20%之间； 3. 油漆失效面积在20%以上	1. 主要构件有严重扭曲变形、开焊，锈蚀削弱截面10%以上，钢材变质，强度性能恶化。油漆失效面积在50%以上； 2. 节点板及连接铆钉、螺栓损坏在20%以上； 3. 结构永久变形大于规范值； 4. 结构振动或摆动过大，行车和行人有不安全感
人行道栏杆	完整清洁，无松动，少数构件局部有细裂纹、麻面	个别构件破损、脱落，3%以内构件有松动、开裂、剥落和污染	10%以内构件有松动、开裂、剥落、露筋、锈蚀、破损、脱落	10%～20%构件严重损坏、错位、变形、脱落、残缺	
桥面铺装、伸缩缝	1. 铺装层完好、平整、清洁，或有个别细裂缝； 2. 防水层完好、泄水管完好、畅通； 3. 伸缩缝完好、清洁； 4. 桥头平顺，无跳车现象	1. 铺装层10%以内的表面有纵横裂缝、浅坑槽、波浪； 2. 防水层基本完好；泄水管堵塞，周围渗水； 3. 伸缩缝局部破损； 4. 桥头轻度跳车，台背路面下沉在2cm以内	1. 铺装层10%～20%的表面有严重的龟裂、深坑槽、波浪； 2. 桥面板接缝处防水层断裂渗水，泄水管破损、脱落； 3. 伸缩缝普遍缺损； 4. 桥头跳车明显，台背路面下沉2～5cm	1. 铺装层20%以上表面有严重的破坏，桥面普遍坑洼不平、积水； 2. 防水层老化失效，普遍断裂、渗水，泄水管脱落，泄水孔堵塞； 3. 伸缩缝严重破损、失效，难以修补； 4. 桥头跳车严重，台背路面下沉大于5cm	
调治构造物	1. 构造设置合理，功能正常； 2. 构造物完好	1. 构造功能基本正常； 2. 构造物局部断裂，砌体松动、变形	1. 构造本身抗洪能力不足，基础局部冲蚀； 2. 构造物20%以内出现下沉、倾斜、局部坍塌	1. 构造本身抗洪能力太低，基础冲蚀严重； 2. 构造物20%以上被破坏，部分丧失功能或功能下降	

续上表

	一　类	二　类	三　类	四　类	五　类
翼(耳)墙、锥(护)坡	1. 翼(耳)墙完好无损,清洁; 2. 锥(护)坡完好,无垃圾堆积,无草木滋生; 3. 桥头排水沟和行人台阶完好	1. 翼(耳)墙出现个别裂缝,缝宽小于限值,局部剥落,砌体灰缝脱落,面积在10%以内; 2. 锥(护)坡局部塌陷,铺砌缺损,垃圾堆积,草木丛生; 3. 桥头排水沟堵塞不畅通,行人台阶局部塌落	1. 翼墙断裂与桥台前墙脱开,但无明显外倾、下沉,砌体灰缝脱落、局部松动外鼓,面积小于20%; 2. 锥(护)坡出现大面积塌陷,铺砌缺损,形成冲沟或积水坑,坡脚有局部冲蚀; 3. 桥头排水沟和行人台阶损坏,功能降低	1. 翼墙断裂、下沉、外倾失稳,砌体变形,部分严重倒塌; 2. 锥(护)坡体和坡脚冲蚀严重,有滑移、坍塌,坡顶下降较大,作用明显减小; 3. 桥头排水沟和行人台阶全部损坏,几乎消失	
照明、标志、附属设施	完好无缺,布置合理	照明灯泡坏,灯柱锈蚀,标志不正、脱落,附属设施基本完好	灯柱歪斜不正,灯具损坏,标志倾斜损坏,附属设施需保养维修	照明线老化破断或短路,灯柱、灯具残缺不齐,标志损失严重,附属设施需维修与更换	

3　梁、拱、墩台裂缝的最大限值规定如表3.5.2-4。裂缝超过表列数值时应进行修补或加固,以保证结构的耐久性。

表3.5.2-4　裂缝限值

结构类型	裂缝种类			允许最大缝宽(mm)	其他要求
钢筋混凝土梁	主筋附近竖向裂缝			0.25	
	腹板斜向裂缝			0.30	
	组合梁结合面			0.50	不允许贯通结合面
	横隔板与梁体端部			0.30	
	支座垫石			0.50	
预应力混凝土梁	梁体竖向裂缝			不允许	
	梁体纵向裂缝			0.20	
砖、石、混凝土拱	拱圈横向			0.30	裂缝高度小于截面高度一半
	拱圈纵向			0.50	裂缝长度小于跨径的1/8
	拱波与拱肋结合处			0.20	
墩台	墩台帽			0.30	不允许贯通墩身截面一半
	墩台身	经常受浸蚀性水影响	有筋	0.20	
			无筋	0.30	
		常年有水,但无浸蚀性水影响	有筋	0.25	
			无筋	0.35	
		干沟或季节性有水河流		0.40	
	有冻结作用部分			0.20	

注:表中所列除特指外适用于一般条件。对于潮湿环境和空气中含有较强腐蚀性气体条件下的缝宽限制应要求严格一些。预应力混凝土梁指全预应力或部分预应力A类结构。

3.5.3　桥梁适应性评定

对桥梁的承载能力、通行能力、抗洪能力应周期性地进行评定。评定周期一般为3~6年。评定工作可与桥梁的定期检查、特殊检查结合进行。

承载能力、通行能力的评定一般采用现行荷载标准及交通量,也可考虑使用期预测交通量。承载能力、通行能力评定方法见《公路旧桥承载力评定规程》。抗洪能力评定的具体要求见本规范第11章。

3.5.4 养护对策

1 对一般评定划定的各类桥梁，分别采取不同的养护措施：

一类桥梁进行正常保养；二类桥梁需进行小修；三类桥梁需进行中修，酌情进行交通管制；四类桥梁需进行大修或改造，及时进行交通管制，如限载、限速通过，当缺损较严重时应关闭交通；五类桥梁需要进行改建或重建，及时关闭交通。

2 对适应性不能满足的桥梁，应采取提高承载力、加宽、加长、基础防护等改造措施。若整个路段有多座桥梁的适应性不能满足，应结合路线改造进行方案比较和决策。

4 桥梁上部结构养护

4.1 桥面系的养护与维修

4.1.1 桥面铺装

1 桥面应经常清扫,排除积水,清除泥土、杂物、冰凌和积雪,保持桥面平整、清洁。

2 沥青混合料桥面出现泛油、拥包、裂缝、波浪、坑槽、车辙等病害时,应及时处治。当损坏面积较小时,可局部修补;损坏面积较大时,可将整跨铺装层凿除,重铺新的铺装层。一般不应在原桥面上直接加铺,以免增加桥梁恒载。

3 水泥混凝土桥面出现断缝、拱胀、错台、起皮、露骨等病害时,应及时处理。损坏面积较大时,应将原铺装整块或整跨凿除,重铺新的铺装层。

4 桥面防水层如有损坏,应及时修复。

4.1.2 排水系统

1 桥面的泄水管、排水槽如有堵塞,应及时疏通,并经常保持畅通。

2 桥面应保持大于1.5%的横坡,以利于桥面排水。

3 桥梁上设置的封闭式排水系统,应保持各排水管道畅通,排水系统的设备如水泵等应工作正常,若有堵塞应及时疏通,若有损坏则应及时更换。

4.1.3 人行道、栏杆、护栏、防撞墙

1 人行道块件应牢固、完整,桥面路缘石应经常保持完好状态。若出现松动、缺损应及时进行修整或更换。

2 桥梁栏杆应经常保持完好状态。栏杆柱应竖立正直,扶手应无损坏、断裂,伸缩缝处的水平杆件应能自由伸缩。栏杆柱、扶手如有缺损,应及时补齐。因栏杆损坏而采用临时防护措施时,使用时间不得超过三个月。

3 钢筋混凝土栏杆开裂严重或混凝土剥落,应凿除损坏部分,修补完整。

4 钢质栏杆应涂漆防锈,一般每年一次。

5 护栏、防撞墙应牢固、可靠,若有损坏应及时修理或更换。钢护栏与钢筋混凝土护栏上的外露钢构件应定期涂漆防锈,一般每年一次。

6 桥梁两端的栏杆柱或防撞墙端面,涂有立面标记或示警标志的,应定期涂刷,一般一年一次,使油漆颜色保持鲜明。

4.1.4 桥上灯柱应保持完好状态,如有缺损和歪斜,应及时修理、扶正。灯具损坏应及时更换,保证夜间照明。

4.1.5 伸缩装置

1 应经常清除缝内积土、垃圾等杂物,使其发挥正常作用,若有损坏或功能失效应及时修理或更换。

2 以下几种伸缩装置出现下列病害时,应及时进行更换。

1)U形锌铁皮伸缩装置的锌铁皮老化、开裂、断裂。

2)钢板伸缩装置或锯齿钢板伸缩装置的钢板变形,螺栓脱落,伸缩不能正常进行。

3)橡胶条伸缩装置的橡胶条老化、脱落,固定角钢变形、松动。

4)板式橡胶伸缩装置的橡胶板老化开裂,预埋螺栓松脱,伸缩失效。

3 更换的伸缩装置应选型合理,伸缩量应满足桥跨结构变形需要,安装应牢固、平整、不漏水。

4　维修或更换伸缩装置时，应采取措施维持交通。

4.1.6　桥头搭板脱空、断裂或枕梁下沉引起桥路连接不顺适，出现桥头跳车时，应进行维修处理。

4.1.7　标志、标线和交通安全设施

1　桥上的交通标志应齐全、醒目、牢固，标志板应保持整洁、无裂纹和残缺。若有损坏应及时整修。

2　交通标线应经常保持完好、清晰，定期进行标线重涂。

3　桥上的防眩板应保持齐全、整洁，若有损坏应及时整修。

4　桥上的防护隔离设施应完整、牢固，若有损坏应及时修理。

5　桥上设置的航空灯、航道灯及供电线路、通信线路必须保持完好状态，如有损坏应立即修复。避雷设备要经常保持完好，接地电阻要符合要求，接地线附近禁止堆放物品，禁止挖取接地线的覆土。

4.1.8　用于桥梁观测的标点、传感器、接线等应保持完好。如有损坏或故障应及时维修。

4.2　钢筋混凝土梁桥的养护与加固

4.2.1　日常养护与维修

1　钢筋混凝土梁桥日常养护维修内容：清除表面污垢；修补混凝土空洞、破损、剥落、表面风化以及裂缝；清除暴露钢筋的锈渍、恢复保护层；处理各种横、纵向构件的开裂、开焊和锈蚀。

保持箱梁的箱内通风，未设通风孔的应补设。梁体的污垢宜用清水洗刷，不得使用有腐蚀性的化学清洗剂。

2　钢筋混凝土梁桥常见病害及采用的处理方法：

1)对梁（板）体混凝土的空洞、蜂窝、麻面、表面风化、剥落等应先将松散部分清除，再用高强度等级混凝土、水泥砂浆或其他材料进行修补。新补的混凝土要密实，与原结构应结合牢固、表面平整。新补的混凝土必须实行养生。

2)梁体若发现露筋或保护层剥落，应先将松动的保护层凿去，并清除钢筋锈迹，然后修复保护层。如损坏面积不大可用环氧砂浆修补，如损坏面积过大可用喷射高强度等级水泥砂浆的方法修补。

3)梁（板）体的横、纵向联结件开裂、断裂、开焊，可采取更换、补焊、帮焊等措施修补。

4)钢筋混凝土梁桥的裂缝处理：当裂缝的宽度大于限值及裂缝分布超出正常范围时，应作处理。钢筋混凝土梁的裂缝最大限值见前表3.5.2-4。

当裂缝宽度在限值范围内时，可进行封闭处理，一般涂刷环氧树脂胶。

当裂缝宽度大于限值规定时，应采用压力灌浆法灌注环氧树脂胶或其他灌缝材料。

当裂缝发展严重时，应加强观测，查明原因，按照本规范的有关规定进行加固处理。

3　空气、雨水、河流水中含有对混凝土和钢筋有侵蚀的化学成分时，应对桥梁结构进行防护。

4　钢筋混凝土构件的修补。

1)在昼夜平均气温低于5℃的冬季维修桥梁时，对修补的混凝土构件应采取保温措施，保证混凝土的凝固硬化。

2)用于修补加固的混凝土、钢材，其强度和其他质量指标应不低于原桥材料。修补用的混凝土强度等级应比原强度等级提高一级，在pH值小于5.6的地区，所用水泥应根据环境特点采用耐酸的硅酸盐水泥、抗铝硅酸盐水泥等。

3)受拉区修补用的混凝土宜用环氧树脂配制，受压区修补用的混凝土可用膨胀水泥配制。用水泥混凝土或砂浆修补的构件应加强养生，有条件时宜用蒸汽养生或封闭养生。

4.2.2　加固方法及适用范围

梁桥加固可以采用以下几种方法：

1　浇筑钢筋混凝土加大截面加固法。用于加强构件，应注意在加大截面时自重也相应增加了。

2　增加钢筋加固法。用于加强构件，常与方法1共同使用。

3　粘贴钢板加固法。是普遍采用的方法，钢板与原结构必须可靠连接，并作防锈处理。

4　粘贴碳纤维、特种玻璃纤维加固法。主要用于提高构件抗弯承载力。使用此法加固几乎不增加

原结构自重。

5　预应力加固法。对于提高构件强度、控制裂缝和变形的作用较好。

6　改变梁体截面形式加固法。一般是将开口的T形截面或Π形截面转换成箱形截面。

7　增加横隔板加固法。用于无中横隔或少中横隔梁的加固，可增加桥梁整体刚度、调整荷载横向分配。

8　在桥下净空和墩台基础受力许可的条件下，采用在梁（板）底下加八字支撑加固法。

9　桥梁结构由简支变连续加固法。

10　当支座设置不当造成梁体受力恶化时，可采用调整支座标高的加固方法。

11　更换主梁加固法。

12　其他可靠有效的加固法。

4.3　预应力混凝土梁桥的养护与加固

4.3.1　日常养护与维修

1　预应力混凝土梁桥日常养护维修范围及内容见4.2.1条，此外应对预应力锚固区的破损及开裂、沿预应力钢束纵向的开裂进行修补。

2　预应力混凝土梁桥常见病害：

1）混凝土表面剥落、渗水，梁角破碎、露筋，钢筋锈蚀、局部破损等。

2）预应力钢束应力损失造成的病害。

3）预应力混凝土梁出现裂缝。全预应力及部分预应力A类构件正常使用条件下不允许出现裂缝，只有B类构件允许出现裂缝。裂缝的类型除了同于钢筋混凝土梁桥外，还有沿预应力钢束的纵向裂缝、锚固区局部承压的劈裂缝。

3　常见病害的维修同钢筋混凝土梁桥。对于不允许出现裂缝的桥梁，不论裂缝宽窄，都应查明原因进行处理或加固。

4.3.2　预应力混凝土梁桥的加固方法

1　预应力混凝土梁桥的一般加固方法及适用范围参见4.2.2条。

2　因为预应力部分失效而进行加固时，若原结构有预留孔，可在预留孔内穿钢束进行张拉；采用无黏结钢束的可对原钢束重新张拉；或增设齿板，增加体外束进行张拉。

3　腹板抗剪切强度不够时，可采用加竖向预应力加固。

4.4　拱桥的养护与加固

4.4.1　日常养护与维修

1　经常清除表面污垢及圬工砌体因渗水而在表面附着的游离物。

2　经常疏通泄水管孔，保持桥面及实腹拱拱腔排水畅通。如发现拱桥桥面漏水应及时修补，空腹拱的主拱圈（肋）若发现渗水，应对拱背进行清理，清除可能积水的残渣、堆积物等，并用砂浆等材料抹平或堵塞裂缝。实腹拱若发现主拱圈渗水，应检查拱腔排水系统，必要时可挖开拱上填料，修补防水层，修理排水管道。

3　主拱及拱式腹拱的拱铰及变形缝应保持正常工作状态。清除弧面铰及变形缝内嵌入的杂物，保持能自由转动、变形。填缝材料如油毛毡、浸渍沥青的木板等，如有损坏应及时更换。

4　构件表面缺陷及局部损坏的修补，主要有以下几类：

1）圬工砌体的边角压碎、砌块断裂，干砌石拱桥砌缝张口等，可用水泥砂浆修补。若个别块体压碎或脱落，应用新的块体填塞更换，更换时应保证嵌挤或填塞紧密。砌缝砂浆若发生脱离，应凿除后重新用干硬性砂浆或微膨胀砂浆填筑，表面重新勾缝。

2）钢筋混凝土拱构件的表面缺损与裂缝修补参见4.2钢筋混凝土梁桥有关部分。

3)钢管混凝土拱钢构件表面的防锈涂层应保持完好,并定期重涂,养护工作参照4.5钢桥有关部分。

4)实腹拱的侧墙若发生较大变形、开裂,应查明原因并作相应处理。若是填料不实,或拱腔积水,应挖开拱上填料,修补防排水系统,拆除鼓凸部分侧墙后重新砌筑,重新回填拱上填料及重做路面,也可酌情换用轻质填料或加大侧墙尺寸。

若发现侧墙与拱圈之间脱开,或侧墙上有斜向(若是砌体通常沿砌缝成锯齿状)开裂,应检查墩台与主拱的变形。开裂轻微且不再发展的,可作一般修补裂缝处理。若开裂严重或裂缝在发展中,应考虑加固、改造方案。

5 中、下承式拱桥的吊杆养护参见4.7斜拉桥的拉索养护部分。

系杆拱桥的系杆混凝土裂缝应用环氧砂浆等材料进行处理。系杆采用无混凝土包裹的预应力钢束时,应定期对钢束的防锈保护层进行养护、更换防护油脂等。系杆的支承点如有下沉要及时调整。

6 冬季月平均气温低于-20℃的地区,对淹没于结冰水位的拱圈,应在枯水期从结冰水位以上50cm开始至拱脚涂抹一层防冻环氧砂浆,砂浆表面再涂刷沥青进行保护。

4.4.2 加固方法及适用范围

1 拱桥的主要病害有:

1)主拱圈抗弯强度不够引起拱圈开裂。裂缝主要发生在拱顶区段的拱圈下缘与侧面,拱脚处的拱圈上缘与侧面。

2)主拱圈抗剪强度不够引起拱圈开裂。裂缝主要发生在拱脚,空腹拱的立柱柱脚。

3)拱圈材料抗压强度不够,引起劈裂或压碎。

4)两拱脚墩台不均匀沉降引起拱圈开裂,一般出现在拱顶区段,横桥向贯穿全拱圈,裂缝宽度上下变化不大,且两侧有错动。

墩、台基础上、下游不均匀沉降引起拱圈及墩台出现顺桥向裂缝。

5)墩台沿桥梁纵向发生向后滑动或转动引起拱圈开裂,裂缝规律同1)。当向桥孔方向滑动或转动时,裂缝在拱圈上、下缘的位置与1)相反。

6)肋拱、刚架拱、桁架拱、双曲拱的肋间横向联结如横系梁、斜撑强度不够引起开裂。

7)拱上排架、梁、柱开裂,短柱的两端开裂,侧墙斜、竖方向开裂,侧墙与拱圈连接处开裂。开裂的主要原因分别为构造不合理、强度不够、施工质量不好,以及由于拱圈变形、墩、台变位对拱上结构造成不利影响所致。

8)预制拼装拱桥或分环砌筑的圬工拱桥,沿连接部位或砌缝发生环向裂缝。双曲拱桥的拱肋与拱波连接处开裂。拱肋接头混凝土局部压碎。

9)双曲拱桥的拱波顶纵向开裂。多为肋间横向连接偏弱,采用平板式填平层使拱横截面刚度分配不均,墩台横向不均匀沉降等原因引起。

10)桁架拱、刚架拱、系杆拱的节点强度不够引起节点及杆件端部开裂。

11)中、下承式拱的吊杆锚头滑脱或钢丝锈蚀、折断。

12)拱铰失效或部分失效,引起拱的受力恶化而开裂。

13)钢管混凝土拱的钢管因厚度不足,或节间过大造成钢管出现压缩状折皱。

14)桥面板(平板、微弯板、肋腋板等)开裂。引起开裂的原因主要有局部承受车辆荷载强度不够,参与主拱受力后强度不够,肋片发生较大位移,板与肋连接破坏,或在施工中已开裂未予彻底处理等。

2 加固方法及适用范围

1)主拱圈强度不足时,可加大拱圈截面

从拱腹面加固时,可采用下列方法:粘贴钢板;浇筑钢筋混凝土加大拱肋截面;布设钢筋网用喷射混凝土或水泥砂浆加大拱圈截面;在拱肋间加底板,变双曲拱截面为箱形截面。条件许可时,也可在腹面做衬拱及相应的下部结构。

从拱背面加固时,可在拱脚区段的空腹段背面加大拱圈截面;或拆除拱上建筑,在全拱圈背面加大截面。一般使用混凝土或钢筋混凝土材料。

2)拱肋、拱上立柱、纵横梁、桁架拱、刚架拱的杆件损坏可用粘钢或复合纤维片材加固。粘钢时可粘贴钢板,也可在四角处粘贴角钢。

3)用粘钢板或复合纤维片材加固桁架拱、刚架拱及拱上框架的节点。

4)用嵌入剪力键的方法加固拱圈的环向连接。剪力键一般采用钢板或铸件,按一定间隔布置,其间的裂缝用环氧砂浆等处理。

5)用加大截面的方法加强拱肋之间的横向连接。采用横拉杆的双曲拱,可把拉杆改为系梁。

6)更换锈蚀、断丝或滑丝的吊杆。若原构造许可,可以用收紧锚头的方法张拉松弛的系杆或吊杆来调整内力。

7)在钢管混凝土拱肋拱脚区段或其他构件的外面包裹钢筋混凝土。

8)改变结构体系以改善结构受力,如在桥下通航许可的前提下加设拉杆。

9)更换拱上建筑,减轻自重,更换实腹拱的拱上填料为轻质填料。

10)用更换桥面板,增加桥面铺装的钢筋网,加厚桥面铺装,换用钢纤维混凝土等方法维修加固桥面。

11)因墩、台变位引起拱圈开裂时,应先维修加固墩台,然后修补拱圈。

12)加固拱桥时,应注意恒载变化对拱压力线的影响及引起的推力变化,对各施工工序应进行检算,并作出详细的施工组织设计,严格按照设计的工序施工。

4.4.3 拱桥的拆除

1 拱桥拆除应进行拆除方案设计。对于大、中拱桥及多孔拱桥应对拆除的各工序进行检算,并有详细的施工组织设计。一般拆除顺序按加载倒装考虑。多孔拱桥应根据实际情况考虑连拱作用的不利影响。

2 拆除时实行现场管制,禁止人员进入拆除爆破的影响范围内。

4.5 钢桥的养护与加固

4.5.1 日常养护与维修

1 清除钢结构的表面污垢,保持杆件清洁,特别应注意节点、转角、钢板搭接处等易积聚污垢的部位。清除的污垢不要扫入泄水孔或排水槽中,以免堵塞。

2 更换所有松动和损坏的铆钉。更换过的铆钉在检验之后,均应涂上与桥梁结构显著不同的颜色,并记入桥梁记录簿,注明其数量和位置。

在更换铆钉前,应仔细察看钉孔位置是否正确。如钉孔不圆或偏位大于2mm时,必须扩钻加大孔径。在铆接杆件时,如钉孔不合适,严禁采用强力钻进的铆接方法。更换铆钉后,应对其所有相邻而未更换的铆钉加以敲击,检查是否受到损伤。

3 普通螺栓或高强螺栓连接的构件,若发现松动应及时加以拧紧,对于高强螺栓必须施加设计的预拉应力。为了便于螺栓的更换,应防止丝口锈蚀,如接合杆件表面有角度时,则应在螺帽之下垫以楔形垫圈。

4 焊接连接的构件,焊缝处若发现裂纹、未熔合、夹渣、未填满、弧坑等缺陷时,应进行返修焊,焊后的焊缝应随即铲磨匀顺。

5 钢杆件受到冲击造成局部弯曲时,可用撬棍、弓形螺旋顶或油压千斤顶进行冷矫,禁止用锻钢烧材的方法来矫正。

钢杆件如有不同方向的弯曲,应对导致弯曲的原因作调查分析以确定矫正方法,矫正时按不同的弯曲方向分别进行。如杆件同时有扭转和弯曲,应先矫正弯曲,再矫正扭转。若由于杆件强度、刚度不足或稳定性差等原因引起弯曲的,矫正后应进行加固处理。如需拆卸杆件修理时,可安装临时杆件替代被拆卸杆件,以保证行车安全。

6 钢梁木桥面板的保养,可抽换破损桥面板,加铺轨道板或加设辅助横梁(木梁或钢梁),经计算允许增加恒载时可把木桥面改为钢筋混凝土桥面。

7 装配式钢桥的养护

1)在桥两端竖立鲜明的限速、限载标志,严禁超速、超载。

2)对各部件接合点的销子、螺栓,横梁夹具、抗风拉杆等进行检查。如有松动和缺损,应及时拧紧和修补更换;销子周围应涂油脂,防止雨水进入销孔缝隙;外露的螺栓丝扣应涂油,防止锈蚀。

3)木桥面板出现破裂、弯曲及不平整时,应及时抽换。若经常有履带车通过,则应加铺轨道板。

8 装配式钢桥使用后拆卸进仓之前,应进行油漆,并对拆下的部件进行全面检查和修理。如杆件有局部变形,应进行矫正;如有细裂痕和暗裂纹,应修理加固或更换;销子和栓钉应仔细检查是否有裂缝、脱皮、弯曲、压损等,发现缺陷应及时消除或更换。最后涂抹黄油,用蜡纸包好装箱入仓。

9 装配式钢桥的储存应符合下列要求:

1)构件应分类按规格堆放,下面需用木料或石块垫高,以防受潮;堆置高度不宜过高,以防下层构件被压弯变形;桁架片应单层竖向堆放;堆放时应将架设时先用的部件放在外部。

2)所存放的钢构件应保持清洁,定期涂抹油脂,防止锈蚀。一般每年检查一次,每三年全面检查一次。如发现变形和脱漆,应及时矫正和补漆。

3)所有销子、螺栓等零部件应每年开箱清点、加涂黄油防锈。

4)专用架设工具应注意配套保存,防止丢失,并加强维修保养。

4.5.2 对整座钢桥,应视油漆失效情况,定期进行涂装防锈;部分油漆失效应及时除锈补漆。

钢桥杆件的油漆,应符合下列要求:

1 在涂漆之前,对铁锈、旧漆、污垢、尘土和油水等,均应仔细清除。对所有易锈蚀的部位,如凹处、缝隙、纵横梁及主桁架的弦杆等,尤应仔细清理。

2 除锈应做到点锈不留、除锈彻底、打磨匀亮、揩擦干净。可采用在浓度10%的无机酸中加入0.2%~0.4%的面粉、树胶或煤焦油等缓蚀剂来清洗锈蚀,也可采用喷砂除锈法或其他更有效的除锈方法。

3 油漆层数一般为底、面漆各两层。对于易遭受损坏或工作条件困难的部位应多涂一层面漆。在第一层底漆干燥后,应对裂缝、不平整处和局部凹痕的部位用油性腻子腻塞,并对腻封质量进行检查,发现缺陷应予消除。

4 钢桥油漆工作应在天气干燥和温暖季节(不低于+5℃)进行。油漆时的气温应与被漆钢构件表面温度相近。在风沙天气、雾天、雨天不应进行油漆,对表面潮湿的钢构件也不应进行油漆。

5 钢桥的防腐可采用镀锌、铝等阳极防腐的金属涂层。金属涂层的制作工艺有喷涂、热镀、电镀、电泳、渗镀、包覆等方法。关键部位及维修困难的部位,可采取在喷、镀金属层上再涂防腐涂料的复合面层或涂玻璃鳞片涂料等防护措施。

4.5.3 钢桥的杆件加固法

1 钢板梁由于穿孔或破裂削弱断面时,可补贴钢板或用钢夹板夹紧并铆接来加固,这时钢板的边缘应锉平,使之结合紧密。如钢板受到了较短和较深的创伤,宜用电焊填补。

2 采用增设水平加劲肋、竖向加劲肋的方法加固钢板梁。

3 钢桁梁加固一般用补加新钢板、角钢或槽钢来加大杆件截面。加固可用栓接、铆接或焊接。

4 加设加劲杆件,或增强各杆件间的联系。

5 在结合处用贴板拼接,加设短角钢加强桁架杆件与节点板的连接。

6 如桥梁下挠显著增加,销子与销孔有损坏或上下弦强度不足,应停止交通进行检查修理或更换。

7 钢结构杆件在修理加固之后,应涂漆防锈。

4.5.4 恢复和提高整桥承载力的加固方法及适用范围

1 增设补充钢梁,可装在原有各梁之间,也可以紧靠在原有各梁的旁边。

2 用加劲梁装在原主梁的下缘或下弦杆上。加劲梁加固方法,适宜于不通航的桥孔或桥下净空足够的小型桥梁。

3 用体外预应力加固,预应力施加在下挠后的下弦杆截面上。预应力加固法对桥下净空的影响较小,施工方便,但预应力钢索的防锈工作较困难。

4　用拱式桁架结构装在原主梁的上面，拱脚和原主梁固接或铰接，适宜于下部结构能承受所增加恒载的通航桥孔的加固。

5　用悬索结构加在原主梁上面，可使被加孔的恒载转移到悬索上，以改善结构的变形。这种方法可在运营状态下进行，适宜于下部结构能承受所增加恒载的通航桥孔的加固。

6　在不影响排洪和通航的情况下，可在桥孔中间添建桥墩，缩短跨径，减小桁梁杆件的内力。为了承受新增支点处的剪应力，在新桥墩墩顶处的上部结构中，必须加置竖杆及必要的斜杆。

7　对于多孔简支桁架，分联将其转变为连续桁架，可采用体外预应力加固方法，使被连接的主桁上弦杆在墩顶处得以补强。

4.6　钢—混凝土组合梁桥的养护与加固

4.6.1　日常养护与维修

钢—混凝土组合梁桥的日常养护参见钢筋混凝土桥和钢桥的有关部分。应注意对其结合部位的保养维修，防止桥面水渗漏造成钢构件锈蚀及钢和混凝土之间的联结失效。

4.6.2　加固方法及适用范围

1　钢—混凝土组合梁桥的钢结构部分加固，可采用钢桥的加固方法。

2　钢筋混凝土桥面板可按下列方法加固。

1）若钢筋混凝土桥面板小范围开裂，将开裂部分及周围一个板厚范围内的混凝土凿除，用高强度等级微膨胀混凝土填补。

2）钢筋混凝土桥面板大面积开裂，可参照原桥的施工工艺采用更换预制板或重新浇筑混凝土板的方法。

3）采用更换预制桥面板的方法，应在拆除旧桥面板4～6个月前将预制板预制完成。宜对预制板施加临时预压应力，待接缝混凝土浇筑完毕后，再释放临时预压应力。

4）采用重新浇筑混凝土桥面板的方法，应在拆除旧桥面后，使钢梁产生反拱，再浇筑混凝土。在混凝土的浇筑过程中，必须设置强度足够的临时支架，以减小浇筑过程中恒载对结构产生的不利影响。

5）在钢梁顶面增设剪力键，加强桥面板与钢梁的整体性，这种方法可与以上方法联合使用。

4.7　斜拉桥的养护与加固

4.7.1　日常养护与维修

1　斜拉桥梁体和索塔部分的养护，视其结构类型可按钢筋混凝土桥、预应力混凝土桥及钢桥的相关规定进行，参见有关章节。

2　拉索的养护

1）拉索两端的锚具及护筒应经常保持清洁和干燥。塔端锚头若漏水、渗水应及时用防水材料封堵，梁端锚头若漏水、积水应及时将水排出并封堵水源。

2）定期更换拉索两端锚具锚杯内的防护油。

3）定期更换钢护筒与套管连接处的防水垫圈及阻尼垫圈，做好搭接处的防水处理。

4）定期对索端钢护筒做涂漆防锈处理。

5）若拉索护套出现开裂、漏水、渗水应及时处理。可剥开已损坏的护套，将已潮湿的钢索吹干，对已生锈的钢索做好除锈处理，再涂刷防护漆及防护油，并用玻璃丝布或其他防护材料包扎严密。

6）斜拉索的减震装置要保持正常工作状态，发现异常或失效要及时维修。

3　桥上附属设施的养护

1）索塔的爬梯应每年保养一次，包括除锈、油漆、修理损坏的部件。进出口检查门应经常保持完好。有工作或观光电梯的，应按有关规定进行保养。

2）空心索塔的塔内应经常保持通风干燥。塔内通风照明系统每年至少检查保养一次，损坏的灯具应及时更换。

4.7.2 斜拉索的调整和更换

1 对因钢索、锚具损坏而超出安全限值的拉索应及时进行更换。

2 对索力偏离设计限值的拉索进行索力调整。张拉的顺序、级次和量值应按设计规定进行,并测定索力和延伸值,同时进行控制。

3 拉索的更换按改建工程进行,应对各方案技术经济的合理性进行分析比选,确定安全、简便的施工方案。竣工后必须对全桥斜拉索的索力和主梁高程进行测定,检验换索效果,并作为验收的依据。

4.8 悬索桥(吊桥)的养护与加固

4.8.1 日常养护与维修

1 悬索桥梁体和索塔部分的养护,视其结构类型可按钢筋混凝土桥及钢桥的相关规定进行,参见本规范有关章节。

2 主缆各索股的受力应保持均匀,经检查若个别索股受力出现明显偏差、松弛或过紧,应通过索端拉杆螺栓进行调整。

3 防止主缆索股的锚头、锚杆、裸露索股、分索器、散索鞍等锈蚀,涂装防锈油漆的部分应定期涂刷,涂抹黄油的部分应定期更换黄油,发现剥落、锈蚀应及时处理。

4 主缆索的防护层如有开裂、剥落,应尽快修复,必要时可切开防护层检查主缆是否锈蚀并作相应处理,处理完毕后应及时修复。采用涂敷黄油防锈并用简易包裹做防护层的,应定期更换黄油及防护层,并保持其完好状态。

5 网格式悬索桥,肢杆拉索应保持正常的工作状态,若发现松弛,可调整端头拉杆螺母使其复位。

6 索鞍应经常清扫,防止尘土杂物堆积、积水(雪)及锈蚀。索鞍的辊轴或滑板应保持正常工作状态。

7 锚室及封闭的索鞍罩内应保持干燥。有除湿设备的应保持设备正常工作,出现故障及时检修。

8 索夹、索鞍、吊杆等的紧固螺栓应保持其原设计受力状态,视其工作情况,每半年至两年定期紧固,若发现松动应及时紧固。

9 若吊杆有明显摆动、倾斜或检查发现其受力变化,应查明原因。若索夹松动,应使其复位并紧固锚栓;若拉杆螺栓松动,应予拧紧;若吊索锚头出现松动,应予更换。吊杆复位后应进行索力检测。

10 吊杆的保护套,止水密封圈、防雨罩等应保持完好,若发现老化、开裂、破损要及时修补、更换。

11 吊杆的减震装置要保持正常工作状态,发现异常或失效要及时检修。

12 未作衬砌的岩石锚室或锚洞,若有表面风化或表面裂纹,应用环氧树脂砂浆或钢丝网水泥砂浆进行处理。

4.8.2 加固方法及适用范围

1 减少悬索桥竖向变位的加固方法:

1)设置中央构件,把加劲梁与主缆索在跨中联结起来。

2)把直吊杆(索)改为斜吊杆(索)或交叉斜吊杆(索)。

3)增加斜拉索改变结构受力体系,斜拉索可设在主跨四分之一跨径区段,并妥善解决斜拉索与加劲梁及索塔的锚固,同时注意解决索塔受力平衡问题。

2 减少悬索桥横向摆动的加固方法:

1)在桥的两岸上、下游对称增设侧风缆,风缆锚固于悬索桥的加劲梁上,锚固位置可选在四分之一跨至跨中之间。

2)在桥的上、下游各架设一根跨河钢缆,其高度可略低于桥面,用钢丝绳将加劲梁与过河钢缆作多点联结,适当张紧形成抛物面网络。

3)加强加劲梁的水平风撑,加大横向刚度。

3 主缆垂度调整。

对采用少量索股的悬索桥，结构条件许可时，才可对主缆的垂度进行调整。

先将要调整的主缆一侧的恒载卸载，放松索夹，用卷扬机或其他张拉设备逐股张紧主缆索索股，再用调整索股端头的螺杆固定。

4 索鞍座复位。当索鞍座偏移超出设计允许值时，可用千斤顶将辊轴归位。

5 锚碇及锚室结构开裂、变形，应及时查明原因，进行加固处理。锚碇板开裂，可增补钢筋混凝土锚碇板，支撑开裂或破损可增加型钢支撑，若锚室发生变形、位移，可用增加压重等方法处理山体。

4.9 桥梁支座的养护与更换

4.9.1 日常养护

1 支座各部应保持完整、清洁，每半年至少清扫一次。清除支座周围的油污、垃圾，防止积水、积雪，保证支座正常工作。

2 滚动支座的滚动面应定期涂润滑油(一般每年一次)。在涂油之前，应把滚动面揩擦干净。

3 对钢支座要进行除锈防腐。除铰轴和滚动面外，其余部分均应涂刷防锈油漆。

4 及时拧紧钢支座各部接合螺栓，使支承垫板平整、牢固。

5 应防止橡胶支座接触油污引起老化、变质。

6 滑板支座、盆式橡胶支座的防尘罩，应维护完好，防止尘埃落入或雨、雪渗入支座内。

4.9.2 支座维修与更换

1 支座如有缺陷或产生故障不能正常工作时，应及时予以修整或更换。

1)支座的固定锚销剪断，滚动面不平整，轴承有裂纹或切口，辊轴大小不合适，混凝土摆柱出现严重开裂、歪斜，必须更换。

2)支座座板翘起、变形、断裂时应予更换，焊缝开裂应予整修。

3)板式橡胶支座出现脱空或不均匀压缩变形时应进行调整。

4)板式橡胶支座发生过大剪切变形、中间钢板外露、橡胶开裂、老化时应及时更换。

5)油毡垫层支座失去功能时，应及时更换。

2 调整、更换板式橡胶支座、钢板支座、油毛毡垫层支座时采用如下方法：在支座旁边的梁底或端横隔处设置千斤顶，将梁(板)适当顶起，使支座脱空不受力，然后进行调整或更换。调整完毕或新支座就位正确后，落梁(板)到使用位置。

3 需要抬高支座时，可根据抬高量的大小选用下列几种方法。

1)垫入钢板(50mm 以内)或铸钢板(50 ~ 100mm)。

2)更换为板式橡胶支座。

3)就地浇筑钢筋混凝土支座垫石，垫石高度按需要设置，一般应大于100mm。

5　桥梁下部结构养护

5.1　墩台基础的养护与加固

5.1.1　日常养护与维修

1　应采取措施保持桥梁墩台基础附近河床的稳定。桥梁上下游各200m的范围内(当桥长的1.5倍超过200m时,范围应适当扩大)应做到:

1)应适时地进行河床疏浚。每次洪水过后,应及时清理河床上的漂浮物,使水流顺利宣泄。

2)在桥下树立警告示牌,禁止任何人或单位在上述范围内挖砂、取土、采石、倾倒废弃物,禁止进行爆破作业及其他危及公路桥梁安全的活动。

3)不得任意修建对桥梁有害的建筑物,因抢险、防汛需要修筑堤坝、压缩或拓宽河床时,应事先报经交通主管部门或公路管理机构同意,并采取有效的防护措施。

发现任何有可能破坏桥梁安全的行为,应及时制止。

2　若基础冲刷过深或基底局部掏空,应立即抛填块石、片石、铅丝石笼等进行维护。

3　桥下河床铺砌出现局部损坏时应及时维修。若砌块损坏,可补砌或采用混凝土修补。

4　对设置的防撞、导航、警示等附属设施应经常检查、维护,保持良好状态。

5.1.2　墩台基础的允许沉降

简支梁桥墩台基础的沉降和位移,超过以下容许限值或通过观察裂缝持续发展时,应采取相应措施予以加固:

1　墩台均匀总沉降值(不包括施工中的沉降):$2.0\sqrt{L}$(cm);

2　相邻墩台总沉降差值(不包括施工中的沉降):$1.0\sqrt{L}$(cm);

3　墩台顶面水平位移值:$0.5\sqrt{L}$(cm)。

注:①L为相邻墩台间最小跨径,以m计,跨径小于25m时仍以25m计算。

②桩、柱式柔性墩台的沉降,以及桩基承台上墩台顶面的水平位移值,可视具体情况确定,以保证正常使用为原则。

当墩台变位所产生的附加内力影响到桥梁的正常使用和安全时,或桥梁墩台基础自身结构出现大的缺损使承载力不够时,必须进行加固处理。

5.1.3　加固方法及适用范围

1　当地基承载力不足时,可采用下列措施进行加固:

1)重力式基础的加固

在刚性实体基础周围浇筑混凝土扩大基础。一般应修筑围堰,抽干水后开挖基坑,再浇筑混凝土。新旧基础(承台)之间可埋置连接钢筋,并将旧基础表面刷洗干净、凿毛,使新老混凝土连成整体。

当梁式桥桥台基础承载能力不足时,可在台前增加桩基及柱并浇筑新盖梁、增设支座。这时梁的支点发生变化,应根据结构受力变化对主梁进行检算及加固。

对于拱桥基础可在桥台两侧加设钢筋混凝土实体耳墙,并将耳墙与原桥台用钢销连接起来,增大桥台基础面积,提高桥台承载力。

当桥下净空允许时,可在台前加建新的扩大基础及台身,将主拱改建为变截面拱支承到新基础及台身上。新老基础之间用钢筋或钢销进行连接,有条件时可在台前新基础下增加短桩,以提高承载力。

2)桩基础的加固

加桩。可用钻孔桩或打入桩增设基桩,并扩大原承台。

对单排架桩式桥墩采用加桩加固时,如原有桩距较大(4~5倍桩径),可在桩间插桩。如原有桩距较小,但通航净空有富余时,可在原排架两侧增加新桩,变为三排式墩桩。

对钻孔灌注桩桩身损坏,露筋、缩颈等病害,可采用灌(压)浆或扩大桩径的方法进行维修加固。

3)人工地基加固

对墩台基础以下的地层,采用注浆、旋喷注浆或深层搅拌等方法,将各种浆液及加固剂注入或搅拌于土层中,通过浆液凝固使原来松散的土固结,成为有足够强度和防渗性能的整体。所采用的材料应通过试验确定。

2　墩台基础防护加固

墩台基础局部被冲空时,可分情况采取下列加固措施。

1)水深3m以下,可筑围堰将水抽干,以砌石或混凝土填补冲空部分。桥台基础采用上述方法加固时,还应修整或加筑护坡。

2)水深3m以上,可在基础四周打板桩或做其他围堰,灌注水下混凝土。也可用编织袋装干硬性混凝土(每袋装量为袋容积的2/3),通过潜水作业将袋装混凝土分层填塞冲空部分,填塞范围比基础边缘宽0.4m以上。

3)当基础置于风化岩层上,基底外缘已被冲空时,应先清除岩层严重风化部分,再用混凝土填补。对基础周围的风化岩层还应用水泥砂浆进行封闭。

4)当河床不稳定,基础埋置较浅,冲刷范围较大时,可采用平面防护加固,其范围要覆盖全部冲刷坑。方法如下:

打梅花桩,桩间用块、片石砌平卡紧;

用块、片石防护或用水泥混凝土板、水泥混凝土预制块防护;

用铁丝笼、竹笼等柔性结构防护。

5)墩台周围河床冲刷严重,危及基础安全时,除分别采用上述方法进行防护加固外,应在洪水期过后,按本规范第10.2节的规定,采取必需的调治构造物防护措施,或按第11.2.4节对河床采取防冲刷处理,以防再次被冲坏。

3　桥台滑移、倾斜的加固

桥台发生滑移和倾斜时,应分析原因,根据不同情况采用下列加固方案。

1)梁式桥或陡拱因台背土压力过大,造成桥台向桥孔方向位移,可采取下列方法进行加固:

挖除台背填土,改用轻质材料回填,减轻台后土压力,以使桥台稳定。拱桥在换填材料时,应维持与拱推力的平衡,如在桥孔设临时拉杆或在后台设临时支撑。

挖去台背填土,加厚台身。

对于单跨的小跨径梁式桥,可在两桥台基础之间增设钢筋混凝土支撑梁或浆砌片石支撑板,支撑顶面应不高于河床。埋置式桥台可采用挡墙、支撑杆或挡块等进行加固。

2)拱桥桥台产生向台后方向位移,可根据不同情况采用下列加固方法:

在U形桥台两侧加厚翼墙。翼墙与原桥台应牢固结合,增大桥台断面和自重,借以抵抗水平位移。若为一字形桥台,可增设翼墙变为U形桥台。

当桥台的位移尚未稳定时,可在台后增设小跨引桥和摩擦板,以制止桥台继续位移。

当桥下净空许可时,可在墩台之间设置拉杆承受推力,限制水平位移。对于多孔拱桥,要注意各孔之间的推力平衡。

3)拱桥在加固墩、台时,必须保持推力平衡,注意安全。

4　墩台基础沉降的加固

若桥梁墩台发生了较明显的沉降、位移,除按本节前述的方法加固外,还可采用下述方法使上部结构复位。

1)梁式桥上部结构状况基本完好,桥面没有损坏,下部地基较好时,可对上部结构整体或单孔顶升,然后加设垫块、调整支座。

2)梁式桥上部结构状况基本完好,但桥面损坏严重时,可凿除桥面及主梁之间的连接,将主梁逐一移位,加厚盖梁,重新安装主梁,并重新铺装桥面。

3)拱桥桥台发生位移,使拱轴线变形较大,承载能力不足时,可采用顶推方法调整拱轴线,恢复其承载能力。

5.2 墩台的养护与加固

5.2.1 日常养护与维修

1 保持墩台表面整洁,及时清除墩台表面的青苔、杂草、灌木和污秽。

2 对发生灰缝脱落的圬工砌体,应清除缝内杂物,重新用水泥砂浆勾缝。

3 墩、台身圬工砌体表面风化剥落或损坏时,损坏深度在3cm以内的,可用水泥砂浆抹面修补,砂浆强度等级一般不应低于M5。当损坏面积较大且深度超过3cm时,不得用砂浆修补,而须采用挂网喷浆或浇注混凝土的方法加固。

4 圬工砌体镶面部分严重风化和损坏时,应用石料或混凝土预制块补砌、更换,新老部分要结合牢固,色泽质地应与原砌体基本一致。

5 墩台身圬工砌体的砌块如出现裂缝,应拆除后重新砌筑。

6 墩、台表面发生侵蚀剥落、蜂窝麻面、裂缝、露筋等病害时,应采用水泥砂浆修补。因受行车震动影响,不易用水泥砂浆补牢的,应考虑采用环氧树脂或其他聚合物混凝土进行修补。

7 墩、台混凝土裂缝宽度超过限值时,裂缝的修补方法参见4.2.1条。

5.2.2 加固方法及适用范围

1 由于活动支座失灵而造成墩台拉裂,应修复或更换支座,并按上述方法修补裂缝。

2 墩台身发生纵向贯通裂缝时,可采用钢筋混凝土围带、粘贴钢板箍或加大墩台截面的方法进行加固。

3 因基础不均匀下沉引起墩、台自下而上的裂缝时,应先加固基础,再采用灌缝或加箍的方法进行加固。

4 U形桥台的翼墙外倾时,可在横向钻孔加设钢拉杆,钢拉杆固定在翼墙外壁的型钢或钢筋混凝土梁柱上。

5 当墩台损坏严重,如出现大面积开裂、破损、风化、剥落时,一般可用钢筋混凝土"箍套"加固,对结构基本完好,但承载能力不足的圆柱形墩柱可用包裹碳纤维片材的方法加固。

6 钢筋混凝土墩台出现缺损,而墩台身处于常水位以下时,可根据不同情况采用围堰抽水或水下作业的方法进行修补。

5.3 锥坡、翼墙的养护

5.3.1 锥坡应保持完好。锥坡开裂、沉陷,受洪水冲空时,应及时采取措施进行维修加固。

5.3.2 翼墙出现下沉、断裂或其他损坏时,应及时维修加固。

6　通道、跨线桥与高架桥养护

6.1　通道的养护

6.1.1　通道的上下部结构及桥面养护与一般公路桥梁相同,可参照有关章节的规定执行。在进行结构或道面维修时宜维持行车与行人,但应有严格的安全措施。

6.1.2　通道混凝土出现裂缝、渗水,可按照下列方法进行修理:

1　混凝土表面的细裂缝和网状裂缝可采用涂抹或喷涂的方法修补,也可加罩新面层。加罩面层前,应将原混凝土表面凿毛。

2　用嵌填法堵漏时,先将裂缝凿成深度不小于3cm、宽度不小于1.5cm的V形槽,清理干净后,用水泥胶浆或石棉膨胀水泥填实,厚度为1.5cm。经检查无漏后,再用抗渗水泥砂浆填平余下的1.5cm。

3　当渗漏严重时,宜采用注浆堵漏,或采用其他可靠的堵漏方法。

6.1.3　通道的沉降缝或连续缝止水带应保持完好,定期更换,有破损时应及时更换。

6.1.4　采用自然排水的通道的沟管一般较长,纵坡偏小,容易积水和淤砂,应经常养护清理,特别是进水口的沉砂井和出水口必须保持完好状态,使水流畅通。洞内排水明沟每星期应清扫一次,洞内排水暗沟每季度应疏通一次。

6.1.5　采用机械排水的通道,其排水泵、阀及其他设备、排水管道应保持功能完好、运转正常,并作定期检修。

1　水泵的定期维修应符合下列规定:

抽流泵累计运行3000h、离心泵累计运行4000h、混流泵及潜水泵累计运行5000h、不经常运行的水泵每隔3年,均应解体维修。

水泵维修后,其流量不应低于设计流量的90%。

2　泵房应配备备用泵一台,泵房蓄水池每季度应清捞污泥一次,泵房内的电器、机电设备及水位仪等每年应校验一次。

3　其他配套设施如集水井、沉淀池(井)应经常清淤,排除杂物,以防堵塞管道。

6.1.6　对设有照明设施的通道,应保持照明设备处于完好状态,照明灯具和输电线路若有损坏应及时更换、修理。

6.1.7　通道应设置明显的限高标志并保持完好。通道端面应涂设立面标记,并保持颜色鲜明,一般每年涂刷一次。

6.2　跨线桥与高架桥的养护

6.2.1　跨线桥、高架桥的上、下部结构及桥面的养护维修与一般公路桥相同,可参照有关章节的规定执行。

6.2.2　采用封闭式排水系统的跨线桥、高架桥,应保持排水系统完好。将桥面水按规定的方向和地点排出,防止桥面水向下行道任意溢流、渗漏。

6.2.3　桥上防撞墙、护栏应保持清洁完好。对于金属护栏,每年要进行油漆,防止锈蚀损坏。

6.2.4　跨线桥、高架桥上的防抛网,隔音墙应保持完好、整洁,及时清除垃圾等杂物,并修理或更换损坏部件。

6.2.5　注意加强对跨线桥、高架桥桥孔的检查和管理,桥孔下不能被任意占用或违章堆物,发现问题及时处理。

6.2.6 跨线桥、高架桥桥上的照明设施应保持完好，照明器具和输电线路若有损坏，应及时修理或更换。

6.2.7 跨线桥与道路交叉部分应设限高标志并保持完好。跨线桥的墩柱及侧墙端面应涂设立面标记，并保持颜色鲜明，一般每年涂刷一次。

6.3 通道、跨线桥和高架桥的加固

通道、跨线桥和高架桥的加固，可根据桥梁结构类型和损伤情况，参照第4章、第5章的加固方法进行。

7 桥梁抗震加固

7.1 桥梁抗震加固原则

7.1.1 处于地震动峰值加速度系数大于或等于0.10g地区的桥梁,应按现行《公路工程抗震设计规范》(JTJ 004)的要求采取相应的抗震加固措施。处于地震动峰值加速度系数小于0.10g地区的桥梁,除特殊规定外,可采取简易设防。

7.1.2 加固后的桥梁必须满足桥梁正常使用情况下的变形要求。加固采用的裸露钢构件必须进行防锈处理并正常养护。原有结构打孔、凿槽后的外表应抹面修饰。

7.1.3 桥梁抗震加固的重点为针对顺桥向震害的加固。

7.1.4 对重点桥梁应作好震后抢修准备和预案,争取震后尽快恢复交通。

7.2 桥梁抗震调查

7.2.1 处于地震动峰值加速度系数大于或等于0.10g地区公路桥梁调查的重点是上、下部结构抗震薄弱部位。

1 上部结构的薄弱部位,有下列各处:

1)梁式桥:跨中、横梁、支座;

2)拱桥:拱顶、拱1/4跨径处、拱脚及腹拱与立柱联结处;

3)其他形式桥梁:除跨中和支座部位外,还有设计部门提出的抗震薄弱部位。

2 下部结构的薄弱部位,有下列各处:

1)墩台帽、墩、台、基础等相互结合的部位及截面突变处;

2)水中墩(桩)干湿交替风化严重的部位;

3)基础冲刷严重的部位;

4)混凝土桥墩的混凝土工作缝处。

7.2.2 地震区桥梁震害一般有下列情况:

1 在梁、板桥中,主梁纵、横向移位及落梁,撞击造成梁端损坏。

2 在桁梁桥中,桁梁扭曲、位移。

3 在拱桥中,拱上建筑局部挤坏、腹拱与立柱联结处开裂或脱落;拱圈变形、开裂;拱脚移位、开裂等。

4 支座倾倒、脱落,锚固螺栓拔出或剪断、销钉损坏、滚轴脱离。

5 基础下沉、滑移、倾斜、断裂;桥台胸墙开裂、剪断、墩台身及桩柱开裂;地基土液化,地基承载力降低。

7.3 梁桥的抗震加固

7.3.1 防止顺桥向(纵向)落梁的抗震加固措施,可采取下列方法:

1 加固桥台胸墙或重做钢筋混凝土胸墙,在梁端和胸墙间填塞缓冲材料(如沥青油毡或橡胶垫),也可安装防落梁装置。

2 设置纵向挡块,在墩台帽上增设锚栓、挡块,阻止梁纵向位移。

3　固定主梁(板):

1)用卡架把梁(板)固定在桥墩上。卡架与梁(板)或墩之间填塞橡胶、油毡、软木等弹性材料,以保证梁(板)在温度变化时能自由伸缩。

2)板端钻孔固定。采用油毡支座的板梁;可在每片板梁上钻孔至墩、台帽内,放入螺栓,固定端填以环氧砂浆,活动端应扩孔并填以弹性材料,以利温差伸缩,最后上紧螺帽。

3)悬臂梁端固定。在悬臂梁端钻孔,固定螺栓可由上向下穿透挂孔及悬臂端,也可将联结钢板置于梁顶面或梁侧,钻孔并用螺栓固定。

4　将主梁连成整体:

1)增设横向钢拉杆或钢筋混凝土横隔板,提高主梁的整体性。

2)纵向在两跨梁间安装防落梁装置或在端隔板之间用螺栓或其他钢构件连接,限制主梁纵向位移。

5　梁与桥台胸墙纵向连接。用螺栓、钢板等将梁端与胸墙连接起来,以防落梁。

7.3.2　防止横向落梁的抗震加固措施,可采取下列方法:

1　设置横向挡块或挡杆。在边主梁外侧墩、台帽上钻孔埋入锚筋,浇筑钢筋混凝土横向挡块,或埋设短角钢、钢轨、槽钢作挡杆,防止落梁。

2　在边主梁外侧设置三角形钢支架及在边主梁外侧墩、台帽上埋设钢锚栓,将三角形钢支架固定,并在边主梁与钢支架间填塞垫木以固定主梁。

3　对无桥面钢筋网的多梁式桥梁,可进行桥面改造,加铺钢筋网。

4　用钢拉杆或横隔板加强主梁之间的横向联结。

7.3.3　防止支座破坏的抗震加固措施,可采取下列方法:

1　设置支座挡块。对于采用平板式滑动支座、切线式滑动支座、板式橡胶支座或油毡支座的桥梁,若墩、台帽较宽,可采用钢筋混凝土纵向挡块进行加固。

2　对于摆动、滚动支座,可在梁两侧设置挡块,并把挡块同下部构造连接起来,使之成为"U"字形或一字形承托。

3　对钢支座可将相邻跨径的两支座用钢筋纵向连接加固。

7.4　拱桥的抗震加固

7.4.1　防止拱圈落拱,可在拱脚处设置防落拱牛腿,或在横桥向加长墩、台身或墩、台帽。

7.4.2　将主拱圈连成整体,可采取下列方法:

1　在双曲拱桥拱肋的横系梁间交叉设置钢筋斜拉杆,中间用索具螺旋扣拉紧。各部分外露钢筋均应涂刷油漆防锈。

2　双曲拱桥结构整体性较好时,可只在拱顶范围三道横系梁间设置交叉拉杆,两端焊接在横系梁的钢板箍上,中间用索具螺旋扣拉紧。

3　在石拱桥拱圈的跨中和1/4 跨处加设三道钢板箍,用螺栓将钢板箍锚固在拱底及拱侧的钻孔上,锚固孔用膨胀水泥砂浆填充。

7.4.3　加强拱脚与墩、台的连接。在拱座凿孔,埋设钢筋,一端伸入拱脚和埋设在拱肋上的锚栓相联,最后浇筑混凝土。

7.4.4　对空腹式拱桥,当拱上立柱较高时,可增设横系梁加强立柱间的连接。

7.5　墩、台和基础的抗震加固

7.5.1　桥墩的抗震加固以增强整体性和稳定性为原则,根据构造特点可采取下列方法:

1　柱式桥墩

1)在柱之间安装用槽钢或角钢做成的横撑和斜撑,并用螺栓将其拧紧,或采用电焊联接。

2)用钢套管加固,套管用钢板卷焊而成。柱应先打毛,套管与柱之间的空隙,用水冲洗后填以水泥砂浆或小石子混凝土。

2 对多孔长桥,可增设抗震墩。即在原有桥墩两边加设钢筋混凝土斜撑,斜撑尺寸视原墩高度和跨径而定。

3 若桥墩截面偏小,可采用加大桥墩断面或加设套箍来加固。将原结构表面凿毛洗净,植入连接钢筋,使加大部分与原结构连成整体。基础扩大时,应同时对地基进行处理。

7.5.2 桥台的抗震加固以增强抗滑、抗倾覆及抵御台背的土压力为原则,可分别采取下列方法:

1 当桥台的抗倾覆及抗滑动稳定性不能满足安全要求时,可采用加筑围裙的方法。

2 当桥台台后填土在地震力作用下因土压力变化,危及桥台安全时,应采取下列措施:

1)在台背增设挡墙或桥孔,新挡墙或新桥孔的桥台应能单独承受填土土压力。

2)在台前修筑扶壁或斜撑,扶壁和斜撑与原桥台共同承受土压力。

3)将埋置式或一字式桥台改为U形桥台。

3 地震后拱桥桥台发生位移,引起拱抽线变形较大,承载能力不足时,可采用顶推方法调整拱轴线,恢复其承载能力。

7.5.3 原未做抗震设防的桥梁墩、台、基础及地基,应按《公路工程抗震设计规范》(JTJ 004)补作验算。若地面以下20m范围内有可能液化的饱和砂土或饱和亚砂土层,应采取以下的方法加固地基:

水泥浆灌注法。在基础四周钻孔,放入注射管,进行压浆。水泥浆按水灰比约1:0.8或经试验取得的水灰比进行配制。

旋喷灌浆法。将带有特殊喷嘴的钻具,送到土层中预定深度,用2kPa左右的压力将水泥浆(或其他固结材料)射入,通过钻孔中钻具的高压喷嘴,使浆液与土体搅拌混合形成胶糊柱体,待硬化固结后起到加固地基的作用。

硅化法。将水玻璃(硅酸钠 $Na_2O \cdot SiO_2$)用注射管注入土中,然后再注进氯化钙溶液,产生一种有胶性的硅胶膜强化土质。还可将水玻璃和磷酸溶液的混合液同时压入土中,产生硅胶,固结地基。

7.5.4 对盖梁和承台的加固可采用钢筋混凝土加大截面,或采用施加预应力的方法,对于承台还可用增加厚度的方法进行加固,以提高其刚度。

8 超重车辆过桥措施

8.1 一般规定

8.1.1 超重车辆是指大于桥梁设计荷载标准及公路管理部门公布的限载量,必须采取技术措施方可通过桥梁,经过公路管理机构审批同意在指定公路上行驶的特殊车辆。

8.1.2 组织超重车辆安全通过桥梁的技术、管理措施有:

1 收集查找桥梁技术档案,现场查看桥梁状况,依据桥梁的技术资料,按超重车辆的实际荷载,对结构进行强度、稳定性、刚度检算。

2 必要时进行荷载试验,以判定桥梁的承载能力。

3 对不能满足通行条件的桥梁进行加固处理。当有多条线路可通行时,应选取桥梁技术状况好、加固工程费用较低的路线通过。

4 对超重车辆通过桥梁进行现场管理。

8.2 超重车辆过桥的检算及荷载试验

8.2.1 对超重车辆所要通过的所有桥梁,均应按桥涵设计规范进行必要的计算,以确定需要进行加固的桥梁及需加固的部位及构件。

8.2.2 对于计算所需的桥梁技术资料有以下要求:

1 经批准的正式竣工文件。施工质量良好,使用时间不长时可直接采用竣工文件。

2 无设计(竣工)资料或虽有竣工资料,但施工质量不好,使用时间较长已经出现破损的,应以量测的桥梁实际状况为计算依据。

8.2.3 结构检算应选取符合实际、安全可靠的计算图式。结构检算应包括上部结构、下部结构及地基等部分。

8.2.4 当检查及检算不足以作出判定时,可进行荷载试验。加载大小应使试验的荷载效应与超重车通过的状况相近,一般只需按一组最不利位置布载。

8.2.5 对已有荷载试验资料的桥梁,应将实测资料和计算结果进行综合分析,做出判断。

8.3 加固措施

8.3.1 基本要求

1 当桥梁承载力不足时,应对其不足部分如上部结构、下部结构、地基以至全桥采取经济合理、切实可行的加固措施。特大桥梁的加固宜至少提出两个加固方案进行经济技术比较。

2 加固时应尽可能地采用易于实施及拆除,构件可回收利用的临时措施。

3 当采用永久式或半永久式加固措施时,可与桥梁的技术改造及提高荷载等级一并考虑。

4 桥梁通过加固仍无法达到通过超重车要求时,可在原桥址附近修建临时便桥及便道或新建桥梁,保证超重车通行。也可另选通过线路。

8.3.2 加固方案

1 小跨径梁桥和拱桥,在下部结构和地基承载力许可时,可在桥台处设临时支点,在桥面上临时架设钢板梁或钢桁梁全桥跨越,以供超重车直接行驶通过。

2　多跨桥梁当桥较长而无法采用全桥跨越时，若下部结构及地基承载力允许，可采用部分跨越法。在台、墩处的梁端部设临时支点架设钢梁，以减小临时钢梁跨度。

3　梁式桥跨径较大，或下部结构及地基承载能力不足时，可另增加基础，采用竖向多点支承法或八字支撑法进行加固。

4　当拱桥跨度较大，地基较好时可采用拉杆加固法。

5　其他用于加固上、下部结构及地基的方法均可用于超重车过桥的加固措施之中。

8.4　超重车辆过桥的技术管理

8.4.1　超重车辆过桥时，遵循以下规定：

1　一般情况下，超重车辆应沿桥梁的中心线行驶。

2　车辆以不大于5km/h的速度匀速行驶。

3　不得在桥上制动、变速、停留。

4　必要时可调整牵引车与平板挂车的行驶距离或让其分别通过桥梁。

5　超重车辆过桥时，可酌情临时禁止其他车辆及行人通过。

8.4.2　超重车辆过桥时，应观测桥梁各部的位移、变形、裂缝等，并予记录。必要时，还应观测应变、反力等。

8.4.3　不宜在行洪等可能发生灾害的时候组织超重车辆通过桥梁。

9 漫水桥、漫水路面养护

9.1 一般规定

9.1.1 漫水桥、漫水路面的行车道两侧应竖立水深导向标桩，保持完好，鲜明醒目。水深导向标桩间距宜为4m，高出行车道顶面60cm，应定期涂刷油漆。

9.1.2 漫水桥、漫水路面的行车道宽度小于接线路段的行车道宽度时，应对停车视距长度范围内的接线路段采取压道措施，限制行车道宽度。

9.1.3 漫水桥、漫水路面的允许通车水深与水流速度、水面宽度、行车道宽度有关。一般情况下桥(路)面上的水深小于0.3m时可允许大型车辆通行，当水深超过表9.1.3所列数据时应中断交通，并设置临时禁止通行标志。禁行标志与桥头的距离不小于停车视距。

表9.1.3 允许通车的漫水深度表

水流速度(m/s)	最大允许通车漫水深(m)	水流速度(m/s)	最大允许通车漫水深(m)
<1.5	0.4~0.5	>2.0	0.2~0.3
1.5~2.0	0.4		

9.2 漫水桥的养护

9.2.1 日常养护

日常养护的内容和要求参见一般公路桥梁的相关部分。漫水桥的行车道应保持平整坚实，漫水期间能保障车辆正常通行。

9.2.2 在洪水期或流冰到来之前，对漫水桥做好以下预防工作：

1 与气象部门、河道及上游水库管理部门保持联系，了解水文信息，以便做出计划安排，采取应急措施。

2 修缮上下游的导流构造物，清除桥孔下及桥位上游的堆积体。

3 加固、检修上部结构，对易被浮起的桥跨结构应将各部件、块件连成整体，加强基础的防护以抗冲刷。设有活动栏杆的应予拆除。

9.2.3 在洪水期间，要防止漂浮物堵塞桥孔，威协桥梁安全。

9.2.4 每次洪水、流冰过后，应及时进行下列检查和养护，确认行车有安全保障后放行交通。

1 清除存留于桥梁各个部位、缝隙中的淤泥、杂物，并进行冲洗。

2 修复破损、剥落、锈蚀的部件。清除桥孔下的淤积，保持水流顺畅。

3 检修导流构造物的缺损部位，防止河流改道。

4 下部结构遭受局部冲刷发生位移、沉降时，按本规范第5章的规定处理。上部结构遭损坏，按本规范第4章的规定处理。

5 桥头锥坡、翼墙如有冲空或下沉，应及时修补，并根据洪水流向进行改善加固。

6 桥孔上游河段有严重淤积时，可作必要的开挖，也可作导流工程，或加大桥跨、桥长、提高桥高以利泄洪。

7 清除的泥石堆放应注意环境保护。

9.3 漫水路面的养护

9.3.1 日常养护

1 及时清除淤泥、砂石和漂浮杂物，保持路面密实、整洁，铲除积雪、冰凌、铺撒防滑材料。

2 未铺筑正式路面的漫水道路要保持车道基本平整，随着河床的变化要竖立临时标桩，引导车辆行驶。

3 对砌石路面已松动、冲失的圬工砌体，应及时用石料或水泥混凝土进行修复，砌块间的缝隙用砂浆填塞紧密。水泥混凝土或沥青混合料路面出现的病害按有关规范要求修复。

4 对于已破坏的路基边坡可用浆砌块、片石或混凝土预制块护面，护面应伸入河床到原基础顶面。清除的较大石块宜运至下游边坡脚处堆放，以利过水时消力。

9.3.2 漫水路面的改善和加固

1 防止冬季地下水引起路面冻胀及表面形成冰堆，可采取以下措施：

1）冰冻期前，在上下游不小于50m的范围内清理河床，消除积水，在可能的条件下增设涵洞。

2）在路面下铺垫厚度20cm以上的砂砾垫层隔断毛细水。

2 在水的作用下路面发生沉陷、断裂时，可参照下列措施进行改善：

1）路基为砂质填料的，在两侧设置灰土隔墙，厚度一般不少于30cm，并在路基顶面铺筑20cm厚的水泥稳定砂砾填密压实。上游的灰土隔墙应尽可能切入河床床面以下至少1.0m，然后用浆砌块、片石或混凝土预制块铺筑路面。上、下游的边坡护面同9.3.1条第4款。

2）路基为黏土填料的，可在黏土中掺入10%～12%的石灰或4%～6%的水泥分层夯实，厚度20～30cm，再用浆砌块、片石或混凝土预制块铺筑路面。边坡护面同9.3.1条第4款。

3 漫水过深，阻车时间过长，应分不同情况按下列措施处理：

1）加大漫水区段的长度，扩大过水面积。

2）对漫水路面下游的河床，采取疏浚挖直、排除阻塞、加大纵坡的措施改善过水条件。

3）在适当位置增设涵洞、明渠、小桥。

4）提高漫水路面的标高与增加泄水构造物同时进行。

5）按照河床形态将一处漫水路段改为多处漫水路段。

4 扇形漫滩上的漫水路面，应保持路面基本平整、密实，上游导流构造物要稳定，不宜急于加设涵洞等泄水构造或铺筑较高等级的路面，待主流与路线稳定后再予处理。

5 改善漫水路面的线形。

1）漫水路段内不宜设置平曲线，若设置，应采用较大的平曲线半径，不设置逆水流向的超高。

2）漫水路段的纵断面线形宜采用双曲线，或中间有一段直线的圆曲线，已设为单圆曲线的，应通过改造予以改善。漫水路段的纵坡不得大于4%，与不漫水路段接合的10～20m范围内不宜变坡。

3）漫水路段两端的路面为砂石路面时，其两端的标高至少要高出常年洪水位以上。

10 调治构造物养护

10.1 调治构造物的日常养护

10.1.1 导流堤、丁坝、顺坝、格坝和透水坝等调治构造物,应保持良好的技术状况,引导水流均匀、顺畅地通过桥孔,防止和减少桥位附近河床和河岸的变迁,保证桥梁、桥头引道和河岸的安全与稳定。

10.1.2 洪水前后应巡察,及时清除调治构造物上的漂流物。

10.1.3 导流堤、梨形堤、丁坝或顺坝的边坡受到洪水冲刷和波浪冲击,坡脚发生局部破坏时,应及时抛填块石和铁丝石笼等进行防护。

10.1.4 对河道改变而增设的护岸工程,应注意坡面有无变化,基础是否牢固,发现缺损应及时处理。

10.1.5 河滩、河岸的路堤边坡外侧,可种植生长迅速、根系发达、枝叶茂密的乔木或耐水的灌木作为防护。其布置以乔、灌间种的多行带状或梅花式为宜。

10.2 调治构造物的维修与加固

10.2.1 将竹木、铁丝石笼等临时性的调治构造物有计划地改为浆砌块、片石或混凝土的永久性结构。

10.2.2 调治构造物由于洪水冲刷及漂浮物撞击,发生基础冲空,砌体开裂时,应及时维修。

10.2.3 若调治构造物不足以抗御洪水冲击,则应进行加固。可采用植草皮、干砌或浆砌片石、铁丝石笼、抛石等,亦可用梢捆、柴排、混凝土或钢筋混凝土板、土工织物等进行加固。加固时,应综合考虑水深、流速及波浪冲击等因素。加固的高度,淹没式的应加固至坝顶,非淹没式的应高于设计洪水位以上至少50cm。

10.2.4 河床冲刷严重,危及墩台基础时,可分别进行下列处治:

1 水深较浅的,结合本规范第5章的有关规定,在枯水季节修整墩台基础冲空部分,中、小桥可对桥下河床做单层或双层片石铺砌,必要时可铺设挑坎防护。

2 水深较深、施工困难的,可采用沉柴排、沉石笼、抛石护基等方法。

3 对于流速过大或河床纵坡过大、冲刷严重的不通航小河,可在下游适当地点修筑拦砂坝。拦砂坝的高度、间距应根据河床的标高和纵坡确定,下游坝顶标高一般应与上游桥址处河床的标高相等。

10.2.5 通过观察,发现调治构造物的位置不当,数量、长度不合理,不能发挥正常作用时,应在洪水退后进行改善。

10.2.6 因河道变迁、流向不稳定,或因桥梁上下游河道弯曲形成斜流、涡流危及桥梁墩台、基础、桥头引道时,应因地制宜地增设调治构造物。新增的调治构造物的布设应进行多方案比选。调治构造物的增设与加固参见《公路工程水文勘测设计规范》(JTG C30)。

11　桥梁灾害防治与抢修

11.1　一般规定

11.1.1　危害桥梁的主要自然灾害有洪水、冰冻、泥石流、地震等。应根据桥梁的水文地质条件、所在地的气象特征，结合对桥梁进行的技术检查，综合分析评估桥梁的抗灾能力及灾害可能造成的损失程度。

11.1.2　对于桥梁灾害，应按“预防为主、防治结合、保证安全”的方针，积极防治，做到治早、治小、治轻以至根除隐患。应通过社会效益、技术经济的综合比较来确定治理措施。

11.1.3　重要的大中桥梁及易遭受灾害的桥梁，宜事先储备必要的材料和设备，制定应急预案。一旦发生灾害，及时组织抢修，抢修时应以尽快恢复交通为第一位，确保安全通行。确定抢修方案时，要考虑其在后期恢复工程中能够被充分利用。

11.2　水毁防治

11.2.1　抗洪能力评定

1　桥梁抗洪能力评定一般每3~6年进行一次。如遇设计洪水或超过设计的更大洪水，宜结合水毁调查，于当年进行一次抗洪能力评定。对经常受洪水威胁的山区公路桥梁宜每年进行一次抗洪能力评定。

2　根据桥长及孔径大小、桥（孔）位置、桥下净空、基础埋深、墩台病害等情况，将公路桥梁的抗洪能力划分为强、可、弱、差四个等级。现场检查与测量后，按公路桥梁原有的技术等级进行检算评定。其评定标准见表11.2.1。

表11.2.1　桥梁抗洪能力评定标准

等　级	评　定　标　准
强	1.桥下实际过水面积满足设计要求，桥下净空符合规定； 2.桥（孔）位置合适，调治构造物设置合理、齐全，河床稳定； 3.基础埋深足够，基底埋深安全值满足要求；浅基础已做防护，防护周边的冲刷深度小于设计冲刷深度； 4.墩台无明显冲蚀、剥落
可	1.桥下实际过水面积基本满足设计要求，河道压缩小于10%；上部结构底面标高与设计水位相同； 2.桥（孔）位置略有偏置，设置了调治构造物，调治构造物有局部缺损，河床基本稳定； 3.基础埋深基本满足要求，基底埋深安全值满足规定的60%；浅基础防护基本完好； 4.墩台有冲蚀、剥落，面积小于10%
弱	1.桥下实际过水面积大于设计的80%，不满足设计要求或河道压缩小于20%；上部结构底面标高基本与设计水位相同； 2.桥（孔）有偏置；调治构造物不齐全或有较大损坏； 3.基础埋深安全值较低，在规定的30%~60%以内；浅基础防护有破坏； 4.墩台冲蚀、剥落，面积超过10%，有露筋及钢筋锈蚀
差	1.桥下实际过水面积小于设计的80%，或河道压缩超过20%；上部结构底面标高低于设计水位； 2.桥（孔）偏置；应设而未设调治构造物，或调治构造物严重损坏； 3.基础埋深不够，基底埋深安全值在规定的30%以下；浅基础未做防护或防护被冲空面积在20%以上； 4.墩台冲蚀、剥落严重，面积超过20%，桩顶外露或有缩颈，墩台砌体松动、脱落或变形，露筋及钢筋锈蚀严重

11.2.2 应在汛期进行必要的水文观测，掌握洪水动态，并与当地气象、水文部门取得密切联系，及时收集洪水、雨水预报资料，或向沿河居民进行调查，了解洪水的发生情况、到达时间等，以判断对公路桥梁的危害程度。

11.2.3 将抗洪能力评定及水文观测资料作为制定桥梁维修加固方案的依据。对抗洪能力评定为弱或差的桥梁，应及时进行处理。

11.2.4 水毁预防

1 每年汛期前应对公路桥梁进行一次预防水毁的技术检查。其主要内容如下：

1)桥梁墩、台、调治构造物、引道、护坡、挡墙结构是否完好，基础是否冲空或损坏。

2)桥下有无杂草、树枝、石块等杂物淤塞河道。桥位上下游有无堆积物、漂浮物。

3)桥梁上游河道是否稳定，水流有无变化，桥梁下游是否发生冲刷。

4)有无挖砂、取石对桥梁上、下游河道造成的破坏情况。

5)调查桥梁上游附近有无水库及其设计标准，是否存在病害隐患。

2 为防止或减轻洪水对桥梁的危害，在雨季和洪水来临之前应进行下列水毁预防工作：

1)做好河道清淤。

2)修理、加固、改善或增设各类调治构造物及基础防护构造物。

3)采取适当措施，防止漂浮物大量进入桥孔。

4)做好抢险物资和设备的准备。

3 在漂浮物较多的河流，为避免漂浮物撞击桥墩，可在桥墩前一定距离处设置防撞设施。其形式可根据水流缓急、水位高低、漂浮物多少、流量大小等选择，一般可采用单桩、群桩或三角形护墩等。

4 在汛期应组织人员对所辖路线上的桥梁进行昼夜巡查，防洪指挥部门应实行全天24小时值班。小的水毁及时进行处理排除；发生严重毁坏，危及行车安全时，应立即在桥梁两端设立警告标志或禁止通行的标志，组织抢修并及时向上级报告。

11.3 洪水期的抢险与维修

11.3.1 洪水期的抢险，应针对不同情况采取下列措施：

1 监视漂浮物在桥下的通过情况，必要时用竹竿、钩杆等引导其顺利通过桥孔。对堵塞在桥下的漂浮物，应随时移开或捞起。

2 洪水时，如桥梁墩台、引道、护坡、锥坡发生冲刷，危及构造物安全时，应采取抛石、沉砂袋或柴排等紧急措施进行抢护。但抛填不能过多，以免减少泄水面积而增大冲刷。抛填块石时，可设置临时木溜槽，以控制抛填位置。

3 遇特大洪水，若采用抢险措施仍不能保障安全的重要桥梁，在紧急情况下，经上级主管部门批准，可用炸药炸开桥头引道宣泄洪水，以保护主桥安全渡汛。

11.3.2 桥梁锥坡、路堤和导流堤等，应视不同情况，因地制宜地采取有效的防波浪措施进行防护。

11.3.3 便道、便桥

1 公路桥梁一旦被洪水冲毁而中断交通时，应安排车辆绕行，并组织抢修便桥、便道，尽快恢复交通。

2 在抢修便道、便桥时，应遵循下列原则：

1)便道、便桥应选择在被毁桥梁附近较窄的河段上，两岸地形较高、工程量较小处，且不会影响恢复原桥或新建桥梁的施工。

2)便道、便桥应就地取材、施工方便，有利于快速建成。

3)在宽滩性河流上修筑便道、便桥时，可采用漫水式，必要时应对便道上、下游边坡作防冲处理。

4)便桥可采用较小跨径及较短桥长，能满足宣泄水流最低要求即可，可采用钢梁桥或木桥，宜用简单的结构形式。无论何种便桥，必须满足承载能力和稳定的要求。

5)漫水便道、便桥应设置鲜明的警示水位标志，限速、限载标志、行车道宽度标志。

6)便道、便桥宽度可根据通行要求确定,一般不小于4.5m。

7)便道、便桥附近应备有应急的抢修物资,以随时修复便道、便桥的损毁,保证交通。

11.4 冰害防治

11.4.1 预防冰害的措施

1 应根据以往的治理情况,结合现场调查,对桥梁冰害进行分析研究,以制定预防和抢修措施。

2 对于河流水源不大、入冬后河面结冰,且冰面上升造成桥孔被堵或在路上形成冰坝的情况,可选择下列方法进行防护:

1)桥梁上游如有大片低洼地,可用土坝截流。

2)河床纵坡不大的河流,可于入冬初在桥位下游修筑土坝,使桥梁上、下游约50m范围形成水池。水面结冰坚实后,在水池上游开挖人字形冰沟,同时在下游河床最深处挖开土坝,放尽池内存水,保持上下游进、出水口不被堵塞,使水从冰层下流走。

3)在桥位上下游各30~50m的水道中部顺流开挖冰沟,用树枝、柴草覆盖,再加铺土或雪保温,并经常进行检查维修,使冰沟不被冻塞,解冻开始时将其拆除。

3 防止流冰对桥梁墩、台、桩的危害,可采取下列防护方法:

1)解冻前,对桥梁上游5km河道中的冰层及其厚度进行调查、测探。为防止流冰威胁桥梁安全,应备足抢护材料、工具和照明设备。在流冰期由专职小组进行检查、观测和抢护。并提前在桥边设置悬梯,在墩台和破冰体之间搭设跳板以利抢护工作进行。

2)解冻临近时,在桥位下游用人工或爆破方法开挖冰池。开挖长度为河面宽的1~2倍,宽度为河面宽的1/3~1/4,并不小于最大桥跨。当河面宽度小于30m时,开挖长度宜增加到河面宽的5倍,冰池下游应开凿0.5m宽的横向冰沟。当冰块很厚有强流冰发生时,可在桥台、墩、桩、破冰体周围及桥位下游20~25m范围内,开挖纵横冰沟。对冰池、冰沟应经常检查,若有冻结应反复捣开。危急时刻,可在下游用撬棍、长杆、钩杆等工具,将凿开的冰块逐一送入冰层下流走。

3)流冰临近时,应清除上游冰层。冰层厚度在30cm以下的,可用人工撬拨,大于30cm的,宜用炸药炸碎。对较大的流冰体,应在上游用炸药炸碎。

11.4.2 冰凌爆破

为防止桥梁遭受冰害,一般在解冻前采用爆破法在桥墩四周炸出宽0.5m的冰槽,或用爆破法开凿流冰槽。当大量冰排聚结在桥梁附近时,应及时进行爆破送走冰排。

11.5 冻害防治

11.5.1 位于寒冷地区的桥梁,因墩、台、桩、调治构造物的基础埋深不足,出现基础冻胀、融沉、桩基冻拔、翼墙开裂等冻害时,根治的办法是通过改建,将基础埋置于冰冻线以下一定深度。

11.5.2 融沉防治。防治融沉主要采用保护覆盖法,即尽量不破坏基础周围的地表覆盖层,尤其对草皮和泥碳层更应注意,以减少热量散失。对已发生轻微融沉的桥梁,应在融化前采用隔热保冻措施,用隔热性好的材料或土壤换填铺覆,保证地基土处于冻结状态。

11.5.3 冻胀防治。其主要措施如下:

1 基侧换填抗冻胀性能较好的砂砾等。

2 改善基础侧面光滑程度,减小对基础的冻结力。

3 在冻土层内的桩壁加分离式套管。

11.5.4 桥台水平冻害防治。

1 增强桥台抗冻胀能力。可用锚杆、锚定板来平衡水平冻胀力,或将八字墙与前墙连成整体,增加台身配筋等。发生冻害后的处理,可参见第5章桥台加固的条款。

2 减弱水平冻胀力。可采用换填、排水和保温措施。如在台背换填不冻胀的纯净砂砾,在台背设排水盲沟及在台背和路面下层铺设保温材料。

11.6 泥石流防治

11.6.1 泥石流的防治,应遵守下列原则:

1 当桥梁位于经常发生黏性泥石流的河段及规模较大的稀性泥石流河段时,可考虑改线绕避,无法绕避时须采取治理措施。

2 调治构造物的布设,应根据桥梁所在位置的地形、沟槽宽度、泥石流性质、流势等综合考虑,宜导不宜挑。

3 与有关部门协商,进行工程和生物防治与水土保持相结合的综合治理。

11.6.2 在泥石流形成区,采取平整山坡、填筑沟槽、修建阶梯及土埂等措施控制水土流失和防止滑坍发生。

11.6.3 在泥石流流经区,可在储淤条件较好处修建拦挡坝及停淤场。

11.6.4 可根据实际情况采用挑导坝、丁坝、导流堤相结合的综合调治措施。

12 涵洞

12.1 一般规定

12.1.1 确保涵洞行车安全、排水顺畅和排放适当;保持涵洞结构及填土完好;维护涵洞表面清洁、不漏水。

12.1.2 涵洞养护工作内容包括:经常检查和定期检查,日常养护、维修、加固与改建。

12.1.3 涵洞开挖维修时,应维持好交通,并设立安全标志及护栏。

12.2 涵洞的检查

12.2.1 涵洞检查分为经常检查和定期检查。

12.2.2 经常检查:

1 经常检查每月至少进行两次,在洪水、冰雪前后及行洪期间应加强检查。

2 经常检查内容包括:进水口是否堵塞、沉砂井有无淤积、洞内有无淤塞及排水不畅;洞口周围是否有杂物堆积,涵洞是否清洁、漏水;周围路基填土是否稳定和完整;涵洞结构是否有损坏。

3 经常检查中发现有排水堵塞或有较大损坏需要进行维修的,应做好记录并及时报告。

12.2.3 定期检查:

1 定期检查每年至少进行一次,在接到较大损坏情况的报告后应增加检查。

2 定期检查内容包括:

1)检查涵洞的过水能力,包括涵洞的位置是否适当,孔径是否足够,涵底纵坡是否合适。若过水能力明显不足,经常造成内涝及路基损毁的,应考虑改造。

2)进水口铺砌、翼墙、护坡、挡水墙、沉砂井等是否完整,洞口连接是否平整顺适。

3)出水口铺砌、挡水墙、翼墙、护坡等是否完整,排水是否顺畅。

4)涵体侧墙是否渗漏水、开裂、变形或倾斜,墙身砌体砂浆是否脱落、石块是否松动,基础是否冲刷淘空。

5)涵身顶部盖板或拱顶是否开裂、漏水、变形下挠,拱顶砌块是否松动脱落。

6)涵底是否淤塞阻水,涵底铺砌是否完整。

7)洞口附近填土是否有渗水、冲刷、空洞,填土是否稳定。

8)涵洞顶路面是否开裂、下沉。行车是否安全。

3 定期检查中,检查人员应当场填写"涵洞定期检查表"(附录 D);实地查明损坏情况,根据涵洞的技术状况及排水适应状况,参照桥梁技术状况评定标准相关结构类型,对涵洞的技术状况综合做出好、较好、较差、差、危险等五个级别的评定,提出日常养护、维修、加固、改建等建议。

12.3 涵洞的日常养护

12.3.1 涵洞的洞口应保持清洁,发现杂物堆积应及时清除。涵洞内应保持排水畅通,发现淤塞应及时疏通。

12.3.2 洞口和涵洞内如有积雪应尽快清除,被清除的积雪应堆放在路基边沟以外。经常积雪或积雪较深的涵洞,入冬前可在洞口外加设栅栏,或用柴草捆封洞口,融雪时及时拆除。

12.3.3 涵底铺砌、洞口上下游路基护坡、引水沟、汇水槽、沉砂井发生变形时，均应及时修理。

12.3.4 涵底铺砌出现冲刷损坏、下沉、缺口应及时修复。路基填土出现渗水、缺口应及时封塞填平。

12.3.5 涵底和涵墙出现渗漏水，应查明原因，分别采取下列方法处治：

1 疏通水道，使洞口铺砌与上下游水槽坡道平齐顺适。

2 保持洞内底面平顺，并有适当纵坡。

3 用水泥砂浆对涵底和涵墙重新勾缝。

12.3.6 涵洞出水口的跌水构造应与洞口结合成整体，若有裂缝应及时填塞。

12.3.7 浆砌石拱涵的砌体表面风化、开裂、灰缝剥落，局部石块松动、脱落，或砌体渗漏水，可分别按下列方法处理：

1 用水泥砂浆重新勾缝，或局部拆除后重砌。

2 表面抹浆或喷浆。

3 在砌体背后压注水泥砂浆或化学浆液。

4 加设涵内衬砌。

5 挖开填土，对砌体进行维修处治，并加设防水层。

12.3.8 混凝土管涵的接头处和有铰接缝处发生填缝料脱落，引起路基渗水时，应及时封堵处理。可用干燥麻絮浸透沥青后填实，或用其他黏弹性材料封堵，不宜用灰浆抹缝，以免再次脱落。

12.3.9 压力式涵洞进水口周围路堤发现渗流、空洞、缺口或冲刷现象时，应及时进行修补处理。洞口周围路基可用不透水黏性土封堵，洞前做铺砌或修挡水墙。

12.3.10 压力式涵洞或倒虹吸管的涵顶路面出现浸渍，应及时处理。可采用对涵内顶部表面抹浆、喷浆或衬砌的方法处理。

12.4 涵洞的维修及改建

12.4.1 涵洞进、出水口处如已严重冲刷，可采用下列方法维修：

1 位于陡坡上的涵洞或直接受水流冲击的涵洞，其入口处应采取适当的防护措施。

2 用浆砌块石铺底，并用水泥砂浆勾缝。铺砌长度视土质和流速而定，铺砌的末端应设置混凝土或浆砌块石抑水墙。

3 流速特别大的涵洞，应在出水口加设消力设施，如消力槛、消力池等。消力槛的末端应设置混凝土或浆砌块石抑水墙，或设置三级挑槛。

12.4.2 涵洞经常发生泥砂淤积时，可在进水口设沉砂井，以沉淀泥砂、杂物。

12.4.3 管涵的管节因基础沉陷而发生严重错裂时，应挖开填土处理地基，再重建基础。也可直接采用对地基及基础压浆的方法处理。

有铰涵管如变形大于直径的1/20时，应查明原因进行处理。

12.4.4 波纹管涵发生涵管沉陷、变形，应挖开填土进行修理。管底应按土质情况做好垫层，管上加铺一层防水层，并注意对回填土分层夯实。

12.4.5 涵洞的侧墙和翼墙，如有倾斜变形发生，应查明原因后加以处理，如因填土未夯实发生沉落，或填土中水分过多土压力增大而引起的，应更换透水性好的填土并夯实；如属基础变形引起的，则需要修理或加固基础。

12.4.6 因加宽或加高路基导致涵洞长度不足时，应接长处理。一般可将原涵洞洞身接长，两端新建洞口端墙和路基护坡；当路基加高、加宽不多时，也可采用只加高两端洞口端墙或加高加长洞口翼墙的方法。

12.4.7 承载力不足的涵洞应进行加固或改建。可分别采用下列方法：

1 挖开填土，用混凝土或钢筋混凝土加大原涵洞断面。

2 涵内用混凝土或钢筋混凝土预制块衬砌加固或用现浇衬砌进行加固。

3 挖开填土，用新构件分段进行更换改建。

12.4.8 当涵洞位置不当，过水能力不足时应进行改建。改建施工宜分段进行，并做好接缝的防水处理。

附录 A　桥梁基本状况卡片

A. 行政识别数据

1	路线编号		2	路线名称		3	路线等级	
4	桥梁编号		5	桥梁名称		6	桥位桩号	
7	功能类型		8	下穿通道名		9	下穿通道桩号	
10	设计荷载		11	通行载重		12	弯斜坡度	
13	桥面铺装		14	管养单位		15	建成年限	

B. 结构技术数据

16	桥长(m)		17	桥面总宽(m)		18	车行道宽(m)	
19	桥面标高(m)		20	桥下净高(m)		21	桥上净高(m)	
22	引道总宽(m)		23	引道路面宽(m)		24	引道线形	

上部结构	25	孔号					下部结构	29	墩台				
	26	形式						30	形式				
	27	跨径(m)						31	材料				
	28	材料						32	基础形式				

33	伸缩缝类型		34	支座形式		35	地震动峰值加速度系数	
36	桥台护坡		37	护墩体		38	调治构造物	
39	常水位		40	设计水位		41	历史洪水位	

C. 档案资料(全、不全或无)

42	设计图纸		43	设计文件		44	施工文件	
45	竣工图纸		46	验收文件		47	行政文件	
48	定期检查报告		49	特殊检查报告		50	历次维修资料	
51	档案号		52	存档案		53	建档年/月	

D. 最近技术状况评定

54	55	56	57	58	59	60	61	62	63	64
检查年月	定期或特殊检查	全桥评定等级	桥台与基础	桥墩与基础	地基冲刷	上部结构	支座	经常保养小修	处治对策	下次检查年份

(桥梁基本状况卡片正页)

E. 修建工程记录

65	施工日期	66	修建类别	67	修建原因	68	工程范围	69	工程费用(万元)	70	经费来源	71	质量评定	72	建设单位	73	设计单位	74	施工单位	75	监理单位
开工	竣工																				

76	备注:

F	桥梁照片	77	立面照		78	桥面正面照	
79	主管负责人		80	填卡人	81	填卡日期	年 月 日

(桥梁基本状况卡片背页)

附录 B　桥梁经常检查记录表

管理单位：

路线编码		路线名称		桥位桩号	
桥梁编码		桥梁名称		养护单位	
部件名称	缺损类型	缺损范围		保养措施意见	
翼墙					
锥坡、护坡					
桥台及基础					
桥墩及基础					
地基冲刷					
支座					
上部结构异常变形					
桥与路连接					
伸缩缝					
桥面铺装					
人行道、缘石					
栏杆、护栏					
标志、标线					
排水设施					
照明系统					
桥面清洁					
调治构造物					
（其他）					
负责人		记录人		检查日期	年　月　日

附录C 桥梁定期检查记录表

（县级公路管理机构名称）

1. 路线编码		2. 路线名称		3. 桥位桩号	
4. 桥梁编码		5. 桥梁名称		6. 下穿通道名	
7. 桥长(m)		8. 主跨结构		9. 最大跨径(m)	
10. 管养单位		11. 建成年月		12. 上次大中修日期	
13. 上次检查日期		14. 本次检查日期		15. 气候	

16. 部件号	17. 部件名称	18. 评分（0～5）	19. 特别检查	20. 维修范围	21. 维修方式	22. 维修时间	23. 费用（元）
1	翼墙、耳墙						
2	锥坡、护坡						
3	桥台及基础						
4	桥墩及基础						
5	地基冲刷						
6	支座						
7	上部主要承重构件						
8	上部一般承重构件						
9	桥面铺装						
10	桥头跳车						
11	伸缩缝						
12	人行道						
13	栏杆、护栏						
14	照明、标志						
15	排水设施						
16	调治构造物						
17	其他						

24. 总体状况评定等级		25. 全桥清洁状况评分		26. 保养、小修状况评分	
27. 经常性养护建议					
28. 记录人		29. 负责人		30. 下次检查时间	
31. 缺损说明					

续上表

部件号	部 件 名 称	缺 损 位 置	缺损状况 （类型、性质、范围、程度）	照片或图片 （编号/年）
1	翼墙、耳墙			
2	锥坡、护坡			
3	桥台及基础			
4	桥墩及基础			
5	地基冲刷			
6	支座			
7	上部主要承重构件			
8	上部一般承重构件			
9	桥面铺装			
10	桥头跳车			
11	伸缩缝			
12	人行道			
13	栏杆、护栏			
14	照明、标志			
15	排水设施			
16	调治构造物			
17	其他			

附录D　涵洞定期检查表

<table>
<tr><td>1. 路线编号</td><td></td><td>2. 路线名称</td><td></td><td>3. 涵洞桩号</td><td colspan="3"></td></tr>
<tr><td>4. 养护单位</td><td></td><td>5. 涵洞类型</td><td></td><td>6. 检查时间</td><td colspan="3"></td></tr>
<tr><td>7. 序号</td><td>8. 部件名称</td><td colspan="2">9. 损坏或需维修情况描述</td><td colspan="4">10. 维修建议(方式、范围、时间)</td></tr>
<tr><td>1</td><td>进水口</td><td colspan="2"></td><td colspan="4"></td></tr>
<tr><td>2</td><td>出水口</td><td colspan="2"></td><td colspan="4"></td></tr>
<tr><td>3</td><td>涵身两侧</td><td colspan="2"></td><td colspan="4"></td></tr>
<tr><td>4</td><td>涵身顶部</td><td colspan="2"></td><td colspan="4"></td></tr>
<tr><td>5</td><td>涵底铺砌</td><td colspan="2"></td><td colspan="4"></td></tr>
<tr><td>6</td><td>涵附近填土</td><td colspan="2"></td><td colspan="4"></td></tr>
<tr><td colspan="2">11. 涵洞技术状况总评</td><td>好</td><td>较好</td><td>较差</td><td>差</td><td colspan="2">危险</td></tr>
<tr><td>12. 养护方案</td><td>日常养护</td><td>维修</td><td>加固</td><td>改建</td><td colspan="2">13. 下次检查时间</td><td>年　月</td></tr>
<tr><td colspan="8">14. 备注</td></tr>
</table>

主管负责人		检查人		检查时间	年　月　日

本规范用词说明

1 对规范条文执行严格程度的用词,采用下列写法:

1)表示很严格,非这样做不可的用词:

正面词采用“必须”;反面词采用“严禁”。

2)表示严格,在正常情况下均应这样做的用词:

正面词采用“应”;反面词采用“不应”或“不得”。

3)表示允许稍有选择,在条件许可时应这样做的用词:

正面词采用“宜”或“可”;反面词采用“不宜”。

2 本条文中应按指定的其他有关标准、规范的规定执行,其写法“应按……执行”或“应符合……要求或规定”。如非必须按所指的标准、规范或其他规定执行,其写法为“可参照……”。

附件

《公路桥涵养护规范》

（JTG H11—2004）

条 文 说 明

1 总则

本章规定了制定本规范的目的和使用范围,以及公路桥涵养护工作的主要内容和基本技术政策。

1.0.1 本条规定了制定本规范的目的。桥涵是公路网中十分重要的部分,是控制交通的咽喉。据统计资料,到2003年底,全国公路网中有各式桥梁310 774座,累计长度达12 466 143延米,其中特大型、大型桥梁座数约占6.3%,总长度约占43.27%,相当一部分桥梁已使用几十年,原有设计技术标准低、承载能力和通行能力不足,因此加强对现有桥梁的养护和技术改造是十分重要的。按照《公路法》第三十五条“对公路进行养护,保证公路经常处于良好的技术状态”的要求,确定桥涵养护的目的是“保持桥涵处于正常使用状态,保证行车畅通、安全”。

1.0.2 本条规定了本规范的使用范围。从现有公路的分级管理情况出发,并与交通部颁发的《公路桥梁养护管理工作制度》适用范围相一致,所以规定适用范围为国道和省道,由于桥梁对于公路交通的重要性以及近年来管理和养护技术水平的提高,把县道归入执行本规范的范围。其他公路(县乡公路及专用公路)可参照使用。

本规范所谓的特殊桥梁是指在养护方面有特殊要求的桥梁。近年来,我国修建了若干跨越江、海的特大型桥梁和一些新型桥梁。这些桥梁不但对养护技术有较高要求,而且养护管理的工作内容也较一般桥梁复杂,有一定的特殊性。如有的桥梁布置有长年检测的桥梁结构健康诊测系统、气象检测系统、交通监控系统等。本规范主要针对公路网的众多桥梁来编写,不可能也没有必要完全包含所有特殊情况。因此本条规定特大型和新型桥梁之类的特殊桥梁,可遵循本规范的原则,制定专项养护管理规程,由各省(市、区)公路管理机构批准后实施。制定专项养护规程,履行报批手续是必须的,不能以专家委员会鉴定的方式代替。

1.0.3 本条从八个方面规定了桥涵养护工作的主要工作内容及基本要求:检查及评价,采集更新数据;保养、维修和安全防护;加固改造;环保、防灾;建立档案和数据库等。上述内容是从现有桥涵养护工作实际归纳的,并与交通部颁发的《公路桥梁养护管理工作制度》的要求一致。

随着科技水平和管理水平的提高,本规范对养护管理的要求比原规范及《公路桥梁养护管理工作制度》更高一些。表现在:

在《公路桥梁养护管理工作制度》中“逐步建立省地县三级桥梁数据库管理系统”,和原公路养护规范的“推广路面、桥梁管理系统,逐步建立公路数据库,实行病害监控”要求基础上,本规范提出“建立公路桥梁管理系统和公路桥梁数据库”。因为近十年来交通部在组织推广应用公路桥梁管理系统,建立桥梁数据库方面做了大量工作,干线桥梁管理系统在31个省市区和新疆建设兵团已推广使用,高速公路、地方道路及特殊桥梁的管理系统也开始在部分省市区应用,全面应用的条件已经成熟。

实施桥涵病害监控,以及逐步建立大型桥梁荷载报警系统、灾害预防决策系统,是贯彻以人为本、以车为本的指导思想,根据国内外桥涵养护管理技术发展现状和趋势提出来的。国内的一些特大型桥梁已经建立了荷载报警系统,作为规范要求“逐步建立特大型桥梁荷载报警系统,地震、洪水和流冰等预防决策系统”不仅是需要做到,而且是可能做到的。

除强调新、改建桥梁交工接养时,应手续完备、提供成套技术资料的基本要求外,还要求配置养护设施、机具,设置养护工作通道、扶梯、吊杆、平台,设计单位应提供养护技术要点及要求,这些都是开展养护管理工作必要的工作条件。配置养护用的设备和设施在《公路桥涵设计通用规范》(JTJ 021—89)中已有明确规定,但以往常常被忽略,许多大型、特大型桥梁没有养护检修的通道(或平台),管养人员无法接近梁底、支座部位及桥墩进行检查养护作业,有的桥梁养护的机具未予配置或配置不全,给养护工作带来困难。针对上述情况,本条规定了可据实际需要增添桥梁养护的设施和设备,从创造工作条件方面来保证养护工作的开展。提供养护技术要点及要求也必须予以强调,不同桥型因其受力和构造措施不同，养护的技术及要求是不同的，例如斜拉桥的拉索、中下承式拱桥的吊杆应是养护的要点；一座桥梁的不同部件维修更换周期是不相同的，使用橡胶制品的桥梁支座和伸缩缝的使用寿命只有20年左右（关于橡胶材料的使用寿命国内外说法不一，从热空气加速老化试验等分析，一般认为使用50年以上没有问题。但考虑到制品的设计、加工质量等存在的问题，实际使用寿命没有那么长），钢构件的防锈油漆涂装使用寿命一般为2~8年之间（一般油漆使用寿命2年左右，水溶型、醇溶型及环氧型富锌漆使用寿命5~8年之间，无机磷酸盐富锌漆的使用寿命可达20年以上），设计者应明确提出定期更换的要求和办法。建立桥梁健康诊测系统也需要设计者提供内力、应力（应变）、位移、固有频率等基础资料，而这些在以往的设计文件中没有提供或提供的技术资料不齐全。在桥梁交工验收时，设计单位提供养护技术要求及要点的工作应更规范、更详细。大型或特殊桥梁的附属设施，应由制造商直接提供或通过设计单位提供其使用、维护的有关文件。对于大型桥梁和特殊桥梁，最好形成专门的养护要求技术文件。

1.0.4 本条列举了桥涵养护应遵循的技术政策。技术政策是随着形势的发展而变化的。除必须贯彻“预防为主、防治结合”的方针，执行《公路桥梁养护管理工作制度》外，还明确了以桥面养护为中心，以承重部件养护为重点。并强调了科学、先进的养护管理，重视经济技术比选及保护环境。

科技进步，是我国经济发展的动力。依靠科技进步是推进桥涵养护工作的重要技术政策。总体上讲，我国公路桥涵养护管理的技术水平较低，手段落后，机械化程度低，信息技术的应用不普遍，与当前公路交通的发展形势不适应。科技进步在桥涵养护中发挥重要作用的空间很大，因此予以强调。

对养护工程实行分类管理是桥梁养护中的一项基本政策。本规范共分五类。养护工程分类是依据修订中的“公路养护管理办法”的要求来划分的。其中恢复原设计标准的维修项目，如何在中修或大修工程之间划分，技术界限比较模糊，各地可据维修范围、工程规模或所需资金数量来确定。

桥涵养护工程的经济技术比选，也是较薄弱的环节。在判定桥梁是否采取加固利用方案时应对其使用价值进行评价，在规划的使用期内，利用旧桥（及线路）的收益（总收益减去改造费用，管养费用）大于新建桥梁及线路的收益（总收益减去新建费用、管养费用），采取加固利用的方案才是可取的。目前此项工作的开展还很不规范。在加固利用中，对各种加固方案的经济技术比较也是很重要的，总的原则是技术合理的前提下，尽量降低成本。

强调环境保护与综合治理的理由是不言而喻的。桥梁是跨越河道、沟谷的构造物，在桥涵养护改造中注意保持河道的稳定，不使河势恶化十分重要。反之，河道稳定（尤其是桥位所在河段的稳定）对于保证桥梁安全也起到重要作用。

3 桥梁检查与评定

3.1 桥梁检查的一般规定

3.1.1 桥梁检查分为经常检查、定期检查和特殊检查。其分类方法与《公路桥梁养护管理工作制度》的要求一致,且习用已久,经实践证明是合理的。

桥梁检查的情况和所得数据应按要求及时整理、建立卡片,同时输入数据库等管理文件,这些信息资料中有一部分是动态的,要及时更新。所有的检查文档资料应及时归档,桥梁卡片等应作为永久性档案保存。

3.2 经常检查

经常检查是以目测为主,检查从外表可见到的病害和缺陷等,为小修保养计划提供依据。当场填写“桥梁经常检查记录表”是及时、准确收集信息的重要保证,不允许事后回忆补填。经常检查的内容丰富,本节共列举了十四种,基本包括了桥梁各个部分用目测可以发现并作出定性判断的缺损。检查应有序而严密,防止漏项。

支座检查的工作条件较困难,在一般情况下将其经常检查周期定为一个季度。若支座技术状况较差且缺损发展较快,则应缩短检查周期。

桥梁设置的观测用的标点、传感器及引线等也应作为桥梁附属设施,纳入管理检查维护。传感器的工作状态可用接受仪器来测定。

3.3 定期检查

3.3.1 桥梁定期检查的时间一般为三年。各国对桥梁检查时间的规定不一,丹麦为1~6年,法国每5年对大于120m的桥梁进行详细检查,德国每3年进行一次总体检查,瑞士每5年进行一次间隔性检查,意大利每年进行一次全面彻底的检查。由于我国公路运输处于快速增长时期,过桥车辆的数量和重量变化比较大,加强检查很有必要。故修订时将原规范“桥梁检查工程师可视被检桥梁技术状况确定每1~5年检查一次”的规定予以删除,改为定期检查周期“最长不得超过三年”,可依据桥梁技术状况在1~3年中安排。

3.3.2 定期检查和经常检查均有目测,但定期检查强调“必须接近各部件仔细检查其缺损情况”。定期检查前必须创造接近各部件的条件,如使用桥梁检测车、搭设临时支架等。定期检查工作应按规范程序进行,检查前主持检查的专职桥梁养护工程师要认真查阅有关技术资料及上次定期检查的报告,做好人力、设备等各种准备,落实安全保障措施。

本条规定了定期检查应完成的六个方面工作,其中校对桥梁卡片和填写“桥梁定期检查记录表”应在现场及时、准确地完成。缺损原因的判断、维修范围的估定、改建和限制交通的建议工作要慎重进行,都必须以检查情况及与以往检查情况的变化对比做依据,有可信、充足、准确的数据。作判断时执行者的经验也很重要,因此要求定期检查的主持者具有相应的资质和素质。对于难以判断的,本条规定应提出进一步检查的要求,不可盲目下结论。

3.3.3 大、中型桥梁建立永久性观测点,定期进行控制检测是桥梁检查的一项工作。检测项目主要是桥梁结构的变位。其检测周期可与定期检查相同,也可以短于定期检查周期。其坐标控制可以是一般测量的系统,也可以是全球卫星定位系统(GPS)。本条还规定,特大型桥梁和特殊桥梁还可根据养护、管理的需要,增加相应的控制检测项目,如对结构内力、应变(应力)、自振频率等进行定期检测,这需要事先在结构中埋设传感元件设置标点。

根据《公路桥涵设计通用规范》规定,必要时可设置水尺或标志,以观测水位和冲刷情况。本规范作了相应要求。

3.3.4 桥面系构造的检查

本条列举了定期检查的八个方面内容。其中大多数检查项目都属于外观检查,在经常检查时也要进行。这里予以重复是在定期检查中仍要进行,并反映在定期检查的文件如桥梁卡片、检查报告中。

3.3.5 钢筋混凝土和预应力混凝土梁桥的检查

本条列举了五个方面的检查内容。第一款是外观检查的内容,如端头、底面及腹腔的检查,但是必须接近部件才能目测到,所以归于“定期检查”中,其余各项均属于结构缺损的检查。

钢筋混凝土梁桥及预应力混凝土梁桥的检查要点是混凝土开裂和钢筋锈蚀。裂缝的观测包括裂缝发生的位置、宽度、长度及发展情况。测读裂缝宽度一般采用刻度放大镜,其精度可达到0.05mm。为了观测细微裂缝的发展情况,可以在选定部位涂抹石膏,当裂缝宽度增大时,石膏表面将拉裂。对裂缝深度的检查比较困难,可采用塞入薄的钢片量测,但效果并不好。检查裂缝还可采用超声、声波发射、红外线热检测,雷达检测等技术,这些技术不仅可以检测裂缝,还可以检测混凝土的其他缺损,如离析、空洞等。使用这些仪器相对成本较高,在定期检查阶段是否采用,各地可视条件而定。无论是钢筋混凝土或预应力混凝土结构,正常情况下钢筋是不会锈蚀的。但当混凝土品质(如密实度、含水量、含氯盐量等)、保护层厚度、开裂等出现不能满足规范要求的问题时,就可能造成钢筋锈蚀。针对上述原因,评定钢筋锈蚀主要有直接评定法及间接评定法两大类。直接测量法有用于原位检测的半电池电位测量法,以及取样测定截面损失或重量损失等方法。现场检查时,对其暴露部分的锈蚀观察可定性地判定锈蚀的严重程度。间接评定主要测定混凝土质量,评定产生锈蚀的环境条件,如保护层厚度、电阻率、氯离子含量、气透性等,从而判定出现锈蚀的可能性。

此外,对骨料的硅碱反应,碳化深度的检测,特别是使用时间长的混凝土的碳化深度检测,在定期检测中也应引起重视。检测碳化深度采用酚酞试剂法。

本条还列举了检查应注意的各种结构的重点部位。这些部位是内力(应力)较大的控制截面或结构较薄弱之处。

3.3.6 拱桥的检查

本条针对我国公路拱桥常用的结构形式,提出了检查的要求,主要是对检查部位及内容的要求。

中、下承式拱的吊杆检查和系杆拱的系杆检查应引起特别注意。由于中、下承式拱桥在我国公路桥梁中采用时间不长,早期设计对吊杆的防护构造处理不尽完善,既不能有效防止水的浸入,又不便进行检查和养护(类似的情况还有斜拉桥的斜拉索及吊桥的吊杆),出现问题较多,如2001年11月7日,一座跨径240m的中承式混凝土拱桥,八根吊杆在横梁相连部位突然断裂,致使四片横梁、桥面板及人行道坠落。事后检查发现吊杆钢绞线已严重腐蚀,约50%的钢绞线为陈旧性断裂。广东佛陈大桥为下承式钢管混凝土系杆拱,使用五年后发现主桥出现多种病害,其预应力钢绞线的系杆严重锈蚀,仅在表层即可见到九根钢绞线断裂。

检查钢绞线或平行钢丝的断丝或截面削弱,除目测外,可测定钢束的频率或拉力。

检查钢管混凝土拱的混凝土芯是否充满、密实,多用敲击法。此法比较直观、简单,可以大致确定脱空的范围。从原理分析,也可使用超声、雷达等其他方法,但使用技术不够成熟,用于检测钢管混凝土的实例很少。

3.3.7 钢桥的检查

本条列举了钢桥检查的主要内容,即变形、裂缝、锈蚀及联结件是否正常。造成构件变形有两种原因,一是机械撞击,二是局部受力过大,如压杆失稳。后一种情况,可能危及整个结构的承载能力,在检查中要注意判别,并及时处理加固。铆钉、螺栓等联结件及节点的检查应特别仔细,因为这些部位易于损坏,节点处易于存积雨水、垃圾造成锈蚀。1994年韩国汉城圣水桥造成跨塌事故,其主要原因就是节点破坏。钢箱梁腹腔是封闭的，若湿度过大易引起钢材锈蚀。在一些大型桥梁，设有调节环境湿度的装置，其工作状态亦是定期检查的内容。

3.3.8 通道、跨线桥与高架桥的检查

除与一般公路桥进行相同项目的检查外，本条还列举了一些特殊要求。有的通道和跨线桥桥下道面低于地面，设置排水系统自流排水或用机械抽排通道的积水，这种条件下通道积水是养护中的常见问题，检查时应注意，对水泵等设备应进行试车检查。

3.3.9 悬索桥和斜拉桥的检查

本条列举了检查的部位及内容。斜拉桥的拉索、悬索桥的吊杆（或吊索），其构造与中、下承式拱桥的吊杆相近，存在的问题也相类似。如斜拉桥中的广州海印大桥、山东济南黄河公路桥，都在检查中发现拉索锈蚀而换索。因此，对索的检查要格外小心。本条还规定五年内对索的振动频率、索力进行检测。通过测定振动频率可以换算得到索的内力，是对整根索工作状态的宏观检查。如果发现防护装置有破坏，应该对该处的钢索进行检查。悬索桥的索鞍和支座一样，都是桥上的机动部件，除了对构件的锈蚀、破损进行检查外，对其位置是否偏斜、辊轴能否活动自如都要查到，并判定其能否正常工作。

3.3.10 支座的检查

支座是容易损坏的部位，在经常检查中很难对其进行目测检查，因此在定期检查中应视为重点检查的部位。支座采用的材料类型较多，有橡胶、四氟乙烯、钢筋混凝土、钢等。其中橡胶等高分子材料寿命较短，定期检查时要注意其老化问题。

支座的工作状态是否正常，如活动支座是否灵活，位移量是否正常等，是定期检查的内容，需对其工作过程进行观察与量测。

3.3.11 墩台和基础的检查

本条列举了检查的主要内容。墩台、基础在水面或地面以上部分的检查与上部结构相同，比较困难的是水下或地下部分的检查。当水下、地面以下有较明显的病害时，将引起墩台沉降、倾斜、位移、开裂，通过对这些病害的检查和量测，可以判定水下或地下部分有无问题。在国外，有用侧向超声波测位仪来检查桥梁水下部分的桥墩、基础冲刷，填石或石笼的范围、移动情况等实例，还有用贯入地面雷达检测桥台外形及其稳定性的实例。我国曾进行过在墩顶放置仪器，用水电效应法测桩的承载力及完整性，但结果不理想。对于水下、地下部分的检测，还需要探索与研究。潜水员的潜水检查，方法比较可靠，对于大桥、特大桥的检查可以采用。

3.3.14 本条规定了桥梁定期检查后应提交的文件及要求。这些文件既需要做成文案，又应输入计算机、刻制光盘保存。

3.4 特殊检查

3.4.1 本条规定了对承担特殊检查单位的资质管理。特殊检查的技术要求较高，承担者必须拥有相应的仪器设备，试验分析手段，具有较深厚的专业知识和判断结构工作状态的丰富经验，因此在资质方面应有所要求。关于承担单位的资质审查、委托方式，应按国家交通主管部门的相关规定执行。

3.4.2 本条规定了应进行特殊检查的情况。技术状况为五类的桥梁，只是在其技术状况偏向四类且区分不明显时才考虑进行专门检查。应进行专门检查的第四种情况是："特殊重要的桥梁正常使用期间可周期性进行荷载试验"。周期性荷载试验一般为在使用20年后，每隔10～15年进行一次。这是参照国外管理经验，为提高我国桥梁管理水平提出的。工程结构都有其生命周期，由于有的材质随时间老化，原设计、施工方法不当，结构、构造不合理等问题逐渐暴露，以及受使用环境条件的影响，结构的功能在生命周期内是不断退化的。因此间隔一段时间，对其进行全面、系统的检查评定很有必要，荷载试验是对桥梁承载能力（桥梁的主要功能）最直观的检查，所以提出了上述规定。执行本条时，重要的问题是对"特殊重要的桥梁"的界定。各省、市公路管理机构可视其具体情况而定。随着养护经费增多，养护条件改善以及交通量的增长，从可能和需要两个方面考虑，今后应逐步增加进行荷载试验专门检查的桥梁。

3.4.3 本条强调了进行特殊检查必须进行的工作,即现场勘测、试验和验算,三个方面不可缺少。最终应有鉴定结论。

3.4.4 本条强调了试验前应进行的资料准备。

3.4.5 本条对特殊检查的鉴定意见内容提出了要求。公路管理机构针对检查的具体对象,在任务书中或委托合同中应明确鉴定的具体内容。

3.4.6~3.4.9 这几条是对鉴定方法的要求。

结构承载能力鉴定可采用结构分析和静力荷载、动力荷载试验对比的方法。静力荷载试验是桥梁承载能力鉴定最基本的方法。它通过布置在控制截面或部位的传感器,应用仪器测取结构自重及承受静力荷载的变形、应力、内力、裂缝、温度等资料,对结构的强度、刚度及稳定性进行分析,在与计算值或规范值进行比较分析后,可以给出承载能力的评价。静力荷载试验又是动力荷载试验的基础,在进行结构动力荷载试验时,一般先做静力荷载试验,测定有关结构特性参数。桥梁的动力荷载试验用于测定其动力性能,主要是在动载作用下的受迫振动特性及桥梁结构的自振特性。国内曾开展过用动力试验来评价承载能力的研究,尚未达到实用阶段。

已经建立了桥梁健康监测系统的桥梁,可按系统的设置进行损伤识别。当进行荷载试验时,应充分利用监测系统的既有条件和已取得的资料。

关于桥梁抗灾能力鉴定、重要桥梁的模拟试验,主要是指桥梁冲刷模型试验及地震、风震模型试验。

3.4.10 本条列举了特殊检查报告的主要内容。检查报告可根据试验任务书或委托合同的具体要求来编写。

3.5 桥梁评定

3.5.1 一般规定

本条规定了桥梁评定的分类及承担评定工作的单位的资质管理。原桥梁养护规范只要求对桥梁各部件的技术状况进行评定,即本条规定的一般评定。这次修编依据近年的研究,增加了适应性评定。这些评定以桥梁检查为基础,一般评定依据定期检查资料,评定工作应作为定期检查的工作内容之一由负责定期检查者完成;适应性评定依据定期检查、特殊检查(包括检算分析、荷载试验等)来进行,需借助于检算、荷载试验等专业技术性强的手段。因此适应性评定工作应由有资质的单位来进行。

3.5.2 一般评定

桥梁的一般评定包括技术状况综合评定及确定桥梁分类两部分工作。

桥梁技术状况综合评定可采用多种方法。本规范采用三种方法,推荐采用考虑各部件缺损程度、缺损对结构的影响、缺损发展变化的量化评定方法。其他两种方法是以重要部件最差的缺损状况评定,或按技术状况标准的描述凭经验判断。

各部件技术状况评定是依据缺损程度、缺损对结构功能的影响程度、缺损发展变化状况进行量化评分,采用标度法并叠加发展趋势的修正值。确定缺损程度及标度是使用此方法的关键,可参考表3.5.2-3的标准或本规范对桥梁定期检查的要求来确定。表3-1例举了某桥的评定情况,将缺损状况描述分类和标度进行了对照。组合标度及修正均是叠加计算。

在综合评定时,依据各部件的重要程度给予了不同的权重 W_i。由于各地的环境条件不一样,除采用本规范的推荐外,还允许依据实际情况调整。调整权重可采用专家评估法(德尔菲法),调整值应经过批准认可。应该注意影响安全性的权重不宜减少。

经过缺损发展状况修正后的组合标度 R_i,能够量化反映部件的技术状态。当 $R_i \geqslant 3$ 时,说明该部件出现了严重缺损,或虽为中等缺损,但在继续发展恶化,应该安排维修。在综合评定 $D \geqslant 60$ 时,也可能出现其中某些杆件 $R_i \geqslant 3$ 的情况,不能因为综合评价较好(二类以上桥梁)而忽略部件缺损的维修。

各主要承重部件在桥梁安全使用中的作用可作为"串联"分析。荷载内力由桥面依次传递到上部结构、墩台、基础、地基,某一个环节出现严重缺损都可能影响到桥梁的安全使用。因此,本规范允许采用"以重要部件最差的缺损状况评定"。重要部件一般考虑上部结构主要承重部件、墩台及基础,它们不仅对安全使用至关重要，而且维修工作量、难度也较大。这种评定方法是突出安全因素的影响。

表 3-1　×××桥技术状况评定表

编号 i	a 部件	b 权重 W_i	c 部件缺损程度标度	d 缺损对使用功能的影响	e 缺损发展状况修正	f 部件评定结果 $R(c+d+e)$	g $W_i \cdot R_i$	注
1	翼墙、耳墙	1	0	—	—	0	0	无翼墙、耳墙
2	锥坡、护坡	1	严重缺损 2	影响小 1	发展快 1	4(2+1+1)	4	
3	桥台及基础	23	中等缺损 1	影响大 2	发展缓慢 0	3(1+2+0)	69	
4	桥墩及基础	24	中等缺损 1	影响大 2	发展较快 1	4(1+2+1)	96	
5	地基、冲刷	8	严重缺损 2	影响大 2	发展较快 1	5(2+2+1)	40	
…	…	…	…	…	…	…	…	
17	其他	1	轻度缺损 0	—	—	0	0	避雷针

$D=100-1/5\cdot\sum W_i\cdot R_i=100-1/5\cdot(0+4+69+96+40+\cdots)=100-49.5=50.5$（三类桥）

在桥梁技术状况标准表中，对各类桥梁的总体、各部件（墩台基础、支座、上部结构等）的状况均有具体要求，并有一些量化的要求，结合定期检查，对照分类表的要求，也可以凭经验评定桥梁的分类。本规范也允许采用上述方法。

比较而言，推荐的考虑部件缺损程度、影响、缺损发展变化的标度法，对各部件均进行了权重考虑及量化评分，比后两种方法全面、细致，使用也不复杂，应该是较好的方法。

关于桥梁技术状况的分类，原桥梁养护规范对桥梁技术状况评定标准分为四类，其中第四类分为“坏的状态”和“危险状态”两种，依据评审本规范时专家组的意见，将其四类拆分为第四类“差的状态”，第五类“危险状态”。因为危险状态已属不能安全使用的桥梁，需关闭交通、改建或重建，单独归类更能引起管理者的重视，便于养护措施的落实。对于第四类、第五类桥梁的交通管制，比原规范要求稍严一些，以确保安全。在第四类桥中，增加了“当……关闭交通”，第五类桥梁中改为“及时封闭交通”。各类技术状况的描述基本同于原桥梁养护规范。

鉴于木桥已很少，在技术状况评定标准中取消了木桥的有关规定。

3.5.3　桥梁适应性评定

本条要求以 3 ~6 年为周期，对桥梁的适应性进行评定。

承载能力评定是将桥梁的实际承载能力与现行设计荷载标准的荷载效应进行比较。反映结构能否达到承载要求。通行能力评定是将设计通行能力与现行交通量进行比较，也可以和使用期预测交通量进行比较，反映桥梁能否满足现行（或使用期）交通量的要求。适应性评定通常与定期检查、特殊检查结合进行。交通部已组织编写《公路旧桥承载力评定规程》，可按其要求实施承载能力的评定工作。抗洪能力评定的具体要求，在本规范第 11 章中作了相应规定。

关于评定周期，一般要求 3 ~6 年。由于评定工作与检查是结合进行的，对于定期检查，本规范要求最长不得超过 3 年，特殊检查未作周期性要求。因此评定工作可在一个或两个定期检查周期之间安排。由于我国交通运输发展迅猛，适应性评价不可间隔太久。

适应性评价可按整条线路统一安排，通过评价可以得到桥梁适应程度的百分比。有人提出，可按座数求适应性合格率的百分比（合格桥梁座数/整条线路桥梁总座数），也有人提出按总桥长求适应性合格率的百分比（合格桥梁总长度/整条线路桥梁总长度），上述合格率指标均可一定程度地为公路改建决策提供基础资料。由于涉及技术经济问题较多，对整条线路桥梁适应性的评价工作还需深入研究。

3.5.4　养护对策

本条规定了评定划分的各类桥梁相应的养护对策与措施，包括按技术状况分类的养护工程措施及满足适应性的改造措施。

在桥梁技术状况评定分类时，推荐采用的综合评定方法，虽然作了量化处理，但各部件缺损状况的评定依然是经验方法，有相当的变幅，所以养护对策也有一定的伸缩余地，如三类桥是否进行交通管制，四类桥是否关闭交通，仍需管理者依据经验作出判断。

改善桥梁适应性，一般是有针对地对某些方面进行改造，如加强结构以提高承载能力，加宽桥面以提高通行能力等。当整个路段有多座桥梁的适应性不能满足时（这种情况下往往路线也不适应），逐桥改造可能不是经济合理的，应从整条线路甚至从路网改造来比选。

4 桥梁上部结构养护

4.1 桥面系的养护与维修

4.1.1 本条规定了桥面铺装的养护与维修。

桥面铺装即行车道铺装，是车辆直接作用的部分。桥面铺装要求有一定的厚度、强度、平整度，防止开裂，并保证耐磨。桥面铺装有多种形式，有水泥混凝土、沥青混凝土、沥青表面处治和泥结碎石等。其中以水泥混凝土和沥青混凝土使用得较广泛。梁式桥的桥面采用沥青桥面时，先在梁、板顶面现浇防水混凝土，一般厚度为6～10cm，然后做防水层，再在其上铺筑沥青面层，一般厚度5～9cm；采用水泥混凝土桥面时，在梁板顶面现浇防水混凝土，一般厚度为10～13cm。钢筋混凝土桥梁的铺装层混凝土强度等级多采用C30，预应力混凝土桥梁的铺装层混凝土多采用C40，对于高速、一级公路及其他重要公路的大跨径桥梁，也可采用钢纤维混凝土或合成纤维水泥混凝土。水泥混凝土铺装层中设置钢筋网，钢筋直径一般采用8～10mm。实腹拱桥及腹拱式拱上建筑的空腹拱一般在压实的拱上填料基层上铺筑沥青面层。钢桥一般采用沥青桥面铺装。对于大跨径、特大跨径的桥梁，多采用品质较优的沥青玛蹄脂碎石混合料、环氧沥青混凝土、浇筑式沥青混凝土等。

桥面铺装层的养护与维修，按《公路水泥混凝土路面养护技术规范》(JTJ 073.1—2001)、《公路沥青路面养护技术规范》(JTJ 073.2—2001)进行。同时应注意到桥面铺装层与一般路面的受力条件不同，在桥跨的不同位置，荷载作用下的变位差异较大从而使其更为不利，因此在维修时应选用较好的材料，在水泥混凝土桥面铺装中布置钢筋网，以及考虑其他加强的工程措施。又为了不致因养护加铺桥面增加桥梁恒载，使桥梁受力恶化，本条特别指出不宜在原桥面上加铺新的桥面，若加铺桥面过厚，应对桥梁结构重新进行检算。

在桥面铺装下面应设置防水层。防水层一般有涂敷式或防水卷材两种。若发现桥有渗漏水现象，说明防水层已损坏，应对防水层进行修补。

有的水泥混凝土桥面铺装层设计为参与上部结构受力，这类桥面翻修时，不能将该层凿除改作沥青混凝土桥面。

桥面铺装的养护维修宜在不中断交通的情况下进行，可采用半幅施工或夜间施工。

4.1.2 本条规定了排水系统的养护与维修，施工时应采取严格的安全措施。

为了迅速排除桥面积水，防止雨水积滞于桥面、渗入梁体或拱腔，桥面要有一套完整的排水系统。在桥面设置纵、横坡，安装泄水管或在桥头做截水槽，拱桥及桥台还设有排除腹腔积水的泄水管(孔)，这些泄水管设在防水层上面，通过防水层汇集渗水。排水系统的养护要求保持排水通畅，经常疏通堵塞，以及修复损坏的防、排水系统。据调查，由于养护不到位，桥面的淤泥、杂物未及时清除，造成排水管堵塞的情况较多，应当引起重视。还有因施工不当，排水管口偏高造成积水，这时应将管口高出部分凿去并整修桥面，使其顺畅排水。

4.1.3～4.1.4 人行道、栏杆、护栏及照明灯具属于桥梁的易损构件，为了及时养护更换，可备用适量的构件或保存预制构件的模板。

4.1.5 伸缩缝在平行、垂直桥轴的两个方向应能自由伸缩，当车辆驶过时平顺无突跳，不漏水、牢固可靠。

早期使用的桥梁伸缩缝，如U形锌铁皮伸缩缝、钢板或齿板伸缩缝、橡胶条伸缩缝、板式橡胶伸缩缝等，由于构造和安装的缺陷，多数使用效果不好或出现不同程度的损坏、漏水、失效，在养护维修时，宜进行更换。伸缩位移量小的可采用弹塑体填充式伸缩缝，位移量中等的可采用型钢伸缩缝，位移量大的可采用组合式伸缩缝。更新伸缩缝应由有资质的专业公司来进行。

维修或更换伸缩缝,可采取半幅桥面施工,在伸缩缝上覆盖钢板等措施维持交通,并实行交通管制以保证施工安全。

4.1.6 桥头搭板损坏及桥头引道出现不均匀沉降,是因为出现较多的病害。其养护维修应从桥梁与道路两个方面着手。桥头搭板的病害主要是桥头填土沉降造成搭板脱空、断裂或枕梁下沉。搭板损坏严重的需要挖开处理路基,重新浇筑搭板。关于桥头跳车处路面、路基的处理,参见《公路沥青路面养护技术规范》(JTJ 073.2—2001)。

4.1.7 对标志、标线和交通安全设施的养护强调了及时性,要求经常保持完好。一些桥梁设有航道灯、航空灯,这些指示性灯具完好与否是关系安全的重大问题,更要求"如有损坏应立即修复",养管部门应予以高度重视。

4.1.8 对桥梁观测用的标点、传感器及接线的保护是本次修编增加的。对于建立了桥梁健康诊测系统的桥梁,有永久测点的特大、大、中桥梁,在养护工作中把保护标点、传感器及接线等纳入工作职责是必要的。

4.2 钢筋混凝土梁桥的养护与加固

4.2.1 日常养护与维修

本条规定了钢筋混凝土梁式桥日常养护的工作内容,常见病害的处治办法及钢筋混凝土构件的修补要求。

保持箱梁的箱内通风是为了减少箱内外温差对结构的不利影响。

采用清水刷洗钢筋混凝土梁体所结污垢,是为了防止清洗对混凝土造成损害。若采用化学清洗剂时,应先确定其对混凝土无害方可使用。

钢筋混凝土梁的主要病害大致可归为混凝土表面缺陷、露筋及钢筋锈蚀、联结构件开焊、开裂以及裂缝超限。本条分四种情况提出了处理措施。

混凝土表面修补,通常采用混凝土和水泥砂浆,也可使用其他的修补剂,这些修补剂一般是环氧类化学胶,除用做梁体表面修补外,还可用做水泥混凝土桥面的修补、罩面。

当采用喷射水泥砂浆大面积修补时,宜在喷射后初凝前进行表面抹平。

对梁体的钢联结件,如需用焊接方法修补时,应保护周围混凝土,减小烧伤范围,对于被烧裂、烧坏部分的混凝土应敲掉重新修补。

钢筋混凝土结构的裂缝可分为非结构性裂缝及结构变形变化与荷载裂缝。前者如混凝土收缩引起的表面裂缝,后者如梁体出现的弯拉裂缝、主拉应力裂缝、剪切裂缝、支点局部承压的劈裂缝等,对其后者的处理更显重要。钢筋混凝土是允许开裂的,只限制裂缝的宽度及分布。当裂缝宽度在限值范围以内,一般可以不处理,若环境条件恶劣,裂缝宽度较大时,可以采取表面封闭裂缝的措施。当裂缝宽度超过限值,应当进行灌缝处理,梁的垂直方向和倾斜方向裂缝应采取压力灌缝。常用的裂缝修补胶主要有环氧树脂类和甲凝类,前者黏结力强,稳定性好,机械强度高;后者黏度低,可灌性好,可根据裂缝宽度等因素来选用。当裂缝细小时可选用甲凝类灌缝料。如果出现了较严重的裂缝,表明结构已出现大的变形,则应查明其原因,观测其发展变化,采取结构加固措施,并综合考虑对裂缝的处理。

4.2.2 加固方法及适应范围

由于桥梁加固的技术较复杂,且内容较多,通常由专业的加固单位来完成,公路养护管理机构一般只起组织管理作用,因此本规范只列出加固方法及适应范围。本节列举了常用的钢筋混凝土梁式桥加固方法,共11种。可归纳为加强构件截面加固法和改变结构受力加固法两大类。

1 加强构件截面加固法,包括4.2.2的第1至第6。绑扎钢筋骨架并与原有骨架连接浇注钢筋混凝土加大截面、转换截面形式、粘贴钢板、加预应力是传统的加固方法。近年来兴起植筋和粘贴复合纤维等新的加固方法。

植筋:在原结构上钻孔、插入(种植)钢筋并用锚固剂使其与混凝土固结,可用于增补钢筋、增加锚固钢筋(抗剪或抗拉)。

粘贴复合纤维:用环氧树脂配制的或专用的黏结材料将纤维片材粘贴于被加固体的表面,修复原结构、提高承载力和耐久性。采用的纤维主要有碳纤维增强复合材料(CFRP)以及玻璃纤维(GFRP)、芳纶纤维。碳纤维材料具有强度高、耐腐蚀、耐久性好及自重很小的优点,粘贴工艺简单,粘贴碳纤维后几乎不增加结构自重和改变外形,近年来在桥梁加固中得到普遍运用且发展较快。碳纤维加固的主要效果是提高构件的抗弯、抗剪承载力及受压构件的轴向抗压承载力,也能用于控制裂缝发展。

2 改变结构加固法。包括4.2.2的第7至第11。因为结构受力变化,对某些构件或构件的某些部位是有利的,而对另一些构件或部位不利,所以采用此方法必须对加固方案进行周密的检算;同时要有安全、可靠、合理的构造措施和施工措施。

为了提高桥梁整体刚度,可采用增加横隔板的方法,包括加大截面、增加横隔板数量两种方法,如对无中横隔梁增设中横隔板1至3道。由于横向分布调整使各片主梁受力更均匀,也可能提高承载力。

调整连续梁支座标高,主要用于消除不均匀沉降的影响。

更换主梁是比较彻底的加固方法,通常用于主梁已严重缺损、承载力降低很多的情况,或者需加大边梁截面及配筋的情况。

本节按构件加强和改变结构受力状态两个方面归纳了加固方法的运用范围,实际运用时可综合考虑。当依据提高承载力幅度来选择加固方法时,可按下述考虑:当承载力相差较大时,选用更换主梁,加大钢筋混凝土断面,预应力加固及改变结构受力状态的方法;相差较小可选用粘贴钢板法或粘贴碳纤维方法。碳纤维虽然强度很高,但目前施工要求不宜粘贴超过两层,因而提高承载力的幅度不大。

4.3 预应力混凝土梁桥的养护与加固

4.3.1 日常养护与维修

预应力混凝土梁桥的日常养护基本同于钢筋混凝土梁桥,但由于多了预应力体系的相应构造,因此要注意对预应力钢束及锚固区的养护,如处理体外预应力钢束的腐蚀,修补沿预应力钢束的梁体混凝土纵向裂缝及破损等。

预应力混凝土梁桥的病害及处理基本上同于钢筋混凝土梁。预应力混凝土梁桥出现裂缝还可能有锚固区的局部承压劈裂,或因保护层厚度不够,构造钢筋、定位钢筋偏少引起沿预应力钢束的纵向线形裂缝。按桥梁设计规范,全预应力及A类构件(部分预应力)在正常使用的条件下,是不允许开裂的,因此检查出有受力裂缝,无论宽度大小均应查明原因,进行处理。这种情况多数为承载力不够或预应力部分失效引起的,应进行结构加固而不仅仅处理裂缝。

4.3.2 预应力混凝土梁桥的加固方法

预应力混凝土梁桥的加固方法及适用范围与钢筋混凝土梁桥基本相同。

若梁体的高度较低,当采用竖向预应力筋加固腹板时,应充分考虑锚头预应力损失的影响,宜与其他加固措施综合比较,选定可行、可靠的加固方法。

4.4 拱桥的养护与加固

4.4.1 日常养护与维修

我国公路拱桥所采用的材料种类和结构形式较多。从材料分有石拱桥、混凝土拱桥、钢筋混凝土拱桥、钢管混凝土拱桥和钢拱桥,有的桁架拱拉杆还采用了预应力混凝土。早期还有砖拱桥,20世纪60年代后砖拱桥几乎不再采用了。从结构形式分有板拱、肋拱、双曲拱、桁架拱、刚架拱、桁式组合拱、系杆拱等。日常养护应针对不同情况采取相应措施。

拱桥桥面的日常养护见4.1桥面系统养护与维修。应注意实腹拱和腹拱式空腹拱,因为拱上填料难以压实和各处填料厚度不均,使铺装层易于破坏,尤其要加强养护。

由于防排水系统损坏而造成的拱圈渗水的现象不少,尤其是在石拱桥中较多,因为20世纪50年代、60 年代修建的石拱桥拱背防水层较简陋，防水效果不够好，当桥面开裂渗水或桥面积水排出不畅时，往往造成主拱圈漏水，钙化物从砂浆缝或裂缝处淅出，影响结构功能和美观。板拱施工残留的混凝土等杂物未清除干净，波形截面双曲拱的波沟位置低凹而立墙未设泄水孔等，往往造成空腹拱的立墙下端处积水，应对该部分进行清理。对于经常被淹没的拱脚区段的养护一定要到位，部分箱拱当拱脚淹没时为减少浮力影响而在拱圈底板设有(进)排水孔，养护时应保持其畅通，不可淤塞。实腹拱桥若漏水严重，影响正常使用，则要挖开拱上填料及桥面，重新修理防排水系统，有的可与增补护拱一并进行。整修拱腔防排水系统后，修复桥面铺装时，还应做好桥面的防水排水。

我国公路拱桥的主拱几乎都采用无铰拱结构，只有少数采用设平铰的双铰拱结构。腹拱的三铰拱多采用平面铰、弧面铰或假铰(拱顶铰)，有的将多孔腹拱做成平铰的双铰拱。保持拱铰转动的机动性对保证结构正常受力十分重要。养护时要注意清除嵌入铰缝、变形缝的杂物等。与变形缝对应的栏杆也应保持可以自由伸缩。

构件表面缺损及局部损坏的维修视材料类型采取不同的方法。圬工砌体的个别块体压碎或脱落时，一般应用新的块体填塞，采用与原材料相同的新块体或混凝土预制块，也可直接浇注混凝土填塞。新材料的强度应等同或高于原材料。

拱上侧墙的鼓凸变形及开裂是常见的病害。鼓凸的原因主要有填料不实、拱腔积水及侧墙尺寸偏小。应查明情况进行处理，对于鼓凸部分拆除重砌。若要用轻质材料换填拱的腹腔填料，应经过检算，当能改善主拱受力时方可考虑。

拱上侧墙开裂的主要原因是侧墙变形与主拱变形不协调。一种可能是主拱圈变形量过大；另一种原因是侧墙构造不当，应设的变形缝未设或设置不当。对于侧墙部分的开裂，一般情况下仅做修补裂缝处理即可。有的拱桥设计时已考虑拱上结构联合作用，当拱与侧墙之间开裂脱开后，不能共同受力，对于这种情况应查阅原设计资料，重新按不考虑联合作用来检算，若不能满足强度条件则应予以加固。

中、下承式拱桥的吊杆及系杆拱的系杆，是检查、养护的重点，吊杆和未采用混凝土包裹的系杆都是结构的易损坏部件，要切实做好防锈蚀养护工作，及时修补止水、防水构件、更换防锈涂装等。对拱桥的吊杆、无混凝土包裹的系杆(及以后章节中斜拉桥的拉索、悬索桥的吊杆等)应作为可更换的部件，建立定期检查及更换制度。

4.4.2 加固方法及适用范围

我国的公路拱桥多数建于 20 世纪 50 年代至 70 年代，由于当时的技术水平和建材条件的限制，拱桥采用得很多，甚至一些更适合采用梁式桥梁的地方，如软基地区或宽浅河床地区，也采用了拱桥方案。经过几十年的使用，在需进行加固维修的桥梁中，拱桥占了相当大的比例，这些情况还会持续一段时期，应在养护工作中加以注意。

拱桥的病害类型较多，本条归纳了主要的十四种病害。板拱或肋拱的主拱圈(拱肋)开裂，以拱顶、拱脚等控制截面发生较多，桁架拱、刚架拱则多出现杆端或节点开裂。贵州省创造的桁式组合拱桥，中部的桁拱与边部的悬臂桁架是刚性联结的(称为"新拱脚")，此处拱圈及汇合的桁架杆件端部开裂较多。双曲拱桥采用小构件预制拼装，加之施工工艺方面的原因，整体性较差，出现裂缝较普遍且种类较多，拱上建筑开裂的现象也比较普遍。引起开裂的原因很多，加固维修时应具体分析，有针对性地拟定加固方案。20 世纪 60 年代、70 年代对逐次形成拱圈的拱桥(如双曲拱等)，多数采用简化的"内力叠加法"计算，这种假定理论依据不足，算值偏于不安全；有的拱桥设计考虑了拱上建筑联合作用，但对拱圈变形给予拱上建筑的不利影响没有认真考虑；还有的对拱桥设计作了过分的简化。在拟定维修加固方案、进行桥梁检算时，要尽量收集原设计、施工档案材料。对于一些使用状况差、建筑在不适合拱桥方案地区的拱桥，应将拆除改建的方案与加固方案进行比较，费用相差不大时，宜拆除改造，根治"先天不足"的问题。

加大拱圈截面的方法分为从腹面加固和从腹背加固两大类。腹面加固的前提是拱下有施工条件，虽然工作条件差，但是不需要拆除和重建拱上建筑，中断交通时间短，故从腹面加固较多。在桥下净空条件允许时，采用衬拱来加固拱圈的做法方可行，这时应有适当措施保证新、老拱圈联合受力。拱背加固作业条件好，施工质量易于保证，不受桥下条件的限制，但加固工作量大，中断交通时间较长。若拱上建筑也需改建维修,选择从拱背面加固的方案就十分有利。从拱背面加大截面的做法在空腹拱拱脚区段较易实施,若原为等截面拱,加大某些区段的截面后变成了变截面拱,内力分布将发生变化,此时应当进行检算。若在实腹段也从拱背面进行加固,则需拆除拱上建筑,待加固完主拱圈后重新做拱上建筑。

对于肋拱、桁架拱、刚架拱及拱上建筑、横向联系的钢筋混凝土杆件,一般采用粘钢或复合纤维片材加固比较适宜。早期修建的中小跨径双曲拱,有的设拉杆作拱肋间的横向联系,因其刚度小而使用效果较差,宜改成钢筋混凝土横系梁。

中、下承式拱的吊杆若检查发现锈蚀断丝或锚头滑丝应及时维修,更换损坏的吊杆。若原设计为可调整的,可用收紧的方法调整松弛的吊杆。

钢管混凝土拱桥在我国使用时间不长,加固经验很少,其加固方法以外包钢筋混凝土为宜,其他方法如粘贴钢板等还有待实践。

改变拱桥结构体系的加固方法,需经过周密设计后方可采用。常用的方法是加系杆,系杆可设置于拱脚之间,如同下承式系杆拱的系杆,也可设置于起拱线上某一高度。增设的系杆除采用型钢外,也有采用预应力钢筋的做法,预应力筋可锚固于拱圈背面或桥台,通过主动施加预应力来调整拱圈受力。在拱上腹拱的拱脚加系杆,以及在腹拱立墙上加斜撑的做法也被采用过。

变更拱上建筑形式或更换实腹填料为轻质材料,是减载调整压力线的加固方法,当下部结构或地基承载力不够时,宜采用这种方法。变更拱上建筑有多种方法可选择,如将腹拱式空腹拱的立墙改为立柱,将整个拱上建筑改为自重较小的钢筋混凝土框架等轻型结构。实腹拱的轻质填料可采用炉渣、矿渣等。粉煤灰加气混凝土自重只有混凝土的1/4~1/5,其砌体有一定强度,用作拱上填料,除减轻恒载外,还可较好地解决拱腹排水问题。

拱桥的恒载分布对压力线影响较大,一般以压力线接近拱轴线最为有利。加固中可以主动地利用调整恒载分布来改善拱桥受力,反之若盲目地加大某些部件或截面,减小某些部件或拱腹换填轻质材料,也可能造成拱圈受力不利。同时,还应注意恒载变化对拱推力的影响,若是按连拱设计的尤其要注意推力变化对邻孔和桥墩的影响,并采取相应措施承受不平衡推力。加固的工序安排十分重要,若加、卸载不当,甚至可能出现拱圈破坏、跨桥的事故。凡是加固过程中或加固后拱桥恒载分布有较大变化者,都应进行周密的结构设计和施工组织设计,按设计的工序进行施工。

4.4.3 拱桥的拆除

拱桥的拆除是逐步减少恒载的过程,基于恒载分布对压力线的影响,拆除工作切不可盲目进行,已有不止一起拆桥中造成拱圈突然倒塌人员伤亡的事故,因此特增加了本条规定。用爆破方法或用人工方法拆除拱桥都要进行设计,按施工组织有序进行(其他形式桥梁的拆除也应照此要求)。采用爆破法应按爆破作业的有关规定执行。

4.5 钢桥的养护与加固

4.5.1 日常养护与维修

近年来新建钢桥大都采用栓焊结构,但早期修建仍在运营中的钢桥多是铆接结构,所以对铆钉的检验和更换仍是养护要点之一。

条文中铆钉的松动和损坏是指如图4-1中的情况。

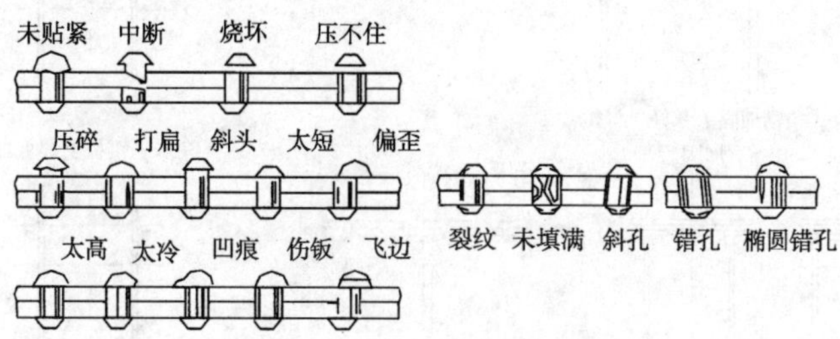

图4-1 各种有缺点的铆钉

普通螺栓在钢结构中很少采用，而高强螺栓目前已被广泛应用于桥梁结构中，高强螺栓依靠摩擦力传力，故螺栓的松动影响结构的安全。保持高强螺栓的预拉应力，是养护的要点。

对松动的高强螺栓可以用带扭矩计的风动、电动或手动板手拧紧。

对于焊接连接的构件，焊接质量受人为因素影响相对较大，在桥梁结构的使用过程中，难免会暴露出一些缺陷，对这些缺陷应及时修补，但在同一部位的修补次数不宜超过2次。

杆件的局部弯曲，可在常温下进行矫正即冷矫，冷矫时应缓慢加力，气温不宜低于5℃，对于总变形率大于2%的杆件，应进行更换，不得冷矫。对有些杆件，因受力不合理，产生的弯曲是由于强度、刚度不足或稳定性差而引起的，该类杆件不仅要矫正，而且还应补强、加固，损伤严重的杆件应进行更换。

4.5.2 涂漆防锈是钢桥养护的主要工作内容。

钢桥养护中采用的防锈油漆，一般应与原涂料一致，也可选用更优良的防锈涂装，如无机磷酸盐型富锌漆等高档产品。涂装工艺十分重要，本条作了较详细的要求。在养护时，尤其是整座钢桥涂装时，应制定详尽的工艺要求。

采用金属涂层成本高，现场施工条件差且工效低，选择涂漆或涂金属涂层应作经济技术比较。

4.5.3 针对钢板梁和钢衍梁两大类桥型，采用不同钢构件加固方法。

钢板梁的加固通常采用增大翼缘板截面和增设加劲肋的方法来进行，加劲肋以采用角钢为主。几种常用的加固方法示意见图4-2～图4-6。

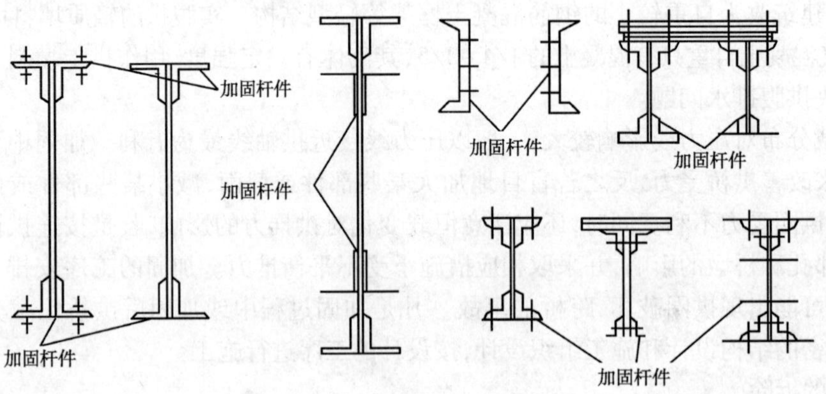

图4-2 用加大截面的方法加固

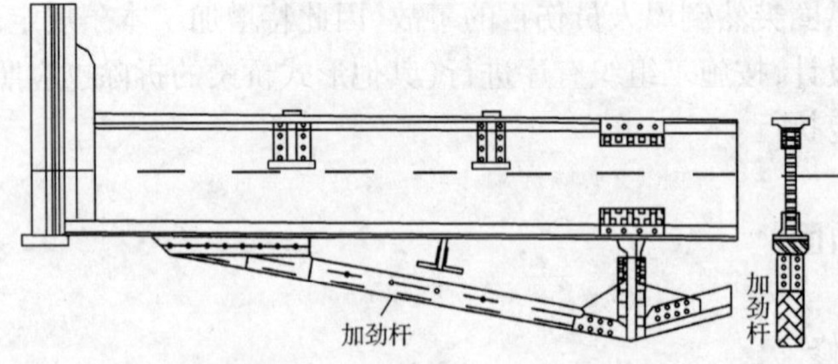

图4-3 用设置加劲杆的方法加固

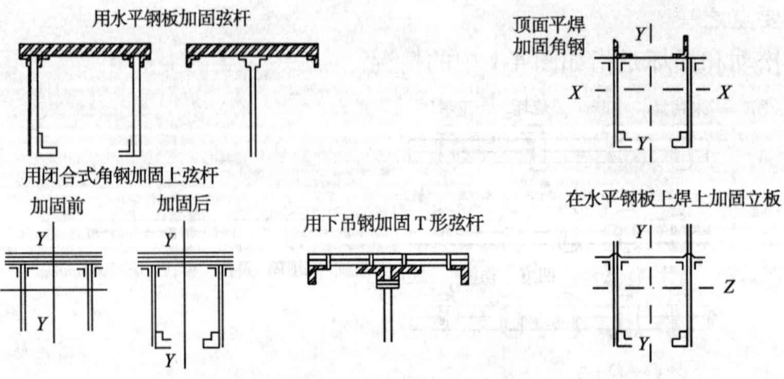

图4-4 用增强各杆件间联系的方法加固

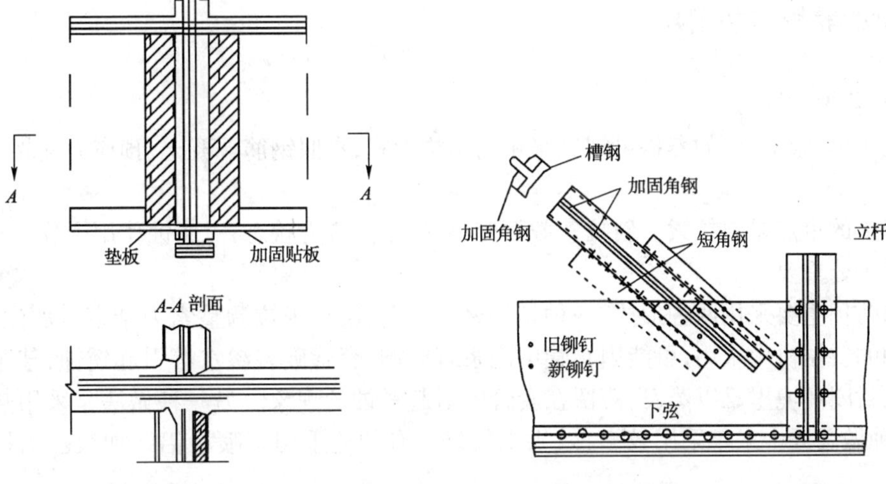

图 4-5　用增加贴板拼接加固结合处　　　图 4-6　用增加短角钢来加固结合处

4.5.4　恢复和提高整桥承载力的加固，是与本节第三条构件加固相结合来考虑的。如对控制截面或控制杆件进行加固，即可达到提高全桥承载力的目的。此外，本条列举了增加主梁及改变结构受力体系的几种方法，可酌情采用。

新加钢梁以加设在原有各梁之间为主，这样比较美观。当墩台宽度不受限制时，也可考虑在梁的外侧加设钢梁。

在主桁架上装置附加结构，以改变结构受力的构造如图 4-7 ~ 图 4-10。

用加劲梁装在主桁架的下弦杆上，从而达到提高主桁架抗弯强度的目的，见图 4-7。

用体外预应力体系加设在下弦杆的截面形心之下，可使主桁的下弦杆拉应力减小，上弦杆的压应力减小，同时使主桁产生上挠恢复到变形前的状态，见图 4-8。

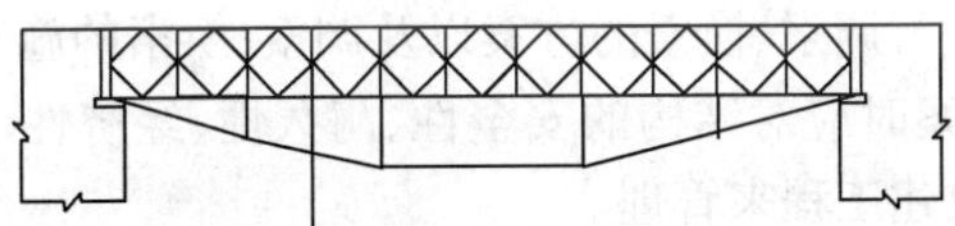

图 4-7　在主桁架下装加劲梁　　　图 4-8　在主桁架下装预应力体系

用拱式结构装在主桁架上面，改善主桁架的应力，见图 4-9。

用悬索体系加在主桁架上面，将主桁的竖向荷载转递到悬索上，通过索塔和背索将荷载传递至地基，构造示意见图 4-10。

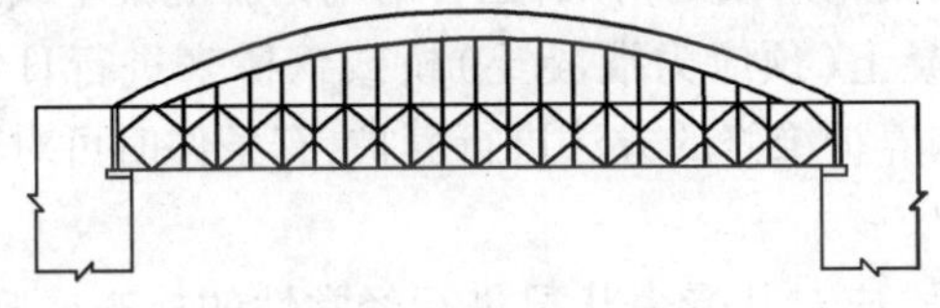

图 4-9　在主桁架上装拱式结构

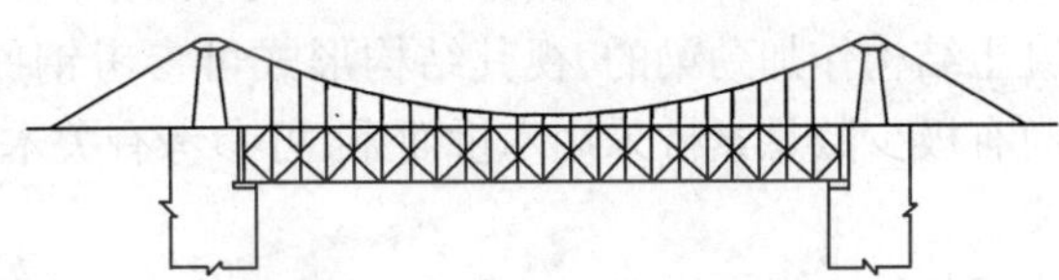

图 4-10　在主桁架上装悬索体系

4.6　钢—混凝土组合梁桥的养护与加固

4.6.2　加固方法及适用范围

钢—混凝土组合梁桥的结构特点是混凝土桥面板(除去表面磨耗层外)是主梁结构的一部分，且与钢梁之间可靠地连接成为整体。本条有关加固的规定均是根据这一原则作出的。所针对的病害有两类，一是混凝土板开裂，二是钢与混凝土板间的连接不够，出现裂缝或脱开。加固时对混凝土板临时预压或对钢梁预弯都是为了调整组合梁的应力状态，一般在原设计时已是如此考虑的，若原设计没有考虑，加固时也可采用此类方法，对此需进行设计和检算。

4.7 斜拉桥的养护与加固

4.7.1 日常养护与维修

斜拉桥的主梁、索塔、墩的养护可视其采用的结构形式，参照钢筋混凝土、预应力混凝土或钢桥的有关规定。

斜拉桥养护的重点是斜拉索。斜拉索截面较小，处于高应力状态，对腐蚀作用十分敏感。养护中保持拉索的防护十分重要。

斜拉索的防护主要采用两种形式，一种是加聚乙烯套管，在张拉调整索力结束后加注水泥砂浆，这种做法在早期的斜拉桥中采用，可能因套管中注浆有空洞、套管破裂渗水等引起锈蚀，甚至有因注入的水泥浆泌水在封闭环境里难以蒸发，滞留在套管内引起锈蚀的现象。另一种做法是采用热挤压包裹聚乙烯护套，这种做法近十来年采用较多，效果也较好。有的还采用了喷涂铝锌加聚乙烯护套多重防护措施。

养护中应保持防护套的完好，发现破裂、渗水，应及时修补。斜拉索最易进水的部位是索与锚具的连接部位。连接部位的阻水、密封装置应保持完好，若发现已有渗漏水的现象或疑点，则应打开防护套对拉索进行检查和除锈，然后做防锈涂装，恢复护套等。斜拉索两端锚具的防锈也是养护工作的重点。

有条件的大型斜拉桥，可定期对拉索的索力进行测定。一般可直接测定拉索内力或通过测定索的振动频率来换算内力，依据测值来指导养护与维修。

4.7.2 斜拉索的调整和更换

斜拉桥是高次超静定结构，通过索力调整可使结构处于正常使用状态是斜拉桥的构造特点。调整或更换斜拉索，是斜拉桥维修的一种特有形式。我国修建斜拉桥历史不长，已有在使用期调整索力来消除桥面不均匀变形及调整主梁内力的实例，也有整座桥更换斜拉索的实例。早期修建的斜拉桥已有拆除另建的例子，如四川三台涪江桥。

必须通过特殊检查、检算来确定是否需要调索、换索，调索、换索的方案以及调索、换索的施工程序。更换斜拉索的费用相当高，技术也比较复杂，在研究方案时应对结构的安全性、耐久性、经济性、施工期间的交通组织等进行综合分析比选。调索、换索应按改建工程来管理。

4.8 悬索桥（吊桥）的养护与加固

4.8.1 日常养护与维修

悬索桥的索塔多采用钢筋混凝土结构，加劲梁多采用钢箱梁或钢桁梁，也有采用钢筋混凝土或预应力混凝土结构作加劲梁的，视其结构形式可参考钢筋混凝土（预应力混凝土）桥或钢桥来进行日常养护。尚有极少数悬索桥采用木桥面系，可参考有关木结构养护维修的方法进行养护，有条件时可对其进行更换。

为了保持主缆各索股受力均匀，吊杆（吊索）正常受力，应对其受力状况进行经常性的检查或监测。一般采用仪器测定内力或振动频率的方法进行。对于不具备上述条件的较小跨径的悬索桥也可采用敲击法，用手锤或音叉敲打索股或吊索，根据发声的声调来判断索的松紧，此方法经验性强，可在一定场合下作初判。若发现索股或吊索受力异常时，应查明原因并予以排除。恢复原来状态时，应对索力进行测定和调控。

主缆索的外层都有防止雨、雪侵入的保护层，一旦出现开裂、剥落、破坏，可能造成雨、雪水浸泡引起主缆锈蚀。大型或特大型悬索桥的主缆保护层通常用镀锌钢丝缠绕，并加有防锈涂层，防护效果好。早期修建的中小型悬索桥，往往只有较简易的防护，如涂抹黄油，用玻璃丝布包裹等，这类防护的有效使用期较短，易于破坏，应加强日常检查，发现问题随时进行养护维修并定期更换。当发现保护层破坏时，应对影响范围内的主缆是否锈蚀进行检查，有必要时将附近保护层切剥开进行处理。发现锈点要彻底揩擦、打磨，不留锈迹，消除隐患。主缆处理后，要仔细恢复保护层，注意做好新旧保护层的连接，不能有漏缝或松动。

悬索桥的索鞍一般都加盖鞍罩防尘,有的密封性较差,对此类索鞍应经常进行清扫。特大型悬索桥的索鞍有密封性很好的鞍罩,装有自动调节环境温湿度的设备,这些设备应定期维修,保持正常工作。索鞍下的辊轴是结构的活动部分,应经常清除堆积的杂物,加注或更换润滑油脂保持其机动性,否则可能使索塔承受过大的水平力而应力状态恶化。

悬索桥上有较多的螺栓紧固件,要定期进行紧固并经常检查其工作状态。紧固时要控制扭力,宜使用带扭力计的扳手或专用工具。吊杆的索夹若松动,将造成索夹滑移,吊杆倾斜松弛,若发现这种情况可用绞车等使其复位,通过索端的拉力螺栓调节索力至正常状态,然后重新拧紧索夹的紧固螺栓。

吊杆的养护注意事项与系杆拱或中、下承式拱的吊杆相同。特大型桥梁的吊杆有的装有减震装置,养护时应检查是否有异常或失效,发现问题应及时检修。

悬索桥的锚室或锚洞应保持干燥,防止水从缆索及锚室洞壁中渗流进入。特大型桥梁的锚室装有自动调节温湿的设备,应定期维修,保持正常工作。一些中小型桥的主缆锚室或锚洞比较简陋,有的直接在岩盘中凿成,未作衬砌等表面处理。对这类锚洞要检查表面是否开裂或风化,发现问题要加以处理。有的虽无大的问题出现,有条件的也可加作表面处理,如表面抹砂浆或钢丝网水泥砂浆等。

4.8.2 加固方法及适应范围

悬索桥的刚度较小,特别是加劲梁刚度小、桥宽度较窄的中、小悬索桥,往往出现影响正常使用的过大变形。因此要采取措施来减小竖向变位与横向摆动,这是悬索桥加固的特殊项目。除了增加桥道系的水平风撑减少横向摆动的措施外,其他措施都改变了原结构的受力体系,可能使某些部位受力不利。在考虑加固方案时应进行检算并作改建设计,既改善桥梁的刚度,又要满足强度和稳定的要求。

主缆索垂度的调整十分困难。只有在索股数量很少的悬索桥上才有实现的可能性。因为设计施工不周或养护失误,索鞍偏移过大时有发生。发现索鞍偏移时可用固定于索塔顶的千斤顶迫使索鞍归位,如有必要,也可采取措施减卸一侧主缆的恒载,以便于索鞍复位,待索鞍复位后再调匀两侧的恒载。

锚碇及锚室是将主缆内力传递到地基的部位,是悬索桥至关重要的部分,若出现结构性裂缝或明显的位移(正常情况下的位移是极其微小的),很可能有危及安全的问题,应当高度重视,及时彻底处理。

4.9 桥梁支座的养护与更换

4.9.1 日常养护

支座是桥梁的机动部分,在活载、温度变化或其他因素作用下,要发生转动、水平位移(板式橡胶支座产生大的剪切变形),是养护的重点部位。但由于过去设计公路桥梁,几乎都没有考虑支座养护的工作通道,养护人员难以接近支座部位,支座养护不及时甚至长期失养,影响桥梁的正常工作。所以强调加强对支座的养护是必要的。为此,本条要求对支座的检查频率比其他部位高,每季度至少检查一次,清扫工作也要求每半年至少进行一次。各地可据实际情况,规定定期检查和打扫的时间,同时还应按本规范第1.0.3条要求,解决养护工作通道、工作平台的问题。

日常养护应保持支座的机动性和位移功能。防止杂物、垃圾等将支座卡死,防止钢构件锈蚀,橡胶件老化,紧固件松动等。

4.9.2 支座维修与更换

支座是桥梁的可换部件,尤其是橡胶支座,因材料老化其使用寿命远比混凝土、钢材短,除了发现故障及时更换外,应建立定期更换制度,到使用年限的应强制性更换掉。以往在中、小桥中采用油毛毡作简易支座,使用效果并不好,在养护更换时,宜换成其他性能可靠的支座。

更换支座时,需用千斤顶顶起梁(板),先使旧支座脱空,然后进行更换作业,最后再落梁就位。千斤顶的支顶位置应尽可能接近原支座,宜在横桥向沿原支座的两侧架顶。起顶和落顶宜各点同步,也可用小位移量逐次交叉顶升或降落。连续梁等超静定结构更换支座,应进行检算和施工组织设计,避免在更换支座过程中产生过大的附加内力。

5　桥梁下部结构养护

5.1　墩台基础的养护与加固

5.1.1　日常养护与维修

此条主要拟定了对桥梁下部结构的管理及养护工作内容。为保证桥梁的安全，必须在桥位处设置一个安全区域，公路法第四十七条第一款对此有明确规定，本规范提出在桥下树立警示牌的要求。在桥梁安全区域内桥梁管理养护部门有严格管理的职责，任何单位和个人在此区域施工作业或堆放物件等应得到主管部门的批准同意。桥梁安全区域的范围可视具体情况适当扩大，有关的管理应与河道管理部门相协调。本条还规定了桥梁下部结构的各种养护方法。

由于社会经济的不断发展，河道航运日益繁忙，桥梁下部结构特别是桥墩受船只冲撞而受损的现象日益严重，因此，本条还非常明确地规定了检查防撞、导航、警示等附属设施的必要性，使其保持良好状态的重要性，同时应根据不同受损情况进行维修加固。

5.1.2　本条主要规定简支梁的墩台基础沉降和位移允许值。本次重编规范时其计算公式及限值都沿用原规范的规定没有更改。对于超静定结构，位移引起的附加内力超出允许值时会引起结构损坏，对其影响程度可通过观测及检算来确定。墩台基础承载力不足时应进行加固。

5.1.3　加固方法及适用范围

对于重力式刚性实体基础，当承载力不足时一般采用扩大墩台基础底面积的加固方法，称为扩大基础加固法，本条主要规定了常用的几种扩大基础加固法，并提出加固的条件及注意事项。保证扩大部分与原基础连接成整体是本法的关键之一。

常用的桩基础加固法是加桩和加大承台，新旧桩基通过承台来共同受力。新增加桩的直径、长度及数量通过计算确定。增加桩的缺点是基础范围扩大较多。采用压浆方法增加桩壁摩阻力也是有效的加固方法，一般用于钻孔桩的缺陷处理与加固。

人工地基加固是在墩台基础之下或周边钻孔或打入管桩，用一定压力把各种浆液（加固液）灌入土层中，通过浆液凝固，把原来松散的土固结为有一定强度和防渗性能的整体，或把岩石裂缝堵塞起来，从而达到加固地基，提高地基承载力的目的。按加固情况的不同该加固方法的作用主要有：

（1）填充土壤或岩石的空洞和裂缝。如果空洞大，应使用水泥混凝土；如果是裂缝，则应使用水泥浆，堵塞土壤或岩石的渗流孔道，提高其承压能力，减少渗流冲刷的可能性。

（2）填充砂子和砾石的孔隙，提高其承压能力。

（3）挤密较软弱的土层（例如未压实的填土或塑性较大的黏土等），形成复合地基，使地基承载能力得到提高。

注浆加固一般可分为静压注浆和高压喷射注浆两类。静压注浆又可分为填充注浆、裂缝注浆、渗透注浆和挤压注浆等；高压喷射注浆有旋转喷射注浆和定向喷射注浆之分。

注浆加固时各种浆液材料的选择要求是：

（1）浆液应是真溶液而不是悬浊液。浆液黏度低，流动性好，能进入细小裂缝。

（2）浆液凝胶时间可从几秒至几小时范围内随意调节，并能准确地控制，浆液一经发生凝胶就在瞬间完成。

（3）浆液的稳定性好，在常温常压下，长期存放不改变性质，不发生任何化学反应。

（4）浆液无毒无臭，对环境无污染，对人体无害，属非易燃、易爆物品。

（5）浆液对注浆设备、管路、混凝土结构物、橡胶制品无腐蚀性，并容易清洗。

(6)浆液固化时无收缩现象,固化后与岩石、混凝土等有一定黏结性。

(7)浆液结石体有一定抗压和抗拉强度,不龟裂,抗渗压性能和防冲刷性能良好。

(8)结石体耐老化性能好,能长期耐酸、碱、盐、生物细菌等的腐蚀,且不受温度和湿度的影响。

(9)材料来源丰富,价格低廉。

(10)浆液配制方便,操作容易。

墩台基础防护主要针对基底被水流冲刷淘空的情况。

当桥台由于种种原因而产生滑移、倾斜时应根据不同情况采取相应的加固方法。对于梁式桥或陡拱因台背土压力过大引起向桥孔倾斜或滑移,一般可在台背换填轻质材料以减轻土压力,或加固加厚原有桥台台身。对于单跨小跨径梁式桥还可以在两桥台基础之间增设支撑梁,将上部梁端水平支顶在台帽胸墙上,成轻型桥台受力状况,以防桥台倾斜及向跨中滑移。

拱桥桥台向台后位移,原因是台后土压力偏小,不足以抵抗拱的推力。一般采用加大桥台增加摩阻力的方法加固。台后增加小跨引桥必须有整体式摩擦板,其作用相当于空心式桥台。加孔后的填土仍需仔细夯实。桥下净空许可时,加设拉杆承受推力是较简便的方法。可参见第4.4.2节的规定及说明。维修拱桥桥台时,要维持拱推力的平衡,防止拱脚出现大的位移,造成拱圈破坏。

桥梁墩台基础产生沉降往往是由于地基承载力不足而引起,随着时间的推移,沉降会逐渐减少,因此可采用顶升梁板加设垫块的方法进行调整。若沉降量较大,则必须采取有效的方法加固地基与基础,见本章有关条款。拱桥采取顶推的方法来调整拱轴线,恢复原桥形状,达到加固恢复原有桥梁承载能力的方法,可用于沉降、滑移等造成拱轴变形过大的修复。用顶推法加固拱桥时,必须先进行设计计算,并对地基作检查,必要时先加固地基,使其变形稳定,再顶推调整拱轴线。

5.2 墩台的养护与加固

5.2.1 日常养护与维修

本条规定了墩台身的几种不同维修养护方法,主要针对圬工砌体及混凝土的墩台。

5.2.2 加固方法及适用范围

当钢筋混凝土墩台产生缺损时,应依据不同情况采取相应的维修方法,本条列举了常用的几种方法。U形桥台翼墙外倾,如查明是其中填料不实或浸水引起的,也可更换填料,并认真夯实,做好排水。如属地基不均匀沉降引起的,则应处理地基。

墩台身的加固,使用较多的是加钢或钢筋混凝土的围带或套箍,若采用钢围带(或钢套箍)应对钢构件进行防锈处理。对于经常被淹没的墩台,因防锈处理难达到预期效果而不宜用钢构件加固。

常水位以下墩台的缺损处理,可参见5.1.2墩台基础防护加固的方法,或筑围堰抽干水后进行加固修补,或用袋装混凝土通过潜水作业修补。

5.3 锥坡、翼墙的养护

5.3.1 本条主要是对锥坡的维修养护提出了具体的要求。

5.3.2 翼墙出现下沉、断裂或其他形式损坏时,必须及时采取有效方法进行维修。本条主要提出修理的要求。

6 通道、跨线桥与高架桥养护

6.1 通道的养护

6.1.1 通道的结构养护与其他桥梁相比并无特殊要求。由于有人、车通过，维修时应组织好交通，尽可能减少中断时间，或不中断交通。当不中断交通进行维修时必须要有严格的安全保障措施，部分路面关闭时设置的警告、禁令、指示标志要规范。

6.1.2 钢筋混凝土箱涵是通道常用的一种结构。本条列出了混凝土裂缝渗漏的一般修理方法。出现渗漏是箱涵外壁的防水层有破损，才使得水沿混凝土裂缝渗漏。渗漏较小时，封填裂缝可以奏效，若渗漏比较严重，上述措施就不能解决问题，这时可采用在壁外注浆等方法。

6.1.3 钢筋混凝土箱涵的止水带一般用橡胶或塑料制品，应具有高弹性、耐磨性，抗撕裂性及耐老化等性质，且与混凝土能可靠黏结。遇水膨胀的止水带具有遇水后体积膨胀的功能，能进一步密封、填充变形造成的缝隙。止水带一旦发现破损，应及时更换。因为这些材料的使用寿命比混凝土短，应建立定期更换制度，使之经常保持正常使用状态。更换时宜采用性能更好的产品而不拘于与原使用的产品一致。

6.1.4～6.1.5 通道路面往往低于两侧地面，需敷设下埋式排水管将路面积水排除或采用机械抽排水。采用机械设备排水的，应做好设备维修工作，据调查这是养护的薄弱环节，养护工人中缺少会维修机械的技术工人是设备失养、失效的重要原因，故实施本条规定时还应解决维修人员的配置或培训问题。

6.1.7 通道应设置明显的限高标志。当净空小于公路技术等级要求，不符合交通需要时，不仅应标出限高值，还应设置绕行通过的指路标志。

6.2 跨线桥与高架桥的养护

6.2.2 跨线桥或高架桥的排水系统多采用封闭式，将排水管直接接到地面或水沟中。排水系统的养护工作内容与一般公路桥梁有所不同。本条规定特别强调了高架桥梁排水设施的养护维修工作。

6.2.3 高架桥梁上防撞护栏的维护、保洁是一项重要的养护内容。对于金属护栏还应每年进行油漆防锈。

6.2.4 此条规定对设有的防抛网及隔音设施应加强养护，注意保洁，及时维修损坏部分，必要时还应对损坏严重的部件进行更换。

6.2.5 高架桥梁的桥孔管理也是高架桥梁养护中的一项非常重要的内容，应做出相关的管理规定。不允许任意占用桥孔，若需使用桥孔时，使用单位或个人必须经桥梁管理部门审批同意，并发放临时占用证，方可使用。使用桥孔时必须确保桥梁日常养护、维修、检测的需要。使用单位或个人不得在桥孔内从事下列活动：

（1）损害桥梁设施；

（2）搭建建筑物，封闭桥孔或建造其他不利于进行桥梁日常养护、维修、检测工作的设施；

（3）堆放或加工生产易燃、易爆、易腐等有害物品；

（4）擅自转让使用权；

（5）影响治安及环保卫生；

（6）其他违反批准内容的活动。

对于桥孔下安设的护栏必须注意养护维修，如发现损坏应及时修理。

6.2.6 设有照明系统的跨线桥、高架桥，应注意维修与更换，保持夜间照明，以利于交通。

6.2.7 跨线桥的道路交叉部分应设置明显的限高标志，或绕行标志（参见 6.1.7 说明），以及在桥墩、台端面涂刷立面标志，立面标志为黄黑相间的斜线，具体规定见《道路交通标志和标线》（GB 5768—1999）。

7 桥梁抗震加固

7.1 桥梁抗震加固原则

7.1.1 强烈地震时，公路桥梁往往遭受严重的破坏，而且经常同时遭受地震引起的次生灾害（水、火等灾害）的破坏，进而加剧地震危害的严重性，修建在人口稠密地区和重要交通干线上的桥梁更是如此。我国20世纪60年代、70年代以前修建的公路桥梁，有许多未作抗震设计，在1976年唐山大地震后，桥梁抗震设计及加固得到了重视，加固了一大批桥梁，但旧桥抗震加固的任务尚未完成。预先加固是花费较少而抗灾、减灾效果最好的措施。为了减轻地震造成的损失，要求地震区的桥梁在抗震、防震方面必须贯彻预防为主的方针，对现有的桥梁要做好抗震加固工作。

在一般情况下，桥梁能够抵御地震动峰值加速度系数为0.10g或0.10g以下地震产生的地震力。经调查表明，经受过地震动峰值加速度系数为0.10g的地震的桥梁，其中大多数基本完好或仅有轻微损坏。我国《公路工程抗震设计规范》（JTJ 004），规定地震动峰值加速度系数为0.10g或0.10g以上地区的桥梁应进行抗震验算和设防，本规范据此规定了旧桥抗震加固的范围，即地震动峰值加速度系数为0.10g或0.10g以上地区的桥梁必须进行抗震加固。1997年12月我国颁布了抗震减灾法，桥梁抗震加固工作还应按其相关规定执行。

7.1.2 抗震加固后的桥梁，必须满足正常运营和使用情况下，结构因温度伸缩所必需的变形与活载作用所产生的变形等。

7.1.3 到目前为止调查到的梁式桥与拱桥的倒塌或严重破坏多出现在顺桥方向，而横桥方向只出现中等程度的破坏，极个别的梁式桥出现过边梁落梁现象。原因是墩、台在顺桥向的刚度远比横桥向小；梁式桥的梁与墩在顺桥向的搭接长度远比横桥向宽度小；梁式桥在顺桥向为串连结构，其横向为并连结构，从而使地震荷载和相应位移在顺桥向出现较大的传递和不均匀分配。

7.1.4 重点桥梁做好抢修预案，对于减少灾害损失十分重要。预案应包括一旦中断交通的绕行方案和抢修技术方案、人力组织、指挥调度、物资器材储备等。对其预案及准备工作还应定期检查、调整。确保灾害发生时能有效发挥作用。

7.2 桥梁抗震调查

7.2.1 本条列举了震区桥梁调查的重点部位，即抗震薄弱部位。地震时可能出现破坏的部位如下：

1 梁式桥的跨中因受力大，横梁及支座相对于它们所连接的结构而言刚度小，尤其是支座，是受力集中的机动部分，故在地震中易破坏，被视为薄弱部位。

刚性地基上的拱桥，在地面运动作用下，拱在平面内的基本振型为反对称的两个波，这种变形在拱脚和1/4拱跨处产生的弯矩最大。非刚性地基上的拱桥，由于基础下沉而经常导致腹拱立柱开裂，拱脚、拱顶严重开裂，主拱扭曲，甚至主拱圈折断，上部结构塌落等极其严重的震害。

2 下部结构的薄弱部位主要指桥梁墩台帽、墩、台、基础等互相结合的部位。

墩台帽与墩台身连接处、承台与基桩连接处，及变截面基础的截面突变处，在地震作用下会产生较大的应力集中。

由于材料风化严重而降低了结构原有的强度、刚度，从而变为抗震中的薄弱部位。

基础冲刷严重将使其受力状态恶化，桩基础的自由长度增加，地基上的约束减少，对承载水平推力和弯矩不利；若是摩擦桩，竖直承载力也会减少。基础由于地基表面处约束条件的突变，在地震力作用下易破坏。

工作缝处混凝土的整体性往往比其他断面差，在地震中较易破坏。

7.2.2 地震对结构的破坏情况，随结构类型的不同、抗震措施的设置方式不同而有差别，即使在地震动峰值加速度系数相同区域内的同类结构，其破坏程度也不尽相同。

1 在地震荷载作用下，当作用于主梁的地震力超过支座摩阻力或支座本身强度时，主梁就会发生纵、横向位移。当位移值大于伸缩缝的间隔时，梁端之间就可能互相撞击而造成梁端破坏，或导致落梁。

2 桁架梁的抗扭刚度较差，在强大地震力作用下，桁架梁被扭曲是发生较多的破坏。

3 在强大地震力作用下，拱上建筑破坏的情况较多。采用拱上立柱支撑腹拱的，因为各部分刚度差异较大，易于破坏；腹拱铰设置不当，增加了不合理变形约束，易于破坏；整体性差的拱圈也易于破坏。刚性地基上修建的单孔拱桥与多孔连拱，若桥墩、桥台刚度远大于拱圈刚度时，其抗震能力较强，否则在强大地震力作用下，不仅会使拱圈开裂变形，甚至造成拱桥坍塌。

4 支座是桥梁震害中破坏最严重的部位。地震作用时桥梁上的水平地震荷载将会产生大幅度的水平相对位移，对柔性墩还将产生较大的转角，常常超过设计允许的位移值。调查结果表明，在地震动峰值加速度系数大于等于0.10g时，摆柱式支座、滚动支座普遍出现失稳、倾倒或脱落，几乎无一例外。当顺桥向位移过大、墩身顺桥向与横桥向转角过大时均可使活动支座产生破坏。

对固定支座而言，在地震中会出现两种震害类型，一是顺桥向的纯剪切破坏，另一是横桥向的弯扭破坏。

5 当地震动峰值加速度系数大于等于0.10g时，桥墩台会产生倾斜、开裂和折断。在岸坡滑移时，墩台向河心倾斜、移动，动土压力继续增加，将使墩台身或桩身在稳定层顶面附近弯裂或折断。在地基液化时，会造成地基承载力降低或丧失而导致墩台下沉。

桥台胸墙截面尺寸和强度一般都较小，不足以承受地震时产生的水平荷载。在地震中，胸墙成了最易发生震害的部位，特别是在岸坡滑移时，几乎所有桥梁的胸墙均被剪断。为此，在地震区的桥梁，对胸墙应予以高度重视。

7.3 梁桥的抗震加固

7.3.1 在顺桥向防止地震造成落梁，关键是限制梁与墩之间不要产生过大的相对位移，桥梁的墩、台不产生折断、倾覆等破坏。

梁式桥中最大的震害就是落梁，地震中多数桥台胸墙被撞坏，因此要求适当加强桥台胸墙的刚度与强度，如对胸墙重新用混凝土整体浇筑并配置适量的钢筋等，并在胸墙与梁端之间填充缓冲材料，以缓和梁对胸墙的冲撞。

对简支梁（板）顺桥向桥面连续的简支梁（板）桥，在梁端处设置的挡块必须具有一定的强度，以抵抗地震时梁之间的碰撞。

总之设置纵向挡块的主要目的是限制和阻止主梁纵桥向产生过大的相对位移，防止落梁的发生。

固定主梁是通过在结构上增加约束来限制主梁位移而达到防止落梁的目的。

对于跨径较小的梁式桥，可用卡架将主梁固定于桥墩上（图7-1）。在限制主梁位移，防止落梁的同时，必须保证主梁正常运营情况下的伸缩余量，特别是在活动支座那一端，因此软木垫或橡胶垫要严格按规定尺寸施工。

采用螺栓加固板梁与墩台之间的连接，在螺栓的活动端应扩孔，孔内所填的弹性材料可为沥青或用其他弹性材料。螺栓伸入墩帽深度不小于20cm，但也不能使钻孔深度超过墩帽厚度。

对于悬臂梁桥的挂梁可以采用从梁侧钻孔，用钢板、螺栓连接的固定措施，活动支座端的螺孔应留有足够的间隙，以适应温度变化等产生的变形。此外也可采用螺栓竖向连接的方法。

将主梁连成整体可提高结构的整体性、加强各构件之间的连接，在地震时能使结构内力有效地重分布。

加横向钢拉杆或横隔板的措施为横向加固。加固后的主梁由于其整体性的加强，也提高了桥梁的纵向抗弯刚度与抗扭刚度。随着刚度的提高，当地震发生时，主梁的相对位移量减小，故能有效防止纵桥向(或横桥向)落梁事故的发生。

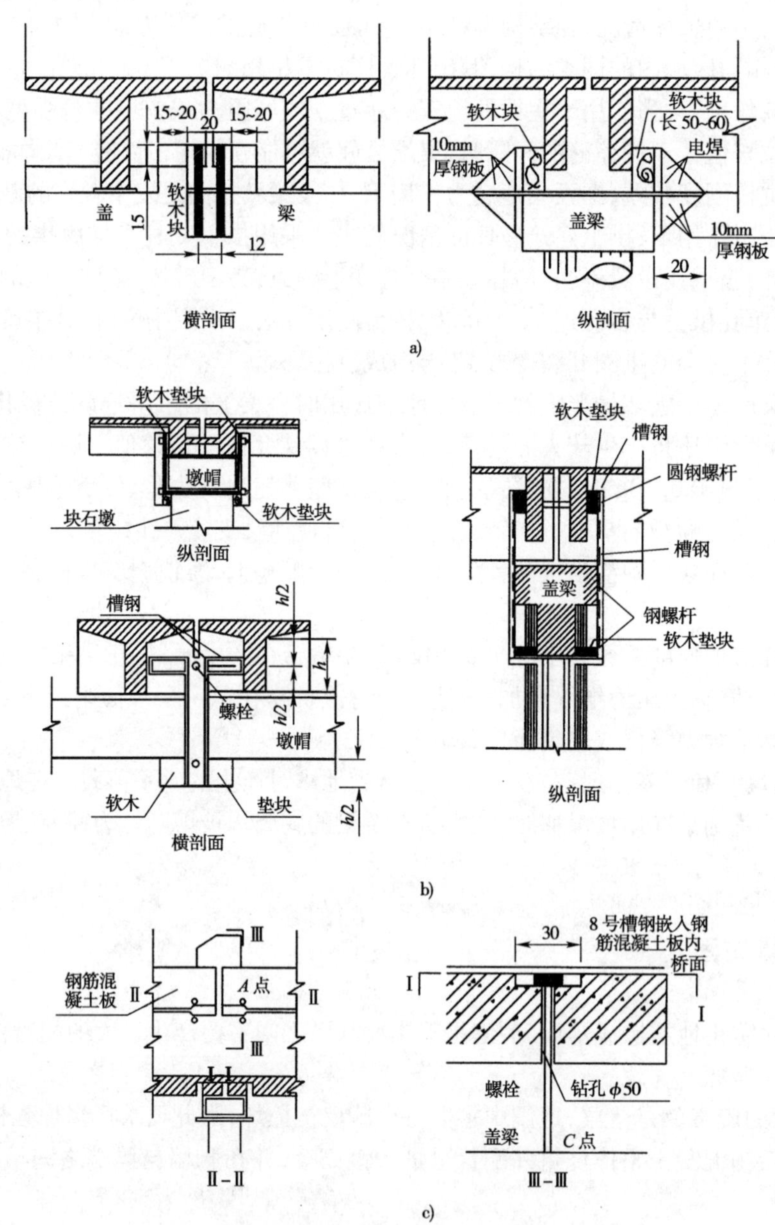

图 7-1 用卡架固定(尺寸单位:cm)

a)三角形卡架固定;b)H形卡架固定;c)口形卡架固定

主梁纵向用螺栓或其他钢构件连接的抗震加固可限制主梁与墩、台之间的相对位移。纵向加固时应注意不要改变结构正常工作状态下的受力体系。

将梁端用螺栓固定的钢板直接与桥台胸墙上的埋设件连接起来，可以防止桥梁地震时纵向落梁事故的发生。

日本已开发了防止落梁的装置，其特点是用加装弹簧的钢绞线将相邻的梁或梁与桥台胸墙之间连接起来，并有缓冲器和偏向器，可减缓地震的冲击力和局部弯曲应力，承受大的移动量，弹簧使钢绞线平时处于绷紧状态。我国已有厂商在进行开发，采用专门的防落梁装置将收到更好的效果。

7.3.2 计算分析及实际调查表明，在构造上采取一些抗震措施，对防止横向落梁具有非常重要的作用。

设置横向挡块的要求与纵向挡块相同。当采用角钢、钢轨或槽钢作挡杆时，挡杆应有足够的强度与刚度。用型钢组成钢支架(通常设计为三角形)，和挡杆相比能更好地发挥作用，可用相同数量的材料提供更大的抵抗冲击的能力。采用何种构造形式应按墩台帽能提供的位置大小等因素而定。采用钢挡杆或钢支架，均应做好表面的防锈处理。

加强桥面可起到增加全桥整体性的作用。以往的桥面铺装,有的采用素混凝土,可将其改造,加铺钢筋网。重要桥梁也可考虑用钢纤维混凝土桥面铺装。

7.3.3 梁式桥的支座在地震中是关键部位之一,地震时往往发生支座倾倒,锚栓剪断、滑落等,造成难以修复的后果,因此要重视支座的加固。

钢筋混凝土支座挡块的尺寸,一般可为长 40cm、宽 20cm、高 30cm,但其高度必须保证比 T 形梁的横梁底面高出 20cm 以上。挡块中的锚固钢筋埋入墩帽中不小于 30 ~ 50cm。如果墩、台帽较窄无法设置挡块时,可采用设置挡杆的方法。

《公路工程抗震设计规范》规定地震动峰值加速度系数为 0.20g 及 0.20g 以上(原规范中为地震烈度 8 度及 8 度以上)地区不应采用摆柱式支座,对辊轴活动支座,则应采取限制其位移的措施。

U 形或一字形承托加固支座的方法,只适用于摆动、滚动式支座,且其墩、台帽较宽的情况(图 7-2)。

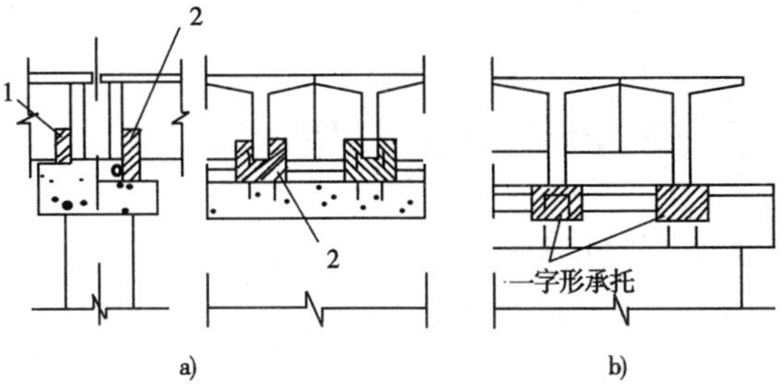

图 7-2 摆动、滚动支座的挡块与承托

a) U 形承托;b) 一字形承托

1-固定支座挡块;2-摆柱支座 U 形承托挡块

7.4 拱桥的抗震加固

7.4.1 加设防落拱牛腿主要针对刚性地基上的连拱。

当墩的刚度不足以承受单向推力时,墩愈柔,跨数愈多,则抗震能力愈差,强烈地震时将会出现墩身裂缝、折断、落拱等震害。

当墩的刚度较大时,地震力有将拱圈与墩台分开之趋势,设置防落拱牛腿则可有效地加强主拱圈与墩、台之间的连接,从而提高了拱桥的抗震性能。

7.4.2 加强主拱圈的整体性,是抗震加固的重要措施之一。双曲拱桥由多种部件组成,连接部位较多,如拱肋和拱波的连接、拱波之间的连接,拱肋之间的连接等,这些连接部位是抗震的薄弱环节。石拱桥当砌体错缝不规则,砌缝质量差,或采用片石砌筑等,其整体性也较差。本条主要针对双曲拱桥及石拱桥作了规定,其他拱桥若发现整体性不好,亦应采取相应的措施。

对双曲拱桥上部结构进行加固,采用加劲钢筋及剪刀撑法的,其做法为:设两道相距 1m 的加劲钢筋(ϕ20 ~ ϕ22),两筋间用剪刀撑(一般为 ϕ18 ~ ϕ20 钢筋)连接。注意加劲钢筋两端螺帽下应垫以橡皮垫圈确保不致损坏该处混凝土,外露的钢构件应作防锈处理(图 7-3a)。采用此方法在实腹段施工较麻烦,加固后外观较差。

用钢拉杆加强横系梁,提高主拱圈的整体性,一般在最紧要的拱顶部位加固(图 7-3b),也可和前述方法结合采用。

石拱桥主拱圈由石块浆砌或干砌而成,其抗震性能相对于钢筋混凝土板拱要差些。对整个主拱圈进行加固较困难而且造价也高。用拱圈钻孔锚固法对主拱圈进行三道箍加强是目前常用方法之一(图7-4),也是比较有效的。干砌石拱桥因整体性差,而不宜在地震区采用,已有的干砌石拱桥宜进行改建。

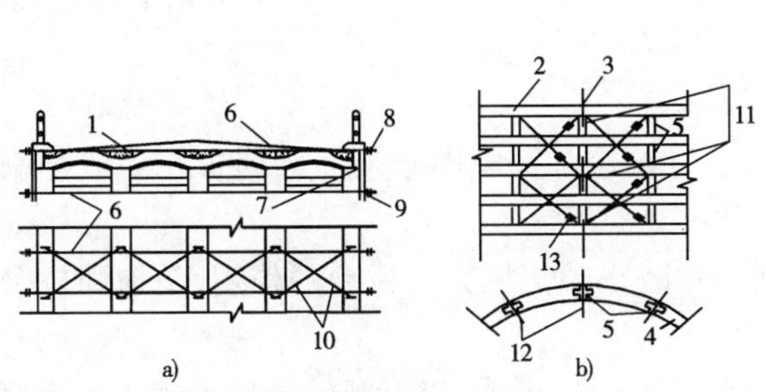

图 7-3 双曲拱桥拱肋整体连结

1-C20 混凝土填平;2-拱筋;3-拱顶;4-拱圈;5-横系梁;6-钢筋拉杆;7-角钢;8-双螺帽;9-橡皮垫圈;10-斜拉杆;11-钢板箍;12-螺栓;13-法兰螺栓

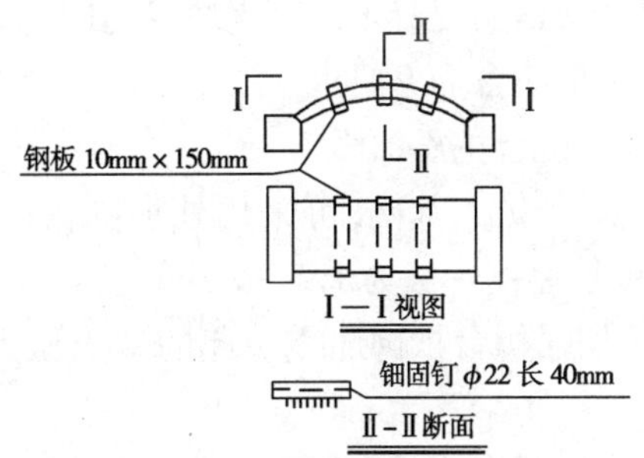

图 7-4 石拱板整体连结

7.4.3 拱桥的拱脚处是抗震加固重点部位之一。由于地震时地震荷载在拱脚处引起的弯矩很大，经常导致拱脚处开裂，有时也可能出现剪切位移。

拱脚处加固主要以提高抗弯、抗剪强度为主。由于拱脚处于截面突变部位，因而加固时应尽量减小突变的幅度。

7.4.4 对于空腹式拱桥，当拱上立柱高度大于5m，未设中横系梁者应加设连接构件。有的拱桥对于高立柱还设了纵向的系梁，组成平面框架，这种设置影响美观。加设系梁最好通过验算来确定。拱上构造若为梁式结构，加固方法与梁式桥相同。

7.5 墩、台和基础的抗震加固

7.5.1 在修建时未作抗震设计的墩台和基础，应按现行《公路工程抗震设计规范》(JTJ 004)验算地震作用下结构的抗倾覆及抗滑稳定性，当不满足要求时，应以增强其整体性和稳定性为原则，采取切合实际而有效的加固措施。

在柱式墩较高的情况下，强烈地震发生时，柱倾斜和折断的实例是很多的。例如1975年海城地震时，盘山大桥、胜利塘桥等桥梁的柱严重倾斜、开裂甚至折断。造成这类破坏的原因之一，是柱的强度和刚度不足。

排架式桥墩可采用横向斜撑用来加强墩柱的横向联系，从而加强排架墩的整体性。

用钢套管来加固墩柱，主要是用来提高核心混凝土的强度，提高抗剪、抗弯能力，防止剪切和弯曲破坏。钢套管加固柱(桩)在国外得到了广泛的应用。到1994年为止已有数百座桥梁进行了这样的处理。1994年Northridge地震期间，大约50座用钢套管加固柱的桥梁承受了峰值为0.3g以上的地面加速度，没有一座因柱子损伤而需要进行修复。

对于用椭圆钢套管加固的矩形墩柱，其间的空隙要用同强度等级混凝土来填充密实。

多孔长桥设置抗震墩，采用在原有桥墩两边加设钢筋混凝土斜撑的方法(图7-5)，尺寸可参照表7-1。设抗震墩应与桥下通航、通过漂浮物等综合考虑。

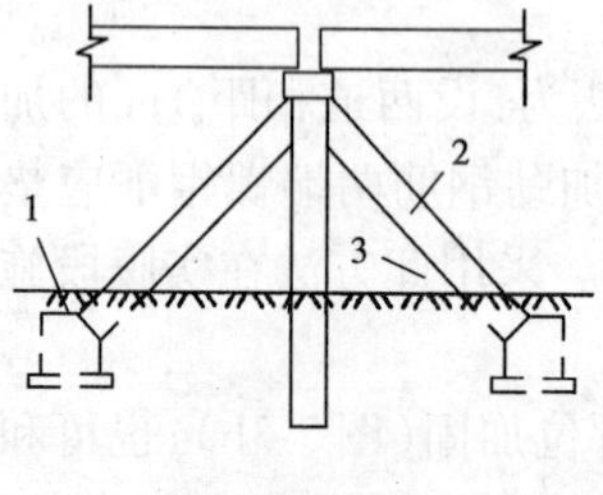

图7-5 斜撑加固

1—一般冲刷线以下1.0m；2-斜撑；3-38°~45°

表7-1 斜撑尺寸表

斜撑长(m)	斜撑断面(cm×cm)	混凝土强度等级
<5	20×20	C25
5~8	25×225	C25
8~12	30×30	C30
12~17	35×35	C30
17~25	40×40	C30

增加桥墩截面尺寸，同样是为了提高其抗弯、抗剪强度。一般在薄弱部位增加，如桥墩底部，新增部分一般采用钢筋混凝土。新老墩身之间应埋入或植入连接钢筋。墩身新增的竖向钢筋通过计算确定，并不少于最小含筋率要求。

7.5.2 桥台抗震加固

1 对于扩大基础，可采用外加围裙的方法进行抗震加固。围裙顶面宜埋置在一般冲刷线以下1.0m，砌筑厚度一般为1.5~2.0m。

2 加强桥台抵御地震引起的动土压力的能力，减小动土压力对桥台的作用，是加固桥台的一个原则。

1)当原桥台不足以抵御台背土压力时，可在台后加建挡土墙，用以减轻台后主动土压力对桥台的影响。

2)台前增设扶壁可以稳定桥台，与桥台共同承受土压力，扶壁基础一般应在一般冲刷线以下1.0m。

3)地震中往往出现台后陷落，使桥头接线困难。可在台后增设桥孔，同时也防止了主动土压力过大对原桥台稳定的影响。

4)桥台前加设抗震斜撑,提高桥台的抗滑、抗倾覆稳定性。斜撑的尺寸可参照表7-1。

5)当桥台台后及两侧出现坍塌时,可将原有的埋置式或一字式桥台改为U形桥台,从而加固台身,起到稳定土坡的作用。

3 由于地震水平向惯性力的作用,往往使两岸桥台发生相对位移。位移较大时,则拱轴线也会出现较大的变形,因而改变了原有的受力性能,使承载能力降低。如需恢复其承载力,则必须调整变形后的拱轴线,可用顶推法来进行调整。

7.5.3 地震时若桥梁基础所在的地基土层出现液化和岸坡出现滑移,使桥梁除受到地震荷载外还受到基础变位的影响。在相同烈度情况下,桥梁震害更为严重。因此对修建时未作地基液化判别及未作抗震设防的桥墩、台及基础,要按规范进行验算及判断地基液化的可能性。

经初步判定有可能液化的土层,应按《公路工程抗震设计规范》(JTJ 004)进行标准贯入试验,进一步判定土层是否液化,即当土层实测的修正标准贯入锤击数 N_1 小于计算的修正液化临界标准贯入锤击数 N_0 时,则判为液化,否则为不液化。

地震时液化层内土的竖向承载力和侧向摩擦力会大大降低。当饱和砂土和饱和亚砂土液化时,一般认为这些土层的竖向承载力和水平承载力均接近于零。

对有可能液化的土层上修建的桥梁,应对土层进行加固,以提高土层的承载力。加固方法除条文中所建议的方法外,还可采用换土法、砂桩法、增加基础埋置深度并穿过液化层、采用桩基础或沉井基础等方法,以满足桥梁承载和抗震需要。

7.5.4 加固盖梁最常用的方法之一是给盖梁施加预应力,将外部的预应力束锚固在端块上。预应力能提高盖梁的抗弯曲和抗剪切强度,提高抗裂性能且耗费较低。

在承台上缘设加厚层,将对基础的抗弯强度、抗剪强度产生影响,并对基础与桩的结合提供约束作用。而对承台施加预应力,可削减结点区域的主拉应力,从而会抑制因地震引起的裂缝开展。采用增加承台厚度的方法时,应通过穿销、植筋等方式保证新老承台的整体连接。

8 超重车辆过桥措施

8.1 一般规定

8.1.1 本条规定的超重车辆为超出桥梁设计承载能力、需采取特定的管理、技术措施才能通过桥梁的特殊车辆，一般是指运输不可分开的超重货物时，其车辆总重或轴重、轮重超过设计荷载的车辆。有的车辆不按额定载重违规超载，超过桥梁设计承载能力，这是属于应当纠正的行为，不是本章所指的超重车。如果经常在桥上行使的车辆，装载符合规定要求，而荷载总是超出桥梁的设计荷载，就应归结为桥梁设计荷载等级不足。

承载能力是一个整体概念，不是仅指某一部分的承载能力，但整座桥梁的承载能力是由最薄弱部分的承载力所控制的。因此分析承载能力要针对桥梁的各个部分，如上部结构、下部结构、地基等，并找出最危险的部位。这里所指的承载能力是按设计理论、规范要求所确定的承载能力或者是通过实测确定的承载能力。

8.1.2 超重车过桥，最基本的要求是在超重车辆安全过桥的同时，桥梁结构不致因此而受损。适当的技术措施（如加固措施）和管理措施（如指挥调度、交能管制）是必不可少的。

超重车过桥前，应查找桥梁的设计文件（或竣工文件）及其他技术档案资料。并依据实桥资料对超重车荷载进行检算。同时还要对桥梁现状按本规范第2章的要求进行现场调查，并与技术资料进行比较、核实。如无资料或资料不全，应通过访问调查、必要的测试、钻探以弄清桥梁的基本情况，并记录必要的数据，为检算打好基础。基本数据包括各部尺寸、材料性质、内部构造，这些资料不仅要反映历史的情况，而且要反映当前的情况及隐蔽工程结构的完好程度等。

有些桥梁，仅仅依靠检算不足以确定其承载能力，一些特别重要的桥梁，如特大桥、特殊结构的桥及战略意义重大的桥，为了使桥梁结构在超重车过桥时有足够的安全度，可作荷载试验，将理论计算与试验测试结合起来对桥梁结构的承载能力进行评判。应当注意的是试验荷载一般不宜加到超重车的荷载水平，其评判是通过外延来确定的，应特别慎重。

确定超重车通过的线路应进行技术经济比较，主要是比较桥梁加固的费用和技术难易程度。宜选用技术状况较好的桥梁通过，这样加固费用较少，而且对现有桥梁承载能力的检算准确度会高一些，车辆通行的可靠性也提高了。

对超重车过桥进行现场管理是必不可少的，该项工作可由养护管理人员和路政管理人员共同完成。

8.2 超重车辆过桥的检算及荷载试验

8.2.1 超重车过桥时，桥梁是否需要加固或改建，应通过检算（必要时与荷载试验结合起来）来确定。需要加固的桥梁应加固哪部分构件及部位亦应通过计算确定。

8.2.2 桥梁的技术资料对结构计算是非常重要的，如果有完整的设计资料及竣工文件，可据实际情况完全采用这些文件所提供的数据。如果无资料或资料不全以及桥梁有缺损时，则应进行必要的检查、检测、试验以获得准确的技术数据。

应当注意检算应包括桥梁的所有部件，以往有忽略墩、台、基础的情况，故本条特别提出来强调。

8.2.3 按照桥梁实际状况来验算是因为：一方面，由于桥梁在使用过程中其受力体系可能发生变化，已不能用设计时的计算图式来描述桥梁的受力特性；另一方面，加固后由于新增结构的影响，改变了原有受力图式。如采用八字支撑加固时，八字支承的刚度以及基础的变形对主梁内力影响很大，因此，在进行结构计算时，应采用反映实际受力特性的计算图式。

超重车属于偶然荷载，检算时应按实际情况合理确定荷载组合，使计算合理、可靠。为了减少计算工作量又满足超重车过桥的要求，可只计算一种控制状态，其强度、稳定、裂缝均应满足规范要求。将超重车的荷载效应与设计荷载（如挂车）的荷载效应进行比较，是一种快速简便的计算方法，若前者小于后者，说明桥梁安全，反过来，如前者大于后者，并不能说明桥梁不安全，需进一步进行各项验算，方可确定桥梁是否安全或是否需要加固。

8.2.4 荷载试验既费时又费钱，当检查、检算可以做出判断时，可不做荷载试验，只有当检查、检算不足以判断时才考虑做荷载试验。除非要全面了解桥梁的技术状况，应按需要布置多个加载位置，一般情况下布置一组与超重车荷载效应相近的试验荷载即可满足计算要求。

8.2.5 对于有试验资料的桥梁，其内力计算时应尽量以试验资料为依据。如某简支桥梁，有通过试验测得的荷载横向分布数据，则可直接用来进行计算。

8.3 加固措施

8.3.1 基本要求

加固桥梁的基本要求是安全可靠、经济合理、切实可行。在这个前提下，可以灵活地采取各种有效措施。由于超重车过桥的次数很少，采用临时加固措施比较经济、简单，应优先考虑。若与提高荷载等级的改造结合考虑，采用永久性加固措施就可能是经济合理的。特大型桥梁的加固一般比较复杂，耗资大，应作多个方案比较。

临时加固设施在超重车通过后，即可拆除。当采用永久、半永久式加固方案时，特别要注意加固可能带来的负面影响，如加固可能使原结构在正常荷载下受力不利；加固可能压缩河床，增大下部结构阻水面积，改变水流方向等；加固可能使原结构失去外观特色。对于外形很重要的桥梁，采用永久、半永久式加固则应充分顾及原有的外观。

以往的加固主要集中在上部结构，对下构考虑不多，这是不全面、有危险的，必须引起重视。

比较超重车通过方案时，不应只限于原桥的加固，便道、便桥、绕行也应在考虑之中，甚至改建原有桥梁的方案也可结合在一起进行。

8.3.2 加固方案

全桥跨越法只适用于小跨径的梁桥或拱桥，一般只用于单孔桥。其原理是让加固梁承担全部的荷载，通过支点将力传递到下部结构。加固梁应有足够的强度与刚度，下部结构承受的荷载除超重车外还要加入加固梁的荷载，若下部结构承载力不足时应对下部结构也进行加固。

多孔桥采用部分跨越法，是将加固梁的支点设于原各跨主梁的梁端附近以传递力，优点是缩短了加固梁的跨度，超重车荷载不直接作用在原主梁上，可改善主梁的受力，削减原上部结构的弯矩峰值，但也可能使某些截面的内力加大。选择适当的支点位置及加固梁长度，使控制截面的受力状况改善，其他截面也不致恶化是采用此法的关键，应通过试算进行优化。部分跨越法因增加了加固梁，使下部结构的负担加重。若下部结构承载力不足时，应对下部结构进行加固。

加竖向支撑或八字支撑的力学原理基本相同，均是将原简支梁变为中间弹性支承的连续梁，这样就可使后者的内力比前者要小许多。这里有两点很重要，一是支承点选在何处；二是竖向立柱、斜撑的刚度及地基、基础的变形。由于简支钢筋混凝土梁板桥的上缘受压区一般只有构造钢筋，承受负弯矩的能力很小，而增加支点后，该处将产生负弯矩，设置不当将对结构产生不利影响，因此采用多点支撑是减少正、负弯矩的有效方法。竖向支承法的立柱是支承在地基上的，对原桥基础无影响，而八字支撑中的斜撑一般是支承在原桥基础上的，如果下部结构承载力不足时宜选前者。

对于多孔拱桥，增设拱脚间的拉杆承受水平推力，并采取一定的构造措施使拱脚不发生转动，可消除连拱作用达到加固效果。对于桥台无法承受较大水平推力的单孔拱桥，这也是可选择的方案之一。

对于其他的加固方法，只要能满足超重车过桥要求的，均可采用。

以上只是例举了最常用的几种方法，由于桥梁的类型很多，加固方法也很多，管理者应根据实际情况，选择合适的方法。

8.4 超重车辆过桥的技术管理

8.4.1 本条的规定是为了使超重车过桥时，对桥梁产生的荷载效应最小，行驶最安全。

规定车辆沿桥梁中心线行驶是为了尽可能地减少桥梁的内力，这里所指的中心线是一个广义的概念，对于一般情况，车辆沿桥梁中线行驶，即无偏载发生，桥梁结构的各主要构件受力较均匀，但也有比较特殊的情况，如左右两幅桥并列在一起，而该桥又无分隔带，车辆是沿其中一座桥的中线行驶还是沿两桥间中线行驶更安全，应通过计算确定。

车辆低速匀速行驶是为了避免动载冲击作用，禁止车辆在桥上制动、变速及停留也是这个原因。当跨径较大时，牵引车与拖车可能均作用于某一内力影响线的同符号区域内，将使荷载内力过大。当条件许可时，应使牵引车与拖车产生的内力不要叠加，最好相互抵消部分内力。改变牵引车与拖车的距离应依据计算确定。分开通过对小跨径桥梁减载效果较明显。

禁止行人和其他车辆同时通过，是为了减少桥梁载重，保证安全行驶。超重车过桥必然会影响到正常的交通，故应提前进行准备，尽可能地减少因此而引起的交通阻塞与中断，并保证超重车及正常交通车辆的安全。

8.4.2 超重车通过时应同时进行观测和检查，了解超重车对桥梁结构的影响，保证安全通行。发现异常时的应急处理必须及时准确，如退出荷载，应急加固等。收集加重车过桥的结构承载能力资料，对于科学研究，积累管养经验也是很有益的。

8.4.3 可能发生灾害时桥梁已处于比较不利或危险的状态，超重车通过的安全度会降低，除紧急情况外，这种时期不宜组织超重车通过。

9 漫水桥、漫水路面养护

9.1 一般规定

9.1.1 漫水桥和漫水路面是允许洪水漫过桥面或路面的结构物，一般在交通量小的次要道路中采用。其最大的特点是桥面或路面的标高低，在洪水期或频率较大的洪水发生时，洪水将漫过桥面或路面，车辆可在一定的水深、流速下通过。本条关于日常养护的要求即针对上述特点作出的。

漫水桥、漫水路面的行车道面应是能经受洪水浸泡和冲刷的，通常用混凝土路面或砌石路面，养护时要保证其平整、坚实，及时修整可能造成通行车辆熄火、死车的坑槽。

引导车辆漫水通行的导向标志对于保证行车安全至关重要，不可缺少，若有缺损要及时修复。在汛期及洪水来临之前要进行检查。

9.1.2 压道措施的有关规定参见道路养护的技术规范。

9.1.3 漫水桥、漫水路面允许通车的水深是有限度的，本条列出了最大允许通车水深，由于道路通行的车型不一，公路管理部门还可在表列范围以内规定不同车辆允许漫水通车的水深。漫水行洪期间应有养护管理人员值守，一般情况下，当洪水与桥面齐平时，漫水桥结构受力最不利。这段时间应注意观察结构是否正常。漫水到达限定水位时，应及时设置临时禁止通车的禁令标志，退水后，经观察或实地检查，确认结构基本完好、安全行车有保障，此时方可放行交通。

9.2 漫水桥的养护

9.2.2 本条规定了洪水或流冰到来之前，对漫水桥应做的各项预防、准备工作，包括了解水文信息，修缮、加固结构等。

9.2.3 漫水桥一般桥孔较小，有漂浮物的河道在行洪初期、洪水封孔以及开始漫水时，均要安排养护人员撬漂，防止漂浮物堵塞桥孔。撬漂人员要注意安全，水位上涨时要及时撤出。

9.2.4 洪水或流冰经过后，必须对漫水桥进行一次检查和养护。本条规定了相关的工作内容。

9.3 漫水路面的养护

9.3.1 本条对有路面结构层及无正规路面的漫水路面的日常养护做出了相应规定。

9.3.2 漫水路面只在等级较低的公路中采用，随着公路等级的提高，交通量增大以及人们对行车条件的要求提高，应当逐步进行改造。没有正规路面的，可加铺较高等级的路面，增设桥、涵，调整路线纵面指标，消除漫水路段。在一时达不到消除漫水路段时，也应酌情改善其行车条件，本条对此作了一些相应的规定。

10 调治构造物养护

10.1 调治构造物的日常养护

10.1.1 桥位调治构造物是在桥位及其上、下游附近河段上修建的水工构造物，其作用是调治水流，改善桥位河段水流条件，使桥孔排水、输砂通畅，并减缓水流对桥位附近河床、河岸的冲刷，保证桥梁及桥头引道稳定、安全。按其作用的不同，调治构造物可分为下列四类：

1 导流建筑物

导流建筑物与水流的交角较小，对水流压缩小而缓和，平顺、缓慢地改变水流方向，将水流导入桥孔，防止水流旁蚀淘刷。属于这一类的建筑物有导流堤、顺坝、大堤(河堤)等。

2 挑流建筑物

按需要剧烈地改变水流方向，将水流部分或全部挑离被冲刷的河岸，对水流结构影响较大，其结构形式为一横向障碍物。属于这一类的建筑物有丁坝、透水坝、防水林等。

3 固底建筑物

用于防止河床冲刷下降，常配合浅基墩台、导流堤等防护基础冲刷。属于这一类的建筑物有潜坝、拦砂坝、挑坎等。

4 边坡加固建筑物

用于导流堤、桥头引道路堤以及桥址上下游河岸的防护加固。属于这一类的建筑物有浆砌或干砌片石砌体、铁丝石笼及抛石等。

各种调治构造物既可单独设置，也可联合设置。

10.1.2 洪水前后，应加强对桥涵及其调治构造物的巡察，处理隐患于未然，并及时清除调治构造物附近的漂浮物，以免影响调治功能的正常发挥，减少其对构造物的撞击，避免其聚集而引起的碍洪。

10.1.3 洪水期间，对导流堤、丁坝的边坡坡脚破坏处，采用抛石和铁丝石笼防护时，抛填应适度，不宜过多，以免减小泄水面积而增大冲刷。抛填块片石时，块片石应有良好的级配，并可设置临时木溜槽，以控制抛填位置。

10.1.5 目前对桥渡调治构造物的加固防护，多偏重于工程措施而少采用生物防治，以致形式单一，成本较高。在河滩和河岸路堤边坡外的滩地上植造防水林带，能起到导流、防浪、减速、淤滩和固滩的作用，还可配合其他工程措施，进行综合防治，达到稳定河段、防护河岸的目的，但也要考虑与注意因其阻滞水流可能带来的负面影响。在河滩植造防水林带时，应征得河道管理部门的同意。

10.2 调治构造物的维修与加固

10.2.1 若需将铁丝石笼等临时性调治构造物改为浆砌块、片石或混凝土材料的永久性结构时，因前者是柔性的，而后者是刚性的，应待其沉落稳定后方可进行。宜选择在枯水季节施工。

10.2.2 砌石调治构造物砌体开裂，多数系其基础或地基遭水流冲蚀下沉所致，处理时应查明原因，对症下药。基础冲空部分的修理与加固，可参照本规范第5章桥梁下部结构相关条款执行，并重新对基础埋置深度进行核定，埋深不足时，可配合潜坝、挑坎、砌石等对冲刷范围进行防护。对于砌体裂缝，应在查明原因后及时处理。

10.2.3 本条规定对调治构造物边坡进行加固防护时，各种淹没式堤坝的两侧及顶面均应防护。非淹没式堤坝和非封闭式导流堤，一般只需对迎水面及坝头进行防护，头部防护需延伸至背水面适当长度。

10.2.4 本条规定了河床冲刷的处治方法,对于小桥可考虑河床铺砌或下游筑拦砂坝的方法,防止桥位处河段的冲刷。由于河床铺砌和拦砂坝对河势影响较大,易在行洪时损坏,选用这种加固方案时应慎重考虑,中桥以上一般不采用。

沉放柴排、石笼或抛石护基一般只用作临时加固。

以上处治方法可与本规范第5章墩台基础防护加固进行比较选用。

10.2.6 本条对增设调治构造物作了相关规定。桥位调治构造物的设置,不仅与河流类型,河段特性有关,还涉及交通、水利、农田、甚至城建等部门的利益,因此应根据河段特性、水文、地形、地质、通航要求等,综合考虑、总体布设。若桥位河段水文、水力情况复杂,宜进行水工模型试验,对调治构造物的形式与布设进行研究比选。

在桥涵养护中,除应对桥位处河段状况、桥孔泄洪、桥下冲刷、水位等做观测记录外,还应加强对已建调治构造物工作状况、基础冲刷情况等的观测,为调治构造物的改善和增建提供依据。

11 桥梁灾害防治与抢修

11.1 一般规定

本节规定了桥梁灾害防治与抢修的指导方针及一般要求。列举了水毁、冰害、冻害、泥石流等四种主要的灾害。地震灾害的防治加固已列入第7章。

由于桥梁所处的环境位置，承受自然灾害是不可避免的。自然灾害的出现是随机的，一般说来破坏性越严重的灾害出现的频率越小。基于经济技术条件，设计时是依据道路等级、结构物的规模及重要性，针对一定频率的灾害来设防。超过设防限度，就会造成损害，因此要有对付超过设计安全度以外灾害的应急预案。灾害事件发生，轻则损伤桥梁结构，影响其安全性和耐久性，重则造成桥梁毁坏、交通中断，使生命、财产造成重大损失。因此，在桥梁养护管理中对于防灾、减灾应做到高度重视，常备不懈。实践证明，加强防护、消除隐患以及准备充分的灾害应对措施可以大大减少灾害的危害程度。根据上述认识，本规范依据国家有关防灾、减灾的规定，提出“预防为主，防治结合、保证安全”的方针。

按照上述方针的精神，本节提出了相应的规定。如要求有预防措施、方案，储备抢修的物资、器材；积极防治、治早、治小、治轻等。和原规范相比增加了“抢修时应以尽快恢复交通为第一位，确保安全通行”的要求，突出了抢修的特点。

11.2 水毁防治

11.2.1 抗洪能力评定

抗洪能力评定是一项重要的基础工作，是实行科学管理的要求。一般应每3~6年进行一次评定，由公路管理机构视辖区的具体情况做出规定。山区的公路桥梁，因洪水造成破坏的概率较大，故建议每年评定一次。评定标准在前规范的基础上略作修改。

11.2.2 汛期的水文观测，尤其是行洪过程的水文观测，对于掌握洪水动态，判断对桥梁的影响十分重要。一般观测，只记录当年最高洪水位；对于处于不良状态的河床，或因养护管理的特殊需要，可增加流速、流量、流向等观测项目，还可观测河床断面冲刷情况。

水位观测一般采用水尺测读，水尺可设置在桥台、桥墩或调治构造物上。未设置水尺的，可用水准仪巡回测量洪水线高程。流速和流向观测可采用浮标法。

11.2.3 抗洪能力的评定及水文观测都是为了指导桥梁的养护、维修与加固。评定为弱或差等的，已经不能满足正常使用的要求，应进行维修加固。

11.2.4 水毁预防

水毁预防包括汛期前的技术检查与采取预防工程措施，如清淤、加固维修、增设防漂浮物碰撞的设施及调治构造物等，以及做好抢修的各种准备。

近年来，盲目挖砂取石，破坏桥梁上、下游河道造成桥梁水毁的恶性人为灾害较多，2002年6月陇海铁路全长368.5m的灞河桥被低频率的洪水冲毁，中断交通近三个月，造成巨大的经济损失和严重的社会影响，轰动全国。公路桥梁直接毁于人为破坏河道的更是时有发生。因此本节增加了应检查桥位上、下游有无挖砂取石，人为破坏河道危及桥梁安全的相关规定。

增设和调整各种调治构造物，也应该引起重视。引起河势变化的因素较多，一般说来，修建桥梁、设置调治构造物都会引起河道水文条件的变化，有的变化可能与原设计的目的不符。因此调治构造物的设置往往不能一劳永逸。在桥梁的使用过程中,应结合抗洪能力评定工作勤加检查,并采取相应的工程措施。

公路管理机构的雨天、汛期巡查和值班制度必须坚持,以便灾情发生时及时做出反应。当桥梁严重毁坏危及行车安全时,应立即设立警告标志、禁止通行标志,或由专人负责指挥车辆,防止车辆在断桥处发生跌陷失事等二次事故。

11.3 洪水期的抢险与维修

抢险的主要工作有:撬漂,防止因漂浮物在桥墩处聚集阻水,加大对桥梁的冲击力;基础冲刷的紧急防护,用抛填块石、沉砂袋、柴排等防止冲刷继续扩大;引流分洪等。由于洪灾的情况不同,抢修工作应相机处治,果断指挥。当发生桥梁毁坏、交通中断等严重灾情时,可报请当地人民政府支持抢修工作。

关于修建便桥、便道,本条做了修建原则的若干规定。同时,对什么条件下需要修建便桥的表述作了调整,增加"严重损坏危及行车安全"的情况,即不管是否已经冲毁,只要危及安全都要中止交通,改道行驶。

出现需中止交通的情况,应按规定逐级上报,同时向有关部门通报情况,通过新闻媒体或互联网,向社会发布信息。绕行便桥、便道的标志应在需绕行路段路口前方设立,避免道路使用者造成返行的麻烦。

11.4 冰害防治

防治冰害的方法一种是针对水源不大的情况的防治,即通过工程措施,截流或防冻疏流,一般用于中、小桥。另一种是防止解冻时冰凌对桥墩的撞击,实行爆破的方法,一般用于大江、大河的大型桥梁。有关冰凌爆破内容是本次编写新增的。

11.5 冻害防治

11.5.1 本条列举了桥梁产生冻害的原因及冻害现象。含有水的岩土,当温度降至负温时,所含水将从液态转变为固态的冰,此时因体积膨胀而产生冻胀力,水还产生胶结力(冻结力)等。伴随着土中水的冻结和融化,会发生一系列冻土现象(冻胀丘、冰锥、冰湖、融冰滑塌、冰胀与融沉等),以及冻结过程水分迁移、冰的析出。这些冻土现象,构成了对工程建筑物稳定性和安全性的威胁,一般称之为冻害。

对多年冻土地区的桥梁结构,冻土融化除使地基土承载力、抗剪强度等发生急剧下降外,水分的挤渗排出还会产生融化沉降变形(简称融沉),尤其是不均匀的融沉会造成结构的破坏。

对季节性冻土地区的桥梁结构,由于土的冻胀作用可使地基产生不均匀冻胀变形、基桩冻拔;对支挡结构物(桥台前、侧墙,挡土墙等)会在墙背产生远大于土压力的水平冻胀力,使桥台产生如八字墙外倾、前墙与侧墙开裂;使轻型桥台台身断裂等。

11.5.3 防冻胀措施

1 基侧换土:将基础侧面的冻胀土挖除,换填纯净的粗颗粒不冻胀土,换土厚度应不小于2.0m或2倍桩径。若换填土下是不透水黏土层时,由于冻结时未冻水无通路挤渗排出而降低防冻胀效果,这时可加深换填深度或采用盲沟加强排水。

2 改善基础侧面光滑程度:将原粗糙的基础侧面,改建成表面光滑的侧面,并用工业凡士林、沥青渣油或渣油表面活性剂(活性剂可用铬盐和憎水性脂肪胺)等涂抹基础壁面,也可在侧面铺油毛毡,以减少冻结力。

3 分离式套管法:用于桩基础的防冻,套管可采用钢或钢筋混凝土制作,为防止套管因土冻胀而被不断拔出,可在套管底部锒板或加翼缘。套管与桩之间填以砂石与渣油(或蜡)的混合料。

11.6 泥石流防治

泥石流是山区公路中危害桥涵构造物的主要灾害之一。泥石流的成因较复杂,涉及气象、地形、地质等方面。按照物质组成和运动特性,泥石流可分为下列三种:

1 黏性泥石流。固体物质含量达40% ~60%,最高可达80%,含有大量黏土和粉土并挟有石块,水和固态物质凝聚为黏稠的整体,以相同的速度作整体运动,大石块或黏土浆包裹的泥球漂浮于表面而不下沉。流经弯道时有超高和裁弯取直作用,破坏力极大。

2 稀性泥石流。固体物质含量在10% ~40%,黏土和粉土物质含量少,水和固体物质不能形成整体,水浆构成的泥浆速度远大于石块速度,石块在床面以滚动方式运动,并有一定的分选性。

3 泥流。固体物质为粉砂,平均粒径小于1mm,含量为60%以上,其中粒径小于1mm的占90%以上。

对泥石流的治理,可采用工程措施、生物防护等以消除其成因,改变形成泥石流的环境条件,此项工作涉及部门较多,应由人民政府协调各有关方面综合进行。公路管理机构主要考虑线路和构造物的安全,应从泥石流类型、发生频率、规模等因素判定危害程度,拟定防治方案,一般多采用绕避或疏导。当泥石流规模小、危害程度轻时,宜用疏导的方案,包括桥孔清淤、增设调治构造物等。由于泥石流的冲击破坏力大,设置调治构造物宜导不宜挑,否则可能引起调治构造物的破坏,或对下游造成新的危害。对于规模较大,破坏力强的泥石流,进行防护耗费很大,经比较可采用改道绕避的方法,使桥梁在泥石流冲积扇的上游跨越,有条件的地方,也可在泥石流形成区或通过区采取措施安全通行。

12 涵洞

12.1 一般规定

12.1.1 本条规定了涵洞养护的要求。确保行车安全不仅要保证车辆通过，还应尽量作到车辆通过时平顺、不跳车。涵洞的排水要求顺畅并排放到适当的地方，有的涵洞排水直冲农田耕地，显然是不合适的。关于是否允许涵洞漏水的问题，视不同地区和涵洞的不同结构可以有程度不同的要求，如非冰冻地区的某些结构如干砌石拱涵可以允许有轻微渗水，但在冰冻地区，钢筋混凝土盖板涵、箱涵即使是轻微渗水也不允许。总的要求是做好涵洞的防水、排水。

12.1.2 本条规定了涵洞检查及养护工程的分类。

12.1.3 涵洞的开挖维修，通常采用半边施工、半边维持交通的方式进行。通行部分需要有足够单车通行的宽度。也有采用开设便道(便桥)绕行，或就地架设钢梁，在梁下开挖维修的全宽维修方式。不管何种方式都要强调采取必要的措施，保证行车安全及施工安全。

12.2 涵洞的检查

涵洞的检查一般与桥梁的检查是分别进行的，其检查的时间频率不一样，实施检查的人员要求也不一样。本节就涵洞检查的分类、组织、检查内容等做了相关规定。涵洞的定期检查用目测方法，需要时也可辅以仪器，如检查裂缝宽度，测量沉降、变形等。

涵洞的技术状况分类与本规范修改的桥梁分类相一致，划为好、较好、较差、差及危险五类。第五类涵洞也要关闭交通进行改建。在填写检查表时，视具体情况应对其技术状况进行简要的评述。

在一些等级较低的支线公路上，还有少许干砌石拱涵及砖涵、木涵，对其检查及养护的要求可由各地公路养护管理部门作适当补充。

12.3 涵洞的日常养护

本节规定了涵洞日常养护的内容、基本要求等。涵洞日常养护工作大体可分为保洁、清淤、堵漏、结构损伤的修补等四部分。涵洞底板铺砌被冲刷损坏、进出口被冲刷掏空的频率较高，是日常养护的主要工作，应当予以重视。结构损伤的修补，除本节已作规定外，还可依据材料类型及损伤情况，参考相同材料的桥梁结构修补方法。

12.4 涵洞的维修及改建

涵洞地基加固包括严重冲刷的加固及地基沉降变形的处理。冲刷严重时应增设防冲、减冲结构，也可以与沟、渠的疏导整治结合进行。地基的加固方法多用换填夯实等费用较少的方法。如采用较昂贵的处理方法时，应与拆除重建进行技术经济比较。

涵洞的改造主要有接长及提高承载力两种情况。接长涵洞一般用与原涵洞相同的结构形式。接长时应采取措施尽量减少新、旧涵洞段的不均匀沉降。提高承载力一般采用加大结构尺寸及用新结构更换的做法。若在涵内加大结构截面时，应注意减少过水断面造成的影响，不致引起过大壅水或造成其他病害。更换新结构或改设、增设涵洞，一般均采用分段施工的方法维持交通，应注意施工、行车安全，设置相应的标志、护栏等，必要时应有值守人员指挥交通，维护安全。

JTG

中华人民共和国行业标准　　JTG H12—2003

公路隧道养护技术规范

Technical Specification of Maintenance for Highway Tunnel

3

2003-05-16 发布　　2003-10-01 实施

中华人民共和国交通部发布

中华人民共和国交通部公告

第7号

关于发布《公路隧道养护技术规范》（JTG H12—2003）的公告

现发布《公路隧道养护技术规范》（JTG H12—2003），自2003年10月1日起施行，原《公路养护技术规范》（JTJ 073—96）中相应内容同时废止。

该规范由重庆市交通委员会主编并负责解释，人民交通出版社出版。请各有关单位在实践中注意积累资料，总结经验，及时将发现的问题和修改意见函告重庆市交通委员会（重庆市渝北区龙溪红锦大道20号，邮政编码：401147），以便修订时参考。

特此公告。

中华人民共和国交通部

二〇〇三年五月十六日

前　言

近十年来，随着公路建设的发展，我国新建了若干公路隧道投入运营使用。为了保证公路隧道的正常使用，必须对其进行科学养护。隧道比一般路段养护要求高，技术较为复杂，具有一定的特殊性，需要进行专门的养护管理。为此，交通部下达了编制《公路隧道养护技术规范》的通知（交公路发［1997］731号），由重庆市交通委员会（原重庆市交通局）为主编单位，重庆交通科研设计院（原交通部重庆公路科学研究所）、重庆交通学院、重庆市成渝高速公路管理处作为参编单位，共同组成了《公路隧道养护技术规范》编写组。

在编制过程中，编写组对全国已建的公路隧道的养护状况进行了较广泛的调查研究，收集并分析了大量的设计文件、工程报告、运营管理报告和养护技术资料。考虑到我国公路隧道养护技术起步较晚，养护经验不多，因此，在我国现有养护技术的基础上，采用或者借鉴了国外公路隧道养护的成功经验和先进技术。

本规范由总则、土建结构、机电设施、其他工程设施、安全管理共计5章组成，主要内容包括：隧道养护工作的计划安排；土建结构的清洁维护、破损检查、保养维修和病害处治；机电设施（含通风照明等设施）的养护维修；环境保护和房屋设施的养护维修；养护作业时的安全管理等。

本规范在编制过程中曾向全国各省市、自治区交通主管部门及有关单位征求意见。为使本规范能更加符合我国公路养护的实际情况，请各单位在执行过程中，将发现的问题和意见，及时函告重庆市交通委员会（通信地址：重庆市渝北区龙溪红锦大道20号，邮政编码：401147；电话：023-69076523；E-mail：jwhaoyi@sina.com）以便修订时参考。

主编单位：重庆市交通委员会（原重庆市交通局）

参编单位：重庆交通科研设计院（原交通部重庆公路科学研究所）
重庆交通学院
重庆市成渝高速公路管理处

主要起草人：蒙进礼　蒋树屏　杨宗厚　滕西全　张太雄　刘　伟　索耆续
曹明全　吴志辉　张　卫

目　　录

1 总则

1.0.1 为给公路隧道的养护及其管理提供技术依据和行为准则,特制定本规范。

1.0.2 本规范适用于高速公路、一级公路、二级公路的山岭隧道,其他公路隧道可参照执行。

1.0.3 隧道养护的范围应包括土建结构、机电设施以及其他有关设施。

1.0.4 应根据每一座隧道实际的围岩地质条件、结构和设施状况、交通运营条件以及病害程度等,制定相应的养护方案。

1.0.5 养护维修完成后,应适时进行跟踪观察和监测,了解处治效果。

1.0.6 隧道内养护作业不中断交通时,应采取措施,保证安全并减少对交通的干扰。

1.0.7 隧道养护管理机构应参与土建结构、机电设施和其他有关工程设施的交工和竣工验收,接收、整理和分析隧道竣工资料和工程技术档案,为养护工作提供原始的技术依据。

1.0.8 公路隧道养护维修应贯彻国家的技术经济政策,积极而慎重地采用新技术、新材料、新设备、新工艺,使养护维修达到安全实用、质量可靠、经济合理、技术先进的要求。

1.0.9 公路隧道养护维修除应遵守本规范外,尚应符合国家和交通部现行的有关标准、规范。

2　土建结构

2.1　一般规定

2.1.1　土建结构主要是指隧道的各类土木建筑工程结构物，如洞门、衬砌、路面、防排水设施、斜(竖)井、检修道及风道等结构物。

2.1.2　土建结构的养护工作分为清洁维护、结构检查、保养维修和病害处治四个部分。

1　清洁维护的工作内容应包括扫除隧道内垃圾、清除结构物脏污、清理(疏通)排水设施，保持结构物外观的干净整洁。

2　结构检查的工作内容应包括发现结构异常情况，系统掌握结构技术状况，判定结构物功能状态，确定相应的养护对策或措施。

3　保养维修的工作内容应包括预防性地对结构物进行维护，修复结构物轻微破损，经常保持结构物完好状态。

4　病害处治的内容应包括修复破损结构，消除结构病害，恢复结构物设计标准，维持良好的技术功能状态。

2.1.3　养护作业时，应采取必要的安全措施，保证养护作业安全。

2.1.4　隧道内清理出的垃圾或废渣严禁随意倾倒，产生的废水严禁随意排放。

2.2　清洁维护

2.2.1　土建结构应经常性、周期性地进行清洁维护，其周期应综合考虑隧道状况、交通量大小及组成、结构物脏污程度、清洁方式及效率和环境条件等因素加以确定，并尽量减少对交通运营的干扰。

2.2.2　隧道内路面应定期进行清洁。

1　高速公路隧道的清扫应不少于1次/日，其他公路隧道可根据具体情况，确定适宜的清扫频度，但不宜少于1次/月。

2　路面清扫宜以机械作业为主，以人工作业为辅。

3　作业时，应注意路面脏污部位的清扫。路面两侧边缘应清扫到位，对紧急停车带、车行横洞洞口应减速慢行清扫，必要时辅以人工清扫。

4　当路面被油类物质或其他化学品玷污时，应及时采取必要的措施清除污垢，并用清洁剂清洗干净。

2.2.3　隧道的顶板和内装应定期进行清洁。

1　顶板的清洁宜不少于1次/2年；内装的清洁宜不少于1次/季度，高速公路隧道内装的清洁宜1次/月。

2　顶板和内装的清洁宜以机械作业为主，以人工作业为辅。

3　采用湿法清洁时，应注意保护隧道内机电设施的安全，防止污水渗入设施内。可根据实际效果选择确定清洁剂，宜选用中性清洁剂。采用干法清洁时，应严格遵守清扫机械操作规程，既应保证清扫质量，也应避免损伤顶板或内装。清扫时应采取必要的降尘措施。对于清扫不能去除的污垢，可用清洁剂进行局部处理。

4　在寒冷地区寒冷季节，宜采用干法清洁。

2.2.4 隧道的排水设施应定期进行清理和疏通。

1 排水设施的清理不宜少于1次/半年。在雨季,应加强对排水设施的检查和清理疏通工作。

2 对纵坡较小的隧道或隧道的洞口区段,应加强其清理和疏通工作;对于窨井和沉沙池,应及时将其底部沉积物清除干净。

2.2.5 隧道的标志、标线应定期进行清洁维护,保持其清晰、醒目。

标志、标线的清洁应不少于1次/月,当标志牌面或路面标线有污秽,影响其辨认性能时,应及时进行清洗。清洗标志、标线时,应避免损伤其表面覆膜或涂层。

2.3 结构检查

2.3.1 土建结构的检查工作分为日常检查、定期检查、特别检查和专项检查四类。

2.3.2 日常检查、定期检查和特别检查的结果,宜按表2.3.2-1的规定分为三类判定;专项检查的结果,宜按表2.3.2-2的规定分为四类判定。

表2.3.2-1 日常、定期和特别检查结果的判定

判定分类	检查结论
S	情况正常(无异常情况,或虽有异常情况但很轻微)
B	存在异常情况,但不明确,应作进一步检查或观测以确定对策
A	异常情况显著,危及行人、行车安全,应采取处治措施或特别对策

表2.3.2-2 专项检查结果的判定

判定分类	检查结论
B	结构存在轻微破损,现阶段对行人、行车不会有影响,但应进行监视或观测
1A	结构存在破坏,可能会危及行人、行车安全,应准备采取对策措施
2A	结构存在较严重破坏,将会危及行人、行车安全,应尽早采取对策措施
3A	结构存在严重破坏,已危及行人、行车安全,必须立即采取紧急对策措施

2.3.3 当日常检查的判定结果为B时,应进行监视、观测或做特别检查;当特别检查或定期检查的判定结果为B时,应做专项检查。

2.3.4 日常检查是对土建结构的外观状况进行的日常巡视检查。通过日常检查,应及时发现早期破损、显著病害或其他异常情况,并确定对策措施。

1 检查的频度应不少于1次/月,高速公路隧道应不少于1次/周。在雨季或冰冻季节,应加强日常检查工作。

2 检查宜采用目测方法,配合以简单的检查工具进行。

3 检查以定性判断为主,检查内容及判定标准宜按表2.3.4执行。

表2.3.4 日常检查内容及判定表

项目名称	检查内容	判定	
		B	A
洞口	边(仰)坡有无危石、积水、积雪;洞口有无挂冰;边沟有无淤塞;构造物有无开裂、倾斜、沉陷等	存在落石、积水、积雪隐患;洞口局部挂冰;构造物局部开裂、倾斜、沉陷,有妨碍交通的可能	坡顶落石、积水漫流或积雪崩塌;洞口挂冰掉落路面;构造物因开裂、倾斜或沉陷而致剥落或失稳;边沟淤塞,已妨碍交通
洞门	结构开裂、倾斜、沉陷、错台、起层、剥落;渗漏水(挂冰)	侧墙出现起层、剥落;存在渗漏水或结冰,尚未妨碍交通	拱部及其附近部位出现剥落;存在喷水或挂冰等,已妨碍交通

项目名称	检查内容	判定	
		B	A
衬砌	结构裂缝、错台、起层、剥落	衬砌起层，且侧壁出现剥落状况，尚未妨碍交通，将来可能构成危险	衬砌起层，且拱部出现剥落状况，已妨碍交通，并有继续恶化的可能
	(施工缝)渗漏水	存在渗漏水，尚未妨碍交通	大面积渗漏水，已妨碍交通
	挂冰、冰柱	存在结冰现象，尚未妨碍交通	拱部挂冰，形成冰柱，已妨碍交通
路面	落物、油污；滞水或结冰；路面拱起、坑洞、开裂、错台等	存在落物、滞水、结冰、裂缝等，尚未妨碍交通	拱部落物，存在大面积路面滞水、结冰或裂缝，已妨碍交通
检修道	结构破损；盖板缺损；栏杆变形、损坏	栏杆变形、损坏；道板缺损；结构破损，尚未妨碍交通	栏杆局部毁坏或侵入建筑限界；道路结构破损，已妨碍交通
排水设施	破损、堵塞、积水、结冰	存在破损、积水或结冰，尚未妨碍交通	沟管堵塞，积水漫流，结冰，设施破损严重，已妨碍交通
吊顶	变形、破损、漏水(挂冰)	存在破损、漏水，尚未妨碍交通	破损严重，或从吊顶板漏水严重，已妨碍交通
内装	脏污、变形、破损	存在破损，尚未妨碍交通	破损严重，已妨碍交通

4　检查结果应及时填入“日常检查记录表”(见附录A)，详实记述检查项目的破损类型，估计破损范围和程度以及养护工作量，作出判定分类，并采取相应的对策措施。

2.3.5　定期检查是按规定周期对土建结构的基本技术状况进行全面检查。通过定期检查，应系统掌握结构基本技术状况，评定结构物功能状态，为制订养护工作计划提供依据。

1　检查的周期宜1次/年，高速公路隧道应不少于1次/年。检查宜安排在春季或秋季进行。新建隧道应在交付使用1年时进行首次定期检查。

2　检查宜采用步行方式，配备必要的检查工具或设备，进行目测或量测检查。检查时，应尽量靠近结构，依次检查各个结构部位，注意发现异常情况和原有异常情况的发展变化。对于有异常情况的结构，应在其适当位置作出标记。检查结果宜尽可能量化。

3　检查的内容及判定标准宜按表2.3.5执行，应根据隧道的实际情况进行选择。

表2.3.5　定期检查内容及判定表

项目名称	检查内容	判定	
		B	A
洞口	山体有无滑坡、岩石有无崩塌的征兆；边坡、碎落台、护坡道等有无缺口、冲沟、潜流涌水、沉陷、塌落等	存在滑坡、崩塌的初步迹象，尚不危及交通	山体开裂、滑动，岩体开裂、失稳，已危及交通
	护坡、挡土墙有无裂缝、断缝、倾斜、鼓肚、滑动、下沉或表面风化、泄水孔堵塞、墙后积水、周围地基错台、空隙等	存在此类异常情况，尚不妨碍交通	挡土墙、护坡等产生开裂、变形、位移等，可能对交通构成威胁
洞门	墙身有无开裂、裂缝	墙身存在轻微开裂，尚不妨碍交通	由于开裂，衬砌存在剥落的可能，对交通构成威胁
	衬砌有无起层、剥落	存在起层、剥落，不妨碍交通	在隧道顶部发现起层、剥落，有可能妨碍交通
	结构有无倾斜、沉陷、断裂	墙身存在轻微的倾斜或下沉等，尚不妨碍交通	通过肉眼观察，即可发现墙身有明显的倾斜、下沉等，或洞门与洞身连接处有明显的环向裂缝，有外倾的趋势，对交通构成了威胁
	混凝土钢筋有无外露	存在轻微的外露现象，尚不妨碍交通	混凝土保护层剥落，钢筋外露，受到锈蚀，对交通安全构成威胁

项目名称	检查内容	判定	
		B	A
衬砌	衬砌有无裂缝、剥落	在拱顶或拱腰部位，存在裂缝且数量较多，尚不妨碍交通	衬砌开裂严重，混凝土被分割形成块状，存在掉落的可能，对交通构成威胁
	衬砌表层有无起层、剥落	存在起层，并有压碎现象，尚不妨碍交通	衬砌严重起层、剥落，对交通构成威胁
	墙身施工缝有无开裂、错位	存在这类异常现象，尚不妨碍交通	接缝开口、错位、错台等引起止水板或施工缝砂浆掉落，发展下去可能妨碍交通
	洞顶有无渗漏水、挂冰	存在漏水，未妨碍交通，但影响隧道内设备的安全	衬砌大规模漏水、结冰，已妨碍交通
路面	路面上有无塌（散）落物、油污、滞水、结冰或堆冰等；路面有无拱起、沉陷、错台、开裂、溜滑	存在此类异常情况，尚不妨碍交通	路面出现严重的拱起、沉陷、错台、裂缝、溜滑，以及漫水、结冰或堆冰等，已妨碍交通
检修道	道路有无毁坏、盖板有无缺损；栏杆有无变形、锈蚀、破损等	道路局部破损，栏杆有锈蚀，尚未妨碍交通	道板毁坏，碎物散落，栏杆破损变形，可能侵入限界，已妨碍交通
排水系统	结构有无破损，中央窨井盖、边沟盖板等是否完好，沟管有无开裂漏水；排水沟（管）、积水井等有无淤积堵塞、沉沙、滞水、结冰等	存在沉沙、积水，尚不妨碍交通	由于结构破损或泥沙阻塞等原因，积水井、排水管（沟）等淤积、滞水，已妨碍交通
吊顶	吊顶板有无变形、破损；吊杆是否完好等；有无漏水（挂冰）	存在此类异常情况，尚不妨碍交通	存在严重的变形、破损、漏水，已妨碍交通
内装	表面有无脏污、缺损；装饰板有无变形、破损等	存在此类异常情况，尚不妨碍交通	存在严重的污染、变形、破损，已妨碍交通

4　检查结果应及时填入“定期检查记录表”（见附录A），将检查数据及病害绘入“隧道展示图”（见附录A），应详细、准确地记录各类结构的基本技术状况，分析病害的成因，给出判定结论。

5　定期检查完成后，应提出土建结构定期检查报告，内容应包括：

1）对土建结构的技术状况和功能状态的评价；

2）对土建结构的养护维修状况的评价及建议；

3）需要实施专项检查的建议；

4）需要采取处治措施的建议。

此外，检查报告还应附上检查记录表、隧道展示图以及其他有关检测记录资料。

2.3.6　特别检查是在隧道遭遇自然灾害、发生交通事故或出现其他异常事件后，对遭受影响的结构立即进行的详细检查。通过特别检查，应及时掌握结构受损情况，为采取对策措施提供依据。

1　应根据受异常事件影响的结构，决定采取的检查方法、工具和设备。

2　特别检查的内容应按表2.3.5针对受异常事件影响的结构或结构部位作重点检查，掌握其受损情况。

3　特别检查应按定期检查的标准判定，当难以判明破损的原因、程度等情况时，应作专项检查。

4　检查结果的记录，与定期检查相同。检查完成后，应提交特别检查报告，包括检查记录，评估异常事件的影响，给出判定结论，确定合理的对策措施。

2.3.7　专项检查是根据定期检查和特别检查的结果，或者通过其他途径，判断需要进一步查明某些破损或病害的详细情况而进行的更深入的专门检测。通过专项检查，应完整掌握破损或病害的详细资料，为其是否实施处治以及采取何种处治措施等提供技术依据。

1　专项检查宜委托具有相应检测资质的专业机构实施。

2　检查的项目、内容及其要求，应根据定期检查或特别检查的结果有针对性地确定。

3　检查人员应对有关的技术资料、档案进行调查，并对隧道周围的地质及地表环境等展开实地调查，以充分掌握相关的技术信息，寻找土建结构发展变化的原因，探索其规律，确保专项检查结果的准确性。

4　检查的结果可按外荷载作用、材料劣化和渗漏水三种主要情况分别考虑，进行判定分类。

1）由外荷载作用而导致的结构破损，以衬砌变形、移动、沉降、裂缝、起层、剥落以及突发性的坍塌等为主要表现形态，其判定可按表2.3.7-1执行。

表2.3.7-1　外荷载作用所致结构破损的判定基准

判定＼异常情况	衬砌变形、移动、沉降	衬砌裂缝	衬砌起层、剥落	衬砌突发性坍塌
B	虽存在变形、位移、沉降，但已停止发展，已无可能再发生异常情况	存在裂缝，但无发展趋势	—	—
1A	出现变形、位移、沉降，但发展缓慢	存在裂缝，有一定发展趋势	—	衬砌侧面存在空隙，估计今后由于地下水的作用，空隙会扩大
2A	出现变形、位移、沉降，估计近期内结构物功能会下降	裂缝密集，出现剪切性裂缝，发展速度较快	侧墙处裂缝密集，衬砌压裂，导致起层、剥落，侧墙混凝土有可能掉下	拱部背面存在大的空洞，上部落石可能掉落至拱背
3A	出现变形、位移、沉降，结构物应有的功能明显下降	裂缝密集，出现剪切性裂缝，并且发展速度快	由于拱顶裂缝密集，衬砌开裂，导致起层、剥落，混凝土块可能掉下	衬砌拱部背面存在大的空洞，且衬砌有效厚度很薄，空腔上部可能掉落至拱背

2）由材料劣化而导致的结构破损，一般出现衬砌强度降低、起层剥落、钢材腐蚀等形态，其判定可按表2.3.7-2执行。

表2.3.7-2　材料劣化所致结构破损的判定基准

判定＼异常情况	衬砌断面强度降低	衬砌起层、剥落	钢材腐蚀
B	存在材料劣化情况，但对断面强度几乎没有影响	难以确定起层、剥落	表面局部腐蚀
1A	由于材料劣化等原因，断面强度有所下降，结构物功能可能受到损害	—	孔蚀或钢材表面全部生锈、腐蚀
2A	由于材料劣化等原因，断面强度有相当程度的下降，结构物功能受到一定的损害	由于侧墙部位材料劣化，导致混凝土起层、剥落，混凝土块可能掉落或已有掉落	由于腐蚀，钢材断面明显减小，结构物功能受到损害
3A	由于材料劣化等原因，断面强度明显下降，结构物功能损害明显	由于拱顶部位的材料劣化，导致混凝土起层、剥落，混凝土块可能掉落或已有掉落	—

3）对于渗漏水、结冰、砂土流出等形态的破损，其判定可按表 2.3.7-3 执行。

表 2.3.7-3　渗漏水所致的结构破损的判定基准

判定＼异常情况	渗　漏　水	结冰、砂土流出
B	从衬砌裂缝等处渗水，几乎不影响行车安全	有渗漏水，但现在几乎没有影响
1A	从衬砌裂缝等处漏水，不久可能会影响行车安全	由于排水不良，铺砌层可能积水
2A	从衬砌裂缝等处涌水，影响行车安全	由于排水不良，铺砌层积水
3A	从衬砌裂缝等处喷射水流，严重影响行车安全	在寒冷地区，由于漏水等，形成挂冰、冰柱，侵入规定限界；砂土等伴随漏水流出，铺砌层可能发生浸没和沉降

5　检查完成后，应提交专项检查报告。报告的内容应包括：

1）检查的主要经过，包括检查的组织实施、时间和主要工作过程等；

2）所检查结构的技术状况，包括检查方法、试验与检测项目及内容、检测数据与结果分析以及对破损结构的技术评价等；

3）对病害的成因、范围、程度等情况的分析，及其维修处治对策、技术以及所需资金等建议。

2.4　保养维修

2.4.1　土建结构的保养维修工作主要包括经常性或预防性的保养和轻微破损部分的维修等内容，以恢复和保持结构的良好使用状态。

2.4.2　当日常检查的判定结果为 A 时，应及时对土建结构进行保养和维修。

1　洞口

及时清除洞口边仰坡上的危石、浮土，冬季应清除积雪和挂冰，保持洞口边沟和边仰坡上截（排）水沟的完好、畅通，修复洞口挡土墙、护坡、排水设施和减光设施等结构物的轻微损坏，维护洞口花草树木的完好。

2　洞身

无衬砌隧道出现的碎裂、松动岩石和危石，应本着少清除多稳固的原则，加以处理；围岩的渗漏水，应开设泄水孔接引水管，将水导入边沟排出；冬季应及时清除洞顶挂冰。

有衬砌隧道出现的衬砌起层或剥离，应及时加以清除或加固；对衬砌的渗漏水，可将水流引入边沟排出；冬季应及时清除洞顶挂冰等。

3　路面

及时清除隧道内外路面上的塌（散）落物，及时修复、更换损坏的窨井盖或其他设施的盖板；当路面出现渗漏水时，应及时处理，将水引入边沟排出，防止路面积水或结冰；冬季应及时清除洞口处积雪。

4　人行和车行横洞

横隧道内严禁存放任何非救援用物品，及时清除散落杂物，修复轻微破损结构，定期保养横洞门，确保横洞清洁、畅通。

5　斜（竖）井

及时清除井内可能损伤通风设施或影响通风效果的异物；维护井内排水设施的完好，保持水沟（管）的畅通；对井内的检查通道或设施进行保养，防止其锈蚀或损坏。

6　风道

清理送(排)风口的网罩,清除堵塞网眼的杂物;定期保养风道板吊杆,防止其锈蚀或损坏;及时修复风口或风道的破损,更换损坏的风道板。

7　排水设施

维护隧道内外排水设施的完好,发现破损及时修复;排水管堵塞时,可用高压水或压缩空气疏通。

8　吊顶和内装

吊顶和内装应保持完好和整洁美观,如有破损、缺失应及时修补恢复,不能修复的应及时更新。

9　人行道或检修道

维护人行道或检修道的完好和畅通,道板如有破损或缺失,应及时进行修复和补充;定期保养人行道或检修道护栏,防止其锈蚀、损坏。

2.4.3　寒冷地区隧道的防冻保温设施应做好保养维护,如有损坏及时维修,确保其正常使用功能。

2.4.4　洞口设有防雪设施的隧道,应做好防雪设施的保养维护,并在大雪降临前完成设施的维修加固。

2.4.5　隧道的交通标志应保持外观完整、清晰、醒目,保持位置、高度和角度适当,确保交通信息传递无误。

1　及时清洗标志牌面的脏污,清除遮挡标志的障碍。

2　及时修补变形、破损的标牌,修复弯曲、倾斜的支柱,紧固松动的连接构件。

3　对锈蚀损坏、老化失效的标志,应及时更换,缺失的应及时补充。

2.4.6　隧道的交通标线应保持完整、清洁和醒目。

1　及时清洗脏污的标线,对破损严重和脱落的标线应及时补画。

2　清除突起路标的脏污和杂物,及时紧固松动的路标,发现损坏或丢失的,应及时修复或补换。

2.5　病害处治

2.5.1　病害处治应根据结构检查结果,针对病害产生原因,按照安全、经济、合理的原则确定方案。处治方案可由一种或多种处治方法组成,处治方法可按表2.5.1选用。

2.5.2　采用衬砌背面注浆方法处治病害,应符合下列要求:

1　应根据专项检查结果,确定空隙部位,合理布置注浆孔。

2　注浆压力应小于0.5MPa,在注浆过程中应加强监测。当发生衬砌变形或排水系统堵塞等异常情况时,可降低注浆压力或采用间歇注浆,直到停止注浆。

3　注浆效果检查可采取钻孔取芯、超声波或雷达检测等方法。

2.5.3　采用防护网方法处治病害,应符合下列要求:

1　防护网必须选用耐火的材料。

2　施工前应凿除衬砌剥离劣化部分。

3　防护网可用锚栓固定在衬砌表面上,应固定牢固。

2.5.4　采用喷射混凝土方法处治病害,应符合下列要求:

1　喷射混凝土的种类主要有:素混凝土、钢筋网喷射水泥砂浆、钢筋网喷射混凝土和钢纤维喷射混凝土等,应根据病害程度和施工条件等因素进行选择。

2　喷射混凝土必须有足够的强度和附着率,其配合比应通过实验确定,喷射机的工作风压,应满足喷头处的压力在0.1MPa左右。

3　当采用钢筋网喷射混凝土时,钢筋网必须有恰当的保护层厚度。

4　喷射混凝土终凝2h后应喷水养护,养护时间应不少于7d;当隧道内相对湿度大于85%时,可采用自然养护,寒冷地区的养护应按相关规范进行。

5　当喷射混凝土作业完成后,应对喷射混凝土层进行检测,强度指标应达到设计要求。其强度指标及检测方法可按表2.5.4执行。

表 2.5.1　病害处治方法选择表

处治方法	病害原因												病害现象特征	预期效果
	外力引起的变化									其他				
	松弛压力	偏压	地层滑坡	膨胀性土压	承载力不足	静水压	冻胀力	材料劣化	渗漏水	衬砌背面空隙	衬砌厚度不足	无仰拱		
衬砌背面注浆	★	★	★	★	★	★	★		○	★			衬砌裂纹、剥离、剥落	衬砌与岩体紧密结合，荷载作用均匀，衬砌和围岩稳定
防护网								★					①衬砌裂纹、剥离、剥落 ②衬砌材料劣化	防止衬砌局部劣化
喷射混凝土	○	☆		☆	☆	○	○	☆			☆		①衬砌裂纹、剥离、剥落 ②衬砌材料劣化	防止衬砌局部劣化
锚杆加固	☆	★	☆	★	★	○	☆	○			☆	★	①拱部混凝土和侧壁混凝土裂纹、侧壁混凝土挤出 ②路面裂缝，路基膨胀	①岩体改善后岩体稳定性提高，防止松弛压力扩大 ②通过施加预应力，提高承受膨胀性土压和偏压的强度
排水止水	○	○	☆	○	○	★	★		★				①衬砌裂纹或施工缝漏水增加 ②随衬砌内漏水流出大量砂土	①防止衬砌劣化，保持美观 ②恢复排水系统功能，降低水压
套拱	○	☆	☆	☆	☆	○	○	☆			★		①衬砌裂纹、剥离、剥落 ②衬砌材质劣化	由于衬砌厚度增加，衬砌抗剪强度得到提高
绝热层							★						①拱部混凝土和侧壁混凝土裂缝，侧壁混凝土挤出 ②随季节变化而变动	①由于解冻，防止衬砌劣化 ②防止冻胀压力的产生
滑坡整治		☆	★										①衬砌裂缝、净空宽度缩小 ②路面裂缝，路基膨胀	防止岩层滑坡
围岩压浆	○	○				○		○	☆	☆	☆		①拱部混凝土和侧壁混凝土裂缝，侧壁混凝土挤出 ②路面裂缝，路基膨胀	周边岩体改善，提高了岩体的抗剪强度和黏结力
灌浆锚固	☆	★	★	★	★						○	★	①拱部混凝土和侧壁混凝土裂缝，侧壁混凝土挤出 ②路面裂缝，路基膨胀	由于施加预应力，提高膨胀性岩层、偏压岩层的强度
增设仰拱		★	☆	★	★	○	☆					★	①拱部混凝土和侧壁混凝土裂缝，侧壁混凝土挤出 ②路面裂缝，路基膨胀	提高对膨胀围岩压力和偏压围岩压力的抵抗力
更换衬砌	☆	☆	☆	☆	☆	○	○	★	☆	☆	★	★	①拱部混凝土和侧壁混凝土裂缝，侧壁混凝土挤出 ②路面裂缝，路基膨胀	更换衬砌，提高耐久性

注：①符号说明：★-对病害处治非常有效的方法；☆-对病害处治较有效的方法；○-对病害处治有些效果的方法。

②松弛压力中包括突发性崩溃的情况。

表 2.5.4 锚喷支护实测项目

序号	检查项目	规定值或允许偏差	检查方法和频率
1	混凝土强度(MPa)	在合格标准内	按附录 B 检查
2	锚杆拔力(kN)	28d 拔力平均值≥设计值,最小拔力≥0.9 设计值	按锚杆数 1% 做拔力试验且不小于 3 根
3	喷层厚度(mm)	平均厚度≥设计厚;检查点的 60%≥设计厚;最小厚度≥0.5 设计厚,且≥60	每 10m 检查 1 个断面,每断面从拱顶中线起每 2m 检查 1 点,用凿孔或激光断面仪、光带摄影法确定厚度

2.5.5 采用锚杆加固方法处治病害,应符合下列要求:

1 锚杆的长度和间距应根据病害原因和地质情况确定。

2 当采用水泥砂浆锚杆时:注浆开始或中途停止超过 30min,应用水或稀水泥浆润滑注浆罐及其管路;杆体插入后,若孔口无砂浆溢出,应及时补注。

3 当采用自进式锚杆时:安装前,应检查锚杆中孔和钻头的水孔是否畅通,若有异物堵塞,应及时清理;锚杆灌浆料宜采用纯水泥浆,地质条件差时可灌入聚氨酯、硅树脂。

4 锚杆质量的检查可按表 2.5.4 做锚杆拔力试验。

2.5.6 采用排水、止水方法处治病害,应符合下列要求:

1 当隧道局部出现涌水病害时,宜采用外置排水管和开槽埋管的排水法处治。其施工应注意以下事项:

1)水管的位置、间距应根据涌水量的大小和位置等情况确定。

2)水管不得堵塞,管道材料应具有抗老化性和足够强度。

3)当采用开槽埋管法时,衬砌表面可用氯丁橡胶等材料覆盖。

4)当采用外置排水管时,可用固定装置将 U 形排水管固定在衬砌表面,将水引入管内排出。

5)外置排水管的设置不得侵入建筑限界,并严禁在设置机电设施的地方开凿排水沟槽。

6)设置外置排水管应尽量减少对隧道外观的破坏。

2 当地下水沿衬砌裂纹、施工缝以滴水形式漏出时,宜采用向衬砌内注浆的止水法。其施工应注意以下规定:

1)衬砌内注浆宜采用水泥浆液、超细水泥浆液、自流平水泥浆液、化学浆液。

2)注浆时采用低压低速注浆,化学注浆压力宜为 0.2~0.4MPa、水泥浆注浆压力宜为 0.4~0.8MPa。

3)注浆后待缝内浆液初凝而不外流时,方可拆下注浆嘴并进行封口抹平。

4)衬砌裂缝的注浆施工质量检验可采用渗漏水量测,必要时采用钻孔取芯、压水(或空气)等方法检查。

3 当漏水量小且呈表面渗透状时,可设置防水板进行处治。施工时应注意以下要求:

1)防水板材料应具有耐热和耐油性,一般有聚乙烯(PE)、乙烯醋酸共聚体(EVA)、橡塑、橡胶板等。

2)防水板不得侵入建筑限界。

3)施工前应清除粉尘并保护好电缆等设施。

4)防水板的搭接处理应牢固,不漏水。

5)有裂纹需要检查的部位,可在防水板上设置检查观察窗。

4 当地下水特别发育并有稳定来源时,可采取在隧道内设置排水孔、水平钻孔、加深排水沟和深井降水等措施。施工时应注意以下规定:

1)应采用过滤性良好的材料,防止排水孔堵塞。

2)应根据地下水位,确定排水沟加深的深度。

3)排水孔和排水沟之间应有管道连系。

4)排水钻孔的位置,必须根据围岩的地质条件和地下水的状况决定。

2.5.7 采用套拱加固方法处治病害,应符合下列要求:

1 套拱设计不得侵入建筑限界。

2 为确保衬砌与套拱结合牢固,施工前应凿除衬砌劣化部分,衬砌内面应涂抹界面剂,并设置联系钢筋。

3 当套拱厚度较大时,可在套拱与衬砌之间设置防水层。

4 当隧道净空无富余时,可在衬砌的裂纹处贴碳素纤维,提高衬砌承载能力。

2.5.8 采用设置绝热层方法处治病害,应符合下列要求:

1 应选用导热系数小和耐高温的绝热材料。

2 绝热层的厚度和延长幅度应根据气象数据、岩体和绝热材料的性质确定。

2.5.9 采用滑坡整治方法处治病害,应符合下列要求:

1 洞口段边仰坡出现裂缝,可用黏土等填实,必要时可采用锚杆加固。

2 滑动面以上地层厚度不大时,可在滑动面下端设置抗滑锚固桩。

3 对洞顶山体进行保护性开挖,减轻下滑力。

4 在滑动面下方修筑挡土墙,进行保护性填土,土方应夯实不积水。

2.5.10 采用围岩注浆方法处治病害,应符合下列要求:

1 围岩注浆压力应比静水压力大0.5~1.5MPa。

2 注浆材料宜采用水泥浆液、超细水泥浆液、自流平水泥浆液等。

3 围岩注浆可采取钻孔取芯法对注浆效果进行检查,必要时进行压(抽)水试验,当检查孔的吸水量大于1.0L/(min·m)时,必须进行补充注浆。

4 注浆结束后,应将注浆孔及检查孔封填密实。

2.5.11 采用增设仰拱方法处治病害,应符合下列要求:

1 仰拱的厚度可根据围岩情况确定。

2 应使用拱架模板浇筑仰拱混凝土。

2.5.12 采用更换衬砌方法处治病害,应符合下列要求:

1 衬砌的内轮廓线必须与原衬砌内轮廓线一致。

2 施工前应收集衬砌背面空洞和围岩垮塌资料,必要时可用超声波进行检测。

3 拆除衬砌时,应根据围岩的地质情况及时进行支撑。

4 施工时,在不影响通行的情况下,可采用简易施工台车。

3 机电设施

3.1 一般规定

3.1.1 公路隧道机电设施主要指为隧道营运服务的相关机电设施,包括供配电设施、照明设施、通风设施、消防及救援设施、监控设施等。

3.1.2 在进行机电设施养护前应做好以下工作:

1 养护管理机构应参与机电设施的交工和竣工验收。

2 养护管理机构应获取如下技术文件:

1)竣工系统图、安装图、技术说明书、电缆清册、软件备份等资料;

2)设备制造厂提供的产品说明书、故障检测手册、合格证明和出厂试验报告等技术文件;

3)检验报告和验收报告。

3 根据机电设施的复杂程度、养护工作量等配备养护人员,建立岗位责任制,制订养护计划。

4 养护人员应经上岗培训,并熟练掌握设施的使用要领和技术特性。特殊工种上岗前应作专门培训,并按当地劳动部门规定,经考核持证上岗。

3.1.3 机电设施的养护维修可分为日常检查、经常性检修、定期检修、分解性检修和应急检查。

1 日常检查是指在巡视车上或通过步行目测对机电设施外观和运行状态进行的一般巡视检查,高速公路隧道应不少于1次/日,其他各级公路可按1次/(1~3)日进行。

2 经常性检修是指通过步行目测或使用简单工具,对设施仪表读数、运转状态或损伤情况进行的检查,可按1次/(1~3)月进行;对破损零部件应及时进行维修更换。

3 定期检修是指通过检测仪器对仪表进行的标定,和对连接及装配状态等机电设施运转情况和性能进行的较全面检查和维修,可按1次/年进行。

4 分解性检修是指通过对设备分解拆卸而进行的重点检修,可按1次/(3~5)年进行。

5 应急检查是指公路隧道内或相邻处发生重大事故或自然灾害后对机电设施进行的检查,没有固定周期,可配合土建检查一起进行。

3.1.4 机电设施养护应充分考虑营运车辆、养护人员的安全,并按本规范第5章的有关规定进行。当需中断交通时,应与土建的养护作业计划综合考虑。隧道内经常性检修、定期检修、分解性检修时的烟雾浓度不得高于$0.0035m^{-1}$。

3.1.5 机电设施养护应使设备技术状态达到产品说明书、设计文件或有关规范的要求。

3.1.6 机电设施养护应配备专门的电工工具、测试仪器、清洁工具、安全防护设备及高空作业设备。对配备的专用工具应定期检查,耐高压工具试验1次/半年,测试仪器校对1次/年,安全防护设备及高空作业设备检查1次/季度。

3.1.7 机电设施养护应按月制订养护计划,计划宜按附录C.0.1填写。

3.1.8 机电设施养护应真实记录各种设备的检查情况,建立专门的技术档案,检查记录宜按附录C.0.2填写。

3.1.9 机电设施故障应真实记录,建立专门的技术档案,故障记录宜按附录C.0.3填写。

3.1.10 机电设施故障应按月填报,故障记录月报表宜按附录C.0.4填写。

3.1.11 机电设施养护效果可用设备完好率进行考核,设备完好率应按下式计算。各种机电设施可分系统并按对营运安全的重要度建立设备完好率考核指标。

$$设备完好率 = \left(1 - \frac{设备故障台数 \times 故障天数}{设备总台数 \times 日历天数}\right) \times 100\%$$

3.1.12 高速公路长和特长隧道、其他公路特长隧道应针对隧道内可能出现的火灾及交通事故，制订周密的救援计划，并按计划进行不少于1次/年的针对性的实地救援及防灾演习，其他各种设施应与消防救援设施紧密配合。

3.2 供配电设施

3.2.1 供配电设施包括高压断路器柜、高压计量柜、高压电压互感器、避雷器柜、高压隔离开关、高压负荷开关、电力变压器、高低压熔断器、高低压电力电容器柜、低压开关柜、信号屏、微机继电保护装置、高低压母线、电力电缆、控制电缆、各种金属构件、自备发电机等各种为隧道用电设施服务的供配电及辅助设施。

3.2.2 供配电设施养护人员应持有特殊工种上岗证书，并配备专门的电工检修工具。

3.2.3 供配电设施养护应严格执行相关设备的检修规程及《电气装置安装工程施工及验收规范》(GBJ 232)的有关规定。

3.2.4 高速公路隧道、其他公路长和特长隧道，以及有特殊要求的中短隧道应进行供配电设施日常检查。供配电设施日常检查主要针对变压器、高低压配电柜及变配电室内相关设备外观及一般运行状态进行，通过观察外观异常、声响、发热、气味、火花等现象，及时发现设备故障。

3.2.5 供配电设施经常性检修、定期检修、分解性检修主要项目可按表3.2.5进行。

表3.2.5 供配电设施经常性检修、定期检修、分解性检修主要项目

设施名称	检查项目	主要检查内容	经常性检修	定期检修	分解性检修
			1次/(1~3)月	1次/年	1次/(3~5)年
高压断路器柜	断路器触头、真空泡	1.触头有无烧损，接触是否紧密，动静触点中心是否相对		√	
		2.触头或真空泡是否损坏		√	
	"五防"功能	1.在断路器处于分闸位置时，手车能否抽出和插入		√	
		2.在手车处于不同位置时一次、二次回路是否正常		√	
		3.断路器与接地开关的机械联锁是否正常		√	
		4.柜后的上、下门联锁是否正常		√	
		5.仪表板上带钥匙的控制开关(或防误型插座)是否正常		√	
	穿墙套管	穿墙套管有无破损		√	
	排气通道	排气通道有无堵塞		√	
	二次端子	端子有无污染松动		√	
高压断路器柜	线圈	线圈绝缘是否良好		√	
	分合闸试验	1.分、合闸能否正常进行		√	
		2.电磁式弹簧操动机构有无卡塞，是否正常		√	
	运行	1.电气整定值是否满足电力系统要求		√	
		2.保护装置能否与中央信号系统协调配合		√	
高压互感器与避雷器柜	高压互感器	有无污染，裂痕，绝缘是否良好		√	
	避雷器	1.避雷器外观有无损伤		√	
		2.有无放电痕迹	√		
		3.接地装置有无腐蚀，接地电阻是否小于10Ω		√	
		4.预防性试验		√	

续上表

设施名称	检查项目	主要检查内容	经常性检修 1次/(1~3)月	定期检修 1次/年	分解性检修 1次/(3~5)年
高压计量柜	电流互感器	有无污染、损伤,绝缘是否良好		√	
	计量仪表	1. 计量仪表有无污染、计量是否准确	√		
		2. 仪表检验参照国家相关标准的检验方法执行,并递交当地供电部门进行检验		√	
高压隔离开关和负荷开关	触头	1. 有无污染、损伤	√		
		2. 接触是否紧密	√		
		3. 灭弧装置是否烧损	√		
	操动机构	1. 操动机构有无污染	√		
		2. 有无卡塞、转动是否灵活	√		
	高压熔断器	1. 外观有无污染、烧伤痕迹	√		
		2. 熔断丝是否熔断	√		
电力变压器	全部	1. 有无污染、漏油,油量是否足够	√		
		2. 有无异常声响和过热	√		
		3. 噪声是否符合要求		√	
		4. 内部线圈直流电阻是否符合生产厂规定		√	
		5. 内部相间、线间及对地绝缘是否符合要求		√	
		6. 铭牌有无污染		√	
		7. 绝缘套管有无污染及裂痕		√	
		8. 接线端子有无污染、松动		√	
		9. 变压器油耐压测试		√	
电力电容器柜	电力电容器	1. 外观有无污染,接头有无松动	√		
		2. 有无漏油、过热、膨胀现象	√		
		3. 绝缘是否正常,有无击穿现象	√		
	接触器	1. 有无机械卡塞,噪声是否符合要求	√		
		2. 线圈直流电阻是否符合生产厂家要求	√		
		3. 触头有无烧损痕迹,闭合是否紧密,动静触头是否中心相对	√		
		4. 能否正常动作	√		
		5. 引线接头有无污染、松动	√		
	控制器	控制器能否正常工作	√		
	熔断器	1. 有无烧伤痕迹	√		
		2. 电熔丝是否完好	√		
	仪表	1. 外表有无污染	√		
		2. 仪表能否正常显示	√		
低压开关柜	断路器	1. 外观有无污染、裂痕	√		
		2. 触头有无烧伤,接触是否紧密	√		
		3. 有无明显的噪声	√		
		4. 脱扣器是否正常	√		
		5. 绝缘是否良好	√		
		6. 整定值能否满足系统保护要求			√
		7. 引线接头有无污染、松动	√		

续上表

设施名称	检查项目	主要检查内容	经常性检修	定期检修	分解性检修
			1次/(1~3)月	1次/年	1次/(3~5)年
低压开关柜	接触器	按电力电容器柜中接触器执行			
	熔断器	按电力电容器柜中熔断器执行			
	仪表	按电力电容器柜中仪表执行			
	热继电器	1. 外部检查 1)继电器外壳是否清洁、完整、嵌接良好 2)外壳与底座接合是否紧密牢固,防尘密封是否良好,安装是否端正	√		
		2. 内部和机械部分检查 1)热元件是否烧毁 2)进、出线头是否脱落 3)接线螺钉是否拧紧 4)触头是否烧坏或动触头杆的弹性是否消失 5)双金属片是否变形 6)动作机构是否卡死 7)继电器内是否清洁 8)整定把手是否能可靠固定在整定位置 9)触点固定是否牢固		√	
		3. 校验 1)一般性校验 2)整定值动作值与整定值误差不应超过 ±3%		√	
	互感器	1. 有无污染	√		
		2. 绝缘是否良好	√		
		3. 外部接线是否断开	√		
	二次回路及继电器	1. 端子排是否污染,接线是否松动	√		
		2. 继电器检验参照继电器屏执行			√
	转换开关	1. 外部检查 1)转换开关外壳是否清洁、完整、嵌接良好 2)外壳与底座接合是否紧密牢固,防尘密封是否良好,安装是否端正	√		
		2. 内部和机械部分检查 1)转换开关端子接线是否牢固可靠 2)构件是否磨损、损坏 3)转换开关端子有无锈蚀 4)手柄转动后,静触头和动触头是否同时分合 5)转换开关可动部分是否灵活,旋转定位是否可靠、准确 6)开关接线柱相间是否短路 7)控制是否达到要求 8)各部件的安装是否完好,螺丝是否拧紧,焊头是否牢固可靠		√	
配电箱、插座箱、控制箱	断路器	按低压开关柜中断路器执行			
	接触器	按电力电容器柜中接触器执行			
	熔断器	按电力电容器柜中熔断器执行			
	二次回路及继电器	继电器检验参照继电器屏中的内容执行			

续上表

设施名称	检查项目	主要检查内容	经常性检修	定期检修	分解性检修
			1次/(1~3)月	1次/年	1次/(3~5)年
配电箱、插座箱、控制箱	转换开关	按低压开关柜中转换开关执行			
	箱体	接地是否良好	√		
	照明控制箱	1. 可编控制程序是否正确	1次/季		
		2. 自动集控手动操作是否正确	1次/周		
	风机启动及控制柜	1. 有无腐蚀及积水	√		
		2. 接触是否良好	√		
电力电缆	全部	1. 外表有无损伤	√		
		2. 电缆线间、相间和对地绝缘是否正常		√	
		3. 电缆工作温度是否正常	√		
		4. 接头处是否正常,有无烧焦痕迹		√	
		5. 电缆沟是否干净,有无杂物垃圾,有无积水、积油,盖板是否完整		√	
		6. 高压架空线路及其附属设施巡查	√		
		7. 高压架空线路及其附属设施登杆检查		√	
电缆托架及支架	全部	1. 外表有无变形、断开		√	
		2. 有无腐蚀		√	
		3. 接地是否良好		√	
接地装置	全部	1. 有无腐蚀		√	
		2. 接地电阻是否正常		√	
变电所铁构件	全部	有无腐蚀		√	
直流电源、UPS电源	微机继电保护装置	1. 新安装的保护装置全部检验		√	
		2. 安装一年以后全部检验			1次/6年
	箱体	接地是否良好		√	
	电池组	1. 电池组外观有无污染损伤,电池的电解液是否正常,温度是否正常	√		
		2. 电池的电压是否正常	√		
		3. 电池的绝缘是否正常	√		
		4. 进行一次容量恢复试验		√	
	充电机及浮充电机	1. 输出直流电压、电流是否正常	√		
		2. 整流装置是否正常	√		
继电器屏	继电器	1. 外部检查	√		
		1)继电器外壳是否清洁、完整、嵌接良好			
		2)外壳与底座接合是否紧密牢固,防尘密封是否良好,安装是否端正			

续上表

设施名称	检查项目	主要检查内容	经常性检修 1次/(1~3)月	定期检修 1次/年	分解性检修 1次/(3~5)年
继电器屏	继电器	2. 内部和机械部分检查 1)继电器端子接线是否牢固可靠 2)继电器内是否清洁 3)继电器可动部分动作是否灵活,转轴的横向和纵向活动范围是否适当 4)各部件的安装是否完好,螺丝是否拧紧,焊头是否牢固可靠 5)整定把手是否能可靠固定在整定位置 6)整定孔接触是否完好 7)弹簧是否有变形,层间距离是否均匀 8)触点固定是否牢固,有无折伤和烧损。常开触点闭合后是否有足够压力,常闭触点的接触是否紧密可靠,动静触点接触时是否中心相对 9)对具有多对触点的继电器,各对触点的接触时间是否符合要求 10)时间继电器的钟表机构及可动系统在前进和后退过程中运作是否灵活,触点闭合是否可靠			√
		11)继电器底座端子板上接线螺钉的压接是否紧固可靠,相邻端子的接线鼻子之间是否有一定距离			√
		3. 绝缘检查 1)保护接线回路绝缘电阻是否小于1mΩ 2)继电器经解体后,测定绝缘电阻 (1)全部端子对底座和磁导体的绝缘电阻是否小于50mΩ (2)各线圈对触点及各触点间的绝缘电阻是否小于50mΩ (3)各线圈间的绝缘电阻是否小于10mΩ 3)具有几个线圈的中间电磁继电器应测各线圈的绝缘电阻 4)继电器解体检修后,应进行50Hz交流电压历时1min耐压试验。无耐压试验设备时,允许用2500V摇表测定绝缘电阻来代替交流耐压试验,所测定绝缘电阻不应小于20mΩ			
		4. 继电器内辅助电气元件检查 继电器内辅助电气元件如电容器、电阻、半导体元件等,只有在发现电气特性不能满足要求,而又需要对上述元件进行检查时,才核对其铭牌标称值或通电实测。对个别重要辅助电气元件有必要通电实测时,按有关规定进行检查			√
		5. 触点工作可靠性检验 仔细观察继电器触点的动作情况,除发现有抖动、接触不良等现象要及时处理外,还应结合保护装置整组试验,使继电器触点带上实际负荷,再仔细观察继电器触点有无抖动、粘住、火花等异常现象			√
	电流及电压继电器	1. 一般性检验			√
		2. 整定点动作和返回值检验 1)整定点动作值与整定值误差不应超过±3% 2)返回系数应满足下列要求:过流继电器返回系数不小于0.85,当大于0.9时应注意触点压力,过电压继电器不小于0.85,低压继电器不大于1.2			√
	时间继电器	1. 一般性检验			√
		2. 动作电压及返回电压:动作电压不大于额定电压的70%,返回电压不大于5%额定电压			√
		3. 动作时间:在整定位置,于额定电压下测量动作时间三次,每次测量值与整定值误差不应超过0.07s			√

续上表

设施名称	检查项目	主要检查内容	经常性检修 1次/(1~3)月	定期检修 1次/年	分解性检修 1次/(3~5)年
继电器屏	中间继电器	1. 一般性检验			√
		2. 线圈直流电阻检查其实测值与制造厂规定值误差不应大于±10%			√
		3. 动作值、返回值及保持值检验			√
		1)动作电压不宜大于70%额定电压,动作电流不应大于铭牌上额定电流,出口中间继电器动作电压应为其额定电压的50%~70%			
		2)返回电压应不小于其额定电压5%,返回电流应不小于额定值的2%			
		3)具有保持线圈的继电器的保持电流不应大于其额定电流的80%,保持电压不应大于其额定电压的65%,线圈极性应与厂家相符			
		在现场检验继电器动作值、返回值和保持值时均应与实际回路中串联和并联电阻元件一起进行			
		4. 动作时间与返回时间检验			
		在额定电压下,测定具有延时返回的中间继电器的返回时间,对于经常通电的延时返回中间继电器应在热状态下测其返回时间			√
	直流冲击继电器	1. 一般性检验			√
		2. 中间继电器的动作电压与返回电压检验			√
		中间继电器动作电压不应大于额定电压的70%,返回电压不小于额定电压的5%			
		3. 最小冲击动作电流和返回电流检验			√
		4. 继电器返回电压检验			√
		继电器动作后,在返回电路加90%~110%额定电压时应能可靠返回			
自备发电设备	负荷运行时间30 min以上	1. 启动、停止试验	√		
		2. 油压、异响、振动、过热检查	√		
		3. 额定转数及电压确定	√		
		4. 预热的情况是否正常	√		
		5. 各部分温度情况是否正常	√		
		6. 各机械的动作状态是否灵活	√		
		7. 自动调节励磁是否正常,响应时间是否正常	√		
	柴油发动机	1. 外观有无污染、损伤	√		
		2. 计量表有无异常、漏油、漏水	√		
		3. 各部分加油	√		
		4. 各部位有无松动	√		
	发电机	1. 外观有无污染、损伤	√		
		2. 给轴承加油	√		
		3. 电刷的接触状态及磨损情况	√		
	接线	1. 连接是否可靠		√	
		2. 绝缘是否正常	√		
		3. 温度是否正常	√		
	启动装置	1. 外观有无污染、损伤	√		
		2. 空气压缩机的润滑油量	√		
		3. 计量表是否正常	√		
		4. 有无异响、振动	√		
		5. 各部位有无污染、损伤、油量是否正常、有无变形、松动	√		
		6. 是否更换润滑油		√	
		7. 附属装置是否正常		√	
		8. 直流电动机是否满足启动要求		√	
		9. 直流电动机是否正常		√	

续上表

设施名称	检查项目	主要检查内容	经常性检修	定期检修	分解性检修
			1次/(1~3)月	1次/年	1次/(3~5)年
自备发电设备	燃料装置	1. 外观有无污染、损伤	√		
		2. 有无漏油,贮留量	√		
		3. 泵的运行状态是否正常	√		
		4. 燃料过滤器的手动操作是否可靠	√		
		5. 油位计及漏油开关的动作状态	√		
		6. 给轴承部位加油		√	
		7. 贮油槽的排水泵是否通畅		√	
		8. 各部分有无松动		√	
	润滑油装置	1. 外观有无污染、损伤	√		
		2. 燃料过滤器手动操作是否正常	√		
		3. 泵的运行状态有无异常		√	
		4. 油的粘度是否正常	√		
		5. 保温装置的运行状态有无异常	√		
		6. 除渣、放水		√	
	冷却塔方式冷却装置	1. 外观有无污染、损伤	√		
		2. 冷却水量、水温是否正常,有无漏水	√		
		3. 运行状态	√		
		4. 浮球阀的工作状态是否正常		√	
		5. 轴承部位加油		√	
	散热器方式冷却装置	1. 外观有无污染、损伤	√		
		2. 冷却水量、水温是否正常、有无漏水	√		
		3. 风扇工作状态是否正常		√	
		4. 压力栓的工作状态是否正常	√		
	空气净化器或换气扇	1. 外观有无污染、损伤	√		
		2. 工作状况有无异常	√		
		3. 排气颜色有无异常	√		
		4. 排气管、支撑接头有无裂纹、腐蚀		√	
		5. 空气净化器有无污染		√	
	减振装置	减振橡胶、锚具螺栓有无变形损伤	√		
	控制台	1. 外观有无污染、损伤	√		
		2. 计量仪表、显示灯、故障显示器有无异常	√		
		3. 操作开关、继电器、电磁开关、配线断路器等有无异常	√		
		4. 盘内配线有无异常、有无污染、损伤、过热、松动、断线	√		
		5. 电压、电流、电量测量	√		
		6. 运行时间计量是否正常	√		
		7. 供配电盘中定期检修项目		√	
	配线管	各接头有无松动		√	
	接地线	有无断线、连接部位状态、接地电阻是否正常		√	

3.2.6 供电线路的养护应按电力部门的有关规定进行。当供电线路存在异常情况时应采取措施并及时通知有关部门。

3.2.7 供配电设施需进行带电养护作业的项目，应使隧道内、变配电室及中心控制室相互协调，密切配合，并严格按电气操作规程的有关要求进行。

3.2.8 供配电设施的设备完好率对于高速公路隧道应不低于98%，其他公路隧道应不低于95%。

3.3 照明设施

3.3.1 照明设施包括灯具、托架、标志及信号灯、洞外路灯和照明线路等为隧道运营提供照明服务的设施。

3.3.2 照明设施日常检查主要是对设施使用及损坏情况进行的巡检登记。对中间段连续坏灯2盏以上，洞口加强段连续坏灯3盏以上应及时进行更换或维修。

3.3.3 照明设施经常性检修、定期检修宜按表3.3.3的要求进行，可不进行照明设施的分解性检修。

表3.3.3 照明设施经常性检修、定期检修主要项目

设施名称	检查项目	主要检查内容	经常性检修	定期检修
			1次/(1~3)月	1次/年
隧道灯具	全部	1. 电压是否稳定，灯的亮度是否正常	1次/季	
		2. 灯泡的损坏与更换	1次/季	
		3. 灯具的清洁	1次/季	
		4. 引入线检查，电磁接触器、配电盘是否积水	1次/季	
		5. 开关装置定时的准确性与动作状态有无异常	1次/季	
		6. 脱漆部位补漆及灯具修理更换		√
		7. 补偿电容器、触发器、镇流器、金属器是否损坏		√
		8. 对地绝缘检查		√
	各安装部位	有无松动、腐蚀		√
	密封性	灯具内是否有尘埃、积水，密封条是否老化		√
	检修孔、手孔	有无积水		√
	照度测试	清洁后进行照度测试，是否满足设计指标		√
标志及信号灯	全部	1. 指示灯的损坏与更换	√	
		2. 灯具的清洁与维护	√	
		3. 灯的亮度是否正常	√	
		4. 设置状态是否有误		√
洞外路灯	灯杆	1. 外观有无裂纹，焊接及连接部位状况		√
		2. 有无损伤及涂装破坏		√
		3. 接地端子有无松动		√
	基础	1. 设置状况是否稳定		√
		2. 有无开裂、损伤		√
		3. 锚具、螺栓有无生锈、松动		√
洞外路灯	灯体	1. 有无损坏，亮度目测是否正常	√	
		2. 灯具的清洁		√
		3. 防护等级检查	√	
照度计	全部	1. 动作状态是否有误	√	
		2. 感光部的清洁维护	√	
		3. 安装是否松动等	√	
		4. 光度计校正		√
照明线路	全部	1. 回路工作是否正常	√	
		2. 有无腐蚀及损伤		√
		3. 托架是否松动及损伤		√
		4. 对地绝缘检查		√

3.3.4 照明光源达到其额定寿命的90%时,应进行成批更换,并选用节能的光源。更换后的照明设施应达到下列要求:

1 夜间及中间段照明亮度应符合表3.3.4-1要求。

表3.3.4-1 夜间及中间段亮度

计算行车速度(km/h)	夜间及中段亮度(cd/m^2)	
	双车道、单向交通 $N>700$ 辆/h 双车道、双向交通 $N>360$ 辆/h	双车道、单向交通 $N\leq700$ 辆/h 双车道、双向交通 $N\leq360$ 辆/h
100	9.0	4.0
80	4.5	2.0
60	2.5	1.5
40	1.5	1.5

注:①当双车道单向交通700辆/h $<N\leq$ 2400辆/h;双车道双向交通360辆/h $<N\leq$ 1300辆/h,且通过隧道的行车时间超过135s时,可按表中的80%取值。

②人车混合通行的隧道,夜间及中间亮度不低于2.5cd/m^2。

2 路面亮度总均匀度应符合表3.3.4-2要求。

表3.3.4-2 路面亮度总均匀度

设计交通量 N(辆/h)		路面亮度总均匀度
双车道、单向交通	双车道、双向交通	
≥2400	≥1300	0.4
≤700	≤360	0.3

注:当交通量在其中间值时,按内插考虑。

3 亮度纵向均匀度应符合表3.3.4-3要求。

表3.3.4-3 亮度纵向均匀度

设计交通量 N(辆/h)		亮度纵向均匀度
双车道、单向交通	双车道、双向交通	
≥2400	≥1300	0.6~0.7
≤700	≤360	0.5

注:当交通量在其中间值时,按内插考虑。

4 照明灯具的防护等级应不低于IP65。

3.3.5 照明设施养护工具除必备的电工工具、高空作业车、清洁卫生用具外,应配备照度仪等相关设备。

3.3.6 高速公路隧道照明设施的完好率应不低于95%,其他公路隧道应不低于90%。

3.4 通风设施

3.4.1 通风设施主要包括轴流风机、离心风机、射流风机及其配套设施等。

3.4.2 通风设施的日常检查主要是通过观察设备运转有无异常,确定设备是否存在隐患,并及时排除故障。

3.4.3 通风设施的经常性检修、定期检修、分解性检修可按表3.4.3的要求进行。

表 3.4.3　通风设施经常性检修、定期检修、分解性检修主要项目

设施名称	检查项目	主要检查内容	经常性检修	定期检修	分解性检修
			1次/(1~3)月	1次/年	1次/(3~5)年
轴流风机及离心风机	全部	1. 运转状态有无异响和异常振动	√		
		2. 各计量仪器、仪表读数是否正确	√		
		3. 基础螺栓及连接螺栓的状态有无异常		√	
		4. 轴承温度、油温、油压有无异常		√	
		5. 振动测试有无异常		√	
		6. 逆转 1h 以上的工作状况有无异常		√	
		7. 与监控测试联动试验		√	
		8. 手动旋转的平衡状态		√	
		9. 正、反转间隔一定时间的试验		√	
		10. 叶片安装状态检查		√	
轴流风机及离心风机	减速机	1. 油量是否正常	√		
		2. 有无异响、油温是否正常		√	
		3. 润滑油老化试验		√	
		4. 更换油脂		√	
	润滑油冷却装置	1. 配管、冷却器、交换器、循环泵的状态	√		
		2. 运转中有无振动、异响、过热现象	√		
	气流调节装置	1. 动作状态有无异常	√		
		2. 内翼有无损伤、裂纹		√	
		3. 密封材料状态		√	
	动翼、静翼及叶轮	1. 翼面有无损伤、剥离		√	
		2. 焊接部有无损伤		√	
		3. 检查叶轮液压调节状置		√	
	导流叶片及异型管	有无生锈、涂装剥离、螺母松动		√	
	驱动轴	1. 接头、齿轮润滑状态有无异常	√		
		2. 传动轴的振动与轴承温度有无异常	√		
		3. 加油脂		√	
	电动机	1. 运转中有无异响、振动、过热	√		
		2. 连接部的工作状态	√		
		3. 绝缘测试		√	
		4. 三相电流平衡试验		√	
	消音器	1. 清扫消音器内壁灰尘		√	
		2. 噪声检测		√	
		3. 吸音材料检查与变质材料更换			√
	其他	1. 仪表的检查、校正和更换			√
		2. 供油装置的检验			√
		3. 必要时的金属探伤			√
		4. 组装、检查后的试运转及风速、推动测试			√

续上表

设施名称	检查项目	主要检查内容	经常性检修 1次/(1~3)月	定期检修 1次/年	分解性检修 1次/(3~5)年
射流风机	全部	1. 风机运转过程中有无异响	√		
		2. 风机运转时电流值是否在额定值内	√		
		3. 风机反转是否正常	√		
	各安装部位	有无松动、腐蚀现象		√	
	叶片	1. 叶片有无损伤与裂纹、叶片是否清洁	√		
		2. 叶片与机壳有无摩擦	√		
		3. 叶片涂装有无剥离	√		
	电动机	1. 转动轴有无振动、异响、过热		√	
		2. 润滑油的检查、更换及轴承清洗		√	
		3. 电机的拆卸检查、轴承清洗与油脂更换			√
		4. 防护情况检查		√	
		5. 绝缘测试		√	
		6. 三相电流平衡试验		√	
		7. 运行中的电动机温升是否正常		√	
	其他	拆卸组装后的风速及推力测试			√

3.4.4 通风设施应按各种设备的操作规程和养护要求进行，并使主要性能指标，如风速、推力、功率、噪声及防护等级等符合产品说明书的要求。

3.4.5 通风设施养护应配备专用电工工具和机修工具，必要时配备风压计、风速计、声级计等。

3.4.6 进行通风设施养护时，应根据隧道交通流量和通风能力，对交通进行必要的组织和限制。

3.4.7 在进行定期或分解性检修后，应对隧道通风设施的效率进行全面的测试。

3.4.8 通风设施的设备完好率不应低于98%。通风设施经分解性检修后应使其通风能力满足下列要求：

1 隧道 CO 允许浓度应按表 3.4.8-1 取值，当为人车混合通行隧道时应按表 3.4.8-2 取值。

表 3.4.8-1 CO 允许浓度 δ(一)

隧道长度(m)	≤1000	≥3000
$\delta(10^{-6})$	250	200

注：隧道长度为 1000 ~ 3000m 时，可按插入法取值。

表 3.4.8-2 CO 允许浓度 δ(二)

隧道长度(m)	≤1000	≥2000
$\delta(10^{-6})$	150	100

注：隧道长度为 1000 ~ 2000m 时，可按插入法取值。

2 隧道烟雾允许浓度应按表 3.4.8-3 取值。

表 3.4.8-3 烟雾允许浓度

计算行车速度(km/h)	100	80	60	40	10
烟雾设计浓度 $K(m^{-1})$	0.0065	0.007	0.0075	0.009	0.0095

3.4.9 对于高速公路长和特长隧道、其他公路特长隧道应配合防灾设施进行每年不少于一次的模拟火灾情况下的通风及排烟演习。单向交通排烟风速应按 2 ~ 3m/s 进行控制，双向交通排烟风速应按 1.5m/s 进行控制。

3.5 消防与救援设施

3.5.1 消防与救援设施是指用于预防隧道火灾和进行必要救援的设施，包括火灾报警装置、紧急电话、消防设施、横通道设施等。

3.5.2 消防与救援设施的标志应保持完好、醒目。

3.5.3 消防与救援设施日常检查主要是对隧道内消防设备、报警设备、洞外消防设施的外观进行巡视，及时处理设施的异常情况。

3.5.4 消防与救援设施一般不进行分解性检修，其经常性检修、定期检修可按表 3.5.4 进行。在检修期间应有相应的防灾措施。

表 3.5.4 消防与救援设施经常性检修、定期检修主要项目

设施名称	检查项目	主要检查内容	经常性检修	定期检修
			1 次/(1~3)月	1 次/年
火灾报警器	火灾传感器	1. 感应部的清洁	√	
		2. 各回路的报警随机抽检试验	√	
	手动报警按钮	报警信号及传输测试	√	
消火栓及灭火器	全部	1. 有无漏水、腐蚀、软管损伤	√	
		2. 确认灭火器的数量及其有效期	√	
		3. 室外消火栓的放水试验及水压试验	√	
		4. 灭火器腐蚀情况，有无失效		√
		5. 泡沫消火栓的使用与防渣检查		√
		6. 消火栓的放水试验		√
		7. 寒冷地区消防管道的防冻检修		√
自动阀	全部	1. 外观检查、有无漏水、腐蚀	√	
		2. 操作试验是否正常	√	
		3. 导通试验	√	
		4. 保温装置的状况		√
泵	全部	1. 运转时有无异响、振动、过热，压力上升时闸阀的动作是否正常	√	
		2. 外观有无污染与损伤	√	
		3. 轴承部位加油与排气检查	√	
		4. 启动试验与自动阀同时进行	√	
电动机	全部	1. 运转时有无异响、振动、过热	√	
		2. 外观有无污染、损伤	√	
		3. 电压、电流检测	√	
		4. 启动试验	√	
		5. 各连接部情况		√
		6. 绝缘试验		√
配水管	全部	1. 有无漏水，闸阀操作是否灵活	√	
		2. 管支架是否腐蚀、松动		√
		3. 洞外及隧道内水管的防冻		√
		4. 管过滤器清洗		√
横通道门	全部	是否开关自如	√	
紧急停车带	全部	有无障碍物	√	

续上表

设施名称	检查项目	主要检查内容	经常性检修	定期检修
			1次/(1~3)月	1次/年
水池	全部	1. 有无渗漏水	√	
		2. 水位是否正常及水位计是否完好	√	
		3. 泄水孔是否通畅	√	
		4. 水池的清洁		√
		5. 寒冷地区保温防冻检查		√
紧急电话	全部	1. 外观有无污染、损伤	√	
		2. 通话效果试验	√	
		3. 内部检查		√
		4. 测定输入输出电流		√
		5. 强制切断试验		√
		6. 测定接地阻抗		√
引导设施	全部	有无污染、损伤	√	

3.5.5 消防设施的设备完好率应达到100%，救援设施的设备完好率应不低于98%。

3.6 监控设施

3.6.1 监控设施主要包括烟雾浓度探测仪、CO检测仪、交通量检测仪、车高仪、电视监控设施、播音设施、可变信息板、限速标识设施、信息处理设施以及控制软件等监视隧道营运状态、设备运转情况及控制相关设备运转的各种设施。

3.6.2 监控设施日常检查是对隧道内各种监控传感器、信息板及信号标识、监控室的各种监视设备进行的一般外观巡检，发现异常应立即处理。

3.6.3 监控设施可不进行分解性检修。其经常性检修、定期检修可按表3.6.3进行。

表3.6.3 监控设施经常性检修、定期检修主要项目

设施名称	检查项目	主要检查内容	经常性检修	定期检修
			1次/(1~3)月	1次/年
烟雾浓度探测仪	感光单元	1. 外观有无污染、损伤	√	
		2. 聚焦镜防护罩全面检查清洁	1次/季	
	记录仪	1. 记录状态	√	
		2. 补充油墨、记录纸	√	
	监控单元	1. 外观是否有污染、损伤	√	
		2. 调整工作状态、透过率指标	√	
		3. 计量仪、显示器、故障显示灯是否正常		√
		4. 操作开关、继电器、电磁开关、配线断路器是否正常		√
		5. 配线有无异常、污染、损伤、过热、松动、断线等		√
		6. 清扫		√
CO检测仪	分析仪及自动校正装置	1. 确认分析仪的指示值是否正确	√	
		2. 空气过滤器是否有污染	√	
		3. 确认除湿装置的功能		√
		4. 确认自动校正装置的功能		√
		5. 检查通风装置的功能		√
	吸气装置	1. 吸气泵的运转有无异响、过热、振动	√	
		2. 外观有无污染、损伤	√	
		3. 检查检测仪读数有无异常	√	

续上表

设施名称	检查项目	主要检查内容	经常性检修	定期检修
			1次/(1~3)月	1次/年
CO检测仪	记录仪	同烟雾浓度记录仪		
	采气口	隧道采气口过滤器的清洁与更换		√
	监控单元	同烟雾浓度探测仪监控单元		√
交通量检测仪	检测单元	1.外观有无污染、损伤		√
		2.检查动作及调整灵敏度		√
		3.安装状态		√
	监控单元	1.外观有无污染、损伤	√	
		2.动作状态	√	
		3.各种测量数据可靠度	√	
		4.测量仪、显示器、故障显示灯有无异常		√
		5.测定传输电流		√
		6.电子线路板、继电器的安装状态		√
		7.盘内配线有无损伤、过热、松动、断线		√
		8.清扫		
	记录仪	同烟雾浓度记录仪	√	
车高仪	检测单元	1.外观是否有污染、损伤	√	
		2.确认工作是否正常	√	
		3.调整光轴		√
		4.发射和受光部的清扫		√
		5.确认设定高度		√
	控制单元	1.外观有无污染、损伤	√	
		2.工作状态	√	
		3.测量仪、显示灯有无异常	√	
		4.配电部分检查		√
电视监控设施	摄像机	1.外观有无污染、损伤	√	
		2.动作确认	√	
		3.防护罩的清洁	√	
		4.电流电压测量		√
		5.调整聚焦及焦距		√
	安装部位	是否松动、锈蚀		√
	控制装置	1.外观是否污染、损伤	√	
		2.操作是否灵敏、正常	√	
		3.与紧急电话等的联动试验	√	
		4.与防灾控制的联动试验	2次/月	
		5.电压、电流测量	√	
		6.设备清洁		√
		7.机内保养		√
	传送装置	1.外观检查是否有油污、损伤	√	
		2.电压、电流测量		√
		3.测定传送水平		√
	操作台	1.外观有无污染、损伤	√	
		2.功能是否正常	√	
	监视器	1.外观有无污染、损伤	√	
		2.除尘	1次/周	
		3.图像是否清晰、稳定	√	
	录像机	走带及录像质量测试	1次/周	

续上表

设施名称	检查项目	主 要 检 查 内 容	经常性检修 1次/(1～3)月	定期检修 1次/年
播音设施	中波播音装置	1. 行车接听试验	√	
		2. 外观有无污染、损伤	√	
		3. 电压及输出功率测定		√
		4. 调制输入确认		√
		5. 设备清洁		√
	扩音装置	1. 外观是否有污染、损伤	√	
		2. 电压、电流测量		√
		3. 确认输出功率		√
		4. 设备清洁		√
	操作平台	1. 外观有无污染、损伤	√	
		2. 紧急播音试验		√
		3. 监控试验		√
		4. 电流、电压测量		√
	话筒	1. 外观检查	√	
		2. 紧急播音试验		√
	扩音器	1. 安装状态检测		√
		2. 接听试验		√
	空中线路	有无腐蚀、损伤		√
可变信息板	全部	1. 外观检查	√	
		2. 检查自动闭合器的动作	√	
		3. 配线断路器、电磁接触器、变压器等有无异常		√
		4. 显示板及继电器的安装状态		√
		5. 接发信号水平测定		√
		6. 各接线端子是否松动		√
		7. 更换坏灯		√
计算机主控系统	全部	1. 外观检查		√
		2. 各部位检查、清洁、加油	√	
		3. 各部位的电压、电流检查		√
		4. 发热检查		√
		5. 病毒的防治	√	
		6. 系统启动的动作确认		√
		7. 线路板检查、清扫		√
		8. 控制软件维护与系统联动		√
		9. 打印设备状况检查		√
		10. 磁带存贮设备的动作检查及磁头行车与清洁		√
		11. 系统的开机检查与维护		√
中控室	全部	1. 温、湿度及清洁检查	1次/周	
		2. 地板抗静电检查		√

3.6.4 高速公路长和特长隧道、其余公路特长隧道监控系统的软件维护每年应不少于两次，其余公路隧道监控系统的软件系统维护每年应不少于一次。维护时应注意软件的修改完善，并保证联动运行功能的实现和软件可靠性各项技术措施的落实，严格按操作规程或使用说明进行。

3.6.5 监控设施养护主要指标应按相应设备的产品说明要求进行，监控设施设备完好率高速公路隧道应不低于98%，其他各级公路隧道应不低于95%。

4 其他工程设施

4.1 一般规定

4.1.1 其他工程设施包括环保设施、房屋设施等，应经常保持完好、齐全。

4.1.2 有特殊要求的其他工程设施应按相关规定进行养护。

4.2 环保设施

4.2.1 环保设施包括洞口范围内的绿化、消音设施、污水处理设施、洞口雕塑等。

4.2.2 隧道洞口绿化与植被应与周围环境协调，绿化工程应符合以下要求：

1 及时对树木修剪抚育，树木透光适度、通风良好、减少病虫害的发生。

2 草皮宜适时修剪、保持美观。

4.2.3 隧道内应每月清洗、擦拭消音设施上的污秽，如有损坏应及时修复或更换。

4.2.4 隧道污水处理设施的养护应符合以下要求：

1 污水处理池和净化池不渗漏，如发现渗漏应查明原因及时处治。

2 污水处理池和净化池沉积的泥砂、杂物，应适时清除。

4.3 房屋设施

4.3.1 隧道附属的房屋设施包括为隧道营运服务的生产、生活用房。

4.3.2 房屋的养护应符合以下要求：

1 房屋屋面及墙体如发生渗漏应及时维修，并符合以下要求：

1)屋面渗漏维修工程应根据房屋防水等级、使用要求、渗漏现象及部位，查清渗漏原因，找准漏点，制定相应的维修方案。

2)选用材料应与原防水层相容，与基层应结合牢固。

3)屋面防水层维修完成后应平整，不得积水、渗漏。

4)墙体渗漏维修前，应对渗漏墙体的墙面、外部粉刷分格缝、门窗框周围、窗台、穿墙管道根部、阳台和雨棚与墙体的连接处、变形缝等渗漏部位进行现场查勘。确定渗漏部位，查明渗漏原因，制定相应的维修方案。

5)墙体维修后不得出现渗漏水现象，应在完工 3d 后进行检验，墙面冲水或雨淋 2h 无渗漏水。

2 屋面墙体粉刷后，起壳、剥落、疏松等损坏部位应凿除并清理干净后重新粉刷。

3 房屋的木门窗可两年油漆一次，损坏的门窗应及时修理或更换。

4 房屋的钢构件应定期维护，清除锈蚀，并按规定涂刷防锈漆和油漆。

5 风机房、变电所、监控室等主要生产房屋应做到地面无积尘和油污。

6 风机房、变电所、监控室等房屋的专业养护可参照相关规定执行。

4.3.3 保持房屋及其周围环境的整洁、美观，周围场地应排水畅通。

4.3.4 防雷接地装置如有损坏、锈蚀应及时养护维修，并符合以下要求：

1 修换防雷接地装置前，应对接地体进行接地电阻测试，接地线和接地体焊接开焊、断裂的应修换，完好的应除锈刷防锈漆。

2　接地体锈蚀严重无法修复时，按查勘设计换装新接地体。

3　修换防雷装置前，对避雷网(带)、引下线等发生开焊、变形的应修复，对防锈漆脱落的应除锈刷漆。

4　修换接地装置及固件均宜采用镀锌制品，各部连接点应牢固可靠。

4.3.5　防冻保温设施的维修保养应不少于1次/年。

5 安全管理

5.0.1 隧道的安全管理应包括正常营运及养护作业时和发生事故时的交通组织和安全防护。

5.0.2 隧道养护机构应及时掌握公路隧道的信息,作出预测,采取必要的预防性安全措施。

5.0.3 隧道内进行养护作业时,应执行《公路养护安全作业规程》(JTG H30)的有关规定。

5.0.4 隧道洞口周围100m范围内,未经隧道养护机构许可,不得挖沙、采石、取土、倾倒废弃物,不得进行爆破作业及其他危及公路隧道安全的活动。

5.0.5 超限运输和运送危险品的车辆需要通过隧道时,须按有关规定报经有关部门批准后方可通过。

5.0.6 高速公路的长隧道、特长隧道及其他公路的特长隧道,每年应进行不少于一次的消防救援实地演习。

5.0.7 养护作业的安全防护应包括养护作业机械、人员的安全防护。

5.0.8 养护作业宜选择在交通量较小时段进行。在进行养护作业前,应做好以下工作:

1 制订周密的施工组织计划,确定合理的工作区。

2 作业人员必须接受专门的安全教育和作业规程训练。

3 检测隧道内CO、烟雾等有害气体的浓度及能见度是否会影响施工安全。

4 观察隧道结构状况是否会影响作业安全,如有危险,应先处理后作业。

5 检查施工信号灯是否准确、明显,施工标志设置是否规范。

6 对养护机械、台架应进行全面的安全检查,并应在机械上设置明显的反光标志,在台架周围设置防眩灯,以反映作业现场的轮廓。

5.0.9 在隧道内进行养护作业时,应遵守以下规定:

1 养护维修作业控制区经划定后不得随意变更。

2 作业人员不得在施工路段外活动或将任何施工机具、材料置于养护维修作业控制区以外。

3 养护施工路段内的照明应满足要求。

5.0.10 电力设施等有特别要求的维护,应按有关部门的安全操作规程执行。

5.0.11 隧道内发生火灾时,必须立即按消防预案进行救助。

5.0.12 隧道内发生交通事故时,应通知并配合交通安全管理部门到现场处理交通事故。

5.0.13 事故发生后 ,应尽快清理现场,排除路障,恢复隧道正常行车,并登记相关损失。应认真分析事故原因,恢复或改善隧道的防灾能力。

附录A　土建结构检查记录表

A.0.1　日常检查记录表可按表A.0.1所示采用。

表A.0.1　日常检查记录表

隧道名称：__________（左洞/右洞）　路线名称：__________

隧道编码：__________　路线编码：__________

养护机构：__________　检查日期：____年____月____日　天气：____

里程桩号	项目名称	检查内容	状 态 描 述	判定结论
……	……	……		……

检查人：　　　　　　　　　　记录人：

A.0.2 定期检查和特别检查记录表可按表 A.0.2 所示采用。如有照片等资料可单独编辑成册，将其编号添入表中对应项的"状态描述"栏中。

表 A.0.2　定期（特别）检查记录表

隧道名称：________________

隧道编码：________________　　路线名称：________________

养护机构：________________　　路线编码：________________

上次检查日期：____年___月___日　　本次检查日期：____年___月___日

里程桩号	项目名称	检查内容	状 态 描 述	判定结论
……	……	……	……	……

检查人：　　　　　　　　　　　　　　　　　　　记录人：

A. 0. 3 隧道展示图可按图 A. 0. 3-1 所示采用,其图例可按图 A. 0. 3-2 所示采用。

桩　号		
土建结构	左墙	
	拱部	
	右墙	

隧道名称:________________　检查日期:____年____月____日

检查人:　　　　　　　　　　记录人:

图 A. 0. 3-1　隧道展示图

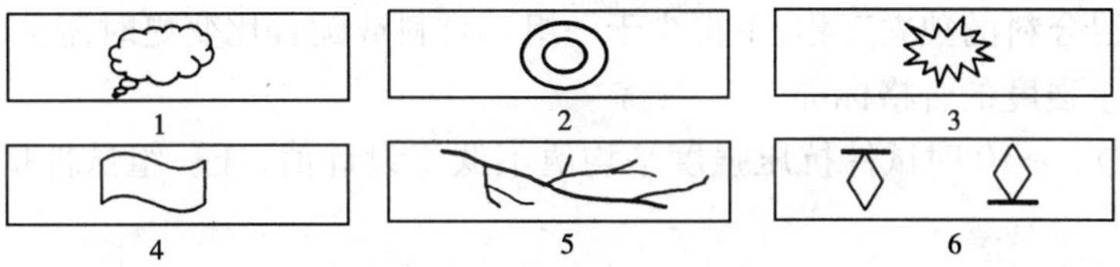

1　2　3

4　5　6

图 A. 0. 3-2　病害表述图例

1-出水冒泥;2-衬砌凸起;3-围岩碎落;4-墙体变形;5-衬砌或围岩开裂;6-漏水、挂冰、堆冰

附录 B　喷射混凝土抗压强度评定

B.0.1　喷射混凝土抗压强度系指在喷射混凝土板件上，切割制取边长为 10cm 的立方体试件，在标准养护条件下养护 28d，用标准试验方法测得的极限抗压强度，乘以 0.95 的系数。

B.0.2　双车道隧道每 10m 至少在拱脚部和边墙各取 1 组(3 个)试件。其他工程，每喷射 50 ~ 100m^3 混合料或小于 50m^3 混合料的独立工程，不得少于一组。材料或配合比变更时需重取试件。

B.0.3　喷射混凝土强度的合格标准

1　同批试件组数 $n \geq 10$ 时试件抗压强度平均值不低于设计值，任一组试件抗压强度不低于 0.85 倍设计值。

2　同批试件组数 $n < 10$ 时试件抗压强度平均值不低于 1.05 倍设计值，任一组试件抗压强度不低于 0.9 倍设计值。

附录C 机电设施养护计划及故障记录表

C.0.1 机电设施养护计划宜按表C.0.1填写。

表C.0.1 机电设施养护计划表

养护机构： 编号：

隧道名称： 日期： 年 月

养护内容 / 养护时间	（设备名称）			备注
	养护项目	养护方法	养护标准	
1 2 3 ⋮ ⋮ 31				

制表： 复核： 审定：

C.0.2 检查记录宜按表C.0.2填写。

表C.0.2 检查记录表

养护机构： 编号：

隧道名称： 日期： 年 月 日(星期______) 天气：

设备名称		检查时间	自 时 分 至 时 分
检查位置			
检查内容			
巡视车、作业车使用情况	车号		
	台数		
注意事项			

检查： 记录：

C.0.3 机电设施故障宜按表C.0.3填写。

表C.0.3 机电故障记录表

养护机构： 隧道名称： 编号：

故障发生时间： 年 月 日 （星期 ） 时 分 天气：

1	设备名称	
2	设备位置	
3	故障部位	
4	故障原因及内容	
5	故障处置	

检查： 记录：

C.0.4 机电设施故障月报宜按表 C.0.4 填写。

表 C.0.4 机电设施故障月报表

养护机构： 编号：

隧道名称： 日期： 年 月

编号	故障日	设备名称	设备位置	故障原因及内容	故障处置	修复时间	备注

制表： 复核： 审定：

附录D　本规范用词说明

D.0.1　执行本规范时，对条文严格程度的用词按以下写法，以便在执行过程中区别对待。

1　表示很严格，非这样做不可的用词：

正面词采用"必须"，反面词采用"严禁"。

2　表示严格，在正常情况下均应这样做的用词：

正面词采用"应"，反面词采用"不应"或"不得"。

3　表示允许稍有选择，在条件许可时应首先这样做的用词：

正面词采用"宜"，反面词采用"不宜"。

4　表示有选择，在一定的条件下可这样做的，采用"可"。

附件

《公路隧道养护技术规范》

（JTG H12—2003）

条 文 说 明

1 总则

1.0.1 我国是一个多山的国家,随着高等级公路的发展,公路隧道日益增多,规范公路隧道养护行为势在必行。

公路隧道既是道路工程构造物又是地下工程结构,它涉及工程地质、结构力学、空气动力学、光学、自动控制和工程机械等多种学科,技术较为复杂,这就增大了养护维修及其管理的难度。而且,公路隧道一般都处于崇山峻岭之中,无绕行可能,如果隧道内出现严重渗漏水、衬砌开裂或设施故障等情况,就会妨碍交通,进而使整个交通线完全处于中断状态,给公路交通造成恶劣影响,因此,隧道的养护管理比一般路段的养护管理更为重要。为此,特制定本规范,以作养护管理的技术依据和行为准则。

1.0.2 本规范是以公路山岭隧道为主要对象来编制的。对于盾构隧道、沉管隧道等不同类型的隧道,其养护维修及其管理的技术思路与前者相似,可参照本规范执行。

1.0.3 本规范所说的土建结构包括洞门、洞身、路面、人(车)行横洞、斜(竖)井、通风道及防排水设施等。机电设施包括为保证隧道内行车安全和良好环境所必需的供配电、通风、照明、防灾、监控等相关设施。

1.0.4 每座隧道由于不同自然环境的影响,所发生的结构破损情况和设施状况不一样,因此应根据具体情况制订相应的养护维修方案、技术措施和作业计划。

1.0.5 日常检查和定期检查的目的是要发现隧道早期病害形态,并掌握破损的程度,为进一步检查或处治提供判断依据。专项检查的目的是收集隧道破损的详细资料,为制订处治方案和措施提供依据。

1.0.6 洞内养护作业时采取的安全措施是为了防止养护作业与通行车辆互相干扰。

1.0.7 有关隧道的设计文件和竣工资料是制订养护维修方案的重要依据,故要求收集齐全。

1.0.8 比较国外经济发达国家,我国公路隧道工程技术较为落后,养护技术与管理更是滞后,为了提高隧道养护质量和技术水平,有必要积极采用成熟的隧道养护新技术、新材料、新设备和新工艺,使我国隧道养护技术尽快达到较先进水平。

1.0.9 条文中涉及的有关标准、规范主要有:

(1)《公路工程技术标准》(JTJ 001);

(2)《公路隧道设计规范》(JTJ 026);

(3)《公路隧道通风照明设计规范》(JTJ 026.1);

(4)《公路隧道施工技术规范》(JTJ 042);

(5)《公路工程质量检验评定标准》(JTJ 071);

(6)《公路养护技术规范》(JTJ 073);

(7)《道路交通标志和标线》(GB 5768);

(8)《道路作业交通安全标志》(GA 182);

(9)《电气装置安装工程施工及验收规范》(GBJ 232);

(10)《装饰工程施工及验收规范》(GBJ 210)。

2 土建结构

2.1 一般规定

2.1.1 土建结构是指构成公路隧道的土建工程结构物，包括洞门、衬砌、路面、检修道(洞)、防水层、排水管(沟)、横洞、斜(竖)井、风道、防护设施、减光设施、防冻设施等，围岩等自然构造也归入土建结构养护中考虑。

2.1.2 根据土建结构养护工作的内容及要求，将其分为四个组成部分。这四部分工作，内容互不相同，具有相对的独立性，但又彼此衔接，相互关联。

2.2 清洁维护

2.2.1 一般说来，隧道交通量越大、污染越严重、结构物越易脏污，清洁周期越短；否则反之。相比其他公路结构物，隧道呈长管状，烟尘不易散发，因此其清洁周期相对要短一些。

结构物的清洁养护通常都选择在交通量较小的时候进行，如假日、夜晚等，以尽量减少交通干扰，降低事故风险。

2.2.2 为了保持路面干净整洁，提供安全舒适的通行环境，需要经常清扫路面。

1 隧道内路面由于无雨水冲刷，较易脏污，而路面的整洁与隧道的服务质量密切相关，因此倾向于规定较短的清扫周期，以便能经常清扫。

2 隧道内空间有限，要求迅速而有效地实施清扫作业，因此适宜以路面清扫车进行清洁。路面清扫车主要有刷式和真空式两种，刷式清扫车适用于砂土较多的路面，而真空式清扫车适用于要求高速作业的环境。根据国情，人工扫路还很普遍，先以扫帚清扫路面，然后用车辆出渣的情况在我国公路隧道路面的清扫中仍很常见。

3 路面脏污部位是指如车道两侧、紧急停车带等。由于车道两侧容易积聚尘土，覆盖分道标志标线、轮廓标志等，使其难以识别；而紧急停车带经常积聚尘土和散落物等，因此清扫时需特别留意。

4 目前，国内在隧道路面清洗中使用清洁剂的经验还不多，需要在今后的养护工作中加以探索和总结，逐步提高和完善。

2.2.3 为了经常保持顶板和内装的外观整洁，维护舒适的通行环境，提高照明系统的功效，需要定期对顶板和内装进行清洁养护。

1 顶板和内装的清洁周期，考虑国情而作此规定。如成渝路重庆段的中梁山隧道、缙云山隧道，因未设顶板，故很少清扫拱顶；内装为瓷砖镶面，清洗周期约为1次/月。

2 据有关资料介绍，美国高速公路隧道(尤其是城市道路隧道)的顶板或内装的清洁周期一般为1次/周，最长不超过1次/月；日本高速公路隧道的顶板和内装的清洁周期一般为1~2次/月，在一些交通量较小的国道上，清洁周期相对长一些。

3 清洁的方式有湿法和干法两种。湿法清洁目前应用较广，但是需要设置清洗水沉淀池，将废水处理后排放；干法清洁无需处理废水，但产生大量的尘埃，恶化隧道环境，可能需要同时使用集尘装置或对通行车辆加以引导。表1简单列出了两种清洁方式的特点。

在湿法清洁时，一些脏污仅用清水冲洗即可去除，而沉积的烟灰和油状的(燃烧)残留物，尤其是来自柴油发动机的油烟，可能需要使用清洁剂和清洁器具才能洗掉此类污垢。为了给清洁剂留有充分的反应时间，最好单独设置一辆小卡车用于喷洒清洁剂溶液。为此，卡车应配有一个容量约为1.2m^3的容器，一台动力泵和喷嘴等设备。清洁剂宜尽量采用中性的，以减少对隧道内养护工作人员、结构和设施的危害。通常，隧道清洗车装备有一个容量约为5.7m^3的水箱，一台能提供约120Pa压强的水泵，以及喷嘴、旋转刷等设备。根据经验，刷毛比较硬且长的旋转刷能提高清洗效率。

表1　湿法、干法清洁的特点

项目＼清洁方式	湿法清洁	干法清洁
设备	需设置废水沉淀池	设备相对简单
作业规模	较大	较小
对内装板的影响	刷的压力小于干式	清扫压力较大，可能损伤内装板
对通行车辆的影响	污水散流，但可控制，对交通有一定影响	清扫时产生大量尘埃，影响交通
清洁效果	较好	较差，飞散的尘埃可能再附着

此外，高压喷水枪也用于顶板和内装的清洁，以替代刷子。其方法是：先喷洒清洁剂溶液，待其与污垢发生反应后，再将清水在500～600Pa的压强下，由细小的喷嘴喷出，以高压进行冲刷。此法在美国Potapsko River隧道中使用过，效果良好。

2.2.4　隧道排水设施需经常进行清理、疏通，以保持其良好的排水功能，确保水流畅通无阻，及时排泄隧道内漏水、污水、汽车挟带水以及其他积水，防止积水影响行车、损害隧道结构或设施。

1　具体的清洁周期应根据隧道的具体情况，综合考虑确定。

2　《公路隧道设计规范》(JTJ 026)规定：隧道内的纵坡应不小于0.3%。当坡度在0.3%～0.5%时，水流缓慢，杂物易淤积，水沟易被堵塞，因而需特别注意；隧道的洞口段容易积聚垃圾和各类杂物，易于边沟内淤积而影响排水，需特别留意。

2.2.5　经常清洗隧道内外的标志标线，是为保持其外观的清晰、醒目，确保交通信息传递清楚无误。

2.3　结构检查

2.3.1　根据结构检查的目的、内容、方法等因素，将其分为四类检查。

2.3.2～2.3.3　日常检查、定期检查和特别检查结果的三级判定分类和专项检查结果的四级判定分类是一种预先设定的对策，以便发现结构异常情况时能迅速作出反应，其工作流程如图1所示。

专项检查主要根据结构的破损程度、发展变化趋势和对交通安全、结构设施安全的影响等因素进行判定，如表2所示。

表2　专项检查结果的判定因素

判定分类	判定因素				对策
	破损程度	破损发展趋势	对行人、行车安全的影响	对结构、设施安全的影响	
B	轻微	无或趋于稳定	无或轻微	无或轻微	监视、观测
1A	一般	较慢	暂无，将来可能构成危险	暂无，将来可能构成危险	准备采取对策措施
2A	较重	较快	已有一定的威胁，比较危险	已有一定的威胁，比较危险	尽快采取对策措施
3A	严重	迅速	危险	危险	立即采取紧急对策措施

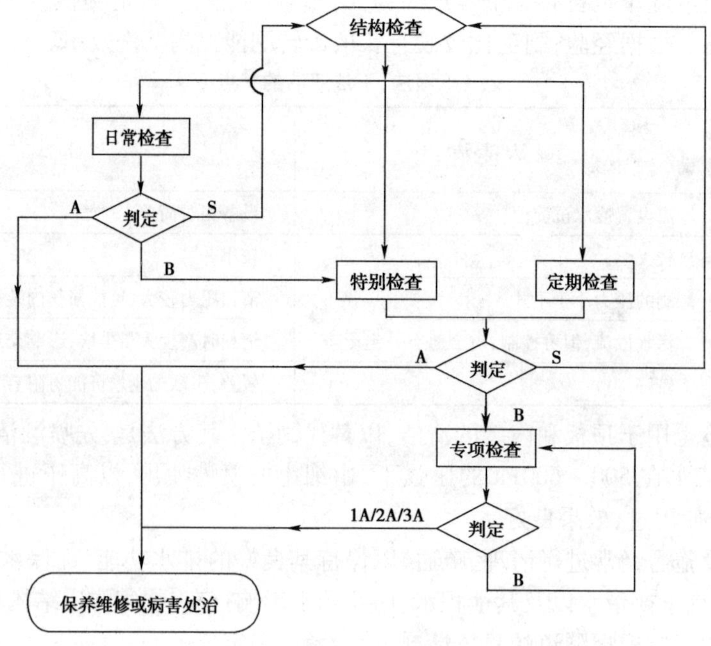

图1　土建结构检查工作流程图

注：S-Safe，安全/正常；

B-Back，返回、需进一步检查或观测/异常情况不明；

A-Alert，警报/异常情况；

根据异常情况的严重程度，专项检查进一步区分为：

1A-破损；2A-较严重破损；3A-严重破损

2.3.4　外观状况是指通过目视观察所及的结构表面情况。

1　考虑国内公路隧道的情况差别较大，因此只对日常检查的最大频率作出规定。

2　简单检查工具是指皮尺、钢卷尺、铁锤、手电筒和粉笔等常用的、易于携带的工具。

3、4　表中的洞口包括洞口防护设施、地面排水设施和减光设施等；路面是以水泥混凝土路面为例，如为其他路面，可参考《公路养护技术规范》(JTJ 073)和本规范的有关规定执行；内装包括装饰板、镶面(表面处理)等。

2.3.5　为掌握土建结构基本技术状况，评定结构功能状态，更新技术档案资料，需要定期对土建结构进行全面检查。基本技术状况是指隧道土建结构物的完好程度、破损或病害情况、功能状态等。

1　考虑国内公路隧道的技术水平、工程质量以及隧道的重要性等因素，确定定期检查的最大周期。检查的时间一般选在春融期后或在汛期到来前后。对新建隧道的要求，是为了尽可能早期发现结构破损情况，为日后的养护维修提供基本技术资料。

2　定期检查一般是徒步进行，必要的工具和设备主要指：

尺寸测量——卷尺、钢卷尺、游标卡尺等；

裂缝检查——带刻度的放大镜、宽度测定尺、测针、标线等；

材料劣化检查——锤子等；

漏水检查——pH 试纸、温度计等；

路面检查——摩擦系数测定仪、平整度仪等；

照明器具——卤素灯或目测灯、手电筒；

记录工具——隧道展示图纸、记录本、照相机或摄像机；

升降设备——可移动台架、升降台车；

此外，清扫用具、交通控制标志牌板等也是需要的。

3　定期检查项目中，围岩检查主要是针对无衬砌隧道，路面检查是以水泥混凝土路面为例，如为其他路面类型，可参照《公路养护技术规范》（JTJ 073）的有关规定执行。

从隧道的一般断面来看，拱脚附近为非常薄弱的构造。在外部压力作用下，结构变形往往首先发生在这个部位，如基脚膨胀、路基下部冻胀、上拱、下沉等，于是出现路面裂缝、施工缝错裂等。在检查时，边沟内部的裂缝、边沟盖板的凹凸和倾斜、路面裂缝、接缝错裂等状况都要进行观察并记录于展示图上。

一般要求将裂缝绘入隧道展示图，标明裂缝的宽度、长度，为评价裂缝开裂程度及养护维修提供基本资料。

4　对于表中未包括的内容，可参照本表及有关规范进行判定。

5　"隧道展示图"的正面为图（坐标纸），背面为文字记录，逐年记录以便把握病害发展规律，评价隧道安全程度。比较而言，照片和录像带（包括数码摄像）能更客观、准确地记录结构实际状况，有助于正确判定结构状态，如有条件宜积极采用。

6　定期检查报告综合了各个结构物的检查结果，对土建结构的技术状态和使用功能作出评价，并根据检查中发现的问题，对养护工作提出改进建议或措施；对于判定为 B 的结构，应提出专项检查的建议，内容包括专项检查的原因、项目、目的、要求等；对于判定为 A 的结构，应提出采取处治措施的建议，内容包括实施处治的原因、项目、处治措施、所需的工程费用以及实施时间等。

2.3.6　自然灾害是指地震、山体滑坡或崩塌、泥石流、暴雨、山洪、暴风雪和雪崩等；交通事故是指擦挂、撞车（墙）、翻车、失火等；其他异常情况是指结构突发性的破坏、超限车辆通过等危及交通安全、结构设施安全的异常事件，如洞口落石、围岩坍塌、衬砌变形或塌落、路面沉陷、大量渗漏水、大量挂冰、严重冻害或者爆炸等。

1～4　特别检查的方法与定期检查基本相同，采取步行方式，携带必要的仪器和设备；检查的内容比定期检查有所侧重，主要针对异常事件的影响而展开；检查的目的是了解异常事件对结构的影响，掌握结构受损情况，确保人员、车辆、结构和设施的安全，是特别情况下的检查，需尽快实施。

2.3.7　通过其他途径是指通过具有类似情况的其他隧道而得知结构可能存在问题；破损或病害的详细情况是指其成因、范围、发展程度和状况，以及对结构物使用功能的影响等；更深入的专门检测是指专门的现场试验检测、验算及分析鉴定，以及相关资料的调查分析等。

1　由于某些检测需要专业的检测手段和设备，因此需要委托专业的检测机构实施检查。此外，当一次检查不足以提供详细资料时，还需进行连续的或长期的检查。

2　专项检查的项目通常由定期检查或特别检查报告提出，并由此确定专项检查的内容和要求等，一般可按表 3 的内容选择实施。

表 3　专项检查项目表

检查项目		检查内容
结构变形检查	道路线形、高程检查	道路中线位置、路面高度、缘石高度以及纵、横坡度等测量
	隧道横断面检查	隧道横断面测量，周壁位移测量（与相邻或完好断面比较）
	净空变化检查	隧道内壁间距测量（自身变化比较）
裂缝检查	裂缝简易检查	裂缝的位置、宽度、长度、开展范围或程度等
	裂缝变形检查	裂缝的发展变化趋势及其速度；裂缝的方向及深度等
漏水检查	漏水简易调查	漏水的位置、水量、浑浊、冻结及原有防排水系统的状态等
	漏水检测	水温，pH 值检查、电导率检测、水质化学分析
材质检查	衬砌强度检查	强度简易测定，钻孔取芯，各种强度试验等
衬砌及围岩状况检查	无损检查	无损检测衬砌厚度、空洞、裂缝和渗漏水等，以及围岩状况
	钻孔检查	钻孔测定衬砌厚度等、内窥镜观测衬砌及围岩内部状况
荷载状况检查	衬砌应力及拱背压力检查	衬砌不同部位的应力及其变化，拱背压力的分布及其变化

1）结构变形检查

a. 道路线形、高程检查：通过测量结构高度、角度、坡度等的变化，发现结构的变形，掌握其发展变化的趋势。一般使用经纬仪、水准仪、花杆、卷尺等工具进行测量，根据测量的内容、方法等设置测点。

b. 隧道横断面检查：根据结构的变化状况，在可能发生断面倾斜、顶部下沉等变形的地方，测量隧道横断面尺寸，通过与相邻横断面的比较，发现变形的有无和变化程度。

简单的横断面测定，可布设横、竖测线，测量隧道各部尺寸，即可基本掌握横断面的形状，如图2所示。

如果需要更准确地掌握隧道横断面尺寸，可用激光式横断面测量仪进行测量。激光式测量仪在操作性、作业效率等方面具有优越性，便于处理测量数据、显示横断面形状并输出测量结果等。

c. 净空变化检查：净空变化的测量方法较多，一般是在隧道内壁安装锚销、布设测线，测量锚销间距的变化，测线布置如图3所示。推测断面可能变形的地方，通过测量左右侧墙间距、拱部的水平测线或斜测线的长度，掌握净空变化的有无和发展速度。

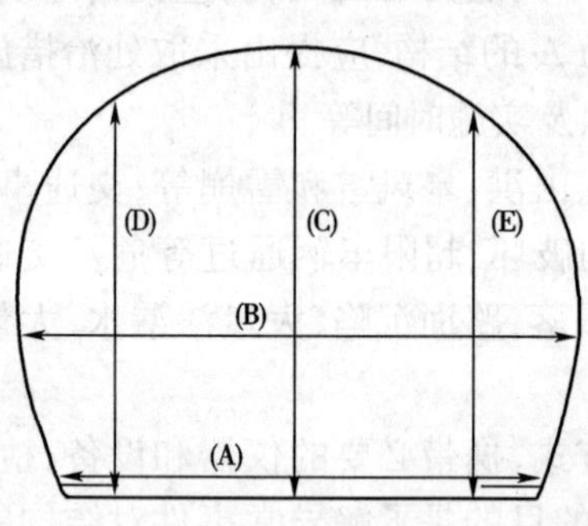

注：(A)、(B)、(C)、(D)、(E)——测线

图2 横断面检查测线布置示意图

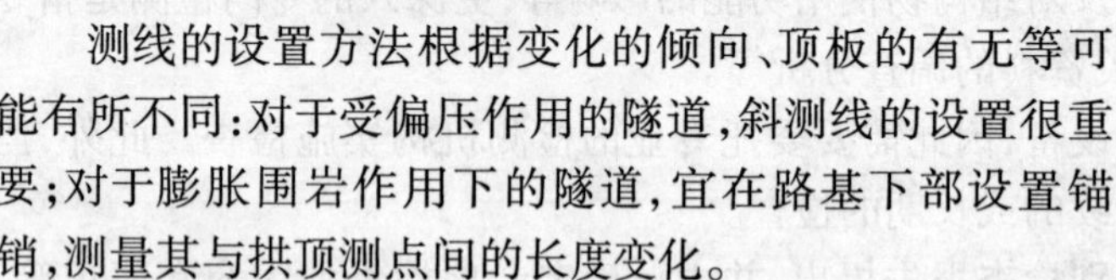

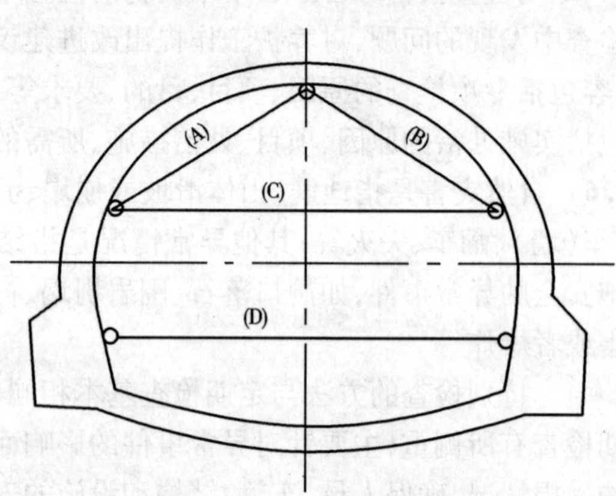

注：(A)、(B)、(C)、(D)——测线

图3 净空变化测线布置示意图

测线的设置方法根据变化的倾向、顶板的有无等可能有所不同：对于受偏压作用的隧道，斜测线的设置很重要；对于膨胀围岩作用下的隧道，宜在路基下部设置锚销，测量其与拱顶测点间的长度变化。

2）裂缝检查

根据检查要求的不同，将裂缝检查分为简易检查和变形检查。

a. 裂缝简易检查：使用简易的测量器具或方法，查明裂缝形状有无发展变化。图4所示为四种简易检查方法：

a）砂浆扁饼——横跨裂缝涂以拌和砂浆（扁饼），观察裂缝有无新的发展；（由于振动等原因，砂浆扁饼可能掉落，因此不宜设置在隧道拱部。）

b）标记——目测裂缝末端位置并标记，用油漆等标明检查日期；

c）裂缝测量计——横跨裂缝设置机械式宽度测量计，测量裂缝宽度变化；

d）标点——横跨裂缝设置标点，用卡尺测量其间距变化。

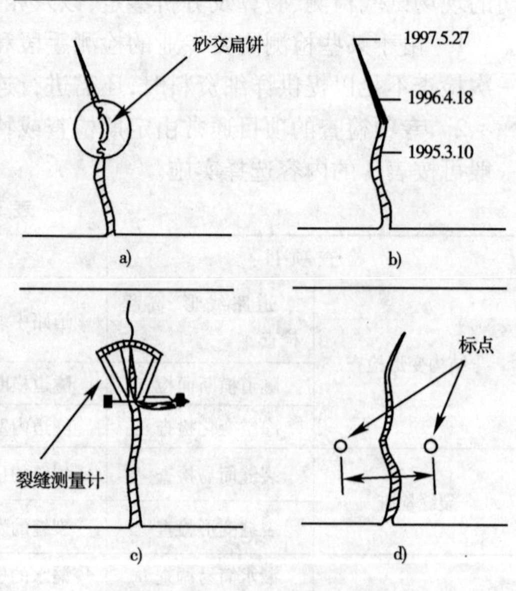

图4 裂缝简易检查方法

a）砂浆扁饼；b）标记；c）裂缝测量计；d）标点

b. 裂缝变化检测：主要针对裂缝的发展变化进行连续观测，可采用电阻丝应变型的裂缝变形计进行测量，图5为裂缝变化检测示例。由于季节的变化，裂缝宽度会随着混凝土的热胀冷缩而变化，因此宜连续测量1年以上的时间，将检查结果按时间顺序记录整理，掌握裂缝发展速度及其规律等。检查时

间和周期可参考以下：

周期：1 次/月——设置后 3 个月内；1 次/3 个月——3 个月后；

当确认裂缝处于变化中时，可根据其发展变化程度适当增加检查次数；

地震（4 度以上震级）、暴雨后宜增加检查次数。

时间：1～2 年（以后监视即可）。

检查裂缝的深度或方向，可通过钻孔取芯的方法进行检查，如图 6 所示。

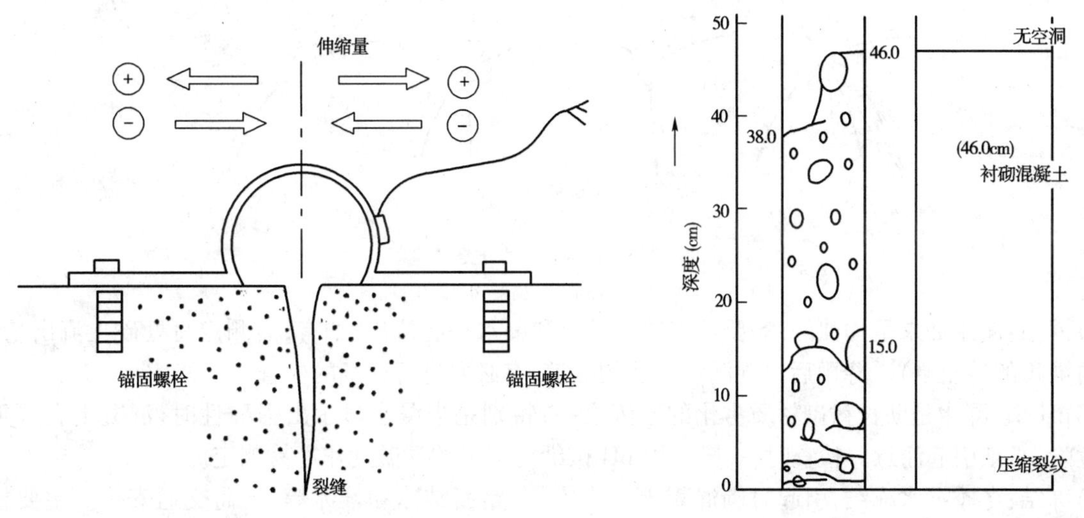

图 5　裂缝变化检测示意图

图 6　钻孔取芯结果示例

此外，超声波无损检测也应用于裂缝检查：根据超声波在衬砌混凝土中的传播速度，得出行程时间曲线；然后，超声波发射器位置固定，使接收器沿衬砌某一方向移动，根据裂缝位置处超声波传播时间的变化如延迟时间等，即可计算出裂缝深度，如图 7 所示。超声波检测方法简便易用，对检测结构无损害，应在结构检查中推广应用。

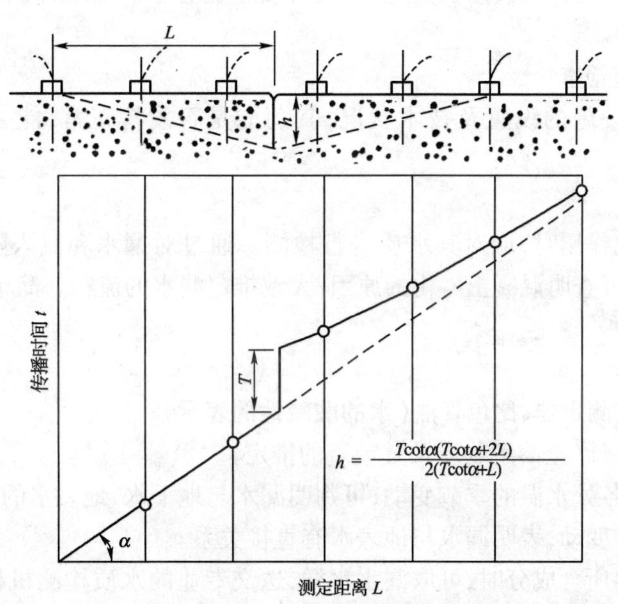

注：T-超声波传播延迟时间；α-超声波传播曲线倾角；L-裂缝位置与超声波发射点的距离；h-裂缝深度

图 7　超声波探查裂缝深度示意图

3）漏水检查

根据检查的内容、要求等，将其分为两类检查。

a. 漏水简易检查

检查漏水的位置、数量、浑浊、冻结以及原有防（排）水设施的状况，内容主要包括：

a)位置:检查漏水位置是否会阻碍车辆行驶和妨碍坑洞内各种设备的功能。特别是在冬季冰冻地区,行车道处的漏水由于结冰、堆冰等而妨碍车辆行驶;不规则暴露层表面湿润的漏水表明结构材质不良或存在裂缝,并对这些缺陷起促进作用。检查清楚后,将漏水位置和范围标记于隧道展示图上。

b)漏水量:检查漏水流量、漏水状态以及排水沟内的水流状态等。根据漏水压力、流量等因素,将漏水状态分为四类,如图8所示。在漏水显著的情况下,可用秒表和计量容器等测定其流量。

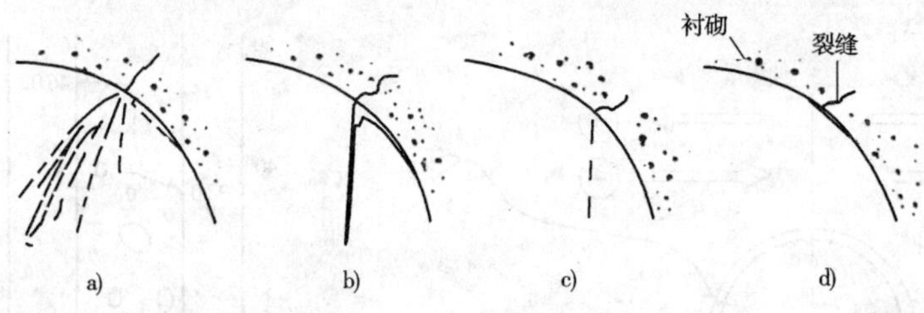

图8　漏水状态的分类

a)喷射;b)涌流;c)滴漏;d)浸渗

c)浑浊:漏水如果是浑浊的,需要检查砂土是否和漏水一起流出;如有,需测定每处砂土流出量(如水槽内堆积的沙土量)。降雨后出现漏水浑浊的隧道,有必要进行详细的检查。

d)pH值:漏水是助长衬砌材质劣化的原因之一,特别是当漏水显示出强酸性时,混凝土有严重劣化的危险,必须引起注意。检查时,一般使用pH试纸对漏水的酸碱度作简易测定。

e)冻结:冬季漏水冻结,引起衬砌混凝土发生冻害、路面结冰和堆冰等,妨碍交通安全。主要检查以下项目:

位置——在隧道延长方向和断面方向的分布;

程度——挂冰、堆冰、路面结冰等的规模大小和发展速度;

温度——累记的寒冷温度、最低温度,长隧道内的温度分布等。

此外,当冻害可能使材质损坏时,还需对衬砌材质进行检测试验。在高寒冰冻地区,由于岩体冻结,其形状有可能发生变化,因而需对其形状变化的发展(发生显著季节变动时)、岩体的地质状况、温度等进行检查。

f)原有防(排)水设施检查

检查原有防(排)水设施的设置及技术状况,其功能是否发挥正常,能否满足现在的防(排)水要求。

b. 漏水检测

当漏水可能具有劣化作用时,应对其水质进行检测。通过对漏水和流入隧道中的地表水的温度、pH值、导电度等的测定,可查明混凝土劣化的原因,大致推定漏水的流径。简单的漏水检测一般需要如下的工具:

水温检查——温度计;

pH值检查——pH值测定器、比色管法(水的酸碱性的表示);

导电度检查——导电计(全溶解物质及其数量的推定)。

通过测量水温,掌握各处水温的季节变动,可判明漏水与地下水、地表水的关系。在同一地点,如确认漏水温度有明显的季节变动,表明漏水与地表水有直接关系。

当需要详细检查漏水所含成分时,可取漏水水样,送交专业的水质检测机构进行详细的水质分析。与混凝土接触的水的pH值,其安全判断标准可参考表4。当漏水具有强酸性时,对混凝土具有很强的劣化作用,必须引起警惕。

4)结构材质检查

结构材质检查主要是对衬砌混凝土强度进行检测,目的在于掌握衬砌混凝土材质的劣化和强度变化。

表4 漏水 pH 值的判定

pH 值	对混凝土的作用	判定结果
4.0 以下	水泥溶解崩溃	危险
4.1 ~5.0	在较短时间内表面凹凸不平	危险
5.1 ~6.0	表面易损坏	注意
6.1 ~7.9	在混凝土使用初期要注意	较安全
8.0 以上	——	安全

衬砌混凝土材质的状况,可通过目测或铁锤敲击等方法进行诊断,能在一定程度上了解其劣化的状况。

要准确掌握衬砌材料劣化状况,可取其试件进行检测试验,检测项目可参考表5所示的内容进行。其中,试件可由衬砌钻孔取得;在强度试验中,试件的标准尺寸为 $\phi = 100$mm,$L = 200$mm,数量宜不少于3个。

表5 衬砌混凝土的检验项目

检测项目	检测内容
单轴压缩试验	单轴压缩强度(σ_c)、静弹性模量(E_s)、静泊松比(μ_s)
超声波传播速度检测	P 波速度(v_P)、S 波速度(v_S)、动弹性模量(E_D)、动泊松比(μ_D)
单位体积重量试验	单位体积重量(γ_t)、含水率(w)
单轴拉伸试验	单轴拉伸强度(σ_t)

超声波传播速度与混凝土品质、强度的关系如无实测资料,可参考表6进行推断。

表6 超声波速度与混凝土品质、强度的关系

(I) 美国和加拿大的一例		(II) 前苏联的一例		
纵波速度(m/s)	品质	纵波速度(m/s)	品质	强度(kgf/cm^2)
4600 以上	优	4500 以上	卓越	400 以上
3700 ~4600	良	4000 ~4500	优良	400 左右
3100 ~3700	合格	3500 ~4000	良好	250 左右
2100 ~3100	不合格	3000 ~3500	合格	100 左右
2100 以下	恶劣	2000 ~3000	不合格	40 左右
		2000 以下	恶劣	

注:1 kgf/cm^2 = 0.98MPa。

5)衬砌及围岩状况检查

此项检查的目的在于查明衬砌混凝土厚度及其背后围岩状况,分析混凝土劣化的原因,并提供处治设计所需的资料。

a. 无损检查

土建结构的无损检测一般通过敲击、超声波、电磁波等方式进行。

a)敲击法:通过测量敲击声的强度、频率、音质等,判断结构有无异常情况。在衬砌厚度、拱背空洞、有无剥离以及混凝土劣化等检查中应用效果较好。

b)超声波法:通过测量超声波的反射行程时间,计算出衬砌厚度,并且根据其传播速度可推算混凝土的强度和劣化状态,其探查原理如图7所示。

c)电磁波法:将数 MHz ~ 数 GHz 的高频电磁波由衬砌表面向混凝土中发射,接收反射回来的电磁波;经过对电磁回波的处理、分析,从而获得衬砌厚度、拱背空洞等结构物的信息,其探测模式如图9所示。

b. 钻孔检查

通过钻孔直接观察和测定衬砌厚度、空洞深度和墙背地质状况等,检查方法包括利用内窥镜插入钻

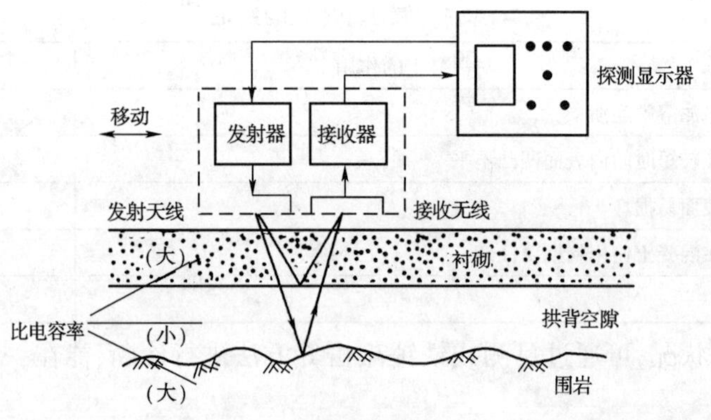

图9 电磁波探察示意图

孔观察结构内部状况、利用钻孔所取材料进行试验等。

a)钻孔取芯:钻孔的位置和深度,因检查目的不同而异,图10为钻孔位置示意图和简易钻孔机示例。检查衬砌厚度、拱背空洞和地质状况时,深度一般为从衬砌表面到岩体内1m;当为了计划处治对策,必须掌握隧道围岩的地质状况和进行有关物理试验时,钻孔深度可为3~10m,此时需使用较大型的钻孔机械。

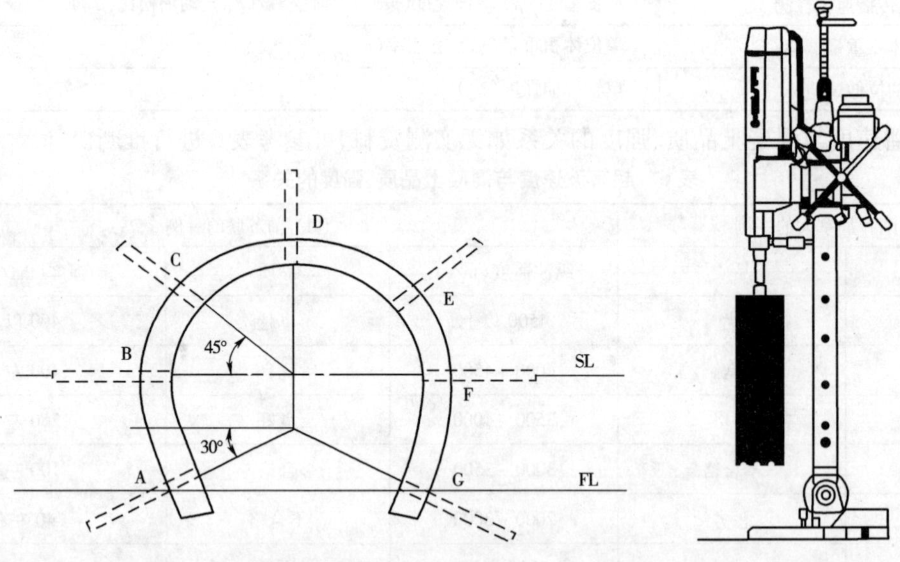

图10 钻孔位置示意图和简易钻孔机示例

b)钻孔完成后,可将内窥式观察镜插入钻孔中,观察衬砌内部状况、衬砌背面空洞和围岩地质状况等,并可连接摄像机记录结构实际面貌。图11为内窥式观察镜使用示例。

6)结构荷载状况检查

为了查明结构应力或压力的状况及其变化规律,需要测量衬砌应力和拱背压力。衬砌应力和拱背压力可用仪器直接测量,不同的设置方式,测量的结果可能有所差异。

测量衬砌应力,可将应力测定仪安装在混凝土内进行测量。对于已建成的隧道,可将测量仪安装在结构表面进行测量。

测量衬砌压力或拱背土压,是为了查明压力的变化及其发展规律,图12为拱背土压力测量示意图。

通常,测量仪器的设置方式对检测结果有较大影响,要想得到准确的结果比较困难。需要注意的是,测得数值并非原有应力或压力,而是仪器安装后的应力或压力。此外,压力的大小还因测量支架和衬砌的刚度不同而异。因此,在测量时,需要注意其对测量结果的影响。

4 资料调查和隧道周围地质及地表环境调查是专项检查的重要内容,对确定破损或病害的成因及其发展趋势等,具有重要作用。

1)资料调查

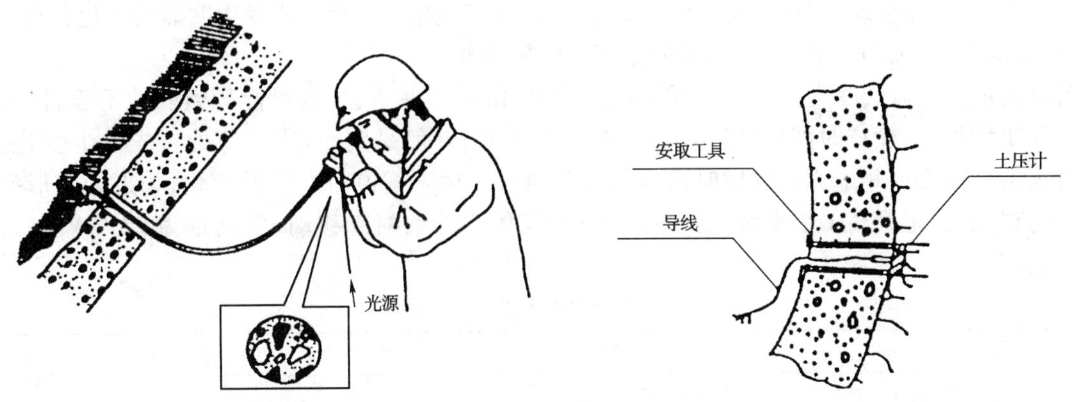

图 11　内窥式观察镜使用示意图　　　　图 12　拱背土压测量示意图

资料调查一般要收集以下资料：

a. 设计文件(包括隧道长度、洞门形式、断面形状、衬砌厚度、材料、埋置深度、支护、衬砌等)和地质调查报告；

b. 施工方法(包括主要开挖方法、特殊施工方法、围岩变化记录、各种试验报告、测量报告等)；

c. 检查记录(包括断面净空检查报告等)；

d. 衬砌修复加固记录、漏水处治施工记录、路面变形记录(含维修记录)、气温及降雨量记录、洞口明挖段遭受自然灾害记录等；

e. 裂缝、剥落、错位、漏水等破损或病害的现场检查记录。

2)隧道地质及地表环境调查

a. 地表环境调查：隧道附近山体可能出现坡面排水不畅、坑凹积水、山体裂缝、溶洞发展、山体失稳滑动等，其原因可能是隧道处在滑坡区内或其边缘；隧道处在断裂岩层或其附近；岩石节理发育，支离破碎；山体植被破坏，水土流失以及溶洞发展等。通过了解隧道外地表状况，可有助于分析隧道内发生的异常情况。检查时，可对隧道周围的地形、地貌、地表开裂、塌陷、林木状况等予以注意，如图 13 所示。

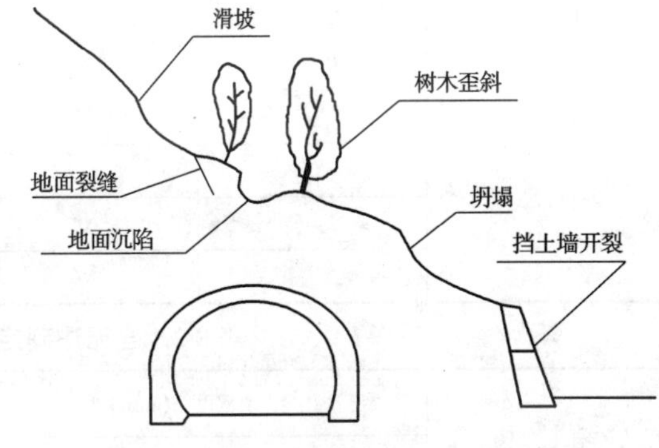

图 13　隧道外地表环境的异常情况(概念图)

b. 围岩变化调查

主要针对围岩内部变化进行检测，目的在于监视围岩变形，发现结构变化的原因，监视邻近工程的影响或对策处治时围岩或衬砌的变化。通常在围岩内设置位移计或倾斜计，测定轴向变形或垂直轴向的变形。地表的变形则可通过地面位移计测量。

a)围岩变形调查：将围岩变形计插入钻孔中，计量围岩任意点间的变化。围岩变形调查用于确认偏压的有无、岩体松动范围、监视临近工程的影响、处治施工时的监视和效果判断等。

b)围岩倾斜调查：将倾斜计插入钻孔中，测量围岩水平方向的变形。

c)地表滑移调查：在地面位移异常的区域内外，分别设置移动桩和固定桩，在固定桩上安装地面位移计，以钢线与移动桩相连，将地面的滑移通过钢线长度变化反映出来。

5　隧道是地下工程结构物，异常情况比较复杂，其判定分类需要较丰富的知识和经验。判断时，应根据结构类型与破损或病害的形式、部位、状态以及发展趋势等因素进行综合分析，对比判断。

1)一般情况下，判定分类为 B 或 1A 的情况较多，但对新开展的裂缝或原有裂缝的发展变化应给予充分注意，进行周密的检查，防止发生 2A 或 3A 分类的情况。

由于混凝土剥落掉块，危及行人和车辆的安全，因而不论其规模大小，判定时均往上一档分类靠。

突发性的坍塌是指过分变形但没有发展的状况，突然之间发生破坏。

a. 衬砌的变形、移动、沉降一般为逐渐变化,在地震、滑坡、暴雨后可能发生明显的变化。在北方寒冷地区,结构由于冻胀而变形,并随季节的循环而反复发生。

洞口附近的覆盖层厚度较薄,结构的变形、移动、沉降即使不大,也可能导致斜坡不稳、拱背产生空洞和漏水增加等,检查时需充分注意。当断面变形时,一般是路面、边沟等处首先发生变化,因此检查时需特别留意这些地方。判定时可参考表7执行。对于隧道净空等的变化,如果其变形呈现加速进行,宜将其判定升高1个等级;对于因山体滑移等而导致衬砌移动,应判定为2A/3A,以采取紧急对策措施。

表7 基于变形速度的判定标准

结构	变形速度 v(mm/年)				判定
	$v \geqslant 10$	$10 > v \geqslant 3$	$3 > v \geqslant 1$	$1 > v$	
衬砌	√				3A
		√			2A
			√		1A
				√	B

注:'√'表示相应情况下宜采取的判定分类,以下同此。

b. 对衬砌开裂等破损进行判定时,应考虑根据裂缝有无发展情况等因素,可参考表8-1、表8-2执行。表中的裂缝主要以水平方向的裂缝或剪断裂缝为对象,对于横向裂缝,将判定分类相应地降低1个等级即可。当宽为0.3~0.5mm以上的裂缝,其分布密度大于200cm/m^{2}时,可升高1个判定等级或者采用判定分类中较高的判定。

表8-1 当裂缝存在开展时的判定标准

结构	裂缝宽度 b(mm)		裂缝长度 l(m)		判定
	$b > 3$	$b \leqslant 3$	$l > 5$	$l \leqslant 5$	
衬砌	√		√		2A/3A
	√			√	A/2A
		√	√		1A
		√		√	1A

表8-2 当无法确定裂缝是否存在开展时的判定标准

结构	裂缝宽度 b(mm)			裂缝长度 l(m)			判定
	$b > 5$	$5 \geqslant b > 3$	$3 \geqslant b$	$l > 10$	$10 \geqslant l > 5$	$5 \geqslant l$	
衬砌	√			√			2A/3A
	√				√		1A/2A
	√					√	1A/2A
		√		√			2A
		√			√		1A/2A
		√				√	1A
			√	√	√	√	B/1A

此外,当裂缝众多时,宜将宽度最大的裂缝作为主要检查对象。

c. 对于衬砌起层、剥落等破损的判定,可参考表9执行。

对于混凝土衬砌的起层、剥落,如果可能落下,在拱部判为3A,在侧墙判为2A;对于防水砂浆等材料的掉落,由于剥落层较薄,可降低1个判定等级。

d. 关于突发性坍塌,根据国外资料显示,当拱背存在高30cm以上的空洞且有效衬砌厚度小于30cm时,空腔落石就可能砸坏衬砌结构,国外曾有过类似事例。因此,发现类似情况时,可按2A/3A判定分类。尤其是曾经发生坍方的地方或节理发育、漏水严重的地段,尤其应给予充分的注意。

表 9　衬砌起层、剥落的判定标准

结　构	部　位	掉落的可能性		判　定
		有	无	
衬砌	拱部	√		3A
			√	B
	侧墙	√		2A
			√	B

2）对衬砌材质劣化等破损的检查，主要从结构物的功能和行车安全性的角度进行基本判定。因此，以衬砌混凝土的强度要求和混凝土剥落的有无作为判定因素。对于钢筋混凝土结构物等，还应从钢材腐蚀的角度进行附加判定。对于衬砌混凝土的起层、剥落，从确保行车安全的角度看，其判定标准与外荷载作用时的判定标准一致。材质劣化的速度，除火灾等异常情况外，与外荷载作用产生的变化相比，一般比较缓慢，通过采取适当的措施，有可能防止或抑制劣化的发展。判定时可参考表 10、表 11 执行。

表 10　衬砌断面强度降低、起层和剥落的判定标准

结　构	主要原因	起层和剥落的可能性		劣化程度 有效厚度/设计厚度			判　定
		有	无	<1/2	1/2 ~2/3	>2/3	
拱部	劣化，冻害，设计或施工不当等	√					3A
			√				B
				√			2A
					√		1A
						√	B
侧墙		√					2A
			√				B
				√			2A
					√		1A
						√	B

表 11　钢材腐蚀的判定标准

结　构	主要原因	腐蚀程度	判　定
衬砌	盐害、渗漏水、酸（碱）化等	表面或小面积的腐蚀	B
		浅孔蚀或钢筋全周生锈	1A
		钢材断面减小程度明显，钢结构功能受损	2A

衬砌断面强度的变化以有效衬砌厚度和设计衬砌厚度之比来表示。所谓有效厚度，是指混凝土强度不小于设计标准强度的衬砌的厚度，当不了解设计标准强度时，可取 $150kgf/cm^2$ 为标准。例如，设计衬砌厚度为 50cm，实际衬砌厚度为 60cm，其中低于设计标准强度的部分厚度为 20cm，有效厚度就为 40cm，则衬砌劣化程度就是 40/50，尚有 2/3 以上部分是符合设计要求的。实际的衬砌有效厚度必须确保 30cm，如小于 30cm 即可考虑判定为 1A/2A 分类，再考虑其他有关因素综合判定。

3）从裂缝或施工缝的漏水，一般无需采取紧急措施的居多。当漏水与冻害或盐害以及其他结合，可能会促使衬砌材质劣化、混凝土腐蚀等，对此需引起注意。判定时可参考表 12 执行。

漏水范围扩大和漏水量增加可能与拱背岩体松动和降水量增加有关，前者可能由于岩体松动，产生新的水流通路，使漏水范围扩大；后者可能由于降水量增加，渗入地下，使地下水量增大而致。

表 12 渗漏水的判定标准

结构	主要异况	漏水程度				是否影响行车		判定
		喷射	涌流	滴漏	浸渗	是	否	
拱部	漏水	√				√		3A
			√			√		2A
				√		√		1A
					√		√	B
	挂冰					√		2A
							√	B
侧墙	漏水	√				√		2A
			√			√		1A
				√		√		1A
					√		√	B
	冰柱					√		2A
							√	B
路面	砂土流出					√		2A/3A
							√	B
	积水					√		2A/3A
							√	B
	结冰					√		2A/3A
							√	B

注:此表主要根据漏水是否妨碍车辆行驶进行判定。例如漏水喷出妨碍车辆行驶,就可判定为3A。

路面积水不仅影响车辆行驶,积水渗入路基会降低其强度,破坏铺砌部分。在寒冷地区,积水结冰,严重影响行车。因此,应经常保持排水畅通。

5)专项检查的报告形式不作具体规定,根据实际检查内容撰写,但应符合工程技术档案管理的有关要求。

2.4 保养维修

2.4.1 土建结构的保养维修是为了保持结构完好状态,维持其正常使用功能,而进行的经常性或预防性的日常养护工作。

2.4.2 由于我国公路隧道养护工作尚处于探索之中,积累的经验还不够充分,因而需要在养护工作实践中继续研究、总结,不断丰富和完善养护技术规范。

1 洞口段地质一般较差,山体覆盖层较薄,不良地质情况较多,受周围环境的影响较大,需加强检查和养护。

2.5 病害处治

2.5.1 选定病害处治方法,重要的是要正确把握病害产生的原因。为了找出病害的原因,有必要将有关隧道设计和施工技术资料、地质资料和病害发生至今的过程作综合分析和研究。隧道病害的原因大体分类如下:

(1)松弛土压(含突发性崩溃);

(2)偏压;

(3)地层滑坡；

(4)膨胀性土压；

(5)承载力不足；

(6)静水压；

(7)冻胀力；

(8)材质劣化；

(9)渗漏水；

(10)衬砌背面空隙；

(11)衬砌厚度不足；

(12)无仰拱。

上述病害原因很少单独出现，大部分为几种原因重复出现，设计的欠缺、材料性质和施工不当，常常会引起病害。

在选定病害处治方法时，对表 2.5.1 中各项处治方法要进行综合研究，充分考虑到单项和组合的处治方法，并且应考虑到施工时的交通管理、安全和工期。

2.5.2 衬砌背面空隙主要指在隧道施工时，由于回填不密实或其他原因，在衬砌与围岩之间存在空隙。从隧道内或地表向衬砌背面注浆，试图提高衬砌与围岩的紧密结合形成整体，约束衬砌因外力作用而产生变形。

1 在单向行驶的隧道，当有车线规定时，考虑到车辆通行，钻孔有困难，可采取上下线注浆，其钻孔位置可按图 14 所示布置。

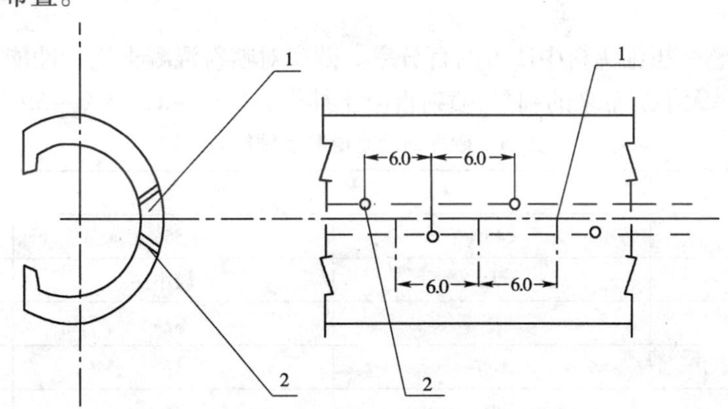

图 14　注浆孔设置

1-确认孔；2-注入孔

2 注浆设备主要有拌和器和压浆泵，注浆作业的施工如图 15 所示。

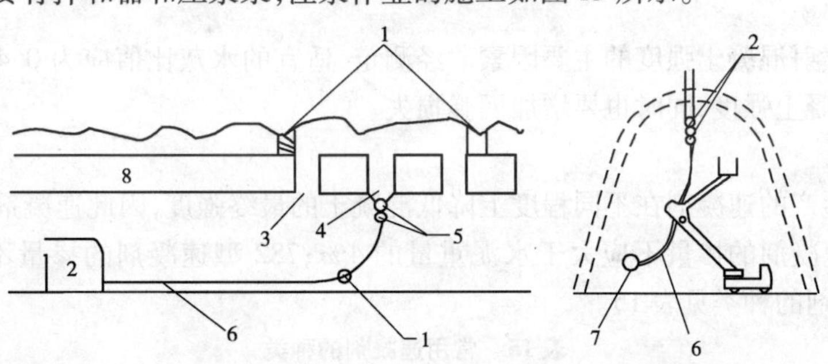

图 15　注浆施工示意图

1-灌浆堵塞；2-设备；3-流出孔；4-压入孔；5-阀；6-ϕ50mm 压送管；7-压力机；8-拱部混凝土

3 超声脉冲波传播速度、衰减与介质的种类及密实程度有关，材料越密实，传播速度越快、衰减越小。遇到不同介质界面时，存在反射与折射。当有空洞或裂缝存在时，便破坏了材料的整体性，超声脉冲波只能绕过空洞或裂缝传播到接收换能器，因此传播的路程增大，测得的声波必然偏长或声速降低，衰减也较大。根据这一原理，可判断空洞或裂缝的位置和范围。

2.5.3 衬砌在较小范围内的裂纹、施工缝等由于材料劣化，局部有松动落下的危险，可在衬砌内表面上用锚栓固定防护网，力求防止落下。

防护网必须避免因通行车辆形成的风而掉落，可按每平方米2根以上的锚栓固定。

2.5.4 采用喷射混凝土施工，无论干喷或湿喷，拌合料设计必须符合下列要求：必须能向上喷射到指定的厚度，且回弹量少；在速凝剂用量满足可喷性和早期强度的要求下，必须达到设计的28d强度；有良好的耐久性；不发生管路堵塞。

1 胶骨比

喷射混凝土的胶骨比，即水泥与骨料之比，通常为1:4～1:4.5。水泥过少，回弹量大，初期强度增长慢；水泥过多，不仅粉尘量增多使施工条件恶化，而且硬化后的混凝土收缩也增大，对喷射混凝土后期强度的增长也有不利的影响。铁道科学研究院西南研究所的研究结果表明，当水泥用量超过400kg/m^{3}时，喷射混凝土强度并不随水泥用量增大而提高，见表13。

表13 水泥用量对喷射混凝土抗压强度的影响

单位体积混凝土的材料用量（kg/m^3）						混凝土抗压强度（MPa）	表观密度（kg/m^3）
水泥		砂		石			
设计	实测	设计	实测	设计	实测		
380	526	950	883	950	810	31.4	2450
542	689	812	698	812	730	22.6	2370
692	708	692	716	692	644	19.0	2360

2 砂率

砂率，即砂子在整个粗细集料中所占的百分率。砂率对喷射混凝土施工性能及力学性能的影响，见表14。综合权衡砂率大小所带来的利弊，喷射混凝土拌合料的砂率以45%～55%为好。

表14 砂率对喷射混凝土性能的影响

性能	砂率		
	<45%	>55%	45%～55%
回弹损失	大	较小	较小
管路堵塞	易	不易	不易
湿喷时的可泵性	不好	好	较好
水泥用量	少	多	较少
混凝土强度	高	低	较高
混凝土收缩	较小	大	较小

3 水灰比

水灰比是影响喷射混凝土强度的主要因素。经测定，适宜的水灰比值应为0.4～0.5。偏离这一范围，不仅降低喷射混凝土强度，同时也要增加回弹损失。

4 速凝剂掺量

由于国内目前生产的速凝剂在不同程度上降低混凝土的最终强度，因此速凝剂的掺量应严格控制，红星一型及711型速凝剂的掺量不应大于水泥重量的4%；782型速凝剂的掺量不应大于水泥重量的8%。国内常用速凝剂的种类见表15。

表15 常用速凝剂的种类

种类	主要成分	常用掺量（占水泥重量%）
红星一型	铝氧熟料、碳酸钠、生石灰	2.5～4
711型	铝矾土、纯碱、石灰、无水石膏	2.5～3.5
782型	铝矾土、矾泥、石灰石、碳酸钠	6～7
尧山型	铝矾土、土碱、石灰石	3.5

5 配合比

目前,国内常用的配合比可根据表16确定。

表16 喷射混凝土配合比

喷射部位＼材料	指标				配合比
	骨胶比	砂石比	砂率(%)	水灰比	水泥:中粗砂:砾石
侧墙	1~4	1:(0.8~1)	50~55	0.4~0.5	1:2:(2.5~2)
拱部					1:2:(1.5~2)

注:①可掺速凝剂以减少喷射的回弹量;

②可掺钢纤维以提高强度,28d抗压强度达20MPa;

③可掺加气剂、防水密实剂或特种水泥,以抗渗漏;

④抗渗混凝土标号根据水头大小决定,一般用40号;

⑤使用级配砾石比碎石更好,优先选用砾石。

2.5.5 自进式锚杆为锚杆自身带有钻头,可钻眼、注浆一次完成锚杆的安装,自进式锚杆的施工顺序如图16所示。

2.5.6 隧道由于漏水产生的病害,应根据围岩的地质条件和水文地质条件进行综合分析判断,采取以排水为主,截、堵、排综合治水的原则进行处治。

1 当隧道局部出现涌水时,应采用外置排水管或开槽埋管排水的方法直接将地下水引入隧道边沟。

2 止水施工方法是采用堵水措施,抑制地下水沿衬砌裂缝和施工缝渗漏,常用的有开凿U形槽注浆止水法和裂纹直接压浆止水法。

3 有裂纹的隧道,应在防水板上根据需要设置监视窗,主要目的是为了观测裂纹的发展,并在需要的时候能及时采取处治措施。

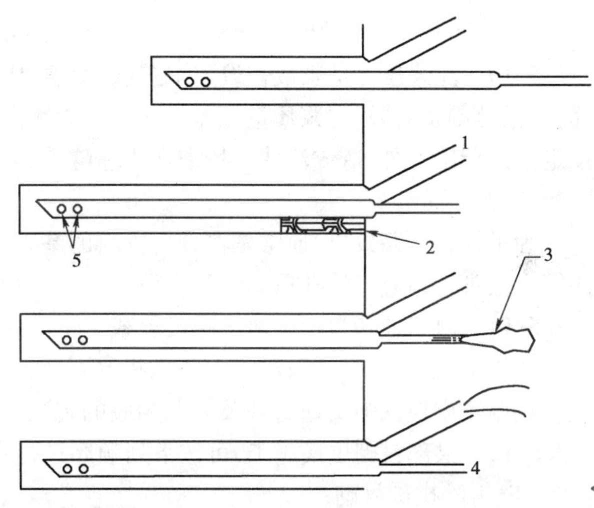

图16 自进式锚杆施工

1-回流软管;2-密封材料;3-注入;4-回流确认;5-出浆孔

2.5.7 套拱的设计应根据围岩压力和建筑限界确定。

2.5.8 高寒地区的隧道,为确保结构物的安全使用,减轻冻害,关键是防止隧道漏水,另外应使用导热系数小的材料设置在衬砌表面,防止热量散失,从而防止冻害的产生。保温绝热材料种类较多,其导热系数较小的材料和制成品见表17。各种制成品可粘贴在需要部位,受潮后更换,脱落损坏后宜用原装修材料修补、更换。防冻胀法包括保温材料插入法和保温材料表面处理法。

表17 保温材料及制成品

名称	特性	密度(kg/m³)	导热系数
蛭石	防火保温吸音	120~150	0.06~0.08
膨胀蛭石	防火保温吸音	100~300	0.04~0.06
膨胀珍珠岩	防火保温吸音	40~300	0.021~0.053
矿渣棉	防火保温吸音	176~200	0.048~0.06
浮石	防火保温吸音		
油毛毡	防火保温吸音	120~150	0.055~0.065
玻璃棉	保温隔热吸音	100~120	0.045~0.05
加气混凝土制品	保温隔热吸音	400~600	0.125~0.19
泡沫水泥制品	保温隔热吸音	340~400	0.066~0.10
泡沫粉煤灰混凝土	防水吸潮少	750~850	0.17~0.20
沥青玻璃棉毡	耐温抗冻	80~90	0.03~0.035
水泥膨胀蛭石		300~1280	0.074~0.031

注:①以上材料的抗压强度和质量(容量)随水泥用量的增加而增加;

②水泥膨胀蛭石的配合比:水泥160~750kg,蛭石0.53~0.85m³;水灰比为1~2.2时,28d抗压强度为2~4.3Pa。

2.5.9 隧道养护中,不但要及时处治主体结构所发生的病害,还应切实注意隧道所处的山体及其附近的保护,缺陷修复,以防止因山体及附近出现问题而引起隧道较大破坏。

隧道附近可能出现的问题有:坡面排水不畅、坑凹积水、山体裂缝、溶洞发展等造成山体失稳滑动。其原因主要有:隧道处在滑坡区或其边缘;隧道处在岩体的断层上或其附近;岩石节理发达、破碎;山体植被破坏、水土流失,坡面积水,溶洞发展等。

根据存在的问题应采取相应的山体保护措施,当隧道附近的山体已出现影响隧道安全的滑动时,应及时采取补救措施,滑坡的治理可根据观测资料进行设计,视具体情况的不同,可采取:保护性填土、保护性挖土、增设锚固桩群等措施,如图17所示。

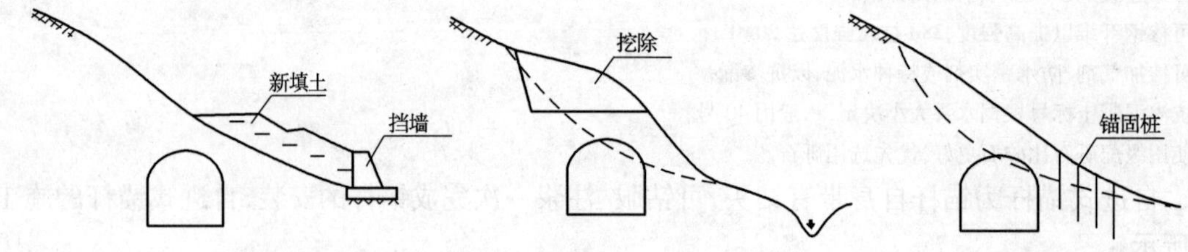

图17 稳定山体措施示意图

2.5.10 注浆压力是浆液在裂隙中扩散、充填、压实、脱水的动力。注浆压力太低,浆液就不能充填裂缝,扩散范围也有限,注浆质量也差。注浆压力太高,会引起裂隙扩大、岩层移动和抬升,浆液易扩散到预定注浆范围之外,造成浪费。特别在浅埋隧道,会引起地表隆起,因此,合理选择注浆压力,是注浆成败的关键。

为了检查注浆效果,通常是在分析资料的基础上采取钻孔取芯法进行检查。有条件时,还可采用物探等方法进行检查。钻孔取芯法是按设计要求在注浆薄弱地方,钻检查孔,检查浆液扩散、固结情况。

2.5.11 由于地基为膨胀性岩层或承载力不足而引起局部下沉,造成隧道边墙挤出、路面裂纹。

如果下沉不严重,可采取扩大基础提高其承载能力;如果下沉较严重,可采取在路面下加设仰拱。在抑拱施工中应加强交通管理及采取相应的施工安全措施,必要时可封闭交通以便施工。

2.5.12 拱部衬砌更换施工,可按下列顺序进行:

(1)拆除拱部衬砌;

(2)增补砂浆锚杆;

(3)补喷混凝土;

(4)补齐钢筋网;

(5)增设防水层;

(6)设纵横向排水管;

(7)浇注拱部混凝土;

(8)浆砌片石充填空洞。

3 机电设施

3.1 一般规定

3.1.1 隧道机电设施以前常被称为附属设施,为了表明这些设施的重要性,本规范称为机电设施。

3.1.2 提出接养单位应参与机电设施的交工和竣工验收,是针对我国近年公路隧道机电设施营运中存在的建设与养护脱节问题而提出的,以避免建设缺陷直接转入养护部门。

3.1.3 机电设施养护周期对不同设备或同一设备不同部位应有不同要求。日常检查主要针对简便易行,同时对行车和设备安全特别重要的项目,养护周期参照上海延东路隧道、重庆中梁山隧道等情况规定。经常性检修、定期检修、分解性检修的周期主要参照《公路养护与管理手册》制订,其中经常性检修、定期检修与日本《公路隧道养护管理便览》、德国《公路排水设施规范及公路隧道工程设施营运规范简编》的规定相似,分解性检修与英国"隧道检测与记录"的规定一致。应急检查则参照英国设计手册中"隧道检测与记录"规定提出。设备运行中期可取长周期,设备运行早晚期可取短周期的规定是根据设备运行中期事故频率较低、设备运行早晚期事故频率较高提出的。

3.1.4 洞内养护作业时的烟雾浓度指标根据《公路隧道通风照明设计规范》的有关规定确定,为了满足这一要求,不宜通过加大通风量的方式进行,而宜将养护作业时间安排在交通量较小的时段进行。

3.1.5 机电设施产品说明书对产品使用、保养有较严格的规定,是养护的重要资料。有关规范是指一般技术规范,包括机电招标文件及相应技术规范等,该规范一般对各种机电设施的主要技术指标均有具体要求。

3.1.6 对高速公路隧道提出采用高空作业车进行洞内空中作业的要求,主要是从养护安全及提高养护效率出发制定的,其他各级公路隧道没有强制要求,主要考虑到各地经济发展不平衡,养护手段差异较大的现实。对专用设备的养护规定参照北京市公路局养护处八达岭高速公路隧道管理所的规定制定。

3.1.7 规定机电设施养护计划按月制定主要是为了使养护项目便于操作,并与养护考核容易结合。附录 C.0.1 参照日本《公路隧道维护管理便览》和我国国情修改而成。

3.1.8 本条规定对规范养护行为十分重要,过去我国的机电设施养护工作是个薄弱环节。附录 C.0.2 参照日本《公路隧道维护管理便览》和我国国情修改而成。

3.1.9、3.1.10 附录 C.0.3 参照日本《公路隧道维护管理便览》和我国国情修改而成,并与养护考核结合。

3.1.11 本条参照广东珠海市板樟山隧道管理所、广东深圳梧桐山隧道有限公司、广州珠江隧道管理所关于设备完好率考核的有关情况制定。

3.1.12 鉴于 1979 年的日本坂隧道、1999 年法国至意大利的勃朗峰隧道、2001 年瑞士的圣哥达隧道及我国浙江的猫狸岭隧道等火灾的惨痛损失和教训,进行每年不少于一次的救援、防灾实地演习,对检验设施的可靠性,消除隐患是十分必要的。救援计划也应对不同地段的火灾明确相应对策。进行救援、防灾实习演习是对隧道各系统的全面检验,必须得到各系统的密切配合。

3.2 供配电设施

3.2.1 供配电设施主要列出了为隧道用电设施服务的常用供配电及辅助设施。

3.2.2 强调供配电设施养护人员应持有特殊工种上岗证,并配备专门的电工检修工具,是因为高低压电器的维护专业性强，稍有不慎就容易导致伤亡事故并对设施造成危害。

3.2.3 各种较大型的供配电设施都备有较完善的保修规程，是养护工作的重要资料，一般可作为重要的技术档案加以保存。

3.2.4 有特殊要求的隧道是指位置特别重要或对安全有特别要求的隧道。

3.2.5 表3.2.5列出的供配电设施经常性检修、定期检修、分解性检修内容及周期主要参照日本道路公团《设施维护合同及要领》的有关内容，并结合我国国情进行了修改，在征求山西太旧高速公路公司、北京市公路局、广东省高速公路公司、重庆成渝高速公路公司等隧道养护部门意见的基础上确定的，其养护周期均比日本的要求有所放宽。

3.2.6 供电线路养护的内容没有具体列出，主要是供电线路一般由供电部门养护，并有较完善的规定。

3.2.7 强调供配电设施带电养护作业是为了保障作业人员和设备的安全。

3.2.8 供配电设施设备完好率指标采纳了山西太旧高速公路公司的建议，并参照广东珠海板樟山隧道管理所《设备完好率考核制度》的要求制定。有人提出重要设备的完好率应为100%，编写组讨论认为任何设备的完好率达到100%较为困难，出现问题只有通过及时修复和备用设备加以解决。

3.3 照明设施

3.3.1 照明配电及控制箱放入供配电设施，未包含在隧道照明设施中。

3.3.2 坏灯指标是参照珠海板樟山隧道及重庆中梁山、缙云山隧道的经验综合得到，其主要目的是不危及行车安全，该指标应与照明完好率综合考虑。

3.3.3 表3.3.3所列照明设施经常性检修、定期检修内容及周期主要在听取山西、北京、辽宁、广东、重庆等地隧道养护部门意见的基础上确定，养护周期的要求放得较宽。不进行照明设施的分解性检修是因为照明设施利用率高，定期检修可以解决其主要问题。

3.3.4 本条所列表格均引用《公路隧道通风照明设计规范》的相关部分。其指标应随该规范的修订而修改。

3.3.5 定期检修后的照度测试是定量评价养护效果的主要指标，过去对这一工作重视不够，以后应加强，所以应配备照度计等检测设备。

3.3.6 高速公路隧道照明设施完好率95%是根据深圳梧桐山隧道的指标提出，其他各级公路90%的指标则是考虑到一些低等级公路隧道养护水平不高的实际提出的。

3.4 通风设施

3.4.1 通风设施目前主要有轴流风机、射流风机及其配套设施，离心风机暂未使用，但有可能在今后的工程中使用，故也列出，通风启动及控制箱放入供配电设施。

3.4.2 通风设施日常检查的主要目的在于通过易观察和感觉到的现象，及时发现并排除故障。

3.4.3 表3.4.3的通风设施的经常性检修、定期检修、分解性检修内容及周期主要参照《公路养护与管理手册》、日本道路公团《设施维护合同及要领》的有关内容，并结合国产及进口风机实际，在征求山西、北京、辽宁、广东、重庆等地隧道养护部门及通风机厂技术人员意见的基础上确定的。

3.4.5 对通风设施量较大的隧道配备风压计、风速计、声级计等测试设备是必要的，而设施量较小的隧道可以委托专门的测试单位进行测试。

3.4.6 通风设施停机检修时，必然影响隧道通风能力，因此必须结合剩余通风力制定交通的组织计划，以保障行车、行人的安全与舒适。

3.4.7 分解性检修一定要有熟悉该设备的养护人员或生产厂技术人员参加。

3.4.8 设备完好率指标是针对该设备在营运中和防灾中的重要性提出的，结合珠海板樟山隧道的经验，选取了达到优等的档次。该条所列表均引自《公路隧道通风照明设计规范》。

3.4.9 通风设施在防灾中有重要作用,因此应定期演习,单向交通排烟风速根据《公路隧道通风照明设计规范》的规定提出。双向交通排烟风速是结合 1999 年欧洲勃朗峰隧道火灾后的经验制订,双向交通条件下火灾时的洞内风速≤1.5m/s,可避免产生混流及对火灾排烟与救援的不利影响。

3.5 消防与救援设施

3.5.1 把消防及其他紧急情况采用的设备归纳为消防与救援设施,以使其内容更加集中、突出。

3.5.4 表 3.5.4 消防与救援设施经常性检修、定期检修内容及周期主要结合我国国情,在征求山西、北京、辽宁、广东、重庆等地隧道养护部门意见的基础上确定。防灾设施检修期间应有相应的防灾措施的规定,主要针对设备检修时防灾能力下降提出,其具体做法主要是进行必要的交通管制。

3.5.5 防灾设施完好率指标是结合珠海板樟山隧道的经验,按优的养护档次要求,主要强调了防灾的重要性。

3.6 监控设施

3.6.1 监控设施的内容较多,本规范只列出了隧道监控较常用的部分。

3.6.3 表 3.6.3 监控设施经常性检修、定期检修内容及周期主要参照日本道路公团《设施维护合同及要领》的有关内容,并结合我国国情进行了修改,在征求山西、北京、辽宁、广东、重庆等地隧道养护部门意见的基础上确定,养护周期比日本的要求有所放宽。

3.6.4 监控软件的系统维护是指对控制软件进行的全面运行检测,对保障营运安全、经济十分重要。软件维护时应注意软件的修改完善,并保证联动运行功能的实现和软件可靠性各项技术措施的落实。

3.6.5 监控设施设备完好率的要求参照我国的梧桐山隧道、板樟山隧道的经验,按高速公路从严,其他公路隧道酌情掌握制定。

4 其他工程设施

4.1 一般规定

4.1.2 其他工程设施应按相关规定进行养护，主要指国家制定的环保设施养护维修规程和民用房屋修缮工程施工规程所规定的养护维修内容进行养护维修。

4.2 环保设施

4.2.1 雕塑可美化洞口，是隧道的形象特征之一，应该定期清洁和维护。

4.2.2 隧道洞口绿化与植被应与周围环境协调，充分利用野生花草进行覆盖，并适当辅以人工栽植的树木，使洞口与周围自然景色融为一体。当隧道的边仰坡为土质时，一般可以采取网络绿化；对石质边仰坡，可以采用挂网种植绿化。树木与植被要加强抚育管理，做到及时检查、补植、浇水、除草、松土、施肥、修剪和防止病虫害。

4.2.3 隧道内的噪声随交通量的增大而增大，为减少噪声，可在隧道内表面贴上吸音材料。

1 吸音材料：玻璃棉、矿棉、无机纤维材料及其制成的板材。

2 吸音结构：有膜共振吸音、板共振吸音、腔共振吸音。

3 养护维修内容：主要是污染的擦拭，如有损坏应及时用原材料修补。

4.2.4 清洗隧道和消防产生的污水，含有大量的有毒有害物质，必须经过污水处理设施处理达标后才能向外排放，避免对隧道周围环境造成污染。因此要求污水处理设施应处于完好的工作状态，如发生损坏或渗漏，要查明原因，找出渗漏部位，及时进行维修。

4.3 房屋设施

4.3.1 为营运服务的生产房屋包括：风机房、配电房、设备检修房、计算机监控房等。

4.3.2 根据房屋不同的防水等级和使用要求，以及屋面渗漏的现象和原因，在修缮前必须查清渗漏水的部位，找准漏点。屋面防水层的检查方法，一般多以目视直观查看为主，必要时可采用取样的方法，这种方法通常是在特殊情况下才能采取的，为了避免因破坏防水层而引起更严重的渗漏，一般不宜采用取样方法。

修缮选用的防水材料，除了应用本身材料外，还可以采用其他类型材料复合使用，其耐用年限应考虑防水层剩余的耐用年限。

检查屋面工程修缮后有无渗漏现象，除了雨天观察外，还可采用浇水或蓄水的方法检查，出现渗漏水的部位必须重做。

墙体渗漏修缮工程现场查勘应结合墙体结构、材料性能和使用情况综合考虑，查清造成渗漏的原因，制定有效的修缮方案。墙体渗漏修缮后，除应进行冲水检验外，还须经一年的观察，在一年中经冬、夏交融和雨季的考验，最后作出评价。

4.3.4 修换防雷接地装置前，应对接地板进行必要的测试，以确定接地电阻是否符合有关规范的规定，再进行检查和修换。对接地电阻不合格的、而接地体又锈蚀严重无法修复的，应拆除旧接地体再重新安装。如果接线锈蚀一部分但又不严重，采用增补接地极的方法，对开焊断裂的进行修换后，经除锈刷防锈油测试合格后，继续使用。

对防雷网(带),引下线等有开焊变形的应修复。为防止接地装置腐蚀,所有材料宜用镀锌件。为保证焊接质量,圆钢或扁钢之间的连接,应采用搭接焊,其搭接长度:圆钢直径的6倍,应在两面施焊;扁钢宽度的2倍,应在三面施焊。焊缝应平直、不间断、无夹渣、无气泡及没焊透等情况。

防雷与接地装置修换后,应进行测试,实测电阻值应符合查勘设计和有关标准规定。

4.3.5 房屋的防冻保温设施包括:采暖管道、采暖设备(散热器、阀门),这些设施应按《民用房屋修缮工程施工规程》的规定进行养护维修。

5 安全管理

5.0.3 在养护作业时,人员和机械所在位置应较为醒目,以免受过往车辆撞击。

5.0.4 本条中100m范围是指以洞门为圆心,水平距离100m为半径的圆。

5.0.5 因我国隧道的修建是根据相关公路等级来确定其几何尺寸的,本条的限高、限宽、限载是指应符合交通部颁发的《超限运输管理规定》。为了预防易燃易爆物品因停留、交通事故等发生爆炸和有毒物品的泄漏对隧道造成不利影响,采取引导车引导通过是必要的。

5.0.6 高速公路长、特长隧道及其他公路特长隧道进行防灾实地演习是为了在隧道内发生意外交通事故或火灾事故时作出最快、最适当的反应,以降低意外事故对隧道造成的损失。防灾实地演习的人员可以由管理人员或社会人员组成。有特殊要求的隧道可以设置专门的救援队伍,救援队伍可设置成四班,每班四人,并应配有消防车、吊车、指挥车及足够的干粉灭火器等。

5.0.8 本款所指烟雾还包括CO_2、瓦斯等对人体有伤害或易燃的气体。

5.0.9.3 本款所指照明的要求是指要满足施工要求的亮度,同时使施工路段更加醒目,又不能对过往车辆产生眩光,造成安全隐患。

5.0.11 消防预案的内容应包括发生火灾时隧道各管理部门在不同情况下的职责,比如由谁统一指挥,由谁组织义务救援、灭火行动、人员救护,由谁怎样控制和组织交通,由谁通知消防部门,以及在火灾事故发生后的损失记录和原因分析等。各岗位人员在通过消防预案演习后,才能冷静、有效地应对在发生火灾时的复杂情况,从而尽力防止事故的扩大和后续事故的发生,减少火灾事故带来的损失。

5.0.12、5.0.13 当发生交通和其他意外事故时,可参照图18执行。

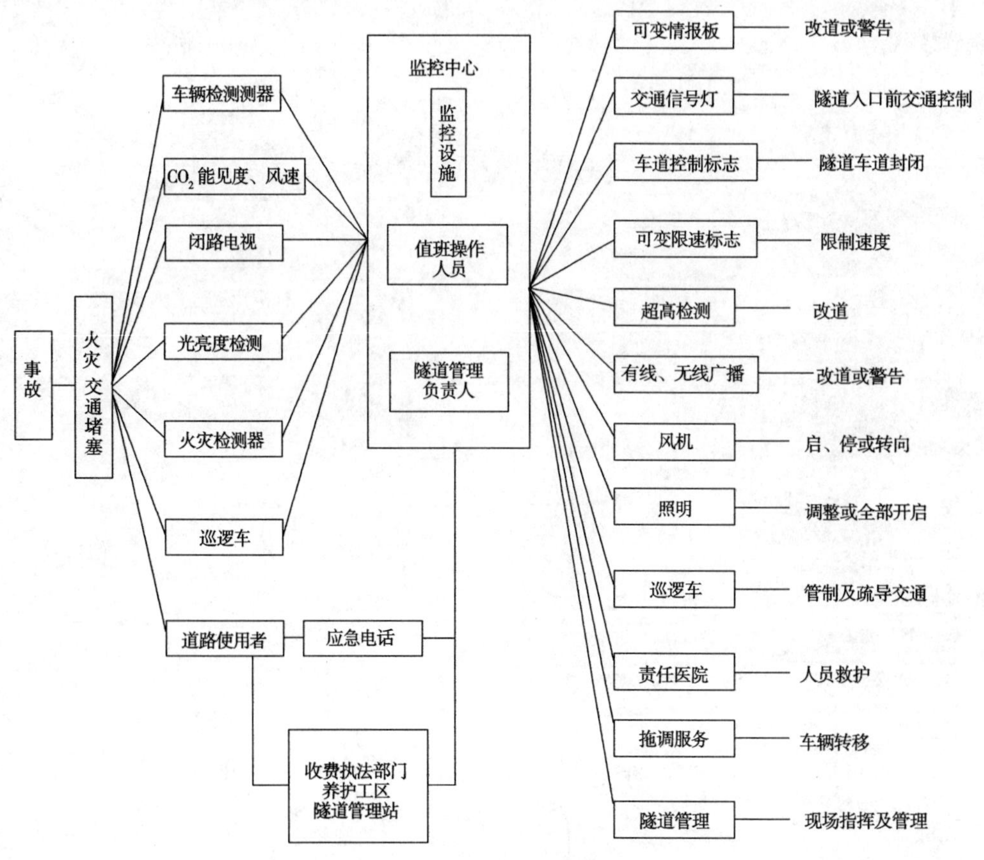

图18 发生意外事故时的安全管理

JTJ

中华人民共和国行业标准　　JTJ 073.1—2001

公路水泥混凝土路面养护技术规范

Technical Specifications of Cement Concrete Pavement Maintenance for Highway

2001-06-07 发布　　2001-10-01 实施

中华人民共和国交通部发布

4

中华人民共和国交通部公告

交公路发〔2001〕295号

关于发布《公路水泥混凝土路面养护技术规范》(JTJ 073.1—2001)的通知

各省、自治区、直辖市交通厅(局、委),各有关单位:

现发布《公路水泥混凝土路面养护技术规范》(JTJ 073.1—2001),作为行业标准,自2001年10月1日起施行。

该标准由江苏省交通厅公路局主编,并负责解释,人民交通出版社出版。请各单位在实践中注意积累资料,总结经验,及时将发现的问题和修改意见函告江苏省交通厅公路局,以便修订时参考。

中华人民共和国交通部

2001年6月7日

4

前　　言

近年来，我国公路水泥混凝土路面有了很大的发展，到2000年底，修建里程达115754km。随着水泥混凝土路面里程的迅速增加，水泥混凝土路面的养护技术水平得到进一步提高，在多年水泥混凝土路面养护过程中，积累了丰富的实践经验。通过国家科委科技工作引导项目(NO.25)《我国水泥混凝土路面发展对策及修筑技术》的研究，取得了一批新的科研成果，从而为《公路水泥混凝土路面养护技术规范》的制定提供了可靠的基础和科学依据。

为了适应水泥混凝土路面养护工作的需要，交通部以交公路发〔1994〕1265号文下达了编制《公路水泥混凝土路面养护技术规范》的任务，由江苏省交通厅公路局、水泥混凝土路面技术委员会主持编写。

编写组广泛搜集国内外有关资料，充分征求各有关部门意见，形成征求意见稿，并召开征求意见会，对征求意见稿进行修改后形成送审稿，部公路司组织召开了审查会，编写组按审查意见进一步修改后形成报批稿，部公路司组织对报批稿进行了最终审校。

《公路水泥混凝土路面养护技术规范》分为10章和2个附录。主要内容有：水泥混凝土路面养护内容与质量标准，水泥混凝土路面病害类型和分级，水泥混凝土路面状况调查和评定，水泥混凝土路面日常养护，水泥混凝土路面破损处理，水泥混凝土路面改善，水泥混凝土路面修复，预制块路面养护与维修，水泥混凝土路面修复材料，水泥混凝土路面养护维修机具等。

《公路水泥混凝土路面养护技术规范》及其条文说明，主要根据近10年来研究成果和多年实践经验，并参考国外有关资料编写的。我国幅员辽阔，地理气候条件相差较大，各地在具体运用规范时，应因地制宜，因时制宜，注意积累资料，不断总结经验。

对本规范及其条文说明的意见和在使用过程中出现的问题，请各单位函告江苏省交通厅公路局(地址：南京市石鼓路69号，邮政编码：210004)，以便修订时参考。

主 编 单 位：江苏省交通厅公路局
水泥混凝土路面技术委员会

参 加 单 位：同济大学
四川省交通厅公路局
中交公路规划设计院
河南省新乡市公路管理局

主要起草人：李　华　金志强　姚祖康　沈忠仁　陈惠民　缪昌文　祝心树

审　　　校：杨屹东　傅　智　潘玉利

目　　录

1　总则

1.0.1　为提高水泥混凝土路面养护水平，以保证路面使用质量，延长路面使用寿命，适应公路交通运输发展需要，结合水泥混凝土路面发展实际情况，本着科学、实用的原则特制定本规范。

1.0.2　本规范适用于公路水泥混凝土路面养护。

1.0.3　水泥混凝土路面养护基本要求：

1　水泥混凝土路面养护工作必须贯彻“预防为主、防治结合”的方针。根据路面实际情况和具体条件，以及水文、地质、气候、交通和公路等级等情况，采取预防性、经常性的保养和相应修补，对于较大范围路面修理，应安排大、中修或专项工程，使路面处于良好的技术状况。

2　水泥混凝土路面应以机械养护为主，并积极采用新技术、新材料、新工艺。

3　水泥混凝土路面养护必须贯彻安全生产的方针。其安全技术、劳动保护等必须符合有关规定。做到安全生产，文明施工，保护环境。

1.0.4　水泥混凝土路面养护，除按本规范的规定执行外，尚应符合国家和行业现行有关标准规范的规定。

2 术语

2.0.1 普通水泥混凝土路面 plain concrete pavement

除接缝区和局部范围外均不配筋的水泥混凝土路面。

2.0.2 钢筋混凝土路面 reinforced concrete pavement

在混凝土板内配置纵、横向钢筋或钢筋网的水泥混凝土路面。

2.0.3 钢纤维混凝土路面 steel fiber reinforced concrete pavement

在混凝土中掺入钢纤维的混凝土路面。

2.0.4 连续配筋混凝土路面 continuous reinforcied concrete pavement

沿纵向配置连续的钢筋，除了在与其他路面交接处或邻近构造物处设置胀缝以及视施工需要设置施工缝外，不设横向缩缝的水泥混凝土路面。

2.0.5 混凝土预制块路面 concrete block pavement

采用混凝土混合料挤压预制成各种形式混凝土块，铺砌而成的混凝土路面。

2.0.6 细集料混凝土 fine aggregate concrete

由最大粒径10mm的集料组成的拌合物。

2.0.7 拱起 blow-up

水泥混凝土路面在气温升高时，因胀缝不能充分发挥作用，造成板体向上隆起的现象。

2.0.8 胀起 blow ups

混凝土路面板在局部路段范围内的向上隆起现象。

2.0.9 沉陷 depression

由于路基的竖向变形而导致路面下沉的现象。

2.0.10 表面剥离 scaling

冰冻和其他侵蚀造成的路面浅层剥落。

2.0.11 网裂 map cracking

面板表层出现的纵横交错呈网状的裂纹。

2.0.12 塑性收缩裂缝 plastic shrinkage crack

面板横向或斜向的表层开裂，并且不延伸到路面板的边缘。

2.0.13 角隅断裂 corner break

从板角到斜向裂缝两端的距离小于边长一半，裂缝面竖直并贯穿整个板厚。

2.0.14 错台 faulting of slab ends

接缝或裂缝处相邻面板的垂直高差。

2.0.15 坑洞 pot hole

路面板粗集料脱落形成局部坑槽。

2.0.16 唧泥 pavement pumping

由于路面排水不良，引起基层材料产生液化，在行车的重复作用下，因板体上下运动而产生抽吸作用，使路面下稀释的泥浆或细料从接缝或裂缝处挤出的现象。

2.0.17 露骨 surface angularity

在行车作用下，路面被严重磨损而形成骨料裸露的现象。

2.0.18 水滑 hydroplaning

车辆高速行驶时，当路面有薄层积水，由于水膜作用而使车轮滑动，产生飘浮滑移失控的现象。

2.0.19 翻修 pavement recapping

对损坏的路面板块，经挖除，处理后重新浇筑的作业。

2.0.20 罩面 overlay of pavement

在原有路面上加铺一层水泥混凝土或沥青混凝土的面层，以恢复路面被磨耗及表层轻度破损的措施。

2.0.21 混凝土路面加铺层 concrete overlay

为提高原有路面的承载能力，在其上加铺的水泥或沥青混凝土层。

2.0.22 分离式加铺层 unbonded concrete overlay

在原有混凝土路面上铺沥青材料或其他材料的隔离层，其上再铺筑的新混凝土面层。

2.0.23 直接式加铺层 partially bonded concrete overlay

在经过清理的原有混凝土路面上直接铺筑的新混凝土面层。

2.0.24 路面状况指数（PCI） pavement condition index

表征路面完好程度的指数。

2.0.25 小修保养 routine maintenance

对公路及其工程设施进行预防性保养和修复其轻微损坏部分，使之经常保持完好状态。

2.0.26 中修工程 intermediate maintenance

对公路及其工程设施的一般性磨损和局部损坏进行定期的修理加固，以恢复原状的小型工程项目。

2.0.27 大修工程 heavy maintenance

对公路及其工程设施的较大损坏进行长期性的综合修理，以全面恢复到原设计标准，或在原技术等级范围内进行局部改善和个别增建，以逐步提高公路通行能力的工程项目。

2.0.28 改建工程 road improvement

对公路及其工程设施因不适应交通量和载重需要提高技术等级，或通过改建显著提高其通行能力的较大工程项目。

2.0.29 专项工程 special project engineering

指申请专款用于遇到自然灾害，路面遭受严重损坏而进行的修复工程。

3　水泥混凝土路面养护内容与质量标准

3.1　养护内容

3.1.1　行车道与硬路肩上的泥土和杂物,应经常予以清扫。当设有中间带、变速车道、爬坡车道、应急停车带时,其上的泥土和杂物亦应清扫干净。

3.1.2　水泥混凝土路面各种接缝的填缝料出现缺损或溢出,应及时填补或清除,并应防止泥土、砂石及其他杂物挤压进入接缝内,影响混凝土路面板的正常伸缩。

3.1.3　路基路面(包括路肩、中央分隔带)排水设施,应经常检查和疏通,防止积水,以保护路面不受地面水和地下水的损害。

3.1.4　路面各种标线、导向箭头及文字标记,应及时清洗和恢复,经常保持各种标线、标记完整无缺,清晰醒目。辅助和加强标线作用的突起路标,应无损坏、松动或缺失,并保持其反射性能。

3.1.5　路肩外和中央分隔带内种植的乔木、绿篱和花草,应及时浇灌、剪修,以保持路容整齐、美观。如有空缺或老化,应适时补植或更新。对病虫害,应及时防治。对影响视距和路面稳定的绿化栽植,应予以处理。

3.1.6　对路面、路肩和路缘石等的局部损坏,应查清原因,采取合适的材料和相应的措施进行修复,以保持路面具备各级公路所要求的使用状态和服务水平。

3.1.7　对路面的较大损坏,应按本规范对路面检查评定结果确定的养护对策,安排大、中修或专项工程,进行维修和整治。局部路段路面损坏严重的,应予以翻修,以达到设计标准;整个路段路面平整度、抗滑能力不足的,可采取罩面,铺筑加铺层,以恢复其表面功能;整个路段路面接缝填缝料失效的,应予以全面更换。

3.1.8　对承载能力不足或不适应交通发展要求的路面,可根据不同情况进行加铺、加宽,以提高承载能力和通行能力。

3.2　养护质量标准

3.2.1　水泥混凝土路面的养护质量标准应符合表3.2.1的规定。

3.2.2　水泥混凝土路面在使用中,应对其使用质量进行检查。凡不符合养护质量标准的,应及时维修,或有计划地安排大、中修或专项工程,予以改善和提高。恢复和改善工程的质量标准,可参照《公路工程质量检验评定标准》(JTJ 071)执行。

表3.2.1　水泥混凝土路面养护质量标准

项　目		高速公路、一级公路	其他等级公路
平整度(mm)	平整度仪 σ	2.5	3.5
	三米直尺 h	5	8
	国际平整度指数 IRI(m/km)	4.2	5.8
抗　滑	构造深度 TD(mm)	0.4	0.3
	抗滑值 SRV(BPN)	45	35
	横向力系数 SFC	0.38	0.30
相邻板高差(mm)		3	5
接缝填缝料凹凸(mm)		3	5
路面状况指数 PCI		≥70	≥55

3.3 养护材料要求

3.3.1 水泥混凝土路面养护维修的常规和专用材料，必须具有足够的强度、耐久性和稳定性，以承受车辆的作用和抵抗自然环境的影响。养护维修的各种材料均应进行必要的试验，不符合要求的，不得使用。

3.3.2 水泥混凝土路面养护维修的常规材料的技术要求应符合《公路水泥混凝土路面设计规范》(JTJ 012)、公路水泥混凝土路面有关施工规范《公路沥青路面施工技术规范》(JTJ 032)的规定。

3.3.3 水泥混凝土路面养护维修所用的路面标线材料的技术要求应符合《道路交通标志和标线》(GB 5768)的规定；其他专用材料的技术要求应符合本规范附录A"水泥混凝土路面修补材料"的规定。

3.4 养护机械配备

3.4.1 水泥混凝土路面的养护维修应根据需要与可能，参照本规范附录B"水泥混凝土路面养护维修机具"要求配备一定数量的机械设备。

3.4.2 养护维修机械应配备专业人员，加强机械的保养和维修，以提高机械设备的完好率和利用率，降低养护费用。

4 水泥混凝土路面病害类型和分级

4.1 水泥混凝土面层断裂类病害

4.1.1 贯穿水泥混凝土面层的断裂裂缝，按裂缝出现的方位和板断裂的块数，分为下列4种病害。

1 平行或近于平行路面中心线的纵向裂缝。

2 垂直或斜向路面中心线的横向或斜向裂缝。

3 从板角隅到斜向裂缝两端的距离小于1.8m的角隅断裂。

4 两条以上裂缝交叉，使板断裂成3块以上的交叉裂缝和断裂板。

4.1.2 纵向、横向或斜向裂缝和角隅断裂病害，按裂缝缝隙边缘碎裂程度和缝隙宽度，可分为下列3个轻重程度。

1 轻微——缝隙边缘无碎裂或错台的细裂缝，缝隙宽度小于3mm；或者，填封良好、边缘无碎裂或错台的裂缝。

2 中等——缝隙边缘中等碎裂(或)错台小于10mm的裂缝，且缝隙宽度小于15mm。

3 严重——缝隙边缘严重碎裂或错台大于10mm，且缝隙宽度大于15mm。

4.1.3 交叉裂缝和断裂板病害，按裂缝等级和板断裂的块数可分为下列3个轻重程度等级。

1 轻微——板被轻微裂缝分割成2~3块。

2 中等——板被中等裂缝分割成3~4块，或被轻微裂缝分割成5块以上。

3 严重——板被严重裂缝分割成4~5块，或被中等裂缝分割成5块以上。

4.2 水泥混凝土面层竖向位移类病害

4.2.1 水泥混凝土面层的竖向位移，按产生原因的不同分为下列2种病害。

1 沉陷。

2 胀起。

4.2.2 沉陷和胀起病害，按其对行车的影响可分为下列3个轻重程度等级。

1 轻微——车辆以限速驶过时仅引起无不舒适感的轻微跳动。

2 中等——车辆驶过时有产生不舒适感的较大跳动。

3 严重——车辆驶过时产生过大的跳动，引起严重不舒适或不安全。

4.3 水泥混凝土面层接缝类病害

4.3.1 水泥混凝土路面板接缝处的损坏，按损坏的形态和影响范围可分为下列6种病害。

1 接缝填缝料损坏。

2 纵向接缝张开。

3 唧泥和板底脱空。

4 错台。

5 接缝碎裂。

6 拱起。

4.3.2 接缝填缝料损坏，按填缝料出现老化、挤出、缺损的情况，可分为3个轻重程度等级。

1 轻微——整个路段接缝填缝料情况良好,仅有少量接缝出现上述损坏。

2 中等——整个路段接缝填缝料情况尚可,1/3 以下的接缝长度出现上述损坏,水和硬质材料易渗入或挤入。

3 严重——接缝填缝料情况很差,1/3 以上的接缝长度出现上述损坏,水和硬质材料能自由渗入或挤入,填缝料需立即更换。

4.3.3 纵向接缝张开病害,按接缝的张开量可分为 2 个轻重程度等级。

1 轻微——接缝张开 10mm 以下。

2 严重——接缝张开 10mm 以上。

4.3.4 唧泥和板底脱空病害,可分为 2 个轻重等级。

1 轻微——车辆驶过时,有水从板缝或边缘外唧出,或者在板接(裂)缝或边缘的邻近表面残留有少量唧出材料的沉淀物。

2 严重——在板接(裂)缝或边缘的表面残留有大量唧出材料的沉淀物,车辆驶过时,板有明显的颤动和脱空感。

4.3.5 错台病害,按相邻板边缘的高差大小可分为 3 个轻重程度等级。

1 轻微——错台量小于 5mm。

2 中等——错台量 5 ~ 10mm。

3 严重——错台量大于 10mm。

4.3.6 接缝碎裂病害,按碎裂范围和程度可分为 3 个轻重程度等级。

1 轻微——碎裂仅出现在接缝或裂缝两侧 8cm 范围内,尚未采取临时修补措施。

2 中等——碎裂范围大于 8cm,部分碎块松动或散失,但不影响安全或危害轮胎。

3 严重——影响行车安全或危害轮胎。

4.3.7 拱起病害的轻重程度分级,与 4.2.2 条相同。

4.4 水泥混凝土面层表层类病害

4.4.1 水泥混凝土面层的表层损坏,可分为下列 5 种病害。

1 磨损和露骨。

2 纹裂、网裂和起皮。

3 活性集料反应引起的网裂。

4 粗集料冻融裂纹。

5 坑洞。

4.4.2 磨损和露骨病害,按磨损或露骨的深度分为 2 个轻重程度等级。

1 轻微——磨损、露骨深度小于等于 3mm。

2 严重——磨损、露骨深度大于 3mm。

4.4.3 纹裂、网裂和起皮病害,按是否出现起皮和起皮病害的面积,可分为 3 个轻重程度等级。

1 轻微——板的大部分面积出现纹裂或网裂,但表面状况良好,无起皮。

2 中等——板出现起皮,面积小于等于混凝土板面积的 10%。

3 严重——板出现起皮,面积大于混凝土板面积的 10%。

4.4.4 活性集料反应病害可分为 3 个轻重程度等级。

1 轻微——板出现网裂,面层可能变色,但未出现起皮和接缝碎裂。

2 中等——出现起皮和(或)接缝碎裂,沿裂缝和接缝有白色细屑。

3 严重——出现起皮和(或)接缝碎裂的范围发展到影响行车安全或危害轮胎,路表面有大量白色细屑。

4.4.5 集料冻融裂纹病害可分为 3 个轻重程度等级。

1 轻微——裂纹出现在缝或自由边附近 0.3m 范围内,缝未发生碎裂。

2 中等——裂纹出现在缝或自由边附近，范围大于0.3m，受影响区内缝出现轻微或中等碎裂。

3 严重——裂纹影响区内裂缝出现严重碎裂，不少材料散失。

4.4.6 坑洞病害不分轻重程度等级。

4.4.7 修补损坏病害，按修补处再次出现的损坏情况，分为3个轻重程度等级。

1 轻微——轻微破损，或边缘处有轻微碎裂。

2 中等——轻微裂缝或车辙、推移，边缘处有中等碎裂和10mm以下错台。

3 严重——出现严重裂缝、车辙、推移或错台，需重新进行修补。

5　水泥混凝土路面状况调查和评定

5.1　路面状况调查

5.1.1　为了解路面现状，选择相应的养护措施，制定养护政策，规划养护工程项目，编制养护计划，进行路面改建设计都应进行路面状况调查和评定。

5.1.2　路面状况调查和评定包含7个方面：

1　路面破损状况；

2　结构承载能力；

3　行驶质量；

4　抗滑能力；

5　交通状况（车辆组成和轴载）；

6　路基和路面排水状况；

7　路面修建和养护历史。

按调查需求和路面状况的不同，分别选择不同的调查内容和调查深度或细度，采用不同的评定指标和标准。

5.1.3　路面破损状况以病害类型、轻重程度和出现的范围或密度三项属性表征。各种病害的定义和轻重程度分级，按第四章的规定确定。各种病害和轻重程度出现的范围或密度，以调查路段（或子路段）内出现该种病害和轻重程度等级的混凝土板块数占该路段（或子路段）板块总数的百分率计。同一块板内存在多种病害或轻重程度等级时，以最显著的种类或最重的程度计入系数。

调查工作采用目测和仪具量测方法，每年或每二年进行一次，视破损状况发展速度而定。为确定需采取养护措施的路段（地点），或为路面改建设计提供依据而进行的调查，应沿整个调查路段逐块板进行；而为了解和评定路面现状对使用要求的适应程度，以制定养护政策，分配养护资金，规划养护工程项目，编制养护计划进行的调查，可采用抽样调查方法，抽样规模为10%左右（每公里选取100m，或者每个子路段选取10%的子路段长度）。

5.1.4　考虑路面破损严重或者路面需承受比原设计标准轴载数大得多的车辆荷载而进行设计时，应进行现有路面的结构承载能力调查和测定。

调查测定采用无破损试验和破损试验二者结合的方式进行。无破损试验主要采用承载板、静态弯沉仪（长杆）或落锤弯沉仪等仪器，测定试验荷载作用下的路表挠度曲线，评定接缝传荷能力，判断板底脱空情况。破损试验为钻取各结构层的试样，量取其厚度，并在室内进行强度和模量的测定。

5.1.5　行驶质量调查可采用反应类仪器或断面类仪器进行路面平整度测定。不同类型仪器的测定结果，应按预先经过试验建立的关系曲线，统一换算成国际平整度指数（IRI）。

平整度测定沿调查路段的各个车道逐公里进行。在路面使用初期，进行一次全线平整度测定，而后视交通量大小于每隔2～4年进行一次测定，或者按情况需要对平整度差的路段进行测定。

5.1.6　抗滑能力调查包括路面表面摩阻系数和构造深度测定两项。摩阻系数可采用摆式仪测定路表面抗滑值（SRV）、或者采用偏转轮拖车测定侧向力系数（SF）、或者采用锁轮拖车测定滑移指数（SN）得到。路表面构造深度采用砂容量法测定。

在路面使用初期，对各路段进行一次全面测定。按路段内各个车道路表面的构造情况，分为若干个均匀段落，分别选择代表性测定地点。而后每隔2～4年进行一次测定，或者根据需要对抗滑性能差或行车安全有疑问的路段进行测定。

5.2 路面状况评定

5.2.1 采用路面状况指数(PCI)和断板率(DBL)两项指标评定路面破损状况。

依据路段破损状况调查得到的病害类型、轻重程度和密度数据,按下列公式确定该路段的路面状况指数(PCI),以100分制表示。

$$PCI = 100 - \sum_{i=1}^{n}\sum_{j=1}^{m_i} DP_{ij} W_{ij} \tag{5.2.1-1}$$

$$DP_{ij} = A_{ij} D_{ij} B_{ij} \tag{5.2.1-2}$$

$$W_{ij} = \begin{cases} 2.5R_{ij} & R_{ij} < 0.2 \\ 0.5 + 0.686(R_{ij} - 0.2) & 0.2 \leqslant R_{ij} < 0.55 \\ 0.74 + 0.28(R_{ij} - 0.55) & 0.55 \leqslant R_{ij} < 0.8 \\ 0.81 + 0.95(R_{ij} - 0.8) & R_{ij} \geqslant 0.8 \end{cases} \tag{5.2.1-3}$$

$$R_{ij} = \frac{DP_{ij}}{\sum_{i=1}^{n}\sum_{j=1}^{m_i} DP_{ij}} \tag{5.2.1-4}$$

式中:i 和 j——病害种类和轻重程度;

n——病害种类总数;

m_i——i 种病害的轻重程度等级数;

DP_{ij}——i 种病害和 j 种轻重程度的单项扣分值,它是破损密度 D_{ij} 的函数;

D_{ij}——i 种病害 j 种轻重程度的板块数占调查路段板块总数的比例;

A_{ij} 和 B_{ij}——系数,可参考表5.2.1确定;

W_{ij}——同时出现多种破损时,i 种病害和 j 种轻重程度扣分值的修正系数;

R_{ij}——各单项扣分值占总扣分值的比值。

单项扣分值 DP_{ij} 和修正系数 W_{ij},应由有代表性的成员组成的评定小组通过实地评定试验后制定。

表 5.2.1 计算单项扣分值的系数 A_{ij} 和 B_{ij}

轻重程度 / 系数 / 病害类型	A_{ij}			B_{ij}		
	轻	中	重	轻	中	重
纵、横、斜向裂缝	30	65	93	0.55	0.52	0.54
角隅断裂	49	73	95	0.76	0.64	0.61
交叉裂缝、断裂板	70	88	103	0.60	0.50	0.42
沉陷、胀起	49	65	92	0.76	0.64	0.52
唧泥	25	—	65	0.90	—	0.80
错台	30	60	92	0.70	0.61	0.53
接缝碎裂	23	30	51	0.81	0.61	0.71
拱起	49	65	92	0.76	0.64	0.52
纵缝张开	30	—	70	0.90	—	0.70
填缝料损坏	10	35	60	0.95	0.90	0.80
纹裂或网裂和起皮	22	60	90	0.70	0.60	0.50
磨损和露骨	20	—	60	0.70	—	0.50
坑洞	—	30	—	—	0.60	—
活性集料反应	25	47	70	0.90	0.80	0.70
修补损坏	10	60	90	0.95	0.60	0.54

5.2.2 依据路段破损状况调查得到的断裂类病害的板块数，按断裂缝种类和严重程度的不同，采用不同的权系数进行修正后，由下式确定该路段的断板率(DBL)，以百分数表示。

$$DBL = \left(\sum_{i=1}^{n}\sum_{j=1}^{m_i} DB_{ij} W'_{ij}\right)/BS \tag{5.2.2}$$

式中：DB_{ij}——i 种类裂缝病害 j 种轻重程度的板块数；

W'_{ij}——i 种裂缝病害 j 种轻重程度的修正权系数，按表5.2.2确定；

BS——评定路段内的板块总数。

表 5.2.2 计算断板率的权系数 W'_{ij}

裂缝类型	交叉裂缝			角隅断裂			纵、横、斜向裂缝		
轻重程度	轻	中	重	轻	中	重	轻	中	重
权系数 W'_{ij}	0.60	1.00	1.50	0.20	0.70	1.00	0.20	0.60	1.00

5.2.3 路面破损状况分为五个等级，各个等级的路面状况指数和断板率的评定标准如表 5.2.3 中所示。

表 5.2.3 路面破损状况等级评定标准

评定等级	优	良	中	次	差
路面状况指数 PCI	≥85	84～70	69～55	54～40	<40
断板率 DBL(%)	≤1	2～5	6～10	11～20	>20

5.2.4 路面结构承载能力的评定，按《公路水泥混凝土路面设计规范》(JTJ 012)中规定的方法进行。

5.2.5 路面行驶质量采用行驶质量指数(RQI)进行评定，以 10 分制表示。行驶质量指数同路面平整度指数 IRI 之间的关系，应由有代表性的成员组成的评定小组通过实地评定试验建立。也可参照下列关系式确定行驶质量指数。

$$RQI = 10.5 - 0.75IRI \tag{5.2.5}$$

行驶质量分为五个等级。各个等级的行驶质量标准，见表 5.2.5。

表 5.2.5 行驶质量等级评定标准

评定等级	优	良	中	次	差
行驶质量指数 RQI	≥8.5	8.4～7.0	6.9～4.5	4.4～2.0	<2.0

5.2.6 路面表面抗滑能力采用侧向力系数 SFC 或抗滑值 SRV 以及构造深度两项指标评定。路面抗滑能力分为五个等级。各个等组的评定标准见表 5.2.6。

表 5.2.6 路面抗滑能力等级评定标准

评价等级	优	良	中	次	差
构造深度(mm)	≥0.8	0.7～0.6	0.5～0.4	0.3～0.2	<0.2
抗滑值 SRV	≥65	64～55	54～45	44～35	<35
横向力系数 SFC	≥0.55	0.54～0.45	0.44～0.38	0.37～0.30	<0.30

5.3 养护对策

5.3.1 高速公路及一级公路的路面破损状况等级为优和良，或者二级及二级以下公路的路面破损状况等级为中及中以上时，可采用日常养护和局部或个别板块修补措施。各种病害的养护或修补措施，可参考表 5.3.1 中所列。

表 5.3.1 各种病害的养护或修补措施

病害＼措施	可暂不修	填封裂缝	填封接缝	部分深度修补	全深度修补	换板	沥青混合料修补	板底堵封	板顶研磨	刻槽	边缘排水
纵、横、斜裂缝和角隅断裂	L	L,M,H			H						
交叉裂缝和断裂板		L,M				M,H					
沉陷、胀起	L,M						M,H	H	M,H		
唧泥、错台	L		L,M					H	H		M,H
接缝碎裂	L			M,H	H		M,H				
拱起	L				M,H	H					
纵缝张开			L,H								
填缝料损坏	L		M,H								
纹裂或网裂和起皮	L,M			M,H			M,H				
磨损和露骨	磨损						露骨			磨光	
活性集料反应	L					H	M				
集料冻融裂纹	L			M,H	H						

注:表中L、M、H表示病害轻重程度等级:L－轻度;M－中等;H－严重。

5.3.2 高速公路及一级公路的路面破损状况等级为中及中以下,或者二级及二级以下公路的路面破损状况等级为次及次以下时,应采取全路段修复或改善措施,包括沥青混合料修补、板块破碎和碾压稳定、铺筑沥青混凝土或水泥混凝土加铺层以及修建纵向边缘排水设施等。

5.3.3 高速公路及一级公路的路面行驶质量等级为中及中以下,或者二级及二级以下公路的行驶质量等级为次及次以下时,应采取刻槽、罩面或加铺层等措施改善路面的平整度。

5.3.4 高速公路及一级公路的路面抗滑能力等级为中及中以下,或者二级及二级以下公路的抗滑能力等级为次及次以下时,应采取刻槽、罩面等措施提高路表面的抗滑能力。

5.3.5 路面结构承载能力不满足现有交通的要求时,应采取铺筑沥青混凝土或水泥混凝土加铺层措施提高其承载能力。

6 水泥混凝土路面日常养护

6.1 一般规定

6.1.1 水泥混凝土路面日常养护应做好预防性、经常性养护，通过经常的巡视检查，及早发现缺陷，查清原因，采取适当措施，清除障碍物，保持路面状况良好。

6.1.2 水泥混凝土路面的养护质量应符合本规范表3.2.1的规定。

6.1.3 同一横断面上由水泥混凝土路面与其他类型路面组成时，水泥混凝土路面按本规范执行，其他路面按相应的规范要求执行。

6.1.4 水泥混凝土路面局部破损的维修方法按本规范第7章执行。

6.2 清扫保洁

6.2.1 水泥混凝土路面必须定期清扫泥土和污物；与其他不同类型路面平面连接处及平交道口应勤加清扫；路面上出现的小石块等坚硬物应予以清除；中央分隔带内的杂物应定期清除；保持路容整洁。

6.2.2 路面清扫频率应根据公路状况、交通量大小及其组成、环境条件等确定。路面清扫宜采用机械作业。机械清扫留下的死角，应用人工清除干净。

6.2.3 路面清扫时，应尽量减少清扫作业产生灰尘，以免污染环境，危及行车安全。清扫作业宜避开交通量高峰时段进行。

6.2.4 路面清扫后的垃圾应运至指定地点进行处理，不得随意倾倒。

6.2.5 当路面被油类物质或化学药品污染时，应清洗干净，必要时用中和剂或其他材料处理后再用水冲洗。

6.2.6 交通标志标牌、示警桩、轮廓标以及防撞栏等交通安全设施应定期擦拭，交通标志及标线受到污染后应及时清扫（洗），保持整洁、醒目。

6.2.7 应保持交通标志标牌、标线、示警桩、轮廓标的完整，发生局部脱落、破损时应用原材料进行修复或更换。

6.3 接缝保养及填缝料更换

6.3.1 应对接缝进行适时的保养，保持接缝完好，表面平顺。

1 填缝料凸出板面，高速公路、一级公路超出3mm，其他等级公路超过5mm时应铲平。

2 填缝料外溢流淌到接缝两侧面板，影响路面平整度和路容时应予清除。

3 杂物嵌入接缝时应予清除，若杂物系小石块及其他坚硬物时，应及时剔除。

6.3.2 应对填缝料进行周期性或日常性的更换。

1 填缝料的更换周期一般为2～3年。

2 填缝料局部脱落时应进行灌缝填补；填缝料脱落缺失大于三分之一缝长或填缝料老化、接缝渗水严重时应立即进行整条接缝的填缝料更换。

3 填缝料技术要求应符合本规范附录A.2的规定。

6.3.3 填缝料的更换应做到饱满、密实、黏结牢固。清缝、灌缝宜使用专用机具。

1 更换填缝料前应将原填缝料及掉入缝槽内的砂石杂物清除干净，并保持缝槽干燥，清洁。

2 填缝料灌注深度宜为3~4cm。当缝深过大时，缝的下部可填2.5~3.0cm高的多孔柔性垫底材料或泡沫塑料支撑条（见图6.3.3）。

3 填缝料的灌注高度夏天宜与面板平，冬天宜稍低于面板2mm。多余的或溅到面板上的填缝料应予以清除。

4 填缝料更换宜选在春秋两季，或宜在当地年气温居中且较干燥的季节进行。

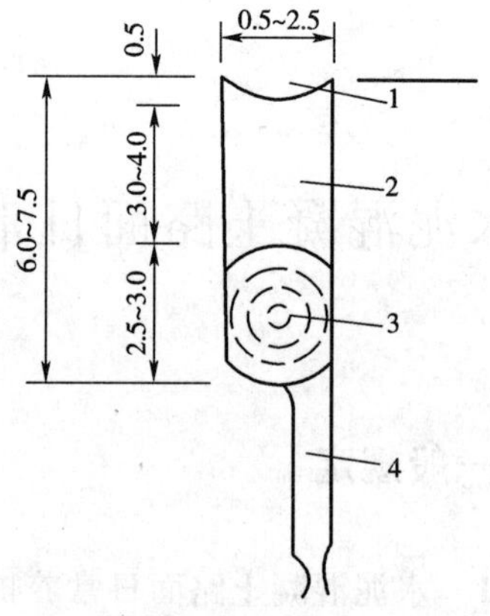

图6.3.3 （单位：cm）

1-膨胀空间；2-填入接缝材料；3-支撑条；4-导裂缝

6.4 排水设施养护

6.4.1 必须对路面、路肩、中央分隔带、边沟、边坡、挡土墙以及所有排水构造物进行妥善的日常维护，保持系统的排水功能。当排水系统整体功能不能满足要求时，应通过改善或改建工程进行完善提高。

6.4.2 对路面排水设施，应采取经常性的巡查并与重点检查相结合，发现损坏应及时安排修复，发现堵塞必须立即疏通，路段积水应及时排出。

6.4.3 雨天应重点检查超高路段的中央分隔带纵向排水沟、横向排水管、雨水井、集水井等的排水状况，出现堵塞、积水应及时排出。

6.4.4 排水构造物及路肩修复宜采用与原构造物相同材料。

6.4.5 保持路面横坡及路面平整度。当快车道是水泥混凝土路面，慢车道或非机动车道是沥青路面时，应保持沥青路面横坡大于水泥混凝土路面横坡。

6.4.6 保持路肩横坡大于路面横坡，路肩横坡应顺适，并及时修复路肩缺口。

6.4.7 路面板裂缝应按本规定7.1要求进行缝隙封闭。

6.4.8 路面接缝、路肩接缝及路缘石与路面接缝出现接缝变宽渗水时应进行填缝处理。

6.4.9 定期修整路肩植物、清除路肩杂物，疏通路肩排水设施和中央分隔带排水设施，常年保持路面排水顺畅。

1 及时清除路肩堆积物、杂草、污物。

2 定期疏通路肩边沟、集水井、排水管、集水槽（由拦水带和路肩构成）、泄水口、急流槽等路肩排水设施。

3 定期疏通中央分隔带的进水口、纵向排水沟、雨水井、集水井、横向排水管、渗沟等，同时定期清除雨水井、集水井污物。

6.5 冬季养护

6.5.1 冰雪地区路段水泥混凝土路面冬季养护的重点是除雪、除冰、防滑；作业的重点是桥面、坡道、弯道、垭口及其他严重危害行车安全的路段。

6.5.2 除雪、除冰、防滑要根据气象资料、沿线条件、降雪量、积雪深度、危害交通范围等确定作业计划，并做好机驾人员培训、机械设备、作业工具、防冻防滑材料的准备。

6.5.3 除雪作业以清除新雪为主。化雪时应及时清除雪水和薄冰。除冰困难的路段应以防滑措施为主，除冰为辅。除冰作业应防止破坏路面。

6.5.4 路面防冻防滑的主要措施：

1 使用盐或其他融雪剂降低路面上的结冰点。

2 使用砂等防滑材料或与盐掺合使用，加大轮胎与路面间的摩擦系数。

3 防冻、防滑料施撒时间，主要根据气象条件（降雪、风速、气温）、路面状况等来确定。一般可在刚开始下雪时就撒布融雪剂或与防滑料掺合撒布，或者估计在路面出现冻结前1~2h撒布。

4 防止路面结冰时，通常撒布一次防冻料即可，除雪作业时，撒布次数可以和除雪作业频率一致。

盐的撒布量见表6.5.4。

表6.5.4 盐的撒布量(每次)

条件 / 路段	撒布前4h气温	
	0～−7℃	低于−7℃
一般路段(g/m²)	5～15	15～30
严寒多雪路段(g/m²)	30	30～50

注:其他融雪剂材料撒布量,应根据降低冰点的程度由试验确定。

6.5.5 在冻融前,应将积雪及时清除路肩之外,以免雪水渗入路肩。冰雪消融后,应清除路面上的残留物。

6.5.6 禁止将含盐的积雪堆积于绿化带。

7 水泥混凝土路面破损处理

7.1 裂缝维修

7.1.1 对宽度小于3mm的轻微裂缝,可采取扩缝灌浆。

1 顺着裂缝扩宽成1.5~2.0cm的沟槽,槽深可根据裂缝深度确定,最大深度不得超过2/3板厚。

2 清除混凝土碎屑,吹净灰尘后,填入粒径0.3~0.6cm的清洁石屑。

3 根据选用的灌缝材料,按附录A规定进行配比,混合均匀后,灌入扩缝内。

4 灌缝材料固化后,达到通车强度,即可开放交通。

7.1.2 对贯穿全厚的大于3mm小于15mm的中等裂缝,可采取条带罩面进行补缝。

1 在裂缝两侧切缝时,应平行于缩缝,且距裂缝距离不小于15cm,见图7.1.2a)。

2 凿除两横缝内混凝土的深度以7cm为宜。

3 每间隔50cm打一对钯钉孔,钯钉孔的大小应略大于钯钉直径2~4mm。并在二钯钉孔之间打一对与钯钉孔直径相一致的钯钉槽。

4 钯钉宜采用ϕ16螺纹钢筋,使用前应予以除锈。钯钉长度不小于20cm,弯钩长度为7cm。

5 钯钉孔必须填满砂浆,方可将钯钉插入孔内安装。

6 切割的缝内壁应凿毛,并清除松动的混凝土碎块及表面尘土、裸石。

7 浇筑混凝土应及时振捣密实、抹平,并喷洒养护剂。

8 修补块面板两侧,应加深缩缝,并灌注填缝料,见图7.1.2b)。

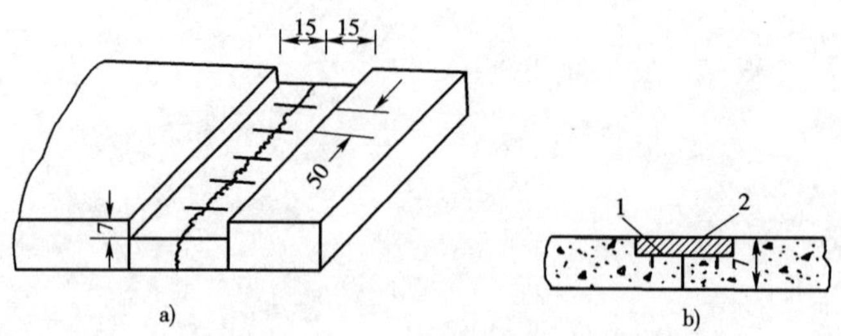

图7.1.2 条带补缝(单位:cm)

1-钯钉;2-新浇混凝土

7.1.3 对宽度大于15mm的严重裂缝可采用全深度补块。全深度补块分集料嵌锁法、刨挖法、设置传力杆法。

1 集料嵌锁法

1)在修补的混凝土路面位置上,平行于缩缝画线,沿画线位置进行全深度切割。在保留板块边部,沿内侧4cm位置,锯5cm深的缝,见图7.1.3-1。

2)破碎、清除旧混凝土过程中不得伤及基层、相邻面板和路肩。若破除的旧混凝土面积当天完不成混凝土浇筑时,其补块位置应做临时补块。

3)全深锯口和半深锯口之间的4cm宽条混凝土垂直面应凿成毛面。

4)处理基层时,基层强度符合规范要求,应整平基层;基层强度低于规范要求,应予以补强,并严格整平;若基层全部损坏或松软,应按原设计基层材料重新做基层,其技术要求应符合现行《公路路面基层施工技术规范》(JTJ 034)的规定。

5）混凝土的配合比应根据设计弯拉强度、耐久性、耐磨性、和易性等要求，先用原材料进行配比设计，各种材料的物理性能及化学成分应符合现行《公路水泥混凝土路面设计规范》(JTJ 012)规定。

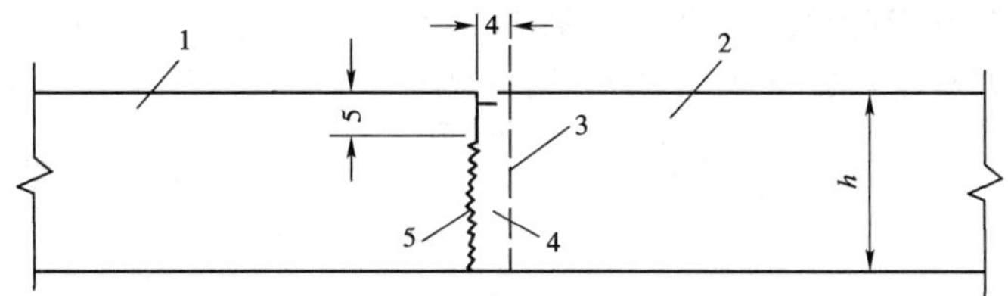

图 7.1.3-1 集料嵌锁法（单位：cm）

1-保留板；2-全深度补块；3-全深度锯缝；4-凿除混凝土；5-缩缝交错接面

6）用水量应控制在混合料运到工地最佳和易性所需的最小值，最大水灰比为 0.4。如采用 JK 系列混凝土快速修补材料，水灰比以 0.30～0.40 为宜，坍落度宜控制在 2cm 内。混凝土 24h 弯拉强度应不低于 3.0MPa。

7）混凝土摊铺应在混凝土拌和后 30～40min 内卸到补块区内，并振捣密实。

8）浇筑的混凝土面层应与相邻路面的横断面吻合，其表面平整度应符合现行《公路工程质量检验评定标准》(JTJ 071)规定，补块的表面纹理应与原路面吻合。

9）补块养生宜采用养护剂，其用量根据养护材料性能确定。

10）做接缝时，将板中间的各缩缝锯切到 1/4 板厚处，将接缝材料填入缩缝内。

11）混凝土达到通车强度后，即可开放交通。

2 刨挖法亦称倒 T 形法，见图 7.1.3-2。

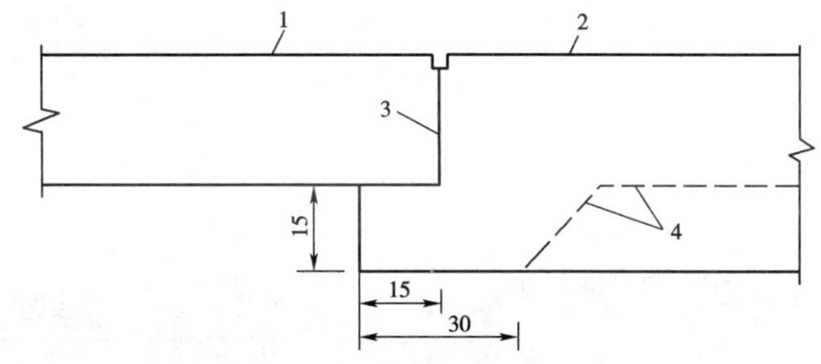

图 7.1.3-2 刨挖法（单位：cm）

1-保留板；2-补块；3-全深度锯缝；4-垫层开挖线

1）施工要求按本规范 7.1.3 条第 1 款执行。

2）在相邻板块横边的下方暗挖 15cm×15cm 的一块面积用于荷载传递。

3 设置传力杆法

1）设置传力杆方法，见图 7.1.3-3。施工要求按本规范 7.1.3 第 1 款执行。

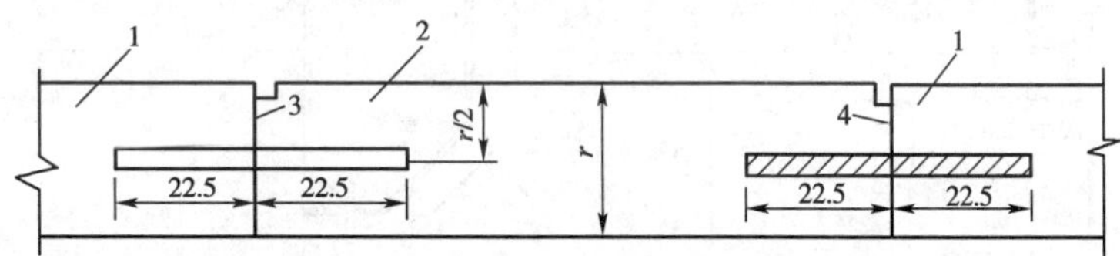

图 7.1.3-3 设置传力杆法（单位：cm）

1-保留板；2-全深度补块；3-缩缝；4-施工缝

2）处理基层后，应修复、安设传力杆和拉杆。

3）原混凝土面板没有传力杆或拉杆折断时，应用与原规格相同的钢筋焊接或重新安设。安装时应在板厚 1/2 处钻出比传力杆直径大约 2～4mm 的孔，孔中心距 30cm，其误差不应超过 3mm。

4）横向施工缝传力杆直径为 ϕ25mm，长度为 45cm，嵌入相邻保留板内深 22.5cm。

5）拉杆孔直径宜比拉杆直径大 2～4mm，并应沿相邻板块间的纵向接缝板厚 1/2 处钻孔，中心距 80cm。拉杆采用 ϕ16mm 螺纹钢筋，长 80cm，40cm 嵌入相邻车道的板内。

6）传力杆和拉杆宜用环氧砂浆牢牢地固定在规定位置，摊铺混凝土前，光圆传力杆的伸出端应涂少许润滑油。

7）新补板块与沥青路肩相接时，应和现有路肩齐平。

8）传力杆若安装倾斜或松动失效，应予以更换。

7.2 板边、板角修补

7.2.1 板边修补基本要求：

1 当对水泥混凝土面板边轻度剥落进行修补时，应将剥落的表面清理干净，用沥青混合料或接缝材料修补平整。

2 当板边严重剥落时，其修补方法参照本规范7.1.2条进行。

3 当板边全深度破碎，其修补方法参照本规范7.1.3条进行。

7.2.2 板角修补基本要求

1 板角断裂应按破裂面的大小确定切割范围，见图7.2.2。

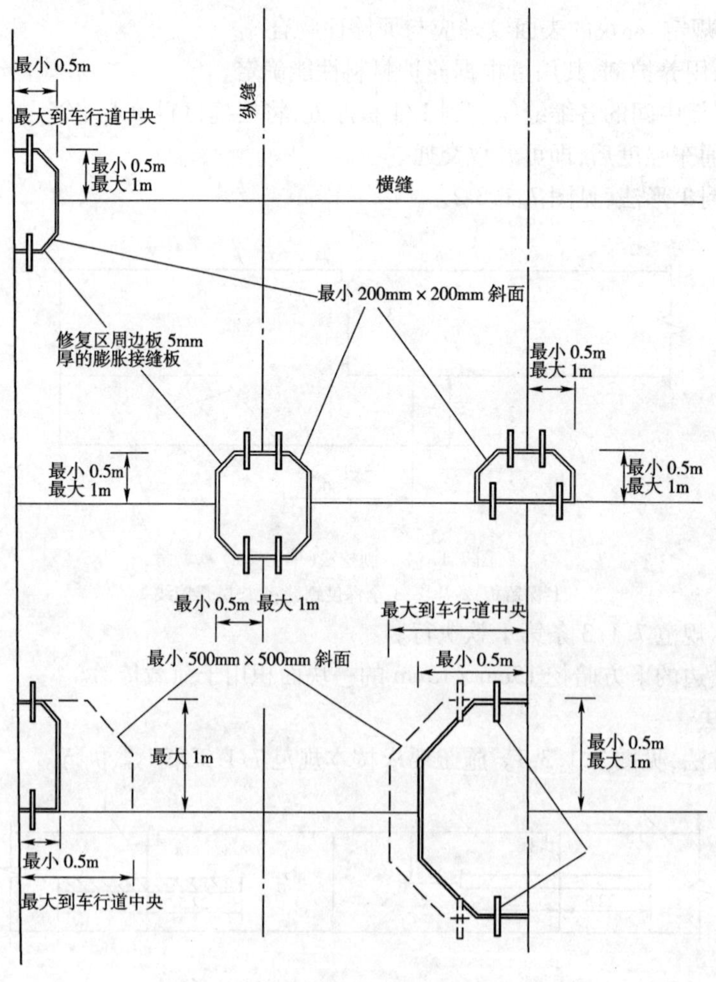

图7.2.2 板角修补法

注：修复纵向边不能位于车轮轨迹上。

2 切缝后，凿除破损部分时，应凿成规则的垂直面。对原有钢筋不应切断，如果钢筋难以全部保留，至少也要保留20~30cm长的钢筋头，且应长短交错。

3 原有滑动传力杆，如果有缺陷应予以更换并在新老混凝土之间加设传力杆，传力杆间距控制在30cm。

4 基层不良时，可采用C15号混凝土浇筑基层。

5　与原有路面板的接缝面,应涂刷沥青。如为胀缝,应设置接缝板。

6　现浇混凝土,与老混凝土面板之间的接缝应切出宽3mm、深4mm的接缝槽,并灌入填缝材料。

7　待混凝土达到强度后,方可开放交通。

7.3　板块脱空处治

7.3.1　水泥混凝土面板脱空位置的确定可采用弯沉测定法。

1　须用5.4m长杆弯沉仪,及相当于BZZ-100重型标准汽车。

2　弯沉仪的测点与支座不应放在相邻两块板上,待弯沉车驶离测试板块,方可读取百分表值。

3　凡弯沉超过0.2mm的,应确定为面板脱空。

7.3.2　灌浆孔布设基本要求见图7.3.2。

1　灌浆孔布设应根据路面板的尺寸、下沉量大小、裂缝状况以及灌浆机械确定。

2　用凿岩机在路面上打孔,孔的大小应和灌注嘴的大小一致,一般为50mm左右。

3　灌浆孔与面板边的距离不应小于0.5m。在一块板上,灌浆孔的数量一般为5个,也可根据情况确定。

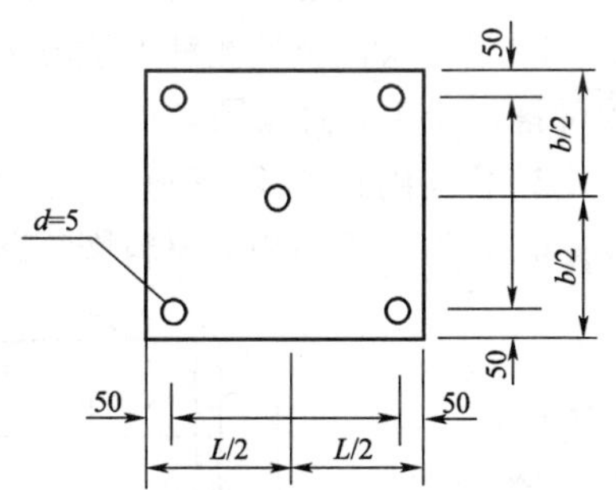

图7.3.2　灌浆孔布置(单位:cm)
d-灌浆孔孔直径;L-板长;b-板宽

7.3.3　水泥混凝土路面板和基层之间由于出现空隙而导致路面沉陷的,可采用沥青灌注、水泥浆、水泥粉煤灰浆和水泥砂浆灌浆等方法进行板下封堵。

1　沥青灌注方法

1)灌浆孔的布置参照本规范7.3.2条进行。

2)灌浆孔钻好后,应采用压缩空气将孔中的混凝土碎屑、杂物清除干净,并保持干燥。

3)宜采用建筑沥青,沥青加热熔化温度一般为180℃。

4)沥青洒布车或专用设备的压力为200~400kPa。灌注沥青压满后约0.5min,应拔出喷嘴,用木楔堵塞。

5)沥青温度下降后,应拔出木楔,填进水泥砂浆,即可开放交通。

2　水泥灌浆法

1)灌浆孔的布设与沥青灌注法相同。

2)灌注机械可用压力灌浆机或压力泵,灌注压力为1.5~2.0MPa。

3)灌浆作业应先从沉陷量大的地方的灌浆孔开始,逐步由大到小。当相邻孔或接缝中冒浆,可停止泵送水泥浆,每灌完一孔应用木楔堵孔。

4)待砂浆抗压强度达到3MPa时,用水泥砂浆堵孔,即可开放交通。

7.4　唧泥处理

7.4.1　水泥混凝土路面唧泥病害,应采取压浆处理,其要求应按本规范7.3.3条执行。

7.4.2　水泥混凝土面板进行压浆处理后,应对接缝及时灌缝,其要求应按本规范7.9.1条执行。

7.4.3　设置排水设施基本要求:

1　路面和路肩应保持设计横坡,宜铺设硬路肩。

2　路面裂缝、接缝以及路面与硬路肩接缝应进行密封。

3　设置纵向积水管和横向出水管。

1)在水泥路面的外侧边缘挖一条纵向沟,宽约15~25cm,沟深挖至集料基层之下15cm,横沟与纵沟的交角应在45°~90°之间,横沟间的距离约30m,见图7.4.3-1。

2)积水管一般采用ϕ7.5cm多孔塑料管,出水管为无孔塑料管。

3）设置纵向和横向水管，并按设计的距离将积水管和出水管连接起来。

4）纵向多孔管应包一层渗透性较强的土工织物。

5）积水管和出水管放入沟槽时，其底部应平顺，横向出水管的坡度应大于或等于纵向排水坡度，出水管的管端应延伸到排水沟内，并设端墙。

6）管的外围应填放粗砂等渗滤集料，并振动压实。

7）回填沟槽时，应采用与原路肩相同的材料恢复原状。

4 盲沟设置基本要求

1）在沿水泥路面外侧挖纵向沟时，沟底应低于面板以下10cm，在水泥混凝土路面接缝处挖横向沟，见图7.4.3-2。

2）沟槽底面及外侧铺油毡隔离层，沿水泥路面交界处及盲沟顶部铺设土工布过滤层。

3）盲沟内宜填筑碎（砾）石过滤材料。

4）盲沟上应用相同材料恢复路面（路肩）。

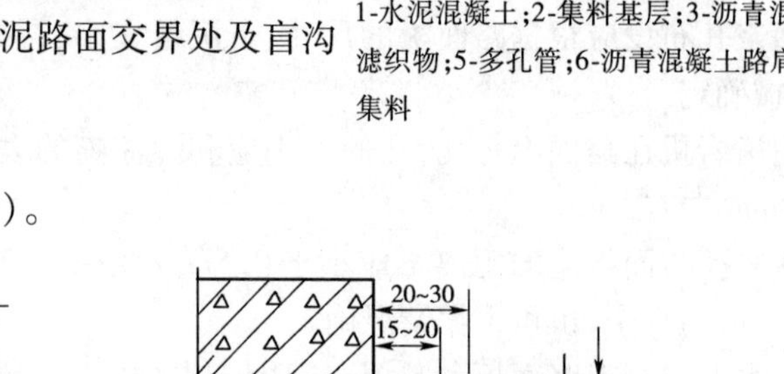

图7.4.3-1 边部排水管布置图（单位：cm）

1-水泥混凝土；2-集料基层；3-沥青混凝土；4-渗滤织物；5-多孔管；6-沥青混凝土路肩；7-细渗滤集料

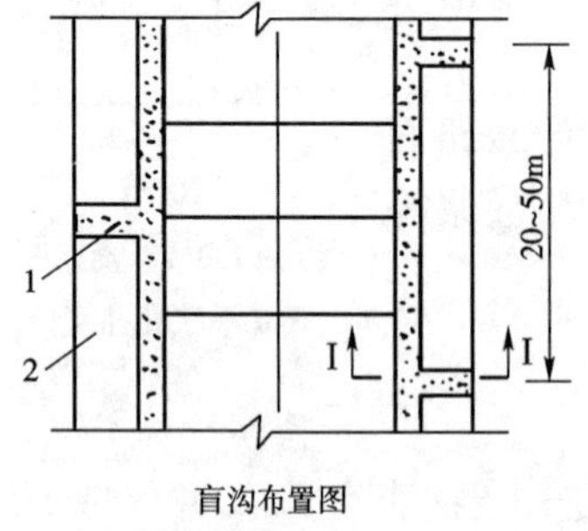

盲沟布置图

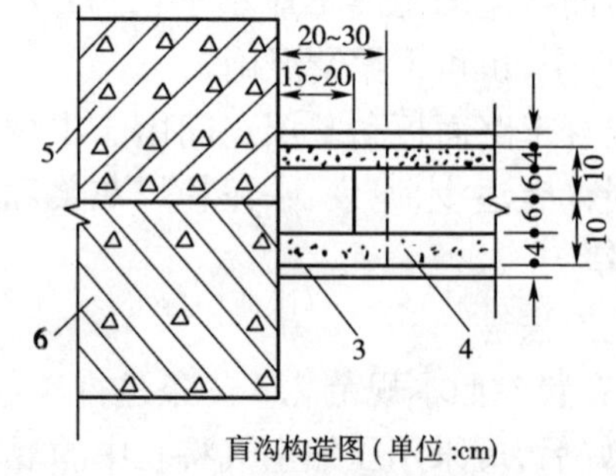

盲沟构造图（单位：cm）

图7.4.3-2

1-盲沟；2-路肩；3-油毡隔离层；4-石屑及中粗砂；5-面层；6-基层

7.5 错台处治

7.5.1 错台的处治方法有磨平法和填补法两种，可按错台的轻重程度选定。

7.5.2 高差小于等于10mm的错台，可采用磨平机磨平，或人工凿平。

1 应从错台最高点开始向四周扩展，边磨边用三米直尺找平，直至相邻两块板齐平为止，见图7.5.2。

2 磨平后，接缝内应将杂物清除干净，并吹净灰尘，及时将嵌缝料填入。

7.5.3 高差大于10mm的严重错台，可采取沥青砂或水泥混凝土进行处治。

1 沥青砂填补基本要求

1）在沥青砂填补前应清除路面杂物和灰尘，并喷洒一层热沥青或乳化沥青，沥青用量为0.40～0.60kg/m^2。

2）修补面纵坡变化应控制在$i \leq 1\%$。

3）沥青砂填补后，宜用轮胎压路机碾压。

4）初期应控制车辆慢速通过。

2 水泥混凝土修补基本要求

1）应将错台下沉板凿除2～3cm深，修补长度按错台高度除以坡度（1%）计算，见图7.5.3。

2）凿除面应清除杂物灰尘。

3）浇筑聚合物细石混凝土，材料配比参照附录A。

4）混凝土达到通车强度后，即可开放交通。

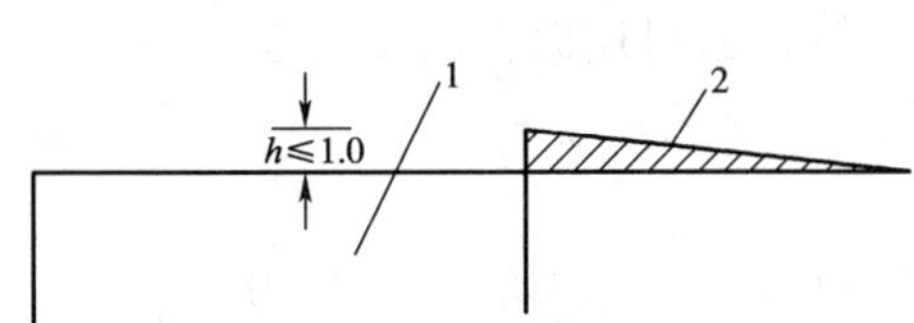

图 7.5.2　错台磨平法示意图(单位:cm)
1-下沉板;2-磨平

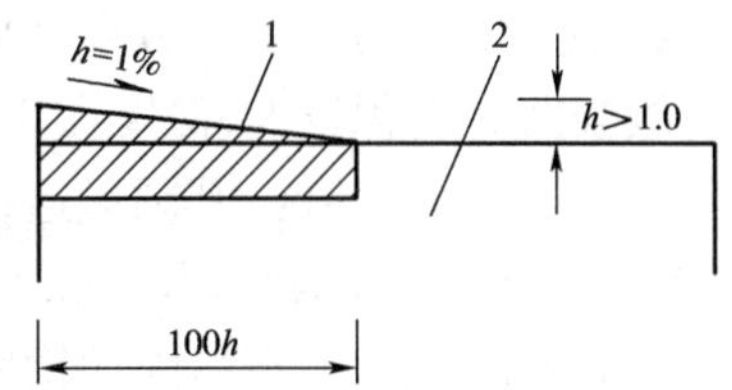

图 7.5.3　错台填补法示意图(单位:cm)
1-凿除修补;2-下沉板

7.6　沉陷处理

7.6.1　沉陷处理应设置排水设施,其方法应按本规范 7.4.3 条实施。

7.6.2　面板顶升基本要求:

1　面板在顶升前,应用水准仪测量下沉板的下沉量,测站距下沉处应大于 50m,并绘出纵断面,求出升起值。

2　在混凝土面板上钻孔,孔深应略大于板厚 2cm。

3　板块顶升宜采用起重设备或千斤顶。

4　灌注材料可采用水泥砂浆。

5　灌注材料压入后,每灌一孔应用木楔堵塞,压浆全部完毕,应拔出木楔,宜用高强水泥砂浆堵孔。

6　压浆材料的抗压强度达到 6MPa 时,方可开放交通。

7.6.3　当水泥混凝土整板沉陷并产生破碎时,应整板翻修,按本规范第 9 章执行。

7.7　拱起处理

7.7.1　拱起处理应根据具体情况,采取不同的方法进行处治。

1　板端拱起但路面完好时,应根据板块拱起高低程度,计算要切除部分板块的长度。先将拱起板块两侧附近 1 ~2 条横缝切宽,待应力充分释放后切除拱起端,逐渐将板块恢复原位,在缝隙和其他接缝内应清缝,并灌接缝材料,见图 7.7.1。

2　拱起板端发生断裂或破损时,按本规范 7.1.3 条处理。

3　拱起板两端间因硬物夹入发生拱起,应将硬物清除干净,使板块恢复原位,应清理接缝内杂物和灰尘,灌填缝料。

4　胀缝间因传力杆部分或全部在施工时设置不当,使板受热时不能自由伸长而发生拱起,应重新设置胀缝。按水泥混凝土路面有关施工规范执行,使面板恢复原状。

5　混凝土路面板的胀起与拱起的处理方法一致。

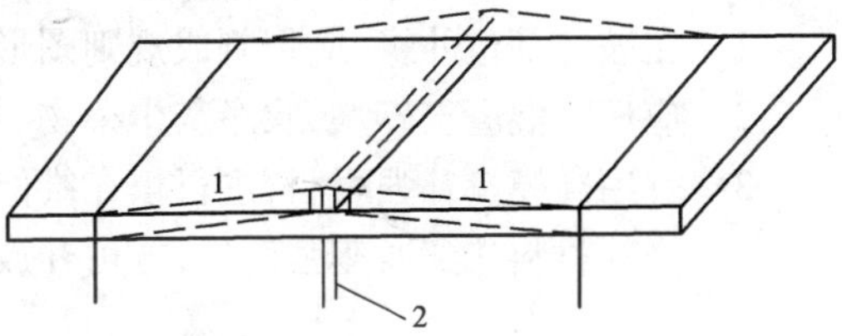

图 7.7.1　板体拱起修复
1-拱起板;2-切除部分

7.8　坑洞修补

7.8.1　坑洞修补应根据不同情况采取相应措施进行。

1　对个别的坑洞,应清除洞内杂物,用水泥砂浆等材料填充,达到平整密实。

2　对较多坑洞且连成一片的,应采取薄层修补方法进行修补。

1)切割面积的图形边线,应与路中心线平行或垂直。

2)切割的深度,应在 6cm 以上,并将切割面内的光滑面凿毛。

3)应清除槽内的混凝土碎屑。

4)混凝土拌合物填入槽内,振捣密实,并保持与原混凝土面板齐平。

5)宜喷洒养护剂养生。

6）待混凝土达到通车强度后，方可开放交通。

3　低等级公路对面积较大，深度在3cm以内，成片的坑洞，可用沥青混凝土进行修补。

1）用风镐凿除一个处治区，其图形边线应与路中心线平行或垂直。

2）凿除深度以2~3cm为宜，并清除混凝土碎屑。

3）铺筑沥青混凝土前，应将凿除的槽底面和槽壁洒黏层沥青，其用量为0.4~0.6kg/m^2。

4）沥青混凝土应碾压密实平整。

5）待沥青混凝土冷却后，控制车速通车。

7.9　接缝维修

7.9.1　接缝填缝料损坏维修，应符合下列规定：

1　接缝中的旧填缝料和杂物，应予清除，并将缝内灰尘吹净。

2　在胀缝修理时，应先将热沥青涂刷缝壁，再将接缝板压入缝内。对接缝板接头及接缝板与传力杆之间的间隙，必须用沥青或其他填缝料填实抹平。上部用嵌缝条的应及时嵌入嵌缝条。

3　用加热式填缝料修补时，必须将填缝料加热至灌入温度。宜用嵌缝机填灌，填缝料应与缝壁黏结良好和填灌饱满。在气温较低季节施工时，应先用喷灯将接缝预热。

4　用常温式填缝料修补时，除无须加热外其施工方法与加热式填缝料相同。

5　填缝料的技术要求与施工质量验收标准，应符合本规范附录A.2和水泥混凝土路面有关施工规范的规定：

7.9.2　纵向接缝张开维修，应符合下列规定。

1　当相邻车道面板横向位移，纵向接缝张开宽度在10mm以下时，宜采取聚氯乙烯胶泥、焦油类填缝料和橡胶沥青等加热施工式填缝料，其方法参照本章7.9.1条执行。

2　当相邻车道板横向位移，纵向接缝张口宽度在10mm以上时，宜采取聚氨酯类常温施工式填缝料进行维修。

1）维修前应清除缝内杂物和灰尘。

2）应按材料配比配制填缝料。

3）宜采用挤压枪注入填缝料。

4）填缝料固化后，方可开放交通。

3　当纵向接缝张口宽度在15mm以上时，采用沥青砂填缝。

7.9.3　接缝出现碎裂时，接缝维修应符合下列规定：

1　在破碎部位外缘，应切割成规则图形，其周围切割面应垂直于面板，底面宜为平面。

2　应清除混凝土碎块，吹净灰尘杂物，并保持干燥状态。

3　宜用高模量补强材料，进行填充维修，其材料技术性能应符合本规范附录A.1.2中规定。

4　修补材料达到通车强度后，方可开放交通。

7.10　表面起皮（剥落、露骨）处治

7.10.1　表面起皮（剥落、露骨）处治，应根据公路等级和表面破损程度，采取不同的材料和施工方法进行，对局部板块的表面起皮应进行罩面。

1　一般公路水泥混凝土板表面起皮（剥落、露骨）宜采用稀浆封层加以处治，其施工方法应参照本规范8.1.4条进行。

2　高速公路水泥混凝土板表面起皮（剥落、露骨），宜采用改性沥青稀浆封层或沥青混凝土加以处治，其施工方法应按8.1.4条和8.1.5条执行。

3　对于较大面积的水泥混凝土面板表面起皮（剥落、露骨）宜采取稀浆封层及沥青混凝土罩面措施，其施工方法应按第8章有关条款执行。

8 水泥混凝土路面改善

8.1 水泥混凝土路面表面功能恢复

8.1.1 一般规定

水泥混凝土路面整条路段出现较大面积的磨损、露骨,应采取铺设沥青磨耗层;对局部路段出现路面磨光,应采取机械刻槽的方法,以恢复水泥混凝土路面的表面平整度和摩擦系数。

8.1.2 对于水泥混凝路面板较大范围的磨损和露骨可铺设沥青磨耗层。

1 沥青磨耗层铺筑前应对混凝土面板进行修整和处理,应使水泥混凝土路面干燥清洁,不得有尘土、杂物或油污。

2 水泥混凝土路面表面应喷洒0.4~0.6kg/m^2 的黏层沥青,宜采用快裂型乳化沥青。

3 黏层沥青宜用沥青洒布车进行喷洒,在路缘石、雨水进水口、检查井等局部位置与沥青面层接触处用人工涂刷。

4 喷洒黏层沥青应符合下列要求:

1)黏层沥青应均匀洒布或涂刷,喷洒过量处应予刮除。

2)当气温低于10℃或路面潮湿时,不得喷洒黏层沥青。

3)喷洒黏层沥青后,除沥青混合料运输车辆外严禁其他车辆、行人通过。

4)黏层沥青洒布后,应立即铺筑沥青层,乳化沥青应待破乳后铺筑。

8.1.3 沥青磨耗层,采用沥青砂,厚度一般为1.0~1.5cm,其矿料级配及沥青用量见表8.1.3。

8.1.4 磨耗层采用稀浆封层时,宜采用的矿料级配及沥青用量范围见表8.1.4。

表8.1.3 沥青混合料级配及沥青用量范围(方孔筛)

砂粒式	通过下列筛孔(mm)的质量百分率(%)								沥青用量
	9.5	4.75	2.36	1.18	0.6	0.3	0.15	0.075	kg/m^2
	100	95~100	55~75	35~55	20~40	12~28	7~18	5~10	6.0~8.0

表8.1.4 乳化沥青稀浆封层矿料级配及沥青用量范围

筛孔 / 通过量	筛孔 (mm)		级配类型
	方孔	圆孔	ES-3
通过筛孔的质量百分率(%)	9.5	10	100
	4.75	5	70~90
	2.36	2.5	45~70
	1.18	1.2	28~50
	0.6	0.6	19~34
	0.3	0.3	12~25
	0.15	0.15	7~18
	0.076	0.075	5~15
沥青用量(油石比)(%)			6.5~12
平均厚度(mm)			4~6
混合料用量(kg/m^2)			>8

1　稀浆封层的施工温度不得低于10℃，路面应清洁。

2　稀浆封层机摊铺时应保持槽内有近半槽稀浆，摊铺过程中出现局部稀浆过厚，需用橡皮板刮平，稀浆过少应用铁锨取浆补齐，流出的乳液需用刮板刮平，摊铺终点接头处应平直整齐。

3　稀浆封层铺筑后到成型前应封闭交通。

4　开放交通初期应有专人指挥，控制车速不得超过20km/h，并不得制动或掉头。

8.1.5　采用改性沥青稀浆封层时，其施工程序与普通稀浆封层基本相同，但必须使用改性稀浆封层机，采用慢裂快凝型乳化沥青。

8.1.6　路面磨光时，可采用刻槽法进行处治。混凝土板刻槽宜采用自行式刻槽机，应在指定的线路上安置导向轨，并将导向轮扣在导向轨上，刻槽深度3～5mm，槽宽3～5mm，缝距为10～20mm。刻槽时宜由高向低逐步推进。

8.2　水泥混凝土加铺层

8.2.1　在旧水泥混凝土路面上加铺水泥混凝土面层之前应对旧混凝土路面进行处理。

1　对旧混凝土路面进行调查，分板块逐一编号，绘制病害平面图。

2　按设计要求对病害面板进行处理。

3　板底脱空可采用板下封堵的方法进行压浆处理，按本规范7.3规定执行。

4　板块破碎、角隅断裂，沉陷、掉边、缺角等病害板，必须用破碎机（液压镐）凿除。清除混凝土碎屑后，整平基层，并夯压密实，然后铺筑与旧板块等强度的水泥混凝土，其标高控制与旧板面齐平。

8.2.2　在旧混凝土顶面宜铺筑一层隔离层。

1　铺筑前应先清除旧面板表面杂物，冲刷尘污，使板面洁净无异物。

2　用清缝机清除水泥混凝土面板接缝杂物，用灌缝机灌入接缝材料。

3　在旧混凝土表面洒布粘层沥青。

1）在封闭交通施工的路段，施工路段长度一般不宜大于1000m；在半幅通车半幅施工路段，一般不宜大于300m。

2）黏层沥青采用热沥青或乳化沥青。沥青用量为0.4kg/m^2，使用乳化沥青，宜采用快裂洒布型乳化沥青PC-3、PA-3，乳液中沥青含量不少于50%，乳化沥青用量为0.6kg/m^2。洒布过量处，应予刮除。

3）严禁在已洒布或涂刷黏层沥青的面板上通行车辆和行人，并防止土石杂物等散落在沥青上面。

4　沥青混凝土隔离层

1）沥青混凝土厚度以1.5～2.5cm为宜。

2）摊铺宽度应超过加铺板边缘25cm，严禁出现空白区。

3）碾压机械宜采用轮胎压路机，自路边向路中心碾压，边压边找平，至沥青混凝土隔离层平整无轮迹为止。

5　土工布隔离层

1）在水泥混凝土路面上满铺土工布。

2）土工布纵横向搭接宽度为2cm。

3）在土工布搭接部分涂刷热沥青。

6　沥青油毡隔离层

1）在水泥混凝土路面上满铺沥青油毡。

2）沥青油毡纵横向搭接宽度为20cm。

3）在沥青油毡搭接部分涂刷热沥青。

8.2.3　水泥混凝土加铺层厚度应通过计算确定，且不小于18cm。

1　水泥混凝土加铺层半幅施工时模板应采用钢模板，中模以角钢为宜，必须支立稳固，其平面位置与高度应符合设计要求。

2　安装模板宜采取由边模固定中模的方法。边模由钢钎固定，中模每间隔1m用膨胀螺丝将模板外侧底部预先定位固定，中、边模之间采用横跨两模板的活动卡梁辅助固定。活动卡梁间距不大于2m，并随铺筑进度相应装拆推移。

3 混凝土配合比设计，混合料搅拌、运输、摊铺、振捣、整平、接缝设置、表面修整、养护、锯缝、填缝等工艺应符合公路水泥混凝土路面有关施工规范规定。

4 加铺层，新、旧混凝土面板应尽可能对缝，模板拆除时必须做好锯缝位置的标记。

8.2.4 钢纤维混凝土加铺层适用于路面标高受到限制的路段。

1 钢纤维混凝土路面板厚应通过结构设计确定，也可取普通混凝土路面板厚度的0.65倍，一般不小于12cm。

2 集料的粒径不大于15mm，钢纤维规格应符合《公路水泥混凝土路面设计规范》(JTJ 012)的规定。

3 钢纤维体积率为1.2%。钢纤维混凝土拌和物的配合比，混合料搅拌、摊铺、振捣、整平、养护等，均应符合公路水泥混凝土路面有关施工规范的规定。

4 纵、横缝应与旧混凝土面板一致，拆模时必须做好锯缝标记。

8.2.5 连续配筋混凝土加铺层适用于高速公路。

1 纵向、横向钢筋应采用螺纹钢筋。纵向钢筋配筋率按式(8.2.5)计算确定，一般控制在0.5%～0.7%范围内。横向钢筋用量可取纵向钢筋用量的1/5～1/8。

$$\beta=\frac{E_c f_{cm}}{2E_c f_{sy}-E_s f_{cm}}(1.3-0.2\mu)\times100 \qquad (8.2.5)$$

式中：β——纵向钢筋配筋率，%；

f_{cm}——钢筋混凝土设计弯拉强度，MPa；

f_{sy}——钢筋屈服强度，MPa；

μ——面板与基层之间的摩阻系数，一般取1.5；

E_c——混凝土弯拉弹性模量，MPa；

E_s——钢筋弹性模量，MPa。

2 钢筋布置应符合下列要求：

1)纵向钢筋间距不小于10cm，不大于25cm。

2)横向钢筋间距不大于80cm。

3)纵向钢筋焊接长度不小于50cm或钢筋直径的30倍，焊接位置相互错开，不应在一个断面上重叠。

4)纵向钢筋应设在面板厚度的1/2处，横向钢筋位于纵向钢筋之下，横向钢筋下设梯形混凝土支撑垫块。

5)边缘钢筋至板边的距离一般为10～15cm。

3 端部处理

在与其他路面或桥梁、涵洞等构造物连接处，必须进行端部处理。可根据实际情况连续设置三道胀缝或三道矩形锚固梁。

4 接缝设置

1)纵缝不另设拉杆，由一侧板的横向钢筋延伸，并穿过纵缝代替拉杆。

2)施工缝可采用平缝，纵向钢筋应保持连续，穿过接缝。

8.2.6 钢筋混凝土加铺层适用于一般路段。

1 钢筋混凝土板厚按普通混凝土板规定进行设计。

2 纵、横向钢筋宜采用相同的直径。钢筋的最大间距和最小直径按表8.2.6确定。

表8.2.6 钢筋最小直径和最大间距

钢筋类型	光面钢筋	螺纹钢筋
最小直径(mm)	8	12
纵向最大间距(cm)	15	35
横向最大间距(cm)	30	75

3　钢筋的搭接长度宜大于直径的25倍，钢筋应设在板面下1/3～1/2板厚范围内，外侧钢筋中心距接缝或自由边的距离为10～15m，钢筋保护层的最小厚度不小于5cm。

4　横向缩缝间距宜为10m，并应设传力杆。纵缝、胀缝和施工缝的设置与普通混凝土路面相同。

8.2.7　直接式加铺层施工须清除旧面板表面积物，冲刷尘污，使板面洁净无异物。直接式加铺层厚度应通过计算确定且不小于14cm。

1　采用直接式加铺层的路段，其板面应基本完好、平整。旧混凝土面板局部裂缝处应采用钢筋网片补强，钢筋网片覆盖于裂缝之上，超过裂缝不小于50cm，网片距板底面5cm。

2　水泥混凝土路面施工，按照公路水泥混凝土路面有关施工规范规定执行。

8.3　沥青混凝土加铺层

8.3.1　沥青混凝土加铺层要求旧混凝土路面稳定、清洁，对面板损坏部分必须维修，旧水泥混凝土路面的处理应符合本规范8.2.1的规定。

8.3.2　反射裂缝的防治可采用土工格栅、油毡、土工布、切缝填封橡胶沥青或做二灰碎石、水泥稳定粒料层。

1　采用土工格栅施工，应符合下列规定：

1）先在混凝土面板上洒黏层沥青，沥青用量为0.4～0.6kg/m^2；

2）用1～2cm沥青砂调平旧混凝土路面；

3）宜采用玻璃纤维格栅压入沥青调平层；

4）采用膨胀螺丝加垫片固定格栅端部；

5）格栅纵、横向的搭接部分不小于20cm；

6）格栅中部在混凝土面板纵、横缝位置及两外侧边缘用铁钉加垫片固定。

2　采用聚酯改性沥青油毡施工，应符合下列规定：

1）将油毡切割成50cm宽的长条带；

2）用压缩空气清除表面杂物；

3）将油毡铺放在接缝处，缝两侧各25cm；

4）用汽油喷灯烘烤油毡；

5）当油毡处于熔融状态后压实；

6）用一层沥青砂覆盖油毡表面。

3　采用土工布施工，应符合下列规定：

1）凿平板块错台部位；

2）喷洒黏层沥青，沥青用量为0.4～0.6kg/m^2；

3）一端固定土工布，然后拉紧、铺平粘贴土工布。

4　在沥青路面上对应水泥混凝土横向接缝处切缝，灌接缝材料。

1）按旧水泥混凝土路面平面图，确定水泥混凝土板的接缝位置；

2）在沥青面层已定位的接缝上方，锯深1.5cm、宽0.5cm的缝；

3）用压缩空气将锯缝清理干净，并保持干燥；

4）灌填橡胶沥青。

5　做二灰碎石、水泥稳定碎石上基层：

基层厚度不小于15cm，基层施工按《公路路面基层施工技术规范》（JTJ 034）执行。

8.3.3　沥青混凝土面层结构厚度应满足沥青混凝土最小结构厚度，沥青路面厚度一般不低于7cm。沥青混凝土路面施工，应符合《公路沥青路面施工技术规范》（JTJ 032）有关规定。

8.4　水泥混凝土路面加宽

8.4.1　土基拓宽时应先将原边坡坡脚或边沟清淤。

1 必须铲除边坡杂草、树根和浮土，并按《公路路面基层施工技术规范》(JTJ 034)规定处理。

2 应分层填筑压实土基。

3 必须处理好新旧路基的衔接，在新老路基交界处，路基与基层界面上铺设一层土工格栅。

4 在做路基加宽时，应同时做好路基排水系统。

8.4.2 路面基层拓宽时，新加宽的基层强度不得低于原有水泥混凝土路面的基层强度，宜采用相错搭接法(见图8.4.2)。

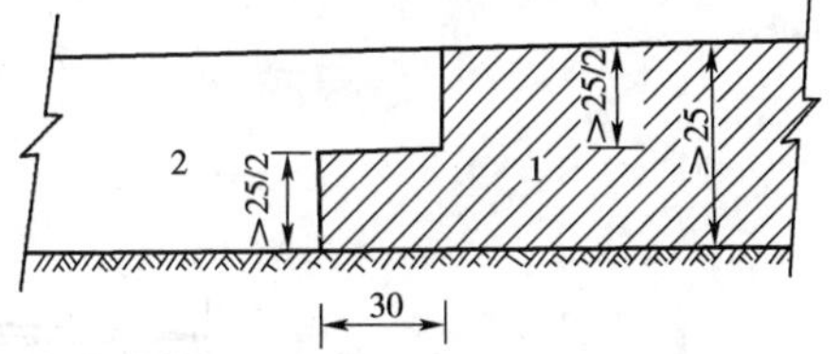

图8.4.2 相错搭接法(单位:cm)

1-原有基层;2-新铺加宽基层

8.4.3 混凝土路面加宽应符合下列要求：

1 双侧加宽。如原路基较宽，路面加宽后路肩宽度大于75cm时，可以直接加宽；如路基较窄不具备加宽路面条件的路段，应先加宽路基。如果施工机械和操作方法能保证路基加宽部分达到规定密实度，即可加宽路面，否则应待路基压实稳定后，再加宽路面。宜采用两侧相等加宽的方式，见图8.4.3-1。$a-a'<1$m时不调整路拱，$a-a'>1$m时调整路拱，两侧不等宽的加宽方式，见图8.4.3-2、图8.4.3-3。

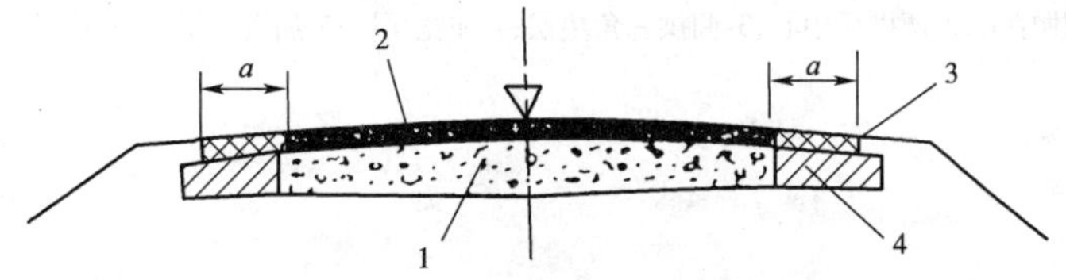

图8.4.3-1 两侧相等加宽路面

1-原基层;2-原路面;3-加宽路面;4-加宽基层

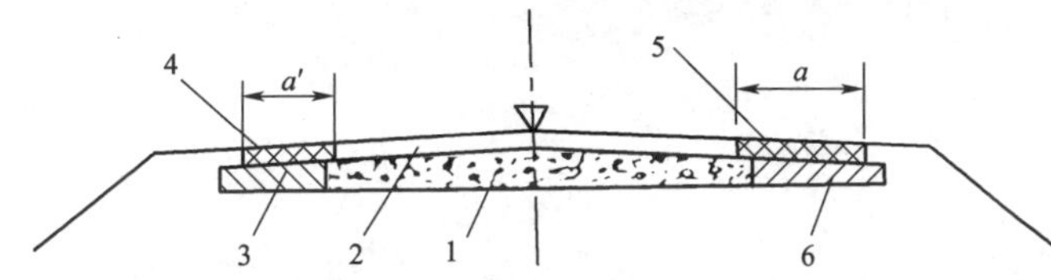

图8.4.3-2 两侧不相等加宽路面[$(a-a')<1$m时不调整路拱]

1-原基层;2-原路面;3-加宽基层较窄;4-加宽面层较窄;5-加宽面层较宽;6-加宽基层较宽

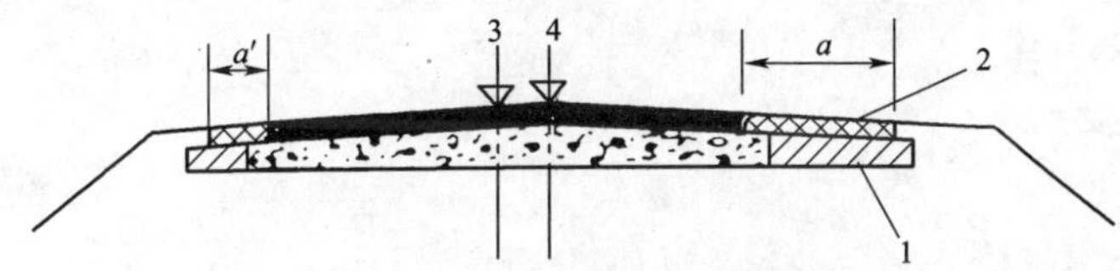

图8.4.3-3 两侧不相等加宽路面

[$(a-a')>1$m时必须调整路拱]

1-加宽基层;2-加宽面层;3-原路拱中心;4-新铺路拱中心

2 单侧加宽：由于受线形和地形的限制必须采用单侧加宽时，可采用图8.4.3-4的加宽图示。

3 在平曲线处，均应按《公路工程技术标准》(JTJ 001)规定设置超高、加宽，原来漏设的，也应结合加宽补设。

4 加宽的混凝土面板的强度、厚度、路拱、横缝均宜与原混凝土面板相同。板块长宽比应为1.3～1.2。路面板加宽应增设拉杆，拉杆设置参照《公路水泥混凝土路面设计规范》(JTJ 012)执行。

5 路面板加宽应按下列方法增设拉杆：

1)在面板外侧每间隔60cm，在1/2板厚处打一深30cm，直径18mm的水平孔；

2)清除孔内混凝土碎屑；

3)向孔内压入高强砂浆；

4)插入ϕ14mm长60cm的螺纹钢筋。

6 水泥混凝土路面的施工，应符合公路水泥混凝土路面有关施工规范规定。

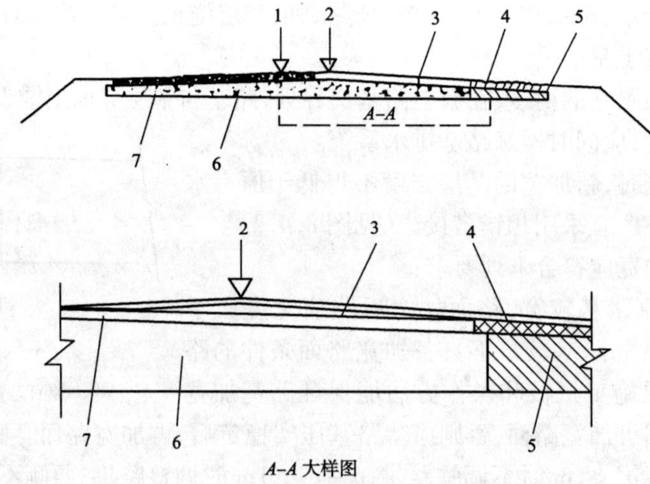

图 8.4.3-4

1-旧路拱中心;2-调拱后中心;3-调拱三角垫层;4-加宽面层;5-加宽基层;6-旧基层;7-旧面层

9　水泥混凝土路面修复

9.1　整块面板翻修

9.1.1　旧板凿除应注意对相邻板块的影响，尽可能保留原有拉杆。宜用液压镐凿除破碎混凝土板，应及时清运混凝土碎块。

9.1.2　基层损坏部分应予清除，并将基层整平、压实。

1　个别板块基层宜用C15贫混凝土将路面基层补强，其补强混凝土顶面标高应与旧路面基层顶面标高相同。

2　宜在混凝土路面板接缝处的基层上涂刷一道宽20cm沥青带。

9.1.3　在进行路面板翻修时在路面排水不良地带，路面板边缘及路肩应设置路基纵、横向排水系统。

1　单一边板块翻修时应在路面板接缝处设置横向盲沟。

2　较长路段翻修时宜设纵横向盲沟，并应在纵坡底部设置横向盲沟。

9.1.4　混凝土配合比及所选用的材料，应根据路面通车时间的要求选用快速修补材料。

1　混凝土拌和机宜设置在施工现场附近。

2　可采用翻斗车运送混合料，人工摊铺，宜用插入式振捣器振捣，振动梁刮平提浆，人工抹平，按原路面纹理对混凝土表面进行处理。

3　宜采用养护剂进行养护。

4　相邻板块的接缝宜用切缝机切至1/4板块深度。

5　清除缝内杂质，灌接缝材料。

9.2　部分路段修复

9.2.1　旧水泥混凝土板破碎，宜采用配备液压镐的混凝土破碎机，液压镐落点间距为40cm。

1　应及时清除混凝土碎块。

2　整平基层，采用压路机压实。压路机上下路床应设置三角导木。

9.2.2　基层强度不足时，可采用水稳性较好的材料进行处理。

9.2.3　应结合路面维修，设置纵、横向排水系统。排水系统设置应按本规范7.4.3规定执行。

9.2.4　混凝土施工前应在路面基层上做沥青下封层，沥青用量为1.0kg/m^2。

9.2.5　新老水泥混凝土板交接处应设传力杆。

1　在新旧路面板交界处，在旧面板1/2板厚处，每隔30cm钻一直径为28mm，深22.5cm的水平孔。

2　用压缩空气清除孔内混凝土碎屑。

3　向孔内灌入高强砂浆。

4　在旧混凝土板侧向涂刷沥青，将ϕ25mm，长45cm的光圆钢筋，插入老混凝土面板中。

5　对损坏的拉杆要修复，可在原拉杆位置附近，打直径为18mm，深35cm拉杆孔，用压缩空气清孔，灌高强砂浆，将ϕ14mm长70cm的螺纹钢筋插入老混凝土面板中35cm。

9.2.6　水泥混凝土路面的材料要求、施工工艺应按照公路水泥混凝土路面有关施工规范执行。

9.2.7　水泥在混凝土板块接缝处，用切缝机切1/4板厚深的缝。

9.3 旧水泥混凝土路面再生利用

9.3.1 对水泥混凝土板的大面积破坏,可对旧混凝土进行再生利用。混凝土再生利用主要用做水泥混凝土面层粗集料、基层集料和碎块底基层。

9.3.2 旧水泥混凝土板块强度达到石料二级标准时,可作为再生混凝土集料使用。

9.3.3 旧水泥混凝土板再生利用时,应符合下列要求:

1 在旧水泥混凝土板破碎前,应标明涵洞、地下管道、排水管位置。在有沥青罩面层处应先用铣刨机清除沥青层。在地下构造物、涵洞、地下管道位置,以及破碎板与保留板连接处的第一块旧混凝土板,应用液压镐破碎。全幅路面板破碎可用落锤式破碎机进行施工。

2 将旧水泥混凝土碎块装运到料场进行加工。在旧混凝土板破碎、装运、输送的过程中应将钢筋剔除。旧混凝土集料的最大粒径应为40mm,小于20mm的粒料不再作为集料。

3 做水泥混凝土配合比设计时,粒径小于20mm的集料宜采用新的碎石。掺加减水剂和二级干粉煤灰。回收集料、新集料、水泥、粉煤灰最终级配要求应满足表9.3.3-1和表9.3.3-2的要求。

表 9.3.3-1 粗集料级配要求

筛孔尺寸(mm)	40	20	10	5
累计筛余(%)	0~5	30~65	70~90	95~100

表 9.3.3-2 细集料级配要求

筛孔尺寸(mm)	5	2.5	1.25	0.63	0.315	0.16
累计筛余(%)	0	0~20	15~50	40~75	70~90	90~100

9.3.4 旧水泥混凝土板块强度达到三级标准可作为基层集料。

1 宜采用石灰、粉煤灰结旧混凝土集料基层。

2 混凝土基层集料含量宜为80%~85%。

3 石灰、粉煤灰比例宜为1:4。

9.3.5 水泥混凝土路面破损状况属差级时,应将混凝土板破碎作为底基层使用。

1 在水泥混凝土路面两侧挖纵横向排水沟,排除积水。

2 旧水泥混凝土板破碎按本规范9.3.3条第1款执行。落锤落点间距为30cm,宜交错布置,混凝土板碎块最大尺寸不超过30cm。

3 用灌浆设备将M5水泥砂浆灌入板块缝内。

4 用25t振动压路机进行振碾,碾压速度为2.5km/h,往返碾压6次。要求基层稳定,灌浆饱满。

5 对软弱松动碎块应予清除,并用C15贫混凝土填补。

10　水泥混凝土预制块路面养护与维修

10.1　水泥混凝土预制块路面常见病害

10.1.1　预制块路面的破损大多发生在春季和雨季，应加强巡回检查。对出现的各种病害，应及时进行保养、修复和改善。

10.1.2　预制块路面通常发生下列病害：

1　填缝料散失、损坏。

2　个别预制块松动、破碎、错台、缺损、沉陷、隆起。

3　路边部分砌块歪倒、横移和缝宽增大。

10.2　水泥混凝土预制块路面日常养护

10.2.1　预制块路面的日常养护工作，主要是清除路面上的尘土、污泥和杂物，排除积水，保持路面清洁。

10.2.2　预制块路面日常养护标准，应符合表10.2.2规定。

表10.2.2　水泥混凝土预制块路面养护质量标准

项　　目	允 许 值	说　　明
平整度(mm)	10	用三米直尺量测
相邻块顶面高度差(mm)	5	用钢尺量测，取大值
最大缝宽(mm)	10	用楔形塞尺量测，取大值
横坡度(%)	±0.5	水准仪测量
破损率(‰)	≤10	量测每1000m^2中破损块的面积

10.2.3　预制块路面的缝隙应经常检查并及时添补嵌缝料。

1　预制块与预制块之间用水泥砂浆作填缝的，如填缝发生破碎，应及时剔除杂物，然后用快硬早强砂浆重新灌缝。灌缝路段应半幅施工，并做好交通疏导工作，待砂浆达到设计强度后再开放交通。

2　预制块与预制块之间用砂填缝的，由于行车作用，砂易被吸出，应及时添补，使预制块间的缝隙经常充满填缝料，防止砌块松动。

10.2.4　个别预制块如有破碎，应按原材料和原尺寸补换。

10.3　水泥混凝土预制块路面局部损坏维修

10.3.1　个别预制块发生错台、沉陷，应把这一部分砌块取出，整平夯实垫层，将预制块铺放在垫层上，且高出原砌块标高0.5cm，撒填缝料，并加以压实，使新铺的预制块下沉到与周围的预制块路面高度一致。

10.3.2　对较大面积的沉陷或错台，应先清除污泥，处理路基，修整垫层，然后把挖出的预制块铺放在垫层上，补块应高出原路面砌块0.5cm，作为预留沉降。

10.3.3　路面边缘损坏，应先修理好边部预制块和整理好路肩，并从路肩开始向边部预制块逐步压实。如预制块损坏范围较大，需要大面积整修或重新铺砌时，应注意整平压实处理基层，撒铺石屑、砂砾或粗砂，预垫层层厚为1cm，其撒铺范围应覆盖修补面积以外20cm，然后进行修理，并在修理后2～3周内,经常在缝隙处扫灌填缝料,保持缝隙内的填料密实、饱满。

10.4 水泥混凝土预制块路面翻修

10.4.1 预制块路面必须翻修时,应对路基土、路面结构、排水、地下水以及交通量等进行详细调查,根据损坏原因,采取相应措施。

10.4.2 挖出的预制块,尚可利用的与不能利用的应分开堆放,不得混杂。

10.4.3 清除损坏的垫层,进行更换并补足应有的厚度。

1 砂垫层厚度以3cm为宜,砂的含泥量不应大于3%,粒径大于5mm的颗粒含量不应大于10%。

2 砂垫层摊铺时,应根据砂的含水率、铺砌方式确定砂的松铺厚度。摊铺后把砂刮平,其高程应符合设计要求。所有摊铺及刮平工作人员,均不得站在砂垫层上操作。

10.4.4 预制块铺砌时混凝土预制块路面两侧应预先设置坚固的边缘约束。边缘约束可采用路缘石侧石,其外侧必须用混凝土基座或背衬固定。

1 预制块应按设计形式铺好第一排砌块,随后的铺砌应与第一排砌块稳固,紧密相靠,砌块间的缝隙宜为2~3mm。

2 镶嵌约束边缘与砌块间的空隙,应按设计将特制的块料或根据空隙的尺寸,将预制块切割成所需的形状,填砌在砌块与边缘约束带之间。不应采用小而薄的砌割块填塞。

3 边缘内孔隙镶嵌完毕,应采用平板振动器振压预制混凝土块表面。振动板的面积宜为0.35~$0.5m^2$;振动频率以75~100Hz为宜。初振时振动器应避开现支撑的边缘和端部。振压后应在铺砌块面上撒砂,用砂填充缝隙,并继续振动2~3遍,即可开放交通。

附录A　水泥混凝土路面修补材料

A.1　裂缝修补材料

A.1.1　裂缝修补材料根据其功能可分为补强材料和密封材料。当水泥混凝土路面由于裂缝造成了强度不足时,应选用补强材料。当水泥混凝土路面仅出现贯穿裂缝,而板面强度仍能满足使用要求时,应选用密封修补材料,将裂缝封闭。

A.1.2　用于水泥混凝土路面裂缝修补的高模量补强材料宜选用经过改性的环氧树脂类材料或经乳化反应过的环氧树脂乳液,其主要技术要求应符合表A.1.2中的规定。

表A.1.2　补强材料技术要求

性　　能	技术要求	性　　能	技术要求
灌入稠度(s)	<20	黏结强度(MPa)	≥3
拉伸强度(MPa)	≥5	断裂伸长率(%)	2~5

1　灌入稠度试验方法可按《公路水泥混凝土路面接缝材料》(JT/T 203)的方法进行。

2　拉伸强度及断裂伸长率试验方法:

1)试样

试样尺寸见图A.1.2-1,每组试样不少于5个。

2)试验标准条件

试验环境温度20℃ ±5℃,相对湿度65% ±5%。

试验设备:

试验机测量范围为0~1000N,分度值为2N,示值精度为±1%,试验机上夹具的移动速度为80~500mm/min。

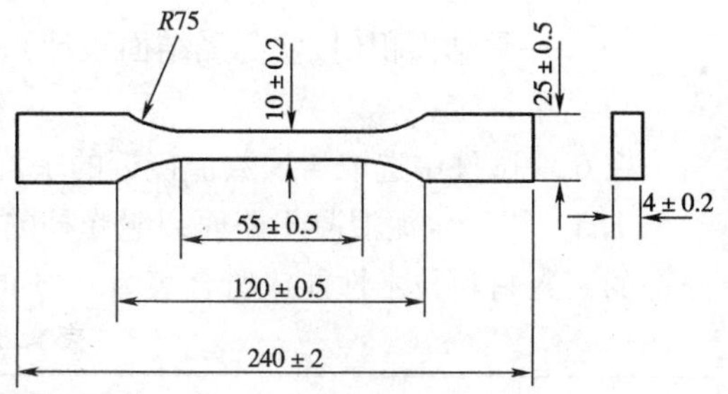

图A.1.2-1　拉伸试样图(单位:mm)

3)试验程序

将按工艺要求配好的胶液直接浇入试样模内,固化后加工成标准试样。试样表面应平整、光滑,无气泡、裂纹、明显杂质和加工损伤等缺陷。在试验室标准条件下,放置4h。将合格试样编号,测量试样工作段中部和离标线为5mm之内处各任取一点的宽度和厚度,准确到0.05mm,取算术平均值。夹持试样,使试样的中心轴线与上、下夹具的对准中心线一致,安上防护罩,按规定速度(250mm/min ±50mm/min)均匀、连续加载,直到破坏,读取试样断裂时的荷载,同时量取试样断裂瞬间标距线间的长度L_1。若试样断裂在标距外,则该试样作废,另取试样补做。

4)结果计算

试样的拉伸强度按式(A.1.2-1)计算,精确到0.1MPa。

$$\sigma_t = \frac{P}{Bd} \tag{A.1.2-1}$$

式中:σ_t——试样拉伸强度,MPa;

P——试样断裂时的荷载,N;

B——试样标距段的宽度,mm;

d——试样标距段的厚度,mm。

试样的断裂伸长率按式(A.1.2-2)计算:

$$\varepsilon_t = \frac{L_1 - L}{L} \times 100 \quad (A.1.2\text{-}2)$$

式中：ε_t——试样的断裂伸长率，%；

L——试样标距线间初始有效长度，mm；

L_1——试样断裂瞬间标距线间的长度，mm。

分别计算并报告5个试样纵向和横向的算术平均值，精确到1%。

3 黏结强度试验方法

1）仪器及材料

抗张仪：单杠杆；

抗拉试验砂浆块。

2）试件制备

用42.5号或52.5号硅酸盐水泥和中砂按质量1∶2的比例混合，水和灰按质量0.4∶1的比例制成砂浆。将厚约15mm的金属隔板垂直放入砂浆模中间，然后注入砂浆，脱模后，去掉金属隔板成为两个相等的砂浆块（如图A.1.2-2）。在水中养护7d后，自然风干备用。

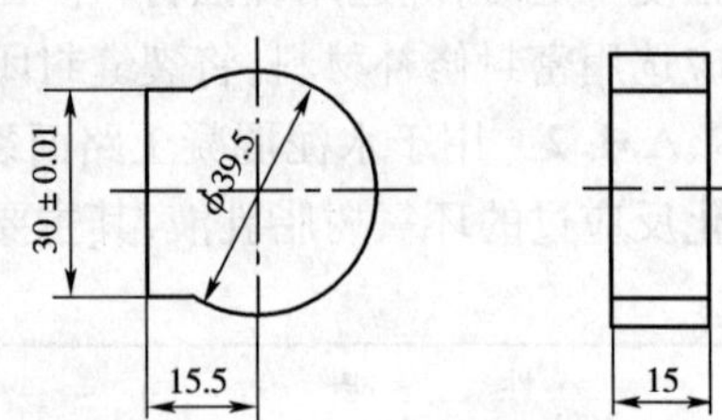

图A.1.2-2 黏结试样图（单位：mm）

取两个砂浆块清除浮砂，在横断面上涂刷0.5～1mm的补强材料使其全部黏结，在40±2℃下干燥24h备用，每组试件6块。

取已充分干燥的试件在20±1℃条件下放置1h，然后于抗张仪上拉断。记录破坏时读数。

3）结果计算

每个黏结强度的数值按式（A.1.2-3）计算：

$$F = \frac{P}{S} \quad (A.1.2\text{-}3)$$

式中：F——黏结强度MPa；

P——拉力读数，N；

S——黏结面积（按实际黏结面积计），mm^2。

4）结果评定

在6块试件中选取4块数值接近的平均值作为黏结强度的试验结果。

A.1.3 用于水泥混凝土路面裂缝修补的密封材料宜选用聚氨酯类灌浆材料。用于水泥混凝土路面修补的密封材料技术性能应符合表A.1.3的规定。

表A.1.3 密封材料技术要求

性　能	技术要求	性　能	技术要求
灌入稠度（s）	<20	黏结强度（MPa）	≥4
拉伸强度（MPa）	≥4	断裂伸长率（%）	≥50

密封材料技术性能测试方法与补强材料技术性能测试方法相同。

A.2 接缝材料

A.2.1 用于水泥混凝土路面修补的接缝材料，应符合《公路水泥混凝土路面接缝材料》（JT/T 203）规定。水泥混凝土路面修补用接缝材料的性能测试方法可按《公路水泥混凝土路面接缝材料》（JT/T 203）推荐的方法进行。

A.2.2 用于水泥混凝土路面接缝修补的接缝板应具有一定的压缩性及弹性，当混凝土板高温膨胀时不被挤出；当混凝土板低温收缩时，能与混凝土板缝壁联结，不被拉断，不产生缝隙；耐久性好，复原率高，在混凝土路面施工时不变形，且具有较高的耐腐蚀性。

1 接缝板的品种主要有杉木板、泡沫橡胶板、泡沫树脂板和纤维板。其技术要求应符合表A.2.2

的规定。

表 A.2.2 接缝板的技术要求

试验项目	接缝板种类			备注
	木类	泡沫类	纤维类	
压缩应力(MPa)	5.0~20.0	0.2~0.6	2.0~10.0	
复原率(%)	>55	>90	>65	吸水后不应小于不吸水的90%
挤出量(mm)	<5.5	<5.0	<4.0	
弯曲荷载(N)	100~400	0~50	5~40	

2 接缝板的厚度误差范围不应大于±5%,长度与宽度误差范围不应大于±2%。

3 木类板应挖除板上的树节,并用原质木材修补。该类材料不宜在高等级公路上使用。

A.2.3 填缝料一般分为加热施工式填缝料和常温施工式填缝料。

1 用于水泥混凝土路面修补的填缝料应具备如下技术性能:

(1)与水泥混凝土板缝壁具有较好的黏结力。当混凝土板伸缩时,填缝料能与混凝土板缝壁黏结牢固,而不致从混凝土缝壁上拉脱。

(2)具有较高的拉伸率,填缝料必须能随混凝土板伸缩,而不致被拉断。

(3)耐热及耐嵌入性好,在夏季高温时,填缝料不发生流淌。填缝料应耐砂石杂物嵌入,保证混凝土板伸胀不受阻。

(4)具有较好的低温塑性。在冬季低温时,填缝料不发生脆裂,仍具有一定的延伸性。

(5)耐久性好。填缝料应能在较长时间保持良好的使用性能,即耐磨、耐水等,不过早老化。填缝料寿命不得低于3年。

2 加热施工式填缝料

加热施工式填缝料的品种主要有聚氯乙烯胶泥、沥青橡胶类和沥青玛蹄脂等,其技术要求应符合表A.2.3-1的规定。

表 A.2.3-1 加热施工式填缝料的技术要求

试验项目	低弹性型	高弹性型
针入度(0.1mm)	<50	<90
弹性(复原率)(%)	>30	>60
流动度(mm)	<5	<2
拉伸量(mm)	>5	>15

3 常温施工式填缝料

常温施工式填缝料的品种主要有聚氨酯焦油类、氯丁橡胶类、乳化沥青橡胶类等。其技术要求应符合表A.2.3-2的规定。

常温施工式填缝料的技术要求 表 A.2.3-2

试验项目	技术要求	试验项目	技术要求
灌入稠度(s)	<20	流动度(mm)	0
失黏时间(h)	6~24	拉伸量(mm)	>15
弹性(复原率)(%)	>75		

A.3 板块修补材料

A.3.1 用于水泥混凝土路面板块修补的材料,应达到下列技术要求:

1 快硬高早强。用于板块修补的混凝土材料应在24h内达到原板块设计强度的70%以上,48h内达到原板块设计强度。

2 收缩小。混凝土 7d 内无收缩,28d 的收缩率 <0.02%。

3 新旧混凝土黏结好。新旧混凝土结合处的剪切强度应达到混凝土整体剪切强度的55%。

4 后期性能稳定。修补用混凝土的后期强度发展规律应与普通混凝土相一致。

5 耐磨性高,耐久性好。修补后的混凝土耐磨性必须达到原有未损坏的旧混凝土耐磨性,且应具有抗冻、耐腐蚀、抗渗等耐久性能。

6 施工和易性好。修补用混凝土初凝时间宜大于2h。

7 修补后的混凝土表面颜色应与旧混凝土基本一致。

水泥混凝土板块修补宜采用性能稳定的早强混凝土、聚合物乳液细粒式混凝土、钢纤维水泥混凝土。

A.3.2 早强混凝土原材料组成:

1 水泥。宜选用52.5号普通硅酸盐水泥或52.5号硅酸盐水泥,如因条件限制,也可采用强度富余系数大于1.10的42.5号普通硅酸盐水泥,不宜采用矿渣水泥、粉煤灰水泥、火山灰水泥及后期性能不稳定的硫铝酸盐水泥,禁止使用高铝水泥及其他不适合于水泥混凝土路面修补的水泥。

2 细集料。宜选用细度模数为2.5~3.0的河砂,砂子含泥量应小于1%。禁止使用海砂或特细河砂。

3 粗集料。宜选用质地坚硬、级配较好的石灰石。全厚度修补,石子最大粒径宜选用40mm以内;半厚度修补,石子最大粒径宜控制在30mm以内。石子的含泥量应小于0.5%。

4 外掺料。宜选用高早强、收缩小、耐久性好的混凝土快速修补剂。对于水泥混凝土路面修补,一般不宜用引气型混凝土减水剂。

5 水。宜选用干净的河水或饮用水,不得使用污水或海水。

6 混凝土配合比。应经过试验室试配后确定,混凝土混合料坍落度宜控制在1cm以内。

A.3.3 聚合物乳液细粒式混凝土可用高分子聚合物乳液和碎石混凝土配制成。对于具有高早强要求的聚合物乳液细粒式混凝土可掺入适量的早强剂。适合于配制聚合物乳液细粒式混凝土的高分子聚合物乳液有环氧树脂乳液、丙烯酸酯乳液、苯丙乳液等,掺量宜为10%~15%(占细粒式混凝土用水泥重量百分率)。

混凝土坍落度以0.5~1.5cm为宜。

A.3.4 钢纤维水泥混凝土材料及配合比要求:

1 用于钢纤维水泥混凝土中的钢纤维必须洁净、无锈、无油污、无毒,并不含其他杂质和碎屑。纤维极限抗拉强度应大于500MPa,长径比以50~80为宜。

2 钢纤维水泥混凝土纤维体积率以1%~1.5%为宜,含砂率以45%~50%为宜,水灰比宜控制在0.50以内。为降低混凝土水灰比,改善其和易性,宜在混凝土中掺适量的高效减水剂。

A.4 板下封堵灌浆材料

A.4.1 板底脱空灌浆材料,宜选择流动性高,具有一定微膨胀能力的水泥砂浆或水泥浆。主要技术性能应达到如下要求:

1 具有自流淌密实性。

2 早期具有一定微膨胀性能,砂浆14d水养护膨胀率大于0.02%。

3 凝结时间适中,初凝时间不早于2h,终凝时间不超过3.5h。

4 早强高,12h抗压强度应达到3.5MPa。

板下封堵灌浆材料一般宜采用水泥砂浆,也可采用水泥浆。

A.4.2 板下封堵用水泥砂浆由水泥、砂、外掺剂和水混拌而成。

板下封堵用水泥砂浆的原材料:

1 水泥宜选用42.5号或52.5号普通硅酸盐水泥,水泥各项性能符合《硅酸盐水泥、普通硅酸盐水泥》(GB 175—1999)规定。

2　砂宜选用粒径小于3mm的优质河砂,砂的含泥量应小于2%。

3　外掺剂宜选用具有减水、早强、微膨功能的混凝土快速修补剂。

4　水宜选用洁净的河水或饮用水。

在有条件的地方,也可选用部分II级粉煤灰超量取代水泥。

A.4.3　板下封堵用水泥浆由水泥、粉煤灰、外掺剂、水混拌而成。

板下封堵用水泥浆的原材料。

1　水泥宜选用42.5号或52.5号普通硅酸盐水泥,水泥各项性能指标符合《硅酸盐水泥、普通硅酸盐水泥》(GB 175—1999)规定。

2　粉煤灰宜选用II级粉煤灰,其技术指标见表A.4.3。

表A.4.3　II级粉煤灰技术性能

细度(0.080mm方孔筛的筛余)(%)	≤8
烧失量(%)	≤8
需水量比(%)	≤105
三氧化硫(%)	≤3
含水率(%)	≤1

3　外掺剂宜选用具有减水、早强、微膨功能的混凝土快速修补剂。

4　水宜选用洁净的河水或饮用水。

附录B　水泥混凝土路面养护维修机具

B.1　养护机具

表 B.1　养护维修机具

项目	机械设备名称	规　格	备　注
日常养护机具	清扫机	清扫宽度 2 ~ 3m	配备洒水装置
	洒水机	500L	
	清缝机	清缝宽 3 ~ 20mm 清缝深 0 ~ 150mm	
	多功能养护机	功率 26kW	可换装挖掘、挖坑、挖沟等养护作业常用的十多种装置
	除雪机	除雪宽度 2.2m	
	路面划线机	线宽 80 ~ 300mm	手推或自行式
	洒盐机		冬天除雪用
	嵌缝机	嵌缝宽 3 ~ 20mm 嵌缝深 0 ~ 150mm	
面板修补机具	路面破碎机械		液压或气压破碎装置
	拌和机	强制式，出料容量 250 ~ 350L	
	机动翻斗车	容积 0.4 ~ 1.2m^3	
	自卸汽车	容积 2.4m^3	
	手推车	容积 0.16 ~ 0.18m^3	
	平板振动器	功率 1.1 ~ 2.2kW	
	插入振捣器	功率 1.1 ~ 2.2kW	高频振捣器
	振动梁	功率 1.1kW	
	表面抹光机	抹盘直径 800mm	
	压纹器		手扶式
	切缝机	功率 4 ~ 5.5kW 刀片直径 60 ~ 80mm	
板下封堵机具	砂浆搅拌机	最小转速 800r/min 最大转速 2000r/min	
	喷射压力泵	压力 1.75MPa 泵送能力 5.7L/min	也可选择由喷射泵、胶体搅拌机及砂浆回流系统组成的多功能板下封堵机
	水箱		容量视浆体需要确定
	钻孔设备	孔径 3 ~ 5cm	旋转钻、风钻
旧混凝土再生	路面破碎机械		落锤式
	轧石机		可选用颚式或反击式轧碎机
	振动压路机	重量 >15t	

B.2 主要养护机具性能

B.2.1 灌浆机具包括扩缝设备,清缝设备和灌浆器具。

1 扩缝宜采用冲击电锤,电锤功率宜大于500W。

2 清缝设备采用压缩空气吹除缝中杂物,空气压缩机规格压力为0.55MPa时最小能力达118 L/s。

3 灌浆可采用烧杯或带有尖嘴的量器。

B.2.2 接缝修补机具包括清缝机具、灌缝机具。

1 清缝机具的主要技术性能应满足下列要求:

功率 ≥5.0kW

清缝宽 3~20mm

清缝深 0~150mm

行驶速度 ≤18km/h

2 加热施工式填缝料的灌缝机具的主要技术性能应满足下列要求:

功率 ≥7.0kW

材料加热功率 ≥6.3kW

缝宽 3~20mm

缝深度 0~150mm

B.2.3 板块修补机具包括切缝机、破碎机、拌和机、振捣器。

1 切缝机应满足下列要求:

(1)切缝机主轴刚性好,不允许弯曲;

(2)刀片质量高,耐磨损;

(3)操作方便,易于控制,导向系统灵敏,切缝质量高;

(4)维修方便。

切缝机主要技术参数应达到下列指标:

(1)功率 >4kW

(2)刀片直径 >500mm

(3)切缝深度 >240mm

(4)推进速度 >0.5m/min

2 旧路面破碎宜采用液压式开凿机破碎,也可采用风镐或落锤进行破碎。

(1)液压式开凿机

液压式开凿机的主要技术性能应满足下列要求:

发动机功率 ≥17.6kW

行驶速度 ≤25.5km/h

液压系统压力 ≥14MPa

破碎压力 11~13MPa

冲击能量 130~140J

冲击频率 11~13Hz

工作效率 ≥10m^2/h(板厚≤30mm)

液压式开凿机破碎旧水泥混凝土路面工作效率高,对相邻板块影响小,在有条件的地方宜优先采用此种破碎机具。

(2)风镐

当选用风镐破碎水泥混凝土路面时,应配备功率相适应的空气压缩机1~2台,发电机1~2台,发电机功率30~50kW。

3 水泥混凝土路面修补应先采用插入式振捣器和平板式振动器进行振捣，最后采用振动梁振平表面。

(1)插入式振捣器，宜选用振动频率为6000～15000次/min的高频振捣器，激振力宜大于2.2kN，振幅宜控制在0.5～1.4mm范围内。

(2)平板式振动器的电机功率宜控制在1.1～2.2kW内，振动频率以2850次/min为宜，激振深度应大于150mm。

(3)振动梁的电机功率宜为1.1kW，横梁应有足够的刚度，激振深度以150mm为宜。

4 路面修补使用的表面抹光、压纹、切缝、灌缝机具，其规格与水泥混凝土路面常规施工机具规格相同。

B.2.4 板下封堵灌浆设备包括封堵机、水箱、钻孔设备。

1 板下封堵机是由水泥浆喷射泵、胶体搅拌机和砂浆回流系统组成。其柱形转筒的锥形底同一部胶体碾磨机相连，胶状砂浆在碾磨机内搅拌而成，胶体碾磨机最小转速为800r/min，最大转速为2000r/min。

喷射泵压力为1.75MPa，具有5.7L/min的低速连续泵送能力。

2 水箱容量应满足配置砂浆的需要量。

3 钻孔设备应是带有空气压缩机的凿岩机或其他设备，设备应处于良好状态并能钻垂直于板面的圆孔，孔直径宜为3～5cm。

4 板底脱空压浆时，还应备好下列设备：

(1)高压软管；

(2)控制压力和容积的带阀门歧管；

(3)强制断流器；

(4)带保护装置的压力计；

(5)用于砂浆喷射后密封喷射孔的灌浆栓塞或木质插塞；

(6)在压浆前冲刷喷射孔的工具；

(7)钻孔用钢钎和凿子等。

B.2.5 旧混凝土再生设备，包括破碎机具、轧石机、振动压路机。

1 破碎机具可参照本章B.2.3推荐机具选用。

2 轧石机用于将破碎的混凝土块轧碎成符合粗集料级配的碎块，按其破碎形式可分为颚式轧石机和反击式轧石机。

3 旧混凝土路面破碎后，如将破碎块用于就地稳固基层，宜选用重型轮胎振动压路机(不小于15t)，以低速碾压为宜。

附录C　本规范用词说明

C.0.1　对条文执行严格程度采用以下写法：

1　表示很严格，非这样做不可的用词

正面词采用“必须”，反面词采用“严禁”；

2　表示严格，在正常情况均应这样做的用词

正面词用“应”，反面词采用“不应”或“不得”；

3　表示允许稍有选择，在条件许可时首先应这样做的用词

正面词采用“宜”或“可”，反面词采用“不宜”

C.0.2　条文中规定应按其他有关标准规范的规定执行时，其一般写法为“应按……执行”或“应符合……的要求或规定”。

非必须按所指定的标准、规范执行的，采用“可参照……”。

C.0.3　条文中指明引用本规范各其他条文规定时，采用“应符合本规范第×.×.×条规定”或“应按本规范×.×.×条的规定采用”。

附件

《公路水泥混凝土路面养护技术规范》

（JTJ 073.1—2001）

条 文 说 明

1 总则

1.0.1～1.0.2 自《公路水泥混凝土路面设计规范》(JTJ 012)和《水泥混凝土路面施工及验收规范》(GBJ 97)实行以来,我国水泥混凝土路面得到很大的发展。到2000年底全国水泥混凝土路面里程已达到11 574km。有些水泥混凝土路面修建时间较早,已接近或超过设计使用年限,有的水泥路面因设计、施工、养护等方面的原因,导致水泥路面出现早期损坏,亟待进行维修与养护,以保证水泥混凝土路面的正常使用。

1988年由交通部公路规划设计院主持的国家科委科技工作引导性项目《水泥混凝土路面发展对策及修筑技术的研究》,对旧水泥混凝土路面维修技术进行了探索。近年来在江苏、浙江、河南、四川、安徽、福建、广东等省分别铺筑了水泥路面修补试验路。经多年的观测和施工,在实践中积累了许多宝贵的经验。

本规范根据水泥混凝土路面养护的实践经验,以及国外水泥混凝土路面维修技术的新成果,纳入了水泥混凝土路面的日常养护、维修、改善、翻修、旧混凝土路面再生利用以及快速修补材料和水泥混凝土路面养护维修机具,以适应公路交通运输发展的需要;本规范适用范围为公路水泥混凝土路面的养护维修和改善。

水泥混凝土路面是较耐用的高级路面,在正常养护情况下设计使用年限为20～30年。因此,要认真做好水泥混凝土路面的日常养护和维修工作,以延长水泥路面的使用寿命。

1.0.3 我国幅员辽阔,各地区的自然条件差异悬殊。材料来源、适用范围和经济条件等方面,各地区也不尽相同。由于本规范是行业标准,其覆盖面较广,只能取其共性,难以具体反映全国各地的条件,因此,本规范规定了基本要求。

由水泥混凝土路面板块厚度是按交通等级标准设计的,超载车辆易导致水泥混凝土路面板块的早期损坏。根据《中华人民共和国公路法》第五十条规定,应禁止超载车辆上路行驶。

1.0.4 由于水泥混凝土路面涉及范围较广,不可能将所有规定纳入条文。因此,水泥混凝土路面养护除应按本规范执行外,尚应执行现行的国家和行业有关标准、规范的规定。

2 术语

对需要予以定义或予以解释的名词术语作了规定。凡属国家《道路工程术语标准》及交通部标准《公路工程名词术语》和《公路养护术语》中有规定的,或本规范条文中已作规定的,或意义明确勿需解释的,则未列出。

所列符号系参照国家(行业)标准、规范、规程中所采用的符号,凡条文中已有定义的均不列入。

3 水泥混凝土路面养护内容与质量标准

3.1 养护内容

本节规定了水泥混凝土路面维修养护的主要内容和基本要求。其具体内容、方法及所用材料、技术措施等则在本规范第6~10章中加以规定。下面择其需要说明者加以说明。

3.1.2 接缝是水泥混凝土路面的薄弱环节。这是由于接缝处是路面最容易和首先损坏的地方。接缝养护的好坏,直接影响路面的使用质量和使用寿命。

接缝的养护,最经常和不能忽视的工作是防止填缝料失效(脱落、挤出、老化、缺损)。也就是说,必须使填料保持良好的状况,以防止泥土、砂子、石子、水等进入接缝内。接缝中进入砂、石等杂硬物后会限制路面板自由胀缩,从而造成接缝碎裂、拱起等损坏;接缝中渗入水后,则导致路基软弱和唧泥、错台等病害。本条的规定主要是防止填缝失效,属日常性养护。至于整个路段路面填缝料失效引起的损坏和病害的处理,则属第3.1.6条的内容。

水泥混凝土路面的使用寿命一般为20~30年。而接缝填缝料的寿命则较短。因此,在路面使用过程中除了及时对接缝进行清缝、封缝外,尚应定期更换填缝料。

3.1.3 路面排水的维修养护和改善是公路养护体系的一个组成部分。国内外实践表明,路面过早的破坏几乎总是由于水渗入路面结构中而造成的。此外,由于降雨,路面积水较深而致交通阻塞或路面有薄层积水,行车时使轮胎和面层失去接触,从而使操纵失控,往往造成交通事故,因此,必须重视路面排水系统的养护,除在雨季中观察排水的流动状况外,还要经常疏通路面排水设施。

3.1.6 水泥混凝土路面的局部损坏,如不及时、有效地加以修补,往往会引起损坏的迅速发展。造成路面损坏的原因是多方面的,损坏的类型也是多样的(见第4章的规定和条文说明)。因此,对路面局部板块的损坏进行修补时,必须首先查明原因,然后针对其原因采取相应的技术措施加以处理(见第7章的规定和条文说明)。

3.1.7~3.1.8 水泥混凝土路面的破损状况,当采用日常养护和局部板块修补措施不能满足养护质量标准(见第3.2节的规定和条文说明)时,就需要考虑采取全路段或局部路段修复或改善的措施。至于路面承载能力不足或不能适应交通量发展要求的路段,一般根据工程规模大小、技术难易程度等情况,列为改建工程或改善工程。改建工程按基本建设程序办理,改善和修复措施,分别详见第8章和第9章的规定和条文说明。

3.2 养护质量标准

3.2.1 本条规定的水泥混凝路面养护质量标准是指这种路面在使用中的最低标准。亦即要求路面的维修养护大于(如:抗滑)或小于(如:平 整度、相邻板高差)表3.2.1中的规定;否则采取技术措施,加以修理或改善提高。

表3.2.1中平整度仪和3m直尺 h 值系采用原《公路养护技术规范》(JTJ 073)的规定,并列出对应的国际平整度指数IRI值。构造深度、横向力系数和抗滑值,系按本规范表5.2.6路面抗滑能力评定标准加以规定的,对高速、一级公路,采用等级为"中"的低值,对其他等级公路,采用等级为"次"的低值。相邻板高差,系参照《公路工程质量检验评定标准》(JTJ 071)的规定,考虑养护与施工的要求有所不同,其值有所放宽。路面状况指数,由于规范第5章与原《公路养护技术规范》(JTJ 073)对评定等级的划分及其有关规定有所不同,故表中之值为本规范第5.3节养护对策中规定可采用日常养护、局部或个别修

补措施的路面状况指数之低值,而未而未采用原养护规范之值。此外,鉴于路面接缝的重要性,突出接缝的维修养护,表中将填缝料凹凸列为养护质量标准之一。

3.2.2 当水泥混凝土路面在使用中不符合表3.2.1规定的质量标准,而需要进行大、中修或改善时,其修复和改善工程的质量标准,理应高于表3.2.1的规定。鉴于修复和改善工程的情况较复杂,不宜硬性规定应达到的标准,故条文规定可参照《公路工程质量检验评定标准》(JTJ 071)执行。

3.3 养护材料要求

3.3.1 水泥混凝土路面养护维修所用的材料品种很多。各种材料的性质和技术要求也各异。本条从路面工作性能出发,对养护维修所用材料的要求做了共性、原则性的规定。需要指出的是:养护维修所用材料如果不正确、不合格,必然影响养护维修的效果,甚至导致路面状况进一步恶化。因此,条文规定对养护维修的各种材料应进行必要的试验,以保证养护维修的质量。在材料准备和养护维修过程中,均应按有关标准、规范、规程的规定对材料进行检验和试验,以改变以往对材料不加试验,"拿来就用"的状况。

3.3.2~3.3.3 常规材料主要指水泥、砂石、沥青、钢材、外掺剂等;专用材料主要指接缝材料、路面标线材料、修补材料等。各种材料技术要求应符合有关设计、施工规范及本规范附录A的规定。

3.4 养护机械配备

3.4.1~3.4.2 随着公路交通运输的迅速发展,公路里程日益增多,养护工作量越来越大,对公路的养护,特别是对高等级公路的养护提出了更高的要求,不仅要求提高养护质量,且要求维修快速、及时,最大限度地保障行车的安全和减少对行车的影响。其途径是公路养护维修实现机械化。

鉴于我国目前的实际情况,从公路养护总体上讲,只能逐步实现机械化,不断提高机械化程度。因此,对路面养护机械的配备,做了灵活的规定。对于高等级公路,养护机械化程度则应高一些。

提高机械化程度,增加机械的种类和数量是一个方面。另一个重要方面则是提高机械完好率(反映机械的技术状况和管理、保养情况的指标)和利用率(反映机械台班利用情况的指标)。要提高机械的完好率和利用率,就必须加强机械的管理和保养。为此,条文规定对机械的保养和维修应配备专业人员。

4　水泥混凝土路面病害类型和分级

路面病害通常用类型、轻重程度和发生范围三方面属性来描述。由于造成病害的影响因素错综复杂，表现的形态多样化，因而有必要对各种病害进行科学的分类，赋予明确的定义，以便有统一的调查和描述结果。病害的产生和发展有个过程，而不同发展过程对路面的使用性能有不同程度的影响，为此对各种病害按其特点和影响程度分别划分为2～3个轻重程度等级。

水泥混凝土路面的病害，可按损坏的特征和范围分为：断裂类、竖向位移类、接缝类和表层损坏类4大类型。各种病害分别按相应的定义鉴别，按病害产生的轻重程度划分为2～3个等级，对病害出现的范围规定相应的量测指标和方法。

4.1　水泥混凝土面层断裂类病害

4.1.1　混凝土面层板出现贯穿全厚的断裂裂缝，板被分割成数块，从而破坏了面层结构的整体性，降低了路面结构的承载能力。按裂缝出现的方位和板断裂的块数，分为纵向裂缝，横向、斜向裂缝，角隅断裂，交叉裂缝和破碎板4种。

纵向裂缝大多出现在路基横向有不均匀沉降的路段。横向或斜向裂缝，通常由于重载反复作用、温度或湿度梯度产生的翘曲应用力或者干缩应力等因素单独或综合作用所引起。而在开放交通前出现的横向或斜向裂缝，则主要是施工期间锯切缝的时间安排不当所造成。角隅断裂通常由于表面水侵入，地基承载力降低，接缝处出现唧泥，板底形成脱空，接缝传荷能力差，重载反复作用等综合作用所引起。有裂缝板在基层和路基浸水软化及重载反复作用进一步断裂，便形成交叉裂缝和破碎板。

4.1.2　裂缝的发展有一个过程：起先出现发状短裂缝，随后裂缝长度逐渐扩展到全板长（或宽），缝隙逐渐张开，裂缝边缘混凝土逐步出现碎裂，裂缝的传荷能力不断降低到完全丧失。按照这一发展过程中，根据板结构整体性的破坏程度，也即裂缝传荷能力的丧失程度，将裂缝病害划分为3个轻重程度等级。

4.2　水泥混凝土面层竖向位移类病害

4.2.1　这类病害的路面出现较大的竖向位移，影响行车的舒适和安全，但混凝土面层板的结构整体性未遭破坏。沉陷是路面在局部路段范围内的下沉，主要由于路基填土或地基的固结沉降或不均匀沉降所引起。胀起是混凝土路面板在局部路段范围内的向上隆起，主要由于路基的冻胀或膨胀土膨胀所引起。

4.2.2　这类病害主要按其对行车舒适性和安全性的影响划分为三个轻重等级。

4.3　水泥混凝土面层接缝类病害

4.3.1　接缝是水泥混凝土路面的薄弱环节，出现病害的机率大，类型也多。由于施工不当（接缝筑做，传力杆设置）或养护不及时，而出现唧泥、错台、拱起、接缝碎裂、填缝料失效等病害。接缝类病害的发生范围虽然是局部的，但往往会引起板块出现断裂而使使用寿命迅速降低。

纵向接缝张开病害是由于在纵缝内未按规定要求设置拉杆，相邻车道板块在温度和横向坡度的影响下出现横向位移，使纵缝缝隙逐渐变宽。

唧泥和脱空病害是指板接（裂）缝或边缘下的基层细粒料被渗入缝下并积滞在板底的有压水从缝

中或边缘处唧出，并由此造成板底面向基层顶面出现局部范围的脱空。接缝填封料失效、基层材料不耐冲刷、接缝传荷能力差和重载反复作用是引起唧泥的主要原因。

唧泥发生和发展过程中，基层顶面受冲刷细料被有压水冲积在进近板板底脱空区内，使接缝或裂缝两侧板面出现高程差，便形成错台病害。

由于接缝施工不当(包括传力杆设置不当)或者缝隙内进入不可压缩材料，邻近接缝或裂缝约60cm宽度范围内，出现并未扩展到整个板厚的裂缝，或者混凝土分裂成碎块或碎屑，这种损坏称作接缝碎裂病害。

拱起病害通常发生在春季和炎热夏季，横向接缝或裂缝处板块由于膨胀受阻而出现突发性的向上隆起，有时还伴随出现邻近板块的横向断裂。

4.4 水泥混凝土面层表层类病害

4.4.1 水泥混凝土面层表层类病害，包括磨损和露骨，纹裂或网裂和起皮，活性集料反应，粗集料冻融裂纹，以及坑洞。表层病害虽然仅影响板面层，但对行车的影响较大，并且难以修复。

磨损和露骨主要是由于行车荷载的反复作用，当然材料性质也是影响混凝土耐磨性的一个重要因素。混凝土面层表面水泥砂浆在车轮反复作用下被逐渐磨损，沿轮迹带出现微凹的表面。长期磨损使表层砂浆几乎全部磨去，粗集料外露，并且部分粗集料被磨光。

纹裂或网裂是在混凝土板表面出现的一连串细裂纹。起皮是板上部3～13mm深的混凝土出现脱落。这类病害主要是由于施工或材料的原因所造成的。

活性集料同水泥或外加剂中的碱产生碱—硅或碱—碳酸反应，出现膨胀，从而破坏水泥基层，引起类似于网裂但较一般网裂要深的开裂。

粗集料冻融裂纹，是在混凝土表面接近纵横向接缝、自由边边缘或裂缝外出现的许多密布的半月形细裂纹，裂纹表面常有氢氧化钙残留物，使裂纹周围变成暗色，并最终导致接缝或裂缝0.3～0.6m范围内的混凝土崩解。这种病害是由于某些粗集料的冻融膨胀压力所造成的，通常先从板的底部开始崩解。

由于冻融或膨胀，粗集料从混凝土中脱落出而形成坑洞，其直径约为3～10cm。出现个别坑洞，不作为病害。

4.4.7 除了上述各类病害外，还可列出一种修补损坏。它一方面反映了路面损坏和养护的历史——对出现各种病害的维修情况，另一方面也反映了修补后的使用情况——出现新的损坏。

5　水泥混凝土路面状况调查和评定

5.1　路面状况调查

5.1.1　对于各级公路养护管理部门，路面状况调查和评定具有不同的目的和用途。省、市级公路管理机构的主要任务是了解和掌握管辖范围内路面状况的总貌，以制定养护政策，分配养护资金，规划改建和大、中修工程项目。因而，对路面状况的调查和评定，偏重于全局的和宏观的了解，可采用抽样的数据采集和集成的评价指标。县乡级公路管理机构负责执行路面的养护和维修工作，须对路面状况和养护工作需求有具体了解和掌握，以便对需采取养护措施的地点和时间，所需的劳力、机具、材料和资金作出计划安排，因而，路面状况的调查便要求细一些。

5.1.2　路面的使用性能，主要包含四个方面，即破损状况、结构承载能力、行驶质量和抗滑性。然而，针对不同的调查目的，所需进行的调查内容和调查频率不尽相同。对于各种调查目的，路面破坏状况大多都要进行，但调查的深度和或细度上有差别。结构承载能力的调查，一般在需要作改建设计时进行。平整度和抗滑性能的测定，可先在公路投入使用的初期全线进行一次，而后则视路况变化情况，主要针对出现问题的路段进行。

5.1.3　路面破损状况调查，目前大多采用目测确定病害类型和轻重程度等级，简单仪具量测和记录出现范围的方法。先进的摄像和图像识别方法，目前尚未达到实用阶段。各种病害，无论是长度的（如各种裂缝）还是面积的（如沉陷、磨损、网裂等），都以出现该种病害的板块数计量。对于某些接缝类病害，如错台、纵向接缝张开和填缝料损坏，出现该种接缝病害的相邻板块，仅以1块板计量；而对于出现唧泥病害的接缝，按2块板计量，但同一块板的其他接缝也出现唧泥时，其他缝仅按1块板计量。

供网级路面管理系统用的破损状况调查数据，可采用抽样调查方法。先将路网划分为若干条相仿的均匀子路段，每个子路段内按10%左右的规模抽样。但为了确定养护和改建工作量而进行的破损状况调查，则应对整个路段进行逐块板的破损状况调查。

5.1.4　为改建设计而进行的结构承载能力调查，须测定各结构层的厚度、模量或（和）强度、接缝的传荷能力、板底脱空情况以及结构的承载力。调查可以采用无破损测定方法，或者无破损和破损相结合的方法进行。无破损测定，包括采用落锤弯沉仪测定路面表面的弯沉曲线、接缝传荷能力、板底脱空情况和反算结构层的模量以及雷达测定结构层的厚度。也可采用贝克曼梁（长杆）或承载板法测定板面弯沉值后，反算基层顶面回弹模量。破损测定则为钻取各结构层的试样，进行厚度以及室内劈裂强度和模量的测定。通常，采用无破损同破损测定相结合的方法，可以得到较好的分析和评定结果。

5.1.5　平整度测定的仪器和方法很多，主要有断面类和反应类两大类。前者有静态纵断面测定（如水准仪高程测量、梁式断面仪等）和动态纵断面测定（如惯性断面仪、不接触式纵断面仪等），后者则有颠簸累积仪等。各种方法所采用的平整度指标也不尽相同。因而，各种测定结果的可比性较差，并且概念上也很混淆，给评定工作带来困难。为此，选用一个通用的国际平整度指数，并通过标定试验建立不同仪器的测定结果同国际平整度指数间的相关关系方程，以便将不同指标表示的测定结果转换为以统一的指标表示。

5.1.6　摩阻系数测定结果反映路表面的低速行驶时的抗滑能力，而构造深度测定结果则反映路表面在高速行驶时的抗滑能力。摩阻系数的测定仪器和指标也有多种。摆式仪的测定结果，变异性大，代表性差，但由于其他测定方法的仪器设备需要较大的投资，摆式仪仍为国内常用的摩阻系数测定方法。

5.2 路面状况评定

5.2.1 路面状况评定的主要目的是为了对路网内的路面状况及其对使用要求的适应程度有一个总体的评价。在此基础上，可制定养护政策，安排养护工作项目的优先次序，确定需进行大中修和改建的项目。

路面破损状况评定采用两个指标。路面状况指数(PCI)是一项综合性评价指标，它反映调查路段包括各种损害在内的路面总破损状况，也即反映病害的三方面属性(类型、轻重程度和范围)对路面状况影响程度的综合度量指标。PCI以百分制计量，对不同病害的类型、轻重程度和范围规定不同的扣分值，按路段的损坏状况累计其扣分值后，以剩余的分值表示路面的破损状况，评价其完好程度。

各种病害类型、轻重程度和范围的扣分值，可通过由有经验的养护技术人员组成的评分组，对一些典型病害的路段进行评分，统计分析其评分结果后建立。表5.2.1中的系数值和式(5.2.1-3)，即是由整理评分结果后得出的。各地可自行组织评分组，建立适合本地使用的扣分表。

由于各种病害的破损密度变动范围较大，采用列表形式时，因受篇幅限制而不可能列出许多种密度的扣分值。因而本条采用公式形式表示，以避免查用时插值。同时，这些公式和系数值表都存放在计算软件内，不必手工计算。

5.2.2 由于水泥混凝土路面最主要的病害是各种断裂，它们对结构承载能力和使用性能的影响最大，也对养护对策的选择影响很大，因而从各种病害中专门引出一个反映路面结构性破损状况的断板率指标(DBL)。

5.2.3 路面破损状况、行驶质量和抗滑能力，都按5个等级进行评定。它们反映了路面状况满足使用要求程度，也反映了需要采取的养护对策的水平。若路面状况指数或断板率等级不一致，取较低等级。

5.2.4 《公路水泥混凝土路面设计规范》第9章中，对于通过承载板弯沉试验和钻孔试件强度试验得到的测定结果计算设计参数的方法，作了规定。参照这些规定，并按该规范中规定的设计方法，可以评价路面的结构承载能力，并设计加铺层。

5.2.5 路面行驶质量，也即行驶舒适性，同路表面的不平整度、车辆的动态响应以及乘客对舒适性的要求和对行车颠簸的接受能力有关。乘客对行驶质量的评价，往往从各自对舒适的要求和对颠簸的接受能力出发，带有主观性。因而，可以由有代表性的人员组成的评分组对不同平整度的路面段进行评分试验，统计分析评分结果，并与相应路段的路面平整度测定值建立相关关系。利用此关系式，便可依据路面平整度测定结果评价路面的行驶质量。式(5.2.5)即为按此方法建立的一个关系式，行驶质量指数RQI数值范围为0~10，如出现负值，则RQI值取0，如计算结果大于10，RQI取10。可供参照使用。

5.3 养护对策

5.3.1~5.3.4 路面状况评定等级，应与需采取的养护对策水平相适应。养护对策水平，可简分为日常养护、局部或个别板块的修补、全路段的修复或改善等。对于路面破损状况评价属于优和良的路线，一般仅需进行日常养护或者局部或个别板块修补措施。而路面破损状况评价属于次和差的路段，视公路等级需选择部分和全路段养护对策。

对于需采取日常养护、局部或个别板块修补对策的各种病害，表5.3.1列示了相应的具体养护对策，供选用时参考。

行驶质量和抗滑能力评定等级为中及中以下(高速公路及一级公路)，或者次及次以下(二级公路及二级公路以下)的路段，需采用全路段修复或改善措施。在该路段因破损状况评定等级低而需采取全路段修复或改善措施时，则行驶质量或抗滑能力评定等级低的情况便会因该路段得到养护改善而自动消失。

5.3.5 路面结构强度不足而需铺筑加铺层，属于改建的范畴。可参考有关设计和施工规范进行加铺层的设计和修筑。

6 水泥混凝土路面日常养护

6.1 一般规定

6.1.1 水泥混凝土路面的特点是在养护良好的条件下，使用年限比其他路面长。但如疏于日常养护，一旦开始破坏，会引起破损迅速发展，且修复困难。水泥混凝土路面破损的发生，可分为外界因素、设计缺陷、施工缺陷以及各种因素互相影响而引起的。因此，必须认真检查，查明原因，采取针对性治理对策，进行及时有效地养护，才能发挥水泥混凝土路面使用寿命长的优点。

据英国水泥混凝土路面《养护和维修手册》（英国运输部和水泥及混凝土国会共同出版 1986 年版）指出，水泥混凝土路面检查的最佳时间是从初冬到初春的寒冷季节。因为，路面的损坏处冬季最明显，这时接缝和裂缝都最宽。同时还可以在气温较好的温暖季节里安排必要的养护和维修工作。

6.1.4 根据《公路养护工程分类范围规定》（交公路发〔1994〕1268 号文发布），"混凝土路面面板的局部修理"划入小修保养范围，应属日常养护内容。为了保持水泥混凝土路面外观及使用功能的一致性，采用沥青混凝土修复水泥混凝土路面的局部破损，仅作为日常养护的过渡性措施。由于局部破损维修方法编入本规范第 7 章，因此局部修理按本规范第 7 章执行。

6.2 清扫保洁

6.2.1 路面清扫保洁是水泥混凝土路面养护的一项日常工作。条文针对不同的对象提出了相应的要求。其中对路面、中央分隔带提出定期清扫（除）的要求，清扫频率按本章 6.2.2 条要求确定。不同类型路面连接处及平交道口容易污染，因此要求勤加清扫，即清扫频率要高于路面和中央分隔带。路面上的小石块在行车碾压下容易破坏路面和嵌入路面接缝，同时还会造成飞石伤人，因此应予以清除。

6.2.2 由于客观条件不同，各路段所受到的污染程度不同，因此应分路段确定清扫频率。

水泥混凝土路面是高级路面，往往承担了较大的交通量，应该提高清扫作业效率。同时水泥混凝土路面较之沥青路面清扫更有利于实行机械作业。因此应逐步实现路面清扫作业机械化。

6.2.3 此条主要是为了环境保护，保障交通安全，同时保障正常的交通秩序而规定的。

6.2.4 "指定地点"可以是当地行政管理部门指定，也可以是养护管理部门自己确定的地点，关键是"不得随意倾倒"以免污染路容，堵塞边沟，污染环境。

6.2.5 油类物质或化学药品污染路面后，可能对路面混凝土造成破坏，还会降低路面摩擦系数，危害交通安全，因此应清洗干净，对于高速公路更应如此。

6.2.6 交通标志、标线是整个公路景观的组成部分，也是交通安全的必要保障，应分别做到定期擦拭和及时清扫（洗），保持整洁、醒目。对于反光标志应注意观察和清洗，防止因污染而降低其反光性能。

6.2.7 条文中限定"局部脱落、破损"是考虑到大面积的损坏不属于日常保养的工作。"应用原材料进行修复或更换"，主要是为了外观的一致性，以保证整体效果。若进行一个路段的更换（更新），提高原制作水平和标准，可不受此限制。

6.3 接缝保养及填缝料更换

6.3.1 接缝是水泥混凝土路面特有的构造，接缝的好坏直接影响路面的使用寿命。水泥混凝土路面的接缝可分为纵缝、横缝两大类。纵缝又可分为纵向缩缝和纵向施工缝;横缝又分为横向缩缝、胀缝和横向施工缝。以上两大类接缝都属于接缝保养的范畴。

填缝料凸出板面的,规定与错台的要求一致,其原因是考虑到填缝料凸出板面后造成的路面不平整特征与错台相似。

气温较高时混凝土板膨胀,如填缝料本身压缩性能及热稳定性差,就容易发生填缝料外溢甚至流淌到接缝的两侧板块的表面,影响路面平整度和路容。

杂物嵌入接缝中,会使接缝失去胀缩作用,从而使面板产生拱胀及断裂。尤其是石子嵌入时,使接缝处板端应力集中,以致接缝(特别是胀缝)附近的混凝土板块挤碎。

6.3.2 填缝料的更换周期,主要取决于填缝料自身的寿命与施工质量,以及路面条件。条文中“更换周期一般为2~3年”的规定是从我国目前填缝料研制的状况提出来的。之所以要作出规定是强调水泥混凝土路面在使用中应定期更换填缝料。美国、英国的“养护手册”都提出了周期或寿命的要求。填缝料的日常更换是指对填缝料局部脱落、缺失、损坏的填补和更换,是一项经常性的养护工作。

填缝料脱落、缺失大于三分之二缝长的要求源于《公路养护技术规范》(JTJ 073)表3.4.6“水泥混凝土路面损坏分类分级”标准,当“2/3缝长出现损坏,水和杂物可以自由进入,需立即更换填缝料”。提出整条接缝填缝料的更换,主要是考虑到周期性养护的方便。

6.3.3 清缝是否干净关系到更换填缝料后路面的使用质量。手工清缝、灌缝效率较低。条文中提出“清缝、灌缝宜采用专用机具”既是为了保证质量,同时也是为了提高工作效率。

填缝料灌注深度的要求源于《水泥混凝土路面施工及验收规范》(GBJ 97)的规定。设置垫底材料或支撑条的做法,主要是为了在保证路面正常使用的条件下,尽量节约填缝料以求经济实用。美、英两国的“养护手册”都提出了设置垫底材料(支撑条)的做法。

填缝料的灌注高度及更换时间要求均出于对热胀冷缩这一规律的考虑。《美国路面修复手册》(美国联邦公路管理局1988年出版)提出,“填缝工作一般由养路工在春秋季节实施”,“最理想的填缝时间是当地气温居中的时间段内或遵照生产厂家的建议”。

6.4 排水设施养护

6.4.1 公路排水设施是一个系统,不仅仅涉及路面,只有排水系统功能完善才能解决好排水问题,因此,提出了排水系统功能方面的要求。

根据《公路水泥混凝土路面设计规范》(JTJ 012),“高速公路和一级公路的路面排水,一般由路肩排水、中央分隔带排水和路面表面渗入水的排除等部分组成”。“其他各级公路的路面排水,由路面横坡、路肩横坡和边沟排出”。因此,本章所指的排水设施养护对象即包括以上各种排水设施。

6.4.2~6.4.3 排水设施检查是公路养护检查的一项重要工作,除应按《公路养护质量检查评定标准》(JTJ 075)的要求组织例行的检查外,还应进行专项的检查,其目的是为了发现问题,及时排除堵塞、积水,保证公路畅通,交通安全。超高路段设置有中央分隔带的地方,容易出现排水不畅,堵塞积水的现象,所以是雨天检查的重点。雨天检查应包括雨前、雨中、雨后的检查。

6.4.4 由于水泥混凝土路面的路肩大部采用硬化处理,为保持外观及使用质量一致性,要求“采用相同材料”修复。土路肩应定期培路肩,填补路肩缺口。

6.4.5 当路面两侧是沥青路面时,在使用和维修过程中容易出现沥青路面等于或小于水泥混凝土路面横坡的现象,这样不光沥青路面容易损坏,也给水泥路面排水带来不利,因此,在养护中应始终保持沥青路面横坡大于水泥混凝土路面横坡。

6.4.6 对于硬路肩,在维修时应做到路肩横坡大于路面横坡,对于土路肩,当土路肩高于路面且排水不畅时,可通过铲路肩来保持。

6.4.7~6.4.8 封闭路面上各种裂缝、处理好路面接缝、路肩接缝等是排除路面表面渗水的重要条件,因此,应进行缝隙封闭。同时宜对土路肩进行加固,以防止混凝土板同路肩的交界面处路表水的渗入、浸蚀板边缘下的基层、垫层和路基。

6.4.9 路肩排水设施、中央分隔带排水设施的划分及要求参照《公路水泥混凝土路面设计规范》(JTJ 012)、《公路路基设计规范》(JTJ 013)编写。

6.5 冬季养护

6.5.1 冰雪路段冬季养护的含义是指冰雪期间的养护。各地区应根据当地气候条件确定冬季养护期。同时要突出重点,保证交通安全。

对于冰雪路段,加强路基的养护是非常必要的。养护的重点是保证路基排水畅通,同时保持边坡完好,以利融雪水顺利流到坡脚之外,这对防止道路冰害将起到良好作用。由于本规范限于路面养护,故路基养护内容未列入条文。

6.5.2 对于高速公路以及冰雪期较长路段的养护管理部门,应加强与气象部门的联系,广泛收集气象资料,做好降雪预报。同时应配备专门的除雪除冰机械。冰雪期前应做好人员的培训,并将除雪机械设备维修好,储备必要的配件、融雪剂、防滑料。

6.5.3 除雪作业分为新雪除雪、压实雪处理。提出"除雪作业以清除新雪为主"主要是为了提高养护作业效率,以较快的速度清除积雪,防止路面积雪被压实,从而达到维持交通的目的。提出"除冰困难的路段应以采取防滑措施为主"也是出于同一目的。

6.5.4 路面冻结的因素主要有:压实雪由于温度低,冻结在路面上;融化的雪水由于低温结冰;初冬和冬末由于降雨后温度低引起冻结等。

就目前我国的情况来看,防冻,防滑的主要材料是砂和盐。应将盐的洒布量限制在表6.5.4给定的范围内,这样混凝土路面将不会产生大的损害。

防冻防滑料施撒时间,主要根据气象条件采取巡查的办法掌握第一手资料来确定。有条件的地方可通过路面温度监测器获取资料确定。

6.5.5~6.5.6 在冰雪消融前后清除积雪和清除残留物均是保护路面和保证路面正常使用的措施。因为盐对绿化植物有危害,因此本规范作了专门规定。

7 水泥混凝土路面破损处理

7.1 裂缝维修

7.1.1 水泥混凝土路面板裂缝缝隙小于3mm且边缘无碎裂现象，适用于直接灌浆。

直接灌浆材料，宜采用聚氯乙烯胶泥、焦油类填缝料、橡胶沥青等加热式施工填缝料或选用聚氨酯焦油类，聚氨酯类常温施工式填缝料，沟槽深度不得超过2/3的板厚是为了防止冲击或车辆行驶时对面板造成全厚度裂缝。

7.1.2 条带补缝适用于混凝土面的板贯穿全厚的缝隙大于3mm，小于15mm的中等裂缝。

根据贯穿面板全厚度裂缝的宽度大小，顺裂缝两侧可采取低限15cm或高限20cm，且平行于缩缝进行切缝。

采用直径16mm螺纹钢筋做长20cm，弯钩长7cm的钯钉是根据美国路面修复手册及国内江苏省交通厅公路局修复水泥混凝土路面的经验确定的。

条带补缝如果不是因基层产生的裂缝，也可以采取灌浆处理。

水泥混凝土路面养护亦可采用铺草袋，洒水的养护方式。

7.1.3 对于水泥混凝土板块裂缝宽度大于15mm，错台大于12mm的严重裂缝应采取全深度补块。有条件的地方，应采取设置传力杆法。

集料嵌锁接缝适用于二级公路无筋混凝土路面的接面交错的接缝内，而且接缝的间隔要小于300～450cm，不适用于寒冷气候和承受重型交通荷载下的刚性路面。

刨挖法，即"倒T形"法。由于这种设计缺乏水平边连系的接缝系统，因此只能在每条缝的一侧提供荷载传递。

设置传力杆对承受重型交通荷载的混凝土路面来讲，提供了必要的荷载传递，可以减轻重型交通对板的压力。

7.2 板边、板角修补

7.2.2 水泥混凝土路面板角断裂是较为普遍的一种病害，它产生原因之一是施工时角隅部分振捣不密实。因此，这部分混凝土抗拉强度受到影响，其病害往往多出在纵横缝的交叉部分。如果是全板厚的板角断裂，则土基或基层必然受到破坏，所以，应用C15混凝土进行浇筑。

7.3 板块脱空处治

7.3.1 确定板块脱空的方法，国内外普遍采用弯沉测定法，也可以在现场，当载重车通过板时，根据混凝土板是否垂直位移和发生"咚咚"响的脱空声音，来判断板块是否脱空。

混凝土路面板块弯沉测定应采用5.4m长杆弯测仪，BZZ-100标准轴载检测车。弯测仪测点与支点应放在交叉板块上。

在《美国路面修复手册》中，凡弯沉值超过0.635的，应确定为板块脱空。根据我国公路修建状况和检测仪器的实际情况，专家们推荐凡弯沉值超过0.2的，应确定为板块脱空。

7.3.2 灌浆孔的布设应根据路面板的情况及灌浆机械确定。灌浆孔与面板边的距离不应小于0.5m和在一块板上灌浆孔的数量一般为5个，是根据经验而定，若孔距横缝或孔间距离过短，易破坏面板的整体强度。

7.3.3 亦可采用水泥粉煤灰灌浆法,其操作方法与水泥灌浆法相同。

7.4 唧泥处理

7.4.1 水泥混凝土路面唧泥病害,采取压浆处理是因为唧泥现象的产生的同时,面板就会出现不同程度的脱空,为使面板脱空面积不再扩大,致使面板断裂、破裂,所以必须及时进压浆处理。

7.4.2 水泥混凝土面板进行压浆处理后,对面板脱空进行了充填,但对面板下细小的间隙很难达到充实,如果对接缝不及时灌缝,地面水一旦渗入基层,经车辆行驶一段时间,仍会出现唧泥现象,所以对面板的接缝及时灌缝,是防止唧泥的有效方法。

7.4.3 设置排水设施是弥补因设计、施工或基层材料选用的不合理,致使面板的纵横缝产生唧泥病害的一种有效的措施。

挖地下排水沟时,横沟与纵沟的交角限制在45°~90°之间是为了便于清理管内杂物。横沟间的距离根据经验一般为30m左右,如果在竖曲线底部一段,也可适当加密,若排水量很少,也可放宽横沟的距离,应视排水量的多少而定。

设置盲沟时,在两种路面接缝处挖纵向盲沟,是因为在接缝处渗水量最大,其他部位的水,在行车的作用下,也被挤压到接缝处。

7.5 错台处治

7.5.1 高差小于12mm的轻微错台,采用磨平法较为经济,且对面板的强度影响不大。

7.5.2 错台用切削修补,切削部分一定要保持原设计坡度,所以,修补的长度应按错台高度除以坡长计算。

根据错台量和面积大小,可采用沥青砂填补,它的优点是施工方法较为简单,费用较低,其缺点是外观与原路面颜色不一,不够美观。

沥青砂填补前,宜喷洒乳化沥青,因为乳化沥青的渗透性比热沥青好,沥青用量为0.4~0.6kg/m^2是根据经验而定。

修补面纵坡控制在$i \leq 1\%$是为了保证路面的平顺性。

7.6 沉陷处理

7.6.1 同本规范条文说明第7.4.3条

7.7 拱起处理

7.7.1 水泥混凝土板的拱起有高有低,拱起愈高,拱起端两侧的拱起板愈多,因此,将拱起面板切除的数量,应视面板拱起的高低程度而定,这样才能有效达到释放应力的作用。根据国内外经验,横缝切宽不应大于5cm,横缝切宽过大,易产生错台或板角断裂。

7.8 坑洞修补

7.8.1 当水泥混凝土路面产生较大的坑洞或坑洼不平连成一片时,应将这些病害集中起来,划为一个施工面,进行罩面处治。

为使罩面层承受足够的压力和与旧混凝土黏结牢固,故切割机切槽时要切成5cm以上的深槽,并在罩面施工前要在坑面上刷一层黏结剂。

7.9 接缝维修

7.9.3 高模量补强材料按本规范附录 A 路面修补材料技术要求配制。当纵缝宽度达 30mm 以上时,可在纵缝两侧横向锯槽并凿开,槽间距 60cm,槽宽 5cm,深度为 7cm, 要设 φ12mm 螺纹钢筋钯钉,钯钉在老混凝土路面内的弯钩长度为 7cm,纵缝内部和凿开部位以同标号水泥混凝土填补,纵缝一侧涂沥青。

7.10 表面起皮(剥落、露骨)处治

7.10.1 混凝土板表面起皮(剥落、露骨)宜采用稀浆封层加以处治。

在普通稀浆封层技术的基础上,一些发达国家又成功地发展了改性稀浆封层新技术,开始用高分子聚合物对普通乳化沥青材料进行改良,并把这种改良乳化沥青稀浆封层称为"表面精细的处置。"(microsurface),国内称为改性稀浆封层。这种技术不但提高了材料性能,而且可以达到缩短封闭交通时间的目的。

稀浆封层施工前将表面起皮的浮层凿除,并清扫干净,然后洒少量水将凿除板面湿润,待无积水时方可进行施工,是为了使稀浆封层的混合料与凿除的混凝土板结合更加牢固。

8 水泥混凝土路面改善

8.1 水泥混凝土路面表面功能恢复

8.1.1 沥青磨耗层主要用于水泥混凝土路面大面积的磨光、露骨、脱皮的处治。要求水泥混凝土路面板必须稳定，表面清洁、干燥，以保证水泥路面与沥青路面层间结合牢固。沥青层施工温度应控制在10℃以上，尽可能采用改性沥青，以提高沥青路面的抗裂性能。

采用稀浆封层施工时，应选用慢裂快凝型改性乳化沥青，既可以缩短交通管制时间，又能提高路面的使用功能。

改性沥青稀浆封层的施工程序与普通稀浆封层基本相同，其不同点在于：

1 必须使用改性稀浆封层机。

2 摊铺前应在老路面上洒一层黏结剂作为黏层油，以保证层间的良好黏结。

3 改性沥青稀浆混合料（ARL材料）摊铺后，固化时间短，一般在30min以内即可通车。

8.1.2 对局部板的露骨、脱皮可采用水泥混凝土罩面。水泥混凝土罩面宜采用结合式，为便于新老混凝土结合，应将老混凝土凿毛，清洗混凝土毛面，涂刷界面黏结剂，浇筑早强无收缩小石子混凝土。为防止新老混凝土分离，不宜采用真空吸水施工。因为真空吸水易对现浇混凝土层产生负压，使新老混凝土出现分离，不利于新老混凝土之间的黏结。

8.1.6 刻槽机对水泥混凝土路面磨光处治效果较为显著。由于老混凝土强度较高，刻槽机的刀片磨损较严重，养护费用较高。对位于陡坡、急弯路段的水泥混凝土路面可采用刻槽的方法提高路面的抗滑能力。

8.2 水泥混凝土加铺层

8.2.1 对旧混凝土路面病害调查是水泥混凝土路面维修的重要环节，必须认真仔细，逐块调查，做好记录、绘制平面图，以便制订相应的维修对策和修补措施。

8.2.2 沥青砂隔离层主要起到新旧混凝土板之间的过渡作用，以减少反射裂缝的影响。由于沥青连结层较薄（一般1~2cm），为了不损伤旧混凝土板，且保证连结层碾压密实，应采用轮胎式压路机进行碾压。

8.2.3 水泥混凝土加铺层分为结合式，直接式和分离式三种类型，结合式加铺层较薄（一般不小于10cm），但旧混凝土板要凿毛，施工难度较大；分离式加铺层施工方便，对混凝土面板尺寸没有严格要求，但加铺层较厚（一般不小于18cm）；直接式加铺层介于结合式与分离式二者之间，施工较为简单，旧混凝土板表面不要凿毛，进行清洗即可，但要求新旧混凝土板尺寸大小一致，伸缩缝位置一定要上下对应，以免出现反射裂缝，直接式混凝土加铺层板厚一般不小于14cm。结合式混凝土加铺层适用于罩面，直接式加铺层适用于提高旧路的承载能力，分离式加铺层适用于旧路加宽、加厚。

水泥混凝土加铺层应按《公路水泥混凝土路面设计规范》（JTJ 012）进行设计计算。水泥混凝土加铺层施工应尽可能采取机械化施工，全幅一次摊铺，若采取半幅施工，必须固定好中模，以保证水泥混凝土板的宽度符合设计要求。

8.2.4 钢纤维混凝土路面适用于桥面，桥头引道、城市道路等标高受到限制的路段。钢纤维混凝土路面板厚设计应按照《公路水泥混凝土路面设计规范》（JTJ 012）进行计算。钢纤维混凝土施工过程中必须防止纤维结团，在制备钢纤维混凝土时，要采用振动筛；或采取分级投料，采用先干拌后湿拌的工艺,以防止钢纤维结团。在钢纤维混凝土摊铺过程中一旦发现钢纤维结团应立即取出,以避免混凝土形成孔洞,影响混凝土强度。

8.3 沥青混凝土加铺层

8.3.1 沥青混凝土加铺层要求旧混凝土路面必须稳定,否则将很快反映到沥青面层,导致路面的破坏。

8.3.2 迄今为止,国际上对反射裂缝的问题还没有真正解决。现有的防治反射裂缝的措施只能延缓反射裂缝的发生。目前国内防治反射裂缝常用的做法有:

铺设土工格栅,铺贴土工布,粘贴改性沥青油毡,切缝加灌接缝材料,设置半刚性基层。

1 对于混凝土板损坏面积较大可采取铺设土工格栅。宜选用玻璃纤维土工格栅,玻璃纤维格栅耐高温性能好,摊铺热沥青混凝土不会产生变形。铺设格栅前,旧混凝土路面必须用沥青砂调平,以避免格栅下方形成脱空,造成沥青路面损坏。在摊铺沥青层时严禁汽车在土工格栅上掉头,以防碾坏土工格栅。

2 对混凝土面板损坏较少,可使用改性沥青油毡。要求水泥混凝土路面板表面必须干燥,清洁。油毡接头部位要搭接20cm,油毡烘烤至熔融状态时要立即压实,以利油毡粘贴牢固。禁止车辆在油毡上行驶,沥青混凝土摊铺前要在油毡上摊一层沥青砂,以防油毡脱落。

3 采用土工布时应选用薄型、带气孔,有毛面的土工布。

要求水泥混凝土路面必须用沥青砂调平,在路面上喷洒黏结沥青。贴土工布时要将光面向下,充分保证在正常施工条件下与热沥青黏结,毛面朝上,以便粘层沥青向上渗透,确保土工布与沥青混凝土黏结拉紧铺平,若发现土工布有重叠、气泡等现象,应立即拉平、贴牢。

4 对于没有使用土工织物夹层处理的沥青混凝土罩面层,可采用切缝加灌接缝材料的方法。在铺筑于旧混凝土路面上的沥青罩面层上,沿原路面伸缩缝位置进行锯缝,并加灌接缝材料有效地密封,既可防止水或异物进入,还可为释放罩面层内的应力提供一个平面。

1)在路面边缘准确地标明旧接缝的位置,使罩面层上的锯缝对准旧缝。由于下幅板在温度应力影响下会发生位移,新接缝务必在产生反射裂缝前锯出,切缝宽度为5mm,缝深为沥青层厚度的1/3,且不小于1.5cm。

2)在罩面层锯缝完成后及在开放交通之前尽快填入以沥青为基料的高弹性接缝材料。这样可减少出现不规则的反射裂缝和避免反射裂缝处发生变形和剥落。

8.4 水泥混凝土路面加宽

8.4.1 为提高行车通过能力,需要加宽水泥路面。当硬路肩宽度不足,应拓宽路基。为防止路基的不均匀沉陷而导致路面板断裂,应严格按照《公路路面基层施工技术规范》(JTJ 034)的规定进行施工。

8.4.2 新加宽的基层材料应与原路面基层材料相一致。为防止由于新路基的压缩沉陷而造成路面板下沉,新路基标高应略低于同一断面旧路基标高。新旧路基横坡应相同,以保证路面基层的排水。

8.4.3 混凝土路面加宽宜在稳定的路面基层上,采用两侧相等加宽。对两侧不相等加宽的路面如差数超过1m,须进行调拱。在弯道上加宽应设置超高。加宽的混凝土面板的强度、板厚、横缝必须与原混凝土面板相一致。由于加宽部分的混凝土面板较窄,不便采用大型机械,应选用小型机具施工。为增强加宽部分与原混凝土板的连接,须用冲击电锤打水平孔,安装拉杆。

9 水泥混凝土路面修复

9.1 整块面板翻修

9.1.1 局部板块旧混凝土凿除必须采用液压镐,以免影响相邻板块。

9.1.2 基层损坏部分应予清除。由于局部修补面积较小,基层难以碾压,可采用C15贫混凝土进行补强,基层标高应与原基层顶面标高相同。

9.1.3 在进行混凝土板块维修的同时增设排水设施,应在面板横向缩缝处,设置横向盲沟,以免路基积水。

9.1.4 由于局部修补面积较小,混凝土施工应采用快速修补材料,以减少交通管制时间。宜采用可移动的强制式搅拌机,在施工现场拌和混凝土,减少混凝土的运输时间。

9.2 部分路段修复

9.2.2 较长路段的路基处理可采用压路机碾压,用二灰碎石进行基层补强。压路机上下路槽应设过渡装置,以免压坏接头板块。

9.2.3 在路面板翻修过程中应设置纵向盲沟。在坡脚应间隔5m连续设置三道横向盲沟,以便将纵向盲沟的积水排出。

9.2.4 在路面基层上做一下封层,有利于提高路基的水稳性。在新旧混凝土接头处安设传力杆和拉杆,可使新老混凝土板形成整体,以提高混凝土路面的传荷能力。

9.2.5 在新旧混凝土交接处设缝,可避免出现不规则的接缝。

9.3 旧水泥混凝土路面再生利用

9.3.3 在旧水泥混凝土板破碎前必须标明地下设施的位置,以避免损坏地下构造物。

凡曾用沥青材料修补的部位要将沥青材料清除干净,以便旧水泥混凝土板再生利用。在新旧水泥混凝土板块接头处应用液压镐破碎,以免损伤相邻老混凝土板。在构造物上方严禁用冲击锤破碎混凝土板块,以确保构造物的安全。

旧水泥混凝土集料制备时首先应对旧水泥混凝土板进行检查,当水泥混凝土路面板破坏不属碱集料反应,旧混凝土中的碎石满足强度大于3级的要求,则可对老混凝土板进行再生利用。旧混凝土再生集料的最大粒径控制在40~20mm。因小于20mm的细料强度达不到要求,而且吸水性较强,影响混凝土的和易性,故不予采用。

由于水泥石比重轻,孔隙多、强度低、只能采用轧碎的水泥石作为粗集料,选用新碎石作为细集料,并掺入一定量的Ⅱ级干粉煤灰改善其和易性。

9.3.5 首先在旧水泥混凝土路面两侧设纵横向排水沟,使水泥混凝土路面处于干燥状态。

由于冲击锤冲击能较大,在大面积破碎混凝土板时,为提高工作效率宜采用冲击落锤对旧混凝土板进行破碎。冲击锤的落点间距应为30cm,宜交错排列,以便将旧混凝土面板破碎均匀。

用水泥砂浆灌入板块裂缝内,以便填充混凝土块缝隙。用重型振动压路机进行振动碾压,以便旧混凝土板块嵌锁形成一整体。对软弱松动的碎块应及时清除,并用C15贫混凝土填补,形成复合地基。

在混凝土复合基层上做半刚性基层，可提高路基强度和平整度，避免产生反射裂缝。

半刚性基层的结构厚度应通过路面结构设计确定。沥青路面结构层厚度应按照《公路沥青路面设计规范》（JTJ 014）确定。

10 水泥混凝土预制块路面养护与维修

10.1 水泥混凝土预制块路面常见病害

水泥混凝土预制块路面是采用平面尺寸较小(一般为40cm×20cm),而抗压强度较高的块料紧密铺砌而成,砌缝间填扫砂粒,嵌满缝隙,形成嵌锁力,防止块料位移,同时使块料间得以传递荷载。它是一种用刚性块料铺筑而成且具有柔性路面的特点,既有混凝土路面的耐久性,又有施工完成后即可开放交通的优点,而且维修方便,可用于水泥混凝土路面与桥梁连接路段、码头道面、停车场和人行道。

水泥混凝土预制块路面容易渗水,一但路面积水,渗入垫层,在短时间内将很快引起沉陷、错台、导致预制块路面损坏。应加强养护,注意排水畅通。

10.2 水泥混凝土预制块路面日常养护

10.2.2~10.2.3 水泥混凝土预制块路面填料在行车的作用下容易散失,从而引起预制块松动、破碎。因此,水泥混凝土预制块路面日常养护的关键是及时添加嵌缝料,排除路面积水。

10.3 水泥混凝土预制块路面局部损坏维修

水泥混凝土预制块路面主要是由预制块之间的嵌锁作用,传递荷载,共同受力。一旦发现预制块路面出现局部损坏,要及时维修,否则将引起连锁反应,造成预制块路面在短期内大面积损坏,影响行车。预制块的维修范围要适当扩大到垫层损坏范围以外,以保证维修质量。

10.4 水泥混凝土预制块路面翻修

10.4.1 须对预制块路面损坏原因进行调查,以便制定翻修方案。

10.4.2 尽可能利用尚未损坏的预制块,以减少维修经费。

10.4.3 垫层的质量直接影响预制块路面的平整度,应挖除损坏的垫层,并用C15贫混凝土对垫层基础进行补强。砂垫层的施工质量是保证混凝土预制块路面平整度的关键,必须严格控制砂的含泥量、含水量及砂的粒径,控制砂垫层的松铺系数以及摊铺的均匀性。

10.4.4 预制块路面的嵌锁力依赖于块料的尺寸精度。预制块料由工厂(场)预制可达到精确的尺寸。需要更换的预制块应与原路面预制块标准一致,应到工厂(场)购买,若有条件也可自行预制生产。

混凝土预制块路面的边缘约束是保证砌块横向稳定的关键,因此,必须用混凝土基座固定,并应有足够的强度。

砌缝间砂的填充程度对预制块路面的嵌锁力影响较大,扫砂必须仔细,使块料的缝隙全部填满并振实。

附录 A　水泥混凝土路面修补材料

A.1　裂缝修补材料

A.1.1　主要指直接进行裂缝封闭用的修补材料，据其功能可分为补强材料和密封材料。

A.1.2　补强材料最常用的是环氧树脂类材料。纯环氧树脂材料脆性大，耐疲劳性差。用于水泥混凝土路面裂缝修补的环氧树脂类材料应是经过改性的或经乳化反应过的环氧树脂类材料，这些材料的强度高，具有较好的抗冲击韧性和耐疲劳性能。乳化环氧树脂还有一大优点，即在潮湿状态下也可施工。裂缝修补材料性能测试方法因本行业内尚无可参照的标准，故在本规范中参照其他行业标准确定了统一的测试方法。其中拉伸强度及断裂伸长率测试方法参照《树脂浇铸体力学性能试验方法总则》(GB 2567)和《树脂浇铸体拉伸试验方法》(GB 2568)制订。黏结强度试验方法参照《皂液乳化沥青》(ZBQ 17001)制订。

A.1.3　密封材料，最适合于水泥混凝土路面裂缝修补的是聚氨酯类灌缝材料，该类材料具有柔性的分子链，耐振动性及抗疲劳性能都很好，尤其是与水泥混凝土的黏结力强。

A.2　接缝材料

《公路水泥混凝土路面接缝材料》(JT/T 203)已经交通部批准作为行业推荐标准执行。水泥混凝土路面修补时应该按该标准选择接缝材料。为便于查阅使用，本规范将其有关条款内容编入，略有变动。

A.3　板块修补材料

A.3.1　根据国家科委引导性项目《我国水泥混凝土路面发展对策及修筑技术研究》成果，结合我国的具体情况制订。

板块修补材料的技术要求，主要为快硬高早强，收缩小，新旧混凝土黏性好，后期性能稳定，耐磨性及耐久性好，施工和易性好，修补面颜色与旧混凝土基本一致。

A.3.2　根据全国 20 多个省、市公路部门的板块修补信息资料得到，快速修补剂以 JK-24 型和JK-10 型修补效果好，已为公路部门所接受，故本节所规定的性能技术指标均参照掺有 JK-24 型和 JK-10 型快速修补剂的混凝土技术性能制订。

不推荐矿渣水泥、粉煤灰水泥、火山灰水泥配制修补用混凝土，主要考虑上述几种水泥的表面泌水大，耐磨性差，早强低等缺陷。

用于修补混凝土的砂、石材料，应较干净，因含泥量的大小对水泥石与集料的包裹影响很大，所以应从严控制。

根据研究结果及多数工程应用实例，板块修补用早强混凝土的推荐配合比为：

水泥		JK-10(或 JK-24)修补剂		水		砂		碎石
437		70		131		524		1149
1	:	0.16	:	0.30	:	1.20	:	2.63

实际施工中,由于所用的原材料不同,应作适当调整,并经过试配后确定。

A.3.3 聚合物乳液细粒式混凝土中的高分子聚合物乳液在未破乳前,基本不影响水泥的正常水化,一旦破乳,即会在混凝土中成膜,硬化后的混凝土致密度很高,阻碍水泥继续水化。因此应掺入部分早强剂,加快水泥的早期水化,以提高混凝土的强度。

细粒式混凝土的推荐配合比为:

水泥		砂		碎石		水		乳液
1	:	1.65	:	3.05	:	0.40~0.50	:	0.1~0.15

A.3.4 钢纤维水泥混凝土主要技术指标参照国家科委引导性项目《我国水泥混凝土路面发展对策及修筑技术研究》科研成果制订。

A.4 板下封堵灌浆材料

A.4.1 灌浆材料主要技术指标依据早期通车要求而确定。

A.4.2 水泥砂浆中掺加混凝土快速修补剂的目的是提高灌浆材料与混凝土板的黏结力。保证灌入的水泥砂浆不因收缩导致与混凝土板间脱离。英国规范规定灌浆用水泥砂浆的水灰比不大于0.50,根据研究及工程实际应用,水泥砂浆如掺入部分JK-24快速修补剂,水灰比宜控制在0.40~0.50间。

板下封堵用水泥砂浆推荐配合比为:

水泥		JK-10(或JK-24)修补剂		砂		水		粉煤灰
1	:	0.16	:	3~4	:	0.40~0.50		
1	:	0.20	:	2~3	:	0.40~0.50	:	1~2

A.4.3 水泥净浆实际上是以粉煤灰代替水泥砂浆中的砂,其水灰比以0.40~0.50为宜,要求粉煤灰达到国家规定的II级灰标准。

附录B　水泥混凝土路面养护维修机具

B.1　养护机具

参照《公路养护技术规范》(JTJ 073),结合水泥混凝土路面修补特点制订。

随着科学技术的发展,一些功能更全、技术更先进的养护机具将会问世,各地在机具选择时,应选择更先进、适用的养护机具,以提高公路养护水平。

B.2　主要养护机具性能

B.2.1　灌浆机具立足于小型,施工方便,采用便携式冲击电锤扩缝,压缩空气清缝,烧杯或带有尖嘴的量器灌浆。

B.2.2　清缝机具、灌缝机具(有的称之为嵌缝机)目前国内生产厂家不多,技术性能指标参照已有的清缝、灌缝机技术参数,结合实际需要制订。

B.2.3　国内生产切缝机的厂家很多,质量也较高。本规范仅就切割机的技术要求及技术参数作了一些规定。

破碎机具,根据广泛调研,大约有三种,一种是液压式开凿机,一种是落锤,还有一种是风镐。就劳动强度而言,液压式开凿机劳动强度最低,风镐劳动强度最高;就破碎工作效率而言,液压式开凿机和落锤最高;就一次性投资而言,风镐成本最低;就破碎板对邻板的影响而言,液压式开凿机影响最小,落锤影响最大。

修补混凝土大多为半干硬性混凝土,应采用强制式搅拌机拌和。

B.2.4　压浆机由水泥喷射泵、胶体搅机和砂浆回流系统组成,喷射压力为1.75MPa,具有5.7 L/min的低速连续泵送能力。

B.2.5　轧碎机的作用是将破碎的混凝土块进行二次破碎,将其轧碎成符合粗集料级配的碎块。

压路机主要用于稳固基层,振动压路机压实效果较好。

JTJ

中华人民共和国行业标准　　JTJ 073.2—2001

公路沥青路面养护技术规范

Technical Specifications for Maintenance of Highway Asphalt Pavement

2001-10-11 发布　　2002-01-01 实施

中华人民共和国交通部发布

5

关于发布《公路沥青路面养护技术规范》(JTJ 073.2—2001)的通知

交公路发〔2001〕588 号

各省(自治区、直辖市)交通厅(局、委),各有关单位:

现批准发布《公路沥青路面养护技术规范》(JTJ 073.2—2001),作为行业标准,自2002 年 1 月 1 日起施行。

该标准由上海市公路管理处主编并负责解释,人民交通出版社出版。希各单位在实践中注意积累资料,总结经验,及时将发现的问题和修改意见函告上海市公路管理处(上海市武宁路 915 弄 1 号,200063,电话:021—62169691)与中建标公路工程委员会秘书处(北京西土城路 8 号,100088,电话:010—62079195),以便修订时参考。

中华人民共和国交通部

二〇〇一年十月十一日

前　言

原《公路养护技术规范》(JTJ 073—96)公布执行以来,在我国公路养护管理工作中发挥了很大的作用。但由于公路建设的飞跃发展,公路设施数量增加迅速,对公路养护,包括沥青路面的养护要求越来越高,因此,原规范的内容已不适应公路发展的需要。根据交通部下达的公路工程建设标准、规范、定额等编制、修订工作计划的安排,将原规范分解为《公路沥青路面养护技术规范》、《公路水泥混凝土路面养护技术规范》、《公路桥涵养护技术规范》、《公路养护安全操作技术规程》等规范,而其中《公路沥青路面养护技术规范》由上海市公路管理处主编,长沙交通学院、山东、辽宁、四川、河南、甘肃等省公路局参加共同编制完成。

为编写本规范,主编单位曾发函各省、市、自治区有关交通部门征求意见,在征求意见的基础上,于1997年9月通过专家审查,确定了编写大纲。在编写过程中,还曾二次征求各省、市交通部门意见,并于1998年10月召开了征求意见会,根据征求的意见和建议完成了送审稿。2000年2月由交通部公路司主持召开了送审稿评审会。根据评审会意见,进一步修改,完成了报批稿,经交通部审定,批准颁布执行。

本规范分为10章,并附有5个附录。本规范的重点是对原《公路养护技术规范》中有关沥青路面的养护技术内容进行了全面的充实和提高,增加了"术语、符号"、"补强"等章节,从而使本规范与新颁布的公路沥青路面设计规范、施工规范及相关规范的名词术语等,与交通部印发的《国家干线公路文明建设样板路实施标准》保持一致。在"养护内容与质量标准"一章中按公路等级提出相应的养护质量要求,并根据公路事业发展的需要在原规范基础上加以提高。对高速公路和一级公路沥青路面的养护提出了车辙的要求,对公路沥青路面抗滑性能提出了横向力系数和摆值二项指标。在"路况调查与评价"一章中也根据交通部推广应用的"公路路面管理系统"(CPMS)的内容进行了补充与修改。本规范还突出了对高速公路的沥青路面的养护要求,在"日常养护"一章里作了具体规定。本规范的颁布执行,必将会使我国公路沥青路面的养护质量得到进一步的提高。

本规范的内容是根据近年来公路沥青路面养护工作中的各种新材料、新工艺、新设备、新技术的发展和应用情况,以及科研成果和养护工作经验编制而成的。为使本规范更能符合我国公路沥青路面养护的实际情况,请各有关单位在执行中,将发现的问题和意见,随时函告上海市公路管理处(地址:上海市武宁路915弄1号,邮编:200063),与中建标公路工程委员会秘书处(北京西土城路8号,邮编:100088),以便下次修订时参考。

主 编 单 位:上海市公路管理处

参 编 单 位:长沙交通学院、四川省公路局、辽宁省公路局、山东省公路局、河南省公路局、甘肃省公路局

主要起草人:张奎鸿　徐　犇　何桂平　姚元强　武明章　汪维恒　江凯林
来旭光　梁伟光　王一如　李宇峙　周　谦　隆泽均　谈敦仪
沈忠仁　李玉海

目　录

1 总则

1.0.1 目的

为提高公路沥青路面的养护水平，保证路面经常处于良好的技术状态，特制定本规范。

1.0.2 适用范围

本规范适用于各级公路沥青路面的养护。

1.0.3 基本要求

1 对沥青路面必须进行预防性、经常性和周期性养护。必须加强路况巡视，掌握路面的使用状况，根据路面的实际情况制定日常小修保养和经常性、预防性和周期性养护工程计划。对于较大范围路面维修和超过设计使用年限的路面维修应及时安排大中修工程和改建工程。

2 沥青路面的养护必须加强计划及施工管理，根据计划做好进度安排、人员组织、物资设备供应，确保养护工作按照计划实施。必须加强养护工程质量管理和监督；必须加强沥青路面的养护经济核算和成本分析。

3 沥青路面宜采用机械化养护，提高养护工程质量和服务水平。

4 沥青路面的养护应依靠科技进步，加强养护技术管理，逐步采用先进的检测仪器设备采集路况资料，应用路面管理系统，正确评价路况，提出科学的养护对策。积极推广应用新技术、新材料、新工艺，发展现代化沥青路面的养护技术。

5 沥青路面养护必须贯彻文明施工、安全生产的方针，制定技术安全措施，加强安全教育，严格执行安全操作规程，确保安全生产。

1.0.4 相关标准

沥青路面的养护，除按本规范的规定执行外，尚应遵守国家和行业现行有关标准规范的规定。

2 术语、符号

2.1 术语

2.1.1 路面综合破损率 damage rate

路段内不同类型、程度和范围的损坏的折合面积与路段的路面总面积的比值。

2.1.2 路面状况指数 pavement condition index

表征路面完好程度的指数。

2.1.3 路面强度指数 structure strength index

为路面设计弯沉值与路段代表弯沉值之比，是表征路面结构整体强度的相对指标。

2.1.4 路面质量指数 pavement quality index

由路面的行驶质量指数、路面状况指数、路面强度指数和路面抗滑性能评价指标通过加权计算得出的综合评价指标。

2.2 符号

编号	符号	意 义	编号	符号	意 义
2.2.1	DR	路面综合破损率(%)	2.2.10	D	被评价路段内的折合破损面积(m^2)
2.2.2	PCI	路面状况指数(分)	2.2.11	A	被评价路段内的路面总面积(m^2)
2.2.3	SSI	路面强度指数	2.2.12	D_{Ij}	第I类损坏，第j类严重程度的实际破损面积(m^2)
2.2.4	RQI	行驶质量指数	2.2.13	K_{Ij}	第I类损坏，第j类严重程度的换算系数
2.2.5	SFC	横向力系数	2.2.14	BI	平整度测试设备的测试结果，对车载式颠簸累积仪的单位为mm/km
2.2.6	BPN	摆式仪摆值	2.2.15	P_1	路况指数PCI的加权系数
2.2.7	IRI	国际平整度指数	2.2.16	P_2	行驶质量指数的加权系数
2.2.8	PQI	路面质量指数	2.2.17	P_3	强度指数的加权系数
2.2.9	K	路面破损换算系数	2.2.18	P_4	抗滑能力的加权系数

3 养护内容与质量标准

3.1 工作内容与要求

3.1.1 沥青路面的养护工作可分为日常巡视与检查、小修保养、中修、大修、改建和专项养护工程等,其具体内容有:

1 日常巡视与检查

日常巡视与检查内容包括:

(1)路面上是否有明显的坑槽、裂缝、拥包、沉陷、松散、车辙、泛油、波浪、麻面、冻胀、翻浆等病害,其危害程度及趋势;

(2)路面上是否有可能损坏路面或妨碍交通的堆积物等。

2 小修保养

小修保养可分为日常保养和小修二项工作内容。

(1)日常保养的内容有:

1)清扫路面泥土、杂物;

2)排除路面积水、积雪、积冰、积砂、铺防滑料等;

3)拦水带(路缘石)的刷白、修理;

4)清理边沟、维修护坡道、培土等。

(2)小修的内容有:

修补路面的泛油、拥包、轻微裂缝、横向裂缝、坑槽、沉陷、波浪、局部网裂、松散、车辙、麻面、啃边等病害。

3 中修工程

中修工程的内容有:

(1)沥青路面整段铺装、罩面或封面(稀浆封层);

(2)沥青路面局部严重病害处理;

(3)整段更换路缘石、整段维修路肩。

4 大修工程

大修工程的内容包括路面的翻修、补强等。

5 改建工程

改建工程的工作内容有:

(1)提高路面等级;

(2)补强;

(3)加宽;

(4)局部改线。对不适应交通要求、不符合路线标准的路段,通过局部改线,提高公路等级,使其符合技术标准要求。

6 专项养护工程

3.1.2 沥青路面的小修保养应符合下列要求:

1 保证路面平整、横坡适度、线形顺直、清扫整洁、排水良好;

2 加强巡路检查,掌握路面情况,及时排除有损路面的各种不良因素,发现路面初期病害应及早维修。

3.1.3 对路面较大损坏,应根据损坏程度,及时安排大、中修或专项工程,进行维修和整治;对路面承载能力不足或不适应交通要求的,应根据不同情况进行补强、加宽或改线,以提高公路等级。

3.1.4 应重视路面排水。及时修补沥青路面的坑槽和裂缝,防止地表水渗入基层;对已渗入基层的积水,应设纵横向盲沟排水,地下水位较高的在排水沟下面设置腹式盲沟;应加强路面排水设施的维修养护,保持良好的排水功能。

3.2 养护质量标准

3.2.1 沥青路面养护质量标准

1 沥青路面平整度、抗滑性能及路面状况的养护质量标准应符合表 3.2.1-1 的规定。

2 沥青路面强度的养护质量标准应符合表 3.2.1-2 的规定。

3 沥青路面车辙养护质量标准应符合表 3.2.1-3 的规定。

平整度、抗滑性能及破损状况的养护质量标准 表 3.2.1-1

序号	项目		高速公路、一级公路	其他等级公路
1	平整度(mm)	平整度仪 σ	≤3.5	≤4.5(≤5.5 或≤7.0)①
		三米直尺 h	≤7	≤10(≤12 或≤15)②
		IRI(m/km)	≤6	≤8
2	抗滑性能	横向力系数 SFC	≥40	≥30
		摆式仪摆值 BPN	—	≥32
3	路面状况指数 PCI		≥70	55

注:① 对于其他等级公路的平整度方差 σ:沥青碎石、贯入式应取低值 4.5,沥青表面处治取中值 5.5,碎砾石及其他粒料类路面取高值 7.0;

② 对于其他等级公路的平整度三米直尺指标:沥青碎石、贯入式应取低值 10,沥青表面处治取中值 12,碎砾石及其他粒料类路面取高值 15。

沥青路面强度的养护质量标准 表 3.2.1-2

评价指数	高速公路、一级公路	其他等级公路
路面强度系数 SSI	≥0.8	≥0.6

沥青路面车辙养护质量标准 表 3.2.1-3

评价指数	高速公路、一级公路	其他等级公路
路面车辙深度(mm)	≤15	—

注:对于其他等级公路不对车辙深度作要求。

4 沥青路面应保持横坡适度,以利排水,各种路面类型的路拱坡度宜符合表 3.2.1-4 的规定。

沥青路面横坡度 表 3.2.1-4

路面类型	高速公路、一级公路	其他等级公路
路拱坡度	1.0~2.0	—

注:对于高速公路、一级公路路拱横坡的养护标准,路面结构排水良好的可比表列值低 0.5%,其他等级公路的路拱横坡可视公路等级的情况比《公路工程技术标准》(JTJ 001)中相应的设计值低 0.5% 作为养护标准。

5 沥青路面平整度、抗滑性能、路面状况、强度、车辙及路拱横坡度的养护状况若达不到表 3.2.1-1~表 3.2.1-4 的规定标准时,应采取适当的措施对其进行处治予以修复,以达到规定的要求。

3.2.2 大修、中修、改建、专项工程的质量标准

对沥青路面采取大修、中修、改建及实施专项养护工程时,除遵照本规范的相关技术规定外,还应遵

照《公路工程质量检验评定标准》(JTJ 071)、《公路沥青路面施工技术规范》(JTJ 032)、《公路路面基层施工技术规范》(JTJ 034)、《公路路基施工技术规范》(JTJ 033)的规定执行。

3.3 养护材料要求

3.3.1 基本要求

沥青路面的养护维修材料主要有道路石油沥青、乳化石油沥青、液体石油沥青、改性沥青等沥青材料、各种规格的粗细集料、填料等砂石材料,以及由这些材料组成的混合料。各种维修养护材料都必须进行必要的试验,不符合要求的,不得使用。

3.3.2 技术要求

沥青路面养护维修材料的技术要求应符合《公路沥青路面设计规范》(JTJ 014)、《公路沥青路面施工技术规范》(JTJ 032)的规定。材料试验应遵照《公路工程沥青及沥青混合料试验规程》(JTJ 052)、《公路工程石料试验规程》(JTJ 054)、《公路工程集料试验规程》(JTJ 058)的规定执行。

3.4 养护机具配备

3.4.1 沥青路面的养护维修应根据实际要求和各地实际情况配备各种机具设备,其种类及规格,可参照附录A。

3.4.2 沥青路面改建工程所需机具应遵照《公路沥青路面施工技术规范》(JTJ 032)的有关规定配备。

3.4.3 路面状况调查设备可参照表3.4.3执行。

路面状况调查设备表 表3.4.3

调查内容	调查设备	备注
路面破损状况	直尺等直观调查设备	可配备路况摄影车
路面结构强度	贝克曼梁弯沉仪及弯沉车	可配备自动弯沉仪 或落锤式弯沉仪
路面平整度	路面平整度仪或三米直尺	
路面抗滑能力	摩擦系数仪	可配备横向力系数仪
路面车辙深度	路面车辙测试仪	

3.4.4 养护机械应配备具有上岗证书的技术工人,并注意做好机械的保养维修工作,确保安全使用,提高机械设备的完好率和使用率。

4　路况调查与评价

4.1　一般规定

4.1.1　路况调查与评价的目的是为公路管理部门编制公路养护年度计划和维修对策提供依据,同时,为确定日常养护和维修工作内容也应进行路况调查和评价。

4.1.2　应按照4.3节规定的调查频率对路面状况各项评价标准进行调查,采集路况数据。通过路况数据评定路面状况并充实完善数据库。

4.1.3　应对路面使用性能进行长期观测和调查,研究其变化规律,分析路面产生病害的原因,拟定处治方案。

4.1.4　公路养护管理部门制定资金需求和资金分配计划、制定公路养护工作计划、确定大、中、小修及保养对策和方案决策时,宜使用路面管理系统,以提高养护工作和管理决策的科学性。

4.2　路面的破损类型

4.2.1　沥青路面破损可分为裂缝类、松散类、变形类及其他类等四大类。

4.2.2　各类破损类型及其严重程度描述见表4.2.2。

沥青路面破损分类分级　　表4.2.2

破损类型		分级	外观描述	分级指标	计量单位
裂缝类	龟裂	轻	初期龟裂,缝细、无散落,裂区无变形	块度:20~50cm	m^2
		中	裂块明显,缝较宽,无或轻散落或轻度变形	块度:<20cm	
裂缝类	龟裂	重	裂块破碎,缝宽,散落重,变形明显,亟待修理	块度:<20cm	m^2
	不规则裂缝	轻	缝细,不散落或轻微散落,块度大	块度:>100cm	m^2
		重	缝宽,散落,裂块小	块度:50~100cm	
	纵裂	轻	缝壁无散落或轻微散落,无或少支缝	缝宽:≤5mm	m^2
		重	缝壁散落重,支缝多	缝宽:>5mm	
	横裂	轻	缝壁无散落或轻微散落,无或少支缝	缝宽:≤5mm	m^2
		重	缝壁散落多,支缝多	缝宽:>5mm	
松散类	坑槽	轻	坑浅,面积小(<1 m^2)	坑深:≤25mm	m^2
		重	坑深,面积较大(>1 m^2)	坑深:>25mm	
	麻面		细小嵌缝料散失,出现粗麻表面		m^2
	脱皮		路面面层层状脱落		m^2
	啃边		路面边缘破碎脱落,宽度10cm以上		
	松散	轻	细集料散失,路面磨损,路表粗麻		m^2
		重	粗集料散失,多量微坑,表面剥落		

续上表

破损类型		分级	外观描述	分级指标	计量单位
变形类	沉陷	轻	深度浅,行车无明显不适感	深度:≤25mm	m^2
		重	深度深,行车明显颠簸不适	深度:>25mm	
	车辙	轻	变形较浅	深度:≤25mm	m^2
		重	变形较深	深度:>25mm	
	搓板		路面产生纵向连续起伏、似搓板状的变形		m^2
	波浪	轻	波峰波谷高差小	高差:≤25mm	m^2
		重	波峰波谷高差大	高差:>25mm	
	拥包	轻	波峰波谷高差小	高差:≤25mm	m^2
		重	波峰波谷高差大	高差:>25mm	
其他类	泛油	路表呈现沥青膜,发亮,镜面,有轮印			m^2
	磨光	路面原有粗构造衰退或丧失,路表光滑			m^2
	修补损坏面积	因破损或病害而采取修复措施进行处治,路表外观上已修补的部分与未修补部分明显不同			m^2
	冻胀	路基下部的水分向上聚集并冻结成冰引起路面结构膨胀,造成路表拱起和开裂			m^2
	翻浆	因路基湿软,路面出现弹簧、破裂、冒浆的现象			m^2

4.3 调查内容与方法

4.3.1 路面调查内容与频率

路面调查主要包括路面破损状况、路面结构强度、路面平整度、路面抗滑能力等四项内容。根据需要还可增加对桥头、通道两侧以及涵洞的不均匀沉降观测。交通量观测按附录B有关规定进行。

路面调查可采用全面调查或抽样调查的方式。路面调查频率应遵照表4.3.1的规定。

路面调查频率 表4.3.1

公路等级	评价指标			
	破损	平整度	强度	抗滑
高速公路、一级公路	每年一次		1~3年一次	
二、三、四级公路	每年重点调查		必要的调查	

4.3.2 破损调查

路面破损的调查指标为综合破损率(DR)。

高速公路和一级公路路面破损数据调查,宜采用先进快速的调查方法。其他等级公路可采用人工调查的方法。

4.3.3 强度调查

路面强度的调查指标为路面弯沉值(l_s)。

高速公路和一级公路路面弯沉值的调查,宜采用自动弯沉仪或落锤式弯沉仪进行调查,但应建立与贝克曼梁测定结果的对应关系。其他等级公路可采用贝克曼梁弯沉仪进行调查。

4.3.4 平整度调查

路面平整度的调查指标为国际平整度指数(IRI)。

路网的全面调查宜采用车载式检测设备快速检测;小范围的抽样调查可采用连续式平整度仪或三米直尺检测。

各种方法的测定结果应建立与国际平整度指数之间的对应关系。

4.3.5 抗滑能力的调查

路面抗滑能力的调查指标为横向力系数（SFC）和摆值（BPN）。

调查设备可采用横向力测定车和摆式仪。高速公路和一级公路，宜采用横向力系数测定车。

4.3.6 交通量观测

当调查与评价路段有交通量观测数据时，应直接采用；如交通量观测数据不能满足要求时，可按附录B要求进行补测。

4.4 数据的采集与管理

4.4.1 现有路面数据采集应由地（市）级公路管理机构负责组织，由县级公路部门组成测试小组进行，也可委托专门的检测机构进行。参与数据采集人员必须严肃认真，有较丰富的养护路面实践经验，并熟悉路面病害类型区分，确保数据真实、可靠。

4.4.2 路面破损数据的采集与管理

1 调查方法

（1）仔细查看路面上存在的损坏状况，正确区分病害类型和严重程度，丈量其损坏面积，按病害类型及其严重程度，记入沥青路面损坏情况调查表，准确至平方米，不规则形状的损坏面积计算时先按当量面积计算，然后根据破损程度乘上系数确定；评价段次按100m设定，每张表为一个路段的实测记录，记录表格见附录C表C.0.1。

（2）对于各种单条裂缝，其损坏面积按裂缝长度乘以0.2m计算。

（3）车辙的损坏面积按车辙的长度乘以0.4m计算。对于车辙、拥包、波浪、坑槽、沉陷等类损坏，可用三米直尺测其最大垂直变形，以确定其严重程度。

（4）调查结果应按路段汇总，填入沥青路面损坏情况总表，每一行为一个路段的合计记录，记录表格见附录C表C.0.2。路段长度宜采用1 000m，以整公里桩号为起迄点，并考虑以公路交叉及行政区分界为分段点。

2 数据校核

地（市）公路部门应组织复核小组进行抽查，抽查数量占实际调查路段的5%～10%，偏差范围在±10%以内为合格，不合格时应重新进行调查。

4.5 使用品质的评价指标与评价方法

4.5.1 路面现有使用质量评价的内容包括：路面破损状况、行驶质量、强度及抗滑性能。各项评价内容所用的指标及其关系如图4.5.1所示。

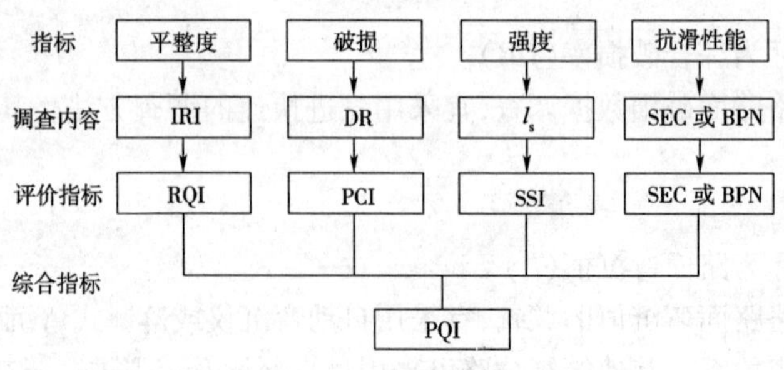

图4.5.1 评价指标关系图

4.5.2 路面破损状况

1 路面破损状况采用路面状况指数（PCI）进行评价，路面状况指数由沥青路面破损率（DR）计算得出。

1）路面破损的具体种类及严重程度描述见本规范表4.2.2。

2）路面破损换算系数（K）：根据路面破损的严重程度和范围，按表4.5.2-1确定。

路面破损换算系数(K)　　表 4.5.2-1

破损类型	严重程度	换算系数(K)	破损类型	严重程度	换算系数(K)
龟裂	轻 中 重	0.6 0.8 1.0	车辙	轻 重	0.4 1.0
不规则裂缝	轻 重	0.2 0.4	搓板		0.8
纵裂	轻 重	0.4 0.6	波浪	轻 重	0.4 0.8
横裂	轻 重	0.2 0.4	拥包	轻 重	0.4 0.8
坑槽	轻 重	0.8 1.0	泛油		0.1
麻面		0.1	磨光		0.6
脱皮		0.6	修补损坏面积		0.1
啃边		0.8	冻胀		1.0
松散	轻 重	0.2 0.4	翻浆		1.0
沉陷	轻 重	0.4 1.0			

3)路面综合破损率(DR)按下式计算:

$$\mathrm{DR} = D/A \times 100 = \sum\sum D_{ij} \cdot K_{ij}/A \times 100 \tag{4.5.2-1}$$

式中:DR——路面综合破损率,以百分数计;

D——调查路段内的折合破损面积(m^2);$D = \sum\sum D_{ij} \cdot K_{ij}$;

A——调查路段的路面总面积(m^2);

D_{ij}——第 i 类损坏 j 类严重程度的实际破损面积(m^2);如为纵、横向裂缝,其破损面积为:裂缝长度(m)×0.2;车辙破损面积为:长度(m)×0.4;

K_{ij}——第 i 类损坏、第 j 类严重程度的换算系数,可从表4.5.2-1查得。

4)路面状况指数(PCI):

路面状况指数(PCI)的数值范围为0~100。其值越大,路况越好。PCI的计算公式为:

$$\mathrm{PCI} = 100 - 15\mathrm{DR}^{0.412} \tag{4.5.2-2}$$

2　路面破损状况的评价标准

根据路面破损情况,可将路面质量分为优、良、中、次、差五个等级。评价标准应符合表4.5.2-2的规定。

路面破损状况评价标准　　表 4.5.2-2

评价等级 / 评价指标	优	良	中	次	差
路面状况指数 PCI	≥85	≥70~<85	≥55~<70	≥40~<55	<40

4.5.3　路面强度

1　路面强度指数(SSI)

沥青路面强度采用强度指数作为评价指标。路面强度指数(SSI)按下式计算:

$$\mathrm{SSI} = \text{路面设计弯沉值}/\text{路段代表弯沉值} \tag{4.5.3}$$

路段代表弯沉值可依据现行《公路沥青路面设计规范》(JTJ 014)的有关规定进行计算。

2　路面强度评价标准应符合表 4.5.3 的规定。

路面强度的评价标准　　表 4.5.3

评价指标＼公路等级＼标准	优		良		中		次		差	
	高速公路、一级公路	其他等级公路	高速公路、一级公路	其他等级公路	高速公路、一级公路	其他等级公路	高速公路、一级公路	其他等级公路	高速公路、一级公路	其他等级公路
强度指数 SSI	≥1.0	≥0.83	<1.0～≥0.83	<0.83～≥0.66	<0.83～≥0.66	<0.66～≥0.5	<0.66～≥0.5	<0.5～≥0.3	<0.5	<0.3

4.5.4　行驶质量指数

1　路面的行驶质量采用行驶质量指数(RQI)作为评价指标,行驶质量指数由国际平整度指数(IRI)计算。

1)国际平整度指数

国际平整度指数 IRI 可由反应类设备测定,测定结果需经试验标定。IRI 与其他设备的标定关系式一般为:

$$\mathrm{IRI} = a + b \times \mathrm{BI} \tag{4.5.4-1}$$

式中:BI——平整度测试设备的测试结果;

a,b——标定系数。在使用中,各地可根据实际的标定结果确定其取值;

IRI——国际平整度指数(m/km)。

2)行驶质量指数

路面行驶质量指数(RQI)与国际平整度指数(IRI)的关系为:

$$\mathrm{RQI} = 11.5 - 0.75 \times \mathrm{IRI} \tag{4.5.4-2}$$

式中:RQI——行驶质量指数,数值范围为 0～10。如出现负值,则 RQI 值取 0;如计算结果大于 10,RQI 取值 10。

2　路面行驶质量评价标准应符合表 4.5.4 的规定。

路面行驶质量的评价标准　　表 4.5.4

评价指标＼等级	优	良	中	次	差
行驶质量指数 RQI	≥8.5	<8.5～≥7.0	<7.0～≥5.5	<5.5～≥4.0	<4.0

4.5.5　路面抗滑性能

路面抗滑性能采用抗滑系数作为评价指标,抗滑系数以横向力系数(SFC)或摆式仪的摆值(BPN)表示。评价标准应符合表 4.5.5 的规定。

路面抗滑能力评价标准　　表 4.5.5

评价指标＼评价等级	优	良	中	次	差
横向力系数 SFC	≥50	≥40～<50	≥30～<40	≥20～<30	<20
摆值 BPN	≥42	≥37～<42	≥32～<37	≥27～<32	<27

4.5.6　路面的综合评价

1　路面的综合评价指标(PQI)

路面的综合评价采用 PQI 作为评价指标,PQI 用分项指标加权计算得出。PQI 的数值范围为 0～100。其值越大,路况越好。

$$\mathrm{PQI} = \mathrm{PCI}' \times P_1 + \mathrm{RQI}' \times P_2 + \mathrm{SSI}' \times P_3 + \mathrm{SFC}' \times P_4 \tag{4.5.6}$$

式中:P_1、P_2、P_3、P_4 为相应指标的权重,按 PCI、RQI、SSI、SFC(或 BPN)的重要性确定。

建议值见表4.5.6-1。PCI′、RQI′、SSI′、SFC′的赋值见表4.5.6-2。

P_1、P_2、P_3、P_4 权重建议值 表4.5.6-1

取值 / 权重	建议值		
	高速公路、一级公路	二级公路	二级以下公路
P_1	0.25	0.3	0.35
P_2	0.35	0.25	0.2
P_3	0.1	0.25	0.35
P_4	0.3	0.2	0.1

PCI′、RQI′、SSI′、SFC′的赋值 表4.5.6-2

等级 / 权值	PCI、RQI、SSI、SFC(或BPN)评定结果				
	优	良	中	次	差
相应指标的赋值	92	80	65	50	30

2 路面综合评价的评价标准

路面综合评价的评价标准宜符合表4.5.6-3的规定。

路面综合评价标准 表4.5.6-3

等级 / 评价指标	优	良	中	次	差
路面综合评价指标 PQI	≥85	≥70～<85	≥55～<70	≥40～<55	<40

4.6 维修养护对策

4.6.1 沥青路面养护对策应根据公路等级、交通量、分项路况评价结果确定。分项路况评价包括：路面破损状况、行驶质量、路面强度和抗滑性能等方面。路面综合评价指标仅用于对路面质量的总体评价。

4.6.2 各地公路养护管理部门应结合路面管理系统的使用，根据路面分项评价结果和养护资金的情况，统筹安排本地区公路网的资金需求计划和资金分配方案，确定公路养护的优先次序。

4.6.3 公路养护管理部门可根据公路等级、交通量、分项路况的评价结果，结合养护资金情况，采取如下维修养护对策：

1 在满足强度要求的前提下(路面的结构强度系数为中等以上时)，若高速公路及一级公路的路面状况指数(PCI)评价为优、良，或者二级及二级以下公路的路面状况指数评价为优、良、中时，以日常养护为主，并对局部破损进行小修；若高速公路及一级公路的路面状况指数(PCI)评价为中及中以下，或者二级或二级以下公路的路面状况指数评价为次及次以下，应采取中修罩面措施。

2 在不满足强度要求的前提下(路面的结构强度系数为中等以下时)，应采取大修补强措施以提高其承载能力。

3 若高速公路及一级公路的行驶质量指数(RQI)评价为优、良，或者二级及二级以下的公路的行驶质量指数评价为优、良、中时，以日常养护为主；若高速公路及一级公路的行驶质量指数(RQI)评价为中及中以下，或者二级及二级以下公路的行驶质量指数评价为次及次以下时，应采取罩面等措施改善路面的平整度。

4 高速公路及一级公路的抗滑能力不足(SFC <40)的路段，或二级及二级以下公路抗滑能力不足(SFC <30 或 BPN <32)的路段，应采取加铺罩面层等措施提高路表面的抗滑能力。

5 因路面不适应现有交通量或载重的需要，应通过提高现有路面的等级，或通过加宽等改建措施提高道路的通行能力和服务质量。

4.6.4 大、中修及改建工程的结构类型和厚度,可根据公路等级、交通量、当地经济条件和已有经验,通过设计确定,具体要求应符合本规范第7、9、10章的规定。

4.6.5 对项目级的养护维修对策,可根据公路网的资金分配情况和养护工作计划安排,结合各路况分项评价结果和本地区成熟的养护经验,选择具体的养护维修措施。

5 日常养护

5.1 一般公路沥青路面日常养护

5.1.1 初期养护应按下列规定进行。

1 热拌沥青混合料路面的初期养护

(1)摊铺、压实后的热拌沥青混合料路面，待摊铺层自然冷却，混合料表面温度低于50℃后方可开放交通。

(2)纵横向的施工接缝是沥青路面的薄弱环节，应加强初期养护，随时用三米直尺查找暴露出来的轻微不平，铲高补低，经拉毛后，用混合料垫平、压实。

2 沥青贯入式路面的初期养护

(1)路面竣工后，开放交通时，行驶车辆限速在15km/h以下，根据表面成型情况，逐步提高到20km/h。

(2)设专人指挥交通或设置临时路标，按先两边，后中间控制车辆易辙行驶，达到全面压实。

(3)应随时将行车驱散的嵌缝料回扫、扫匀、压实，以形成平整密实的上封层。当路面泛油后，要及时补撒与施工最后一层矿料相同的嵌缝料，同时控制行车碾压。

3 沥青表面处治路面的初期养护

(1)层铺法施工的沥青表面处治路面的初期养护与贯入式路面的要求基本相同。

(2)拌和法施工的沥青表面处治路面的初期养护与热拌沥青混合料的要求基本相同。

4 乳化沥青路面的初期养护

乳化沥青路面的初期稳定性差，压实后的路面应做好初期养护，设专人管理，按实际破乳情况，封闭交通2~6h；在未破乳的路段上，严禁一切车辆、人、畜通过；开放交通初期，应控制车速不超过20km/h，并不得制动和掉头。当有损坏时应及时修补。

5.1.2 沥青路面日常养护应按下列规定执行。

1 加强路况巡查，及时发现病害，研究分析病害产生的原因，并有针对性及时对病害进行维修处理。

2 路面清扫应按如下规定进行：

(1)巡查过程中，发现路面上有杂物，要及时清扫，保持路面清洁。

(2)沥青路面的日常清扫，应根据实际情况，采用机械或人工的方法进行清扫。

(3)沥青路面的清扫作业频率应根据路面污染程度、交通量的大小及其组成、气候及环境条件等因素而定；长大隧道内、桥梁上沥青路面的清扫频率应适当增加。

(4)为了防止清扫路面时产生扬尘而污染环境，危及行车安全，机械清扫时宜配备洒水装置，并根据路面的扬尘程度，确定适当的洒水量。

3 严禁履带车和铁轮车在沥青路面上直接行驶，如必须行驶，应采取相应措施。

4 雨后路面有积水的地方要及时排除。

5 排水设施的养护

在春融期，特别是汛前，应对排水设施进行全面检查并疏通。雨天必须上路巡查，及时排除堵塞并疏通。防止水流直接冲刷路基、路面及路肩。暴雨过后应重点检查，如有冲刷、损坏，应及时修补。

6 除雪防滑

(1)当降雪影响正常通行时，应组织人员与机械清除路面积雪，对重要道路要争取地方政府组织沿线人员、设备除雪。

(2)在冬季降雪或下雨后,路面出现结冰时,应在桥面、陡坡、急弯、桥头引道撒铺一层防滑料。在环保允许情况下,也可撒布融雪材料(氯化钙、氯化钠等)。

7　路肩养护

(1)路肩上应保持适当的横坡,坡度应平整顺适,硬路肩横坡可与路面横坡相同或略大,植草路肩应比路面横坡度大1% ~2%。当路肩的横坡过大或过小时,应及时整修。

(2)堆料台应设置在路肩以外,堆料应距离适当、排列规整。

(3)路肩应经常保持平整坚实,对出现的坑槽、车辙、缺口应及时修补。

(4)对雨天积水、淤泥应及时排除和清理,铲除的淤泥土石及杂物,不得堆放在边沟内或边坡上。

(5)宜结合GBM工程,用块石、水泥混凝土预制块铺砌路肩外侧边缘带。对边缘带应加强养护,由于路表水冲刷及车辆碾压造成的松动、破损应及时修复或更换。

(6)可在路肩上种植(或保留)草皮,并要经常修整,草高不宜超过15cm,并以不影响路面排水为原则,保护路肩不被冲刷。

8　边坡养护

(1)路基边坡的坡面应保持平顺、坚实无冲沟,其坡度应符合设计规定。应经常检查路堑,特别是深路堑边坡的稳定情况。如发现有危岩、浮石等,应及时清除,避免坍落危及行车、行人安全和堵塞边沟。当土路堑边坡出现冲沟时,应及时用黏土填塞捣实;如出现潜流涌水,可开集水沟,将水引向路基以外。

(2)填土路堤边坡因雨水冲刷,易出现冲沟和缺口,应及时用黏结性良好的土修补拍实。对较大的冲沟和缺口,修理时应将原边坡开挖成台阶形,然后分层填筑夯实,并注意与原坡面衔接平顺,并增加植被防护。

(3)边坡、碎落台、护坡道、沿河路堤等,受水流冲刷及浸淹,出现缺口、冲沟、沉陷、塌落滑坡时,应根据水流、地质、边坡坡度等情况,选用种草、铺草皮、栽灌木丛、投放石笼、干砌或浆砌片石护坡等防治措施。

5.1.3　季节性预防养护

沥青路面对气温比较敏感,应根据各地不同季节的气候特点、水和温度变化规律,按照"预防为主、防治结合"的原则,结合本地区成功经验,针对如下所列不同季节病害根源,因地制宜,采取有效的技术措施,做好预防性季节性养护工作。

1　春季　春季气温较暖,路基内的水分开始转移,是各种病害集中暴露的季节。养护中应抓住时机,及时防治路面病害。

(1)路基含水量较大的路段,随着解冻路基强度减弱,在行车作用下面层容易出现裂缝病害;含水量已达饱和、强度和稳定性差的路段,经车辆碾压容易出现翻浆。

(2)施工质量差的路面,在气温回升时容易变软,矿料经碾压产生松动,油层不稳定,容易出现油包、波浪等。

(3)秋末冬初低温施工路段,随着温度的上升,容易出现泛油。

(4)春融季节路面出现网裂后,如不及时处理,容易发展为坑槽。

2　夏季　夏季气候炎热,地面水分蒸发快,是沥青路面各种病害全面发展的季节。养护中要充分利用夏季气温高、操作方便的条件,及时消灭病害。

(1)新铺的沥青路面在高温作用下容易出现泛油。

(2)基层含水量较大或质量差的路段,在行车作用下容易造成路面发软产生车辙。

(3)沥青用量过多,矿料过细或沥青粘度差的沥青路面容易出现拥包、波浪、发软等病害。

3　秋季　秋季气温逐渐降低,而雨水较多。应及时处理病害,为冬季沥青路面的正常使用打下基础。

(1)秋季雨水较多,容易积水的路面,如果有裂缝和基层不密实,易出现坑槽。

(2)强度不够的路肩受雨水侵蚀或积水影响,在行车碾压下,易产生啃边。

(3)基层含水量较大、强度不够,或地基受水泡发软的路段,路面稳定受到影响,在行车碾压下易出现网裂。

4 冬季 冬季气候寒冷,路基路面冻结,是沥青路面比较稳定的季节,但是也要注意沥青路面的养护。

(1)路面在低温下发生不同方向的收缩,容易产生横向、纵向裂缝。

(2)积雪地区做好除雪防滑。

5.1.4 不同季节处理各种病害,应按本规范第六章有关规定及时维修。

5.2 高速公路沥青路面日常养护

5.2.1 一般规定

1 对高速公路沥青路面应进行经常性和预防性的日常养护,以保证路面经常处于良好的技术状态。

2 高速公路路面日常养护的工作程序应符合下列要求:

(1)建立完善的巡视检查制度和技术检测系统,建立完善的信息网络。及时、准确地掌握路面状况及相关信息,科学地、客观地评定路面使用品质,有依据、有计划、有针对性地安排养护项目。

(2)树立高度的交通服务意识和安全意识,在路面养护作业中,应满足正常行车的需要,尽量避免完全封闭交通。

(3)严格按照有关技术规范和标准进行养护作业,宜采取机械化养护作业方式,迅速、优质、高效地处理各类路面损害和障碍,确保运行质量。

(4)不断探索和应用新材料、新设备、新技术、新工艺,提高养护作业的时效性、机动性、安全性和可靠性。

3 对于高速公路沥青路面上出现的各类病害,必须及时、快速处理。当发现直接危及正常交通和行车安全的病害,应立即修复或采取临时过渡措施后再按本规范有关要求进行修复。

4 路面的日常养护,应根据实际需要配置适用的机具设备,建立适当的材料储备,并组织可靠的养护材料供应网络,以确保路面养护作业正常进行。

5 在高速公路上进行路面养护作业的人员,必须事前接受专门的安全教育和养护作业规程的培训。养护安全作业参照本规范第11章的规定执行。

6 高速公路沥青路面的日常养护,除本节规定外,均应按本规范其他章、节有关规定执行。

5.2.2 巡查和检测

1 高速公路沥青路面的日常养护,应坚持巡视检查制度,及时发现路面及其附属设施的损坏情况和可能影响交通的路障,以便养护部门及时、合理地安排维修和清理,尽快恢复路面正常使用状态。

(1)巡视检查分为日常巡查、定期巡查、特殊巡查和专项巡查,各类巡查的内容、频率、方法、装备按附录D执行。

(2)巡查作业中,巡查人员应强化自身保护意识,按规定穿着安全标志服。巡查车速一般控制在40~50km/h,并按规定开启示警灯。如遇到需要停车检查的情况,应停在紧急停车带上。如必须停在行车道上时,应开启巡查车的危险报警闪光灯,并采取必要的安全措施,巡查人员应在巡查车的前方迅速完成检查或测量作业。

(3)巡查作业中应由专人记录巡查情况,巡查结束后应尽快整理、汇总巡查记录,并通知有关部门采取相应的养护措施。

2 路面的日常养护中,应注意采集、利用气象信息和交通信息等相关信息。

(1)应每天记录当地的天气预报和实际天气情况。在多风、多雨、多雾、多雪、多冰冻季节,应随时注意天气的变化,必要时应与当地的气象台、站取得并保持联系,随时获取最新气象信息,以便及时采取相应措施。

(2)应按规定进行交通量调查。

3　高速公路沥青路面应进行路面破损、强度、平整度和抗滑性能检测，以及必要的专项技术检测。具体按本规范第4章的有关规定执行。

4　各项巡视检查、专项调查和技术检测的结果，均应及时进行整理和初步分析，并输入公路路面管理系统，由该系统每年一次对路面的技术状况和使用品质进行综合评价，作为制定下一年度养护工作计划的依据。当在各类巡查或专项检测中发现路面某一方面的技术状况和使用品质明显下降时，应及时通过该系统作出阶段性评价，以及时采取相应的养护对策。

5　对修建于软土地基的高速公路沥青路面应定期进行路面高程测量。当桥头引道的不均匀沉降出现下列情况，应及时予以修复：

(1)与桥台的连接部位沿桥台靠背产生错台，且最大高差达2cm以上；

(2)台后接近桥台部位的纵向坡度差超过5‰。

5.2.3　清扫和排水

1　对尘土、落叶、杂物等造成的路面污染，应进行日常清扫，保持高速公路良好的运行环境。

(1)日常清扫应以机械作业为主，机械清扫沿路面右侧或左侧进行，并应尽量避免在中间行车道进行清扫作业及变换车道进行清扫作业。对清扫机械无法扫及的路面死角，应进行人工辅助清扫。

(2)日常清扫的作业频率应根据路面污染程度而定，一般为每日一次全程清扫，清扫时间应尽量避开流量高峰时段。

(3)清扫机械必须配备洒水装置，机械清扫作业时应根据路面的扬尘程度确定适当的洒水量。

(4)路面清扫后的垃圾不得随意倾倒，应运至指定地点或垃圾场妥善处理。

(5)桥面、隧道内沥青路面及收费广场的日常清扫作业按以上要求进行，但应适当加大隧道内沥青路面及收费广场的清扫频率。

2　除了定期的日常清扫作业外，还应根据路面污染的特殊情况，及时进行不定期的特殊清扫保洁作业。

(1)当发现路面上有妨碍正常交通的杂物时，应立即清除；

(2)当意外事件、事故等因素造成路面污染时，应及时清扫；

(3)当沥青路面被油类物质或化学物品污染时，应先撒砂、撒木屑或用化学中和剂处理，然后进行清扫，必要时再用水冲洗干净。

3　高速公路沥青路面应保持排水畅通，路面无积水。

(1)对中央分隔带集水井、横向排水管、路侧拦水缘石及泄水槽、桥面泄水孔等路面排水系统应经常进行清理和疏通，发现损坏部位应及时修复。

(2)应经常检查沥青路面的排水情况，检查时间一般以在雨间或雨后1~2h为宜。发现路面明显积水的部位，应分析原因，分别采取下列不同措施：

对虽未破损，但造成雨后明显积水的行车道路面局部沉陷部位，应及时清扫并予以整平；

对设置有路侧拦水带及泄水槽的路段，如因拦水带开口及泄水通道的位置不妥而造成路面积水时，应及时调整；

对因横坡不适而造成积水的路段，应采取临时措施，尽量减少行车道部位的积水，并在罩面及翻修工程中彻底调整解决。

(3)在雨季到来之前，应对全部路面排水系统及路堤边沟、涵管、泵站、集水井、沉淀池等所有排水设施进行全面检查和疏通，修复损坏部位，处理水毁隐患，清除路肩和边坡高草，确保雨季排水畅通。应加强雨季排水，及时处理路面水毁部位，减轻水害损失。

5.2.4　排障和清理

1　为了及时处理并尽量减轻因不可抗拒因素和突发事件所造成的损害，高速公路管理机构应建立完善的应急抢险机制，全天候不间断的值班，随时掌握、分析各类有关信息，做好各种应急抢险准备工作，一旦发生险情，快速作出反应，指挥应急抢险工作。该机制的基本功能如图5.2.4所示。

2　应根据实际需要配置必要的排障、抢险、救援设备和可靠的通讯指挥设施，对排障、抢险、救援人员应进行专门的业务培训，并预先制定排障、抢险、救援作业程序。一旦出现妨碍正常交通、危及行车安全的路面险情和障碍物，应急抢险指挥中心应立即组织人员、设备，按程序进行排障、抢险、救援工作，迅速排除路障和路面险情，恢复正常交通。必要时可请求当地政府和当地驻军支援。

3 排障作业结束后，应按本节有关规定，尽快清理现场，发现路面及附属设施受到损害的，应尽快按本节规定予以修复。

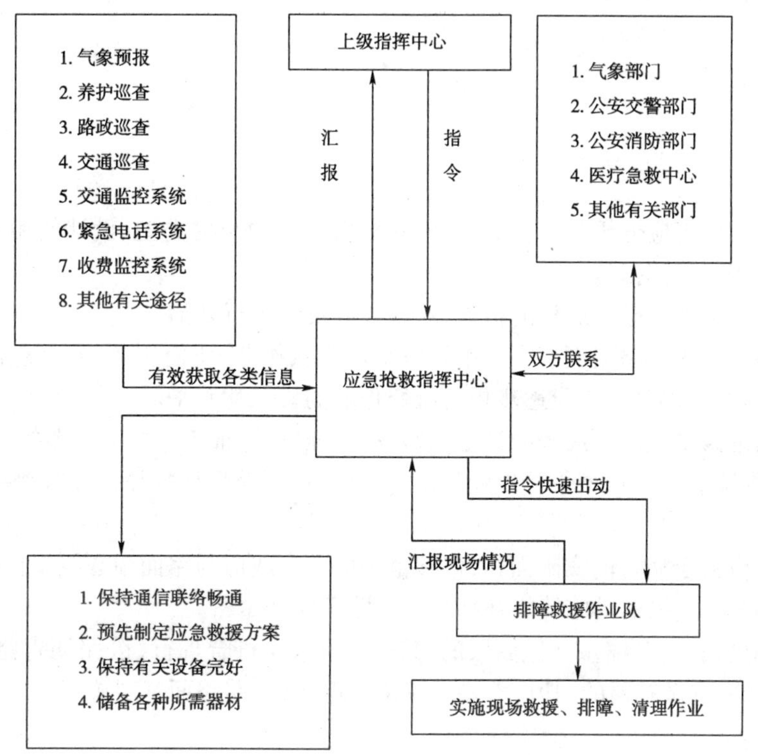

图 5.2.4 应急抢险机制及功能框图

5.2.5 除雪和防冻

1 严寒地区的除雪和防冻是路面冬季养护的重点，应根据当地历年气象记录资料、气象预测资料、路面结构、沿线条件等，事先制订切合实际情况的除雪和防冻工作计划，制定适用于各种不同的气温、降雪量和积雪深度条件下的除雪和防冻作业规程，落实相应的除雪、防冻作业人员和机具设备，并按实际需要储备防冻、防滑材料。

在严寒降雪季节到来后，应随时监测气象变化情况，一旦降温、降雪，立即按计划部署相应的除雪和防冻作业，特别注意桥面、坡道、弯道、匝道、收费广场等重点区段，尽量减轻积雪和冰冻对行车安全造成的危害，缩短影响正常交通的时间。

2 路面除雪应以机械作业为主，人工作业为辅。在降雪过程中，当路面积雪厚度超过 1cm 时，即可开始除雪作业。一般以铲为主，除雪机械的作业方向宜与正常行车方向相同，行驶速度为 30 ~ 50km/h。从路面左侧向右侧依次进行。当降雪量较大，难以在降雪过程中清除全部积雪时，应在雪停后及时清除路面全部积雪。

3 当路面上的压实雪、融化的雪水、未及排除的雨水可能形成冰冻层时，应及时采取防冻防滑措施。

当气温低于 0℃时，在大、中型桥面、桥头引道纵坡大于 2.5% 的路段或平面曲线半径小于 500m 的匝道范围内，应撒布盐、盐水、盐砂混合料或其他融雪剂等防冻防滑材料。撒布的时间和频率宜与除雪作业同步。待雪停后，应将残留在路面上的防冻防滑材料与积雪一并清除干净。

4 除雪和防冻作业应不分昼夜快速进行，作业现场必须实行统一指挥，并落实与作业形式相适应的安全作业措施和交通控制措施。

6 常见病害的维修

6.1 一般要求

6.1.1 对各种路面病害应分析其产生的原因，并根据路面的结构类型、设计使用年限、维修季节、气温等实际情况，采取相应维修措施。

6.1.2 为防止病害发展和破损面积的扩大，对病害应及时进行处治。

6.1.3 高速公路和一级公路路面病害的维修应采用机械作业，所使用的沥青混合料应集中厂拌，并采取保温措施。其他等级的公路也应逐步提高维修作业的机械化水平。

6.1.4 对病害的维修事先应有周密的计划，做好材料准备，保证工序之间的衔接，对坑槽、沉陷、车辙等需将原路面面层挖除后进行机械修补作业的病害，宜当日开挖当日修补，并设置警示标志以保证行车安全。

6.1.5 修补面积应大于病害的实际面积，修补范围的轮廓线应与路面中心线平行或垂直并在病害面积范围以外 10 ~ 15cm。应采取措施使修补部分与原路面联结紧密。

6.1.6 在病害的处治中，凡需重新做面层的，其技术要求应符合现行《公路沥青路面施工技术规范》(JTJ 032)的规定；凡需重做基层的，其技术要求应符合现行《公路路面基层施工技术规范》(JTJ 034)的规定。

6.2 裂缝的维修

6.2.1 在高温季节全部或大部分可愈合的轻微裂缝，可不加处理。在高温季节不能愈合的轻微裂缝，可采用以下两种方法进行处治：

1 将有裂缝的路段清扫干净并均匀喷洒少量沥青（在低温、潮湿季节宜喷洒乳化沥青），再匀撒一层 2 ~ 5mm 的干燥洁净石屑或粗砂，最后用轻型压路机将矿料碾压。

2 沿裂缝涂刷少量稠度较低的沥青。

6.2.2 对于路面的纵向或横向的裂缝，应按裂缝的宽度按以下步骤分别予以处治：

1 缝宽在 5mm 以内：

(1)清除缝中杂物及尘土。

(2)将稠度较低的热沥青（缝内潮湿时应采用乳化沥青）灌入缝内，灌入深度约为缝深的 2/3。

(3)填入干净石屑或粗砂，并捣实。

(4)将溢出缝外的沥青及石屑、砂清除。

2 缝宽在 5mm 以上：

(1)除去已松动的裂缝边缘。

(2)用热拌沥青混合料填入缝中，捣实。缝内潮湿时应采用乳化沥青混合料。

6.2.3 因沥青性能不好、或路面设计使用年限较长、油层老化等原因出现的大面积裂缝（包括网裂），此时如基层强度尚好时，通过技术经济比较，可选用下列维修方法：

1 乳化沥青稀浆封层，封层厚度宜为 3 ~ 6mm。

2 加铺沥青混合料上封层，或先铺设土工合成材料后，再在其上加铺沥青混合料上封层。

3 改性沥青薄层罩面。

4 单层沥青表处。

6.2.4 由于土基、基层强度不足或路基翻浆等引起的严重龟裂，应先处治好基层后再重做面层。

6.3 拥包的维修

6.3.1 属于施工时操作不慎将沥青漏洒在路面上形成的拥包，将拥包除去即可。

6.3.2 已趋于稳定的轻微拥包，应将拥包用机械刨削或人工挖除。如果除去拥包后，路表不够平整，应予以处治。

6.3.3 因面层沥青用量过多或细料集中而产生较严重拥包，或路面连续多次出现拥包且面积较大，但路面基层仍属稳定，则应用机械或人工将拥包全部除去，并低于路表面约10mm。扫尽碎屑、杂物及粉尘后用热沥青混合料重做面层。

6.3.4 因基层局部含水量过大，使面层与基层间结合不良而被推移变形造成的拥包，应把拥包连同面层挖除，将水分晾晒干，或用水稳定性较好的材料更换已变形的基层，再重做面层。

6.3.5 由于基层局部强度不足或水稳性不好，使基层松软而导致的拥包，应将面层和基层完全挖除。如土基中含有淤泥，还应将淤泥彻底挖除，换填新料并夯实。在地下水位较高的潮湿路段，应采取措施引出地下水并在基层下面加铺一层水稳性好的材料，最后重做面层。

6.4 沉陷的维修

6.4.1 因路基不均匀沉降而引起的局部路面沉陷，若土基和基层已经密实稳定，不再继续下沉，可只修补面层。并根据路面的破损状况分别采取下列处治措施。

1 路面略有下沉，无破损或仅有少量轻微裂缝，可在沉陷处喷洒或涂刷黏层沥青，再用沥青混合料将沉陷部分填补，并压实平整。

2 因路基沉陷导致路面破损严重，矿料已松动、脱落形成坑槽的，应按照6.8条坑槽的维修方法予以处治。

6.4.2 因土基或基层结构遭到破坏而引起路面沉陷，应参照上述第6.3.5条的要求处治好基层后再重做面层。

6.4.3 桥涵台背因填土不实出现不均匀沉降的，可视情况选择以下处理方法：

1 挖除沥青面层，在沉陷的部分加铺基层后重做面层。

2 对于台背填土密实度不够的，应重新压实处理，台背死角处的压实宜采用夯实机械。

3 对含水量和孔隙比均较大的软基或含有有机物质的黏性土层，宜采取换土处理。换土深度应视软层厚度而定。换填材料首先应选择强度高、透水性好的材料，如碎石土、卵砾土、中粗砂及强度较高的工业废渣，且要求级配合理。

4 采用注浆加固处理。

6.5 车辙的维修

6.5.1 车道表面因车辆行驶推移而产生的车辙，应将出现车辙的面层切削或铣刨清除，然后重铺沥青面层。在高速公路及一级公路上可采用沥青玛蹄脂碎石混合料(SMA)或SBS改性沥青混合料或聚乙烯改性沥青混合料来修补车辙。

6.5.2 路面受横向推挤形成的横向波形车辙，如果已经稳定，可将凸出的部分削除，在波谷部分喷洒或涂刷黏结沥青并填补沥青混合料并找平、压实。

6.5.3 因面层与基层间有不稳定的夹层而形成的车辙，应将面层挖除，清除夹层后，重做面层。

6.5.4 由于基层强度不足、水稳性能不好，使基层局部下沉而造成的车辙，应先处治基层。其方法可参照上述第6.3.5条的规定进行。

6.6 波浪与搓板的维修

6.6.1 属于面层原因形成的波浪或搓板可按下述方法进行维修：

1 路面仅有轻微波浪或搓板，可在波谷部分喷洒沥青，并匀撒适当粒径的矿料，找平后压实。

2 波浪（搓板）的波峰与波谷高差起伏较大时，应顺行车方向将凸出部分铣刨削平，并低于路表面约10mm。削除部分喷洒热沥青，再匀撒一层粒径不大于10mm的矿料，扫匀，找平，并压实。

3 严重的、大面积波浪或搓板，应将面层全部挖除，然后重铺面层。

6.6.2 若面层与基层之间存在不稳定的夹层，面层在行车荷载的作用下推移变形而形成波浪（搓板），应挖除面层，清除不稳定的夹层后，喷洒黏结沥青，重铺面层。

6.6.3 因基层局部强度不足，或稳定性差等原因造成的波浪（搓板），应先对基层进行处治，再重做面层。其处治方法可参照上述第6.3.5条的要求。

6.7 冻胀和翻浆的维修

6.7.1 因路基冻胀使路面局部或大面积隆起影响行车时，应将胀起的沥青路面刨平，待春融后按翻浆处理的方法予以处治。

6.7.2 因冬季基层中的水结冰引起冻胀，春融季节化冻而引起的翻浆应根据情况采用以下方法之一予以处治：

（1）换填砂粒；

（2）局部发生翻浆的路段，可采用打石灰梅花桩或水泥砂砾桩的办法予以改善；

（3）加深边沟，并在翻浆路段两侧路肩上交错开挖宽为30～40cm的横沟，其间距为3～5m，沟底纵坡不小于3%，沟深应根据解冻情况，逐渐加深，直至路面基层以下。横沟的外口应高于边沟的沟底。如路面翻浆严重，除挖横沟外，还应顺路面边缘设置纵向小盲沟。交通量较小的路段也可挖成明沟。但翻浆停止后，应将明沟填平恢复原状。

6.7.3 因基层水稳定性不良或含水量过大造成的翻浆应挖去面层及基层全部松软的部分。将基层材料晾晒干，并适当增加新的硬粒料（有条件时应换填透水性良好的砂砾或工业废渣等）。分层（每层不超过15cm）填补并压实。最后恢复面层。

6.7.4 低温季节施工的石灰稳定类基层，在板体强度未形成时雨水渗入，其上层发生翻浆的，应将翻浆部分挖除，重做石灰稳定基层或换用其他材料予以填补，然后重做面层。

6.8 坑槽的维修

6.8.1 路面基层完好，仅面层有坑槽时的维修：

（1）按照"圆洞方补、斜洞正补"的原则，画出所需修补坑槽的轮廓线。

（2）沿所画轮廓线开凿至坑底稳定部分，其深度不得小于原坑槽的最大深度。

（3）清除槽底、槽壁的松动部分及粉尘、杂物，并涂刷黏层沥青。

（4）填入沥青混合料（在潮湿或低温季节，宜采用乳化沥青拌制的混合料）并整平。

（5）用小型压实机具或铁制手夯将填补好的部分压（夯）实。新填补的部分应略高于原路面。如果坑槽较深（7cm以上），应将沥青混合料分两次或三次摊铺和压实。

（6）热补法修补。采用热修补养护车，将加热板加热坑槽处路面，翻松被加热软化铺装层，喷洒乳化沥青，加入新的沥青混合料，然后搅拌摊铺，压路机压实成型。

6.8.2 对交通量较小的路段在低温寒冷或阴雨连绵的季节，无法采用常规方法，也无条件采用合适的材料修补坑槽时，为防止坑槽面积的扩大，可采取临时性的措施对坑槽予以处治，待天气好转后再按规范要求重新修补。

6.8.3 若因基层局部强度不足等使基层破坏而形成坑槽，应按照6.3.5条的要求先处治基层，再修复面层。

6.9 麻面与松散的维修

6.9.1 因嵌缝料散失出现轻微麻面，在沥青面层不贫油时，可在高温季节撒适当的嵌缝料，并用扫帚扫匀，使嵌缝料填充到石料的空隙中。

6.9.2 大面积麻面应喷洒稠度较高的沥青，并撒适当粒径的嵌缝料，应使麻面部分中部的嵌缝料稍厚，周围与原路面接口要稍薄，定型要整齐，并碾压成型。

6.9.3 因沥青用量偏少或因低气温施工造成的沥青面层松散，应采用以下方法处治：

1 先将路面上已松动了的矿料收集起来。

2 待气温升至15℃以上时，按0.8～1.0kg/m^2的用量喷洒沥青，再均匀撒上3～6mm的石屑或粗砂(5～8m^3/1000m^2)。

3 用轻型压路机压实。

6.9.4 做稀浆封层处治，对松散路面的处理后，再做稀浆封层。

6.9.5 对于因油温过高，沥青老化失去黏结性而造成的松散，应将松散部分全部挖除后，重做面层。

6.9.6 因沥青与酸性石料间的黏附性不良而造成路面松散。应将松散部分全部挖除后，重做面层。重做面层的矿料不应再使用酸性石料。在缺乏碱性石料的地区，应在沥青中掺入抗剥离剂、增黏剂或使用干燥的生石灰、消石灰、水泥等表面活性物质作为填料的一部分，或采用石灰浆处理粗骨料等抗剥离措施，以提高沥青与矿料的黏附力，并增加混合料的水稳性。

6.9.7 由于基层或土基软化变形而造成的路面松散，应参照第6.3.5条的规定先处理好基层后，再重做面层。

6.10 泛油的维修

6.10.1 只有轻微泛油的路段，可撒上3～5mm粒径的石屑或粗砂，并用压路机或控制行车碾压。

6.10.2 泛油较重的路段，可先撒5～10mm粒径的碎石，用压路机碾压。待稳定后，再撒3～5mm粒径的石屑或粗砂，并用压路机或控制行车碾压。

6.10.3 面层含油量高，且已形成软层的严重泛油路段，可视情况采用下述方法之一进行处治：

(1)先撒一层10～15mm粒径(或更大的)碎石，用压路机将其强行压入路面，待基本稳定后，再分次撒上5～10mm粒径的碎石，并碾压成型。

(2)将含油量过高的软层铣刨清除后，重做面层。

6.10.4 处治泛油应注意以下事项：

(1)处治时间应选择在泛油路段已出现全面泛油的高温季节。

(2)撒料应顺行车方向撒，先粗后细；做到少撒、薄撒、匀撒、无堆积、无空白。

(3)禁止使用含有粉粒的细料。

(4)采用压路机或引导行车碾压，使所撒石料均匀压入路面。

(5)如采用行车碾压，应及时将飞散的粒料扫回，待泛油稳定后，将多余浮动的石料清扫并回收。

6.11 脱皮的维修

6.11.1 由于沥青面层与上封层之间黏结不好，或初期养护不良引起的脱皮，应清除已脱落和已松动的部分，再重新做上封层，所做封层的沥青用量及矿料粒径规格应视封层的厚度而定。

6.11.2 如沥青面层层间产生脱皮，应将脱落及松动部分清除，在下层沥青面上涂刷黏结沥青，并重做沥青层。

6.11.3 面层与基层之间因黏结不良而产生的脱皮，应先清除掉脱落、松动的面层，分析黏结不良的原因。若面层与基层间所含水分较多，应晾晒或烘干；若面层与基层之间夹有泥层，则应将泥砂清除干净，喷洒透层沥青后，重做面层。

6.12 啃边的维修

6.12.1 因路面边缘沥青面层破损而形成啃边应将破损的沥青面层挖除，在接茬处涂刷适量的黏结沥青，用沥青混合料进行填补，再整平压实。修补啃边后的路面边缘应与原路面边缘齐顺。

6.12.2 因基层松软、沉陷而形成的啃边，应先对路面边缘基层局部加强后再恢复面层。

6.12.3 应加强路肩的养护工作，保持路肩稳定；随时注意填补路肩上的车辙、坑洼或沟槽；经常保持路肩与路面衔接平顺，并保持路肩应有的横坡，以利排水。

6.12.4 为防止路面出现啃边，宜采取以下措施：

（1）用砂石、碎砖（瓦）、工业废渣等改善、加固路肩或设硬路肩，使路肩平整、坚实。

（2）可在路面边缘增设路缘石，或将路面基层加宽到其面层宽度外20～25cm处。

（3）在平交道口或曲线半径较小的路面内侧，可适当加宽路面。

6.13 磨光的维修

6.13.1 高速公路、一级公路抗滑能力降低已磨光的沥青面层，可用路面铣刨机直接恢复其表面的粗糙度。

6.13.2 路面石料棱角被磨掉，路面光滑，抗滑性能低于要求值时，应加铺抗滑层。

6.13.3 对表面过于光滑，抗滑性能特别差的路段，应作罩面处理。

（1）可以采用拌和法或层铺法施工的单层表面处治，也可以采用乳化沥青稀浆封层。

（2）罩面前，应先处治好原路面上的各种病害，若原路表有沥青含量过多的薄层，应将其刮除掉后洒黏层油。罩面及封层的技术要求应符合现行《公路沥青路面施工技术规范》（JTJ 032）的规定。

6.14 桥面沥青铺装的养护与维修

6.14.1 经常保持桥面的清洁，及时清除各种污物、积水、积雪和冰块，疏通桥面泄水孔。冬季必要时应撒铺防冻、防滑材料。

6.14.2 桥面沥青铺装出现的各种病害，经检查确系不是由桥梁结构破坏而引起的沥青面层损坏，应按上述有关病害的处治方法进行。

6.14.3 当沥青铺装中的防水层被破坏时，宜采用与原防水层相同的材料与结构予以修复。

7　罩面

7.1　一般规定

7.1.1　罩面类型

沥青路面罩面按其使用功能划分为普通型罩面（简称罩面），防水型罩面（简称封层）和抗滑层罩面（简称抗滑层）三种。

7.1.2　适用范围

罩面主要适用于消除破损、完全或部分恢复原有路面平整度、改善路面性能的修复工作；

封层主要适用于提高原有路面的防水性能、平整度和抗滑性能的修复工作；

抗滑层主要适用于提高路面抗滑能力的修复工作。

7.1.3　材料要求

1　罩面

（1）罩面的结合料宜使用性能较好的黏稠型道路石油沥青、乳化石油沥青、改性乳化沥青、改性沥青。

（2）矿料的选择宜采用耐磨、强度高的石料。

（3）高速公路、一级公路宜采用中粒式、细粒式密级配沥青混凝土或沥青玛蹄脂结构。

二级或二级以下公路可采用热拌沥青碎石混合料结构。三级或三级以下公路可采用沥青表面处治层结构。

（4）所采用的结合料、矿料、沥青混合料的规格、各项技术指标要求符合《公路沥青路面施工技术规范》(JTJ 032)或其他有关规范的规定。

2　封层

（1）封层的结合料宜采用乳化石油沥青、改性乳化石油沥青。

（2）矿料宜选用耐磨、强度高的石料。

（3）各种结合料、矿料、填料及乳化沥青混合料的各项技术指标要求应符合《公路沥青路面施工技术规范》(JTJ 032)、《公路改性沥青路面施工技术规范》(JTJ 036)的规定。

（4）高速公路、一级公路可采用沥青稀浆封层养护，但宜使用粗粒式改性乳化沥青混合料。其他等级公路可采用乳化沥青混合料。

3　抗滑层

（1）应选用适合铺筑抗滑表层的材料和沥青混合料。

（2）高速公路、一级公路宜选用重交通道路石油沥青、改性石油沥青、改性乳化石油沥青作为结合料。

（3）应选用抗滑、耐磨的石料，磨光值应大于42。

（4）所用的各种材料和沥青混合料的技术指标要求应按《公路沥青路面施工技术规范》(JTJ 032)、《公路改性沥青路面施工技术规范》(JTJ 036)中有关对抗滑表层方面的要求执行。

7.1.4　厚度要求

1　罩面

罩面厚度应根据所在路段的交通量、公路等级、路面状况、使用功能等综合考虑确定。

（1）当路面状况指数、行驶质量指数在中、良等级，路面仅有轻度网裂时，可采用较薄的罩面层厚（1.0～3.0cm）。

(2)当路面破损、平整度、抗滑三项指标都在中等以下，又要求恢复到优、良等级时，应采用较厚的罩面层厚(3.0~5.0cm)。

(3)高速公路、一级公路罩面宜采用4.0~5.0cm的厚度；其他公路可采用较薄的罩面层厚度(1.0~4.0cm)。

(4)各级公路的罩面层厚度不得小于最小施工层厚度。

2 封层

(1)交通量较大、重型车较多的路段宜采用厚约1.0cm封层。

(2)在中等交通量路段宜采用厚约0.7cm封层。

(3)在交通量小、重型车少的路段宜采用厚约0.3cm封层。

3 抗滑层

(1)用于高速公路、一级公路时宜采用不小于4.0cm的厚度。

(2)用于二级公路宜用中粒、细粒式沥青混凝土结构，也可采用热拌沥青碎石或沥青表面处治结构，厚度不得小于最小施工层厚度。

(3)用于三、四级公路时可采用乳化沥青封层结构，厚度可为0.5~1.0cm。

7.2 罩面施工

7.2.1 沥青路面罩面的施工

沥青路面罩面的施工，除应按《公路沥青路面施工技术规范》(JTJ 032)有关规定执行外，还应按下列要求进行：

1 对确定罩面的路段，在罩面前必须完成翻浆、坑槽、严重裂缝、沉陷、拥包、松散、车辙等病害的修复工作，并清除路面上的泥土杂物。

2 根据施工气温、旧沥青路面状况等因素采取相应施工工艺措施，罩面前必须喷洒黏层沥青，确保新老沥青层结合，沥青用量为0.3~0.5kg/m^2，裂缝及老化严重时宜为0.5~0.7kg/m^2。有条件时，洒黏层沥青前最好用机械打毛处理。

3 罩面不应铺在逐年加厚的软沥青层上，也不应铺在和原沥青路面结合不好、即将脱皮的沥青罩面薄层上，应将其铲除，整平后，再进行罩面。

4 当气温低于10℃或路面潮湿时，不得浇洒黏层沥青，不得摊铺沥青罩面层。

7.2.2 采用乳化沥青稀浆封层时，除应按《公路沥青路面施工技术规范》(JTJ 032)有关规定执行外，还应按如下要求进行：

采用乳化沥青稀浆封层时，必须有固定的专业人员、固定的专业乳液生产和施工(撒布、摊铺)设备、专职的检测试验人员，并按有关规定标准进行检测和质量控制。稀浆封层撒布机在使用前，应根据稀浆混合料配合比设计，对骨料、乳液、填料、加水量进行认真调试，调试稳定后，方可正式摊铺。

7.2.3 抗滑层的施工：

抗滑层应按《公路沥青路面施工技术规范》(JTJ 032)有关规定进行施工。

7.3 施工质量管理与检查验收

7.3.1 沥青路面罩面的施工质量管理与检查验收，应遵照《公路沥青路面施工技术规范》(JTJ 032)、《公路改性沥青路面施工技术规范》(JTJ 036)有关规定执行。

7.3.2 使用乳化沥青、改性乳化沥青作结合料时，其乳液、稀浆混合料的质量检验要求按《公路沥青路面养护技术规范》(JTJ 032)、《公路改性沥青路面施工技术规范》(JTJ 036)等规范的规定进行。

7.3.3 罩面层、封层、抗滑层施工验收评定标准，可按《公路沥青路面养护技术规范》(JTJ 032)、《公路改性沥青路面施工技术规范》(JTJ 036)等规范规定执行。

8 翻修与再生利用

8.1 翻修

8.1.1 路面破损严重,采用罩面等养护方法不能使路面恢复良好的工作状态时,为保证必要的服务功能,应进行翻修。

8.1.2 翻修前,应对需要翻修路段的路面结构、路基土特性和交通量等进行调查分析,并按本规范第9章或《公路沥青路面设计规范》(JTJ 014)的规定进行结构厚度设计。

8.1.3 翻修面层时可按下列步骤进行:

(1)根据调查分析资料或厚度设计需要翻修部分或全部沥青层时,宜采用铣刨机进行铣刨作业,按预定翻修厚度正确铣刨,应避免损坏完好的下面层或基层。如局部翻修的面积较小,可采用小型机械或人工翻挖。对铣刨后的旧料应避免泥土或其他杂质混入并及时收集,运送至沥青拌和厂(场)用于再生沥青混合料。

(2)清扫碎屑、灰尘后,下层表面浇洒0.3~0.6kg/m^2 黏层沥青;与不翻修路段接界的原路侧壁涂刷0.3kg/m^2 左右黏层沥青。

(3)采用与原沥青层相同或按设计要求的材料和厚度进行铺筑。

(4)用压路机进行碾压密实。如是采用热拌沥青混合料铺筑时,压实后对与不翻修路段的接缝采用热烙铁烫边封密。

(5)开放交通后应根据具体情况做好初期养护工作。

8.1.4 面层、基层同时翻修时应按下列步骤进行:

(1)可先将沥青面层铣刨后翻挖基层,也可采用合适的破碎机具将路面破碎;沥青面层的翻修范围应超出基层翻修范围的边缘线30cm左右,以使基层、面层接缝错开。

(2)将沥青旧料收集运送后,才可清除基层材料。应避免两种材料混杂,影响旧料的再生利用。

(3)避免雨天翻修,必要时在路肩处布置盲沟,防止路床积水。

(4)整平路基表面并经碾压后,采用与原路段相同或符合设计要求的基层材料进行铺筑,每层压实厚度应不大于20cm;当翻修面积小,压路机难以碾压时,可采用小型振动压路机或振动夯板压实,但每层压实厚度应不大于15cm。

(5)当基层稳定并达到要求强度后,浇洒0.7~1.1kg/m^2 透层沥青,与不翻修路段接界的原路侧壁涂刷0.3kg/m^2 左右黏层沥青。采用与原路段相同或符合设计要求的材料铺筑面层。

(6)开放交通后应根据具体情况作好初期养护工作。

8.1.5 如路基软弱导致路面损坏时,应对软弱路基采取有效措施处理达到质量标准后再修筑基层、面层。

8.2 再生利用

8.2.1 再生沥青混合料的拌制一般分为热拌和冷拌两种。热拌再生沥青混合料是旧料、新矿料、再生剂与新沥青在热态下拌和而成;冷拌再生沥青混合料是旧料、新矿料、再生剂与乳化沥青在常温下拌和而成。热拌再生沥青混合料强度高,路用性能良好。冷拌再生沥青混合料成型期较长,强度相对较低。

8.2.2 热拌再生沥青混合料一般适用于翻修养护工程,可用于一、二、三级公路的中、下面层,以及四级公路的面层。对于一级、二级及三级公路的上面层,以及高速公路中、下面层,必须经试验、总结、评定合格后才能使用。冷拌再生沥青混合料一般适用于翻修养护的四级公路的路面。

8.2.3 旧料是沥青路面翻修时所得的面层材料。翻挖路面时可采用机械、人工或两种方式联合进行作业。其质量应符合下列要求：

1 旧料必须洁净,不得混入有机垃圾。混入无沥青黏结的砂石料的比例不得大于10%,含泥量不得大于1%。

2 块状旧料可采用机械轧碎或人工敲碎。

3 破碎后的旧料最大粒径按用途确定。用于粗粒式再生沥青混合料时,最大粒径为26.5mm或31.3mm(方孔筛)、用于中粒式再生沥青混合料时,最大粒径为16mm或19mm(方孔筛)、用于细粒式再生沥青混合料时,最大粒径为9.5 mm或13.2mm(方孔筛)。

4 破碎后的旧料应按质量分类堆放在平整、坚实和排水良好的场地。堆放高度以不结块为度,一般小于1.5m。

8.2.4 根据地区使用条件和公路等级与旧沥青性能可对旧料掺入适用的再生剂。适用的再生剂有：机油、润滑油、抽出油和玉米油。再生剂的性能和储放应符合下列要求：

1 应具有较强的渗透和软化能力,以降低旧沥青黏度,达到要求的针入度。

2 能与旧沥青互溶,使之和新沥青均匀地混合成一体。

3 能调节旧沥青的成分,达到路用沥青的质量要求,有较好的抗老化性能。

4 再生剂应储存在有盖的容器中,防止水和垃圾等杂质混入。储存和使用必须满足防火要求。

8.2.5 用于再生沥青混合料的新沥青和乳化沥青的类型和标号可根据公路等级、用途和当地气候条件选定,它的质量应符合本规范第3章的规定。

8.2.6 用于再生沥青混合料的粗、细集料应具有足够强度,与沥青黏附性良好,并无风化和杂质,颗粒形状接近立方体,其他质量要求应符合本规范第3章的规定。

8.2.7 热拌再生沥青混合料配合比应按下列步骤进行设计：

1 旧料分析与新旧沥青掺配

(1)将破碎后的旧料按《公路工程沥青与沥青混合料试验规程》(JTJ 052,T 0723)规定的方法作抽提分析,计算旧沥青含量和旧矿料的颗粒组成。

(2)对被抽提出来的旧沥青溶液按《公路工程沥青与沥青混合料试验规程》(JTJ 052,T 0726)规定的方法回收旧沥青,测定旧沥青的针入度、延度和软化点。

(3)当旧沥青老化严重、针入度较小时,须掺入再生剂,掺量以达到本地区要求的沥青稠度为准。

(4)将含有再生剂的旧沥青掺入符合质量要求的新沥青,测定针入度、延度和软化点等质量指标。

(5)按本规范第3章沥青材料质量的技术要求,确定新、旧沥青掺配比例。如经反复试验,调整新、旧沥青掺配比例仍达不到质量要求时,该旧沥青不能用于再生沥青。

2 根据第8.2.7款1确定的新、旧沥青掺配比例,选定新矿料与旧料的配合比,并根据新矿料的颗粒组成,按附录E表E.0.1、表E.0.2计算新矿料的用量。

3 对破碎的旧料先按第8.2.7款1确定的再生剂用量进行喷洒拌和后按第8.2.7款2确定的再生沥青混合料级配并根据本地区经验初定混合料的沥青用量,扣除旧料的旧沥青含量后作为新沥青用量的中值,每次增减0.5%新沥青用量制备混合料试件进行马歇尔试验,根据试验结果和附录E表E.0.3的马歇尔试验技术标准确定再生沥青混凝土的最佳沥青用量。在路面铺筑过程中,如材料发生变化,抽检的马歇尔试验结果未达到附录E表E.0.3的技术标准时,应调整新旧料比例或新沥青用量。

8.2.8 热拌再生沥青碎石的沥青用量可根据本地区经验或通过试验确定;冷拌再生沥青混合料的级配和乳化沥青用量可按乳化沥青路面实践经验确定。

8.2.9 热拌再生沥青混合料可采用间歇式拌和机或连续式拌和机拌制,应按下列工艺进行拌和：

1 当旧沥青混合料需要掺入再生剂时,应先将破碎后的旧料按用量喷洒,并拌和均匀,堆放时间以再生剂充分渗透到旧沥青为度,堆放高度宜不超过1.5m,避免结块。

2 当采用间歇式拌和机拌制时,新集料加热温度应高于普通沥青混合料的集料加热温度,但不宜超过230℃。旧料不得进入烘干筒,按配合比设计用量经计量后直接进入拌缸,与新集料相混合,通过热交换使旧集料升温、旧沥青热融，干拌 15s 左右后，加入新沥青再拌和 30～45s，拌和时间以新、旧料混合均匀，混合料颜色均匀、无花白为准。再生沥青混合料出厂温度为 140～160℃。

3　间歇式拌和机热拌再生沥青混合料的拌和宜按图 8.2.9 工艺流程进行拌制。

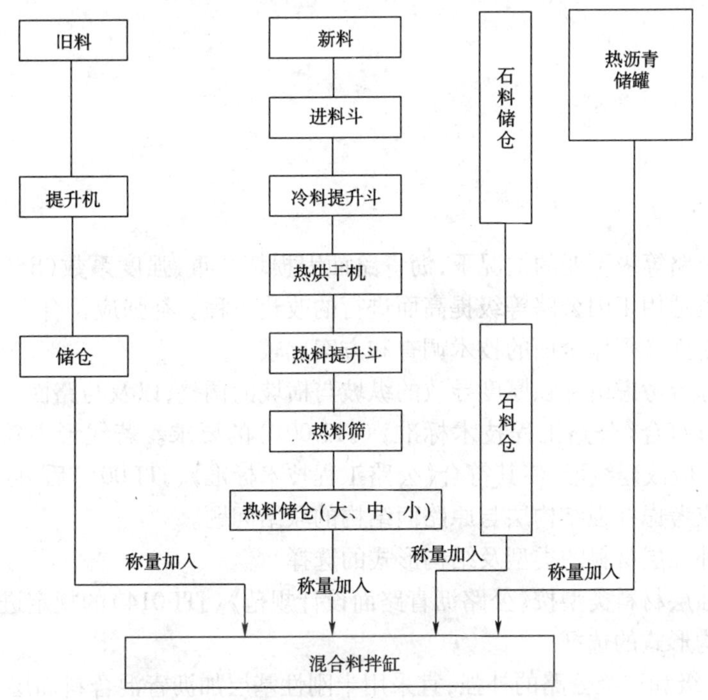

图 8.2.9　间歇式拌和机热拌再生沥青混合料拌和工艺流程图

4　当采用连续式拌和机拌和时，必须避免旧料被明火烧焦。宜在筒体中部进料口输入旧料，并设置挡板遮挡火焰；如旧料与新集料在筒体始端同一料口输入筒体时，可先对旧料喷洒适量水分，旧料总含水量宜不超过 3%。拌和后的再生沥青混合料色泽应均匀一致，出厂温度为 140～160℃。

8.2.10　冷拌再生沥青混合料宜采用机械拌和。受条件限制时也可采用人工拌和。

8.2.11　再生沥青混合料的运输、施工和质量管理等技术要求应符合现行规范《公路沥青路面施工技术规范》(JTJ 032)的规定。

9 补强

9.1 补强设计

9.1.1 在现有的公路等级不变的情况下，沥青路面因损坏严重、强度系数（SSI）不符合要求，应进行路面补强；同时补强也适用于因公路等级提高而进行的改建工程。补强应符合下列一般要求：

1 对原有沥青路面必须作全面的技术调查和方案比较。

2 补强设计应综合考虑由补强厚度导致的纵坡与横坡的调整，以及与路面结构物的连接等方面的相互协调，使纵坡线形符合《公路工程技术标准》（JTJ 001）的要求。若线形不符合《公路工程技术标准》（JTJ 001）的规定，应改建线形，使其符合《公路工程技术标准》（JTJ 001）后再进行补强设计。

3 补强设计中应考虑补强结构层与原路面结构的联结问题。

9.1.2 沥青路面补强层材料的类型及结构形式的选择

1 沥青路面补强层材料类型按《公路沥青路面设计规范》（JTJ 014）的规定进行选取。

2 路面补强结构形式的选择

（1）对于高速、一级和二级公路的补强，宜采用半刚性基层加沥青混合料面层的结构形式。

（2）对于三级公路的补强，在不提高公路等级的情况下，可采用单层或多层补强结构；对于提高公路等级的情况，宜采用半刚性基层加沥青混合料面层的补强结构形式。

（3）对于四级公路的补强，可采用单层或多层的补强形式。

9.1.3 原有公路的技术调查

1 调查原有公路路况，如路面的破损及病害的情况和程度、路表面排水（积水）状况、积雪（砂）状况等，路肩采取的加固措施等。

2 调查原有路面设计、施工、养护的技术资料及从使用开始至改建的年限、使用效果等。

3 调查年平均双向日交通量、交通组成和交通量增长率等。

4 调查路基和路面的宽度、路线纵坡、路面横坡、平曲线半径等；每500m一断面，测定其原有路面结构层的厚度、各层材料的回弹模量及路基干湿类型，如路面宽度大于等于7m每个断面选二个点，不足7m选一个点；对沥青面层、基层和底基层材料应按层取样试验，判断其结构层或材料是否还可以利用。

5 原有公路的分段及弯沉调查按《公路沥青路面设计规范》（JTJ 014）的有关规定进行。

9.1.4 对原有公路的处理

1 原有公路路拱不符合《公路工程技术标准》（JTJ 001）时，应结合补强设计，对路拱进行调整，使其符合规定。

2 对原路面的病害，应视其层位、严重程度和范围，按本规范第6章的有关规定进行处理。若面层有病害，可直接处理后进行补强；若基层有病害，应先开挖面层对基层进行处理后，再进行补强。

9.1.5 与桥涵的衔接

路面补强路段内若有桥涵等构造物，在补强前应对其铺装层进行检查。若原有铺装层出现破损，应及时修复。若原有铺装层完好，可在桥涵构造物的承载能力范围内，适当加铺新的铺装层。

为保证路面与桥涵顶面的纵坡适顺，应综合考虑和重新设计路线纵坡。路面的补强可从桥涵两侧的搭板外开始设计和施工，衔接点即为搭板两侧的端点，以衔接点的标高作为控制标高。对于无搭板的情况，衔接点设在桥涵台背两端外10m处。设计时要注意路面与桥涵构造物的衔接应保证路线纵坡顺适。在衔接点处路面补强结构的施工可视设计标高的情况向下开挖原有路面结构层，以重新铺筑补强结构层。

9.1.6 补强设计中，补强层材料设计参数的选择按新建路面材料设计参数的选择方法进行，原有路面的整体强度以当量回弹模量表示。补强设计步骤、路面的分段和各路段的计算弯沉值的计算、原有路面当量回弹模量及补强厚度的计算应参照《公路沥青路面设计规范》(JTJ 014)的有关规定进行。

9.2 路面补强施工

9.2.1 沥青路面补强层原材料应符合本规范3.3节的要求，混合料的组成设计应符合《公路沥青路面设计规范》(JTJ 014)和《公路路面基层施工技术规范》(JTJ 034)规定的要求。

9.2.2 除应满足《公路沥青路面设计规范》(JTJ 014)和《公路路面基层施工技术规范》(JTJ 034)的有关规定外，沥青路面补强还应做好下列工作：

1 原有路面技术状况不良时，应按下列要求处理：

(1)平整度或路面横坡不符合规定要求时，应加铺整平层，或在加铺补强层时，同时找平或调整路面横坡。对三、四级公路，必要时可将原路面翻松6~8cm，重新整形后调整。

(2)对原有路面出现的各种病害，应根据产生的原因，采取有效的处理措施后再铺筑路面基层。

(3)排水不良路段，应采取加深边沟，设置盲沟、渗井或设隔水层等措施进行处理。

2 应采取浇洒透层油或黏层油等措施使新旧结构层联结良好，并保证结构层满足最小厚度的要求。

3 为使路面边缘坚实稳定，基层应比面层宽出20~25cm或埋设路缘石。路肩过窄路段，应先加宽路基达到标准宽度，或采用护肩石的方法，再加宽基层。

4 用砂石路面作沥青路面的基层时，在干燥地带可适量掺入粗骨料(应按旧路面的细料含量而定)；在中湿、潮湿地带宜将基层翻松，再掺入适量的石灰，碾压密实，并做好排水设施。

5 挖除面层或基层时，应尽量做到再生利用，旧料应按本规范第8章再生利用的要求分类收集和存储。

9.2.3 补强施工，按现行《公路路面基层施工技术规范》(JTJ 034)和《公路沥青路面施工技术规范》(JTJ 032)的有关规定进行施工。

9.2.4 沥青路面补强施工应切实做好施工的质量管理和控制。质量管理和控制应参照《公路路面基层施工技术规范》(JTJ 034)、《公路沥青路面施工技术规范》(JTJ 032)和《公路工程质量验收评定标准》(JTJ 071)的技术规定执行。

10 加宽

10.1 加宽设计

10.1.1 沥青路面加宽的基本要求

1 沥青路面加宽方案应根据原有公路等级、线形及交通量等确定。如原有公路线形不需改善,且路基较宽,加宽后路肩宽度符合《公路工程技术标准》(JTJ 001)时,可在原公路的基础上直接加宽;如原有公路因线形较差而需改善,设计时应尽可能利用原有的沥青路面,在此基础上先加宽路基,再加宽路面。

2 若路面的横断面为整体断面形式,加宽的沥青路面宜采用压实性、水稳性均较好的材料作基层。结构宜与原有沥青路面相近,加宽部分的基层强度应不低于原有沥青路面的基层强度。若加宽部分的路面横断面形式为分离式,加宽部分所用的结构和材料可不同于原路面。对加宽部分按新建路面进行调查、设计。加宽部分的路基强度和稳定性及路面厚度应按《公路路基设计规范》(JTJ 013)和《公路沥青路面设计规范》(JTJ 014)的规定进行计算确定。

3 路面加宽前,应对原有路面作全面的调查。

4 加宽时必须处理好新路面与原路面的纵横向衔接,对于软土地基高路堤加宽时还应对新路基进行加固处理,待固结沉降稳定后方可进行加宽施工,避免加宽路面出现非均匀沉降。

5 若路基加宽宽度小于1m时,加宽的路面或基层压实质量不好控制,则宜采用单侧加宽的方式;单侧加宽也包括因线形的约束只能在一侧进行加宽的处理情况。单侧加宽时必须调整原有路面的路拱横坡。

6 加宽路面处于路线平曲线处,均应按《公路工程技术标准》(JTJ 001)的规定根据需要设置相应的超高和加宽,如原来未设置的,也应结合加宽设计补设。

7 加宽以后的路基应保证原有路面排水系统的完善;在必要时要对原有路面的排水系统进行重新设计和施工。

8 加宽路面的基层和面层材料须进行试验和配合比设计,试验方法和配合比设计方法应符合《公路沥青路面施工技术规范》(JTJ 032)和《公路路面基层施工技术规范》(JTJ 034)的有关规定。

9 处于特殊地区的公路加宽,应采取措施对原地面进行处理,使其具有足够的强度和稳定性。具体方法应参照《公路路基设计规范》(JTJ 013)和《公路路基施工技术规范》(JTJ 033)的有关规定。

10.1.2 沥青路面基层的加宽

1 基层加宽前应对原有路面进行详细调查和测定,调查和测定的方法可参照本规范第9.1.3条的规定执行。

2 设计时应注意以下几点:

(1)基层加宽部分的处理:加宽部分应按新路基设计,即将原路面分段实测的计算弯沉值 L_0,作为加宽部分的设计弯沉值;根据调查测验的土质和路基干湿类型确定土基的回弹模量 E_0;依据不同材料的模量按新建路面的设计方法设计加宽部分的基层厚度,使其强度不低于原有路面整体强度。

(2)计算路面基层厚度时,依据已定设计弯沉值,采用《公路沥青路面设计规范》(JTJ 014)的方法进行计算。

(3)砂石路面作为路面基层时,如其强度和水稳性不足,应进行补强设计。中湿、潮湿路段,应铲除砂土磨耗层。对原有路面的病害或破损应采取措施进行处治。

3 基层同时加宽、补强时应符合下列要求:

(1)对原路面应进行全面的技术调查，逐段分析其技术状况，并根据有关加宽和补强的要求，综合考虑路线纵坡、与桥涵通道等构造物的衔接、路基的防护与加固、路面排水系统、环境保护、绿化等因素，再进行设计。设计应符合相关规范的技术规定。

(2)原路基宽度符合要求，路面宽度不够时，宜在两侧加宽；路基窄，应先加宽路基，再加铺基层。

(3)在原老路上加宽和补强时，因原路面强度低，要首先对其进行全面的处理，使其符合规定的压实要求后再进行加宽和补强；补强部分的设计和施工应符合本规范第9章的规定和要求。

10.1.3 沥青路面双侧加宽

1 加宽前原有路面的调查和测定要求同本规范9.1.3的规定。

2 如原有路面路基较宽，路面加宽后路肩宽度符合《公路工程技术标准》(JTJ 001)时，可直接加宽；如路基较窄，不具备加宽路面条件的路段，应先加宽路基。为使路面边缘坚实，路基比基层应宽出20～25cm，基层应比面层宽出20～25cm，或埋设路缘石。如果施工机械和操作方法能保证路基加宽部分达到规定压实度，可随即加宽路面，否则应待路基稳定后，再加宽路面。

3 路面双侧加宽宜采用两侧相等的加宽方式，如图10.1.3-1所示。

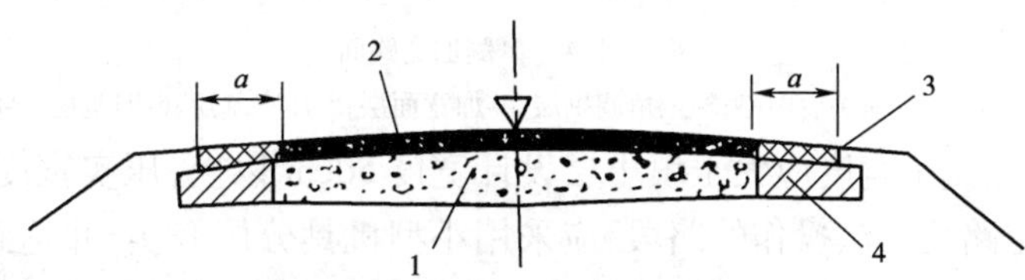

图10.1.3-1 两侧相等加宽路面

1-原基层；2-原路面；3-加宽路面；4-加宽基层

4 对不能采取两侧相等加宽的路面，如两侧加宽宽度差数在1m以下时，不必调整横坡，可按图10.1.3-2所示进行加宽设计。若两侧加宽宽度差超过1m时，必须调整路拱横坡，可按图10.1.3-3所示进行加宽设计。

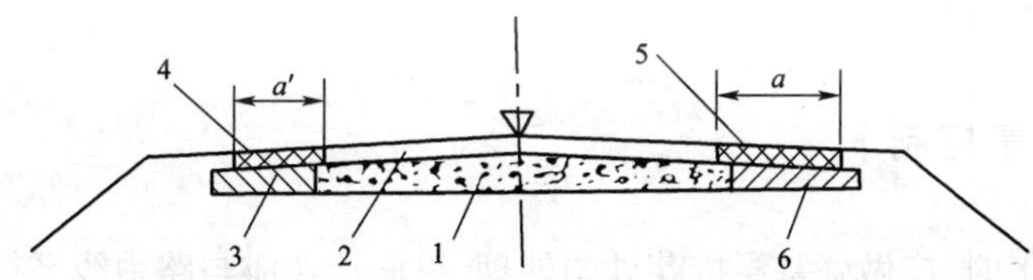

图10.1.3-2 两侧不相等加宽路面[$(a-a')<1$m时不调整路拱]

1-原基层；2-原路面；3-加宽基层较窄；4-加宽面层较窄；5-加宽面层较宽；6-加宽基层较宽

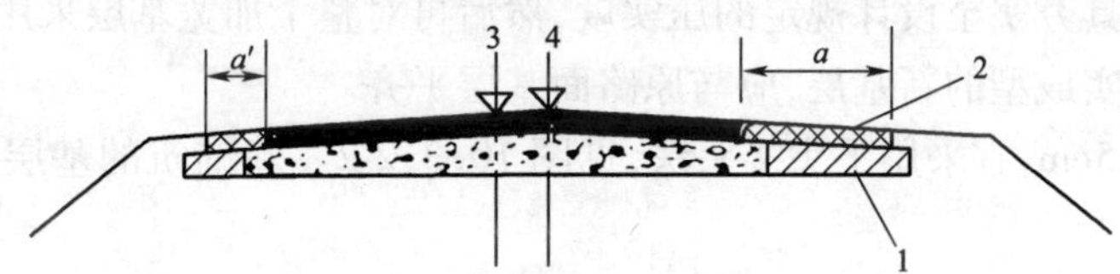

图10.1.3-3 两侧不相等加宽路面[$(a-a')>1$m时必须调整路拱]

1-加宽基层；2-加宽面层；3-原路拱中点；4-新铺路拱中点

10.1.4 沥青路面单侧加宽

沥青路面单侧加宽前原有路面的调查和测定要求同本规范第9.1.3条的规定。由于受线形和地形条件限制必须采用单侧加宽时，可采用如图10.1.4所示的图示进行加宽设计，加宽一侧须设置调拱层。调拱层应视所用材料的要求满足一定的厚度规定，以免在加宽面层和旧面层之间形成薄夹层，同时要注意三角调拱层与上下路面结构层的联结。

10.2 路基施工与质量控制

10.2.1 路基施工时所用的填料宜与原路相同或选用水稳性较好的土，并应符合《公路路基施工技术规范》(JTJ 033)、《公路土工试验规程》(JTJ 051)的规定。

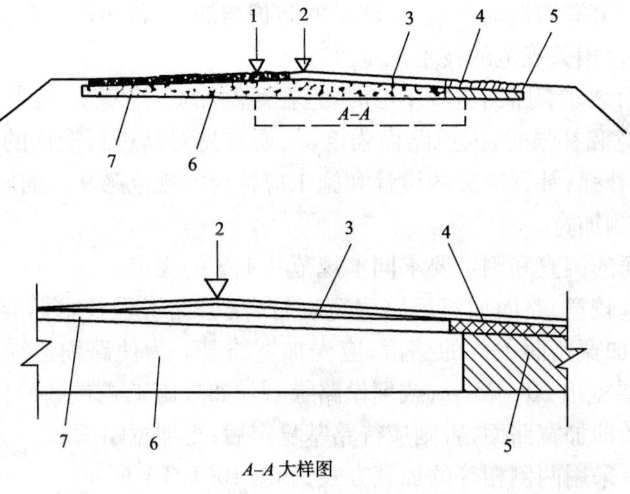

图 10.1.4 单侧加宽路面

1-原路拱中心;2-调拱后中心;3-三角调拱层;4-加宽面层;5-加宽基层;6-旧基层;7-旧面层

10.2.2 路堤加宽一侧填土宽度应大于填土层设计宽度 50cm 以上,压实宽度须超过设计宽度 25cm 以上,最后削坡。对于压路机无法操作的路段,应采用小型机具分层夯实,并达到规定的压实度。为防止新老路基出现不均匀沉降,应沿原路基边坡挖成向内倾斜的台阶,台阶宽度应不小于 1m,以增加加宽部分路基的稳定性。如压路机机械无法操作,应用小型机具夯实至规定的压实度。

10.2.3 路基施工中应做好路基的防护与加固,保证其稳定性,施工完毕后应进行及时养护。路基的防护宜与改善环境、保护生态平衡和搞好公路绿化相结合。

10.2.4 路基施工及质量控制标准应遵照《公路路基施工技术规范》(JTJ 033)和《公路工程质量验收评定标准》(JTJ 071)的技术规定执行。

10.3 基层施工与质量控制

10.3.1 基层加宽施工时,应做好基层接茬处的处理,纵向接茬应与路中线平行。

10.3.2 新旧基层衔接应符合下列要求:

1 基层厚度大于或等于 25cm 时,宜采用相错搭接法,见图 10.3.2-1。搭接长度不小于 30cm,搭接部位应首先采用小型机具夯实至设计规定的压实度,然后再对整个加宽基层采用机械全面压实,压实质量应符合设计要求。压实成型的新基层,应与原路面基层平齐。

2 基层厚度小于 25cm,宜采用平头接头法,见图 10.3.2-2。新铺筑的基层成型后,应与原路面基层平齐。

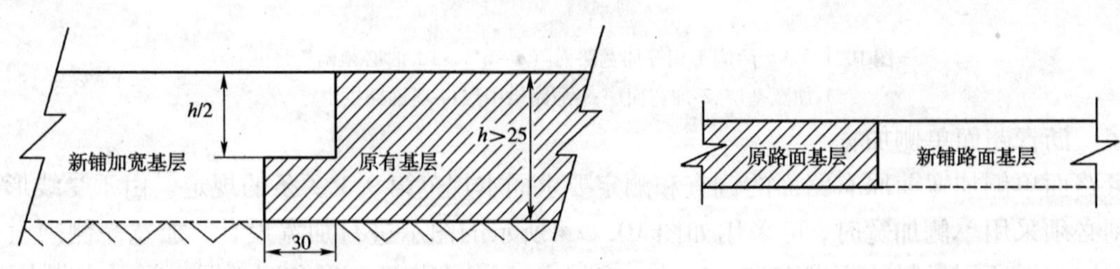

图 10.3.2-1 相错搭接(单位尺寸:cm)　　图 10.3.2-2 平头接头(单位尺寸:cm)

3 邻接加宽部位 30cm 的旧面层应予揭掉,如图 10.3.2-3 所示。并使原有沥青路面露出坚硬的边缘,材料不可松动,保持面层边缘垂直,基层顶面应平整。旧基层上的松散浮土、浮石渣应清扫干净,并将其顶面拉毛。

10.3.3 基层若需调拱时,加宽部分与调拱部分应按路面横坡的要求一次调正,整型压实。为了使调拱部分新旧基层结合良好,应将旧面层先铲掉,把原基层拉毛后再与调拱层结合。调拱层的最小厚度应满足《公路沥青路面设计规范》(JTJ 014)的要求,不足时可向下开挖原基层,以保证调拱垫层的最小厚度要求,然后再做面层。

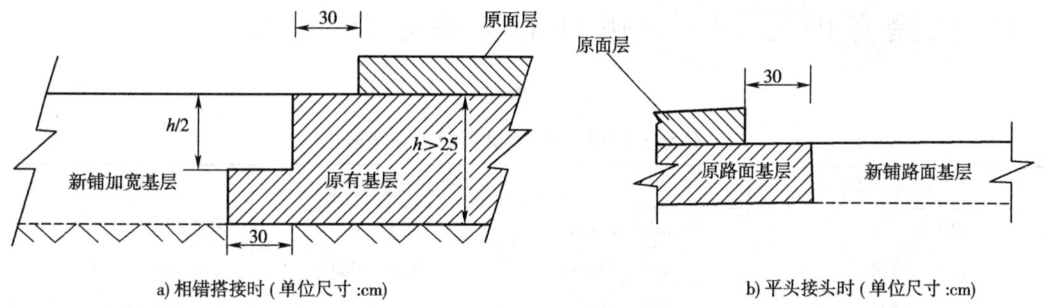

图 10.3.2-3　基层加宽时面层的处理

10.3.4　基层施工及质量控制应遵照《公路路面基层施工技术规范》(JTJ 034)和《公路工程质量验收评定标准》(JTJ 071)的技术规定执行。

10.4　面层施工与质量控制

10.4.1　路面面层加宽施工时，应做好面层接茬处的处理，纵向接茬应与路中线平行。

10.4.2　新旧面层衔接应符合下列要求：

1　面层接茬一般应采用毛茬热接的方法：

(1)在基层加宽的基础上将原有沥青路面边缘刨切整齐,使其露出坚硬的垂直边缘,原路面面层和新铺基层的粒料不可松动，并将加宽的基层表面清扫干净。

(2)在接茬处应均匀涂一层黏结沥青，以保证新铺混合料与旧沥青面层更好地黏结。

(3)单层式面层接茬时,混合料摊铺时应与原路面平齐对接,压实后的高度与原路面面层平齐,如图 10.4.2-1 所示。

(4)双层式或多层式面层接茬时,上下层不宜接在同一垂直面上,应错开 30cm 以上,做成台阶式,加宽后新上面层的压实高度与原路面上面层平齐。如图 10.4.2-2 所示。

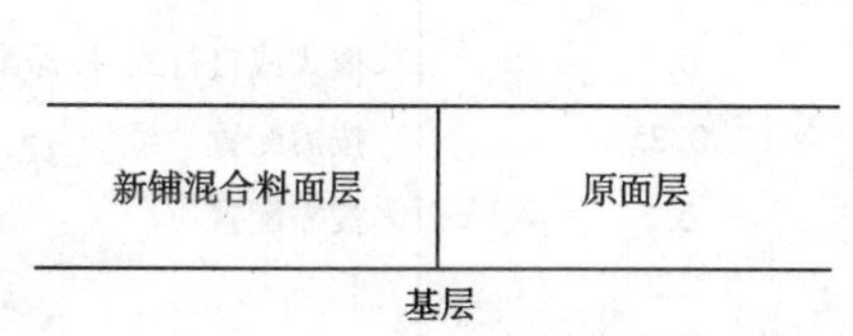

图 10.4.2-1　单层式面层纵向接茬搭接(尺寸单位：cm)

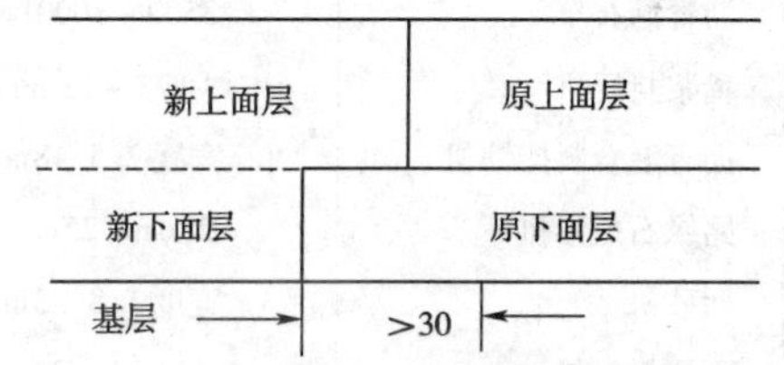

图 10.4.2-2　双层式路面面层接茬(尺寸单位:cm)

2　面层接茬部位的施工

(1)接茬部位沥青混合料的摊铺可视路面加宽宽度的情况选择人工摊铺或机械摊铺。采用人工摊铺时,将混合料按松铺厚度摊平,并沿边缘用热沥青混合料覆盖于原有沥青路面边缘预热,随时用小型振动板沿纵向接茬部位向外振动压实沥青混合料,新铺沥青面层可比原有面层略高,最后用重型压路机后轮对新铺面层进行全面碾压,成型的高度应与原有面层平齐。采用机械摊铺法施工时,可直接沿纵向接茬部位机械摊铺碾压,但应注意随时对接茬部位进行整平或补料。

(2)在加宽部位,若原有路面不需调拱,新铺沥青混合料的碾压应从接茬处向外碾压,以便形成设计规定的路拱。若原有路面需要调拱,压实方法同新建沥青路面的有关施工规定。施工完毕,纵向接茬处不应有凹凸不平的表面,应保证接缝位置平顺和具有正确的设计路拱,压实度达到设计规定的要求。

10.4.3　沥青面层的施工及质量控制应遵照《公路沥青路面施工技术规范》(JTJ 032)和《公路工程质量验收评定标准》(JTJ 071)的技术规定执行。

附录 A　公路养护每 100km 机具配备参考表

公路养护每 100km 机具配备参考表　　表 A.0.1

项　目	机械设备名称	规　格	参考配备数量(台、辆)	备　注
日常养护机械	割灌除草机	30cm²/s,1.84kW	1~3	背携式
	路面划线机	线宽 80~300mm	0.25~0.5	手推式或自行式
	车载升降机	高度 6~8mm	0.5	构造物,沿线设施,行道树用
	除雪机	除雪宽度 2.2m	1~3	根据地区需要配备
	路面清扫车	清扫宽度 2~3m	1~2	或真空吸扫车,按需配备
	洒水车	5000L	2	可带喷药装置
	多功能养护机	26kW	1	按需配置,可换装挖掘,挖护坑,挖沟等养护作业常用的十多种装置
	推土机(或装载机)	>56kW	—	
	水泵	扬程 25m,吸程 6m	0.5	清塌方,堆雪用
	摩托车	三轮	1~2	
	巡路车	3~6 座	2	
路面面层修复机械	路面破碎机械	宽度 0.5~2.1m	1	液压或气压破碎装置
	路面铣刨机	宽度 0.5~1.1m	1	按需配置
	沥青路面加热机	汽车底盘	1	用于热铣或铲油包按需配置
	沥青路面综合养护车	汽车底盘	1	具有破碎,洒布,拌和,压实等功能,按需配置
	沥青路面热养护修补车	PM-400-48TRK PM-200-36TLR	2	用于沥青路面坑槽、裂缝、拥包等病害的维修
	沥青洒布机	500~2000L	1	
	沥青洒布车	3500~8000L	0.5	
	稀浆封层机	厚度 3~12 mm	0.5	拖式或自行式,按需配置
	沥青混合料摊铺机	宽度 2.5~8m	0.25	按需配置
	路缘石成形机	25cm×25cm	0.5	按需配置
	回砂机	宽度 1.8~3m	—	
	石屑撒布机	宽度 1~3m	0.5	按需配置
	砂浆拌和机	7~12m³/h	0.5	包括钻孔机械,压浆泵等
	装载机	1~2m³	1~3	
	稳定土拌和机	宽度 2m	0.5	
压实机械	夯实机械	100~200kg	1~3	平板振动夯或冲击夯
	静作用压路机	4~6t	2	用于日常修补
		8~10t	1	
		12~15t	1	或振动压路机
	轮胎压路机	9~16t	1	
材料准备机械	沥青加热设备	800~1500kg	1	太阳能,远红外加热装置或导热油锅炉
	沥青储罐	200t	1~3	
	沥青混合料拌和机	10~30t/h	0.5~1	
	水泥混合料拌和机	10~25m³/h	0.5	

续上表

项　目	机械设备名称	规　格	参考配备数量(台、辆)	备　注
	沥青路面旧料再生机械	200kg	1	按需配备
材料准备机械	凿岩机	钻孔深3～9m	0.5	配空压机
	碎石机械	8～10m³/h	2	或碎石筛分机组,按需配备
	地磅	10～30 t	0.5	按需配备
	皮带运输机	带宽500～800mm	2	
	卷扬机	3～5 t	1	
	发电机组	30～75kW	1	按需配备
装运设备	小型拖拉机	<15kW	3	或翻斗车
	中型拖拉机	<37kW	1.5	
	大型拖拉机	>37kW	0.5	或轻型汽车
	自卸汽车	5～8t	2	
	沥青运输油罐车	5～10t	1	
	抢险排障车	起吊5t,拖力10t	0.5	
	汽车式起重机	5t	0.5	

附录 B　交通量观测

B.0.1　公路交通量观测应由县以上公路管理机构负责进行。

公路交通量观测必须保证观测数据的准确性。各级公路管理机构应采取相应措施确保数据准确可靠,并逐步开发应用先进的观测记录手段和数据加工处理软件。

B.0.2　公路交通量观测可分为下列两种:

(1)间隙式观测:按预先确定的观测日期,对交通量进行定期统计观测。

(2)连续式观测:全年分小时连续不断地对交通量进行统计观测,当用自动记录仪观测时,可结合轴载调查按轴重区别车辆类型。

B.0.3　交通量观测方法:用人工或仪器将通过规定观测断面的各种类型车辆分车型记录在表格或记数器具上,每小时终了,应将记录结果整理并登记在规定的表格上。高速公路的交通量观测可结合收费站或监控设施实施观测。

B.0.4　观测站(点)的设置原则应符合下列要求:

1　凡列入管养范围的路段,原则上都应进行交通量观测。观测站(点)的设置应从全局出发,根据公路网布局和所划定的调查区间,分别由省、地(市)级公路管理机构决定。各观测站(点)应进行统一编号,并确定其代码。观测站(点)代码结构为:

G/S/X/Z/C ××× 　J ××× 　×× (×××)

行政区划代码　观测站(点)编号　路线编号

观测站(点)位置一经设置,不得随意变动。

连续式观测站应设在主要干线和重要旅游公路交通量有代表性的适当地点,并应注意分布均匀、合理,避免集中在大城市周围。

间隙式观测站应设在调查区间范围能代表所在路段交通量的地点。代表路段可参照表 B.0.4 选定。

代表路段交通量等级　　表 B.0.4

分级	一	二	三	四
交通量(辆/B)	≤200	201 ~ 500	501 ~ 1 000	1 001 ~ 2 000
分级	五	六	七	八
交通量(辆/B)	2 001 ~ 5 000	5 001 ~ 10 000	10 001 ~ 20 000	>20 000

每个调查区只设一个观测站。当需要对特定地点,如交叉口、重要桥梁、渡口及隧道出入口等进行交通量观测时,可根据使用目的,设立临时补充观测站(点),待完成观测任务后撤销。

各观测站(点)应选择在视野开阔且具备观测条件的地点,并应离开市区适当距离,以免受城市交通量的影响。

2　观测站(点)的数量可根据公路里程、路线交通量变化情况,由各省自行决定,并划定调查区间。每省(市、自治区)应在国道上设立若干连续式观测站。

3　各观测站(点)均应配备固定的观测人员:连续式观测站每站或每一个观测断面配 4 ~ 8 人,间歇式观测站(点)每站配 1 人,具体人数可视交通量大小确定。补充观测站(点)人数可视观测断面的个数及交通量大小确定。

4　连续式观测站应设立固定的观测房,配备必要的观测设备和工具。间歇式观测站(点)和补充观测站(点)可设置简易观测房(棚)或流动观测车,配备必要的观测设备和工具。

B.0.5　观测时间应符合下列规定:

1 连续式观测时间可从观测站建站开始,连续不断地长期进行。

2 间歇式观测次数因地区而异,一般情况下每月观测2~3次。每个观测日连续观测24h,观测时间一般定为观测日6时起至次日6时止。为减少观测资料的偶然性,在确定观测日时,应尽量避开法定节假日。

3 在间歇式观测中,观测日若遇地方性集会或一般的雨雪天气,仍应照常进行,但应在附注栏内说明。遇大雪、暴风雪等特殊气候,应改期观测。改期不应超过3日,3日内仍无法补测者,可取消本次观测。由于公路施工等原因阻断交通,短期内不能恢复通车的路段,可停止观测,直到恢复通车后再继续观测,但应在附注栏内说明。

4 夜间交通量稀少的路段及北方严寒季节,在充分积累资料取得昼夜交通量换算系数的情况下,可观测白天12h或16h的交通量。观测时间一般为6时至18时或6时至22时,但应计入推算的夜间交通量。

B.0.6 车辆分类及换算系数

我国公路交通以中型载货汽车(解放CA—10B型)为标准车,其他类型的车辆均按表B.0.6规定换算为标准车的交通量(程当量交通量)。

车辆分类和换算系数 表B.0.6

编号	车辆种类	换算系数	编号	车辆种类	换算系数
1	小型载货汽车(载重小于2.5t)	1.0	7	小型拖拉机(功率小于或等于8.8kW)	1.0
2	中型载货汽车(载重2.5~7t)	1.0	8	大中型拖拉机(功率大于8.8kW)	1.0
3	大型载重汽车(载重大于7t)	1.0	9	畜力车(单匹)双匹及双匹以上	1.0 2.0
4	小型客车(小轿车)、面包车、吉普车、摩托车	0.5	10	人力车	0.5
5	大中型客车(多于12座)	1.0	11	自行车	0.1
6	拖挂车(包括集装箱车)	1.5			

B.0.7 交通量观测站(点)对取得的原始观测资料,应及时进行整理、汇总、计算和分析,上报规定的各类报表和图表。观测记录整理表见表B.0.7。

B.0.8 路线(全线、路段)平均日交通量的计算公式为:

$$N_{平均} = (N_1 \times L_1 + N_2 \times L_2 + \cdots + N_i \times L_i)/(L_1 + L_2 + \cdots + L_i)$$
$$= \sum_{I=1}^{n} N \times L_I / \sum_{I=1}^{n} L_i \quad (辆/d)$$

式中:$N_{1,2,\cdots i}$——各观测站(点)的交通量(辆/d);

$L_{1,2,\cdots i}$——各观测站(点)所对应的调查区间(代表路段)长度(km);

n——观测站(点)的个数。

B.0.9 轴载调查

1 轴载调查目的是为了预测某一时期内行车对路面的破坏作用,以便科学地制定公路养护措施,合理分配公路养护和改造资金。

2 为确保轴载调查的质量,有效利用现有交通量调查资料,轴载调查的车辆分类可在现行交通量调查观察分类的基础上,对每类车辆再分成若干档次。调查时,应按分类分档记录。

3 对每档车辆选取一种车型为该档车的代表车型。根据该代表车型的轴载和作用次数,换算成标准的当量轴次。再根据每类车辆中若干档代表车型换算成标准轴载的当量轴次的总和,即可计算得各类车辆的当量轴载换算系数,然后利用现有的交通量调查资料,换算成标准轴载的当量轴次。

不同路面类型的标准轴载换算系数,按现行的《公路沥青路面设计规范》(JTJ 014)的相应规定办理。

4　轴载调查时宜同时进行客、货装载情况抽样调查。如无条件，则可利用交通量调查中现有的实载率资料。

5　轴载调查以每年一次为宜。每次调查天数可根据每类车辆的代表当量轴载换算系数的稳定性而定，每次不宜少于三天。调查时间应具有代表性。

交通量观测站(点)原始记录日整理　　表 B.0.7

路线编号：　　观测站(点)编号：　　名称：　　桩号：　　观测日期：　　年　　月　　日　　天气情况：

车种 / 交通量 / 时序	小型载货汽车	中型载货汽车	大型载货汽车	小型客车	大型客车	客货拖挂车　汽　车				小型拖拉机	大中型拖拉机	畜力车	人力车	自行车	备注
						拖挂车	集装箱车	重型车	合计						
6~7															
7~8															
8~9															
9~10															
10~11															
11~12															
12~13															
13~14															
14~15															
15~16															
16~17															
17~18															
18~19															
19~20															
20~21															
21~22															
6~22 小计															
22~23															
23~24															
0~1															
1~2															
2~3															
3~4															
4~5															
5~6															
全天合计　绝对															
全天合计　折算															

说明：重型车系指后轴轴载大于 100kN 的车辆，此栏供抽样或典型调查时记录统计。　　填表人：

附录 C　沥青路面损坏情况调查与计算整理资料

沥青路面损坏情况调查表　　表 C.0.1

线路编码：　　路面宽度：　　起讫桩号：　　天　气：

路线名称：　　路肩宽度：右：　　左：　　调查日期：　　调查人：

起讫桩号	纵裂		横裂		不规则裂缝		龟裂			坑槽		松散		沉陷		车辙		拥包		波浪		脱皮	啃边	麻面	搓板	翻浆	冻胀	泛油	修补损坏面积	磨光
	L	*H*	*L*	*H*	*L*	*H*	*L*	*M*	*H*	*L*	*H*	*L*	*H*	*L*	*H*	*L*	*H*	*L*	*H*	*L*	*H*									
1																														
2																														
3																														
4																														
5																														
6																														
7																														
8																														
9																														
0																														
合计																														

沥青路面损坏情况换算汇总表　　表 C.0.2

线路编码：　　路面宽度：　　调查者：　　复查者：

路线名称：　　路肩宽度：右：　　左：　　调查日期：　　计算者：

桩号	纵裂		横裂		不规则裂缝		龟裂			坑槽		松散		沉陷		车辙		拥包		波浪		脱皮	啃边	麻面	搓板	翻浆	冻胀	泛油	修补损坏面积	磨光
	L	*H*	*L*	*H*	*L*	*H*	*L*	*M*	*H*	*L*	*H*	*L*	*H*	*L*	*H*	*L*	*H*	*L*	*H*	*L*	*H*									
	0.2	0.4	0.2	0.4	0.2	0.4	0.6	0.8	1.0	0.8	1.0	0.4	0.6	0.6	1.0	0.4	1.0	0.4	0.8	0.4	0.8	0.6	1.0	0.6	0.8	1.0	1.0	0.1	0.1	0.6
1																														
2																														
3																														
4																														
5																														
6																														
7																														
8																														
9																														
0																														

附录D 高速公路的巡查

巡查种类	巡查内容	巡查频率	巡查方法	巡查装备
日常巡查	检查沥青路面及附属设施的完好程度，发现各类路面病害及可能诱发病害的因素，发现可能妨害交通的路障	每天一次双向全程	车行为主，人工观测、目测及手工计量，辅以摄影或摄像	有明显标识、装备黄色警示灯的巡查车，摄影或摄像器材，卷尺及检查锤等工具
定期巡查	检查整个养护单元中包括沥青路面在内的全部养护项目	每月一次，双向全程	步行检查路段不少于双向1km，其余车行。定性与定量观测检查结合，重要情况应予摄影或摄像	同日常巡查，参加人员较多时可再配备一辆普通车辆，但在行驶途中应位于巡查车之前方
特殊巡查	主要是在暴雨、台风。大雾、严重冰冻及其他可能危及沥青路面正常状态或妨碍高速公路正常交通的灾害性气候时进行的巡查，包括防汛防台巡查、雾天巡查、冰雪巡查等	在灾害天气到来之前进行预防性巡查；在灾害性天气中进行应急性巡查；在灾害性天气过后进行补救性巡查	车行为主，巡查车速适当降低，发现异常情况应立即向应急抢险指挥中心报告	巡查车同上，并应配备可靠的通信设备和摄影、摄像器材，夜间巡查时还应配备有效的照明设备
专项巡查	对某些数量较多且危害较大的路面病害，或路面状况发生异常变化的特殊路段进行较为细致的检查	根据实际需要决定	车行与步行结合，定位、定量观测，重要情况应予摄影或摄像	同日常巡查，并备以与检查内容相适应的测量仪器

附录E　再生沥青混合料级配及技术标准

再生沥青混合料矿料级配及沥青用量范围(方孔筛)　　表E.0.1

级类		配型	通过下列筛孔(方孔筛,mm)的质量百分率(%)															沥青用量(%)
			53	37.5	31.5	26.5	19	16	13.2	9.5	4.75	2.36	1.18	0.6	0.3	0.15	0.075	
沥青混凝土	粗粒	AC—30I		100	90~100	70~92	66~82	59~77	52~72	43~63	32~52	26~42	18~32	13~25	8~18	5~13	3~7	4.0~6.0
		II		100	90~100	65~85	52~70	45~65	38~58	30~50	18~38	12~28	8~20	4~14	3~11	2~7	1~5	3.0~5.0
		AC—26I			100	95~100	75~90	52~80	53~73	43~63	32~62	25~42	18~32	13~25	8~18	5~13	3~7	4.0~6.0
		II			100	90~100	65~85	52~70	42~62	32~52	20~40	13~30	9~23	6~16	4~12	3~8	2~5	3.0~5.0
	中粒	AC—20I				100	95~100	75~90	62~80	52~72	38~58	28~46	20~34	15~27	10~20	6~14	4~8	4.0~6.0
		II				100	90~100	65~85	52~70	40~60	26~45	16~33	11~25	7~18	4~13	3~9	2~5	3.5~5.5
		AC—16I					100	95~100	75~90	58~78	42~63	32~50	22~37	16~28	11~21	7~15	4~8	4.0~6.0
		II					100	90~100	65~85	50~70	30~50	18~35	12~26	7~19	4~14	3~9	2~5	3.5~5.5
	细粒	AC—13I						100	95~100	70~88	48~68	36~53	24~41	18~30	12~22	8~16	4~8	4.5~6.5
		II						100	90~100	60~80	34~52	22~38	14~28	8~20	6~14	3~10	2~6	4.0~6.0
沥青碎石	特粗	AM—40	100	90~100	60~80	40~65	30~54	25~30	20~45	13~38	5~25	2~15	0~10	0~8	0~6	0~5	0~4	2.0~4.0
	粗粒	AM—30		100	90~100	50~80	38~65	32~57	25~50	17~42	8~30	2~20	0~15	0~10	0~8	0~5	0~4	2.5~4.0
		AM—25			100	90~100	50~80	43~73	38~65	25~55	10~32	2~20	0~14	0~10	0~8	0~6	0~5	3.0~4.5
	中粒	AM—20				100	90~100	60~85	50~75	40~65	15~40	5~22	2~16	1~12	0~10	0~8	0~5	3.0~4.5
		AM—16					100	90~100	60~85	46~68	18~42	6~25	3~18	1~14	0~10	0~8	0~5	3.0~4.5
	细粒	AM—13						100	90~100	50~80	20~45	8~28	4~20	2~16	0~10	0~8	0~6	3.0~4.5

热拌再生沥青混凝土马歇尔试验技术标准　　表E.0.2

试验项目	一级公路				其他等级公路					
混合料类型	粗粒式		中粒式		粗粒式		中粒式		细粒式	
	I型	II型	I型	II型	I型	II型	I型	II型	I型	II型
击实次数(两面)	75次				50次					
稳定度(kN)	6.5	4.0	7.5	5.0	4.0	3.0	5.0	4.0	5.0	4.0
流值(0.1mm)	20~40				20~45					
空隙率(%)	3~6	4~10	3~6	4~10	3~6	4~10	3~6	4~10	2~6	4~10

附件

《公路沥青路面养护技术规范》

（JTJ 073.2—2001）

条 文 说 明

1　总则

1.0.1　本条规定了制定本规范的目的。

随着公路建设事业的不断发展，沥青路面的数量和质量也有了较大的提高，但是由于交通量的迅速增长，载重车辆轴重的加大，致使沥青路面出现早期破坏情况较为普遍。路面的缺陷和损坏，必然严重影响路面的正常使用功能和服务水平。因此，必须对公路沥青路面加强养护，提高技术水平，保持路面的完好、畅通。本规范基于上述目的，并根据公路沥青路面的建设及养护技术不断发展的情况，在原"公路养护技术规范"的基础上修订而成的。

1.0.2　本条规定了本规范的适用范围。

各级公路的沥青路面养护均可采用本规范，但考虑到高速公路的养护，交通部正在制定相应的规范，因此，本规范仅就高速公路沥青路面的日常养护做了规定。

1.0.3　本条规定了沥青路面养护的基本要求，主要包括技术政策、技术措施、计划管理和安全措施等。

沥青路面的养护应贯彻"预防为主，防治结合"的方针，根据日常调查的路况资料及交通量、气候情况，进行分析，预作防范，加强预防性养护工作，特别是做好雨季、冬季的预防工作。

加强日常的巡视检查，这也是公路沥青路面养护中不可缺少的工作内容，通过巡视检查及时发现病害，及时采取措施，修复损坏部位，确保路面经常处于完好状态。

沥青路面使用到一定年限后，即使用到一定周期后，必须采取罩面或其他补强措施，以恢复其使用功能。即必须每年保证7%大修率，使路面得到周期性的养护，实现路面使用质量的良性循环。

沥青路面的科学养护主要是必须推广应用路面管理系统，通过采用科学检测手段和仪器，采集路面状况性能数据，进行评价分析，提出科学的养护对策。

沥青路面养护中采用的新技术、新材料、新工艺是指能够提高路面养护质量，减轻劳动强度，降低成本的各项养护措施。养护工作中还必须注意穿着养护安全标志服，由于养护工程作业的原因，使现有公路不能正常通行时，应当实行作业交通安全控制，确保养护施工的交通安全。同时，采取安全措施，注意安全操作。

1.0.4　使用本规范时应与现行的《沥青路面施工及验收规范》(GB 50092)、《公路沥青路面设计规范》(JTJ 014)、《公路沥青路面施工技术规范》(JTJ 032)、《公路改性沥青路面施工技术规范》(JTJ 036)等规范互相协调对应。

3 养护内容与质量标准

3.1 工作内容与要求

3.1.1 本条主要是根据正在修订的“公路养护管理办法”及沥青路面养护工作的实际情况，对沥青路面养护工程分类做了较大的修改。增加了日常巡视与检查及专项养护工程，将原来作为改善工程调整为改建工程。

中修工程是指沥青路面一般性损坏的修复工作，多少工程量可定为中修工程，各地可根据本地情况、所需经费多少而定。

将改善工程改为改建工程是按修订中的“公路养护管理办法”的要求写的。因为改善工程的提法较为广泛，如大、中修工程也属于改善工程，因此将原来的改善改为改建更为合理。

专项养护工程是根据沥青路面养护工作的需要而列入的。主要是当路面遭受自然灾害，如因洪水引起的水毁，因地震、滑坡、崩塌、泥石流引起的公路损坏、病害等，都必须进行专项修复。同时，由于各种重大政治、经济活动，如大型体育运动会的召开等，也需对路面进行整治。

3.1.2 此条主要是对沥青路面的小修保养工作提出具体的实施要求。

3.1.4 在沥青路面的养护工作中还必须特别注意做好路面的排水工作，当路面出现裂缝、坑槽等病害时，为防止路面水渗入到基层，必须尽快将损坏的部分路面修复。同时必须做好路面的地面排水和地下排水设施的养护，确保排水功能的发挥。

3.2 养护质量标准

3.2.1 为了便于操作使用，将养护质量标准按公路等级分为高速公路、一级公路和其他等级公路两类。和原规范相比，PCI 和平整度指标对于高速公路、一级公路有所提高。完整的抗滑性能包括路面的细构造和粗构造。但考虑到该指标执行有一定困难，所以本规范中仍没有将此项指标列入。

此次规范修订还增加了路面横坡的养护质量标准，考虑到公路使用过程中路拱横坡的变化，因此其养护质量标准应较新建公路的标准低，故路面横坡的养护质量标准比新建公路的设计坡度相应低 0.5%。

原来的养护规范没有提出车辙的养护技术标准，随着高等级公路里程的不断增加，渠化交通的加剧，重车数量不断增加，车辙将成为一个日益突出的问题。因此，本次规范修改对高速公路和一级公路提出了车辙的养护技术标准。

国外对车辙标准的规定：

壳牌设计法：路面容许的永久变形，以 10mm 为破坏的临界状态，需加铺面层恢复其功能状态；20mm 即进入了破坏状态。因此规定高速公路的车辙标准为 10mm，一般公路为 30mm。比利时设计法：按车辙深度 RD 与车辙宽度之半的 ΔL 之比值（即 $RD/\Delta L$）在 0.02 ~ 0.03 范围之间，若取车辙宽度 100cm 计，则 $\Delta L = 50$cm，RD = 1.0 ~ 1.5cm 之间（总变形）。AI 法（美国地沥青协会）：认为只要路面各层很好压实，沥青混合料经认真设计，车辙不会大于 12.5mm，以此值作为车辙的标准。该标准值位于壳牌法标准与比利时法标准之间。1986 年版 AASHO 法：高速公路车辙修缮标准为 10mm，一般公路车辙修缮标准为 30mm。在日本，大量路况调查表明，当大型车辆超过 300 万辆时，车辙超过 10mm 的路占 50%，交叉口的车辙通常为正常路段的 2 ~ 5 倍，当路面需要罩面补强时，车辙深度一般为 20mm。日本的《道路养护与维修》手册：对沥青路面是否进行养护维修的车辙要求值规定：汽车专用道路为 25mm，交通量大的普通道路为 30～40mm，交通量小的普通道路为 40mm。

我国的情况：在北京、上海等大城市的某些干线上，特别是在交叉口或汽车站附近，车辙深达 100mm 左右，据北京市 1988 年对七条干线道路沥青路面的调查结果：平均车辙深达 61.9mm，最大达 110mm。在正定试验路上采用 ALF（加速加载设备）在某路段模拟 19 万次行车荷载的作用，平均的 RD 达 16.4mm。

结合国外对车辙标准的规定情况和我国的实际情况，将车辙定为：高速公路、一级公路：15mm。

3.2.2 考虑到目前尚无大中修、改建及其专项工程的专门质量检查验收标准，由此本条特意规定了大修、中修、改建、专项工程可参考《公路工程质量检验评定标准》（JTJ 071）执行。

3.3 养护材料要求

3.3.1 本条特意规定用于沥青路面养护的材料要求应与新建沥青路面一样，必须具有足够的强度、耐久性和稳定性，因此，对各种材料均应按规定要求进行检验，合格后方可使用。

3.4 养护机具配备

3.4.1 本条按照公路沥青路面养护必须提高养护机械化水平，走机械化养护道路的要求，并根据国内沥青路面养护机械生产的情况，提供了一个可参考选择采用的机械设备品种及规格表，各地应根据具体情况选用。

3.4.3 本条提供了路面管理系统在进行路况调查，采集路面数据时所采用的调查仪器设备，各地可按具体情况进行配置。

4 路况调查与评价

4.1 一般规定

4.1.1 目的

路面状况的调查根据用途的不同可以分为三类:一类是网级水平的路况调查,它主要是为省市公路管理部门分配资金提供决策依据;另一类是为项目制定大、中修或改建方案对策提供依据,它属于项目级的水平。后者在项目的指标、方法上要求比前者要细。此外还有日常养护与维修应进行的路面调查。原规范路面调查的目的主要侧重于项目级。

4.1.2 路面管理系统为公路管理部门制定养护对策、提供养护资金的分配、确定养护优先次序和养护工作计划提供了决策依据,各地应积极使用路面管理系统。数据库是路面管理系统的基础,在使用的过程中,各地应重视并做好数据的采集和数据库的完善工作。

4.2 路面的破损类型

4.2.2 沥青路面的破损类型

根据路面的破损情况,在原规范的基础上增补了麻面、脱皮、啃边、搓板、磨光、冻胀、翻浆等类型。

4.5 使用品质的评价指标与评价方法

4.5.1 路面现有使用质量的评价内容包括:路面破损状况、行驶质量、强度和抗滑性能四项。原规范中使用品质评价指标采用抗滑系数这一名词,不够科学,现改为抗滑性能,它仍采用横向力系数或摆值作为评价指标,在调查时,相应的调查内容为横向力系数 SFC 或摆值 BPN。路面破损状况反映了路面的结构完好程度;强度反映了路面的结构承载能力;平整度表示路面表面诱使行驶出现振动的高程变化,它对车辆磨损、油耗、行驶舒适性、路面损坏和交通安全产生直接的影响;国际平整度是反映平整度的一项指标。抗滑性能则反映了路面上车辆行驶的安全性。四项内容采用了两级评价指标:即单项评价指标和综合评价指标。单项评价指标反映各单项内容的使用品质,适用于项目级的路面评价和管理;综合评价指标则体现了整个路面使用品质的总体情况。

4.5.2 路面状况指数(PCI)

1 各类严重程度和类型的破损对车辆行驶的舒适性、安全性以及对路面的完好程度、使用性能的衰退有不同的影响,同时对养护处治的工作量的影响也不同,建立明确的定量关系是困难的。因此,本规范采取主客观相结合的办法来评价路面的使用性能。

2 本规范在原来的基础上增补了麻面、脆皮、啃边、搓板、磨光、冻胀、翻浆等类型。路面破损换算系数中相应地增补了其换算系数,其值见表 4.5.2-1。

3 原规范式(4.5.2-1)应为破损的百分率,本规范对其进行了相应的修订,并明确了单位。

4.5.3 原规范的路面强度系数采用路面允许弯沉与路段代表弯沉的比值。因《公路沥青路面设计规范》(JTJ 014)不再使用路面允许弯沉的概念,而改为路面设计弯沉值,本规范对式(4.5.3)也进行了相应的修改,即路面强度系数为路面设计弯沉值与路段代表弯沉的比值。《公路沥青路面设计规范》(JTJ 014)中设计弯沉的计算公式是在对全国许多省市的公路调查实测的路面弯沉结果进行整理分析得到的,同时对弯沉逐年变化曲线进行了研究,得到了弯沉随时间的变化规律。路面的设计弯沉与路段的代表弯沉的关系为 $I_d = I_R/1.2$，按照本规范的强度系数的定义，对原强度系数进行了相应的修正，得到表 4.5.3 的强度系数评价标准。

4.5.4 行驶质量指数(RQI)

1 国际平整度指数是一项通用性好、与各类测定方法的测定结果具有良好相关性的指标。用反应类平整度测定设备采用国际平整度指数表征路面的平整度时，由于反应类平整度测定设备的时间稳定性差、转换性差，在进行路面平整度的测定时，首先应在选定的有代表性的路段上进行设备的标定（即建立 IRI 与平整度测试设备的相关关系），确定标定系数 a 与 b。所选路段宜均匀平直，且包括优、中、差等不同路面使用品质的路段。

2 行驶质量指数 RQI 也是一项主客观相结合的评价指标，它不仅与平整度有关，还同人的可接受能力及车辆的悬挂系统有关。式(4.5.4-2)即体现了这种主客观相结合的评价方法。

4.5.5 路面抗滑性能可采用两种评价方法。对于高速公路、一级公路，宜采用横向力系数测定设备进行测试，对于其他公路，有条件的可采用横向力系数测定设备测试，无条件的可采用摆式仪测定。

4.5.6 路面综合评价

1 路面综合评价采用 PQI 作为评价指标是对路面使用性能（包括 PCI、RQI、SSI、SFC 在内）加权平均后的综合评价，反映了路面在使用和养护过程中的总体情况。PCI、RQI、SSI、SFC 的权重可能因公路等级、环境、交通量等因素的差异而不同。本规范表 4.5.6-1 将权重系数按公路等级分为三类：高速公路、一级公路；二级公路；二级以下公路，并通过专家调查咨询，总结得到不同情况的各指标的权重值，结果如表 4.5.6-1 所示。这种修订体现了各指标在不同类型公路情况下占比重的差异。同一类型公路的各权重系数之和为 1。

2 各指标因单位不同，无法实施加权处理，因此应先对各指标进行无量纲处理。无量纲处理方法即表 4.5.6-2 的换算。

4.6 维修养护对策

4.6.1 对沥青路面养护对策的选择除了考虑公路等级、交通量外，主要是依据各单项路况指标的评价结果。

4.6.2 网级路面管理的目的是通过路况调查，对路面状况进行评价，为省市级公路管理部门制定资金需求计划和资金分配方案、确定养护优先次序提供决策依据。

4.6.3 根据公路等级和分项路况的评价结果，对路面损坏状况与强度、路面的平整度、路面抗滑等指标分别制定相应的对策，这些对策主要是侧重于网级的管理。养护对策的制定体现了公路等级、交通量的差异。本规范增加了改建的相关条文。

4.6.4 大中修及改建工程应按规范的要求进行专门的设计。

4.6.5 按照网级管理的分析结果，根据路面的具体情况制定项目的具体养护、改建对策。

5　日常养护

5.1　一般公路沥青路面日常养护

5.1.1　初期养护应按下列规定进行。

1　热拌沥青混合料路面的初期养护

(1)混合料摊铺后路表温度低于50℃时,才可开放交通,防止出现车辙等病害。

(2)双幅摊铺的沥青混合料路面,纵向接缝不平的现象在施工中很常见,条文中说明了检查和处理方法。

2　沥青贯入式路面的初期养护

开放交通后对车辆限速的目的是为了防止路面松散。

4　乳化沥青路面的初期养护

沥青乳液有一个破乳的过程,即水从沥青混合料中分离出来。破乳之前沥青乳液不稳定,如不严格控制交通,路面成型后将出现严重车辙。

5.1.2　沥青路面日常养护应按下列规定进行。

本条文内容包括:日常巡查、路面清扫、履带车和铁轮车在油路面上行驶的规定、雨后路面清扫积水、排水设施的养护、冬季除雪防滑、路肩养护、边坡养护等八项内容。把路肩和边坡养护也列入沥青路面日常保养的工作内容,这是因为路肩和边坡养护的好坏将直接影响路基的稳定,进而影响路面的养护质量。

1　日常养护中发现病害,按第6章路面常见病害维修的有关规定处理。

2　在路面上堆积肥料、建筑材料等,不仅影响公路的通行能力,还会对沥青路面造成损坏,应及时清除;严禁在路面上打场、晒粮和碾压其他物料,因为在气温较高而路面发软时,某些杂质和细粉被压入油层,会降低路面强度。

3　履带车辆通过沥青路面的保护措施:

(1)履带车需通过沥青路面时,车主应提前与公路管理部门取得联系,在得到同意并采取相应措施后才能行驶。

(2)如有其他砂石道路可绕行时,各种履带车和其他铁轮车应尽量绕行。必须通过沥青路面时应带履带橡胶套。

(3)经常有履带车行驶的路段,可加厚加宽油路面或采用块石铺砌。

(4)履带车临时短距离通过沥青路面时,可采取临时性措施。

5　边沟是排水设施中最常见的一种。

(1)土质边沟应经常保持原设计断面,及时清除淤塞和杂草,满足排水需要。沟底纵坡保持在0.3%~0.5%之间。沟长一般不超过于500m,多雨地区沟长不超过300m,应分段将水流引出路基以外。不使水积聚在边沟之内。通过养护开挖大边沟。几年来通过实践证明开挖公路两侧大边沟,对防洪排涝,切断地下水,稳定路基,美化路容起到了一定的作用。

(2)石砌大边沟为矩形,其尺寸为深80cm,宽60cm,石砌底或碎石压底,纵坡一般可大于土质边沟的纵坡。

(3)土质边沟为梯形,深80cm以上,底宽60cm以上,边沟两侧坡度按当地土质而定。

6　除雪防滑。

路面积雪如不及时清除,不仅影响行车安全,而且到了春融期,雪水渗入路基,还影响路基强度,尤其在翻浆地段,更会加剧翻浆的形成和发展。

5.1.3 预防性季节性保养修理

本条文原规范只说明四个季节发生病害的种类,本规范新增了各种病害产生的具体原因和特点,以便于有针对性地做好各种病害的预防。

5.2 高速公路沥青路面日常养护

5.2.1 一般规定

1 本条规定了高速公路沥青路面日常养护的目的。

2 高速公路沥青路面日常养护的具体作业内容与一般公路没有质的区别,但由于高速公路是具有特别重要的政治和经济意义的、最高技术等级的公路,因此在及时掌握信息、合理安排项目、科学规范作业、安全快速操作以及作业过程中的交通服务等方面提出了更高的要求,以确保更充分地发挥高速公路的功用。

3 高速公路沥青路面上出现的各类病害,对于高速行驶的车辆的危害性比其他等级公路的危害性更大,因此对高速公路沥青路面上出现的各类病害,必须尽快按本规范第6章的有关规定予以修复。

直接危及正常交通和行车安全的病害,主要指位于行车道上、可能导致行驶车辆剧烈颠簸、车轮打滑、制动失灵、方向瞬时失控的较大较深的坑槽、冻胀、翻浆、车辙等。这类破损危害极大,一旦发现,应立即修复。如果由于天气、材料、机具设备等施工条件暂不具备而无法完全按规范要求予以修复的,也必须先采取简易修复、现场设置有关标志等临时过渡性措施,待施工条件具备后,再按本规范要求重新予以修复。

4 高速公路沥青路面养护机械设备的配置,包括日常运行设备的配置,以中轻型常用设备为主,可参照本规范附录A,并结合本地区、本管养单元的具体情况来确定设备配置的种类和数量。

大型养护施工设备(摊铺机、大中型路面铣刨机、中重型压路机、高空作业车等)、大型排障抢险机具(大型排障车、大型汽车式起重机、平板运输车等)以及专项技术检测仪器设备,对高速公路沥青路面的养护和运行是必需的,但使用率不高。因此由若干养护单元统一配置、协调使用,可以提高大型设备的使用效率,降低使用成本。

养护机械设备的配置,是养护作业机械化、规范化的重要物质基础,应根据实际情况,加强设备规划,确定合适的投资比重,实现养护机械设备的优化配置。

高速公路优化机械设备应向多功能、一机多挂和标准化、国产化方向发展。在逐步完善优化机械设备配置的同时,应健全优化机械设备的管理和维修制定,加强优化机械设备的操作技术培训,充分发挥机械效能,合理调整作业人员结构。

高速公路沥青路面日常养护具有质量要求高、时效性强的特点,为了保证养护作业能及时按规范进行,对常用材料应建立适当的储备,具体种类及数量,可根据实际需要和储备条件来确定。对于用量较大、储存较困难的养护材料,可与本地区或邻近地区的正规的材料生产厂商和供应商建立可靠的供需关系,以确保养护材料供应的质量、数量和速度。

5 高速公路的路面养护作业具有较高的风险性,因此,对从事高速公路路面养护作业的人员进行专门的安全教育和养护作业规程的培训是必要的。培训内容除了作业规程和自身保护措施之外,还应包括高速公路交通规则、高速公路路面作业的交通控制方式、设置和撤除安全作业区的方法等方面的内容。

5.2.2 巡查和检测

1 各类巡视和检查是养护工作的基础。由于高速公路上车辆高速行驶的特点,由路面状况的不良变化所造成的后果往往具有突发性和严重性。为了保持高速公路经常处于良好的技术状态,确保行驶车辆及其乘客的安全和舒适,必须及早发现一切可能危及正常安全运行的因素,并及时采取相应的措施。因此,对高速公路沥青路面的各类巡视和检查必须形成制度,并坚持认真执行。

2 高速公路沥青路面养护的决策依据除了有关路面状况的直接信息之外,还有其他相关信息,主要指气象信息、交通信息等。采集各类相关信息时要注意结合各地区的实际情况，并注意利用高速公路的气象监测系统、收费监控系统和交通监控系统。

3 高速公路沥青路面的养护质量标准和路面破损、平整度、强度、抗滑性能等分项技术检测要求见本规范第3章及第4章的规定。

高速公路沥青路面的高程测量指对路面高程变化特征点的实际高程的观测。尽管近年来对软土地基的处理技术日趋成熟，但是软基高路堤的工后沉降仍无法完全避免，特别是结构物两端路堤的不均匀沉陷所引起的桥头跳车，直接影响高速公路的运行质量，对行车安全构成极大危害。因此，对软土地基上修建的高速公路，此项检测指标是评价路面使用品质的首要指标。

4 各项巡视检查、专项调查和技术检测的目的是为养护决策提供科学依据，而简单地占有数据、资料是没有实际意义的，因此应及时进行相应的整理、分析工作。最有效的方法是建立沥青路面管理系统，将有关信息及时输入计算机管理系统，以便获得对管养路段沥青路面的技术状况和使用品质的最新评价，随时监测路面状况，实施动态管理。

高速公路沥青路面的各分项评价指标和相应的维修养护对策分别见本规范第4章的规定。养护对策应根据各分项评价指标确定，路面综合评价指标仅适用于对路面质量的总体评价。

5.2.3 清扫和排水

1 日常清扫是保持良好的路容路貌和运行环境的最基本的养护作业项目。由于路面横坡及高速旋转的车轮的作用，路面垃圾主要集中在路面右侧，因此一般情况下机械清扫应以路面右侧紧急停车带为主，同时可减少对行驶车辆的影响；但在设有反超高的弯道路段，应以左侧为主。

2 特殊清扫是指除定期定时进行的日常清扫之外的清扫保洁作业，通常是根据需要而临时安排的。在两次日常清扫的间隔中，因过往车辆的滴冒抛洒、车辆发生交通事故等各种意外情况，随时可能造成路面局部的严重污染，特别是油类物质及化学物品造成的污染还可能破坏路面结构。此类情况通常由养护巡查、路政巡查或道路监控系统发现，一般应及时安排特殊清扫，恢复路面整洁，当发现的路面异物足以妨碍正常交通时，则应立即予以清除。

3 路面排水系统是道路总体排水系统的一个组成部分，因此为了保持高速公路沥青路面排水畅通，应加强对整个排水系统的清理疏通和检查维修工作，并适时进行清理路肩边坡、修复局部沉陷、调整横坡不适等养护工作。

多雨地区在雨季前应采取预防措施，并对沥青路面的各类裂缝进行封、填处理，减少路面渗水，在雨季中应加强巡查，发现水毁部位及行车道明显积水时应立即采取有效措施，保障行车安全；在雨季后应对道路排水系统进行全面检查，尽快修复水毁部位。

5.2.4 排障和清理

1 高速公路应急抢救的工作内容并不局限于路面日常养护，而是与高速公路运行管理工作交叉重叠的。由于路面是体现道路功能的主要组成部分，因此本规范将此项内容纳入本章。

图5.2.4给出了高速公路应急抢救体制的基本功能要求。由于高速公路应急抢救工作的复杂性和突发性，各地高速公路管理机构在实施此项工作时，应根据各自的实际情况予以调整完善。

2 高速公路的排障救援工作是指排除、清理由自然灾害或异常气候等不可抗拒因素和交通事故、故障车辆等突发事件所造成的交通障碍，并对因此滞留的随车人员提供救援，包括排除各种路障、牵引(吊运)故障车辆和事故车辆、消防和医疗急救等，应与路政管理和运行管理工作结合进行。

高速公路的排障救援工作涉及面广，作业中随时可能遇到各种突发的复杂情况，因此应对作业人员进行全面的业务培训，以使其掌握应付各种情况的基本知识和技能；同时应根据管辖路线的长短、交通量的大小等具体情况配置必要的设备，以确保排障、清理和救援工作及时顺利进行。

5.2.5 除雪和防冻

高速公路的除雪和防冻作业是指清除路面积雪或融雪、雨水在路面上结成冰冻层的措施。除雪和防冻工作的基本要求是充分准备、快速进行、确保安全、保障畅通。

路面上的压实雪、融化的雪水、未及排除的雨水，当路表温度下降到0℃以下时都会结冰。特别是在交通量较小的低温情况下，行车道上的积雪经车轮的碾压作用而局部融化且不及时排除时，极易形成局部薄冰层。路面一旦形成冰冻层，摩擦系数骤然降低，对行车安全构成极大的危害。当积雪达到一定深度时，还将直接阻碍车辆行驶。另外，融雪通过裂缝类的路面病害，缓慢持久地往下渗透，将对沥青路面和基层结构造成直接损害。因此常年降雪地区的除雪和防冻是高速公路沥青路面冬季养护的重点。

除雪和防冻的准备工作包括人员组织、设备配置、材料储备、气象监测和适应各种不同情况的作业规程等方面。每次除雪和防冻作业后，应充分做好下一次作业的准备，形成良好的作业循环，以确保每次除雪和防冻作业及时顺利进行。

6　常见病害的维修

6.2　裂缝的维修

6.2.1　沥青的物理性质受温度影响较大,因而沥青面层的温度稳定性较差,夏天易软,冬天易脆。例如沥青混凝土在正温度下是黏塑性材料,在负温度下,它却是弹性材料。特别是我国目前生产的多数石油一般都含有较多的石蜡,因此,沥青中蜡的含量多,往往超过10% ~20%,这是导致我国多数沥青材料的延伸度小,与石料的黏结性能差,热稳定性也不好的主要因素。即使基层无问题,在低温情况下,不少沥青路面也容易出现一些轻微的脆裂,而随着气温的升高,这种裂缝一般是可以愈合的。

6.2.2　在寒冷地区,因基层所含水分会发生冻胀,路面基层中各部分所含水分的不均匀性又导致冻胀程度不一。在干燥季节,土体因缺水会产生干缩。这种因基层温缩、干缩而使面层产生的裂缝一般间距较大,缝也较宽,即使在夏季高温时也不能愈合,只能采用填补的方法予以处治。

6.3　拥包的维修

6.3.2　即使路面基层稳定,由于面层局部沥青混合料中细集料过多,含油量过大,在行车水平力作用下,逐渐推挤聚集而成拥包。实践证明,层铺法的沥青处治路面,当油石比超过7%时,容易产生拥包,特别是在弯道处。这种拥包经过铲除处治后,一般均可恢复至原样。

6.3.4　如果路面基层强度不足,结构内部抗剪强度不足以抵抗行车荷载产生的剪切应力的作用时,往往造成路面沉陷,沉陷处两侧路面面层向上挤出隆起。此外,如基层中含水量过大,停留在基层表面,与面层形成两张皮。在行车的来回碾压下,也会使路面面层推拥成包。这样形成的拥包位置往往不固定,随行车的碾压而变化,因此也称为“活油包”。这类拥包的产生主要不是因为面层而是基层的问题,因此也称为“假油包”。只有处治好基层的病害,这类拥包才能根除。

6.4　沉陷的维修

6.4.2　路面出现沉陷只是一种表面现象,根本原因是土基或基层强度不足。因密实度不够,含有淤泥、泥质岩或路基位于稻田、水网区,地下水位较高等均可造成土基或基层的软弱,从而导致路面出现沉陷。因此,处治路面沉陷的关键在于增加土基或基层的强度和稳定性。

6.4.3　桥头跳车是较为普遍的现象,究其原因是桥台台后的路堤填土下沉所致。影响下沉的因素主要有以下几点:

(1)台后填土较高,引起深层地基压缩变形。

(2)施工中压实机械对紧靠台背部分的填土碾压困难,产生局部较大的路堤压缩变形。

(3)路基与台背处的沉降缝,因施工及养护不善,雨水渗入,也会对路基的沉降产生影响。

以上因素应通过养护来加以完善。

6.6　波浪与搓板的维修

6.6.3　因基层原因而出现波浪或搓板,在处治上难度要大一些。薄沥青面层的平整度在很大程度上是取决于基层的平整度。基层的波浪或搓板势必要反映到面层上。此时唯有将基层的缺陷处治好,面层的病害才能得以根除。

6.7 冻胀和翻浆的维修

6.7.1 在北方或高原地冻较深的地区，冬季由于冰冻作用将水分提到路面基层而结冰引起冻胀，到春融化冻，过多的水分使路基湿软，造成翻浆。这种翻浆一般称为冻胀翻浆。这与南方由于潮湿所引起的翻浆是有区别的。前者发生在春融季节，后者多发生在雨季。

6.7.2 土质、气温、水、路面结构和行车荷载是造成路面冻胀和翻浆的五大因素，而其中土质、气温和水是主要因素。因此，处治冻胀和翻浆应采取加强路基排水、提高路基、设置隔离层、盲沟、换土、改善路面结构等多种措施进行综合考虑。有时采用一种处理措施不能达到预期效果时，可几种措施并用。

6.8 坑槽的维修

6.8.1 路面基层完好，仅面层有坑槽，其处治的关键在于新填补的沥青混合料应采用与原路面同结构的沥青混合料，且无论是底面，或是四周，均与原路面结合紧密，形成整体。因此，从放样开槽到清底拌和，以至最后的铺筑压实，每一环节均应严格掌握。

6.8.2 在低温潮湿的季节，采用常规的方法补坑槽是难以保证修补质量的，反而会造成材料浪费。为防止坑槽面积扩大及雨、雪水渗入基层以至造成更为严重的病害，采取就地取材，对坑槽作暂时性的修补，不失为权宜之计。但应注意的是，待天气好转，重新修补坑槽前，必须把暂时代用的材料彻底清除干净，并对坑槽的边缘、坑壁及坑底均应重新凿整齐，以保证修补质量。

6.9 麻面与松散的维修

6.9.1 麻面与松散属于同一类病害，只不过麻面在松散程度上比较轻微。麻面不仅影响路面的外观，也是造成路面松散破坏的主要原因之一。因为路面出现小麻面后，上层石料之间就有相互移动的余地，在汽车荷载的作用下也就容易被振动脱落而浮散在路表。这些石料在行车的作用下，搓动被沥青黏着的石料，促使后者脱落。此外，小麻面中常常积水，又会使石料表面沥青膜剥离，油石之间的黏结力减弱，石料松动脱出，导致路面松散破坏。松散是沥青路面中较为严重的一种病害。为了做到防微杜渐，尽量避免松散病害的发生，当路面出现麻面时，就应及时予以处治。实践证明，对于麻面病害，重新封面，往往能取得良好的效果。

6.11 脱皮的维修

6.11.1 脱皮产生的主要原因是封层与面层之间或面层与底层之间黏结不良，降低了层间的抗剪强度，在车轮荷载的水平作用力的作用下，所产生的剪应力使面层产生了推移。路面泛油期间未能及时撒养护料，一旦气温略回降，沥青的黏度增加，车辆通过时，容易将结合不好的层次粘起，也会形成脱皮病害。因此，排除影响层间黏结不良的因素，改善和提高层间的抗剪能力，是处治脱皮病害的关键。

6.12 啃边的维修

6.12.3 加强路肩养护工作，有条件时设硬路肩或设路缘石是处治啃边病害的有效措施。设置路缘石时，必须注意不得阻滞路表水和结构层中水的排出。

6.14 桥面沥青铺装的养护与维修

6.14.2 对桥面的沥青铺装所出现的各种病害应及时予以维修,因为桥面铺装的病害不仅仅是影响行车,而且还会危及桥梁本身的承载能力及耐久性。钢桥、大跨度悬索桥、斜拉桥等由于行车荷载的冲击力引起的经常性振动对桥面铺装造成不利的影响比较明显,特别应加强日常养护。

7 罩面

7.1 一般规定

7.1.1 本规范中所指的沥青路面罩面是指：凡旧路面强度指标符合要求情况下，在旧沥青路面面层上加铺的沥青混合料薄处理层，统称为沥青路面罩面。

从此定义推出，目前沥青路面养护中常用的封层、稀浆封层、雾状封层（有的称为封层）、沥青表面处治等属此范围。

把它们归在罩面范围内，是由于它们符合上述罩面定义，有下列共性：

1 都是在旧沥青路面面层上的沥青混合料处理薄层；

2 都必须在旧路面强度符合要求的情况下才能采用；

3 都比较薄，一般不计入承重层厚度；

4 对改善旧路面的使用质量，如减少网裂、改善平整度、提高抗滑性能、防水下渗都会起到一定的作用。

但是，由于铺筑厚度、采用的材料、施工工艺不同，所解决病害的功效程度也存在差别，有必要根据侧重不同把罩面大致又分成几个类型：普通型、防水型、抗滑型。

1 普通型：由于铺筑厚度较厚，对治理破损，恢复平整度，提高抗滑性能的能力就强一些，要求的质量标准应较高一些；

2 防水型：主要指目前在一般公路上使用的封层、稀浆封层。由于它使用的是稀浆乳液，石料也很细，可以把层做得很薄，所以对减少网裂，防水下渗有较好的作用，而对路面较严重破损及平整度的修复能力显然是很小的；

3 抗滑型：各级公路都会存在有抗滑系数满足不了要求的光滑路段，为单独满足这一项指标，或主要用于抗滑目的而铺筑的处理层也是存在的。

7.1.4 厚度的确定目前仅是根据经验确定。但由于定义中已限定为薄层，所以最厚限度为5.0cm，再厚就按补强对待。

《公路沥青路面施工技术规范》中对乳化沥青仅列有“道路用乳化石油沥青技术要求”和“乳化沥青稀浆封层的矿料级配及沥青用量范围”两表。因此，具体使用时参见附表7.1.4-1和附表7.1.4-2。

乳化沥青稀浆混合料指标要求 附表7.1.4-1

序号	项目		标准值	检查频率	检验方法
1	可拌和时间(s)(破乳时间)		>120	2次/d	
2	稠度试验(mm)		20~30	2次/d	T 0751—1993
3	湿轮磨耗值(g/m²)		<800	1次/d	T 0752—1993
4	负荷车轮试验(g/m²)		<600	1次/d	
5	初凝	时间(min)	≤30	1次/d	
		黏结力(N·m)	≥1.2		
6	通车	时间(min)	≤60	1次/d	
		黏结力(N·m)	≥2.0		

注：改性乳化沥青稀浆混合料的技术要求项目与一般稀浆封层相同，只是初凝要求黏结力值应大于1.2N·m，且时间小于30min；通车黏结力应大于2.0N·m，且时间小于60min。湿轮磨耗值要求：浸水1h小于538g/m²，浸水6d小于807g/m²。

聚合物改性乳化沥青检验项目及标准 附表 7.1.4-2

<table>
<tr><th colspan="3" rowspan="2">分类
项目</th><th colspan="2">PKR-T 型</th></tr>
<tr><th>1</th><th>2</th></tr>
<tr><td rowspan="2">黏度</td><td colspan="2">恩格拉黏度 E25</td><td colspan="2">1 ~ 10</td></tr>
<tr><td colspan="2">标准黏度 C25.3</td><td colspan="2">8 ~ 30</td></tr>
<tr><td colspan="3">筛上剩余量(1.2mm)小于(%)</td><td colspan="2">0.3</td></tr>
<tr><td colspan="3">黏附性(集料裹覆面积不小于)</td><td colspan="2">2/3</td></tr>
<tr><td colspan="3">沥青微粒离子电荷</td><td colspan="2">+</td></tr>
<tr><td colspan="3">蒸发残余物含量不小于(%)</td><td colspan="2">50</td></tr>
<tr><td rowspan="10">蒸发残余物性质</td><td colspan="2">针入度(25℃) (1/10)mm</td><td>60 ~ 100</td><td>100 ~ 150</td></tr>
<tr><td rowspan="2">延伸度</td><td>(7℃)cm</td><td>大于 100</td><td>—</td></tr>
<tr><td>(5℃)cm</td><td>—</td><td>大于 100</td></tr>
<tr><td colspan="2">软化点 ℃</td><td>大于 48</td><td>大于 42</td></tr>
<tr><td rowspan="2">黏韧性</td><td>(25℃)N.m</td><td>大于 3.0</td><td>—</td></tr>
<tr><td>(15℃)N.m</td><td>—</td><td>大于 4.0</td></tr>
<tr><td rowspan="2">韧性</td><td>(25℃)N.m</td><td>大于 1.5</td><td>-</td></tr>
<tr><td>(15℃)N.m</td><td>—</td><td>大于 2.0</td></tr>
<tr><td>灰分</td><td>%</td><td colspan="2">小于 1</td></tr>
<tr><td colspan="3">贮存稳定性(1d)小于(%)</td><td colspan="2">1</td></tr>
<tr><td colspan="3">低温贮存稳定性(-5℃)</td><td colspan="2">无粗颗粒与结块</td></tr>
</table>

注:表中是聚合物改性乳化沥青用做黏层油的检验标准,它比阳离子乳化沥青增加了低温延伸度、黏韧性、韧性、灰分等四项标准。作为其他喷洒与拌和用的聚合物改性乳化沥青,除应重视这四项检验标准外,还应重视改性乳化沥青的蒸发残留物含量与破乳速度符合施工要求,例如蒸发残留物含量,用于层铺贯入不得低于 60%,用于拌和混合料不低于 55%,用于稀浆封层不低于 60%。

7.3.3 养护工程的施工质量验收检验评定,尤其是罩面工程质量受原有路面状况的制约很大,根据有关资料和经验定出该标准。请各地不断总结经验,不断补充完善。

8 翻修与再生利用

8.1 翻修

8.1.1 当路面结构承载力不足、混合料质量差或基层用料不当、路基不稳定等造成路面损坏时，罩面养护的厚度一般较薄，不能根除病害，须进行翻修，以使路面适应交通要求，达到良好的服务功能。

8.1.2 为针对性进行翻修，应进行调研。一般是每50m或100m进行取样，对路面和基层的材料与路基土的工程特性作分析。同时，对路面强度(如回弹弯沉)进行测定，以确定路面的真实损坏原因。并根据交通量和道路等级进行厚度设计，以保证路面翻修后具有足够的强度和刚度。

8.1.3 翻挖路面所用的机具较多，各地条件也不同。但如只翻修部分面层时，采用铣刨机较适宜，不仅效率高，且可控制翻挖深度，剩余层位表面也较平整，使铺筑厚度均一。如翻修整个沥青层时，除可采用铣刨机外，也可用十字镐、风镐、落锤式破碎机等机具。但这些机具容易损坏完好的下层结构，操作时须注意。翻修的沥青旧料应避免其他杂质混入，并及时运送到适宜场地，以便再生利用。

当基层损坏引起面层破损时，面层翻修宽度应大于基层所需要翻修的宽度，使面层、基层接缝错开，根据日本道路协会1978年出版的“道路维修纲要”规定：沥青层的翻修宽度等于翻修基层宽度再加上基层厚度的1.0~1.7倍。本规范取1.0倍，即翻修面层的宽度需超出翻修基层宽度的边缘线30cm左右。

8.1.4 翻修后开放交通的初期养护工作是根据面层所用材料来决定。贯入式和表处须控制车速和合理调整行车带；稀浆封层须在破乳后才能开放交通，并控制车速和合理调整行车带；热拌热铺沥青混合料经碾压后，温度冷却至环境温度即可开放交通；冷拌冷铺沥青混合料经碾压后控制车速和调整行车带。

8.2 再生利用

8.2.1 对于再生沥青混合料，一般分为热拌再生沥青混合料和冷拌再生沥青混合料。对于热拌再生沥青混合料来说，又可分为工厂热拌和现场热拌两种。现场热拌再生沥青混合料由专用机械完成，其集加热旧路面、翻松、加入新料、拌和、摊铺为一体，该种工艺在国外已有较成熟的经验，但国内目前未具备条件，所以本规范不列入这方面内容，而只对工厂热拌再生沥青混合料的工艺作了规定。

1996年发布的《公路养护技术规范》(JTJ 073)所规定的“重复利用”是不作再生处理，性能太差，适用范围很局限，所以本规范不将该内容列入。

8.2.2 20世纪80年代，有些省份对在再生沥青利用做过专题研究，取得一定成果，沥青路面的再生利用在工程上发挥了较好的技术经济效益。根据国内外经验，再生沥青混合料一般用于面层的中、下层，上层仍是采用全为新料的沥青混合料封面，因此，本规范规定，热拌再生沥青混合料在翻修养护工作中可用于一级、二级和三级公路的中、下面层，对交通量不大、要求不高的四级公路才用于面层(包括上层)。冷拌再生沥青混合料成型期长、强度低，只能用于四级公路的养护工程。

再生沥青混合料用于高速公路缺乏资料和经验，用于一、二、三级公路上面层也未作深入研究，因此，本规范不列入用于高速公路和上面层的内容。但在今后实践过程中，各省市可在这方面进行试验研究，积累资料，当有成熟经验后，在今后修改规范时再补充。

8.2.4 本规范推荐的再生剂类型是根据市政部门和公路部门的经验提出的。机油和润滑油作为再生剂在上海、天津、南京、苏州和武汉等地的城市道路养护工程中广泛使用，它能调节旧沥青组分，补充油分和树脂。为加快再生剂对旧沥青软化，再加一定比例柴油稀释。工程使用效果证明，旧料掺入适量再生剂后，再加入一定比例新沥青和新矿料拌和成再生沥青混合料的性能与全为新料的沥青混合料相当。抽出油和玉米油是一些省份公路部门的研究成果，它也可以软化旧沥青，降低旧沥青黏度和调整旧沥青组分，具有再生功能。各地亦可根据本地区货源条件，开发新的再生剂，经试用证明具有再生效果后再推广应用。

8.2.7 沥青路面经长期使用后，沥青受到阳光作用，产生老化，油分减少，低分子聚合成高分子。沥青质量增加，针入度降低，脆性增加。有关资料表明，70 号、60 号沥青经过 10 多年使用后针入度一般为 20 左右，因此，对大量旧沥青来说，须用再生剂使之软化和改善性能，达到路用性能要求，再生剂掺入量根据试验确定，即以旧沥青掺入再生剂后，针入度、软化点达到本地区要求的针入度等级为准。当然，如沥青路面使用时间不长，老化轻微，旧沥青质量符合本地区路面沥青质量要求时，亦可不掺入再生剂。

8.2.9 经过试验后，旧料需要掺入再生剂时，不能采用倾倒或喷射方法将再生剂掺入破碎后的旧料。这是由于再生剂用量少，一般占旧料的 0.4% ~0.8%，须将再生剂放到容器中，以一定压力将再生剂喷洒到旧料均匀拌和，拌和设备宜用强制式拌和机。拌有再生剂的旧料须堆放一定时间后使用，以便再生剂充分渗透到旧料内部，使旧沥青在拌制再生沥青混合料前，首先得到软化，以保证再生沥青混合料质量。根据有关资料，堆放时间一般为 1 ~3 天，高温季节用低限，低温季节用高限。堆放高度宜不超过 1.5m，否则容易结块。

9　补强

9.1　补强设计

9.1.1　沥青路面补强不仅适用于原有公路等级不变时因强度系数不符合要求的路段，同时还适用于因公路等级的提高而进行的改建工程。在补强设计中应首先对原有路面进行强度和病害调查。为了防止原有路面因自然和行车等因素产生的病害危害加铺的补强层，补强设计要注意对原有路面病害的处治。同时还要考虑原有路面不同路段强度差异的影响，因地制宜地对路段进行补强设计。原规范没有考虑补强设计中纵坡的不顺适等问题。补强过程中，应对全线的平纵横坡进行综合考虑，必要时，应对沿线的线形进行适当的调整，使其符合《公路工程技术标准》（JTJ 001）的要求。

9.1.2　本规范增补了沥青路面补强的类型和适用范围以及结构形式的选择等内容。

1　沥青路面补强层材料的选择应根据公路等级、交通量、公路所处的地理环境、材料来源、施工机械的配备情况等因素综合考虑。根据《公路沥青路面设计规范》（JTJ 014）的规定，高速公路、一级公路的上、中、下面层均应采用沥青混凝土，热拌沥青碎石划入次高级路面的范畴，所以高级路面的类型减少，而次高级路面类型的范围增加了。

2　对于原有老路上补强沥青路面的情况，专家提出按柔性基层上加铺沥青面层的方法进行设计，同时不少单位提出补强前老的沥青面层是否需要揭掉和在10cm的沥青面层上是否能再加铺10～20cm的沥青混凝土。

关于这些问题，我们分别对一级公路、二级公路和三级公路的沥青补强结构进行了试算。对于一级公路的双层和单层结构补强：交通量分别为5×10^6、10×10^6、20×10^6轴次；计算弯沉分别为40×10^{-2}mm、80×10^{-2}mm、120×10^{-2}mm、160×10^{-2}mm，计算了三类不同情况的90组数据。对于二级公路的双层和单层结构补强：交通量分别为1×10^6、2×10^6、5×10^6、10×10^6轴次；计算弯沉分别为60×10^{-2}mm、80×10^{-2}mm、120×10^{-2}mm、160×10^{-2}mm、200×10^{-2}cm以及提高等级和不提高等级等情况，计算了四类不同情况的140组数据。对于三级公路的双层和单层结构补强：交通量分别为2×10^5、5×10^5、10×10^5、15×10^5轴次；计算弯沉分别为120×10^{-2}mm、160×10^{-2}mm、200×10^{-2}mm、240×10^{-2}mm、280×10^{-2}mm以及提高等级和不提高等级，计算了四类不同情况的100组数据。其中双层补强分别采用半刚性基层加铺沥青混凝土面层和双层沥青混凝土面层两种情况，单层补强是单层沥青混凝土面层补强。

根据上述试算结果可以得出：

1　对于高速公路和一级公路的单层补强：原柔性基层上不宜采用单层沥青补强（除非基层强度足够大，计算弯沉小于40×10^{-2}mm）。半刚性基层上可采用单层沥青补强，但厚度太大，非常不经济。对于高速公路和一级公路的双层补强，若原有柔性基层或者原结构为半刚性基层且面层厚度大于15cm的结构，采用双层补强时基层底部拉应力验算很难通过，而宜采用半刚性基层加沥青混凝土面层的补强形式；若原有结构为半刚性基层，面层厚度小于15cm结构，采用半刚性基层加沥青混凝土面层的补强结构，基层底部的弯拉应力能通过验算，因此宜采用这种补强结构形式。

2　对于二级公路的补强：采用双层补强结构提高公路等级时，若原结构为柔性结构或原半刚性结构且面层厚度大于15cm，加铺中粒式混凝土面层，绝大部分结构的中粒式沥青混凝土面层的弯拉应力不能通过验算；若原结构为半刚性基层，面层厚度小于15cm，加铺中粒式沥青混凝土面层后，其层底弯拉应力全都通过，但补强的中粒式混凝土沥青面层太厚；若原结构为柔性结构或者为半刚性基层结构且面层厚度大于15cm，加铺半刚性基层后，大部分基层底部的弯拉应力能通过验算，而原半刚性基层结构上加铺半刚性基层，基层底部的弯拉应力全都通过验算。当采用单层补强结构提高公路等级时，若原结构为柔性结构或者为半刚性基层结构且面层厚度大于15cm，加铺中粒式沥青混凝土面层后，其层底弯拉应力绝大部分不能通过验算；若原结构为半刚性基层，面层厚度小于15cm，加铺中粒式沥青混凝土面层后，层底弯拉应力全通过验算，但厚度太大。

当采用双层补强结构（不提高公路等级），若原结构为柔性结构或者为半刚性结构且面层厚度大于15cm，直接补双层沥青面层其下层弯拉应力很难通过验算；若原结构为半刚性基层，面层厚度小于15cm，加铺双沥青混凝土面层或者半刚性基层加沥青混凝土面层结构，其层底弯拉应力不能通过验算，但下面层厚度太大。当采用单层补强结构时（不提高等级），补强厚度太大，很不经济。

3 对于三级公路，当不提高公路等级时，可采用单层或双层补强的结构形式；当提高公路等级时，宜采用沥青混合料面层加半刚性基层的补强结构形式。

所以本规范提出9.1.2条4款的规定。

对于补强前原有路面是否揭掉其面层，如果采用再生利用是可以的，但是施工工艺或工序不易保证。从试算结果看，采用半刚性基层加沥青混凝土面层的结构形式能保证结构层底部弯拉应力通过验算，所以这种情况下，可不揭掉原有路面的沥青面层。

9.1.3 补强设计过程中要做好路况调查工作，同时也为路面管理系统的使用积累资料。对路面原有的病害应考虑采取相应的修补措施进行处理，具体的处治方法可参照本规范第六章的有关内容。补强结构方案应根据路基的宽度、干湿类型、路面的原有结构等情况综合考虑。

9.1.4 原规范没有考虑原有路面的处理，本次规范修订增加了相应的条文。应通过设计调整不符合规范的原路面路拱；对原有路面破损，按面层或基层的处理方法进行处理。

9.1.5 原规范没有考虑补强路面与原有路面及桥涵构造物的衔接问题。本次规范修订增加了相应的条文。对于桥涵，应调查其承载能力和桥面铺装的破损情况，损坏的应重新进行修补；在桥涵构造物的承载能力满足要求的前提下，可适当加铺新铺装层。补强路段内应注意补强路面与桥涵构造物连接及与原有路面连接的纵坡适顺，纵坡不顺的路段可以适当改变路线的纵坡，使纵坡平顺。

9.1.6 1986年《公路柔性路面设计规范》对旧路面补强采用三参数经验法进行设计，现行的《公路沥青路面设计规范》（JTJ 014）取消了经验法，采用弹性层状体系理论分析法，因此原有路面的补强设计与新建路面设计采用统一的方法。补强设计中补强层厚度的计算宜采用专用的路面设计程序进行计算。

9.2 路面补强施工

9.2.2 为防止新旧基层之间出现夹层，应搞好新旧基层之间的联结，保证路基的强度和稳定性。对于旧基层出现松散或强度不足的情况，应将松散或软弱的部分挖除，换填水稳定性好的土并整平密实至设计和规范规定的要求。对原有路拱不符合要求而采取调拱来校正路面横坡时，要注意调拱层的厚度要适宜，不能太薄，以免在新旧路面之间形成夹层而影响路面的稳定性，必要时可沿原路面向下开挖一定的深度以保证调拱层的厚度。挖出面层和基层时，对于可重复或再生利用的材料，应注意回收储存。同时应做好路缘石和完善原有公路的排水系统。

9.2.3 对于采用新材料（如土工格栅、土工织物、玻璃纤维格栅等土工复合材料）、新工艺进行补强施工时，施工工艺是施工的关键。因此，在大面积补强施工前，应采用试验路段进行试铺，通过试验路段确定合理的施工工艺，如黏（透）层油的标号和单位用量、土工复合材料的张拉和固定、混合料的摊铺温度和速度、压实温度和压实方法、压实机械的合理组合、松铺系数等。在施工过程中应进行交通管制，防止行车对已铺筑结构层的破坏，施工完毕后应进行必要的初期养护。

9.2.4 应加强施工资料档案的管理。施工完成后，应提交完整的施工记录和总结报告，为以后路面的养护、维修、改建和科研提供基础和依据。就路面管理系统而言，施工技术资料是路面基础数据库的一个重要的组成部分，为配合路面管理系统的建立，应重视施工档案的整理和保管。

10 加宽

10.1 加宽设计

10.1.1 沥青路面基层加宽的基本要求

1 从线形看，加宽的方式包括两种：改善线形和不需改善线形。从加宽的位置看，加宽的方式包括单侧和双侧两种。

2 原规范没有对分离式断面加宽的要求作规定。本次规范修订增补了横断面为整体式和分离式情况的加宽要求。

3 路面的加宽改建是加宽部分路面的稳定性，因此应做好加宽部分路基、路面的处理和衔接。

4 路面加宽设计中要考虑原有公路的平纵曲线。若原有公路平纵曲线较差，可结合加宽设计对其进行完善，使之符合《公路工程技术标准》（JTJ 001）的要求。

5 沥青路面加宽时，因加宽部分加铺沥青面层会导致原有路面结构材料中的水分不易蒸发，湿度增加，强度下降。因此，要求重视加宽后路面的排水处理。如增设必要的边沟、排水沟、截水沟或路面内部排水措施，对于地下水位较高的情况，在加宽部分也应增加相应的地下排水设施，以降低、拦截或疏干地下水，保证路基的强度和稳定性。同时采用水稳性好的材料作基层材料以配合路面排水。

6 对于加宽宽度小于1m时，因路基和路面的压实质量不好控制，因此不应采用双侧加宽，本规范增加了这一条文。

7 增加了软土路基高路堤加宽时加固处理及特殊路基加宽的处理方面有关条文规定。

10.1.2 沥青路面基层的加宽

1 加宽路基的厚度计算：

通过调查、测试确定路基土的回弹模量 E_0，测试应采用承载板法。依据土基的干湿类型和材料的来源制定不同的加宽结构方案。因加宽路面和原有路面的材料使用期不同，故其强度和刚度有差异，为使加宽后新旧路面的结构强度一致，应由原路面的计算弯沉作为加宽部分的强度控制指标：即以原路面的计算弯沉值作为加宽部分的设计弯沉值，利用弹性层状体系理论按照新建路面的设计方法计算加宽部分的基层厚度。承载板法测定土基顶面回弹模量和路面计算弯沉值的计算可参照《公路路基路面测试规程》（JTJ 059）和《公路沥青路面设计规范》（JTJ 014）的规定进行。

2 沥青路面的加宽经常和补强结合起来进行。对于既加宽又补强的情况，补强设计和施工应按本规范第九章的要求和规定进行，加宽部分的设计和施工应按本章的要求进行。

3 增加了对原有路面的强度要求。

10.1.3 沥青路面双侧加宽

根据计算，路面加宽的不均匀沉降随着路面宽度的增加而增大，因此，对有条件的路段应采用两侧相等的加宽方式；当两侧加宽宽度之差大于1m时，路拱中心位置也应进行调整，路拱横坡也相应地变动。在原有公路线形较好，不需改善的情况下，宜采用双侧加宽的方式。若遇两侧不相等的路面加宽，须采用调拱层。调整路拱横坡时，设计中应保证调拱层具有一定的厚度，具体要求见条文说明10.1.5。

10.1.4 沥青路面的单侧加宽往往是在原有公路路线较差而需改善或因地形条件限制时在尽可能利用原有路面的情况下采用的加宽方式。因为路拱中心位置变化较大，所以应采取措施以调整路拱，通常采用调拱层的方法调整路拱。采用调拱层要求具有一定的厚度，否则因太薄易在上下结构层之间形成夹层,影响路面结构的稳定性。因此在设计中宜按路面结构的最小厚度保证其厚度,必要时可沿原有路面向下开挖一定深度,保证调拱层的厚度要求。同时也应在施工工艺上保证与上下结构层的联结性,如贯入式和沥青表处应浇洒必要的黏层油,对非沥青类调拱层可采用拉毛原路基顶面的办法。

10.2 路基施工与质量控制

10.2.2 压路机械在加宽路基外侧边缘时施工不便,压实度很难达到规范的要求。为保证这部分路基的压实度,应采用先超填超宽压实再削坡的方法,即填土宽度大于设计宽度的50cm以上,压实宽度大于设计宽度的25cm,最后再沿边缘削掉25cm宽度的边坡。通过此法增加加宽路基的稳定性,减少新路基的不均匀沉降。加宽中新老路基易出现不均匀沉陷,除了采用沿原有公路边坡挖成向内倾斜的台阶保证新路基的稳定性和不均匀沉陷外,新路基的压实度是个关键。对于路基较窄的双侧加宽,应采取措施保证加宽后新路基的稳定。如果压实机械无法在加宽路基上进行操作,应采用小型机具对加宽部分进行夯实,使其达到规定的压实度,特别是邻近原有路面部分的压实度。同时还要注意坡脚的稳定性,必要时应采取加固措施。而对于基底软弱的原有公路加宽,先用软弱地基的处理方法稳定基底,待强度和沉降均符合要求后再进行基层和面层的加宽。为防止新老路基的不均匀沉陷,还应积极采用新材料和新工艺(如土工合成材料),但新材料的使用应从施工工艺上保证其质量和使用效果。

10.2.3 路基加宽施工时,对于新开挖的路基,要做好防护与加固;对于路基的排水,除临时排水设施外,还要搞好永久的地面和地下排水设施。对于原有公路的排水沟渠,应进行妥善的处理。原有沟渠位置不适时,应作必要的改沟;尺寸过小的应视情况而加宽尺寸;对于原来漏设的应增设;原来损坏的应加以修复。

10.2.4 加宽公路的路基施工和质量控制同新建公路的要求一样。

10.3 基层施工与质量控制

10.3.2 新旧基层衔接应符合下列要求:

1 原规范对于路面基层接茬规定了三种方法:即"相错搭接"、"平头接头"、"斜接头法"。这次规范修改将纵向接茬分为两种情况:即厚度大于等于25cm和厚度小于25 cm,他们包括了整体型基层和嵌锁级配型两大类。对于嵌锁级配型路面基层的接茬,许多单位提出原规范的斜接头法接茬不利于施工,宜改为相错搭接法;同时对于厚度小于25 cm的基层,采用相错搭接法对某些基层不能满足结构层最小厚度的要求。因此,不论整体型基层还是嵌锁级配型基层,均用厚度为25cm作为界限,故现将接茬方法改为"相错搭接法"和"平头接头法"两种。

2 原规范在新铺路面基层处规定高程应高出旧路面0.5cm,它是通过理论计算得出的新铺基层的预留沉降高度。这次规范修订,专家和各单位提出预留高度不利于施工控制,同时也不利于行车。因此取消原来的新铺基层顶面上的预留高度,使新旧基层顶面的标高平齐。

3 采用将加宽部位以外揭掉30cm原有旧面层的措施,并将原基层顶面清扫干净后拉毛是为了保证新旧基层更好地衔接。

10.3.3 调拱层最小厚度是为了避免在旧基层与新铺面层之间形成夹层,减弱路面结构的联结。

10.3.4 加宽基层部分的施工和质量控制同新建公路的要求一样。

10.4 面层施工与质量控制

10.4.2 新旧面层衔接应符合下列要求:

1 原规范加宽新面层时应预留0.5~1.0cm的沉降高度。这次规范修订取消了这一预留高度,即不论单层还是双层面层，面层在与原有路基平齐的新加宽基层上施工，最后新旧面层顶面平齐。取消预留沉降高度的原因同10.3.2。

2 对于较窄的路面加宽，为保证路面的压实度，应采用小型振动板沿纵向接缝处振动压实路面，以保证路面的压实度，同时应注意振动压实的方向和压实后路面的平整度。

10.4.3 加宽路面的施工和质量控制同新建公路的要求一样。

JTG

中华人民共和国行业标准　　JTG H20—2007

公路技术状况评定标准

Highway Performance Assessment Standards

2007-11-28 发布　　2008-02-01 实施

中华人民共和国交通部发布

6

中华人民共和国交通部公告

2007 年第 39 号

关于公布《公路技术状况评定标准》（JTG H20—2007）的公告

现公布《公路技术状况评定标准》(JTG H20—2007)，自 2008 年 2 月 1 日起施行，《公路养护质量检查评定标准》(JTJ 075—94)和《高速公路养护质量检评方法(试行)》(交公路发〔2002〕572 号)同时废止。

该标准的管理权和解释权归交通部，日常解释和管理工作由主编单位交通部公路科学研究院与上海市公路管理处负责。请各有关单位在实践中注意总结经验，若有修改意见请函告交通部公路科学研究院(地址:北京市海淀区西土城路 8 号，邮政编码:100088)，以便修订时研用。

特此公告。

中华人民共和国交通部

二〇〇七年十一月二十八日

前　　言

1994 年，交通部修订颁布了《公路养护质量检查评定标准》（JTJ 075—94）。该标准的实施，对客观反映公路技术状况水平，指导公路养护生产，促进公路养护工作制度化、规范化，起到了重要作用。2002 年，交通部根据高速公路里程快速增长、养护生产任务日益繁重的实际情况，发布了《高速公路养护质量检评方法（试行）》。2005 年，根据上述标准、方法的执行情况和有关专家的建议，交通部决定统一高速公路和普通公路技术状况评定方法，并委托交通部公路科学研究院和上海市公路管理处为主编单位开展《公路技术状况评定标准》的编制工作。

三年来，编写单位充分吸收了国家重点科技攻关项目、国家重点新技术推广项目、国家高技术研究发展计划（863 计划）和西部交通建设科技项目等科研成果，并在总结经验、广泛征求意见、技术论证及大量试点应用的基础上，完成了编制任务。

《公路技术状况评定标准》（JTG H20—2007）对公路技术状况的评定标准、计算方法、检测和评定要求等作出了明确规定。由于各地条件差异较大且公路检测和评定技术发展较快，为了不断提高标准的适用性和可操作性，各地在执行过程中若有改进意见，请及时函告交通部公路科学研究院公路养护管理研究中心（北京市海淀区西土城路 8 号，邮编：100088，网址：www. roadmaint. com），以便修订时研用。

主 编 单 位： 交通部公路科学研究院
上海市公路管理处

参 编 单 位： 山东省交通厅公路局、同济大学、宁夏回族自治区公路管理局、浙江省公路管理局、四川省交通厅公路局、贵州省公路管理局、广西壮族自治区高速公路管理局、河北省公路管理局

主要起草人：

单位	起草人
交通部公路科学研究院	潘玉利　赵怀志　程珊珊　李　强
上海市公路管理处	李志明　李哲梁　朱建东　刘钧伟 徐　犇　王国培　王一如
山东省交通厅公路局	王松根　刘　海
同济大学	陈　长　王国英　孙立军
宁夏回族自治区公路管理局	黄雅杭　魏　忠
浙江省公路管理局	李飞泉　林育萍
四川省交通厅公路局	郑家瑶　隆泽均　汪　涛
贵州省公路管理局	谢建平　高诗龙
广西壮族自治区高速公路管理局	傅　琴　韦海涛　罗宏伟
山西省高速公路管理局	虞丽云
河北省公路管理局	秦禄生　王国清

目　　录

6

1 总则

1.0.1 为加强公路养护管理工作，科学评定公路技术状况和服务水平，促进公路技术状况检测和评定工作的科学化、规范化和制度化，制定本标准。

1.0.2 本标准适用于等级公路，等外公路可参照执行。

1.0.3 公路技术状况评定工作，应遵循客观、科学和高效的原则，积极采用先进的检测和评价手段，保证检测与评定结果准确可靠。

1.0.4 各级交通主管部门和公路管理机构，应加强对公路技术状况评定工作的监督，建立和完善相关规章制度，提高公路养护管理工作技术水平。

1.0.5 各地应根据公路技术状况评定结果，科学编制公路养护规划和计划，积极实施预防性养护。

1.0.6 公路技术状况的检测和评定，除按本标准规定执行外，还应遵守国家和行业其他相关标准、规范的规定。

2 公路技术状况标准

2.0.1 公路技术状况用公路技术状况指数 MQI(Maintenance Quality Indicator)和相应分项指标表示，MQI 和相应分项指标的值域为 0 ~ 100。

2.0.2 公路技术状况分为优、良、中、次、差五个等级。公路技术状况等级按表 2.0.2 规定的标准确定。

表 2.0.2 公路技术状况评定标准

评价等级	优	良	中	次	差
MQI 及各级分项指标	≥90	≥80，<90	≥70，<80	≥60，<70	<60

3　公路损坏类型

公路技术状况包含路面、路基、桥隧构造物和沿线设施四部分评价内容，其中路面包括沥青路面、水泥混凝土路面和砂石路面。

3.1　沥青路面

沥青路面损坏分11类21项。

3.1.1　龟裂

轻：初期裂缝，裂区无变形、无散落，缝细，主要裂缝宽度在2mm以下，主要裂缝块度在0.2～0.5m之间，损坏按面积计算。

中：龟裂的发展期，龟裂状态明显，裂缝区有轻度散落或轻度变形，主要裂缝宽度在2～5mm之间，部分裂缝块度小于0.2m，损坏按面积计算。

重：龟裂特征显著，裂块较小，裂缝区变形明显、散落严重，主要裂缝宽度大于5mm，大部分裂缝块度小于0.2m，损坏按面积计算。

3.1.2　块状裂缝

轻：缝细、裂缝区无散落，裂缝宽度在3mm以内，大部分裂缝块度大于1.0m，损坏按面积计算。

重：缝宽、裂缝区有散落，裂缝宽度在3mm以上，主要裂缝块度在0.5～1.0m之间，损坏按面积计算。

3.1.3　纵向裂缝

与行车方向基本平行的裂缝。

轻：缝细、裂缝壁无散落或有轻微散落，无支缝或有少量支缝，裂缝宽度在3mm以内，损坏按长度计算，检测结果要用影响宽度(0.2m)换算成面积。

重：缝宽、裂缝壁有散落、有支缝，主要裂缝宽度大于3mm，损坏按长度(m)计算，检测结果要用影响宽度(0.2m)换算成面积。

3.1.4　横向裂缝

与行车方向基本垂直的裂缝。

轻：缝细、裂缝壁无散落或有轻微散落，裂缝宽度在3mm以内，损坏按长度计算，检测结果要用影响宽度(0.2m)换算成面积。

重：缝宽、裂缝贯通整个路面、裂缝壁有散落并伴有少量支缝，主要裂缝宽度大于3mm，损坏按长度计算，检测结果要用影响宽度(0.2m)换算成面积。

3.1.5　坑槽

轻：坑浅，有效坑槽面积在$0.1m^2$以内(约0.3m×0.3m)，损坏按面积计算。

重：坑深，有效坑槽面积大于$0.1m^2$(约0.3m×0.3m)，损坏按面积计算。

3.1.6　松散

轻：路面细集料散失、脱皮、麻面等表面损坏，损坏按面积计算。

重：路面粗集料散失、脱皮、麻面、露骨，表面剥落、有小坑洞，损坏按面积计算。

3.1.7　沉陷

大于10mm的路面局部下沉。

轻：深度在10～25mm之间，正常行车无明显感觉，损坏按面积计算。

重：深度大于25mm，正常行车有明显感觉，损坏按面积计算。

3.1.8 车辙

轮迹处深度大于10mm的纵向带状凹槽(辙槽)。

轻:辙槽浅,深度在10~15mm之间,损坏按长度计算,检测结果要用影响宽度(0.4m)换算成面积。

重:辙槽深,深度15mm以上,损坏按长度计算,检测结果要用影响宽度(0.4m)换算成面积。

3.1.9 波浪拥包

轻:波峰波谷高差小,高差在10~25mm之间,损坏按面积计算。

重:波峰波谷高差大,高差大于25mm,损坏按面积计算。

3.1.10 泛油

路面沥青被挤出或表面被沥青膜覆盖形成发亮的薄油层,损坏按面积计算。

3.1.11 修补

龟裂、坑槽、松散、沉陷、车辙等的修补面积或修补影响面积(裂缝修补按长度计算,影响宽度为0.2m)。

3.2 水泥混凝土路面

水泥混凝土路面损坏分11类20项。

3.2.1 破碎板

轻:板块被裂缝分为3块以上,破碎板未发生松动和沉陷,损坏按板块面积计算。

重:板块被裂缝分为3块以上,破碎板有松动、沉陷和唧泥等现象,损坏按板块面积计算。

3.2.2 裂缝

板块上只有一条裂缝,裂缝类型包括横向、纵向和不规则的斜裂缝等。

轻:裂缝窄、裂缝处未剥落,缝宽小于3mm,一般为未贯通裂缝,损坏按长度计算,检测结果要用影响宽度(1.0m)换算成面积。

中:边缘有碎裂,裂缝宽度在3~10mm之间,损坏按长度计算,检测结果要用影响宽度(1.0m)换算成面积。

重:缝宽、边缘有碎裂并伴有错台出现,缝宽大于10mm,损坏按长度计算,检测结果要用影响宽度(1.0m)换算成面积。

3.2.3 板角断裂

裂缝与纵横接缝相交,且交点距板角小于或等于板边长度一半的损坏。

轻:裂缝宽度小于3mm,损坏按断裂板角的面积计算。

中:裂缝宽度在3~10mm之间,损坏按断裂板角的面积计算。

重:裂缝宽度大于10mm,断角有松动,损坏按断裂板角的面积计算。

3.2.4 错台

接缝两边出现的高差大于5mm的损坏。

轻:高差小于10mm,损坏按长度计算,检测结果要用影响宽度(1.0m)换算成面积。

重:高差10mm以上,损坏按长度计算,检测结果要用影响宽度(1.0m)换算成面积。

3.2.5 唧泥

板块在车辆驶过后,接缝处有基层泥浆涌出,损坏按长度计算,检测结果要用影响宽度(1.0m)换算成面积。

3.2.6 边角剥落

沿接缝方向的板边碎裂和脱落,裂缝面与板面成一定角度。

轻:浅层剥落,损坏按长度计算,检测结果要用影响宽度(1.0m)换算成面积。

中:中深层剥落,接缝附近水泥混凝土有开裂,损坏按长度计算,检测结果要用影响宽度(1.0m)换算成面积。

重：深层剥落，接缝附近水泥混凝土多处开裂，深度超过接缝槽底部，损坏按长度计算，检测结果要用影响宽度（1.0m）换算成面积。

3.2.7 接缝料损坏

由于接缝的填缝料老化、剥落等原因，接缝内已无填料，接缝被砂、石、土等填塞。

轻：填料老化，不密水，但尚未剥落脱空，未被砂、石、泥土等填塞，损坏按长度计算，检测结果要用影响宽度（1.0m）换算成面积。

重：三分之一以上接缝出现空缝或被砂、石、土填塞，损坏按长度计算，检测结果要用影响宽度（1.0m）换算成面积。

3.2.8 坑洞

板面出现有效直径大于30mm、深度大于10mm的局部坑洞，损坏按坑洞或坑洞群所涉及的面积计算。

3.2.9 拱起

横缝两侧的板体发生明显抬高，高度大于10mm，损坏按拱起所涉及的板块面积计算。

3.2.10 露骨

板块表面细集料散失、粗集料暴露或表层松疏剥落，损坏按面积计算。

3.2.11 修补

裂缝、板角断裂、边角剥落、坑洞和层状剥落的修补面积或修补影响面积（裂缝修补按长度计算，影响宽度为0.2m）。

3.3 砂石路面

砂石路面损坏分6类。

3.3.1 路拱不适

路拱过大或过小。过大将降低行车安全性，过小将使路面雨水不能及时排出。路拱不适程度根据经验确定，按长度计算，检测结果要用影响宽度（3.0m）换算成面积。

3.3.2 沉陷

路面表面的局部凹陷，按面积计算。

3.3.3 波浪搓板

峰谷高差大于30mm的搓板状纵向连续起伏，按面积计算。

3.3.4 车辙

轮迹处深度大于30mm的纵向带状凹槽（辙槽），按长度计算，检测结果要用影响宽度（0.4m）换算成面积。

3.3.5 坑槽

路面上深度大于30mm、直径大于0.1m的坑洞，按面积（m^2）计算。

3.3.6 露骨

黏结料和细集料散失，主骨料外露，按面积计算。

3.4 路基

路基损坏分8类。

3.4.1 路肩边沟不洁

路肩（包括土路肩、硬路肩和紧急停车带）和边沟（包含边坡）有杂物、油渍、垃圾及堆积物。按行车方向的长度计算，每1m扣0.5分。

3.4.2 路肩损坏

路肩上出现的各种损坏。沥青路面的损坏类型见表 6.2.1-2；水泥混凝土路面的损坏类型见表 6.2.1-3；砂石路面的损坏类型见表 6.2.1-4 中的沉陷、坑槽和露骨。

轻：路肩轻度损坏包括表 6.2.1-2 和表6.2.1-3规定的所有轻、中度损坏，砂石路面损坏按轻度处理。所有损坏均按损坏的实际面积计算，每 $1m^2$ 扣 1 分，累计面积不足 $1m^2$ 按 $1m^2$ 计算。

重：路肩重度损坏包括表6.2.1-2 和表6.2.1-3 规定的所有重度损坏。所有重度损坏均按损坏的实际面积计算，每 $1m^2$ 扣 2 分，累计面积不足 $1m^2$ 按 $1m^2$ 计算。

3.4.3 边坡坍塌

挖方路段边坡坍塌。损坏按处和行车方向的长度(m)计算。长度小于或等于 5m 为轻度损坏，5 ~ 10m 之间为中度损坏，大于 10m 为重度损坏。

3.4.4 水毁冲沟

填方路段边坡由于雨水冲刷形成的冲沟。损坏按处和冲刷深度计算。深度小于或等于 0.2m 为轻度损坏，0.2 ~ 0.5m 之间为中度损坏，大于 0.5m 为重度损坏。

3.4.5 路基构造物损坏

包括挡墙等圬工体断裂、沉陷、倾斜、局部坍塌、松动和较大面积勾缝脱落。损坏按处和长度(m)计算。长度小于或等于 5m 为轻度损坏，5 ~ 10m 之间为中度损坏，大于 10m 为重度损坏。

3.4.6 路缘石缺损

路缘石丢失或损坏。按行车方向上的长度计算，每 1m 扣 4 分。

3.4.7 路基沉降

深度大于 30mm 的沉降。损坏按处和长度(m)计算。长度小于 5m 为轻度损坏，5 ~ 10m 之间为中度损坏，大于 10m 为重度损坏。

3.4.8 排水系统淤塞

轻：边沟、排水沟、截水沟等排水系统淤积。按长度计算，每 1m 扣 1 分，累计长度不足 1m 按 1m 计算。

重：边沟、排水沟和截水沟等排水系统全截面堵塞，损坏按处计算，每处扣 20 分。

3.5 桥隧构造物

桥隧构造物包括桥梁、隧道和涵洞三类。

3.5.1 桥梁技术等级

桥梁技术等级采用《公路桥涵养护规范》(JTG H11—2004)规定的等级评定方法。规定一、二类桥梁不扣分，三类桥梁每处扣 40 分，四类桥梁每处扣 70 分，五类桥梁每处扣 100 分、同时直接将 MQI 设为最低值。

3.5.2 隧道技术等级

隧道技术等级采用《公路隧道养护技术规范》(JTG H12—2003)规定的等级评定方法。规定 S 类隧道(无异常)不扣分，B 类隧道(有异常)每处扣 50 分，A 类隧道(有危险)每处扣 100 分、同时直接将 MQI 设为最低值。

3.5.3 涵洞技术等级

涵洞技术等级采用《公路桥涵养护规范》(JTG H11—2004)规定的等级评定方法。规定好、较好类涵洞不扣分，较差类涵洞每处扣 40 分，差类涵洞每处扣 70 分，危险类涵洞每处扣 100 分、同时直接将 MQI 设为最低值。

3.6 沿线设施

沿线设施损坏分 5 类。

3.6.1 防护设施缺损

防护设施(防撞护栏、防落网、声屏障、中央分隔带活动护栏和防眩板等)缺少、损坏或损坏修复后部件尺寸和安装质量达不到规范的技术要求。损坏按处和长度(m)计算。

轻:长度小于或等于4m,每缺损一处扣10分。

重:长度大于4m,每缺损一处扣30分。

3.6.2 隔离栅损坏

隔离栅损坏后修复不及时或修复质量达不到规范的技术要求,损坏按处计算,每缺损一处扣20分。

3.6.3 标志缺损

各种交通标志(指示标志、警告标志、禁令标志、里程牌、轮廓标、百米标等)残缺、位置不当或尺寸不规范、颜色不鲜明、污染,可变信息板故障等。损坏按处计算,其中,轮廓标和百米标每3个损坏算1处,累计损坏不足3个按1处计算,每处扣20分。

3.6.4 标线缺损

标线(含凸起路标)缺少或损坏,损坏按长度(m)计算。每缺损10m扣1分,累计长度不足10m按10m计算,评定时不考虑车道数量的影响。

3.6.5 绿化管护不善

树木、花草枯萎或缺树,虫害未及时防治,绿化带未及时修剪或有杂物,路段应绿化而未绿化。损坏按长度(m)计算,每10m扣1分,累计长度不足10m按10m计算。

4　公路技术状况评价指标

公路技术状况评价包含路面、路基、桥隧构造物和沿线设施四部分内容。评价指标见图4,各指标值域均为0~100。

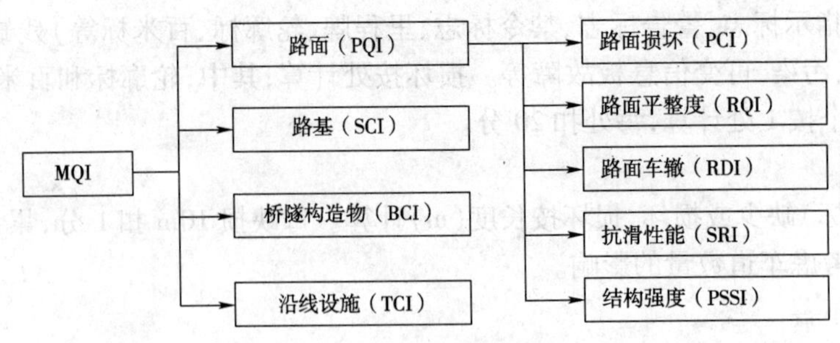

图4　公路技术状况评价指标

图中：

MQI——公路技术状况指数；

PQI——路面使用性能指数(Pavement Quality or Performance Index)；

SCI——路基技术状况指数(Subgrade Condition Index)；

BCI——桥隧构造物技术状况指数(Bridge,Tunnel and Culvert Condition Index)；

TCI——沿线设施技术状况指数(Traffic-facility Condition Index)；

PCI——路面损坏状况指数(Pavement Surface Condition Index)；

RQI——路面行驶质量指数(Riding Quality Index)；

RDI——路面车辙深度指数(Rutting Depth Index)；

SRI——路面抗滑性能指数(Skidding Resistance Index)；

PSSI——路面结构强度指数(Pavement Structure Strength Index)。

5　公路技术状况检测与调查

5.1　检测与调查内容

公路技术状况检测与调查包括路面、路基、桥隧构造物和沿线设施四部分内容。路面检测包括路面损坏、平整度、车辙、抗滑性能和结构强度五项指标。其中,路面结构强度为抽样检测指标。桥隧构造物调查包括桥梁、隧道和涵洞三类构造物。

5.2　检测与调查单元

5.2.1　公路技术状况检测以1 000m路段为基本检测或调查单元。

5.2.2　公路技术状况数据按上行方向(桩号递增方向)和下行方向(桩号递减方向)分别检测。二、三、四级公路可不分上下行。

5.2.3　采用快速检测方法检测路面使用性能评定所需数据时,每个检测方向至少检测一个主要行车道。

5.3　检测与调查方法

5.3.1　路面检测

1　路面损坏状况检测

路面损坏状况检测,宜采用自动化的快速检测方法,条件不具备时,可人工检测。

采用快速检测设备检测路面损坏时,应纵向连续检测,横向检测宽度不得小于车道宽度的70%。检测设备应能够分辨1mm以上的路面裂缝,检测结果宜采用计算机自动识别,识别准确率应达到90%以上。

采用人工方法调查时,调查范围应包含所有行车道,按表6.2.1-2、表6.2.1-3和表6.2.1-4规定的损坏类型实地调查。调查及汇总表的式样见附录A(表A-1~表A-3、表A-7、表A-8)。有条件的地区,可借助便携式路况数据采集仪进行现场调查、汇总、计算与评定。紧急停车带按路肩处理。

路面损坏检测数据应以100m(人工检测)或10m(快速检测)为单位长期保存。

2　路面平整度检测

路面平整度宜采用快速检测设备,可结合路面损坏和车辙一并检测。单独检测路面平整度时,宜采用高精度的断面类检测设备。路面平整度检测设备必须定期标定,每年至少标定一次,标定的相关系数应大于0.95。

条件不具备的三、四级公路,路面平整度可采用三米直尺人工检测,检测结果按表5.3.1评定。

表5.3.1　路面平整度人工评定标准

技术等级	优	良	中	次	差
RQI	≥90	≥80,<90	≥70,<80	≥60,<70	<60
三米直尺(mm)	≤10	>10,≤12	>12,≤15	>15,≤18	>18
颠簸程度	无颠簸,行车平稳	有轻微颠簸,行车尚平稳	有明显颠簸,行车不平稳	严重颠簸,行车很不平稳	非常颠簸,非常不平稳

路面平整度检测数据应以100m(人工检测)或20m(快速检测)为单位长期保存。

3　路面车辙检测

路面车辙宜采用快速检测设备,可结合路面损坏和路面平整度一并检测。路面车辙检测设备必须定期标定,每年至少标定一次。根据断面数据计算路面车辙深度(RD),计算结果应以10m为单位长期保存。

4　路面抗滑性能检测

路面抗滑性能宜采用基于横向力系数的路面抗滑性能检测设备或其他具有可靠数据标定关系的自动化检测设备。检测设备必须定期标定,每年至少标定一次。路面抗滑性能检测数据(横向力系数)应以20m为单位长期保存。

5　路面结构强度检测

路面结构强度宜采用自动检测设备检测。

自动检测时,宜采用具有可靠数据标定关系的自动化检测设备,检测结果应能换算成我国相关技术规范规定的回弹弯沉值。自动检测设备必须定期标定,每年至少标定一次。标定的相关系数不得小于0.95。弯沉检测数据应以20m为单位长期保存。

采用贝克曼梁检测时,检测数量应不小于20点/(km·车道)。

抽样检测时,检测范围可控制在养护里程的20%以内。

5.3.2　路基、桥隧构造物和沿线设施调查

公路技术状况评定所需要的路基、桥隧构造物和沿线设施数据,应按表6.2.2、表6.2.3和表6.2.4规定的损坏类型实地调查。调查及汇总表的式样见附录A(表A-4～表A-8)。有条件的地区,可借助便携式路况数据采集仪进行现场调查、汇总、计算与评定。

5.4　检测与调查频率

公路技术状况评定所需数据的最低检测与调查频率按表5.4的规定执行。

表5.4　最低检测与调查频率

检测内容 \ 检测频率			路面损坏(PCI)	路面平整度(RQI)	抗滑性能(SRI)	路面车辙(RDI)	结构强度(PSSI)
路面PQI	沥青	高速、一级公路	1年1次	1年1次	2年1次	1年1次	抽样检测
		二、三、四级公路	1年1次	1年1次			
	水泥混凝土	高速、一级公路	1年1次	1年1次	2年1次		
		二、三、四级公路	1年1次	1年1次			
		砂石	1年1次				
路基SCI			1年1次				
桥隧构造物BCI			采用最新桥梁、隧道、涵洞技术状况评定结果				
沿线设施TCI			1年1次				

6 公路技术状况评定

6.1 评定要求

公路技术状况评定以 1 000m 路段长度为基本评定单元。

6.2 MQI 确定

公路技术状况指数 MQI 按式(6.2)计算。

$$MQI = w_{PQI}PQI + w_{SCI}SCI + w_{BCI}BCI + w_{TCI}TCI \tag{6.2}$$

式中:w_{PQI}——PQI 在 MQI 中的权重,取值为 0.70;

w_{SCI}——SCI 在 MQI 中的权重,取值为 0.08;

w_{BCI}——BCI 在 MQI 中的权重,取值为 0.12;

w_{TCI}——TCI 在 MQI 中的权重,取值为 0.10。

6.2.1 路面使用性能(PQI)

沥青路面使用性能评价包含路面损坏、平整度、车辙、抗滑性能和结构强度五项技术内容。其中,路面结构强度为抽样评定指标,单独计算与评定,评定范围根据路面大中修养护需求、路基的地质条件等自行确定。

水泥混凝土路面使用性能评价包含路面损坏、平整度和抗滑性能三项技术内容;砂石路面使用性能评价只包含路面损坏一项技术内容。

路面使用性能指数(PQI)按式(6.2.1-1)计算。

$$PQI = w_{PCI}PCI + w_{RQI}RQI + w_{RDI}RDI + w_{SRI}SRI \tag{6.2.1-1}$$

式中:w_{PCI}——PCI 在 PQI 中的权重,按表 6.2.1-1 取值;

w_{RQI}——RQI 在 PQI 中的权重,按表 6.2.1-1 取值;

w_{RDI}——RDI 在 PQI 中的权重,按表 6.2.1-1 取值;

w_{SRI}——SRI 在 PQI 中的权重,按表 6.2.1-1 取值。

1 路面损坏(PCI)

路面损坏用路面损坏状况指数(PCI)评价,PCI 按式(6.2.1-2)、式(6.2.1-3)计算。

$$PCI = 100 - a_0 DR^{a_1} \tag{6.2.1-2}$$

表 6.2.1-1 PQI 分项指标权重

路面类型	权重	高速、一级公路	二、三、四级公路
沥青路面	w_{PCI}	0.35	0.60
	w_{RQI}	0.40	0.40
	w_{RDI}	0.15	—
	w_{SRI}	0.10	—
水泥混凝土路面	w_{PCI}	0.50	0.60
	w_{RQI}	0.40	0.40
	w_{SRI}	0.10	—

$$DR = 100 \times \frac{\sum_{i=1}^{i_0} w_i A_i}{A} \tag{6.2.1-3}$$

式中:DR——路面破损率(Pavement Distress Ratio),为各种损坏的折合损坏面积之和与路面调查面积之百分比(%);

A_i——第 i 类路面损坏的面积(m^2);

A——调查的路面面积(调查长度与有效路面宽度之积,m^2);

w_i——第 i 类路面损坏的权重,沥青路面按表 6.2.1-2 取值,水泥混凝土路面按表 6.2.1-3 取值,砂石路面按表 6.2.1-4 取值;

a_0——沥青路面采用 15.00,水泥混凝土路面采用 10.66,砂石路面采用 10.10;

a_1——沥青路面采用 0.412,水泥混凝土路面采用 0.461,砂石路面采用 0.487;

i——考虑损坏程度(轻、中、重)的第 i 项路面损坏类型;

i_0——包含损坏程度(轻、中、重)的损坏类型总数,沥青路面取 21,水泥混凝土路面取 20,砂石路面取 6。

表 6.2.1-2 沥青路面损坏类型和权重

类型(i)	损坏名称	损坏程度	权重(w_i)	计量单位
1	龟裂	轻	0.6	面积 m^2
2		中	0.8	
3		重	1.0	
4	块状裂缝	轻	0.6	面积 m^2
5		重	0.8	
6	纵向裂缝	轻	0.6	长度 m (影响宽度:0.2m)
7		重	1.0	
8	横向裂缝	轻	0.6	长度 m (影响宽度:0.2m)
9		重	1.0	
10	坑槽	轻	0.8	面积 m^2
11		重	1.0	
12	松散	轻	0.6	面积 m^2
13		重	1.0	
14	沉陷	轻	0.6	面积 m^2
15		重	1.0	
16	车辙	轻	0.6	长度 m (影响宽度:0.4m)
17		重	1.0	
18	波浪拥包	轻	0.6	面积 m^2
19		重	1.0	
20	泛油		0.2	面积 m^2
21	修补		0.1	面积 m^2

表 6.2.1-3 水泥混凝土路面损坏类型和权重

类型(i)	损坏名称	损坏程度	权重(w_i)	计量单位
1	破碎板	轻	0.8	面积 m^2
2		重	1.0	
3	裂缝	轻	0.6	长度 m（影响宽度:1.0m）
4		中	0.8	
5		重	1.0	
6	板角断裂	轻	0.6	面积 m^2
7		中	0.8	
8		重	1.0	
9	错台	轻	0.6	长度 m（影响宽度:1.0m）
10		重	1.0	
11	唧泥		1.0	长度 m（影响宽度:1.0m）
12	边角剥落	轻	0.6	长度 m（影响宽度:1.0m）
13		中	0.8	
14		重	1.0	
15	接缝料损坏	轻	0.4	长度 m（影响宽度:1.0m）
16		重	0.6	
17	坑洞		1.0	面积 m^2
18	拱起		1.0	面积 m^2
19	露骨		0.3	面积 m^2
20	修补		0.1	面积 m^2

表 6.2.1-4 砂石路面损坏类型和权重

类型(i)	损坏名称	权重(w_i)	计量单位
1	路拱不适	0.1	长度 m（影响宽度:3.0m）
2	沉陷	0.8	面积 m^2
3	波浪搓板	1.0	面积 m^2
4	车辙	1.0	长度 m（影响宽度:0.4m）
5	坑槽	1.0	面积 m^2
6	露骨	0.8	面积 m^2

2 路面行驶质量(RQI)

路面平整度用路面行驶质量指数(RQI)评价,按式(6.2.1-4)计算。

$$RQI = \frac{100}{1 + a_0 e^{a_1 \mathrm{IRI}}} \quad (6.2.1\text{-}4)$$

式中:IRI——国际平整度指数(International Roughness Index,m/km);

a_0——高速公路和一级公路采用0.026,其他等级公路采用0.0185;

a_1——高速公路和一级公路采用0.65,其他等级公路采用0.58。

3 路面车辙(RDI)

路面车辙用路面车辙深度指数(RDI)评价,按式(6.2.1-5)计算。

$$
RDI=\begin{cases}100-a_0 RD & (RD\leqslant RD_a)\\ 60-a_1(RD-RD_a) & (RD_a<RD\leqslant RD_b)\\ 0 & (RD>RD_b)\end{cases} \tag{6.2.1-5}
$$

式中:RD——车辙深度(Rutting Depth,mm);

RD_a——车辙深度参数,采用20mm;

RD_b——车辙深度限值,采用35mm;

a_0——模型参数,采用2.0;

a_1——模型参数,采用4.0。

4　路面抗滑性能(SRI)

路面抗滑性能用路面抗滑性能指数(SRI)评价,按式(6.2.1-6)计算。

$$
SRI=\frac{100-SRI_{min}}{1+a_0 e^{a_1\cdot SFC}}+SRI_{min} \tag{6.2.1-6}
$$

式中:SFC——横向力系数(Side-way Force Coefficient);

SRI_{min}——标定参数,采用35.0;

a_0——模型参数,采用28.6;

a_1——模型参数,采用-0.105。

5　路面结构强度(PSSI)

路面结构强度用路面结构强度指数(PSSI)评价,按式(6.2.1-7)和式(6.2.1-8)计算。

$$
PSSI=\frac{100}{1+a_0 e^{a_1 SSI}} \tag{6.2.1-7}
$$

$$
SSI=\frac{l_d}{l_0} \tag{6.2.1-8}
$$

式中:SSI——路面结构强度系数(Structure Strength Coefficient),为路面设计弯沉与实测代表弯沉之比;

l_d——路面设计弯沉(mm);

l_0——实测代表弯沉(mm);

a_0——模型参数,采用15.71;

a_1——模型参数,采用-5.19。

6.2.2　路基技术状况(SCI)

路基技术状况用路基技术状况指数(SCI)评价,按式(6.2.2)计算。

$$
SCI=\sum_{i=1}^{8} w_i(100-GD_{iSCI}) \tag{6.2.2}
$$

式中:GD_{iSCI}——第i类路基损坏的总扣分(Global Deduction),最高分值为100,按表6.2.2的规定计算;

w_i——第i类路基损坏的权重,按表6.2.2取值;

i——路基损坏类型。

表6.2.2　路基损坏扣分标准

类型(i)	损坏名称	损坏程度	计量单位	单位扣分	权重(w_i)
1	路肩边沟不洁		m	0.5	0.05
2	路肩损坏	轻	m^2	1	0.10
		重		2	
3	边坡坍塌	轻	处	20	0.25
		中		30	
		重		50	

续上表

类型(i)	损坏名称	损坏程度	计量单位	单位扣分	权重(w_i)
4	水毁冲沟	轻	处	20	0.25
		中		30	
		重		50	
5	路基构造物损坏	轻	处	20	0.10
		中		30	
		重		50	
6	路缘石缺损		m	4	0.05
7	路基沉降	轻	处	20	0.10
		中		30	
		重		50	
8	排水系统淤塞	轻	m	1	0.10
		重	处	20	

6.2.3 桥隧构造物技术状况(BCI)

桥梁、隧道和涵洞技术状况用桥隧构造物技术状况指数(BCI)评价,按式(6.2.3)计算。

$$BCI = \min(100 - GD_{iBCI}) \tag{6.2.3}$$

式中:GD_{iBCI}——第 i 类构造物损坏的总扣分,最高分值为100,按表6.2.3的规定计算;

i——构造物类型(桥梁、隧道或涵洞)。

表6.2.3 桥隧构造物扣分标准

类型(i)	项 目	技术状况评定等级	计量单位	单位扣分	备 注
1	桥梁	一、二	座	0	采用《公路桥涵养护规范》(JTG H11—2004)的评定方法,五类桥梁所属路段的MQI=0
		三		40	
		四		70	
		五		100	
2	隧道	S:无异常	座	0	采用《公路隧道养护技术规范》(JTG H12—2003)的评定方法,危险隧道所属路段的MQI=0
		B:有异常		50	
		A:有危险		100	
3	涵洞	好、较好	道	0	采用《公路桥涵养护规范》(JTG H11—2004)的评定方法,危险涵洞所属路段的MQI=0
		较差		40	
		差		70	
		危险		100	

6.2.4 沿线设施技术状况(TCI)

沿线设施技术状况用沿线设施技术状况指数(TCI)评价,按式(6.2.4)计算。

$$TCI = \sum_{i=1}^{5} w_i(100 - GD_{iTCI}) \tag{6.2.4}$$

式中:GD_{iTCI}——第 i 类设施损坏的总扣分,最高分值为100,按表6.2.4的规定计算;

w_i——第 i 类设施损坏的权重,按表6.2.4取值;

i——设施的损坏类型。

表 6.2.4　沿线设施扣分标准

类型(i)	损坏名称	损坏程度	计量单位	单位扣分	权重(w_i)	备注
1	防护设施缺损	轻	处	10	0.25	
		重		30		
2	隔离栅损坏		处	20	0.10	
3	标志缺损		处	20	0.25	
4	标线缺损		m	0.1	0.20	每10m扣1分,不足10m以10m计
5	绿化管护不善		m	0.1	0.20	

6.3　综合评定

6.3.1　路段 MQI

路段 MQI 按式(6.2)计算。对非整公里的路段,除 PQI 外,SCI、BCI 和 TCI 三项指标的实际扣分均应换算成整公里值(扣分×基本评定单元长度/实际路段长度)。桥隧构造物评价结果(BCI)计入桥隧构造物所属路段。

存在五类桥梁、危险隧道、危险涵洞的路段,MQI=0。

6.3.2　路线 MQI

路线技术状况评定时,应采用路线所包含的所有路段 MQI 算术平均值作为该路线的 MQI 值。

6.3.3　等级评定

按表 2.0.2 的规定确定公路技术状况等级。按附录 A 表 A-8 格式统计 MQI 及分项指标的优良、中、次差的长度及比例。

附录 A　调查及汇总表

表 A-1　沥青路面损坏调查表

路线名称：				调查方向：						调查时间：　　　调查人员：				
调查内容	程度	权重 w_i	单位	起点桩号：　终点桩号： 路段长度：　路面宽度：										累计损坏
				1	2	3	4	5	6	7	8	9	10	
龟裂	轻	0.6	m^2											
	中	0.8												
	重	1.0												
块状裂缝	轻	0.6	m^2											
	重	0.8												
纵向裂缝	轻	0.6	m											
	重	1.0												
横向裂缝	轻	0.6	m											
	重	1.0												
坑槽	轻	0.8	m^2											
	重	1.0												
松散	轻	0.6	m^2											
	重	1.0												
沉陷	轻	0.6	m^2											
	重	1.0												
车辙	轻	0.6	m											
	重	1.0												
波浪拥包	轻	0.6	m^2											
	重	1.0												
泛油		0.2	m^2											
修补		0.1	m^2											

评定结果：

DR =　　　%

PCI =

计算方法：

$PCI = 100 - a_0 DR^{a_1}$

$$DR = 100 \times \frac{\sum_{i=1}^{i_0} w_i A_i}{A}$$

$a_0 = 15.00$

$a_1 = 0.412$

表 A-2　水泥混凝土路面损坏调查表

路线名称：				调查方向：					调查时间：		调查人员：			
调查内容	程度	权重 w_i	单位	起点桩号：　终点桩号： 路段长度：　路面宽度：										累计损坏
				1	2	3	4	5	6	7	8	9	10	
破碎板	轻	0.8	m^2											
	重	1.0												
裂缝	轻	0.6	m											
	中	0.8												
	重	1.0												
板角断裂	轻	0.6	m^2											
	中	0.8												
	重	1.0												
错台	轻	0.6	m											
	重	1.0												
唧泥		1.0	m											
边角剥落	轻	0.6	m											
	中	0.8												
	重	1.0												
接缝料损坏	轻	0.4	m											
	重	0.6												
坑洞		1.0	m^2											
拱起		1.0	m^2											
露骨		0.3	m^2											
修补		0.1	m^2											

评定结果：

DR =　　　%

PCI =

计算方法：

$$PCI = 100 - a_0 DR^{a_1}$$

$$DR = 100 \times \frac{\sum_{i=1}^{i_0} w_i A_i}{A}$$

$a_0 = 10.66$

$a_1 = 0.461$

表 A-3　砂石路面损坏调查表

路线名称：			调查时间：						调查人员：				
调查内容	权重 w_i	单位	起点桩号：　终点桩号： 路段长度：　路面宽度：										累计损坏
			1	2	3	4	5	6	7	8	9	10	
路拱不适	0.1	m											
沉陷	0.8	m^2											
波浪搓板	1.0	m^2											
车辙	1.0	m											
坑槽	1.0	m^2											
露骨	0.8	m^2											

评定结果：

DR = 　　%

PCI =

计算方法：

$$PCI = 100 - a_0 DR^{a_1}$$

$$DR = 100 \times \frac{\sum_{i=1}^{i_0} w_i A_i}{A}$$

$a_0 = 10.10$

$a_1 = 0.487$

表 A-4　路基损坏调查表

路线名称：	调查方向：				调查时间：					调查人员：					
调查内容	程度	单位扣分	权重 w_i	计量单位	起点桩号：　终点桩号： 路段长度：　路面宽度：										累计损坏
					1	2	3	4	5	6	7	8	9	10	
路肩边沟不洁		0.5	0.05	m											
路肩损坏	轻	1	0.10	m^2											
	重	2													
边坡坍塌	轻	20	0.25	处											
	中	30													
	重	50													
水毁冲沟	轻	20	0.25	处											
	中	30													
	重	50													
路基构造物损坏	轻	20	0.10	处											
	中	30													
	重	50													
路缘石缺损		4	0.05	m											
路基沉降	轻	20	0.10	处											
	中	30													
	重	50													
排水系统淤塞	轻	1	0.10	m											
	重	20		处											

评定结果：

SCI =

计算方法：

$$SCI = \sum_{i=1}^{8} w_i (100 - GD_{iSCI})$$

表 A-5　桥隧构造物损坏调查表

路线名称：	调查方向：			调查时间：　调查人员：										
项目	技术状况	单位扣分	计量单位	起点桩号：　终点桩号： 路段长度：　路面宽度：										累计损坏
				1	2	3	4	5	6	7	8	9	10	
桥梁	一、二	0	座											
	三	40												
	四	70												
	五	100												
隧道	S：无异常	0	座											
	B：有异常	50												
	A：有危险	100												
涵洞	好、较好	0	道											
	较差	40												
	差	70												
	危险	100												
评定结果： BCI =				计算方法： $BCI = \min(100 - GD_{iBCI})$										

表 A-6　沿线设施损坏调查表

路线名称：	调查方向：				调查时间：　调查人员：										
调查内容	程度	单位扣分	权重 w_i	计量单位	起点桩号：　终点桩号： 路段长度：　路面宽度：										累计损坏
					1	2	3	4	5	6	7	8	9	10	
防护设施缺损	轻	10	0.25	处											
	重	30													
隔离栅损坏		20	0.10	处											
标志缺损		20	0.25	处											
标线缺损		0.1	0.20	m											
绿化管护不善		0.1	0.20	m											
评定结果： TCI =					计算方法： $TCI = \sum_{i=1}^{5} w_i (100 - GD_{iTCI})$										

表 A-7　公路技术状况评定明细表

路线名称：　　　　　　　技术等级：　　　路面类型：　　　检测方向：　　　　　　　　　　　　　　　　年　月　日

路段桩号	长度（m）	MQI	路面 PQI	路面分项指标					路基 SCI	桥隧构造物 BCI	沿线设施 TCI
				PCI	RQI	RDI	SRI	PSSI			

附注：表中 PSSI 为抽样评定指标。　　　　　　　　　　　　　　　　　　　　第　页　总　页

表 A-8 公路技术状况评定汇总表

年 月 日

基 本 信 息			
所属省市			
路线名称(编码)			
技术等级			
路面类型			
评定长度(km)			
养管单位			
主管单位			
平均 MQI		评定等级	
平均 MQI(上行)		评定等级(上行)	
平均 MQI(下行)		评定等级(下行)	
上行评定长度(km)		下行评定长度(km)	

统 计 信 息						
	上下行		上行		下行	
	长度(km)	比例(%)	长度(km)	比例(%)	长度(km)	比例(%)
MQI(优、良)						
MQI(中)						
MQI(次、差)						
PQI(优、良)						
PQI(中)						
PQI(次、差)						
SCI(优、良)						
SCI(中)						
SCI(次、差)						
BCI(优、良)						
BCI(中)						
BCI(次、差)						
TCI(优、良)						
TCI(中)						
TCI(次、差)						

第 页 总 页

本标准用词说明

执行本标准时，对条文严格程度的用词，采用下列写法：

1　表示很严格，非这样做不可的，采用“必须”。

2　表示严格，通常情况下均应该这样做的，正面词采用“应”，反面词采用“不应”或“不得”。

3　表示允许稍有选择，条件许可时应首先这样做的，采用“宜”。

4　表示有选择，在一定的条件下可这样做的，采用“可”。

附件

《公路技术状况评定标准》

（JTG H20—2007）

条文说明

1　总则

1.0.4　为了做好公路技术状况的评定工作,省级交通主管部门和公路管理机构应加强对公路养护技术状况检测与评定工作的监督,结合地域特点制定具体的实施办法,出台相关的规定和政策。

1.0.5　公路技术状况评定所需检测数据,除了用于本标准外,还应充分利用其数据资源和评定结果,通过路面管理系统(CPMS)科学编制公路养护规划和计划,实施预防性养护和全寿命周期费用管理,提高公路养护管理的技术能力和水平。CPMS 是交通部从 1984 年开始组织研究、开发,并于 1991 年开始推广应用的干线公路路面管理系统,主要用于公路技术状况评定、路面养护需求分析、养护投资效益分析、公路养护规划编制、年度养护计划制订。

2 公路技术状况标准

2.0.1 公路技术状况指数 MQI 包含两层含义:对公路技术状况的客观描述和对公路养护质量和管理水平的科学评价。

2.0.2 评定标准采用了优、良、中、次、差五个评定等级。在确定评定等级过程中,参考了交通部《公路水泥混凝土路面养护技术规范》(JTJ 073.1—2001)、《公路沥青路面养护技术规范》(JTJ 073.2—2001)等文献及国际上大多数国家的通用做法。优、良、中、次、差的标准值源于大规模公路检测数据的统计分析、道路实验、专家经验和国内外研究机构对优、良、中、次、差的定义。

3 公路损坏类型

3.2 水泥混凝土路面采用了新的损坏计量方法,所有损坏均用面积或换算面积表示(m^2)。

3.2.11 水泥混凝土路面(包含沥青路面)修补,按修补面积或修补影响面积计算,该指标用于反映路面的历史修复状况。

4 公路技术状况评价指标

MQI 的分项指标包括 PQI、SCI、BCI 和 TCI，路面部分的分项指标还包括 PCI、RQI、RDI、SRI 和 PSSI，共 4 大项 5 小项，各项指标的值域均为 0～100。

5　公路技术状况检测与调查

5.2.3　主要行车道：通常指单车道全幅路面、双车道双向混合行驶的全幅路面、双车道双向分道行驶的上行或下行车道、四车道双向分道行驶的外侧车道、六车道双向分道行驶的中间车道、八车道以上双向分道行驶的中间两个或多个车道。

5.3.1　快速检测设备：目前，国内外常用的路面快速检测设备包括多功能路况快速检测设备和路面抗滑性能检测设备。本标准所要求的路面损坏、路面平整度、路面车辙和路面抗滑性能指标均能通过上述两种设备实现自动检测。为了提高我国公路检测技术水平及装备条件，交通部从20世纪80年代起，组织了多项国家重点科技攻关研究项目，形成了路面抗滑性能检测车（RiCS）和路况快速检测系统（CiCS）等多项重大科研成果，基本解决了路面技术状况快速检测的重大技术难题，提高了我国公路技术状况快速检测的装备水平。其中，①路面抗滑性能检测车（RiCS）能以车流速度（0～80km/h）快速采集路面的横向力系数（SFC）数据，是路面安全性评价的重要设备；②路况快速检测系统（CiCS）是交通部西部交通建设科技项目和国家高技术研究发展计划（863计划）研究成果，该设备能以车流速度（0～100km/h），快速、准确地采集路面损坏、路面平整度、路面车辙、纹理深度和前方图像等指标，与之配套的路面损坏识别系统（CiAS）软件能自动识别CiCS检测图像，识别准确率满足《公路技术状况评定标准》（JTG H20—2007）要求。

1　自动识别：是一种与图像检测、图像处理、模式识别和软件有关的路面损坏识别技术。根据国内外经验，计算机自动识别时，只有在识别软件的识别准确率达到一定程度如90%以上时，其识别结果才能被直接用于技术状况评定及路面养护分析。

2　确定路面平整度人工评定标准的主要依据是世界银行国际平整度指数道路实验报告及我国县乡道或砂石路快速检测的需求、现状和技术能力。

3　为了减少对公路正常交通运营的干扰，节省检测费用和资源，在检测路面车辙时，应考虑与可快速检测的路面损坏、路面平整度等指标结合起来，用多功能快速检测设备统一检测。

4　计算机存储技术的快速发展允许保存更详细、更多的原始数据。详细的原始数据可用于本标准以外的路面养护决策分析和养护设计。因此，所有基于快速检测设备的原始检测数据包括横向力系数、车辙、路面平整度、路面损坏（裂缝图像）都应尽可能以高密度（10～20m）长期保存。

5　路面弯沉和路面平整度检测设备需要经常性标定，只有当标定的相关系数达到0.95以上时，检测设备才有可信的数据关系。按照世界银行有关检测设备应用指南的规定，路面平整度应采用基于精密水准仪的国际平整度指数（IRI）标定方法。根据我国沥青路面的相关设计规范，沥青路面结构强度分析的主要依据是回弹弯沉，因此路面弯沉检测设备的基本标定工具应是能够采集路面回弹弯沉数据的贝克曼梁。

5.3.2　路况数据采集仪：用于快速记录路基、路面、桥隧构造物和沿线设施损坏（类型、数量、位置）的便携式设备。具有快速记录、汇总、计算和MQI及分项指标评定的功能，检测数据可采用有线或无线方式直接传输给路面管理系统（CPMS）。

5.4　检测与调查频率是根据国内外的研究文献、国外的评定标准、我国公路管理需求和快速检测设备的技术性能及检测成本确定的。本标准规定的检测频率为最低检测与调查频率，有条件的省市或地区可根据实际情况，适当增加部分指标的检测与调查频率或按季度检测，确保公路技术状况的变化能被及时掌握。

6　公路技术状况评定

6.1　MQI的基本评定单元是长度为1 000m的路段。在路面类型、交通量、路面宽度和养管单位变化处，评定单元不受此限制，但评定路段长度不应超过2 000m。MQI评定路段长度的确定应与路面管理系统（CPMS）的管理路段划分结合起来。

6.2　将路面使用性能（PQI）、路基状况（SCI）、桥隧构造物状况（BCI）和沿线设施状况（TCI）的权重分别设为0.70、0.08、0.12和0.10的决策依据是大量的检测数据分析结果和专家咨询意见。

6.2.1　1　沥青路面、水泥混凝土路面和砂石路面评价模型（PCI）采用了相同的模型结构和变量（DR）。由于不同路面具有不同的损坏类型和权重，针对不同路面本标准给出了不同的模型参数。PCI与DR关系见表6-1。

表6-1　PCI-DR对应关系

PCI	90	80	70	60
$DR_{沥青路面}$	0.4	2.0	5.5	11.0
$DR_{水泥路面}$	0.8	4.0	9.5	18.0
$DR_{砂石路面}$	1.0	4.0	9.5	17.0

2　道路用户对不同等级的公路（行驶速度）有不同的行驶质量要求或行驶舒适性期望。本标准根据道路实验和大量的统计数据，分别为高速公路（包括一级公路）和一般公路确定了不同的RQI参数。行驶质量或行驶舒适性与路面平整度紧密相关，在《高速公路养护质量检评方法（试行）》中，IRI 4.0m/km和IRI 6.0m/km分别被定义为优（RQI 90）和良（RQI 80）。根据我国公路养护技术的发展状况和公路养护的技术能力，本标准将优（RQI 90）和良（RQI 80）对应的路面平整度分别提高到IRI 2.3m/km和3.5m/km（高速、一级公路）及IRI 3.0m/km和4.5m/km（其他等级公路）。调整后的评价模型参数在一定程度上反映了我国路面铺筑技术的进步和道路用户对路面平整度的期望水平。RQI与IRI对应关系见表6-2。

表6-2　RQI-IRI对应关系

RQI	90	80	70	60
$IRI_{高速、一级公路}$	2.3	3.5	4.3	5.0
$IRI_{其他等级公路}$	3.0	4.5	5.4	6.2

3　随着重载交通的快速增长和渠化作用的加剧，车辙已经逐渐成为我国高速公路路面损坏的主要形式之一。根据对我国部分省市高速公路路面损坏类型的现状调查，裂缝占路面损坏的比例经常超过60%，其次就是路面车辙损坏，车辙损坏有时会高达30%。因此在制定本标准时，对高速公路和一级公路，将路面车辙列为独立的检测评价指标，并用路面车辙深度指数（RDI）表示。与此同时，高速公路和一级公路技术状况评定时，表6.2.1-2的路面车辙损坏不再重复计算。车辙深度指数（RDI）与车辙深度（RD）的对应关系见表6-3。

表6-3　RDI-RD对应关系

RDI	90	80	70	60	0
RD（mm）	5	10	15	20	35

4　路面抗滑性能指数（SRI）与横向力系数（SFC）的对应关系见表6-4。

表 6-4　SRI-SFC 对应关系

SRI	90	80	70	60
SFC	48	40	33.5	27.5

5　本标准对路面结构强度采用了抽样检测与评定的方法，主要是考虑全面、系统、大规模路面结构强度检测的时限要求，不同省市的装备条件及技术能力（检测速度）。公路管理机构或经营企业应根据路面大中修养护需求、路基的地质条件（如，软土、高填方路段）等因素，确定路面结构强度检测范围，选择检测位置。

6.2.2　在路基损坏中，不同的路基损坏类型会对路基损坏和公路运营产生不同的影响效果。为了反映不同类型损坏的影响程度，本标准在路基（包括沿线设施）中引进了权重参数。SCI（包括 BCI 和 TCI）损坏扣分值的确定依据是抽样调查和专家经验。

6.2.3　桥隧构造物技术状况评定内容包括桥梁、隧道和涵洞。桥隧构造物技术状况评定所需数据是依据《公路桥涵养护规范》（JTG H11—2004）和《公路隧道养护技术规范》（JTG H12—2003）评定的技术等级。BCI 评定前提是桥梁、隧道和涵洞技术等级评定数据有效、准确。如果桥梁、隧道和涵洞技术等级评定结果与现状有明显差别，或定期检测数据（1～3 年）不能反映当前的技术现状，需要按《公路桥涵养护规范》（JTG H11—2004）和《公路隧道养护技术规范》（JTG H12—2003）规定方法，更新检测数据和评定结果，然后再实施 BCI 评定。

6.3.1　对非整公里的路段，为了使评定结果具有可比性，应将 SCI、BCI 和 TCI 三项指标的评价结果换算成整公里值。换算方法是将 SCI、BCI 和 TCI 的损坏数据除以路段长度（扣分×基本评定单元长度/实际检测路段长度），然后再计算 SCI、BCI 和 TCI。

6.3.2　本标准规定先按上、下行分别统计 MQI，然后将上下行结果的平均值作为评定路段或路线的 MQI。

JTG

中华人民共和国行业标准 JTG H30—2004

公路养护安全作业规程

Safety Work Rules for Highway Maintenance

7

2004-06-11 发布 2004-09-01 实施

中华人民共和国交通部发布

中华人民共和国交通部公告

第10号

关于发布《公路养护安全作业规程》（JTG H30—2004）的公告

现发布《公路养护安全作业规程》（JTG H30—2004），自2004年9月1日起施行，原《公路养护技术规范》（JTJ 073—96）中相应内容同时废止。

《公路养护安全作业规程》（JTG H30—2004）的管理权和解释权归交通部，日常管理和解释工作由主编单位上海市公路管理处负责。

请各有关单位在实践中注意积累资料，总结经验，及时将发现的问题和修改意见函告上海市公路管理处（地址：上海市武宁路915弄1号，邮政编码：200063），以便修订时参考。

特此公告。

中华人民共和国交通部

二○○四年六月十一日

前　言

为使我国公路养护安全作业的管理规范化,1998 年交通部下达了关于编写《高速公路维修养护安全作业规程》的通知,由上海市公路管理处为主编单位、同济大学为参编单位进行该规程的编写。后根据交通部公路司公管理字〔1998〕098 号文的精神,将规程名称改为《公路养护维修作业安全规程》。现根据交通部《关于发布公路工程标准体系的通知》交公路发〔2002〕288 号文的精神,将规程名称正式定为《公路养护安全作业规程》(以下简称《规程》)。

本《规程》在广泛收集国内外有关方面的资料,总结我国公路养护维修实践中的经验,吸取有关的科研成果和多次征询专家意见的基础上编写而成。

本《规程》分为 10 章 17 节,共 110 条。主要以以下三个方面为编写的重点:(1)与交通有关的养护维修作业安全;(2)充分考虑我国公路养护维修的地域差别;(3)从发展的角度考虑公路养护维修作业。

请各有关单位将执行本《规程》过程中发现的问题和修改意见,随时函告上海市公路管理处(地址:上海市武宁路 915 弄 1 号,邮政编码:200063)与中建标公路工程标准化委员会秘书处(地址:北京市海淀区西土城路 8 号,邮编:100088),以便下次修订时参考。

主 编 单 位:上海市公路管理处

参 编 单 位:同济大学

主要起草人:吴兵、刘开平、王一如

目　次

1 总则

1.0.1 为保障公路养护维修作业人员和设备的安全以及车辆的安全运行,规范养护维修工程的安全管理和作业行为,特制定本规程。

1.0.2 本规程适用于三级及三级以上公路的养护维修作业,四级公路可参照执行。

1.0.3 基本要求

1 在进行养护维修作业前,应结合施工组织设计,制定安全保障方案,并报有关部门批准。

2 养护维修作业单位均应按国家规定建立安全管理部门,配备专职或兼职安全管理人员,实施对养护维修作业人员的安全培训和教育。

3 养护维修作业人员必须接受安全技术教育,遵守各项安全技术操作规程。

4 公路管理单位或经营单位应加强养护维修安全作业的管理,公路管理机构应对养护维修安全作业进行监督和检查。

5 养护维修作业的安全设施应始终处于良好的工作状态,在未完成养护维修作业之前,任何人不得随意撤除或改变安全设施的位置、扩大或缩小控制区范围,以保证养护维修作业控制区安全控制的有效性。

1.0.4 公路养护维修的安全作业,除应符合本规程外,还应符合国家有关规定。

2 术语与符号

2.1 术语

2.1.1 养护维修作业控制区 Traffic Control Zone for Maintenance Work

为公路养护维修作业所设置的交通管理区域,分为警告、上游过渡、缓冲、工作、下游过渡和终止等六个区域。

2.1.2 警告区 Warning Area

从作业控制区起点设置施工标志到上游过渡区之间的路段,用以警告车辆驾驶员已经进入养护维修作业路段,按交通标志调整行车状态。

2.1.3 警告区最小长度 Minimum Length of Warning Area

保证驶入警告区的车辆减速至工作区规定的限速所需要的警告区路段的最短长度。

2.1.4 上游过渡区 Upstream Transition Area

保证车辆平稳地从封闭车道的上游横向过渡到缓冲区旁边非封闭车道的路段。

2.1.5 缓冲区 Buffer Space

上游过渡区和工作区之间的路段。

2.1.6 工作区 Activity Area

养护维修作业的施工操作区域。

2.1.7 下游过渡区 Downstream Transition Area

保证车辆平稳地从工作区旁边的车道横向过渡到正常车道的路段。

2.1.8 终止区 Termination Area

设置于工作区下游调整车辆行车状态的路段。

2.1.9 养护安全设施 Maintenance Safety Devices

警告、提醒和引导车辆和行人通过养护维修作业控制区域,保护养护维修作业人员和设备安全的设施。

2.1.10 渠化装置 Channelizing Devices

警告、提醒和引导车辆和行人通过养护维修作业控制区域,隔离车流、人流与工作区的设施。

2.1.11 临时性交通标志 Temporary Traffic Signs

为满足养护维修作业安全需要而临时设置的交通标志。

2.1.12 临时性路面标线 Temporary Pavement Markings

为满足养护维修作业安全需要而临时施划的交通标线。

2.2 符号

S——警告区最小长度;

L_S——车道封闭上游过渡区长度;

L_j——路肩封闭上游过渡区长度;

H——缓冲区长度;

G——工作区长度;

L_X——下游过渡区长度；

Z——终止区长度；

v——车辆行驶车速；

W——封闭车道宽度。

3 养护维修作业控制区

3.0.1 养护维修作业控制区应由警告区、上游过渡区、缓冲区、工作区、下游过渡区及终止区组成，其布置规定参见附录三图1和图2。

3.0.2 警告区的最小长度按表3.0.2选取。

表3.0.2 警告区最小长度 *S*(单位:m)

位 置	公路等级	设计速度(km/h)	警告区最小长度(m)
路段	高速公路、一级公路	120,100	1600
		80,60	1000
	二、三级公路	80	1000
		60	800
		40	600
		30	400
各类平面交叉口	—		200

3.0.3 当需要封闭车道或路肩(紧急停车带)时，必须设置过渡区。过渡区的设置应使车流的变化平缓。

1 车道封闭上游过渡区的最小长度应按表3.0.3-1选取，当在隧道内时，车道封闭上游过渡区的最小长度按该表数值的1.5倍选取。

2 路肩封闭上游过渡区的最小长度应按表3.0.3-2选取。

3 下游过渡区的最小长度宜取30m。

表3.0.3-1 车道封闭上游过渡区的最小长度 L_S(单位:m)

封闭车道宽度(m) / 车道封闭上游过渡区的最小长度(m) / 限制车速(km/h)	3.0	3.5	3.75
60	70	90	90
40	30	40	40
20	10		

表3.0.3-2 路肩封闭上游过渡区的最小长度 L_j(单位:m)

封闭路肩宽度(m) / 路肩封闭上游过渡区的最小长度(m) / 限制车速(km/h)	1.5	1.75	2.5	3.0	3.5
60	20	20	30	40	50
40	20				
20	10				

3.0.4 缓冲区的最小长度宜取50m。

3.0.5 工作区长度应根据养护维修作业的需要确定。

3.0.6 终止区最小长度宜取30m。

4 养护安全设施

4.0.1 用于养护维修的标志标线属于临时性安全设施，交通标志与标线应组合使用。

4.0.2 在养护维修作业中，可用作渠化交通的安全设施有锥形交通路标、安全带、路栏、施工隔离墩和防撞桶(墙)等。

1 锥形交通路标 宜由橡胶等柔性材料制成，底部应有一定的摩阻性能。形状为圆锥形，其颜色、尺寸和形状应符合《道路交通标志和标线》(GB 5768) 规定。布设间距宜为10～20m。用于夜间作业时应有反光功能，并配施工警告灯号，参见附录二图1。

2 安全带 宜由布质等柔性材料制成，宽度为10～20cm，带上有红白相间色，用于夜间作业应有反光功能。宜与其他设施一起组合使用。

3 路栏 应由刚性材料制成，用于夜间作业时应有反光功能，其颜色、尺寸和形状应符合《道路交通标志和标线》(GB 5768)规定。

4 施工隔离墩 宜为由线性低密度聚乙烯等高强合成材料制成的空心半刚性装置，其上有黄、黑色和反光器，使用时内部应放置水袋或灌水，并由连杆相连接，参见附录二图2和图6。

5 防撞桶(墙) 应为半刚性装置，由线性低密度聚乙烯等高强合成材料制成的空心装置，其上有黄黑相间色，顶部可安装黄色施工警告灯号，使用时内部应放置水袋或灌水，防撞墙还应两个为一组组合在一起使用，参见附录二图3和图4。

4.0.3 移动式标志车

带有动力装置或可移动装置(拖车)的安全防护设施，颜色应为醒目黄色，装有黄色施工警告灯号，其后部有醒目的标志牌，图案和显示形式可按实际需要改变，参见附录二图5。使用时其尾部应面向交通流方向，设置于上游过渡区内或缓冲区内。

4.0.4 施工警告灯号

应符合《道路交通标志和标线》(GB 5768)规定。施工警告灯号宜与其他安全设施一起组合使用。

4.0.5 夜间照明设施

当夜间进行养护维修作业时，应设置照明设施。照明必须满足作业要求，并覆盖整个工作区域。

4.0.6 养护安全设施的设置与撤除

当进行养护维修作业时，应顺着交通流方向设置安全设施。当作业完成后，应逆着交通流方向撤除为养护维修作业而设置的有关安全设施，恢复正常交通。

5 高速公路及一级公路养护维修作业控制区布置

5.1 基本要求

5.1.1 养护维修作业控制区布置应考虑养护维修作业的内容与要求、时间和周期、交通量、经济效益等因素,控制区内交通标志的设置必须合理、前后协调,起到引导车流平稳变化的作用。

5.1.2 工作区应设置工程车辆专门的进口和出口,出入口应设在顺行车方向的下游过渡区内。

5.1.3 同一方向不同断面的相同车道同时维修作业,下游工作区距上游工作区 1000m 以上时,应在下游工作区前端设置施工标志。

5.1.4 同一方向不同断面的不同车道不宜同时维修作业;当必须同时维修作业时,其控制区布设间距,高速公路应不小于 1000m,一级公路应不小于 500m。

5.1.5 当单向三车道及以上公路的中间车道养护维修作业时,应与相邻一侧车道同时封闭。

5.1.6 应利用作业区上游的可变信息板显示"前方××公里封闭车道施工,请谨慎驾驶"的信息。

5.2 养护维修作业控制区布置

5.2.1 在警告区内应设置施工标志、限制速度标志和可变标志牌或线形诱导标等;在上游过渡区起点至下游过渡区终点之间应放置锥形交通路标;在缓冲区与工作区交界处应布设路栏。控制区内其他安全设施可以视具体情况而定。

5.2.2 当需要布置改变交通流方向的作业控制区时,可与中央分隔带开口位置相结合,利用非作业控制区一侧的车道。作业控制区布置示例参见附录三图 3 至图 8。当警告区范围内有入口匝道时,应在匝道右侧路肩外设置施工标志。

5.2.3 立交区进出口匝道养护维修作业控制区的布置,应根据工作区在匝道上的具体位置和匝道的长度而定,当匝道长度比表 3.0.2 中规定的警告区最小长度短时,作业控制区最前端的交通标志可设置于匝道的起点处,匝道养护维修作业控制区布置示例参见附录三图 9 至图 13。

5.2.4 在同一位置的作业时间在半天以内时,可适当减少交通标志,但应设置施工标志以及锥形交通路标,并应在上游过渡区内设置移动式标志车或配备交通指挥人员。临时定点养护维修作业控制区布置示例参见附录三图 14 至图 15。

5.2.5 当养护维修作业位置移动时,可按实际条件作适当简化,移动养护维修作业控制区布置示例参见附录三图 16。

6　二、三级公路养护维修作业控制区布置

6.1　基本要求

6.1.1　控制区布置应兼顾养护维修作业的内容与要求、时间和周期、交通量、经济效益等因素，控制区内交通标志的设置必须合理、前后协调，起到引导车流平稳变化的作用。

6.1.2　控制区上游因道路线形造成视距不良时，应在控制区上游的适当位置处增设施工标志。

6.2　养护维修作业控制区布置

6.2.1　在警告区内应设置施工标志、限制速度标志和可变标志牌或线形诱导标等；在上游过渡区起点至下游过渡区终点之间应放置锥形交通路标；在缓冲区与工作区交界处应布设路栏；在工作区周围应布设施工隔离墩或安全带。控制区内其他安全设施可以视具体情况而定。

6.2.2　路段养护维修作业时，对于单向通行的情况，除必要的安全设施外，必须在工作区两端各配备一名交通指挥人员或设置交通信号控制灯。路段养护维修作业控制区布置示例参见附录三图17至图18。

6.2.3　弯道上养护维修作业控制区布置应符合以下规定：

1　当工作区位置处于视距不良的路段时，应在控制区内增加施工标志；

2　当双车道的一个车道封闭作业时，工作区两端均必须配备交通指挥人员。但当单向两车道的其中一外侧车道封闭作业时，工作区下游可不配备交通指挥人员。

弯道上养护维修作业控制区布置示例参见附录三图19。

6.2.4　当对整个路面进行养护维修作业时，应修筑临时交通便道，以保证车辆通行，控制区的布置应符合以下规定：

1　临时路面标线应使用黄色；

2　控制区内必须设置路栏和施工警告灯号；

3　作业车上必须安装施工警告灯号；

4　所修筑的交通便道应划道路轮廓线并应设置可渠化交通的安全设施。

整个路面养护维修作业控制区布置示例参见附录三图20。

6.2.5　在路肩上养护维修作业时，其控制区的布置应符合以下规定：

1　必须保证紧靠路肩的车道宽度大于3m；

2　作业车上必须安装施工警告灯号；

3　若设置移动式标志车，可不设过渡区；

4　当交通流量较大时，必须封闭紧靠路肩的车道，并按车道封闭要求布置控制区。

路肩养护维修作业控制区布置示例参见附录三图21。

6.2.6　养护维修作业周期在半天以内时，控制区布置应符合以下规定：

1　上游过渡区宜设置移动式标志车；

2　作业车上必须安装施工警告灯号；

3　在移动养护作业时，移动式标志车应与作业车保持在50～100m的间距。

作业周期在半天以内的养护维修作业控制区布置示例见附录三图22至图23。

7 特大桥桥面和隧道养护维修作业控制区布置

7.1 基本要求

7.1.1 在开放交通条件下的养护维修作业,应制定控制区交通管理方案。

7.1.2 应配备专职人员加强车速限制和车辆限宽的管理。

7.1.3 隧道入口前必须设置施工标志、限制速度和限宽标志。

7.1.4 隧道控制区必须有足够的照明。

7.1.5 特大桥的养护维修,应根据需要设置限载标志。

7.1.6 特大桥以外的其他桥梁养护维修作业控制区的布置可参照本规程执行。

7.2 特大桥养护维修作业控制区布置

7.2.1 特大桥养护维修作业控制区的布置,宜只封闭一条车道进行养护维修作业。当为单向3车道时,封闭部分的宽度最大不宜超过两条车道。

7.2.2 具体布置可按本规程相关规定执行。

7.3 隧道养护维修作业控制区布置

7.3.1 隧道单洞双向交通的控制区布置,应只封闭一条车道进行养护维修作业,隧道口应设置交通信号灯并配备交通指挥人员,并至少应从隧道口开始封闭养护维修作业车道,单洞双向交通的作业控制区布置示例参见附录三图24至图25。当工作区处于弯道范围时,应将警告区的起始位置前移至道路的直线段,作业控制区可参照附录三图19布置。

7.3.2 隧道双洞单向交通的控制区布置应将警告区和上游过渡区设于洞口外。双洞单向交通的作业控制区布置示例参见附录三图26至图28。

7.3.3 移动维修作业时,宜设置移动式标志车,并应在隧道两端配备交通指挥人员。作业周期大于两小时时须设置锥形交通路标,作业控制区可参照附录三图14至图15布置。

8 平面交叉口养护维修作业控制区布置

8.0.1 平面交叉口养护维修作业控制区布置应考虑养护维修作业的内容与要求、时间和周期、交通量、经济效益等因素，控制区内交通标志的设置要合理、前后协调，起到引导车流平稳变化的作用。

8.0.2 平面交叉口养护维修作业控制区的上游视距不良时，可在作业控制区上游的适当位置处增设施工标志。

8.0.3 平面交叉口养护维修作业控制区布置应符合以下规定：

1 必须在工作区与缓冲区分界处设置施工警告灯号；

2 可设置移动式标志车；

3 作业车上必须安装施工警告灯号。

8.0.4 平面交叉口进口或出口车道因封闭改为双向通行时，应划出黄色车道分隔线。如车道宽度不够，不能双向通行时，应由现场指挥人员指挥车辆单向通行。

平面交叉口养护维修作业控制区布置示例参见附录三图 29 至图 46。

9　收费广场养护维修作业控制区布置

9.0.1　在收费广场进行养护维修作业时，应关闭受维修作业影响的收费车道，并对作业控制区的交通进行管理。

9.0.2　若工作区在收费亭的上游，则应关闭所对应的收费车道；若工作区在收费亭的下游，则可不设警告区和上游过渡区，但应关闭所对应的收费车道，收费广场养护维修作业控制区布置示例参见附录三图47至图52。

10 养护维修安全作业

10.1 公路养护维修安全作业

10.1.1 凡在公路上进行养护维修作业的人员必须穿着带有反光标志的橘红色工作装(套装),管理人员必须穿着带有反光标志的橘红色背心。

10.1.2 公路路面养护维修作业必须按作业控制区交通控制标准设置相关的渠化装置和标志,并指派专人负责维持交通。

10.1.3 在高速公路和一级公路上养护维修作业时,应用车辆接送养护维修作业人员。养护维修作业人员不得在控制区外活动或将任何物体置于控制区以外。

10.1.4 在山体滑坡、塌方、泥石流等路段养护维修作业时,应设专人观察险情。

10.1.5 在高路堤路肩、陡边坡等路段养护维修作业时,应采取防滑坠落措施,并注意防备危岩、浮石滚落。

10.1.6 坑槽修补应当天完成,若不能完成须按本规程规定布置养护维修作业控制区。

10.2 桥梁、隧道养护维修安全作业

10.2.1 公路桥梁、涵洞、隧道养护现场要专门设置养护维修作业时的交通标志。桥面养护应按作业控制区布置要求设置相关的渠化装置和标志,并设专人负责维持交通。

10.2.2 桥梁养护维修作业时,应首先要了解架设在桥面上下的各种管线,并应注意保护公用设施(煤气、水管、电缆、架空线等),必要时应与有关单位联系,取得配合。

10.2.3 在桥梁栏杆外进行作业须设置悬挂式吊篮等防护设施,作业人员须系安全带。

10.2.4 桥墩、桥台维修时,应在上、下游航道两端设置安全设施,夜间须设置警示信号。必要时应与有关单位取得联系,取得配合。

10.2.5 在养护维修明洞和半山洞前,应及时清除山体边坡或洞顶危石。

10.2.6 在隧道内进行登高堵漏作业或维修照明设施时,登高设施的周围应设醒目的安全设施。

10.2.7 对隧道衬砌局部坍塌进行养护维修作业时,应采取措施保证养护人员安全。

10.2.8 当实测的隧道内一氧化碳浓度或烟尘浓度高于规定的允许浓度时,作业人员应及时撤离,并开启通风设备进行通风。

10.2.9 隧道内不准存放易燃易爆物品,严禁明火作业或取暖。

10.2.10 隧道洞口周围100m范围内,未经隧道养护机构许可,不得挖砂、采石、取土、倾倒废弃物,不得进行爆破作业及其他危及公路隧道安全的活动。

10.2.11 养护作业宜选择在交通量较小时段进行。在进行养护作业前,应做好以下工作:

1 检测隧道内CO、烟雾等有害气体的浓度及能见度是否会影响施工安全;

2 检测隧道结构状况是否会影响作业安全,如有危险,应先处理后作业;

3 检查施工道信号灯是否准确、明显,施工标志设置是否规范;

4 对养护机械、台架应进行全面的安全检查,并应在机械上设置明显的反光标志,在台架周围设置防眩灯,以反映作业现场的轮廓。

10.2.12 在隧道内进行养护作业时,应遵守以下规定:

1 养护维修作业控制区经划定后不得随意变更;

2 作业人员不得在工作区外活动或将任何施工机具、材料置于工作区以外；

3 养护施工路段内的照明应满足要求。

10.2.13 电力设施等有特别要求维护的，应按有关部门的安全操作规程执行。

10.2.14 隧道内发生交通事故时，应通知并配合交通安全管理部门到现场处理交通事故。

10.2.15 事故发生后，应尽快清理现场，排除路障，恢复隧道正常行车，并登记相关损失，应认真分析事故原因，恢复或改善隧道的防灾能力。

10.3 冬季除雪安全作业

10.3.1 除雪作业时应加强交通管制。

10.3.2 除雪应以机械为主，在机械除雪不能操作的地方可辅之以人工除雪。

10.3.3 除雪作业人员和除雪机械作业时除按本章有关规定执行外，应做好防滑措施。

10.4 雨季安全作业

10.4.1 现场道路应加强维护，斜道和脚手板应有防滑措施。

10.4.2 暴雨台风前后，应检查工地临时设施、脚手架、机电设备、临时线路，发现倾斜、变形、下沉、漏电、漏雨等现象，应及时修理加固。

10.4.3 在雨季养护维修作业时，作业现场应及时排除积水，人行道的上下坡应挖步梯或铺砂，脚手板、斜道板、跳板上应采取防滑措施。加强对排架、脚手架和土方工程的检查，防止倾斜和坍塌。

10.4.4 在雨季施工时，处于洪水可能淹没地带的机械设备、材料等应做好防范措施，施工人员要提前做好安全撤离的准备工作。

10.4.5 长时间在雨季中作业的工程，应根据条件搭设防雨棚。作业中遇有暴风雨应停止施工。

10.5 雾天养护维修安全作业

10.5.1 雾天不宜进行养护维修作业。

10.5.2 雾天需要进行抢修时，宜会同有关部门，封闭交通进行作业，所有安全设施上均须设置黄色施工警告灯号。

10.6 山区养护维修安全作业

10.6.1 在视距条件较差或坡度较大的路段进行养护维修作业时，应设专人指挥交通，作业控制区应增加有关设施。

10.6.2 控制区的施工标志应与急弯路标志、反向弯路标志或连续弯路标志等并列设置。

10.6.3 在同一弯道不得同时设置两个或两个以上养护维修作业控制区。

10.7 清扫、绿化养护及道路检测安全作业

10.7.1 严禁在能见度差（如夜晚、大雾天）的条件进行人工清扫。

10.7.2 凡需占用车道进行绿化作业时，必须按作业控制区布置要求设置有关标志。

10.7.3 遇大风、大雨、下雪、雾天等特殊气候时必须停止绿化养护维修作业。

10.7.4 高速公路、一级公路中央分隔带绿化浇水作业时，浇水车辆尾部必须安装发光可变标志牌或按移动养护维修作业控制区布置。

10.7.5 道路检测车在高速公路、一级公路进行道路性能检测时，凡行进速度低于50km/h时，均应

按临时定点或移动养护维修作业控制区布置,或应在检测设备尾部安装发光可变标志牌。

10.8 养护维修机具安全操作

10.8.1 养护机械应按其技术性能要求正确使用,不得使用缺少安全装置或安全装置已失效的机械作业,不得操作带故障的机械作业。

10.8.2 操作人员必须执行有关工作前的检查制度、工作中的观察制度和工作后的检查保养制度。

10.8.3 养护机械进入施工现场前,应查明行驶路线上的隧道、跨线桥的通行净空,必要时应验算桥梁的承载力,确保机械设备安全通行。

10.8.4 养护机械在作业时,操作人员应熟悉作业环境与施工条件。

10.8.5 养护机械在靠近架空输电线路作业时,必须采取安全保护措施,养护机械工作装置运动轨迹范围与架空导线的安全距离必须符合相关规定。

10.8.6 养护机械应按时进行保养,严禁养护机械带故障运转或超负荷运转。

10.8.7 禁止在养护机械运转中进行保养、修理作业。各种电气设备的检查维修,应停电作业。

附件

《公路养护安全作业规程》

（JTG H30—2004）

条 文 说 明

1 总则

1.0.1 保护劳动者的安全和健康是促进社会生产力发展的基本保证,也是保证社会经济发展的基本条件。制定本规程的目的,是保护养护维修作业人员和设备的安全,使养护维修作业人员能够按照规定进行养护维修作业,保证车辆能够通过养护维修作业控制区域,并为道路使用者提供必要的服务。

1.0.2 考虑到我国各省市和地区的公路建设和管理的发展水平还相当不平衡,较低等级公路的养护维修作业情况差异较大,所以本规程仅对三级以上等级公路的养护维修作业的安全操作作了规定,对于三级以下的公路,有条件的省市和地区可参照执行。

1.0.3 在开放交通条件下养护维修作业,既有养护维修作业操作时的安全问题,又有交通安全问题,因此,应当围绕这两方面的安全问题做好安全防护工作。公路养护维修作业施工单位、公路经营单位和公路管理机构在安全防护方面具有不同的职责要求,必须履行相应的职责,共同做好安全防护工作。

3 养护维修作业控制区

3.0.2 在作业控制区的六个分区中，警告区是最重要的一个分区。警告区是从最前面的施工标志牌开始到工作区的第一个渠化装置为止。施工标志牌设置参见附录四图13。

当车辆遇到警告区的第一块施工标志牌时，则意味着这辆车已经进入作业控制区了，在以后的路段上，要通过设置于警告区内的交通标志告诉车辆驾驶员前方将要发生什么，行车状态应按照沿路所设的交通标志牌的指示而随时改变。并且要使车辆驾驶员在到达工作区之前，可以有足够的时间改变他们的行车状态。

一般情况，警告区的长度由下列因素所决定：车辆在警告区内改变行车状态所需要的时间以及在作业控制区附近车辆发生拥挤时的最大排队长度。警告区的最小长度可以由下式来估算：

$$S = S_1 + S_2 + S_3 \tag{3-1}$$

式中：S——警告区最小长度，m；

S_1——从正常行驶车速降至所限制的行驶车速所需要的距离，m；

S_2——车辆到达工作区地段附近的排队尾部时的最小安全距离，m；

S_3——在工作区地段附近车道封闭、车道数减少、行车条件改变等因素引起的车辆拥挤时的车辆排队长度，m。

S_1 是车辆进入警告区后从正常车速 v_1 按限速标志牌规定减速到 v_2 所需要的距离，可按下式估算：

$$S_1 = \frac{v_1}{3.6}t + \frac{v_1^2 - v_2^2}{2g(\varphi \pm i) \times 3.6^2} \tag{3-2}$$

式中：v_1——减速前车速，m/s；

v_2——减速后车速，m/s；

t——驾驶员反应时间，通常取2.5s；

φ——道路纵向摩阻系数，取值范围0.29～0.44；

i——道路纵坡，上坡取"+"，下坡取"-"；

g——重力加速度，9.8m/s^2。

表3-1是计算结果。

表 3-1

正常行驶速度（km/h）	降速后行驶速度（km/h）	减速距离（m）	正常行驶速度（km/h）	降速后行驶速度（km/h）	减速距离（m）
120	60	225	60	30	70
100	60	150	40	20	45
80	40	120	30	20	30

S_2 是已经以 v_2 车速行驶的后续车辆在到达前方工作区地段附近因车道关闭、车道数减少的断面时，不致与前面的改道车辆或排队车辆相撞的最小安全距离，可以按下式估算：

$$S_2 = \frac{v_2}{3.6}t + \frac{v_2^2}{2g(\varphi \pm i) \times 3.6^2} \tag{3-3}$$

式中符号意义同前。

计算结果如表3-2。

表 3-2

限制速度(km/h)	安全距离(m)	限制速度(km/h)	安全距离(m)	限制速度(km/h)	安全距离(m)
60	90	40	50	20	20

S_3 是工作区地段附近车道上拥挤车辆的排队长度。可以按下式估算:

$$S_3=\frac{Q\cdot l}{n} \tag{3-4}$$

式中:Q——发生在车道上的交通事件(包括养护维修作业)引起交通拥挤的最小流量,辆/h;

l——每辆车的平均长度,按7m计;

n——车道数。

根据有关统计资料,发生在车道上的交通事件(包括养护维修作业)引起交通拥挤的最小流量(15min 流量)如表3-3。

表 3-3

公路等级	车道数	Q(辆/h)	公路等级	车道数	Q(辆/h)
高速公路	4	860	二级公路	2	220
	3	540		1	100
一级公路	2	260	三级公路	1	60

按照表3提供的数据,用公式(3-4)计算得到相应的拥挤排队长度如表3-4。

表 3-4

公路等级	车道数	S_3(m)	公路等级	车道数	S_3(m)
高速公路	4	1505	二级公路	2	770
	3	1260		1	700
一级公路	2	910	三级公路	1	420

综合上述计算结果,按照《公路工程技术标准》的公路等级分类,可以得到警告区最小长度 S,见表3.0.2。

由于养护维修作业的情况千变万化,在警告区内设置多少和何种交通标志,应视具体情况而定。本条规定在警告区内至少必须设置的三种标志,即施工标志、限速标志和可变标志牌或线形诱导标,其他标志可以根据具体情况再行增加。

3.0.3 当工作区包含了一条或多条车道时,就需要封闭工作区所包含的车道。为了防止车流在改变车道时发生突变,需要设置一个改变车道的过渡区,以使车流的变化缓和平滑。

过渡区一般有两种:上游过渡区和下游过渡区。

1 上游过渡区

在上游过渡区中,应包括车道封闭和路肩封闭两种情况。假定车辆的行驶速度为 v(km/h),被封闭的车道宽度为 W(m),则车道封闭时所需要的上游过渡区的最小长度可用《道路交通标志和标线》(GB 5768)建议的公式来估算:

$$L_S=\begin{cases}\dfrac{v^2W}{155} & (v\leqslant 60\text{km/h})\\ 0.625vW & (v>60\text{km/h})\end{cases} \tag{3-5}$$

式中:L_S——上游过渡区,m;

v——养护维修工作区路段车速,km/h;

W——所关闭车道的宽度,m。

上游过渡区长度设置是否合理,也可以直接在现场观察出来。若车辆在通过过渡区时经常有紧急制动或在过渡区附近拥挤较为严重,则有可能是前方的交通标志设置不当或上游过渡区长度过短。

由于隧道内的光线较暗，且其侧墙会使车辆驾驶员产生压抑感，为了提高隧道的安全性，故将隧道内的上游过渡区的长度增加0.5倍，即隧道内的上游过渡区长度是按表3.0.3-1内的数值乘以1.5来确定。

2　下游过渡区

下游过渡区是为了将车流再引入正常车道的一个过渡路段。若下游过渡区设置得当，将有利于交通流的平滑。下游过渡区的长度一般只要保证车辆有足够的路程来调整行车状态即可，所以可按30m取值。

在利用对向车道来转移本向车流的情况中，本向车道的下游过渡区实际上就是对向车道的上游过渡区，因此设置要求与上游过渡区是相同的。

3.0.4　缓冲区是过渡区到工作区之间一段空间，它的设置主要考虑到假设行车驾驶员判断失误，有可能直接从过渡区闯入工作区，造成人员伤害和设备的损坏。所以缓冲区可以提供一个缓冲路段，给失误车辆有调整行车状态的余地，避免发生更严重的事故。因此，在缓冲区内一般不准堆放东西，也不准养护维修作业人员在其中活动或工作。为了更有效地保护养护维修作业人员，在过渡区与缓冲区之间，可以设置防冲撞装置，以加强防护作用。

3.0.5　工作区是养护维修作业的工作场所，也是养护维修作业人员工作、堆放建筑材料、停放施工设备的地方。为了保证安全，在工作区与开放交通的车道之间要有明确的隔离装置。工作区的长度一般根据养护维修作业或施工的需要而定。工作区的布置，还要考虑为工程车辆提供安全的进口和出口。

3.0.6　终止区为通过或绕过养护维修作业地段的车辆提供一个调整行车状态的路段。在终止区的末端应设有关解除限速或超车的交通标志，这样可使驾驶员明白已经通过了养护维修作业地段，并恢复正常的行车状态。

4 养护安全设施

4.0.1 养护安全设施的设置是为了保护养护维修作业人员和设备安全,警告、提醒和引导车辆和行人通过养护维修作业控制区域加强安全防范意识。

4.0.2 施工隔离墩和防撞桶(墙)的内部必须要放置水袋或灌水,这样才能有消能的作用。如果是灌水,一般所设置的水袋或灌的水应达到其内部容积的90%。

施工隔离墩在设置时用连杆两两相联,具体设置参见附录二图6。用这样的联接可以将整个工作区围起来。

4.0.3 移动式标志车。《道路交通标志和标线》(GB 5768)规定的移动性施工标志,仅对标志牌作了规定,但对标志车却没有作任何规定。根据养护维修作业的实际情况,对于悬挂标志牌的车辆的颜色也应当作出规定,同时标志牌的形式也不仅限于一种。本条文根据公路养护维修作业的要求与特点,规定标志车的颜色必须是醒目的黄色,这样具有警示作用。而且,增加了可变信息标志牌,即其图案和显示形式可按实际需要改变。可变信息标志牌显示方式可以采用高亮度发光二极管、灯泡矩阵、磁翻板、字幕式或光纤式等来改变显示图案。这种显示方式不仅比普通的交通标志更醒目,而且可以在不同的养护维修作业情况下改变显示内容,具有较强的适应性。所以移动式标志车可以为作业内容和地点经常变化的养护维修作业提供更为方便的安全防护。

4.0.4 近年来,施工警告灯号也已经出现了多种形式,特别是在高速公路上,除了《道路交通标志和标线》(GB 5768)规定的以外,还可以采用施工警告频闪灯,参见附录二图7。使用这样形式的施工警告频闪灯时,可以将它固定在公路路侧的竖杆上,车辆驾驶员在较远的距离就可以清楚地看到它,而且,为了较好地起到警示作用,还可以将它们沿路连续设置,达到更好的警示效果。

4.0.5 夜间养护维修作业时,必须设置照明灯,其照明必须满足作业要求,并覆盖整个工作区域。夜间作业的作业控制区布置必须设置施工警告灯号,所设置的交通标志必须具有反光功能。养护维修作业期间和结束以后应派专人看护照明设施。

4.0.6 根据养护维修作业的情况,为养护维修作业而临时设置的交通标志,主要有警告标志、禁令标志、指示标志和施工区标志。交通标志的设置除应符合《道路交通标志和标线》(GB 5768)规定外,在养护维修作业时,还应根据具体情况设置于专门的位置,并尽可能利用公路可变信息板,配以图案或文字说明。在弯道、纵坡处进行养护维修作业时,应根据实际情况增设交通标志。

当工作区在道路右侧时,交通标志宜设在车道右侧或工作区上游车道上,参见附录四图1。当工作区在道路靠中央分隔带一侧时,交通标志宜设在中央分隔带护栏外侧或绿化带上,参见附录四图2。

(1)禁止通行标志的设置。设在禁止通行的道路入口附近,参见附录四图3。

(2)禁止驶入标志的设置。设在禁止驶入的路段入口,或单行路的出口处,参见附录四图4。

(3)禁止超车标志的设置。设在禁止超车路段的起点,参见附录四图5。

(4)解除禁止超车标志的设置。设在禁止超车路段的终点,参见附录四图6。

(5)限制速度标志的设置。设在需要限制车辆速度的路段的起点,参见附录四图7。

(6)解除限制速度标志的设置。设在限制车辆速度的路段的终点,参见附录四图8。

(7)限制质量标志的设置。设在需要限制车辆质量的桥梁两端,参见附录四图9。

(8)限制轴重标志的设置。设在需要限制车辆轴重的桥梁两端,参见附录四图10。

(9)窄路标志的设置。设在车行道变窄或车道数减少的路段以前适当位置,参见附录四图11。

(10)双向交通标志的设置。设在由双向分离行驶、因某种原因出现临时性、永久不分离双向行驶的路段或由单向行驶进入双向行驶的路段以前适当位置,参见附录四图12。

(11)施工标志的设置。通常设置于作业控制区的最前端,参见附录四图13。其设置位置参见表

3.0.2。

(12)车辆慢行标志的设置。设置于作业控制区内需要车辆车速减慢的路段,参见附录四图14。

(13)车道封闭标志的设置。设在封闭车道上游的适当位置,参见附录四图15。

(14)改道标志的设置。设在车流方向发生变化的路段上游适当位置,参见附录四图16。

(15)线形诱导标或灯泡矩阵标志的设置。设在车流方向发生变化的路段上游适当位置,参见附录四图17。

(16)车道合流标志的设置。设在因一条车道被封闭而要求车辆合流到另一车道的路段上游适当位置,参见附录四图18。

因养护维修作业的需要,还可重新布置车道,使用临时性路面标线。临时性路面标线应使用与原路面标线不同的颜色加以区分,本条规定统一使用黄色路面标线作为临时性路面标线。养护维修作业期间,原先与临时性标线有矛盾的路面标线在不能用其他方式加以区分时,必须除去或覆盖。

5　高速公路及一级公路养护维修作业控制区布置

5.1.3　对于同一方向上的相同车道内，如果在不同断面要同时进行维修施工，若断面的间距比较近，一般在1000m以内，可以作为同一个作业控制区来布置；若维修施工的断面间距比较远，大于1000m，这时应在下一个工作区前端设置施工标志。由于在同一车道上连续布置了作业控制区，所以，除了第一个作业控制区必须按规定的要求布置外，后续的作业控制区可以作适当简化。

5.1.4　对应于5.1.3条的情况，如果是在同一方向不同断面的不同车道内进行维修施工，就会给车辆行驶造成困难，特别是维修施工的断面间距比较小时，车辆在通过不同的断面时需要不断改变车道，行驶轨迹变成了“S”形，这很容易发生车祸，所以一般不建议这样做。如果必须要同时维修施工，作业控制区的布设间距要足够大，至少要让车辆有一个平稳过渡的距离，本条规定了最小间距，高速公路必须不小于1000m，一级公路须不小于500m。

5.1.5　单向多车道的中间车道需要养护维修作业，如果单独封闭中间车道，开放两边车道，会给在作业控制区内的作业人员造成心理压力，由于活动范围较小，不安全的隐患较多，所以这不是一种较好的作业控制区布置方案。

5.2.1　在作业控制区内必须设置两块施工标志，一块设置在作业控制区的最前端，另一块设置在警告区的中间断面。警告区最小距离S按照表3.0.2选取。在警告区内的其他断面处要设置禁止超车标志、限速标志、窄路标志以及线形诱导标。在上游过渡区内要设置移动式标志车，上游过渡区的距离按照表3.0.3-1选取。在工作区的前端要设置护栏，护栏上要安装施工警告灯号。从上游过渡区到终止区必须用锥形交通路标按4.0.1条规定的间距围起来。

5.2.2　改变交通流的作业控制区布置，因为要借用对向车道，所以除了本向车道要按规定的要求布置作业控制区外，对向车道也要按规定的要求布置作业控制区。

5.2.3　在匝道上布置养护维修作业控制区时，无论工作区的位置在匝道的哪个断面上，都应当先在匝道的起始位置处设置施工标志，提前告诉车辆驾驶员前方有养护维修作业控制区。

5.2.4　临时定点养护维修作业是日常养护维修作业的一种。日常养护维修作业是为保持公路的正常使用而进行的经常性保养、维修作业。在同一地点作业时间多于半天而当日能够完工的养护维修作业应按临时定点养护维修作业来布置作业控制区。临时定点养护维修作业主要有路面裂缝修理、路面油包或拥包修理、路面坑槽修理、路面接缝修理等。

5.2.5　移动养护维修作业也是日常养护维修作业的一种。移动养护维修作业的特点是其作业的地点是随着维修操作而改变的，这类的作业主要有绿化浇水、路面清扫等。

6　二、三级公路养护维修作业控制区布置

由于二、三级公路的养护维修作业的情况比较复杂，本章规定了在各种条件下作业控制区的布置方法，对于本章没有规定的情况，可参照本章规定的相近的条件布置。

6.2.1　在设置交通标志牌时，警告区距离应按表3.0.2取值。与高速公路及一级公路不同的是，由于在二、三级公路上车速不高，又有平面交叉口，当出现交叉口间距较近的情况时，警告区的长度就很难有一个统一的标准，应根据交叉口间距的实际情况来设置临时性交通标志牌，当交叉口间距小于规定的警告区长度时，应在上游交叉口的出口处设置施工标志牌。

6.2.2　当由于施工作业仅允许单车道通行车辆时，为了保证车辆的通行安全，需要指挥车辆交替通行。指挥交替通行可以采用人工指挥和信号灯指挥。但无论采用何种指挥方式，都需要现场指挥人员配合。

6.2.3　当作业控制区处于弯道的下游时，必须要将警告区最前面的施工标志牌前移至弯道的上游，使车辆驾驶员在到达弯道前就能够知道前方有养护维修作业控制区。

6.2.5　路肩养护维修作业时，因工作区不在车道上往往会轻视交通安全问题，因此本条款除给出了作业控制区的布置方式外，还有相应的规定。

6.2.6　日常养护一般时间较短，可控制在半天之内。

7 特大桥桥面和隧道养护维修作业控制区布置

7.1.1 桥梁作为连接两岸的交通通道，一旦封闭，将会对周围的交通产生不便，而特大桥更是如此，所以不宜进行全封闭交通的养护维修作业。但在开放交通条件下的养护维修作业，由于特大桥的交通流量大、车速快，养护维修作业时的安全防护尤为重要，必须要有作业控制区的交通控制方案。

7.2.1 特大桥通常是整个交通网络中的重要节点，为了不致产生交通拥挤，在进行养护维修作业控制区的布置时，要尽量少封闭车道，至少要保持一条车道的交通畅通。其作业控制区的布置方法与高速公路及一级公路作业控制区的方法是相类似的。

7.3.1 隧道也是交通网络中的重要节点，单洞双向交通的隧道一旦全封闭，整个交通网络将会出现堵塞。因此，此类隧道是不能采用全封闭养护维修作业的。而且，由于隧道内光线较差，无论在洞内哪个断面设置作业控制区，在洞口都必须设置交通标志，而且要配备交通指挥人员或设置交通信号灯。

8 平面交叉口养护维修作业控制区布置

8.0.3 平面交叉口养护维修作业时，对交通的影响非常大。由于养护维修作业的情况变化多端，也导致了在平面交叉口进行作业控制区布置时有各种布置的方式。本条列举了18种情况的作业控制区的布置方式。

通常情况下平面交叉口作业控制区的警告区最小长度S应按表3.0.2取值。但在有些交叉口间距小于S的情况下，S可按实际的交叉口间距取值。

对于进口道只有一条车道且该车道被封闭养护维修的作业控制区的具体布置方式参见附录三图29。它要求该进口道左侧的出口车道要临时作为双向车道，所以，要指派专门的交通指挥人员。当交叉口流量较大时，不宜采用本方法。

对于只有一条出口车道而被封闭的情况，养护维修作业区的具体布置方式参见附录三图30。此示例是该封闭车道右侧的进口道不作临时双向车道的布置方式，因此，在另外三个进口道的上游入口处应考虑设置路线引导标志，使车辆驾驶员提前采取改道措施，避免在养护维修作业的交叉口因车道封闭而发生拥挤。如果交通量较小，封闭车道的右侧进口道也可以布置为临时的双向车道，布置方式可以参见附录三图29。

对于车道数多于1条的情况，当一条车道被封闭时，另一条车道仍然可以通行，一般不会对另一方向的交通产生较明显的影响。当半个路幅被封闭时，需要借用对向车道通行本向车辆，所以不仅会对本向交通，而且也会对对向交通产生影响。作业控制区布置时要特别注意分离临时的双向交通，具体布置方式参见附录三图30至图38。

环形交叉口养护维修作业区的具体布置方式参见附录三图39至图46。在我国的公路交叉口中，环形交叉口是最常见的形式。在环形交叉口布置养护维修作业控制区时，有进口道、出口道和环道三个不同的位置，除了在进口道上的养护维修作业控制区对其余车道上的交通没有影响外，在出口道和环道上的养护维修作业控制区对其余车道上的交通都有影响。

9 收费广场养护维修作业控制区布置

9.0.2 在有过渡段的收费广场，由于原有的交通管理措施与一般路段有所不同，譬如限速、停车缴费等，所以在布置养护维修作业控制区时，可以采用关闭收费通道等措施对养护维修作业控制区作适当的简化。

10 养护维修安全作业

根据制定本规程的目的，是“为保障公路养护维修作业人员和设备的安全以及车辆的安全运行，规范养护维修工程的安全管理和作业行为”，所以本章所规定的养护维修安全操作主要是着眼于保障车辆通行和作业人员及设备的安全，有关养护维修作业的操作程序和养护维修机具的具体操作应按相应的操作规定执行。

附录一　图例

可变信息标志牌

可变信息标志牌

附设施工警示灯的护栏

附设施工警示灯的护栏

标志牌

锥形交通路标或其他渠化交通的安全设施

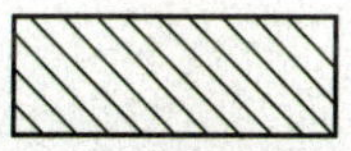
养护维修工作区

旗手

移动式标志车

可动栏杆

施工隔离墩

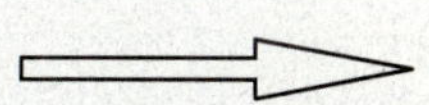
车流行驶方向

临时性车流行驶方向

附录二　养护维修作业设施图例

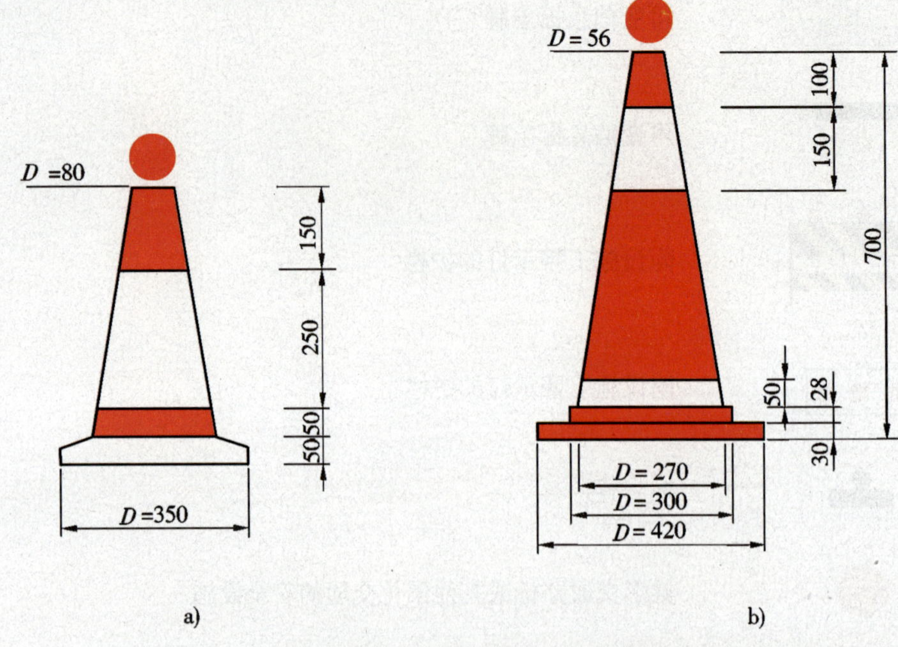

图1　配有施工警告灯号的锥形交通路标(单位:mm)

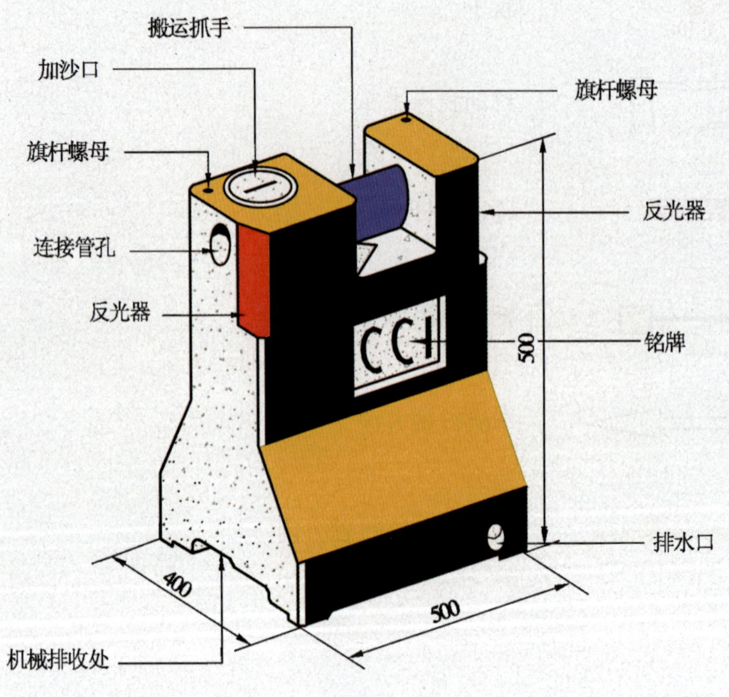

图2　施工隔离墩(单位:mm)

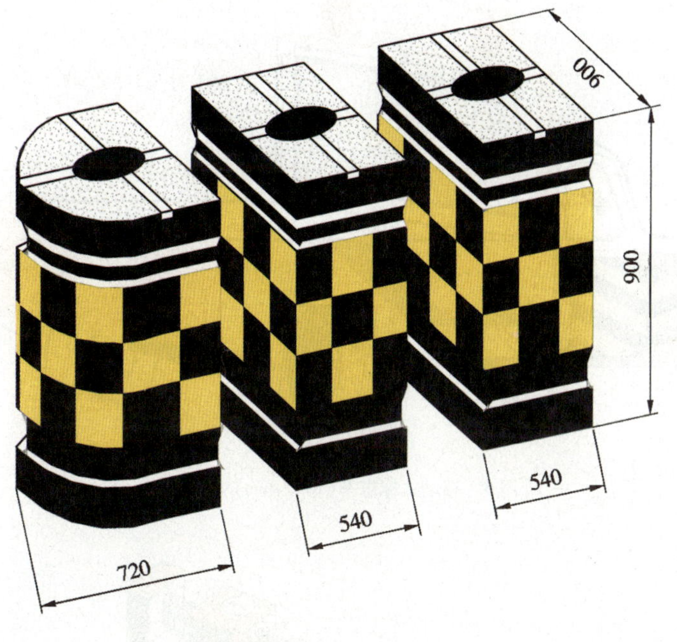

图3　防撞桶（单位：mm）

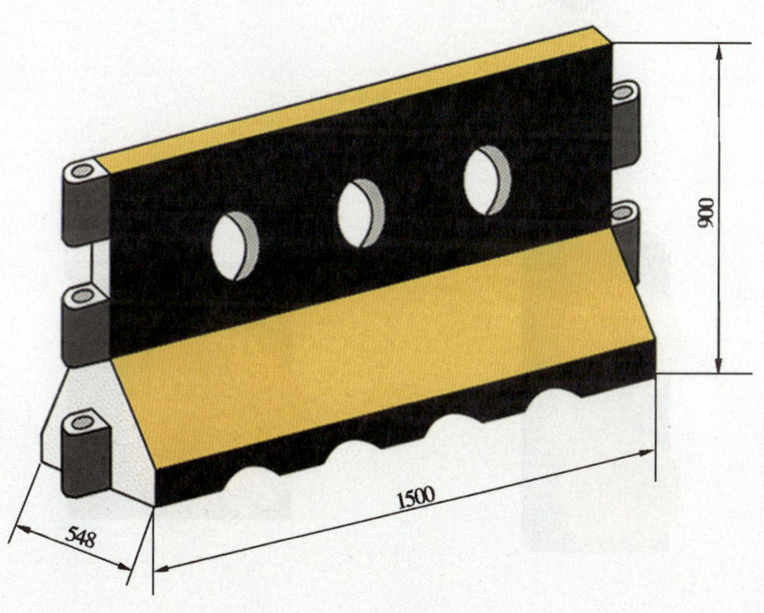

图4　防撞墙（单位：mm）

图 5　移动式标志车(单位:mm)

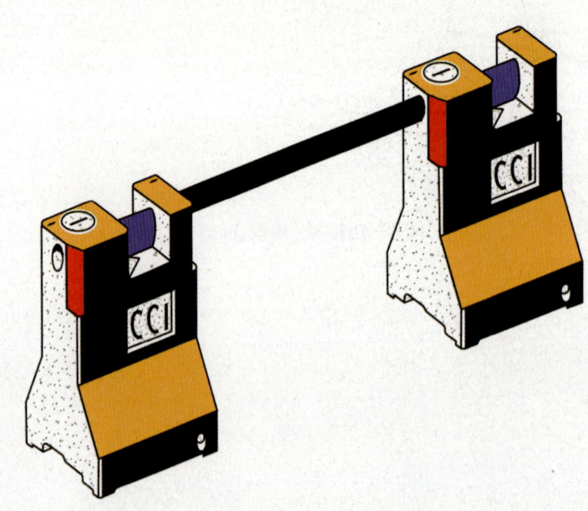

图 6　施工隔离墩的连接

图 7　施工警告频闪灯

附录三　养护维修作业控制区布置图

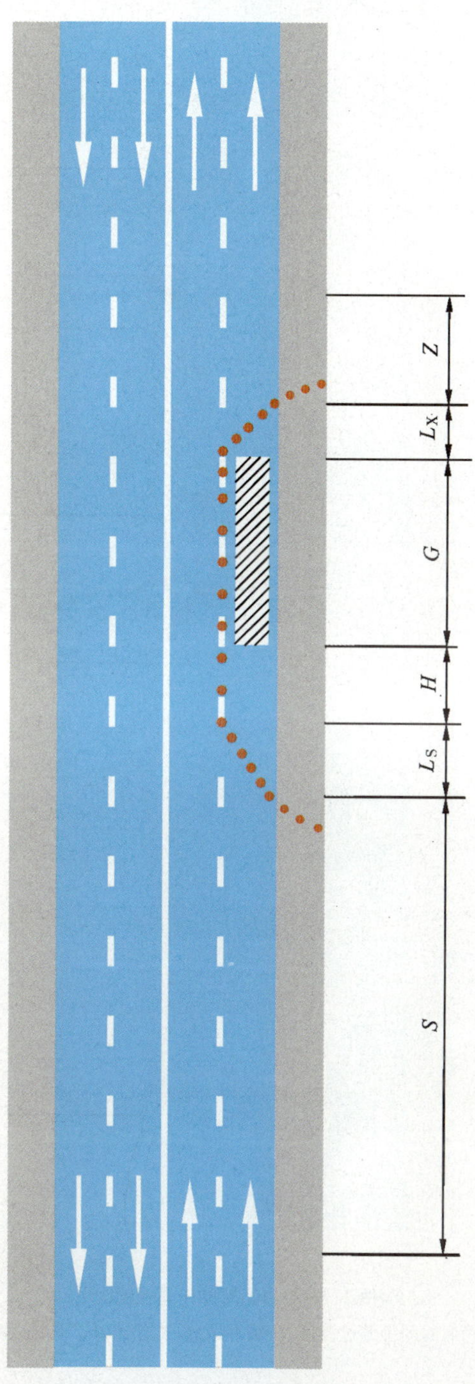

图1　车道封闭时的作业控制区

S-警告区；L_S-车道封闭上游过渡区；H-缓冲区；G-工作区；L_X-下游过渡区；Z-终止区

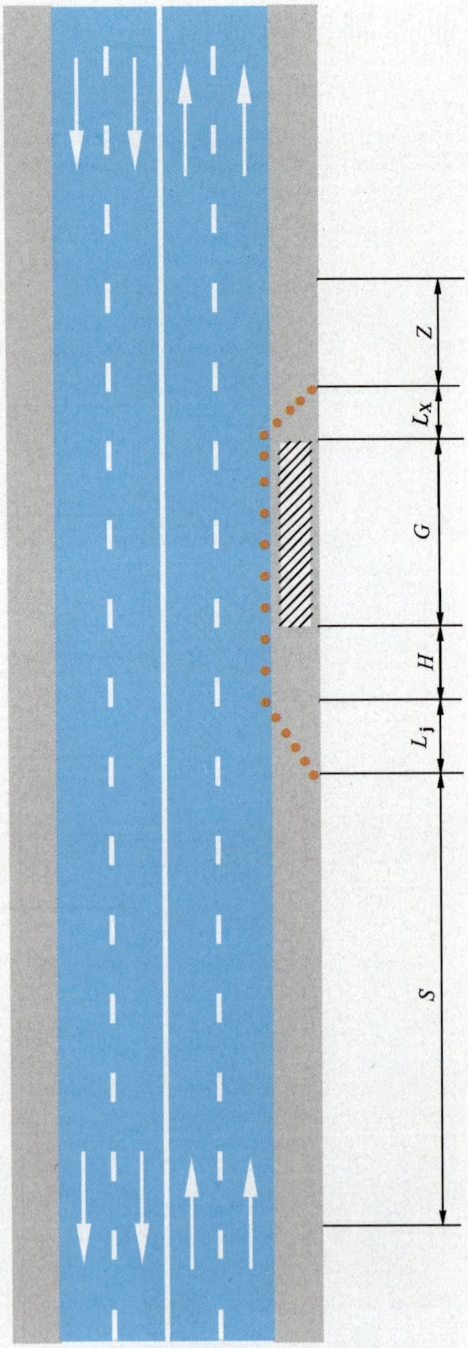

图2 路肩封闭时的作业控制区

S-警告区；L_j-路肩封闭上游过渡区；H-缓冲区；G-工作区；L_X-下游过渡区；Z-终止区

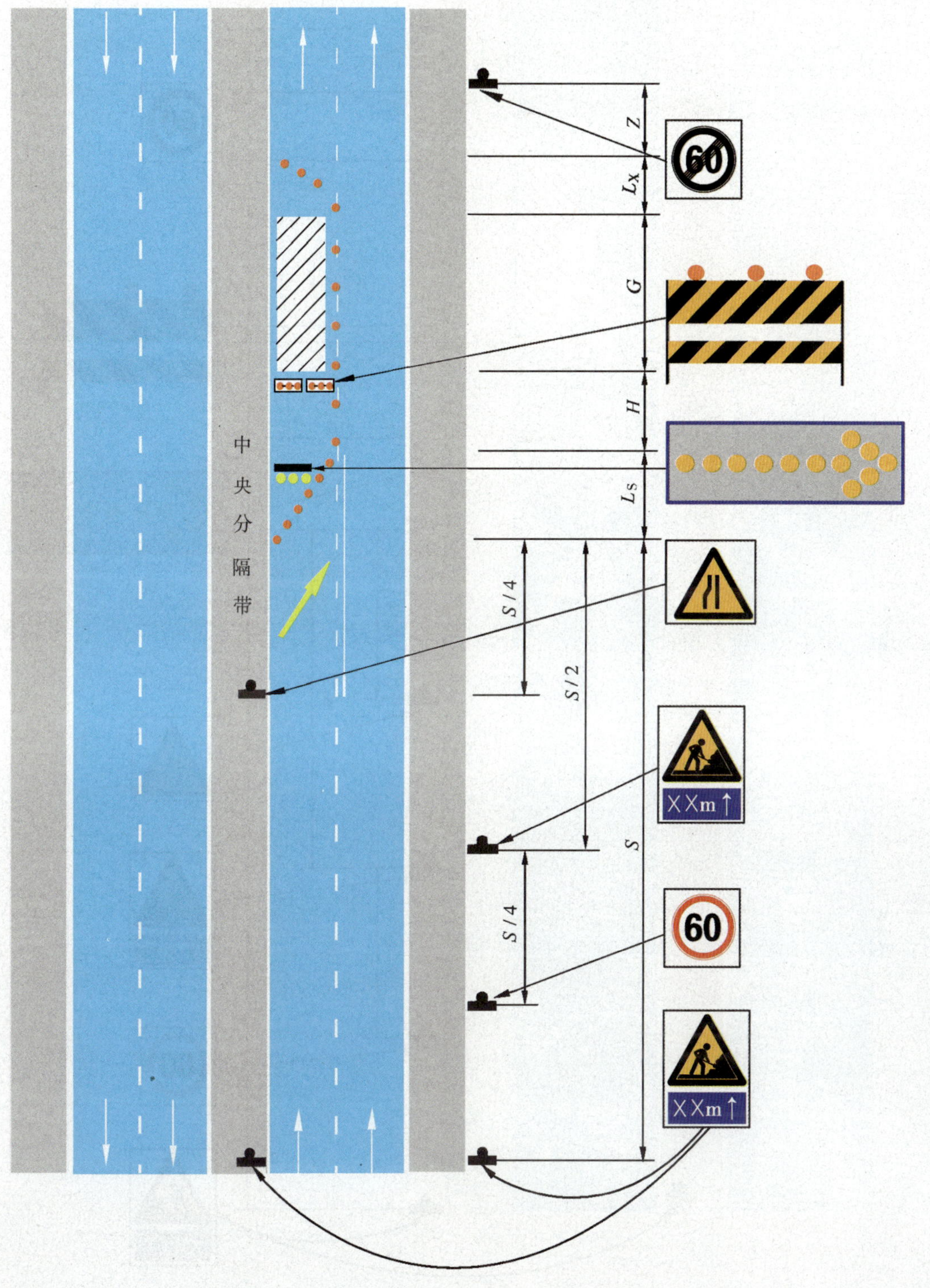

图3　不改变交通流方向的内侧车道封闭养护维修作业

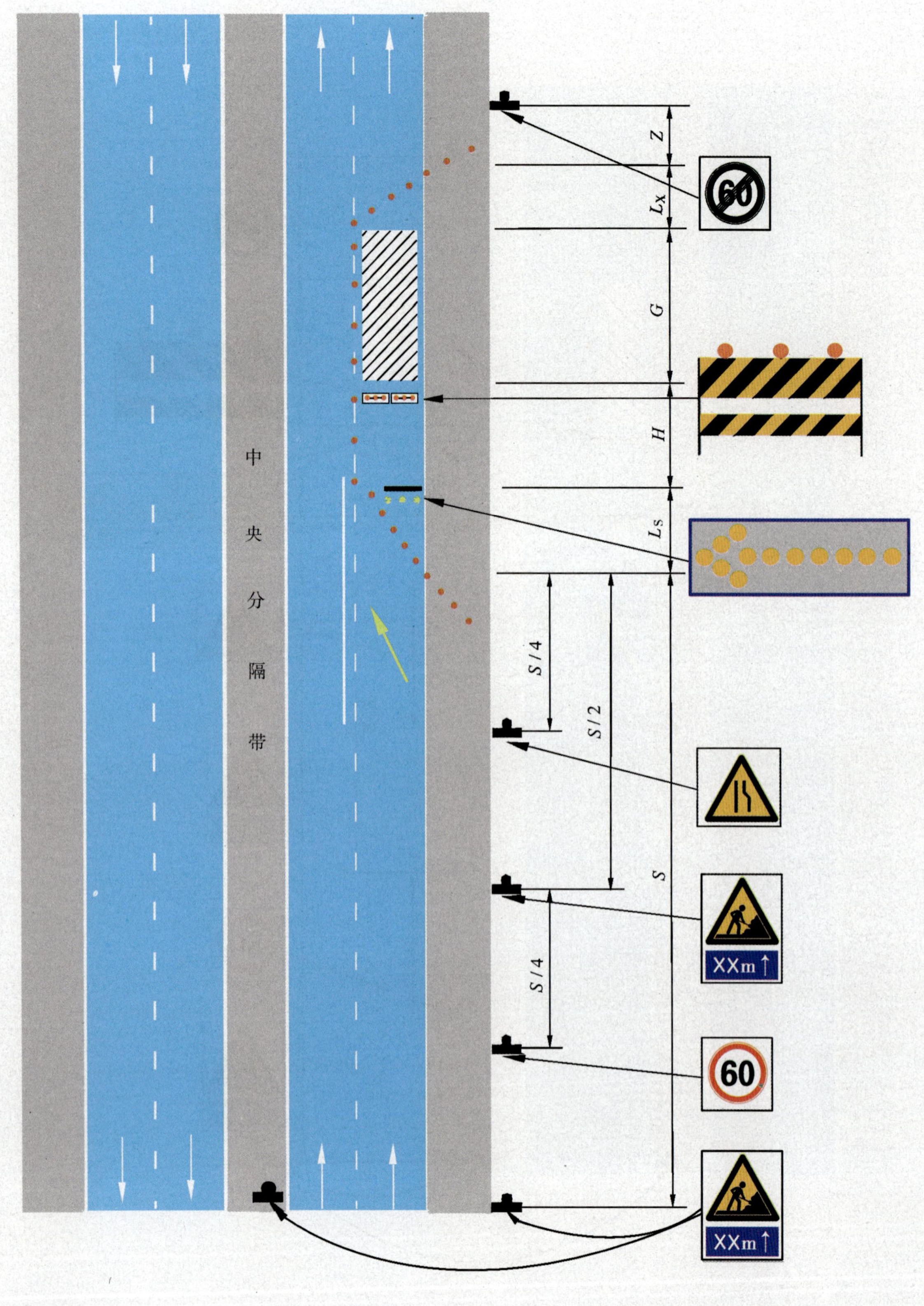

图4　不改变交通流方向的外侧车道封闭养护维修作业

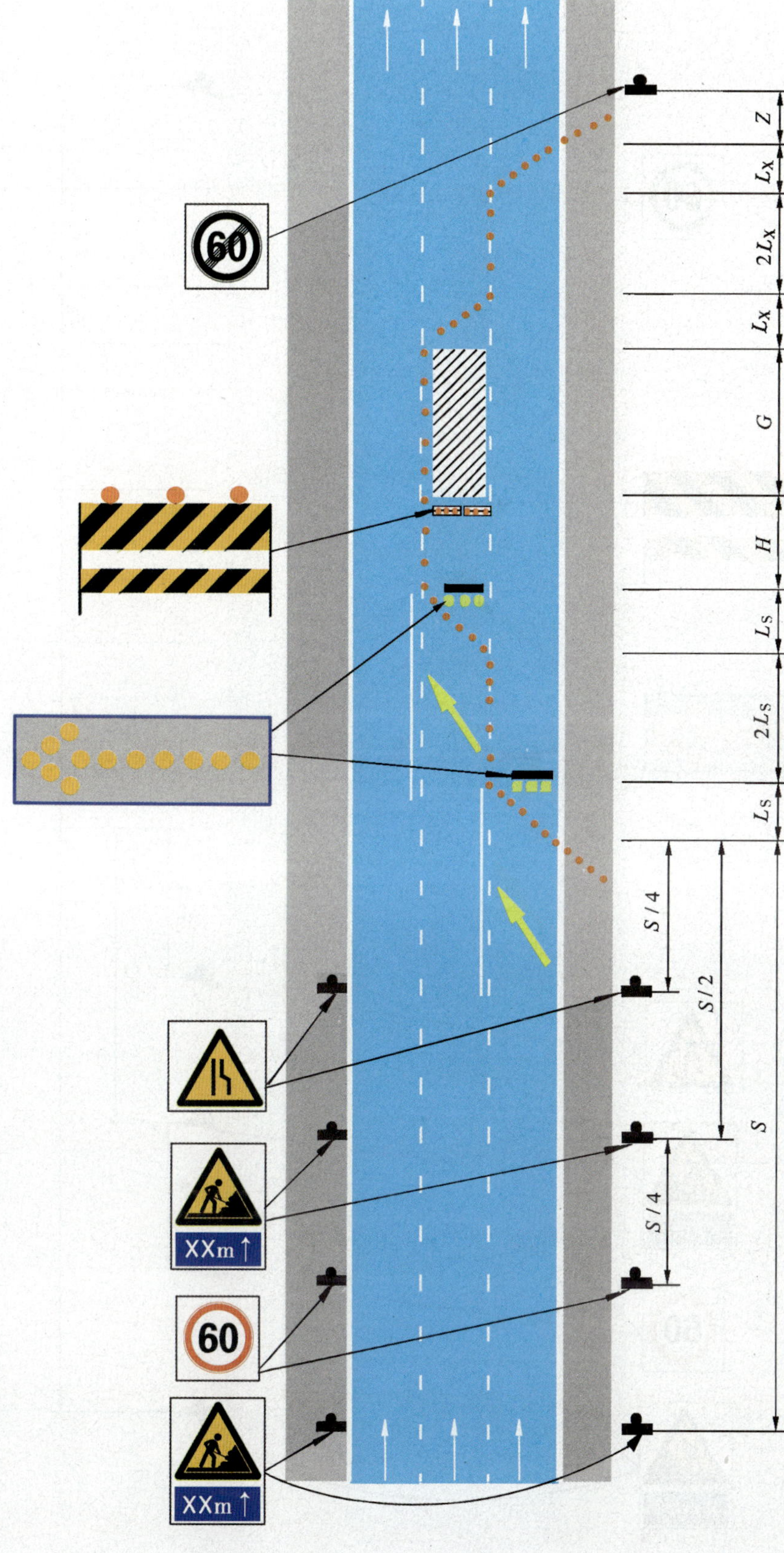

图5　不改变交通流方向的单向三车道养护维修作业

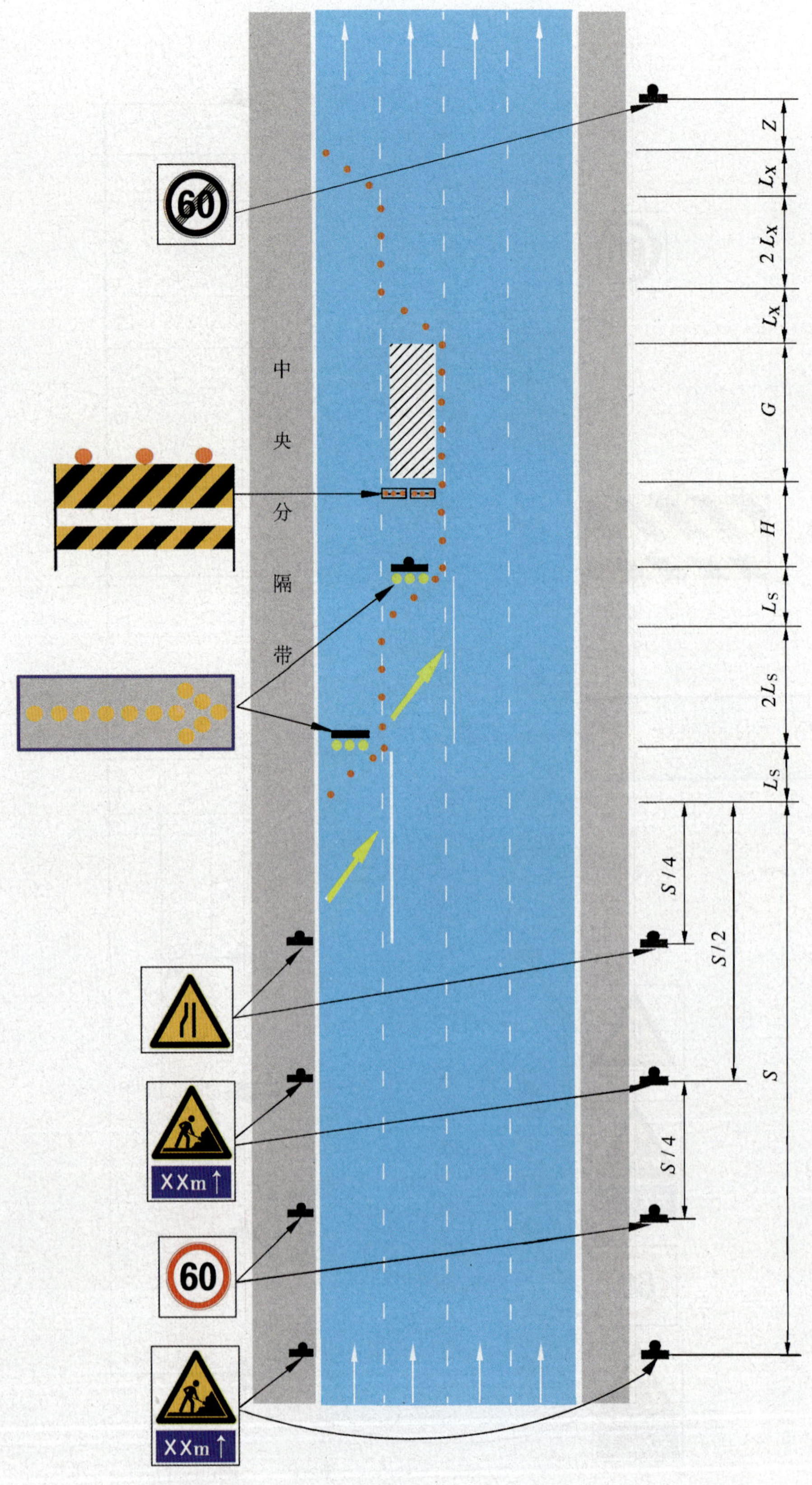

图6　不改变交通流方向的单向四车道养护维修作业

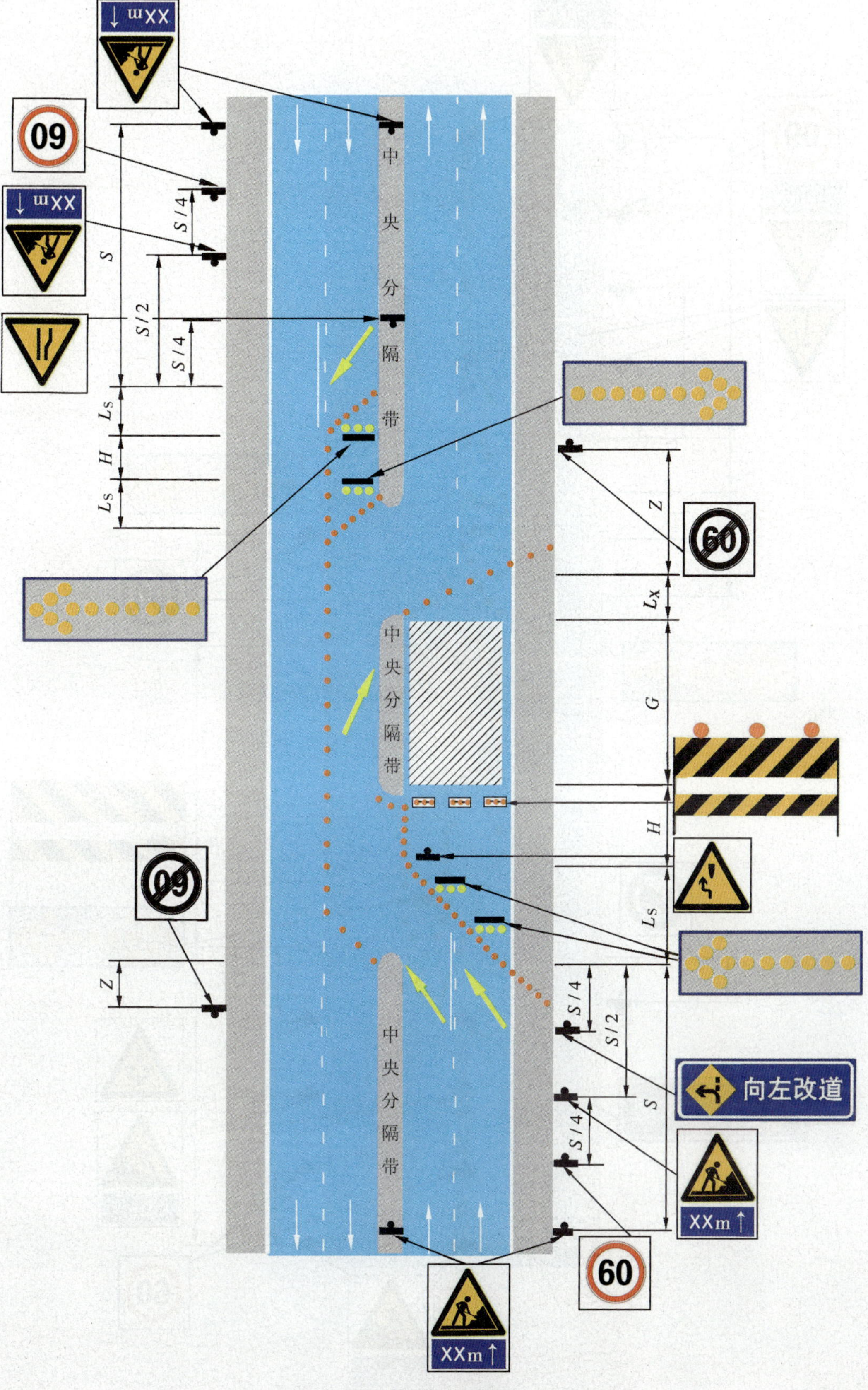

图7 改变交通流方向的单向两车道养护维修作业

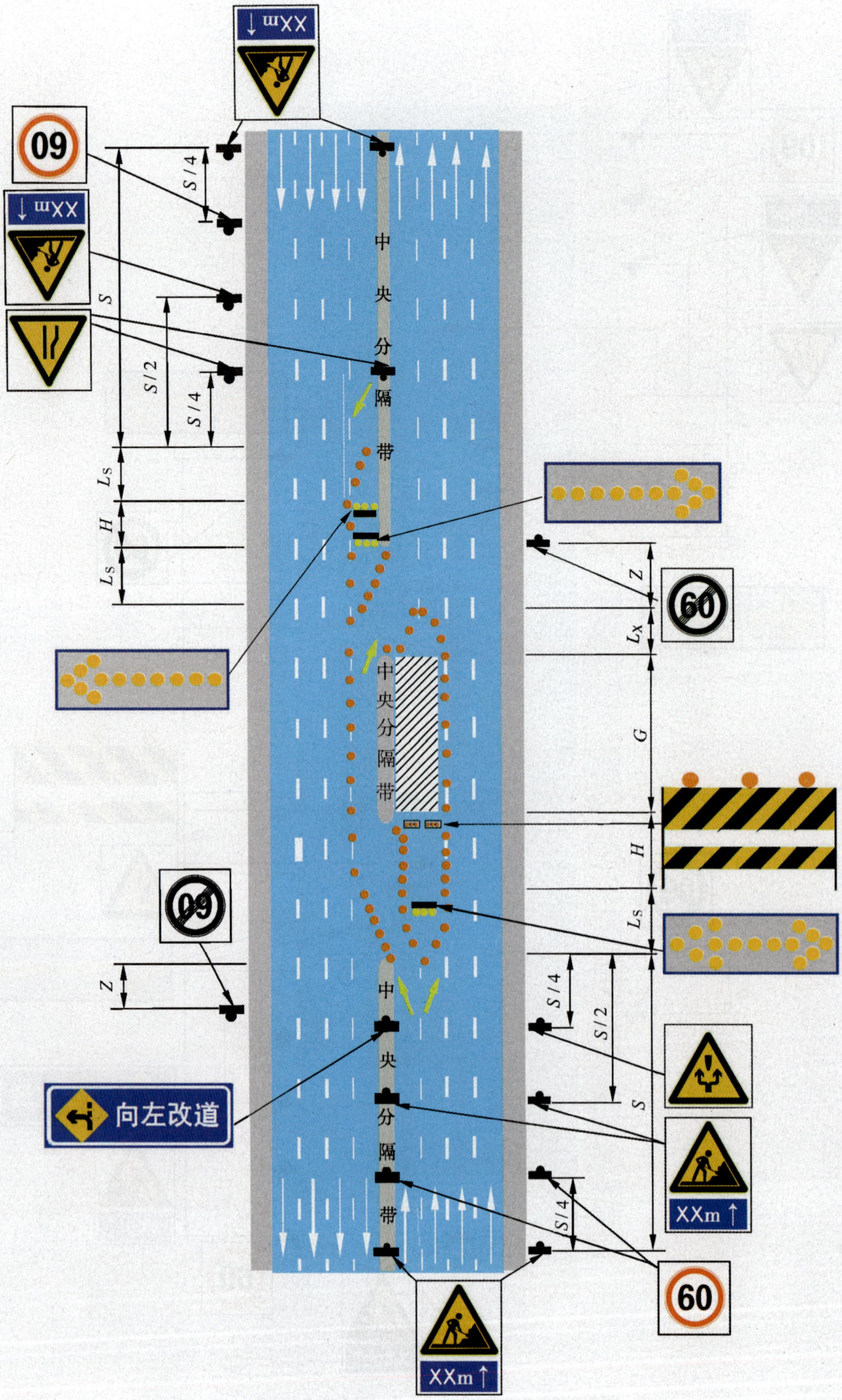

图8　改变交通流方向的单向四车道养护维修作业

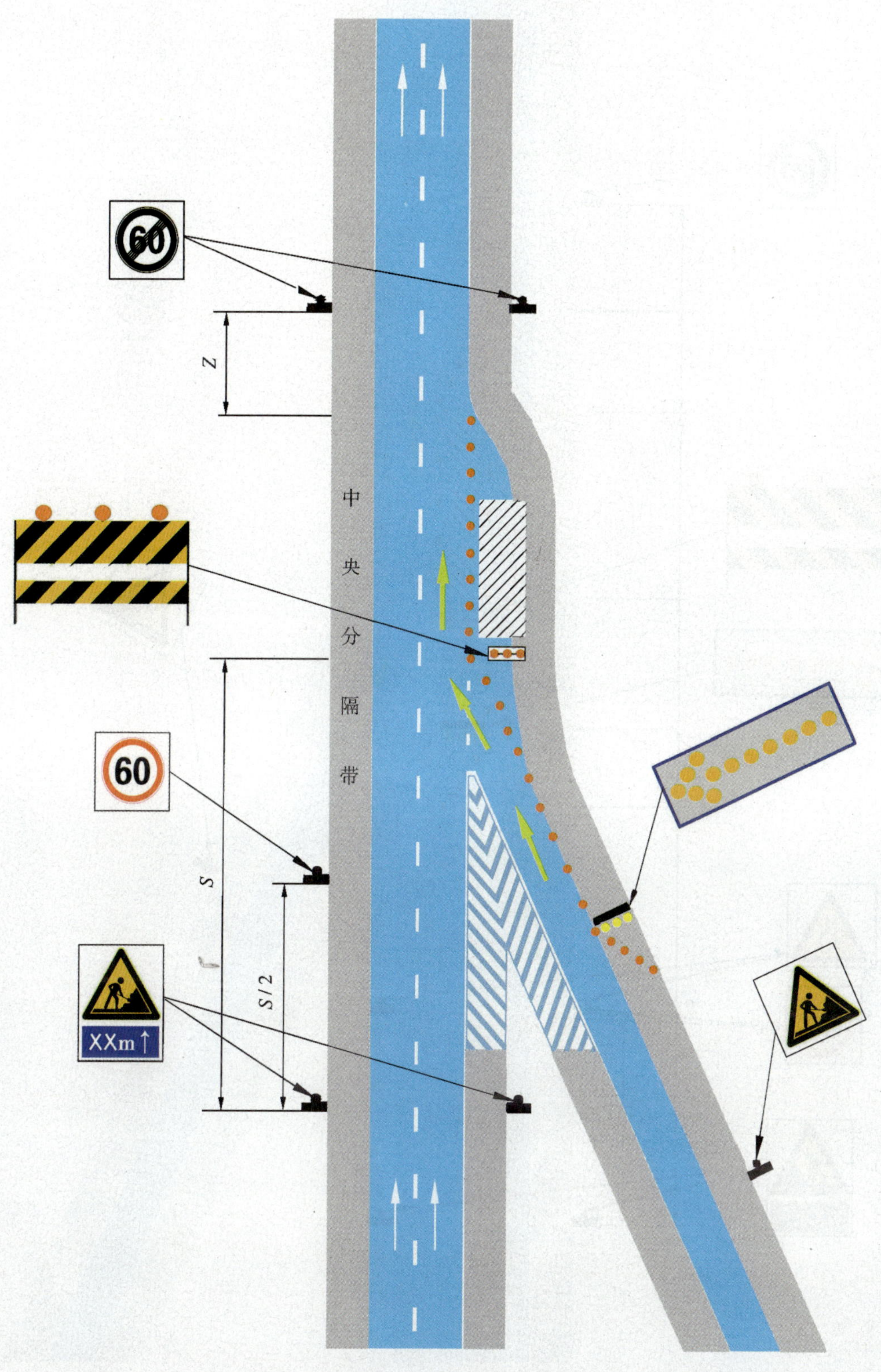

图9　立交进口匝道附近养护维修作业(1)

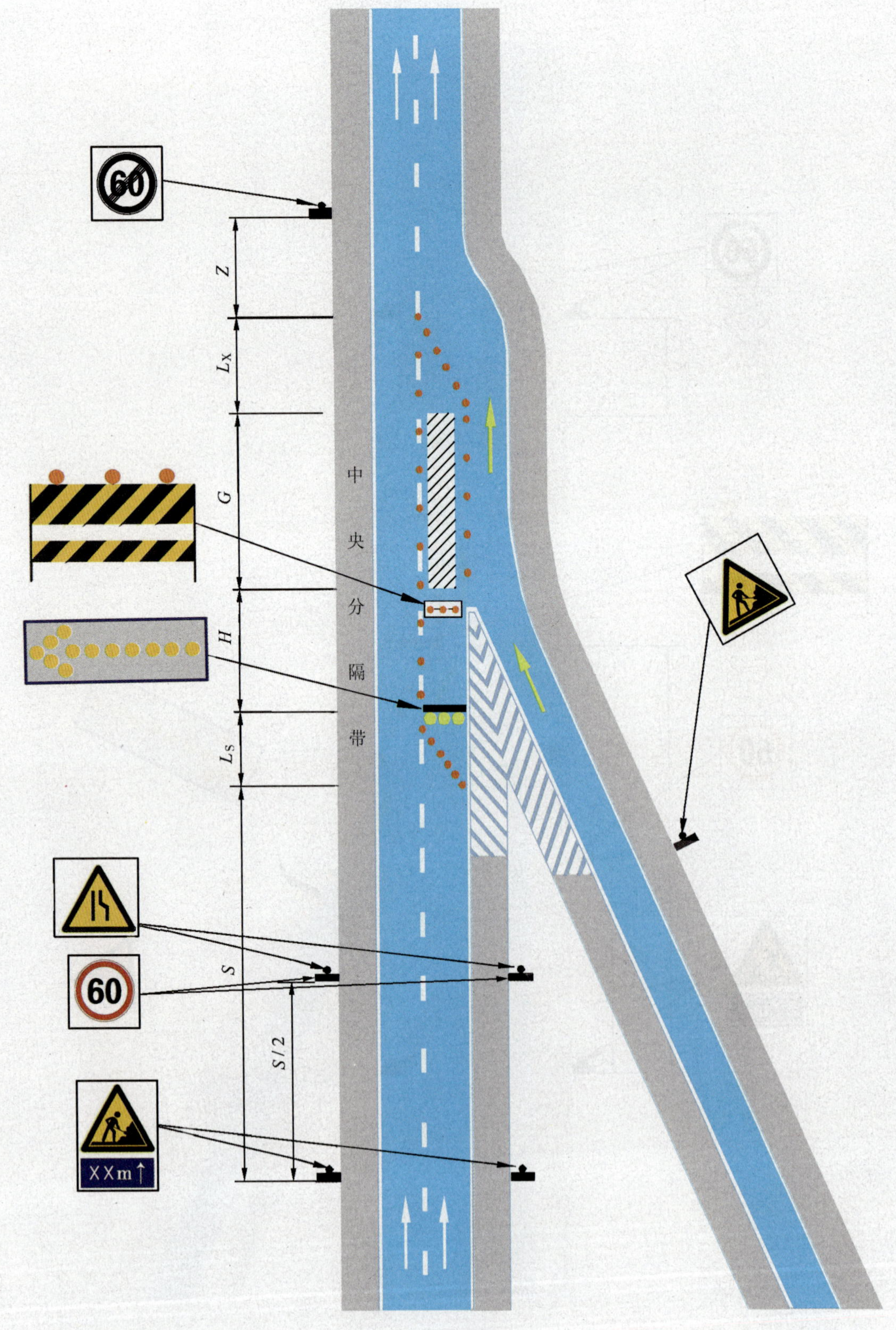

图10 立交进口匝道附近养护维修作业(2)

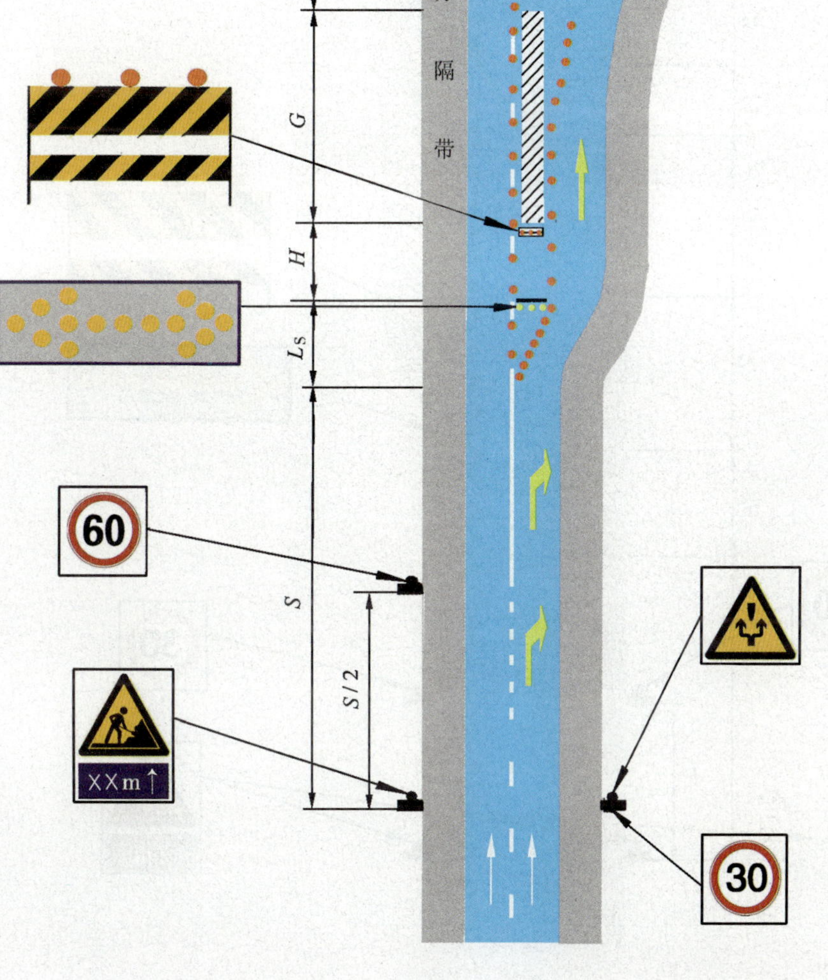

图11　立交出口匝道附近养护维修作业(1)

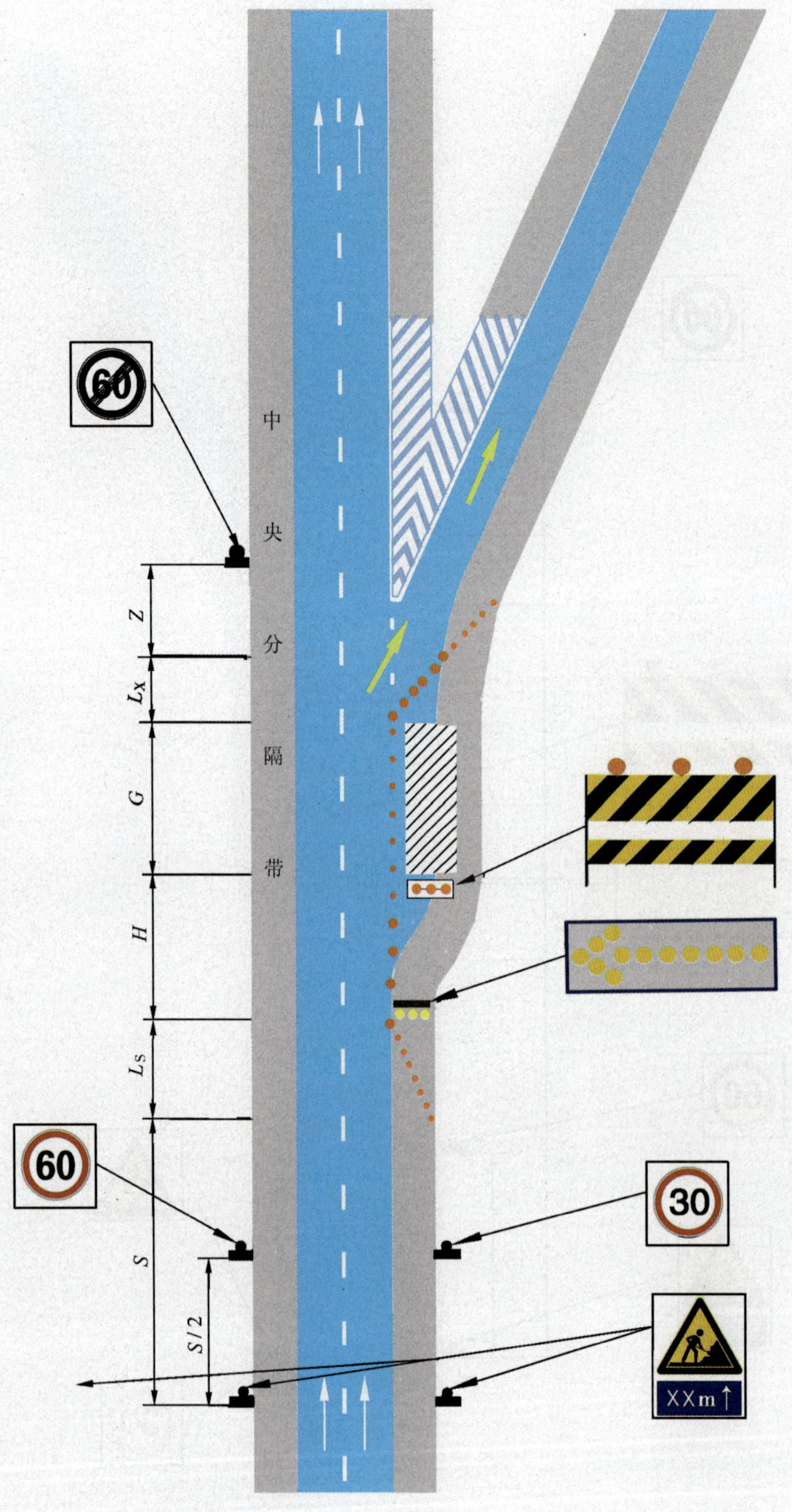

图12 立交出口匝道附近养护维修作业(2)

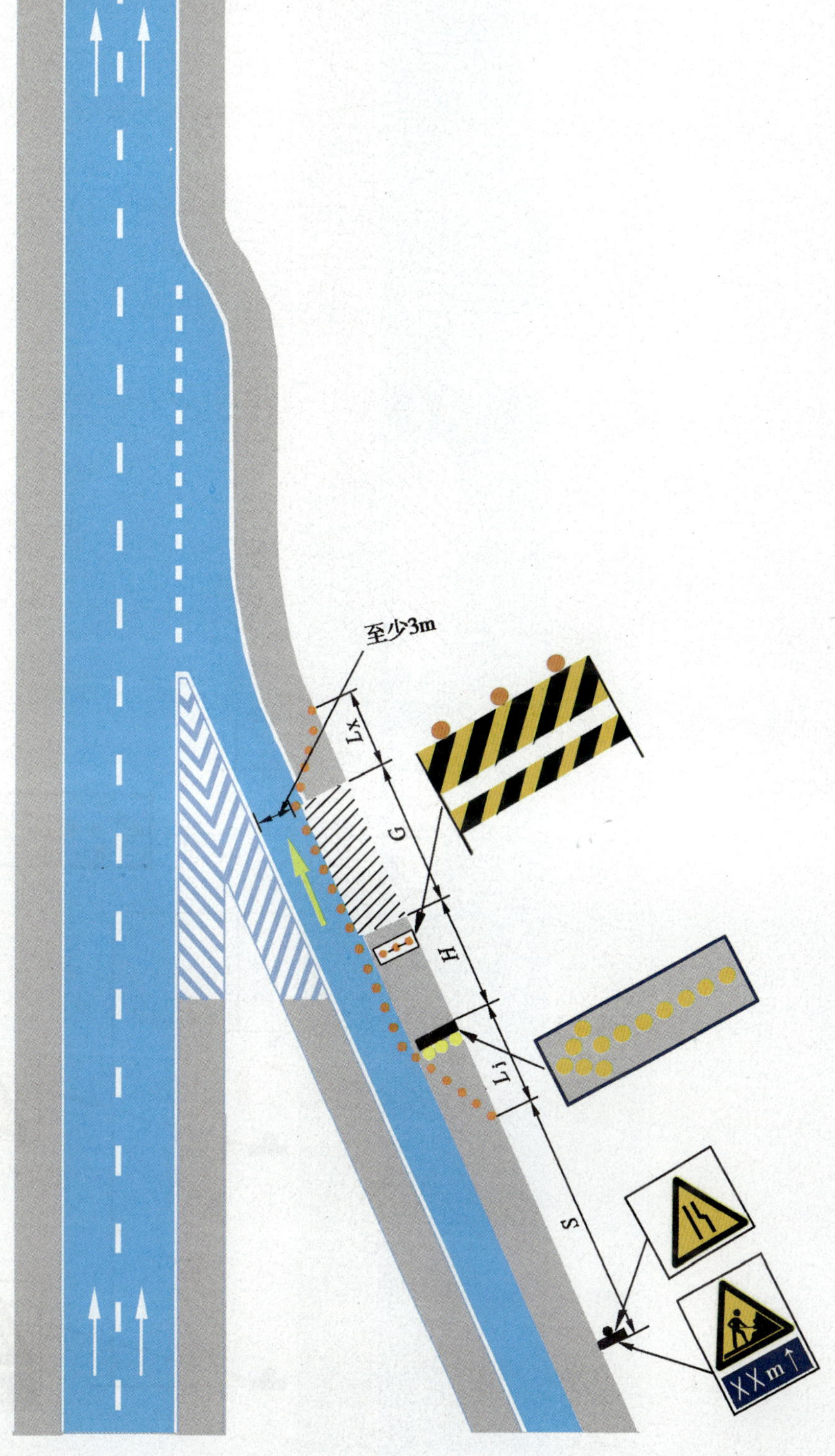

图 13　立交匝道上养护维修作业

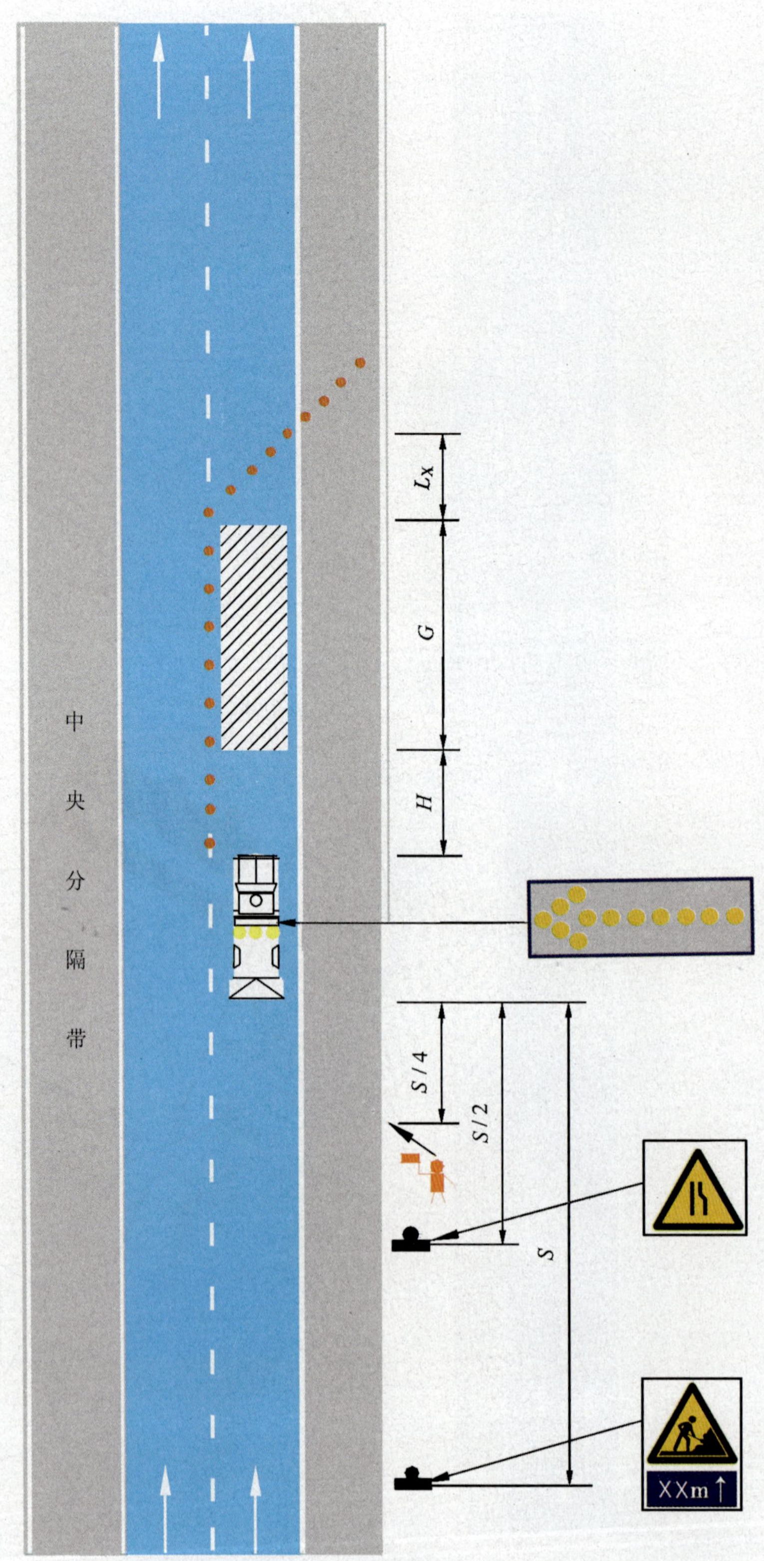

图 14　临时定点外侧车道养护维修作业

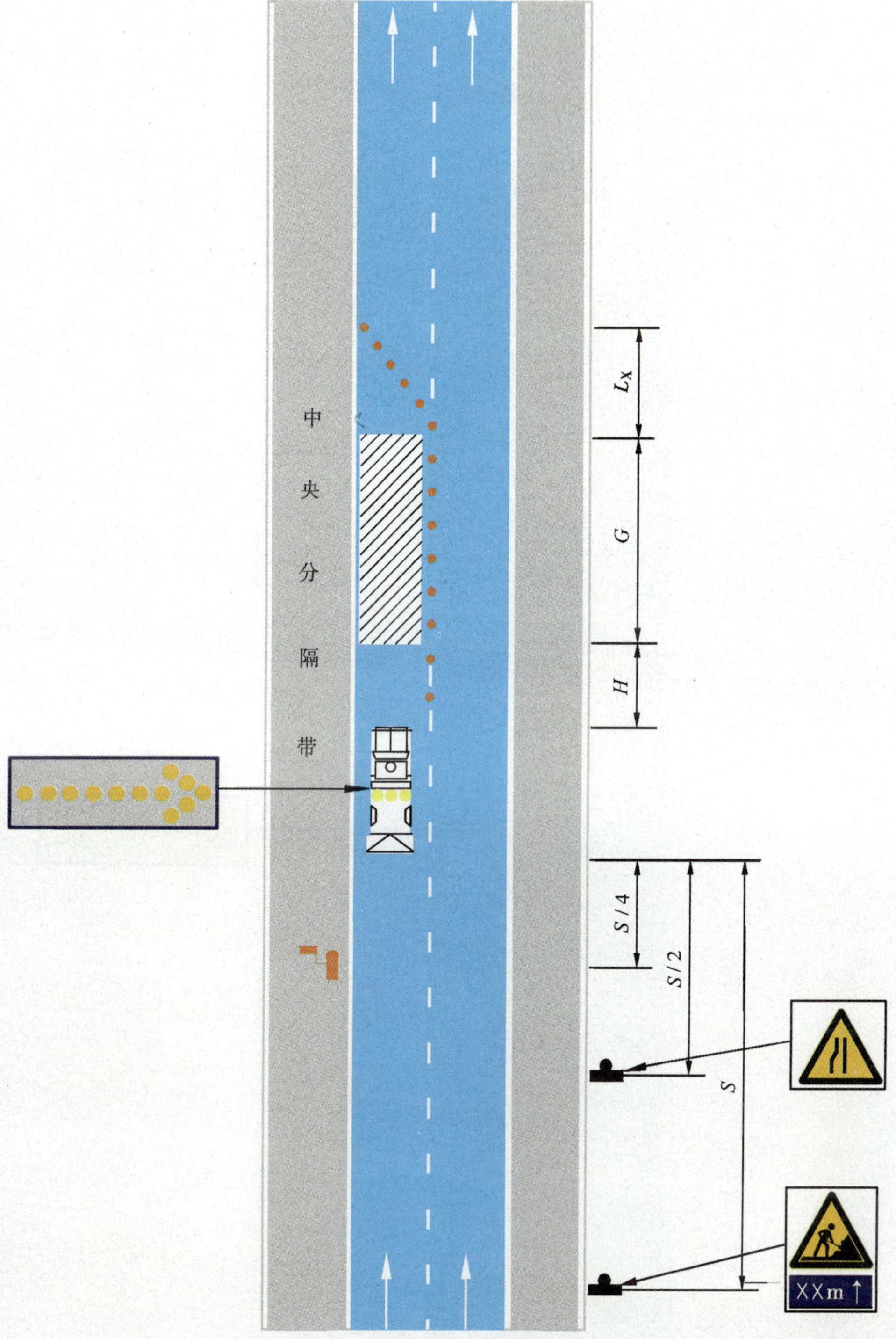

图 15　临时定点内侧车道养护维修作业

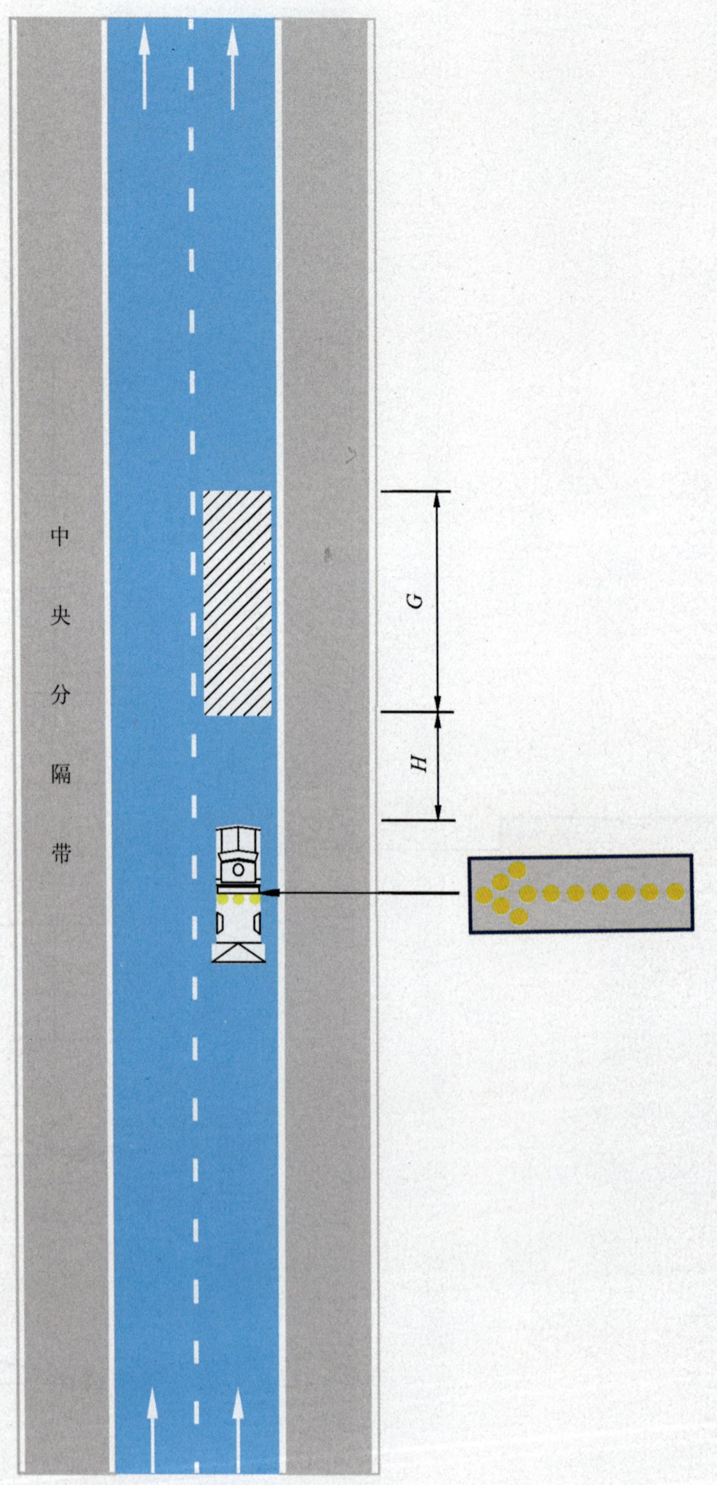

图16　移动养护维修作业

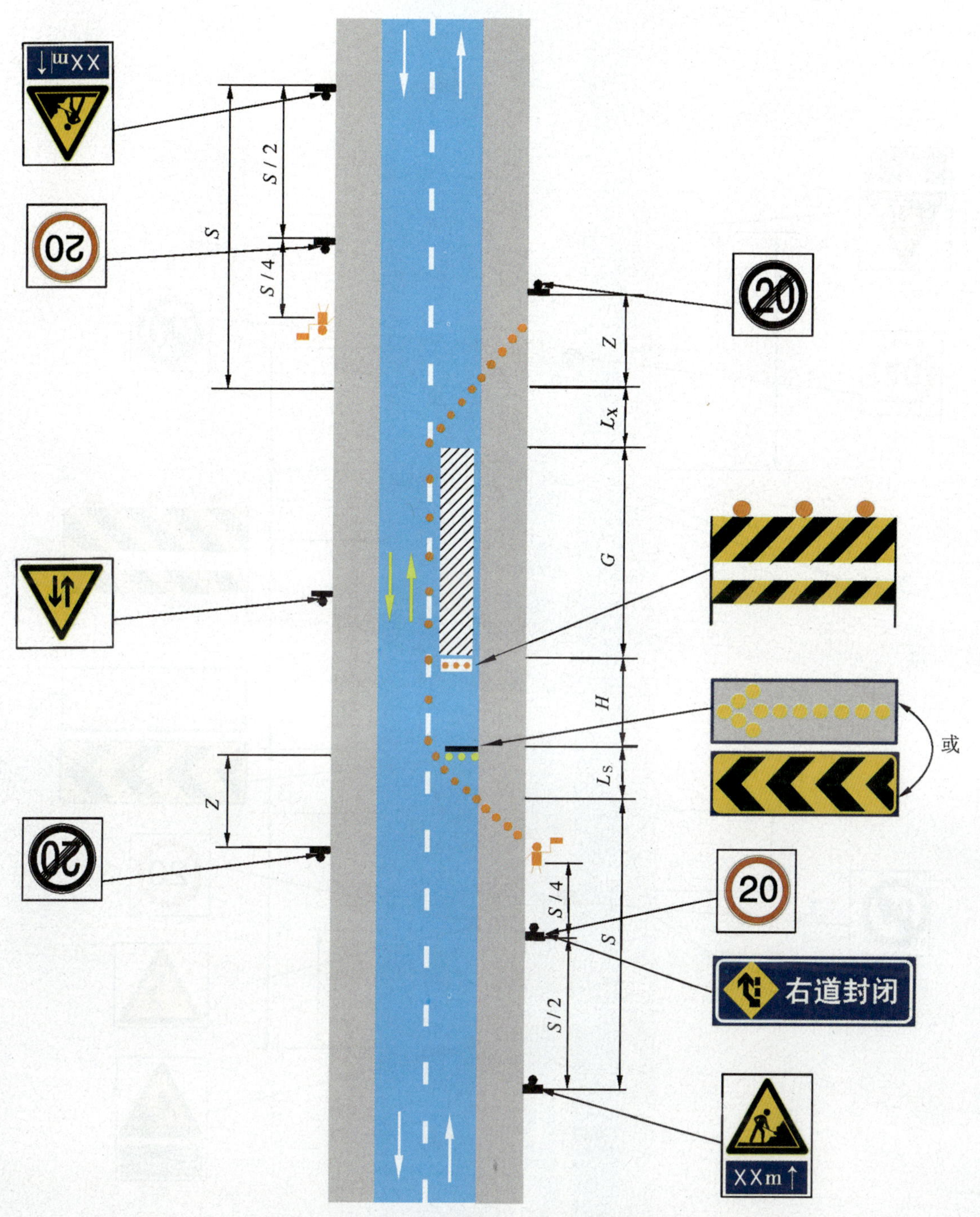

图17　路段双车道一个车道封闭的养护维修作业

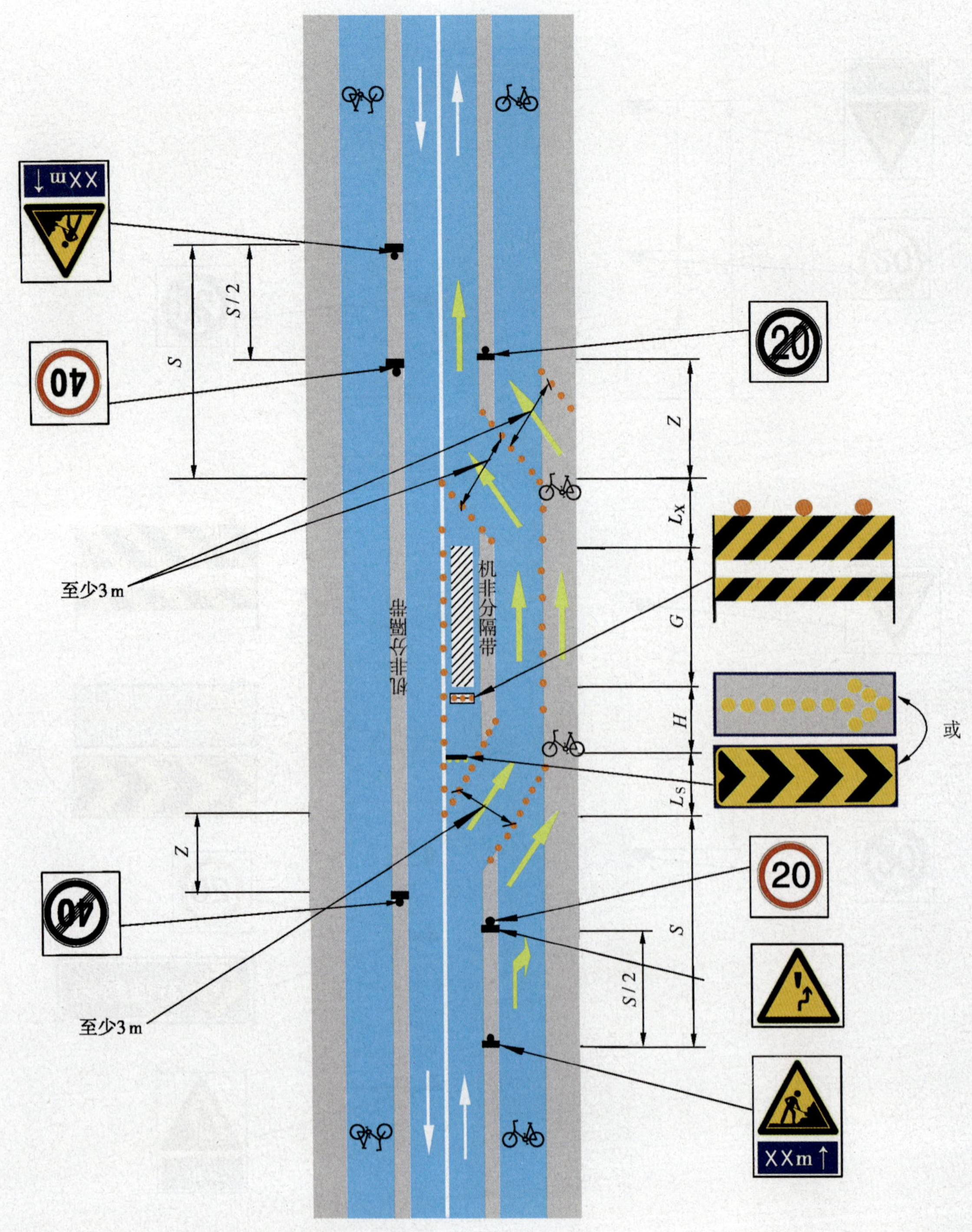

图 18　路段有非机动车道半幅路封闭的养护维修作业

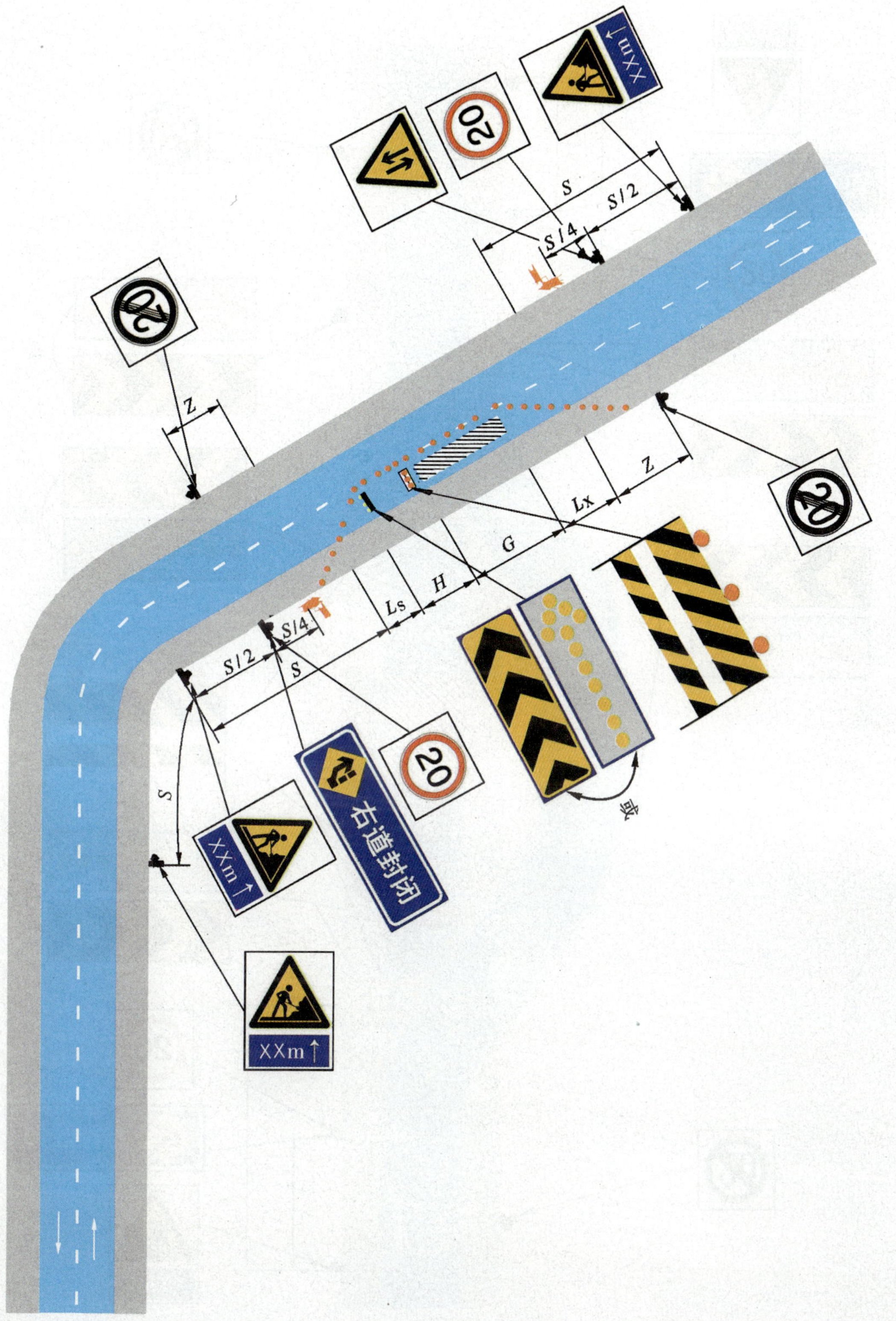

图 19　弯道上养护维修作业

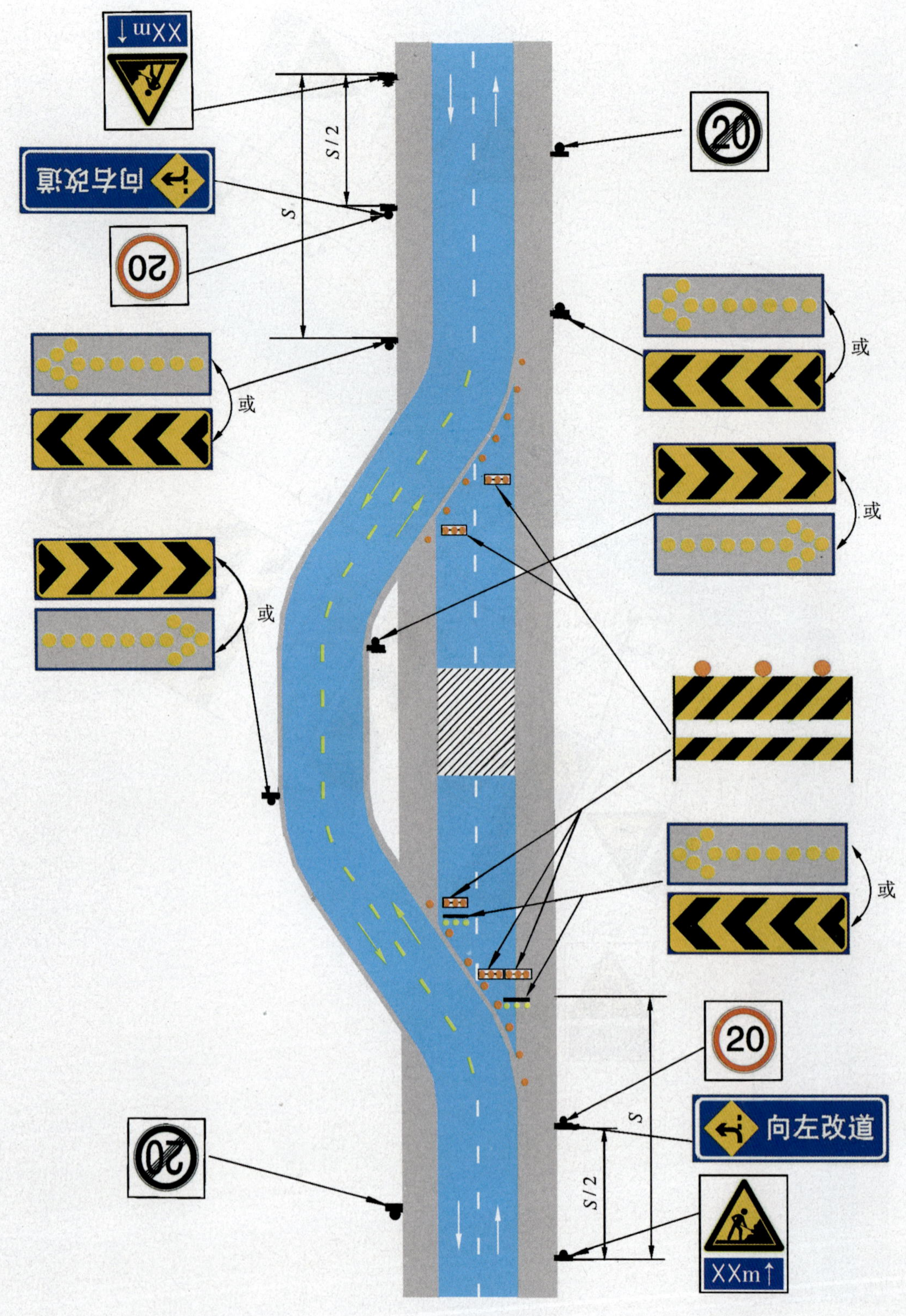

图 20　整个路面养护维修作业

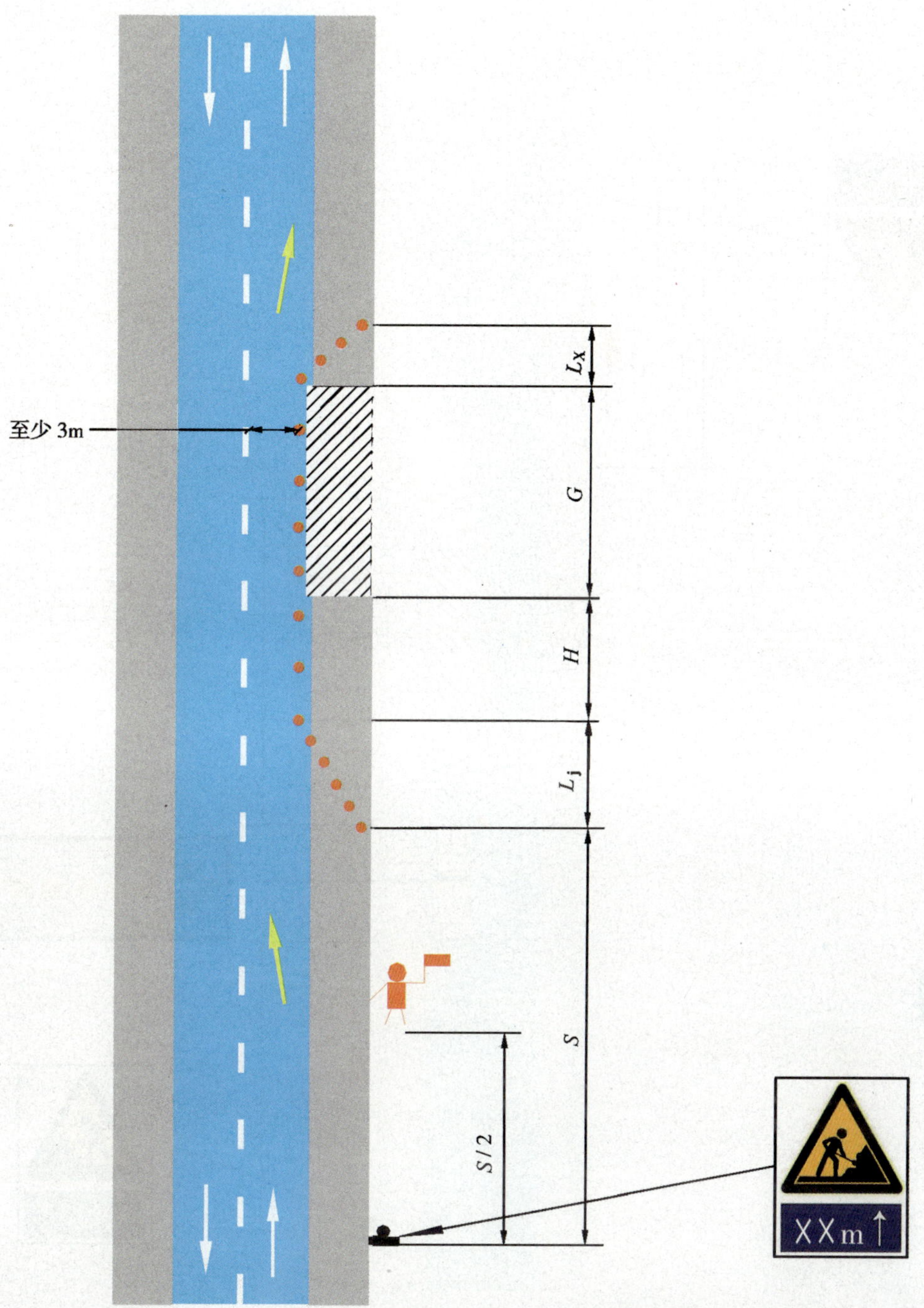

图 21　路肩养护维修作业

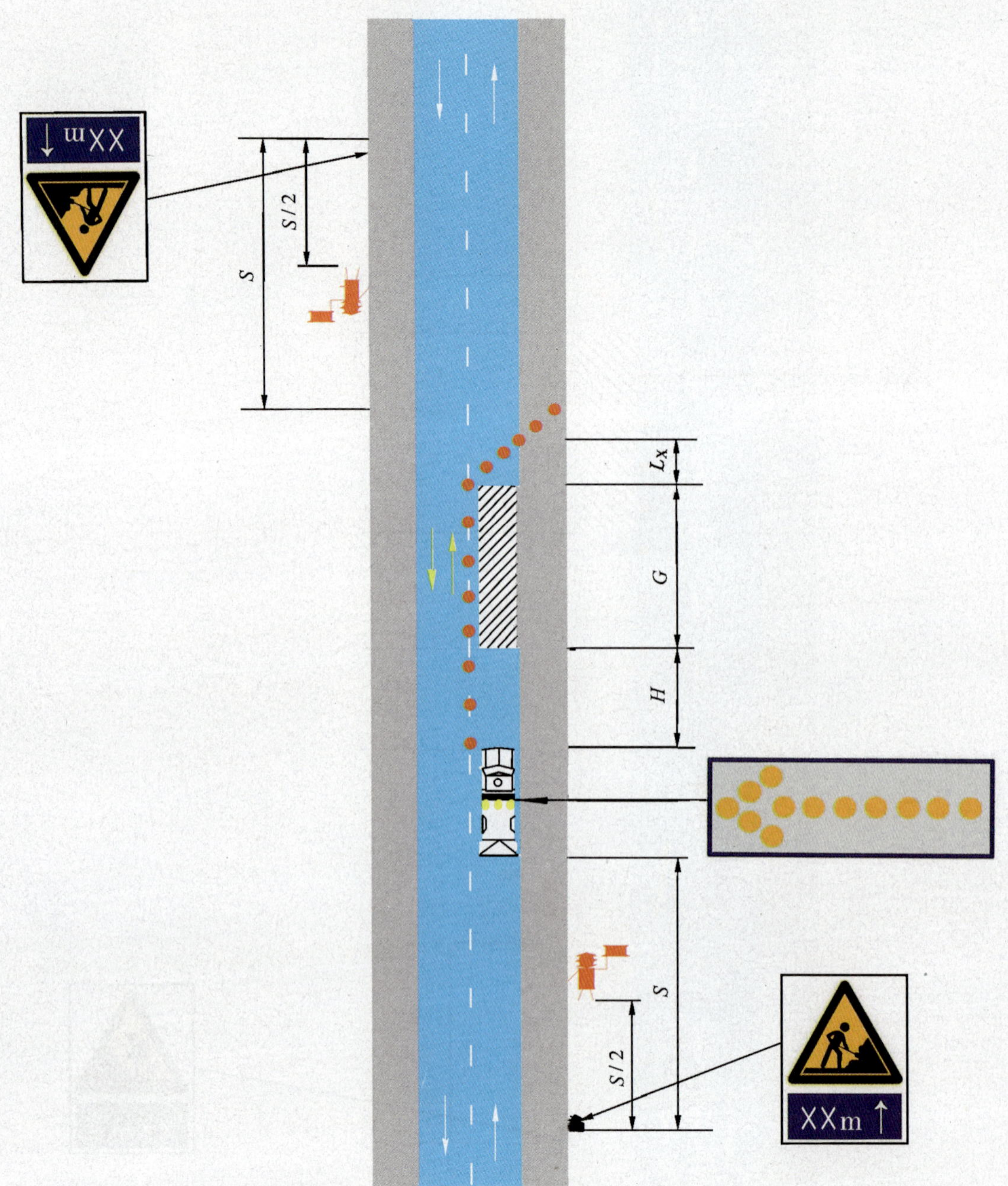

图22　临时定点养护维修作业

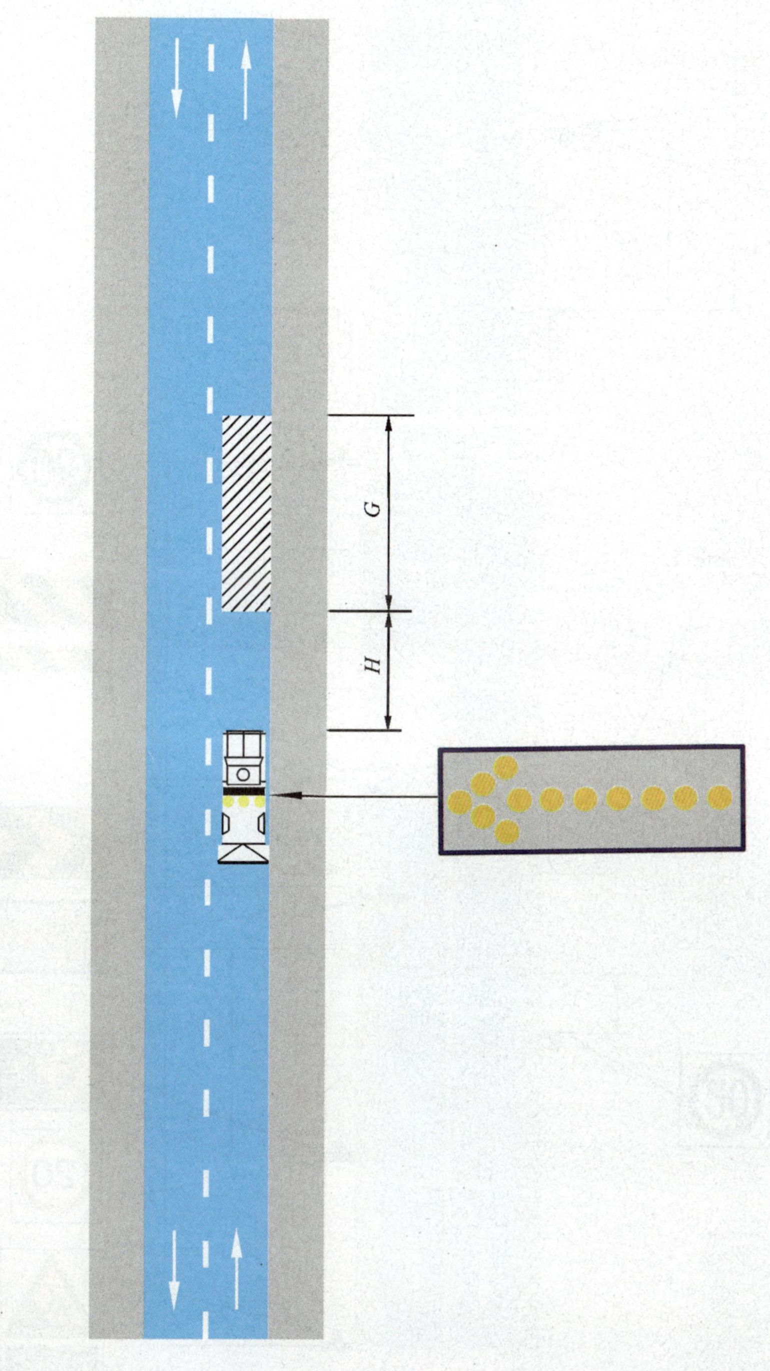

图 23　移动养护维修作业

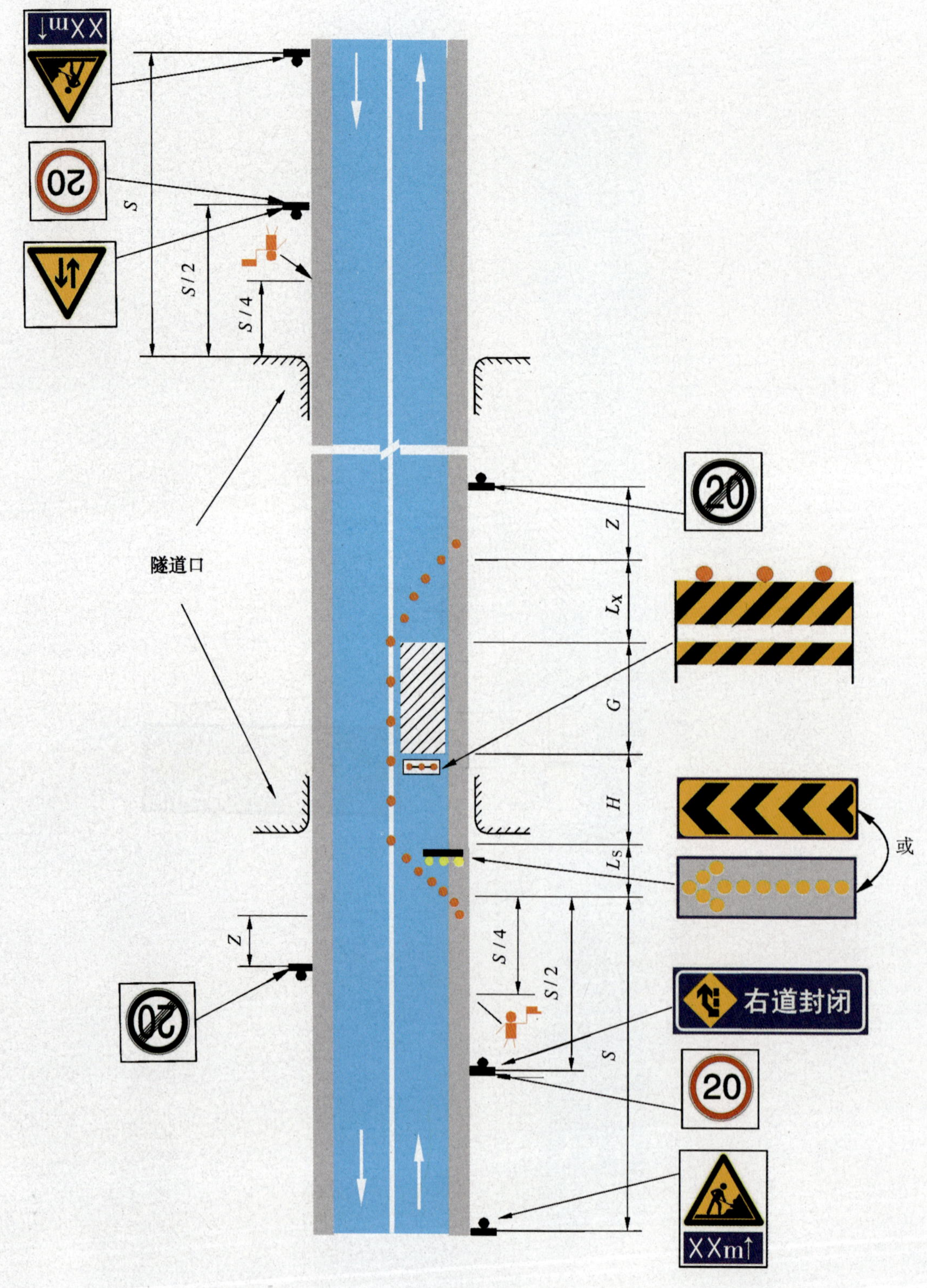

图24　单洞双向交通工作区在隧道口附近养护维修作业

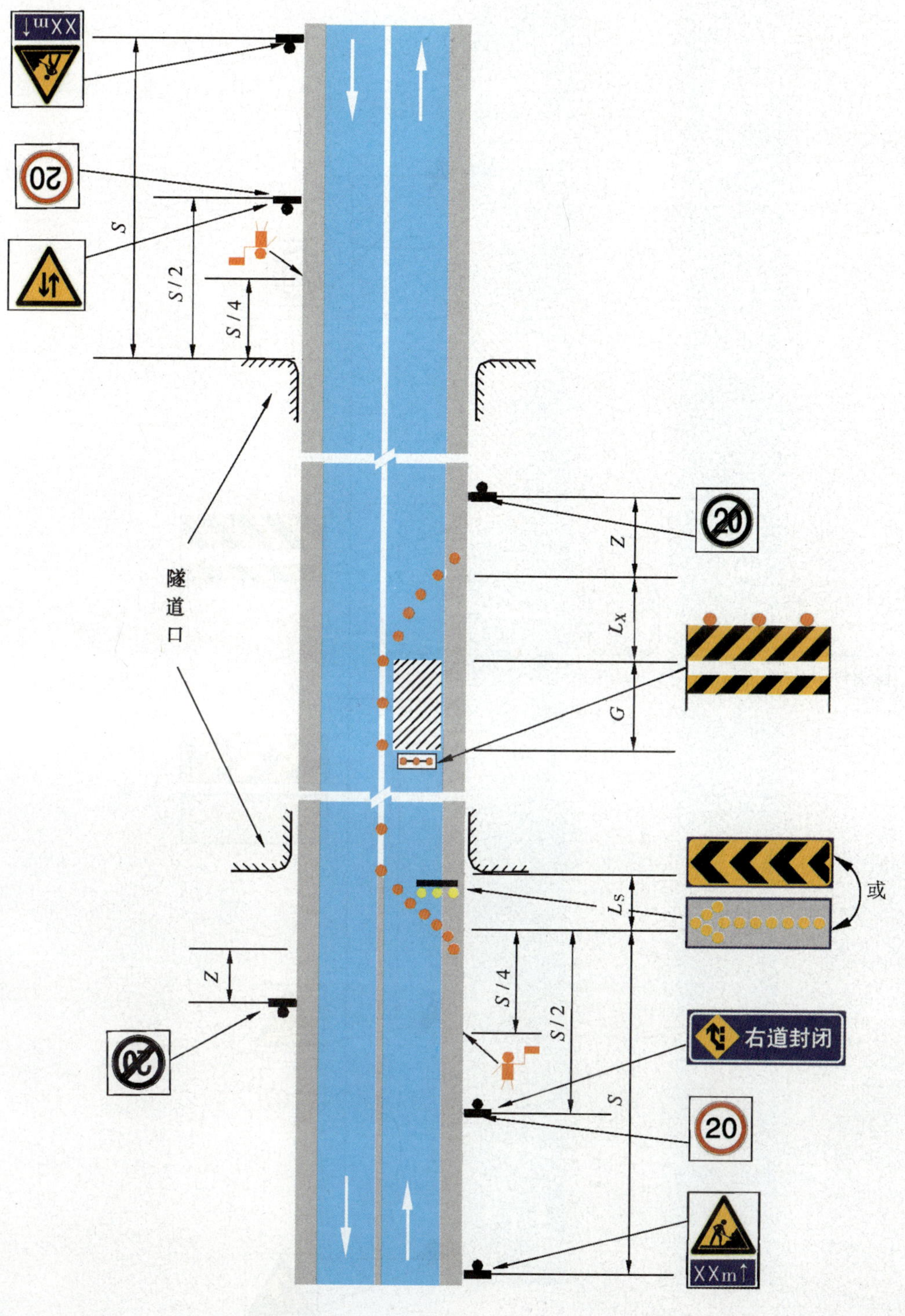

图 25　单洞双向交通工作区不在隧道口附近养护维修作业

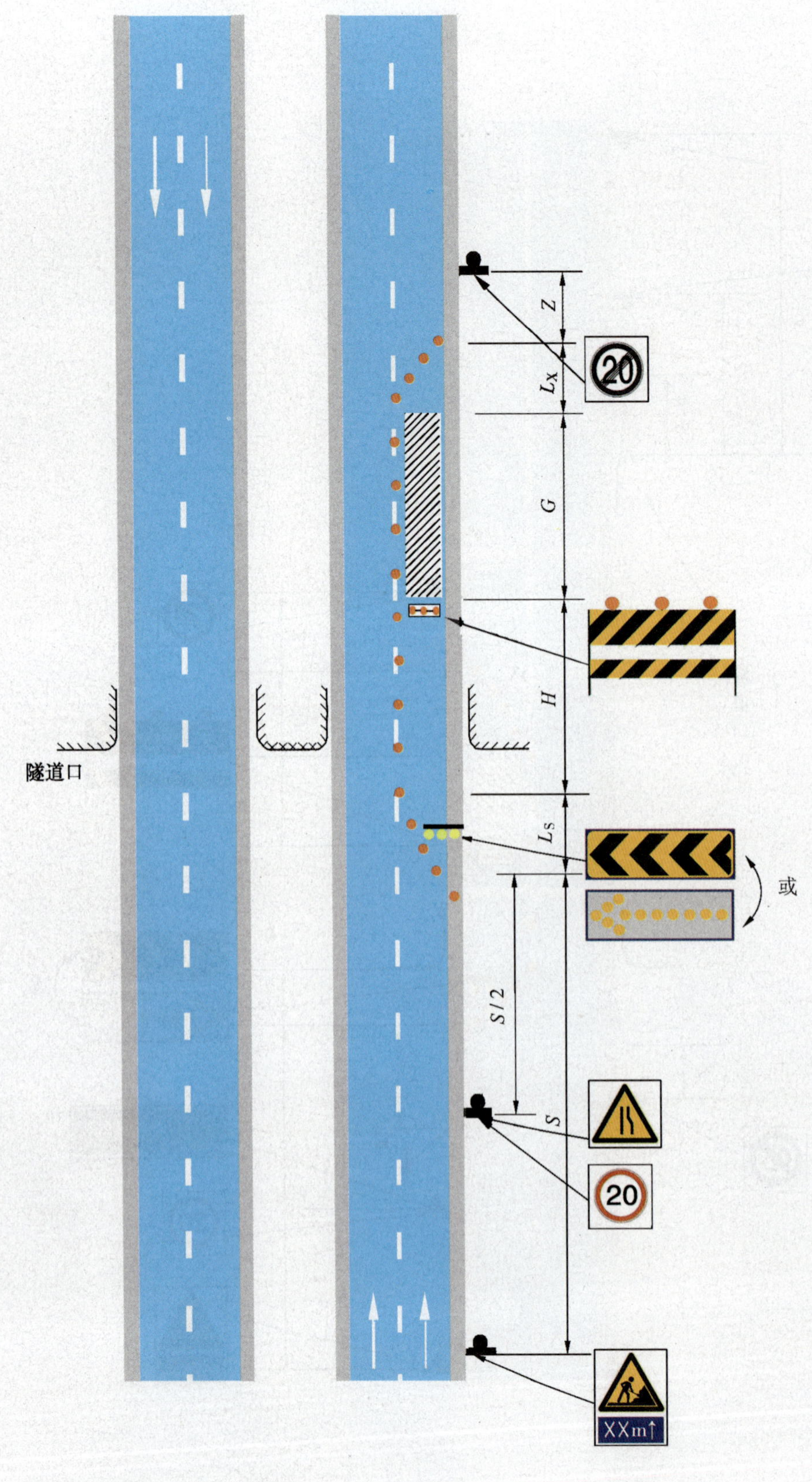

图26　双洞单向交通工作区在隧道口附近单洞一条车道封闭时的养护维修作业

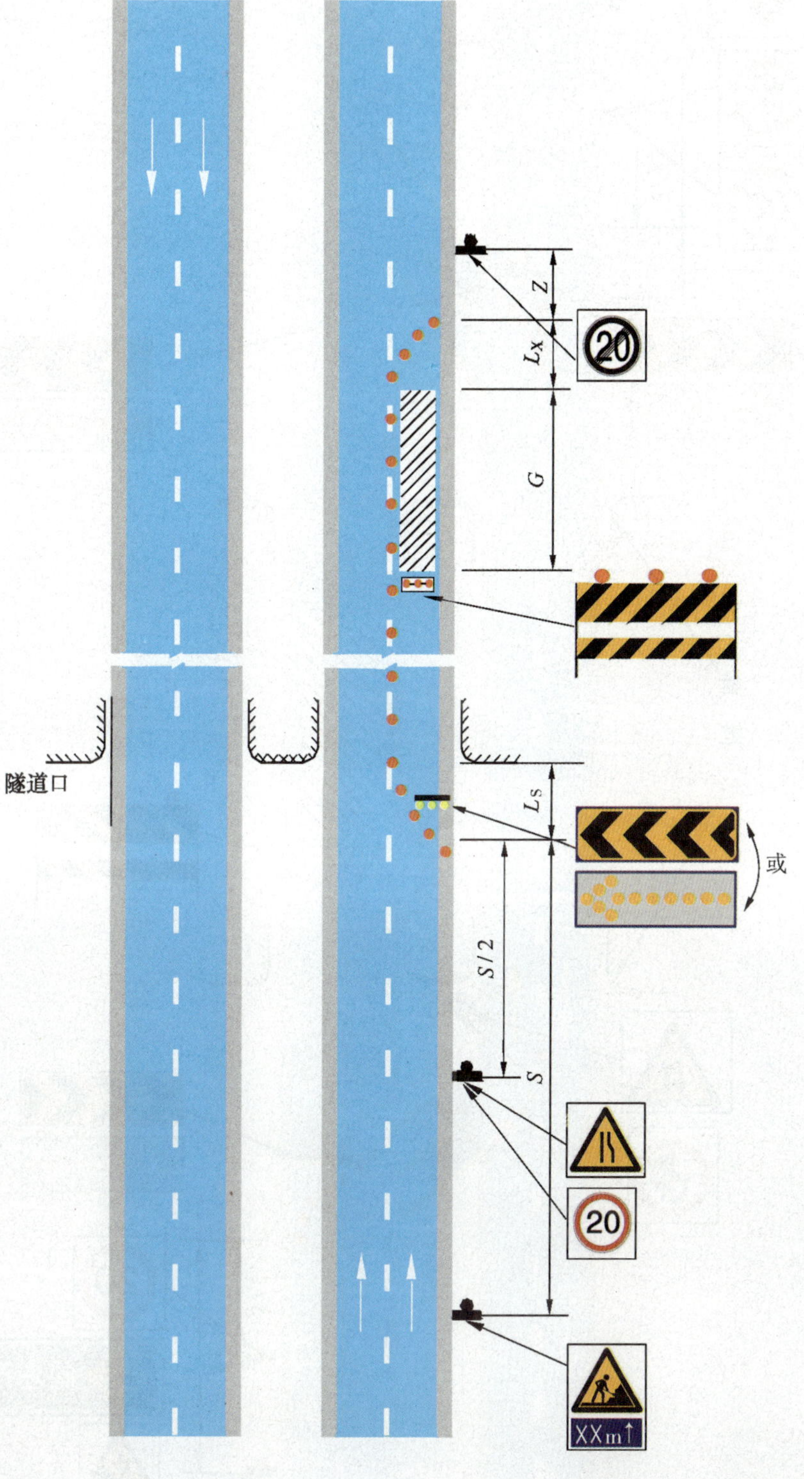

图 27　双洞单向交通工作区不在隧道口附近单洞一条车道封闭时的养护维修作业

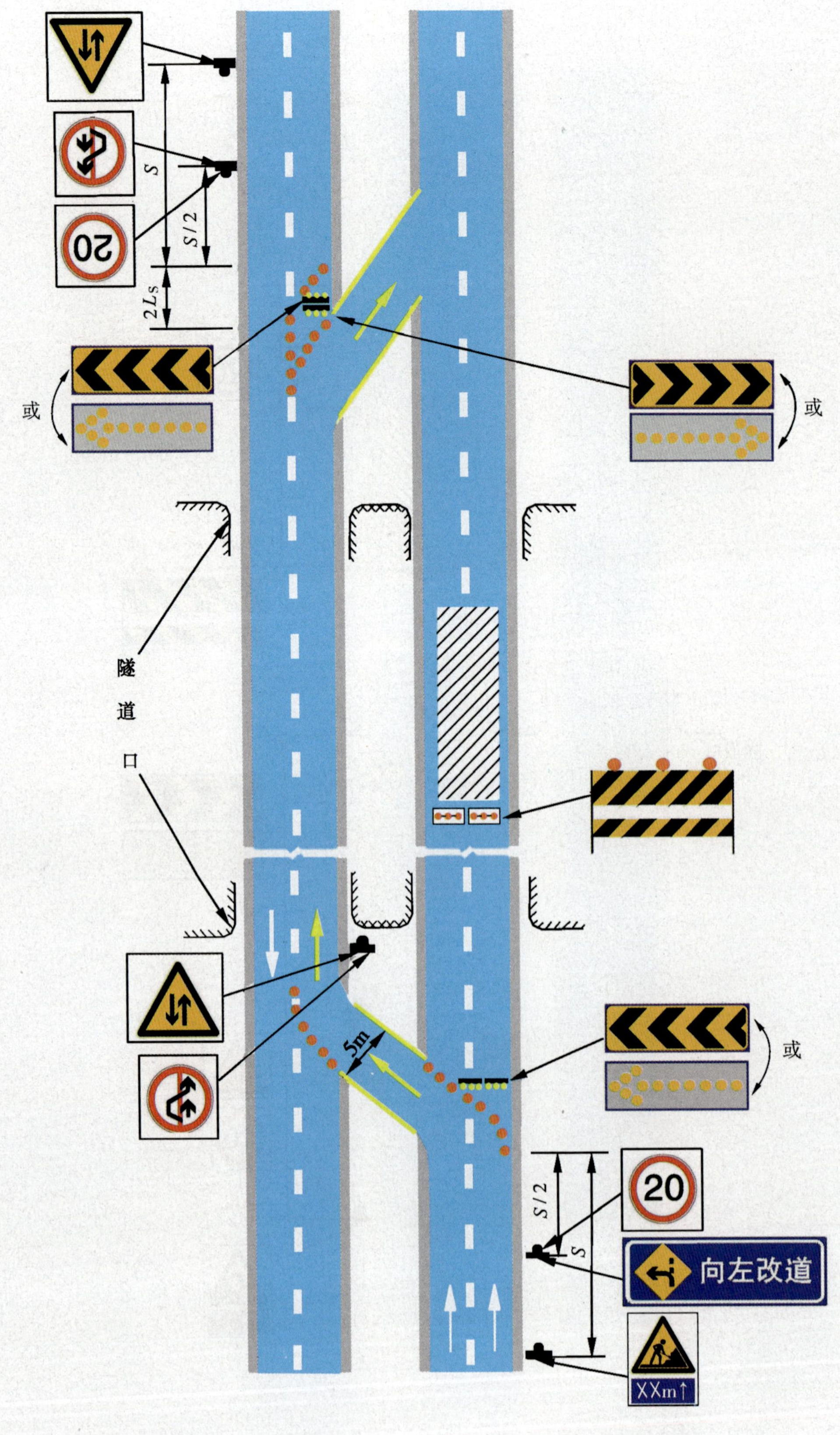

图28　双洞单向交通单洞全车道封闭养护维修作业

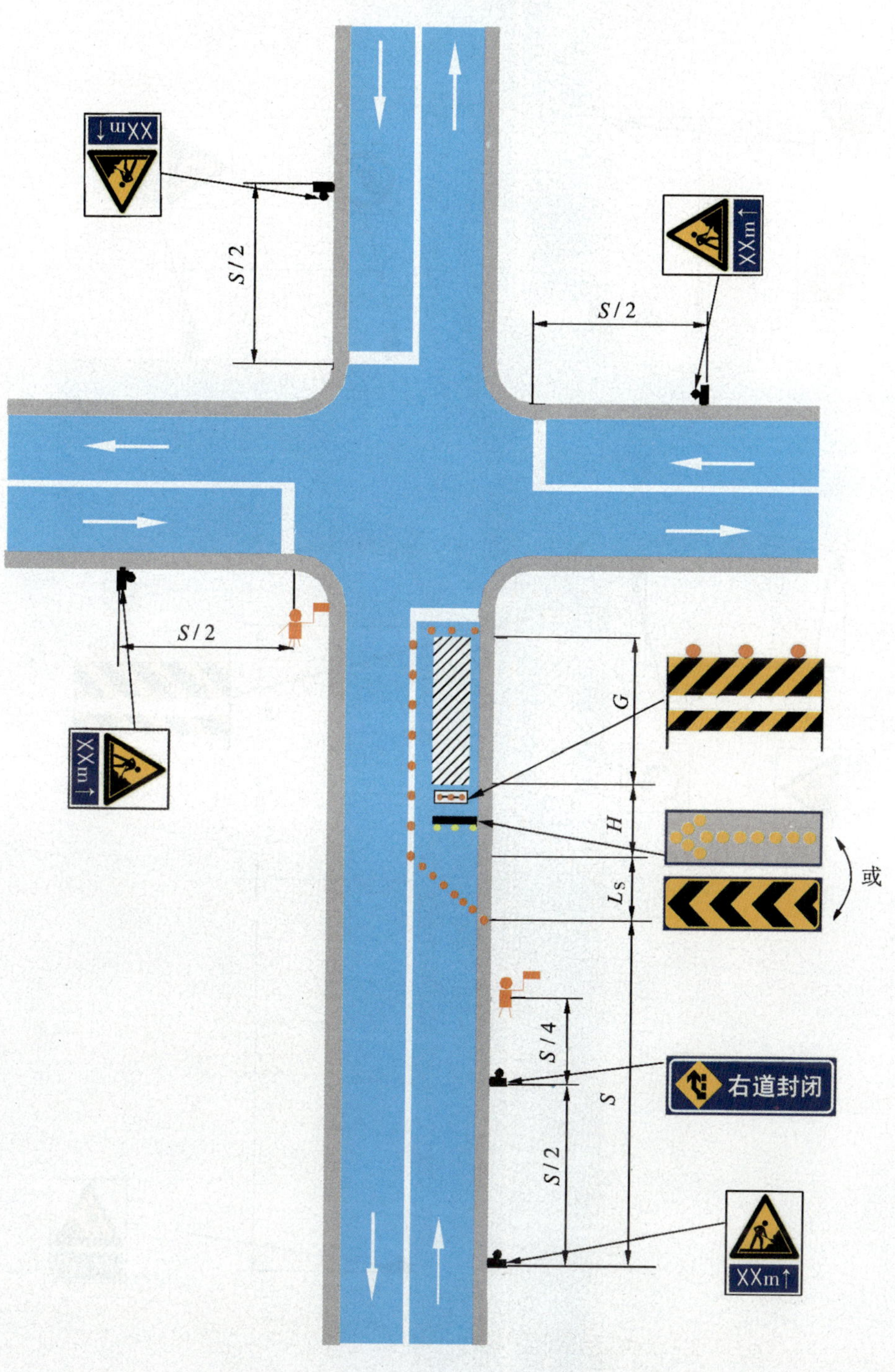

图 29　平面交叉口整条进口道养护维修作业

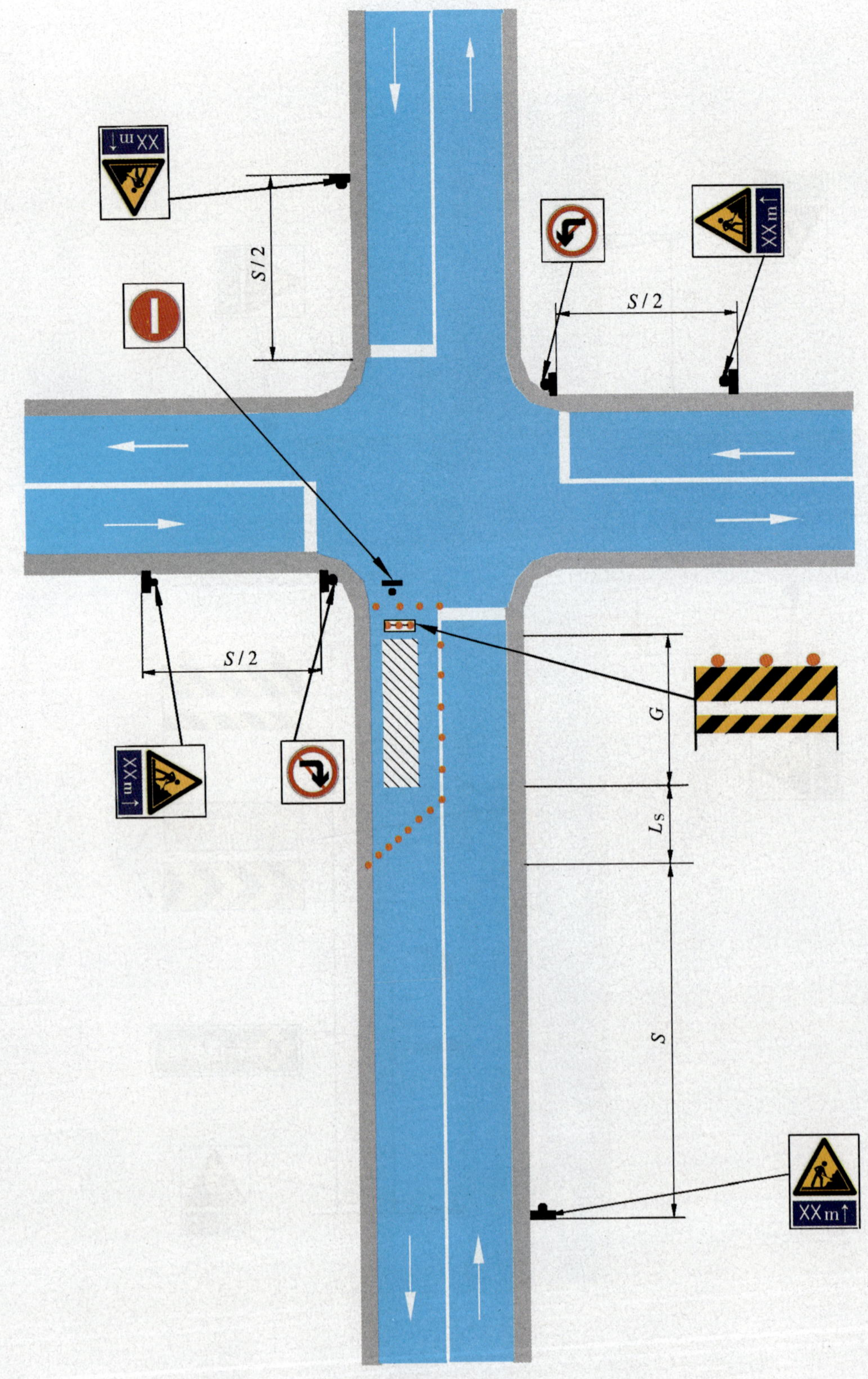

图30　平面交叉口整条出口道养护维修作业

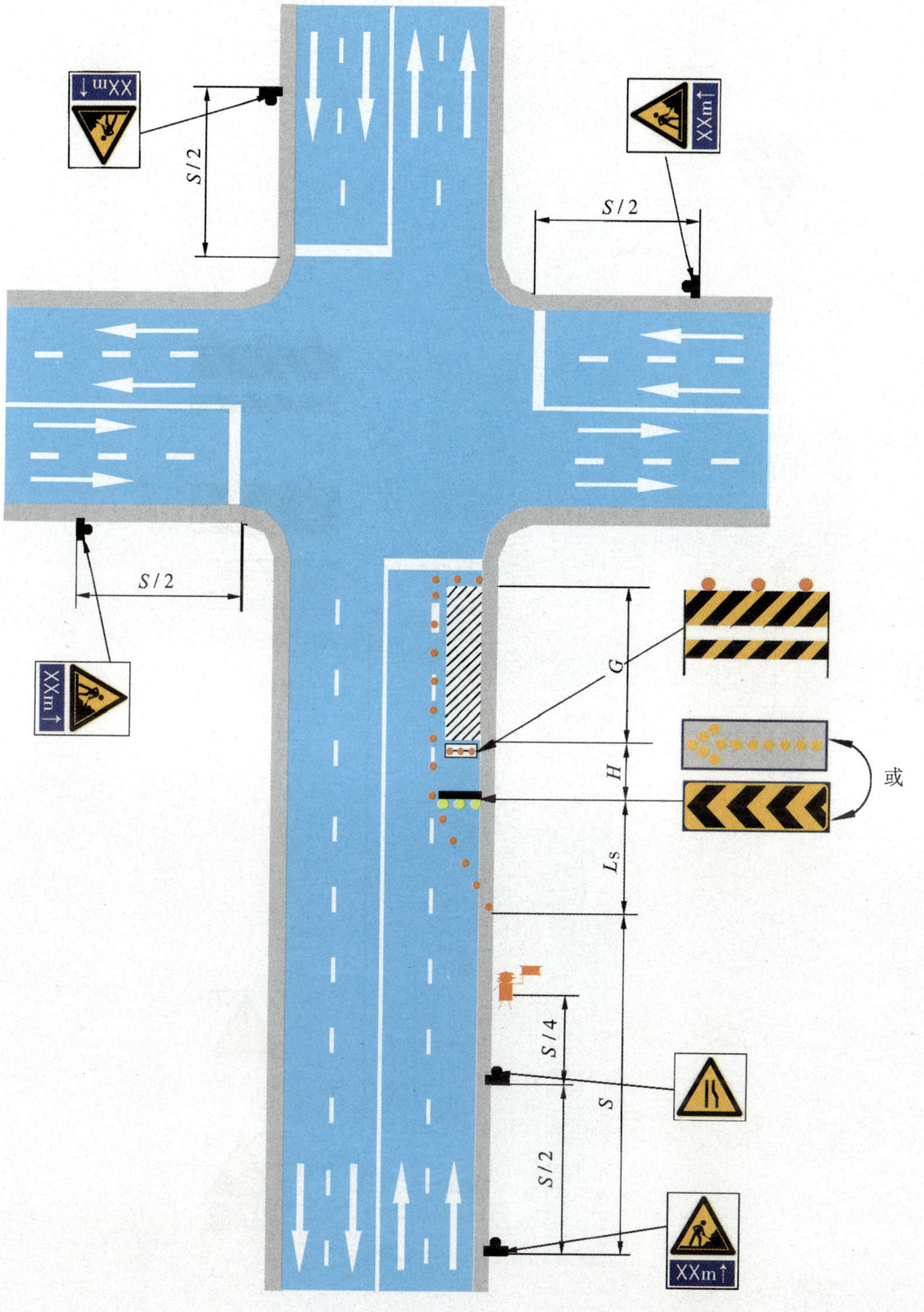

图 31　平面交叉口进口道右侧车道养护维修作业

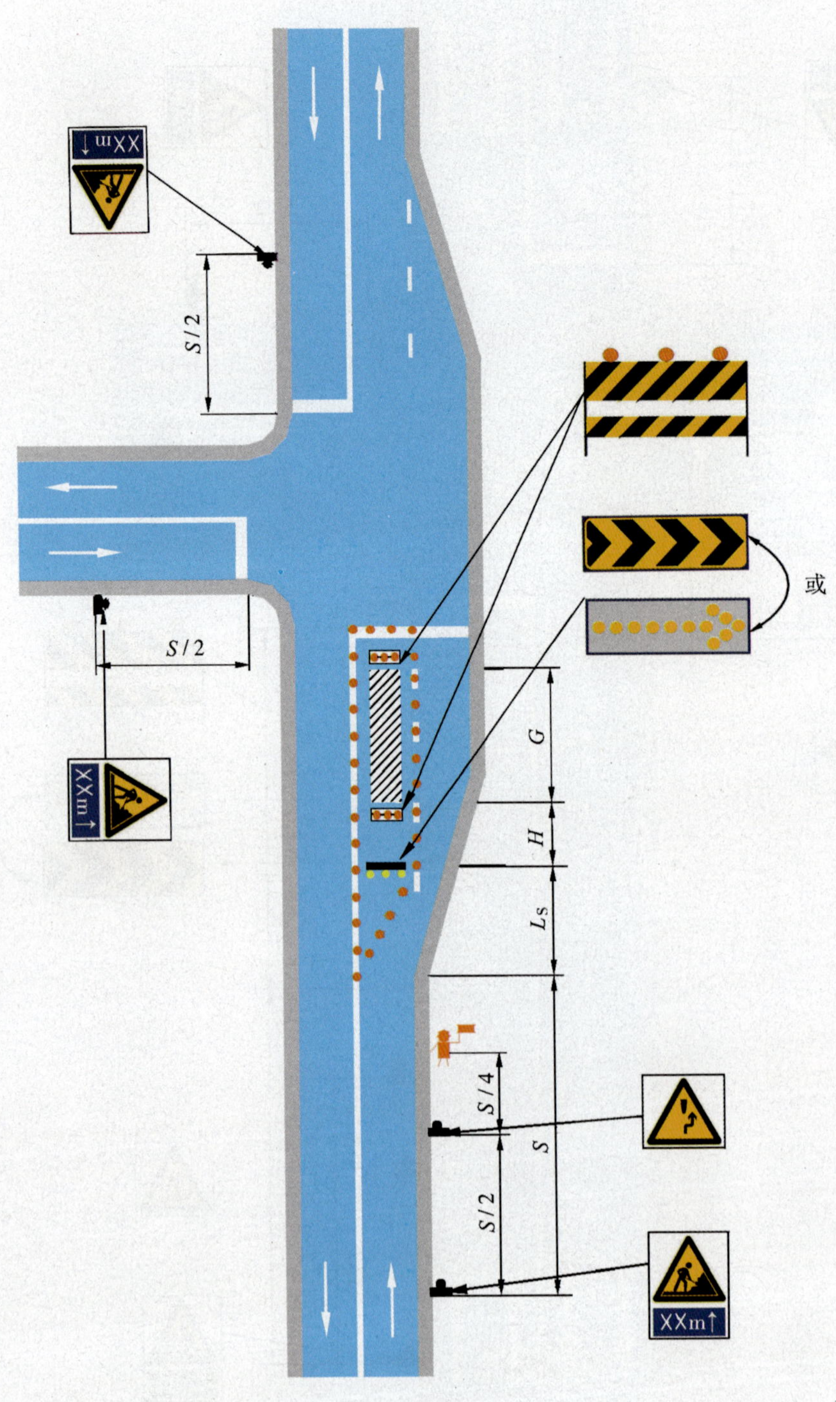

图32 平面交叉口进口道左侧车道养护维修作业(1)

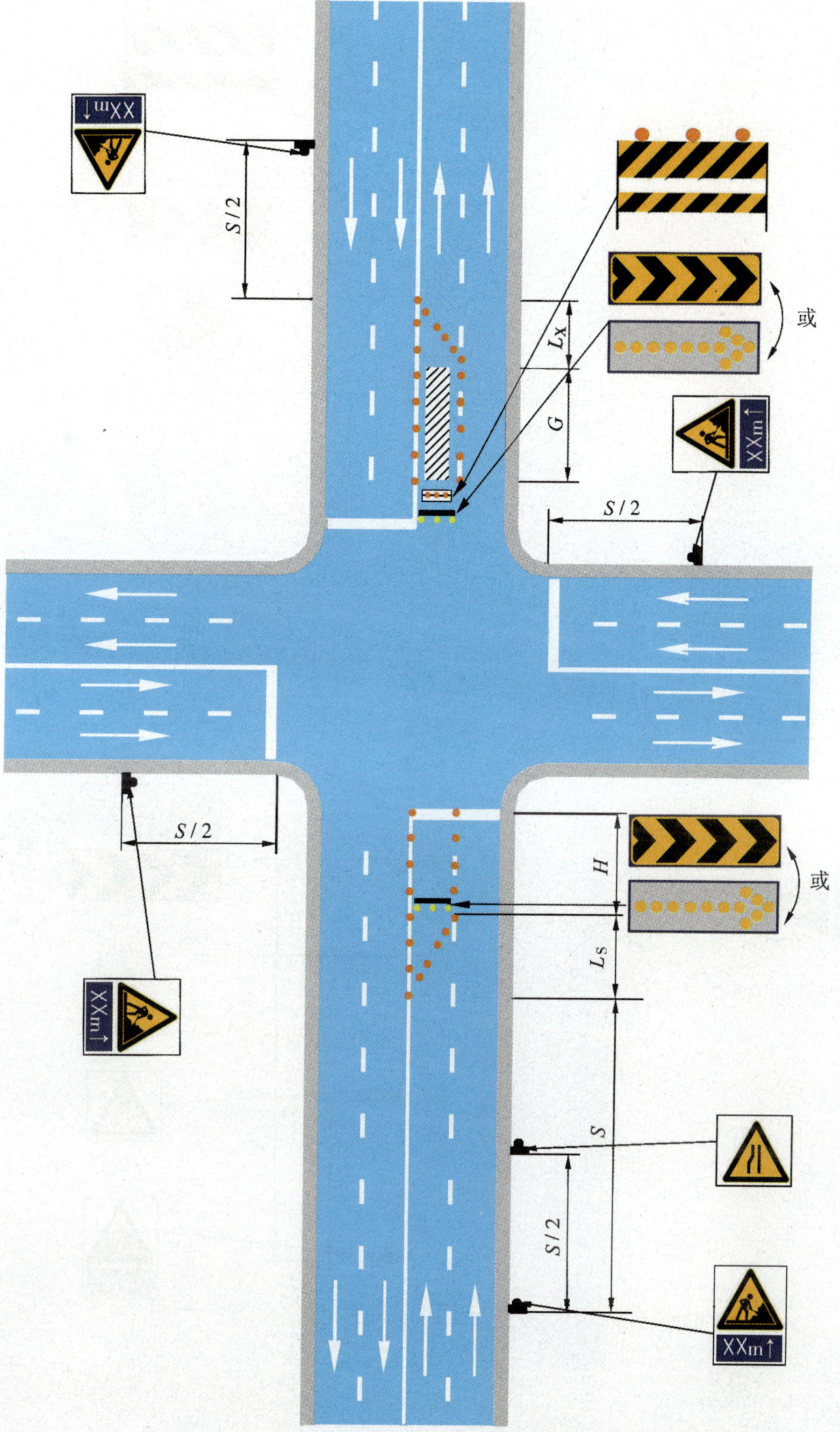

图 33　平面交叉口进口道左侧车道养护维修作业(2)

图34　平面交叉口出口车道养护维修作业

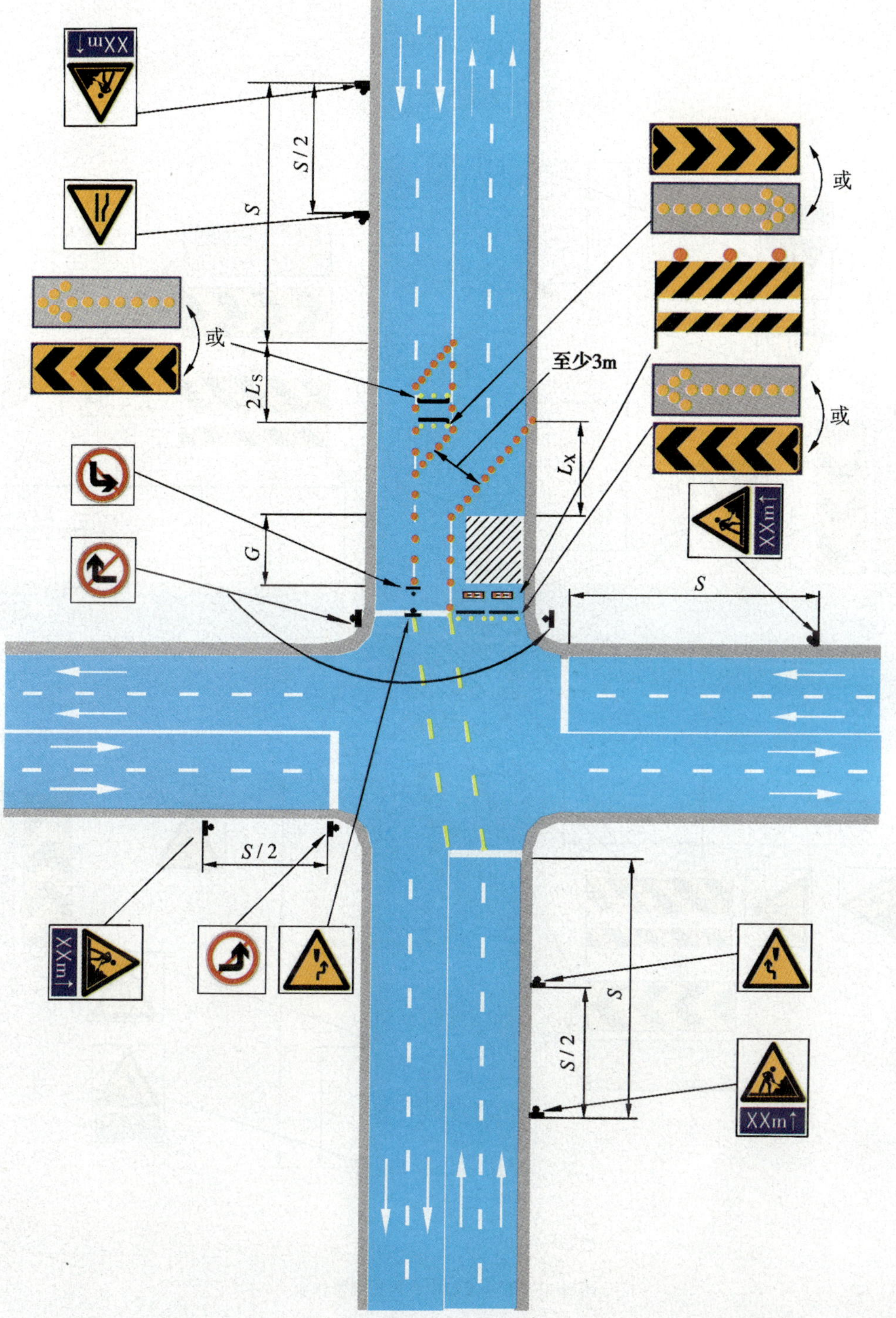

图35　平面交叉口出口车道全封闭养护维修作业

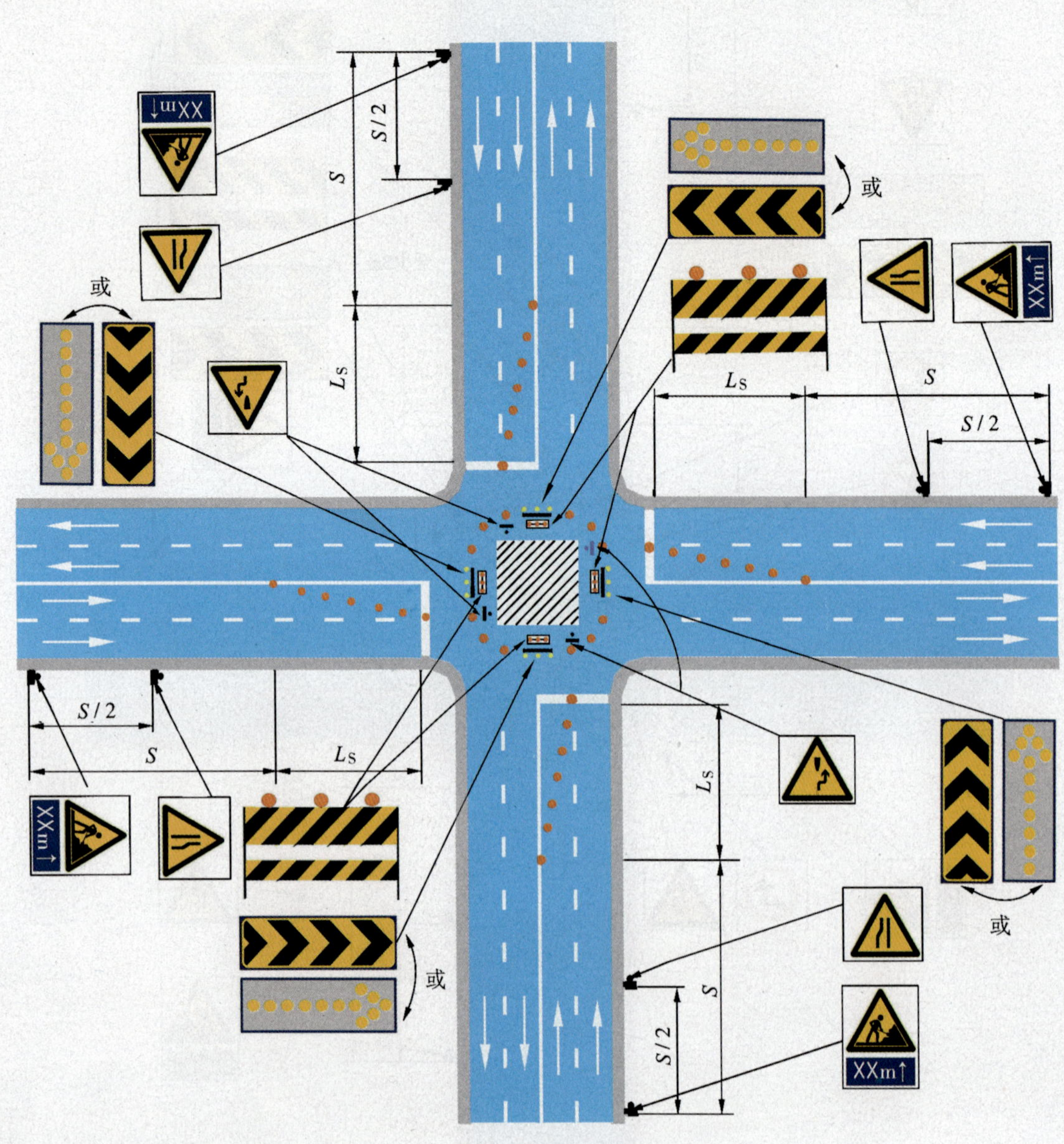

图36　平面交叉口中央养护维修作业

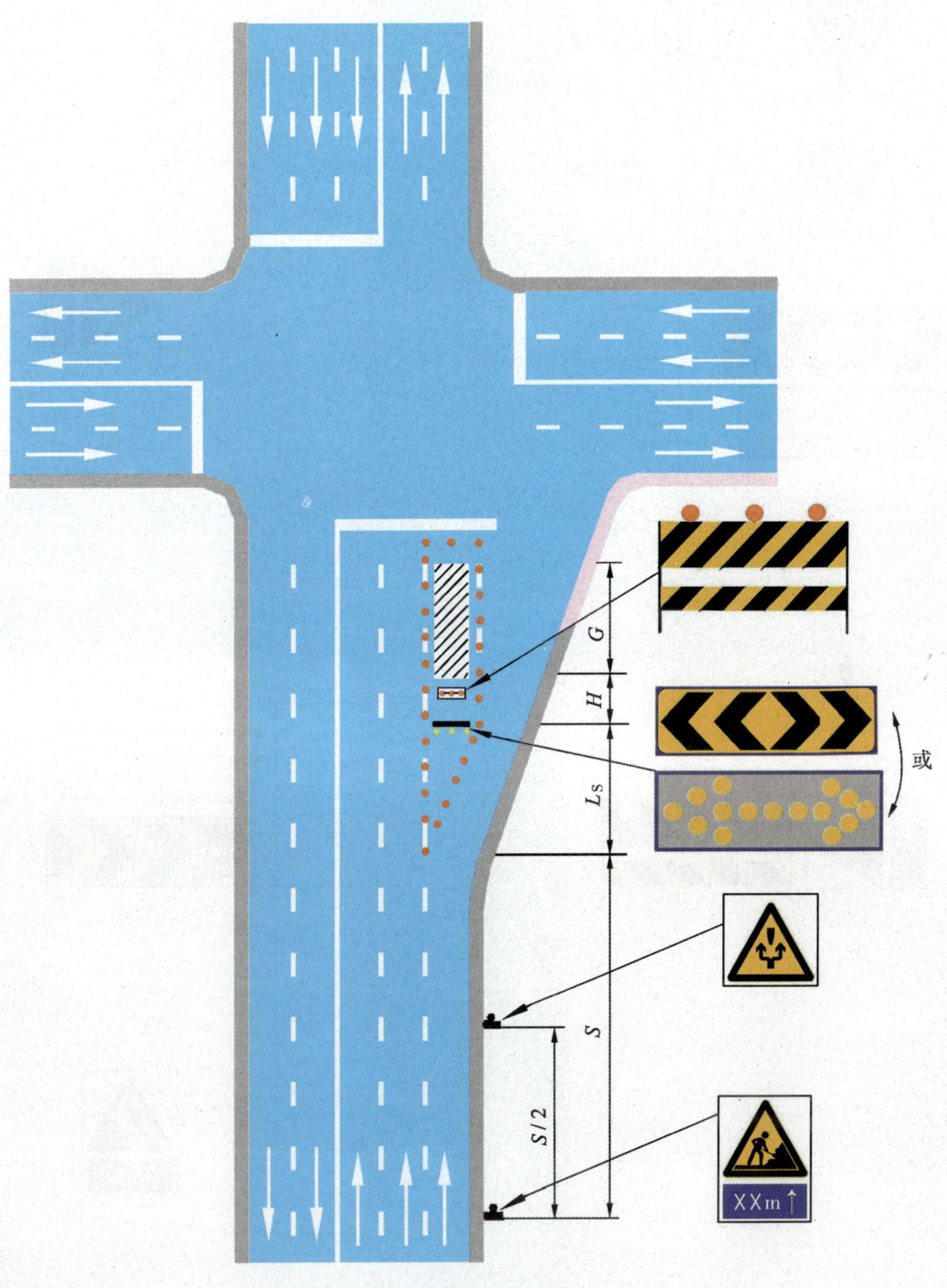

图 37　平面交叉口展宽式交叉口进口道一条车道养护维修作业

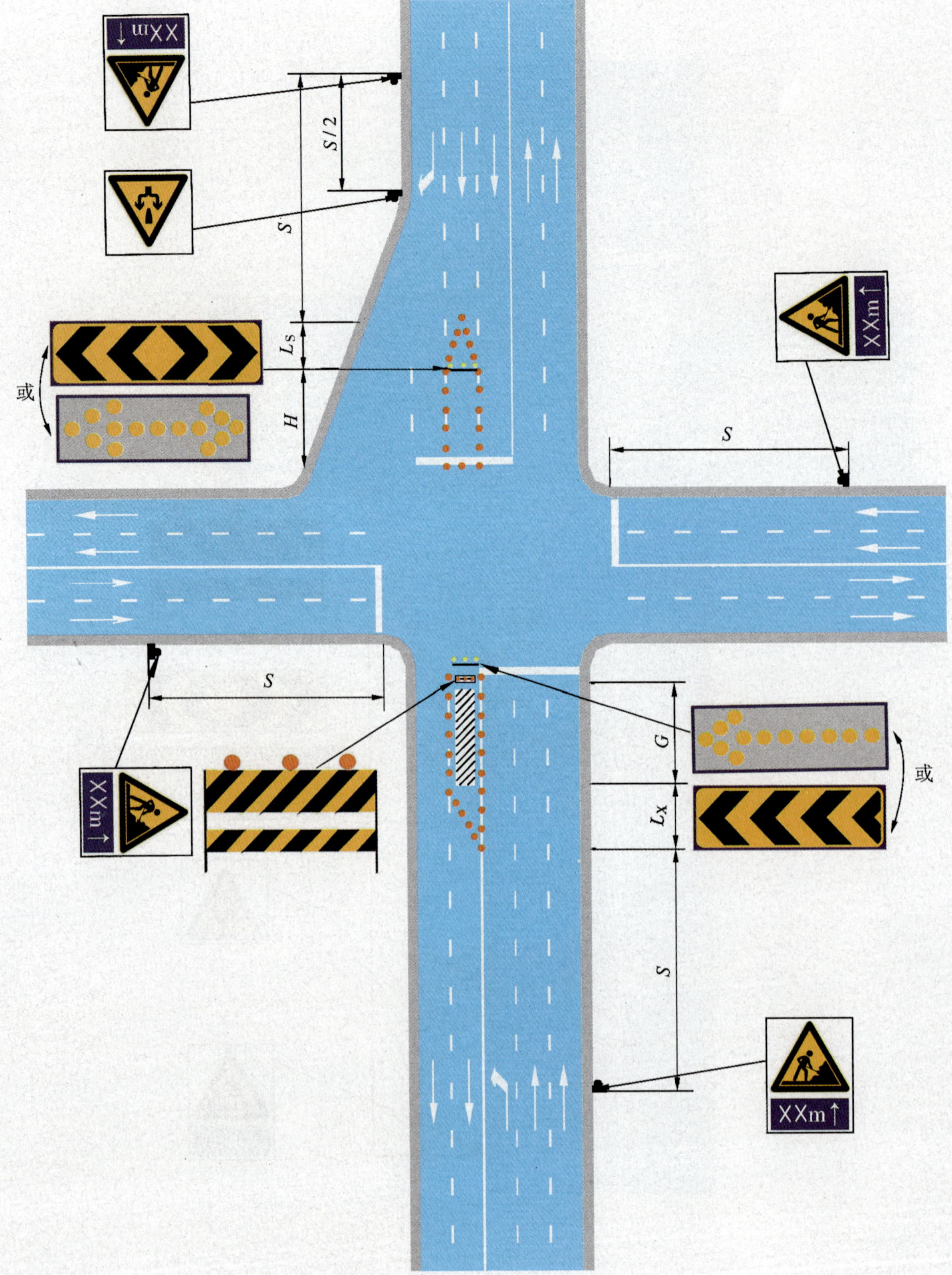

图38　平面交叉口展宽式交叉口出口车道养护维修作业

图 39　环形交叉口出口车道养护维修作业(1)

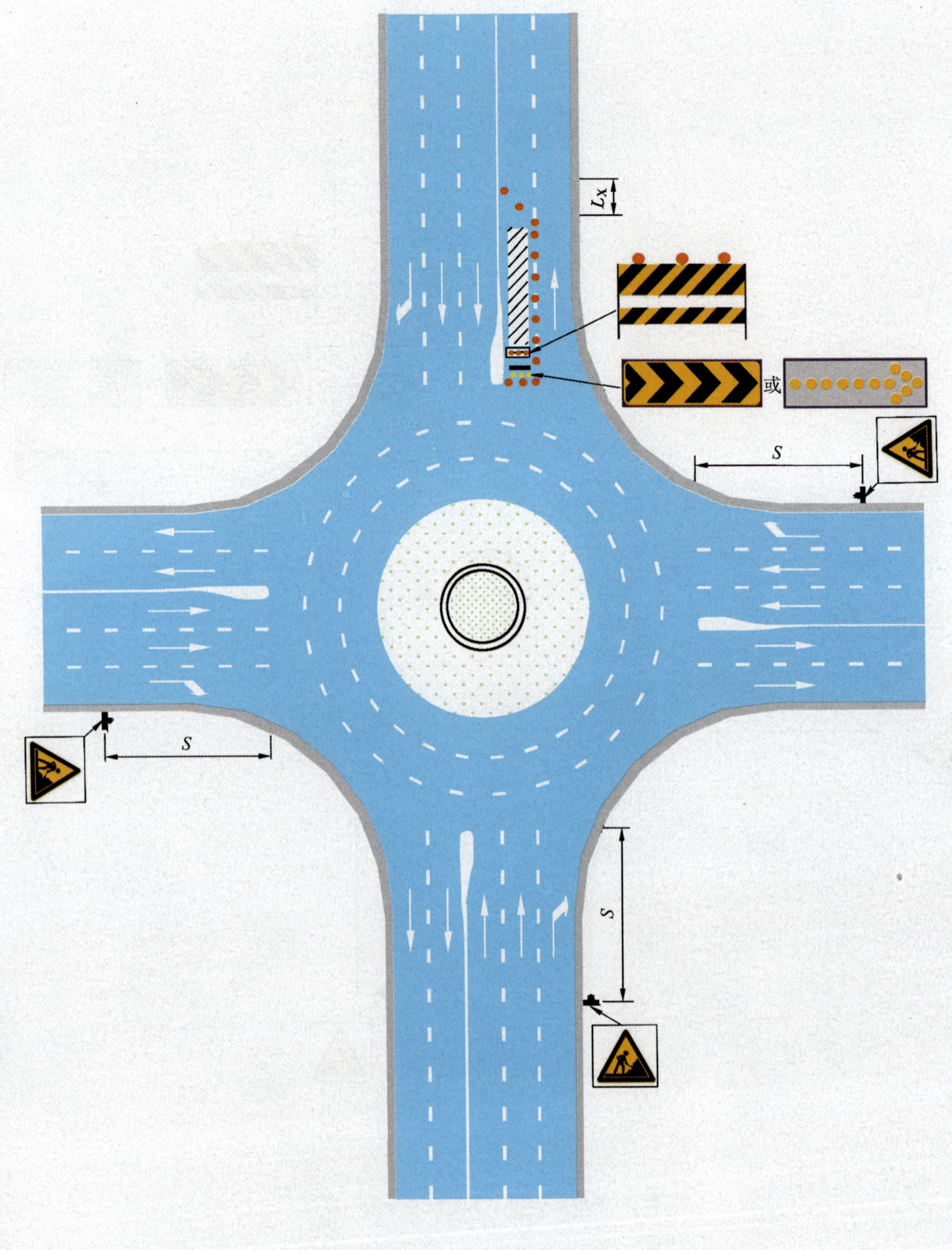

图40　环形交叉口出口车道养护维修作业(2)

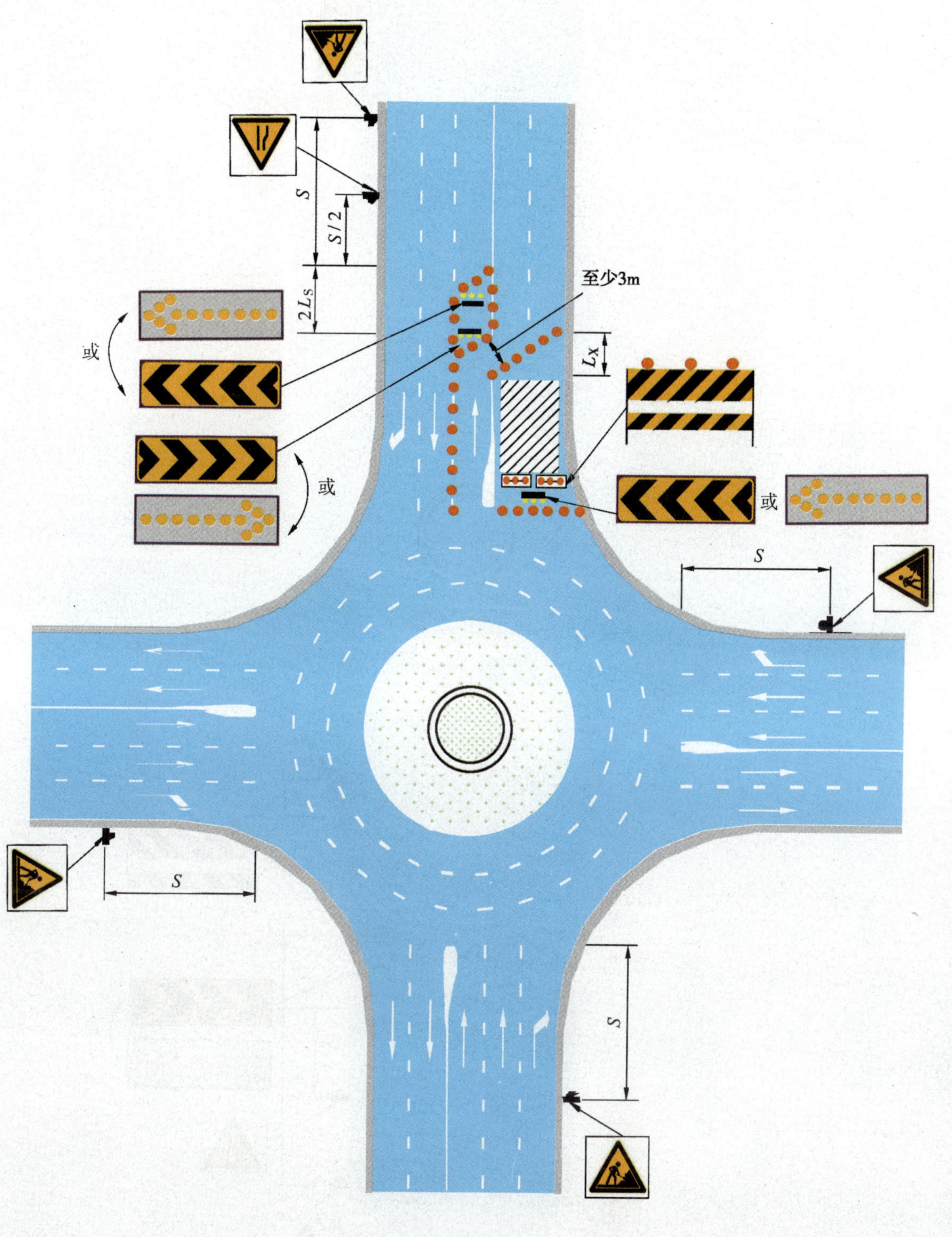

图41　环形交叉口出口车道养护维修作业(3)

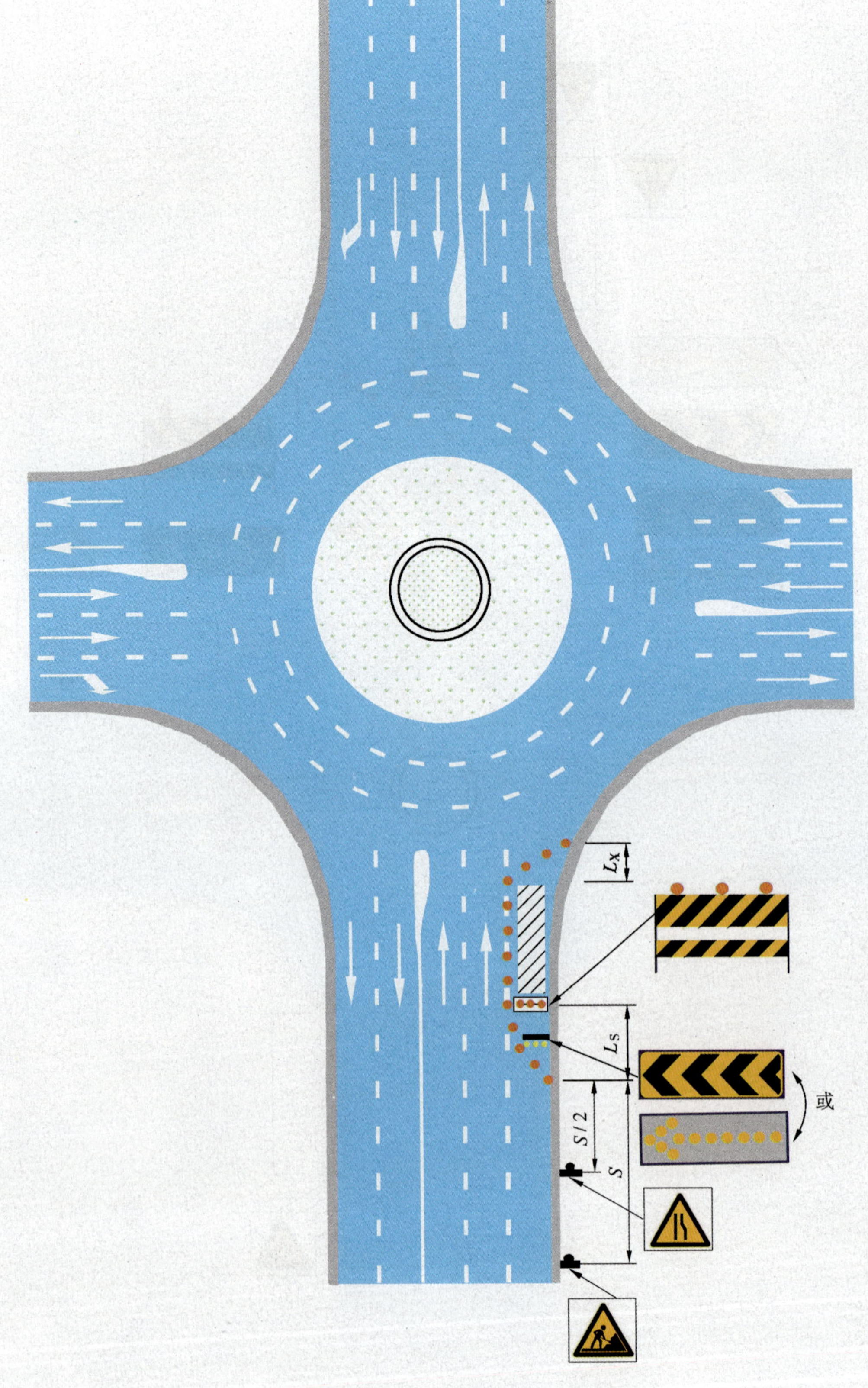

图42　环形交叉口进口车道养护维修作业(1)

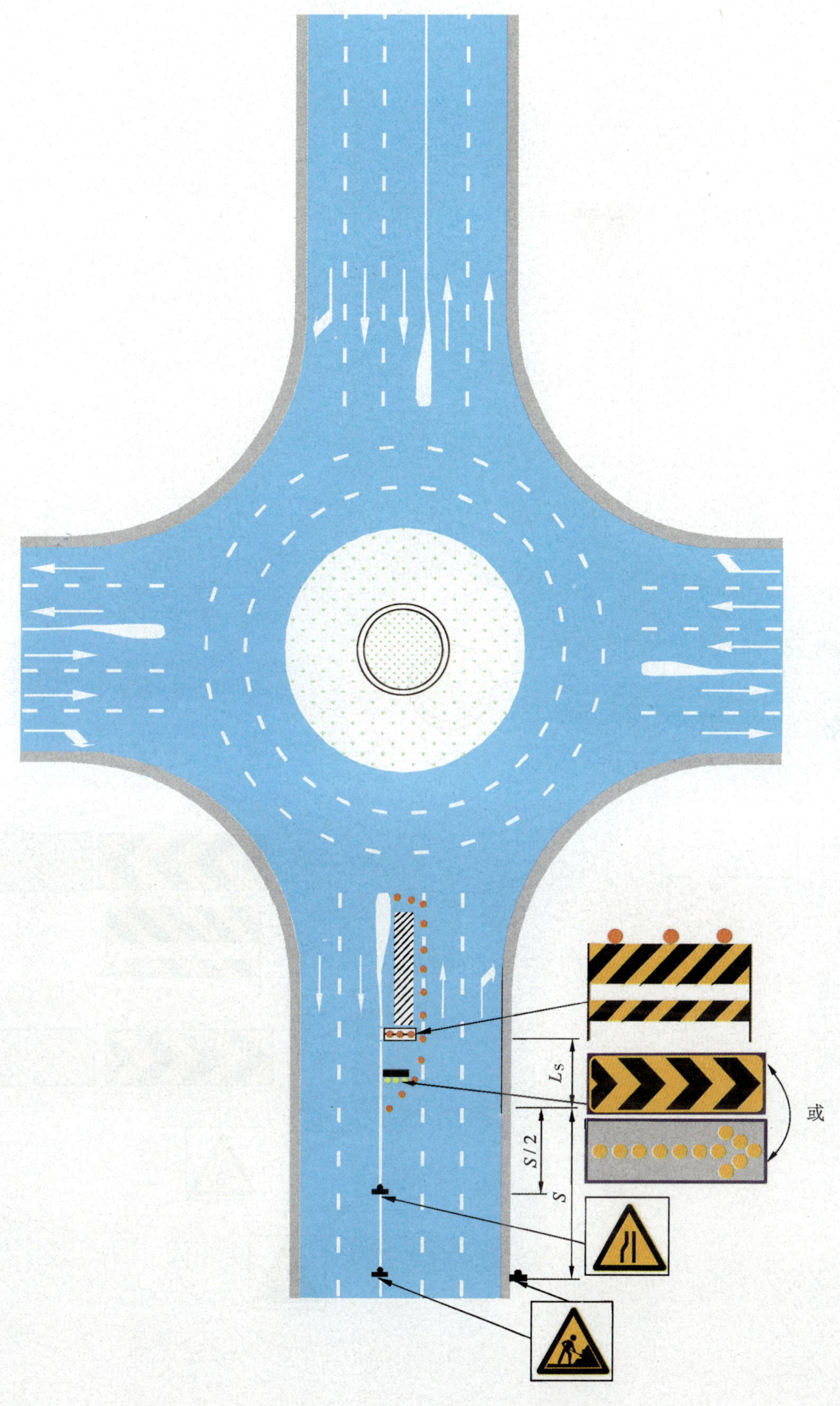

图43　环形交叉口进口车道养护维修作业(2)

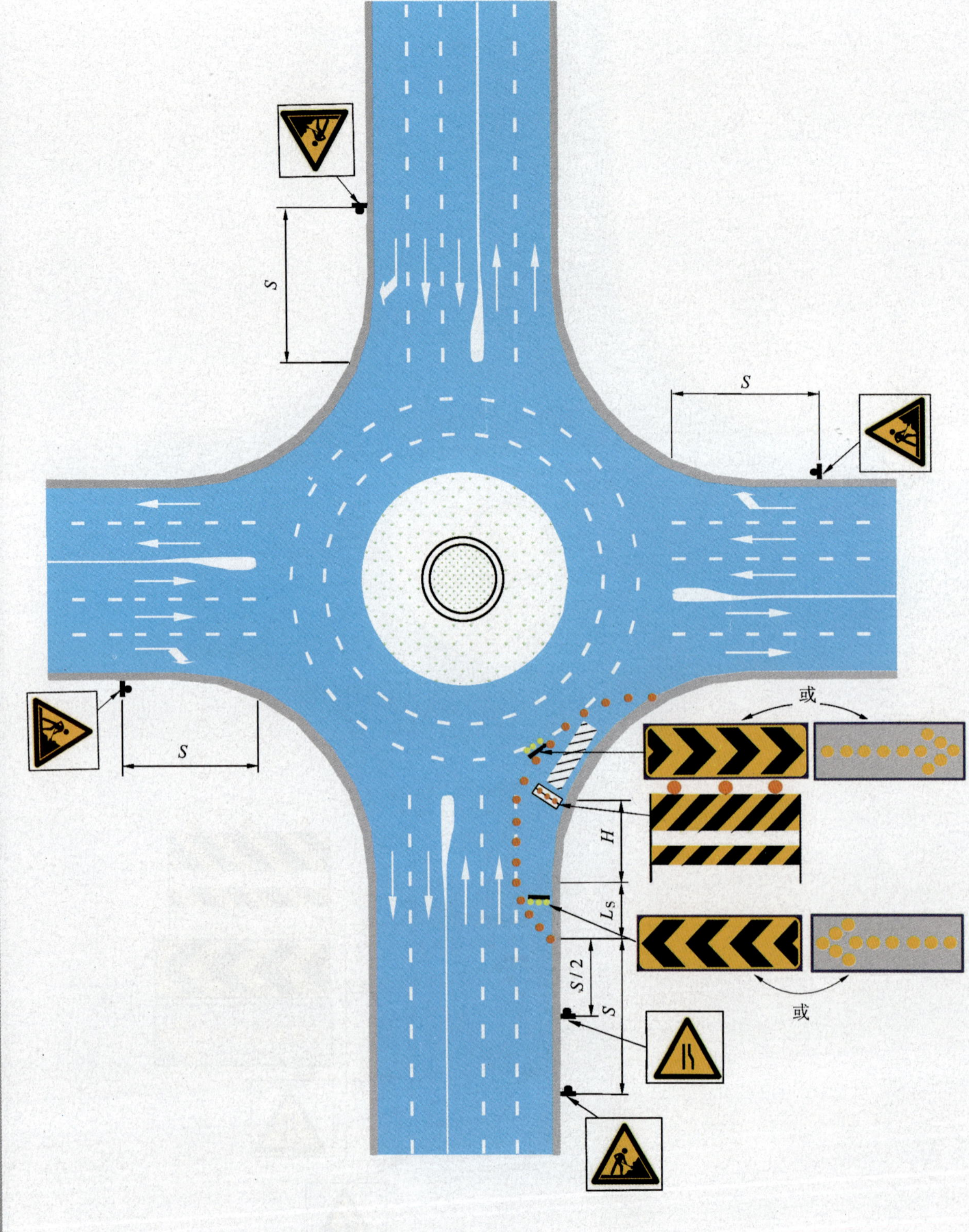

图44　环形交叉口环路内养护维修作业(1)

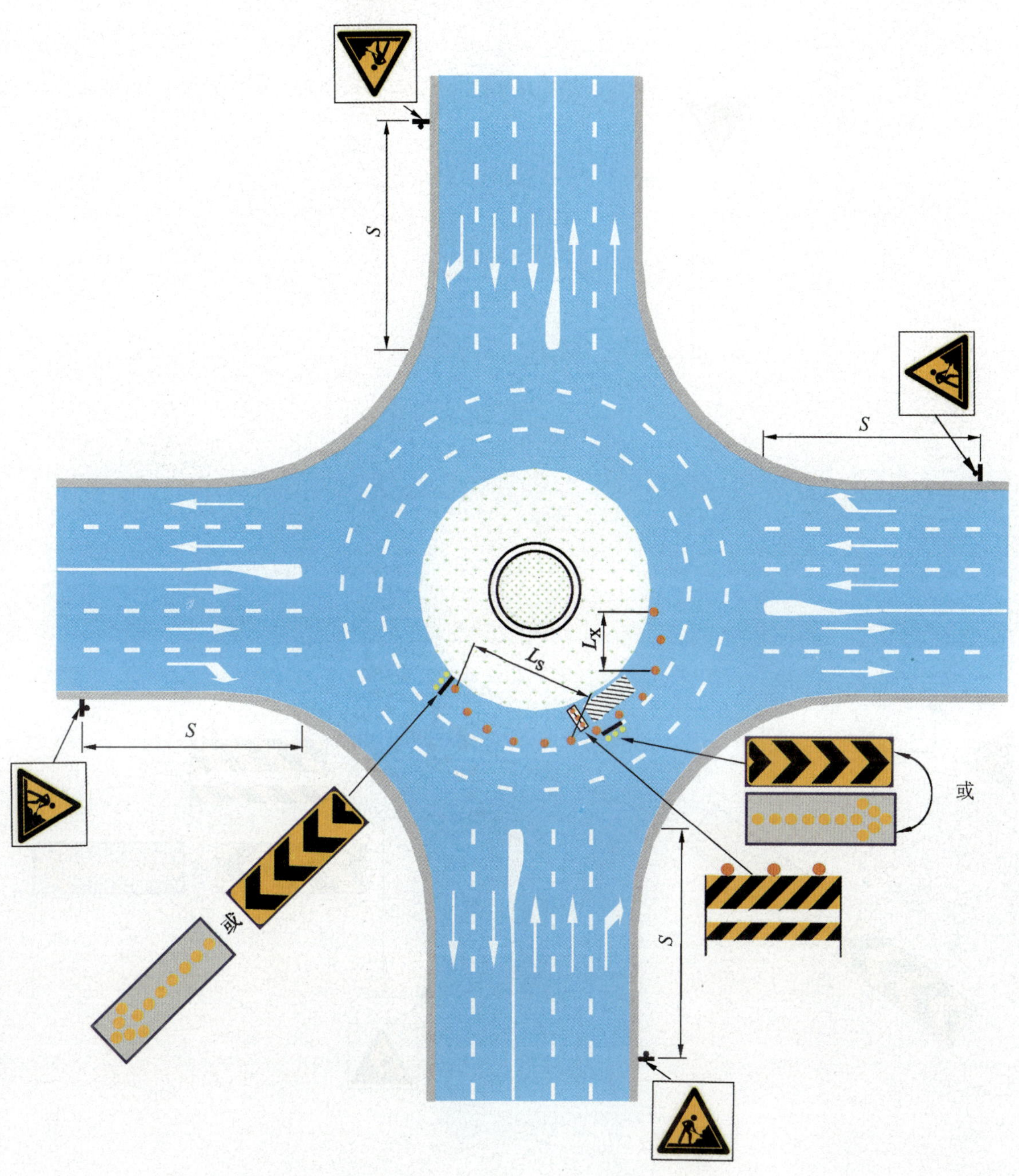

图45　环形交叉口环路内养护维修作业(2)

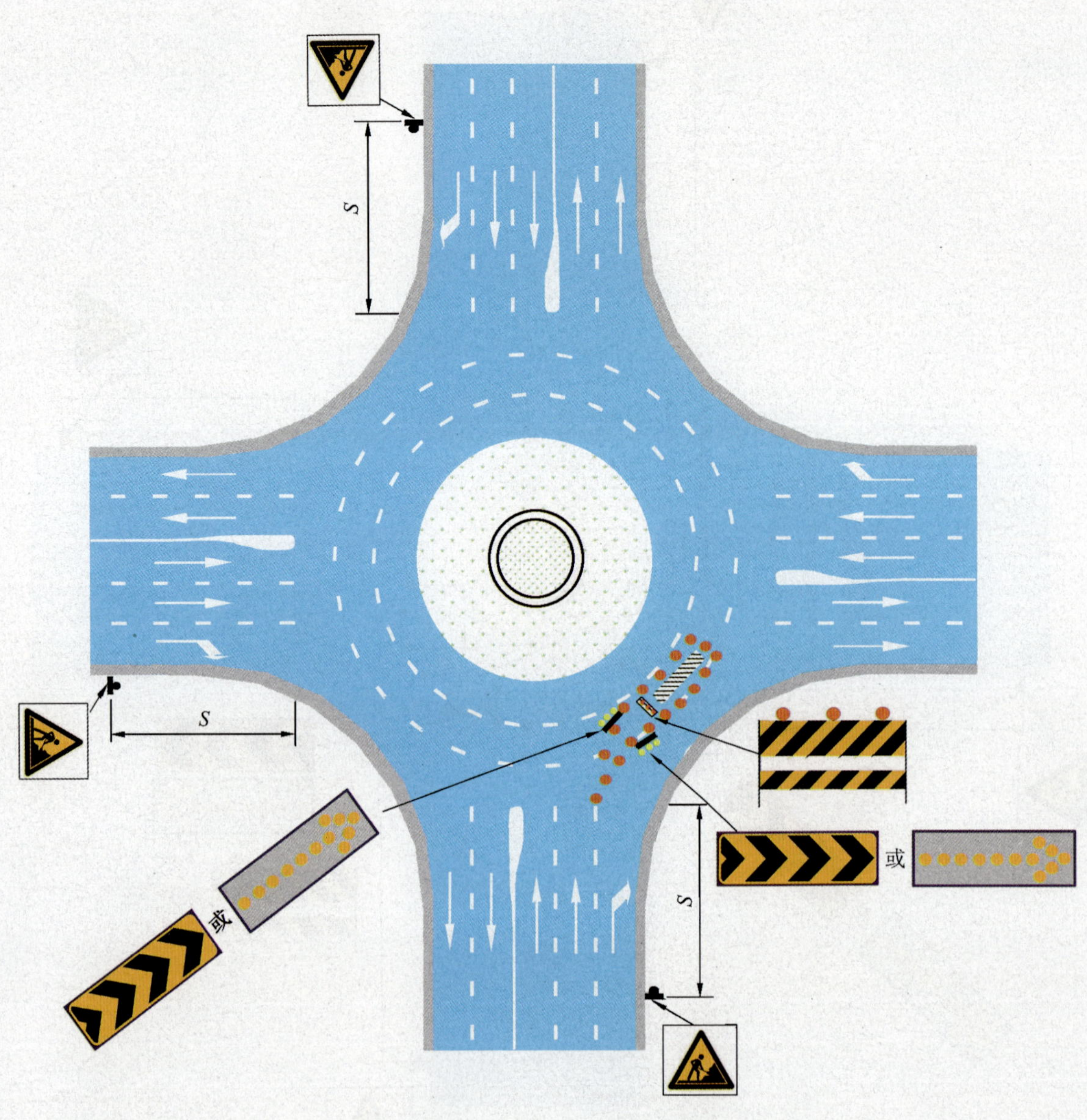

图46　环形交叉口环路内养护维修作业(3)

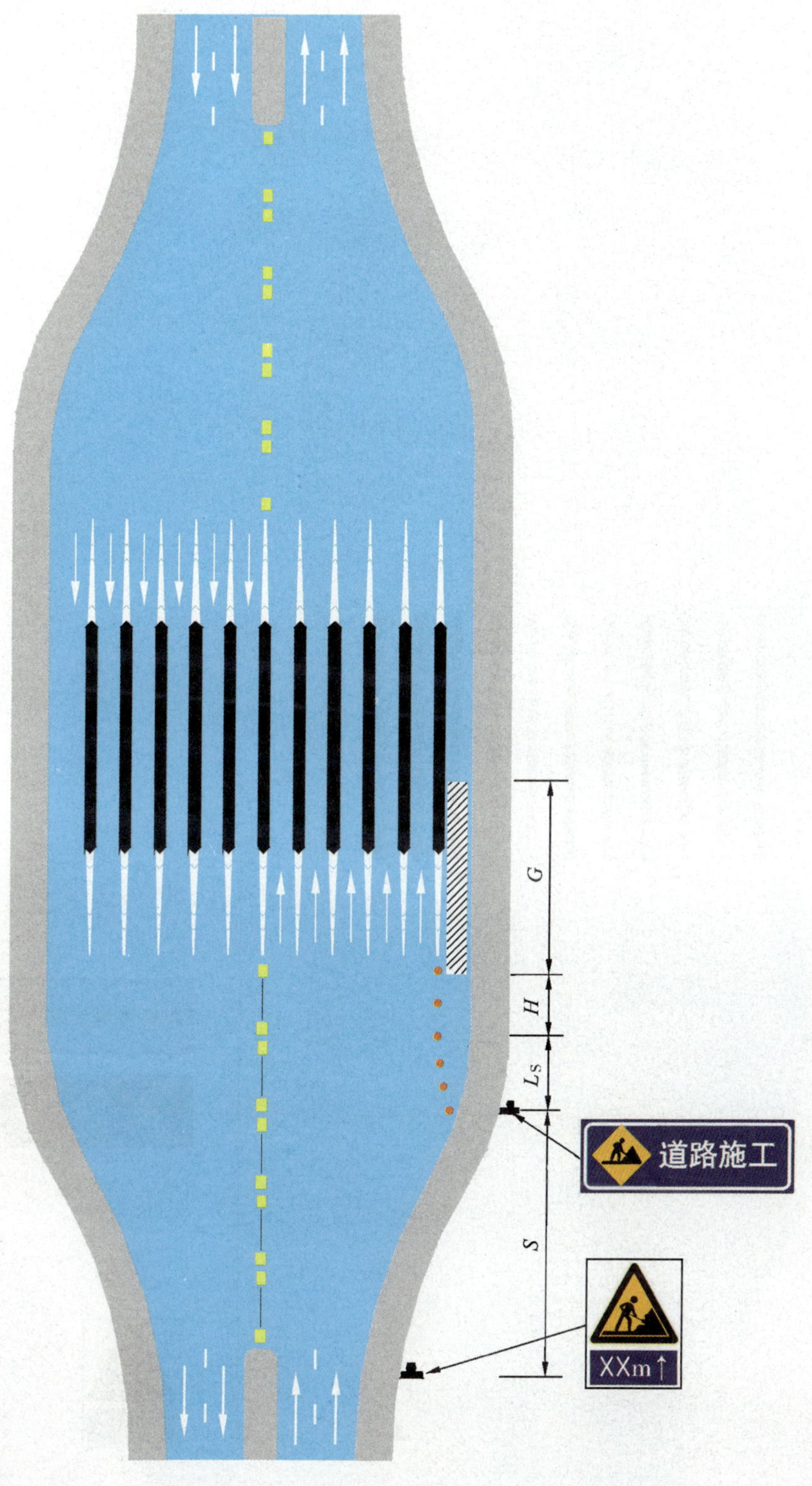

图 47　收费广场收费亭上游外侧车道养护维修作业

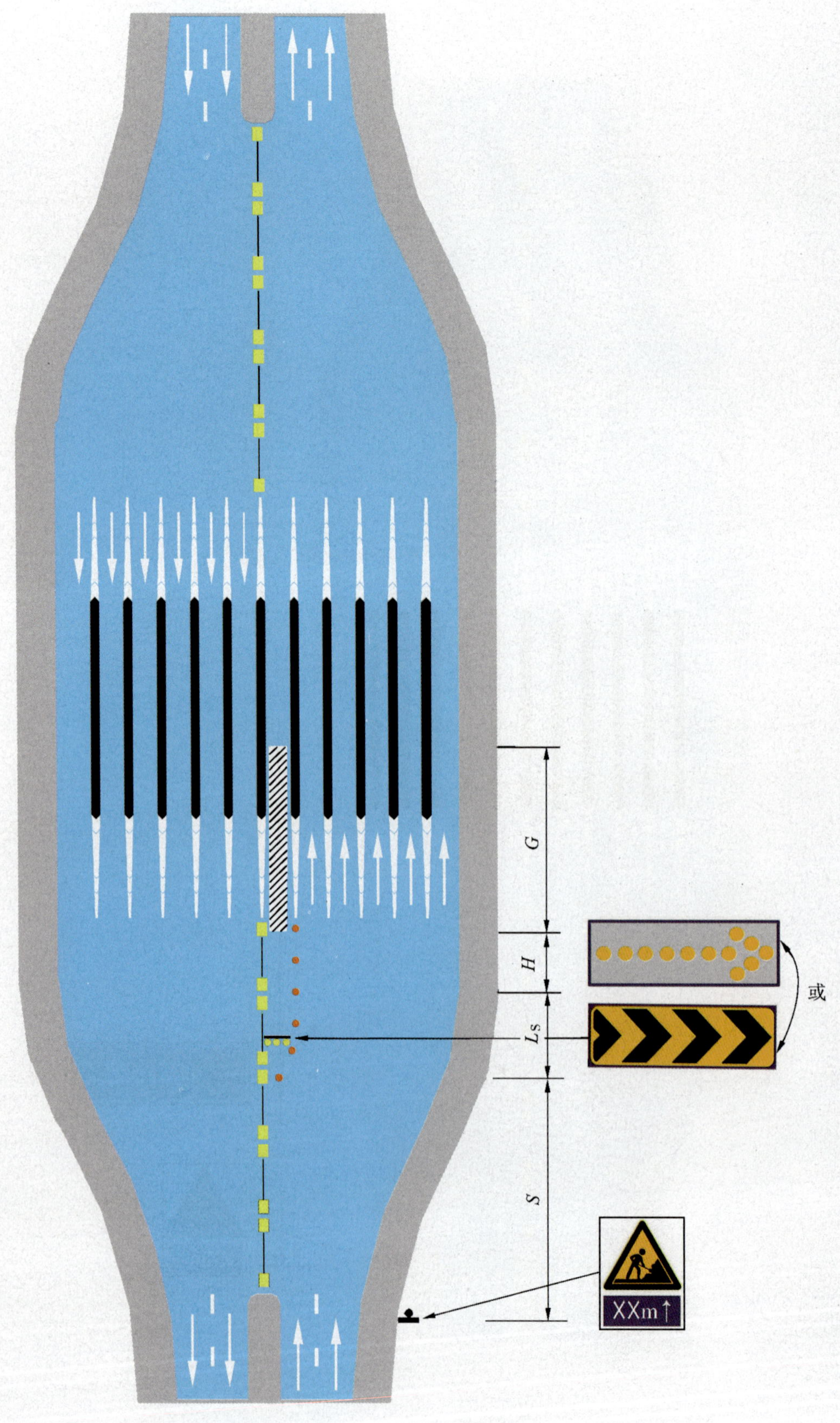

图48　收费广场收费亭上游内侧车道养护维修作业

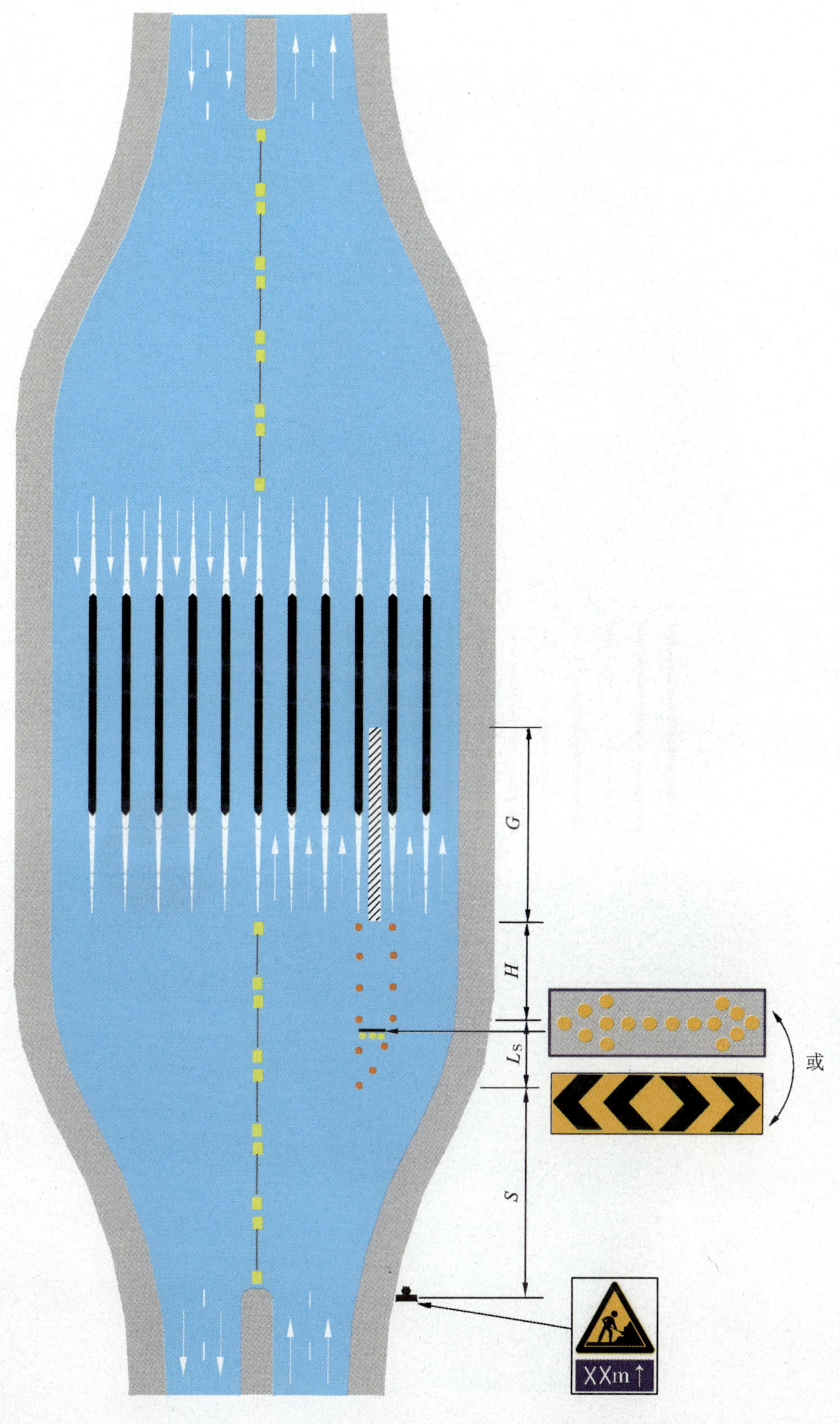

图49　收费广场收费亭上游中间车道养护维修作业

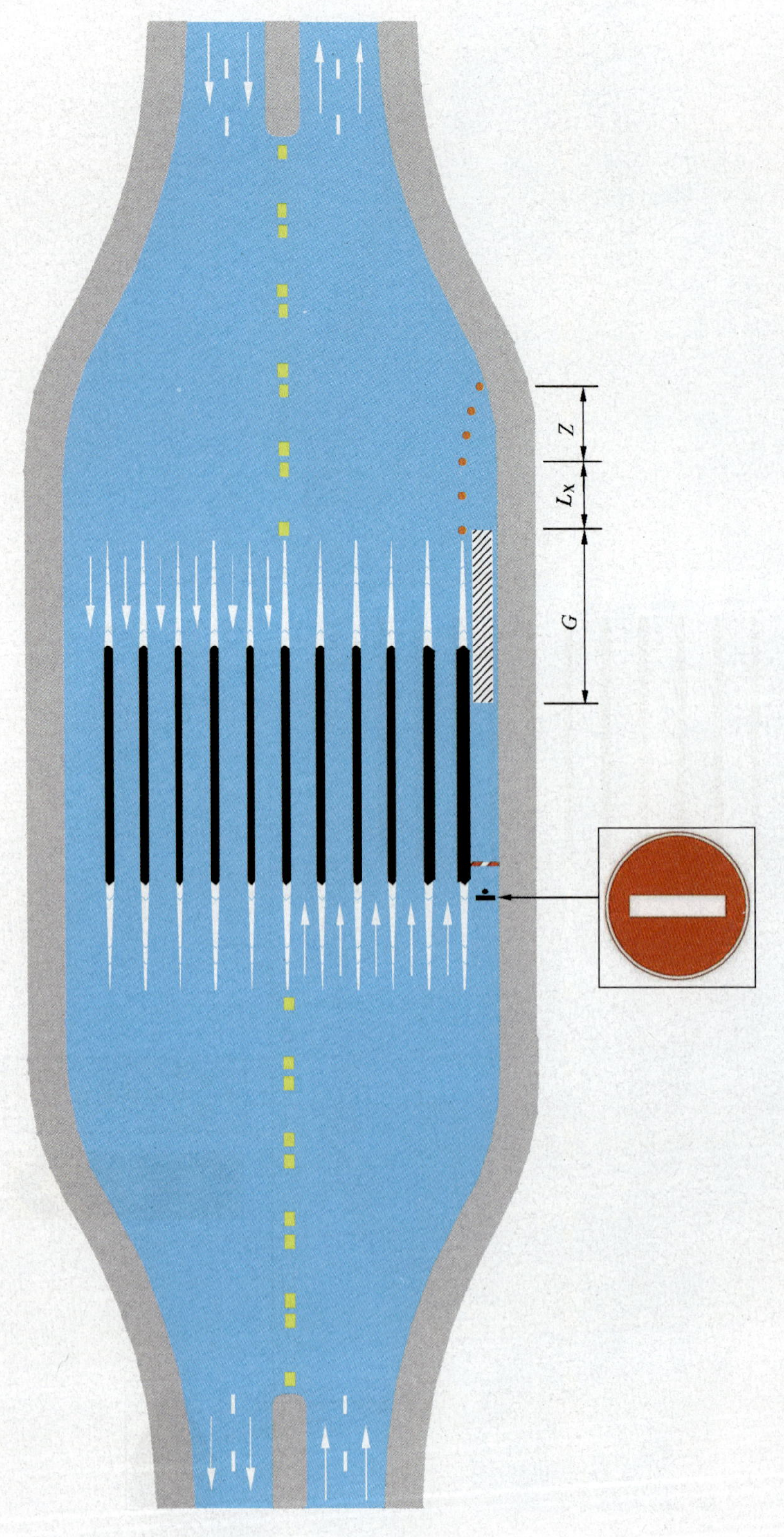

图50　收费广场收费亭下游外侧车道养护维修作业

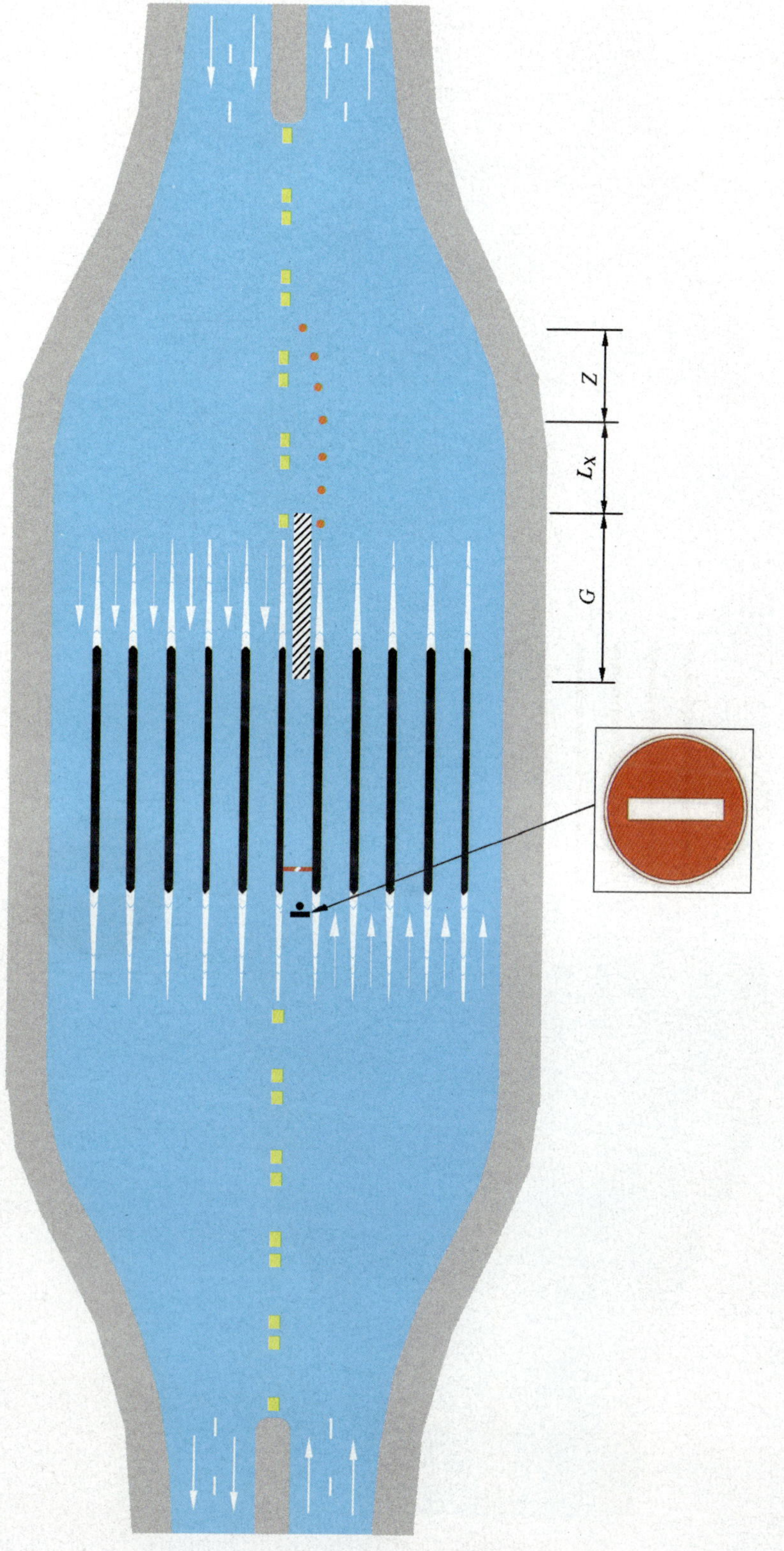

图 51　收费广场收费亭下游内侧车道养护维修作业

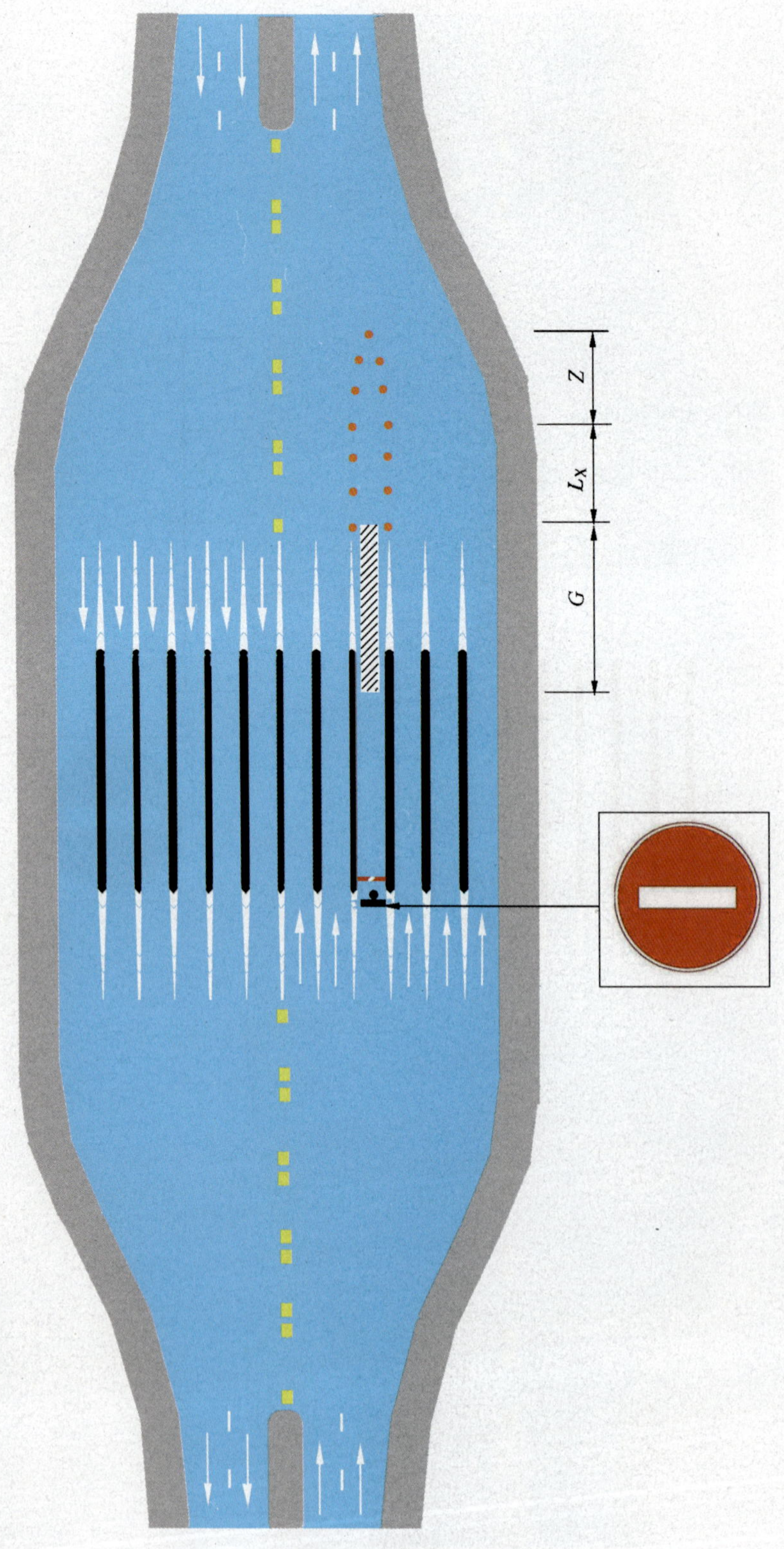

图52　收费广场收费亭下游中间车道养护维修作业

附录四　养护维修作业交通标志设置图

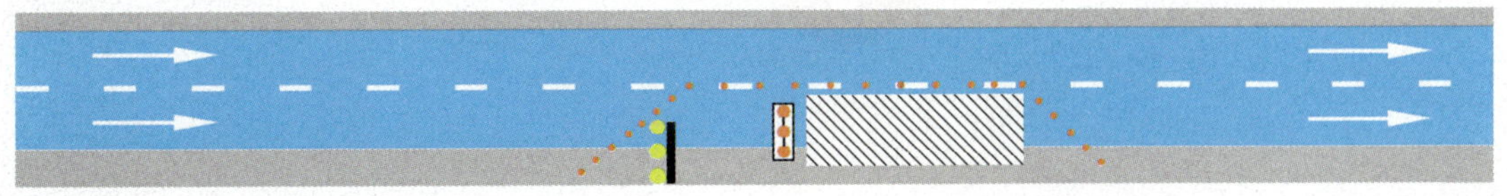

图 1　工作区在道路右侧时的交通标志设置图

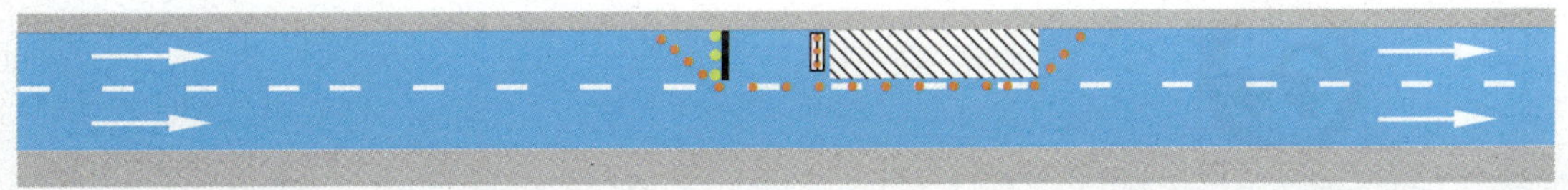

图 2　工作区在道路靠中央分隔带一侧时的交通标志设置图

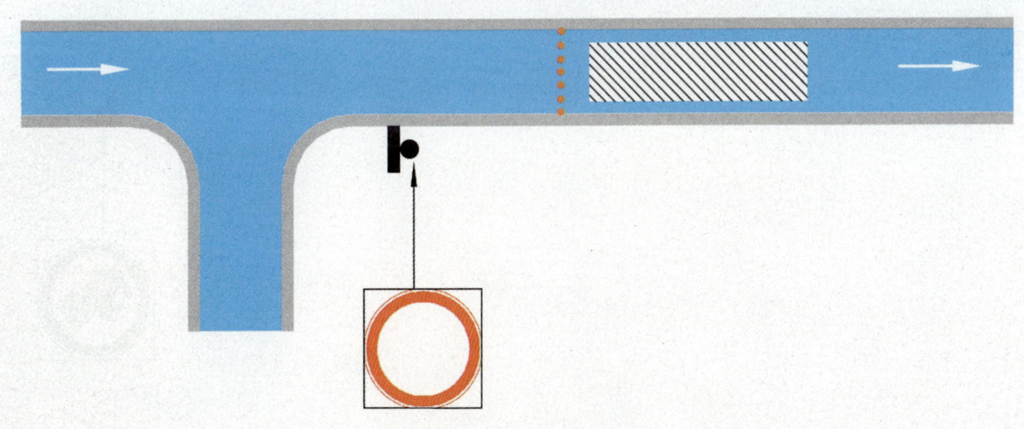

图 3　禁止通行标志的设置图

图4　禁止驶入标志的设置图

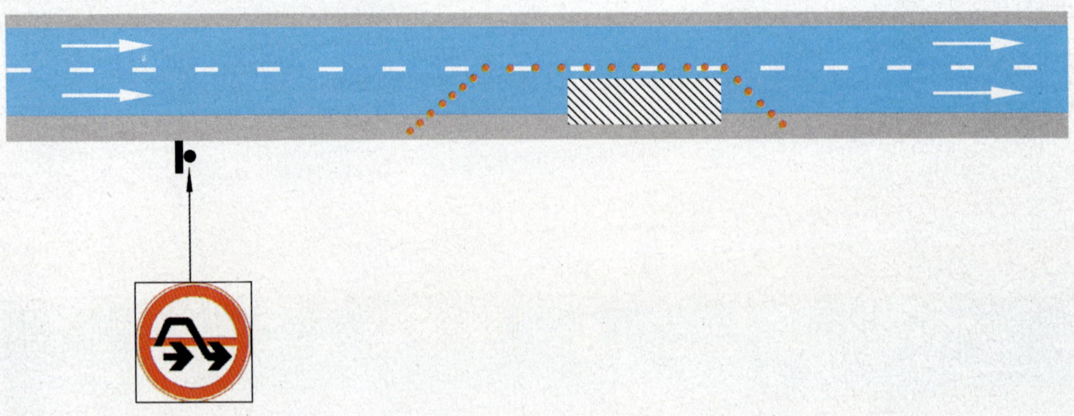

图5　禁止超车标志的设置图

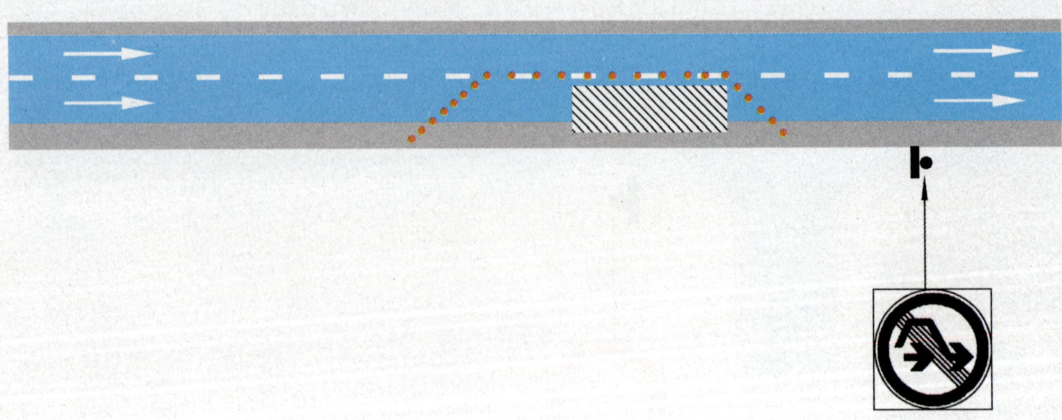

图6　解除禁止超车标志的设置图

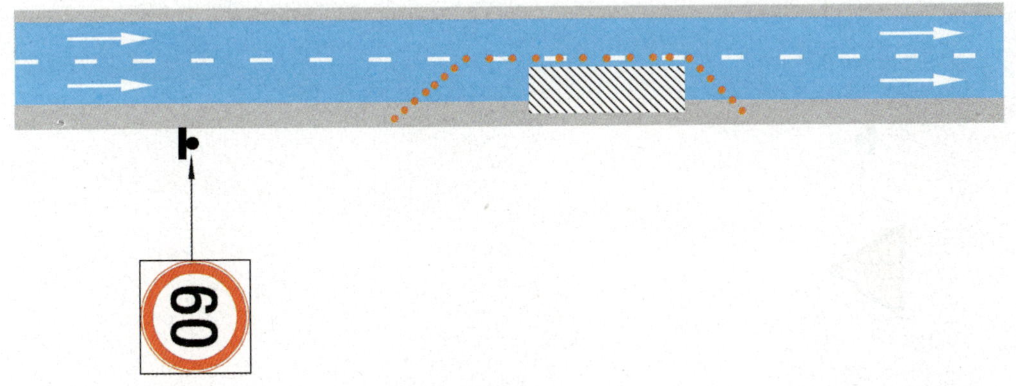

图 7　限制速度标志的设置图

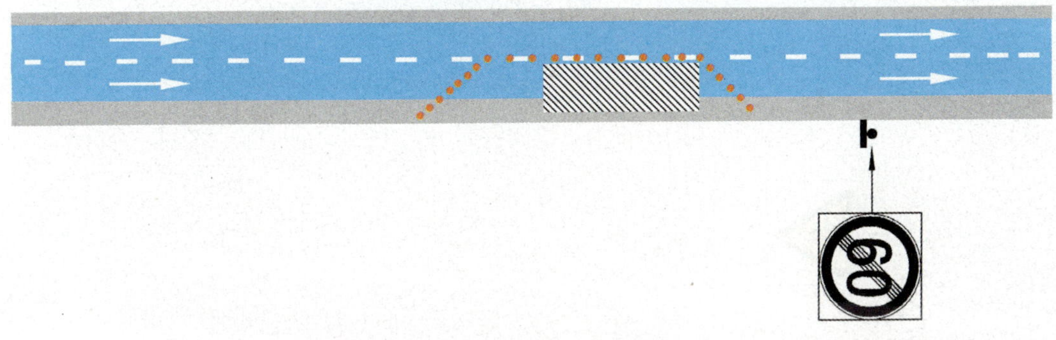

图 8　解除限制速度标志的设置图

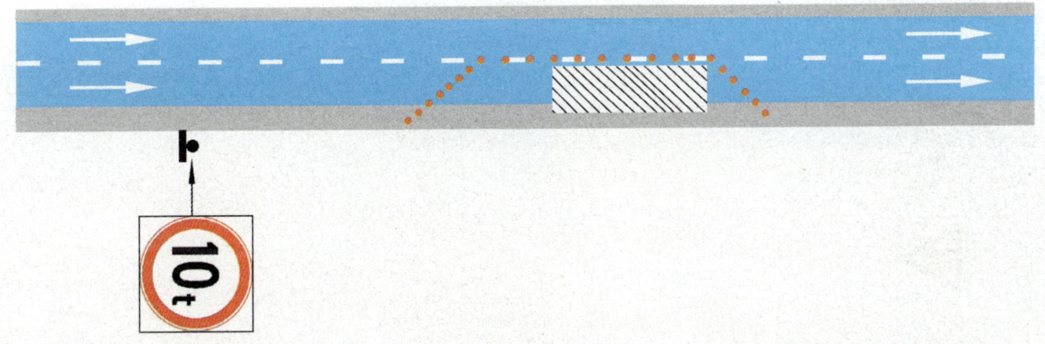

图 9　限制质量标志的设置图

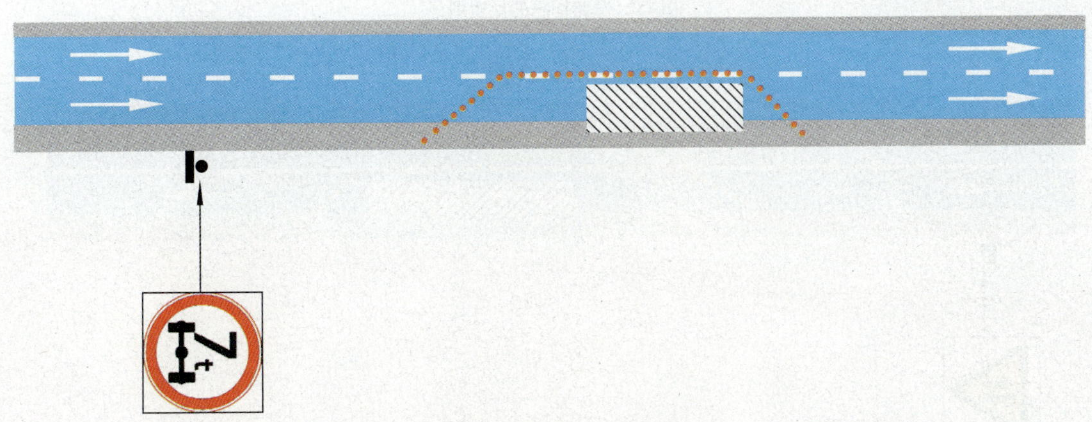

图 10　限制轴重标志的设置图

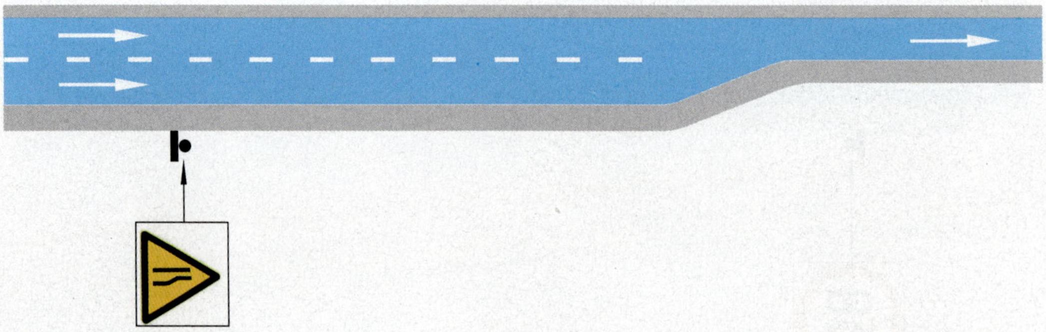

a)右侧变窄

b)左侧变窄

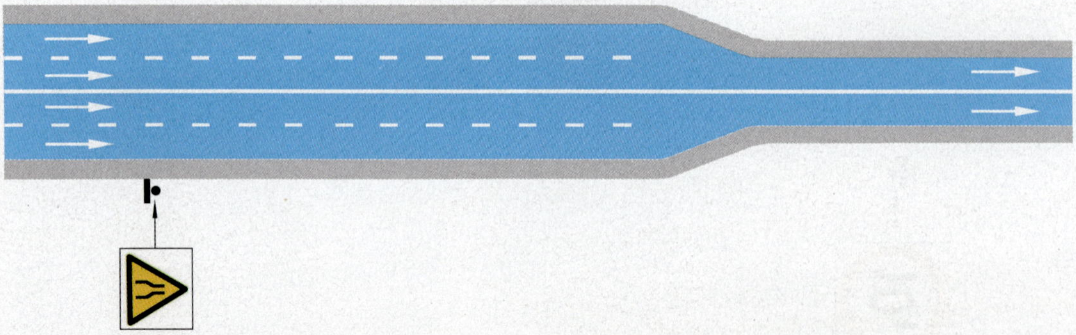

c)两侧变窄

图 11　窄路标志的设置图

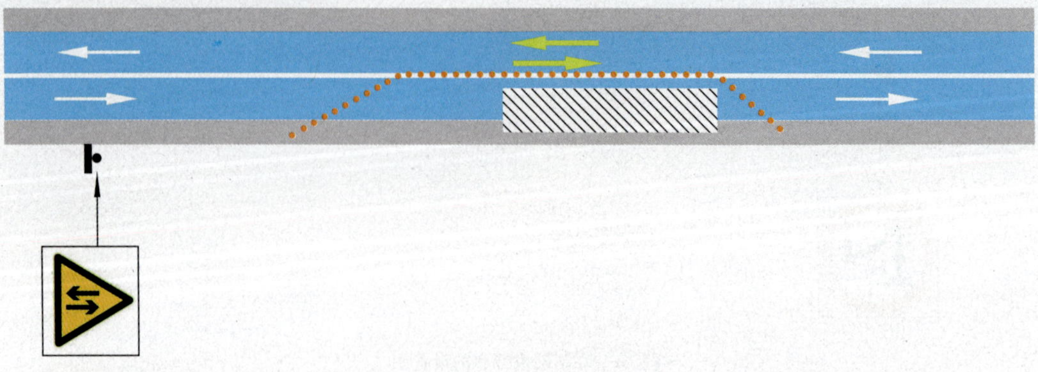

图 12　双向交通标志的设置图

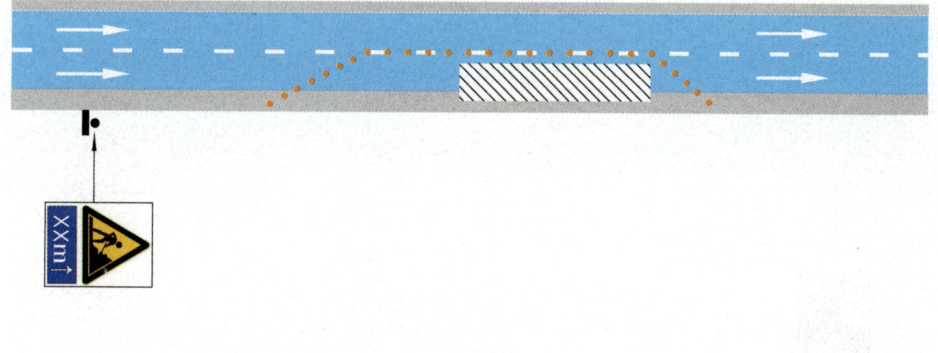

a)前方施工

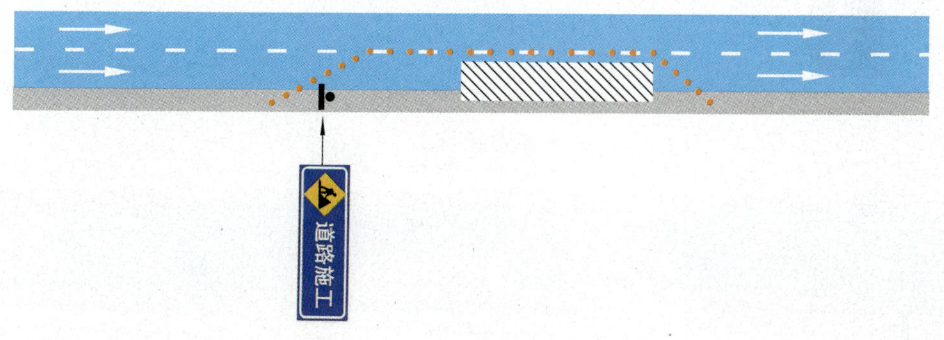

b)道路施工

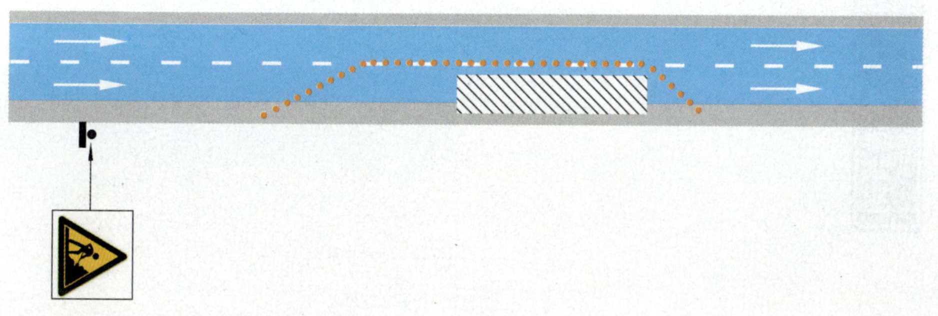

c)施工

图 13　施工标志的设置图

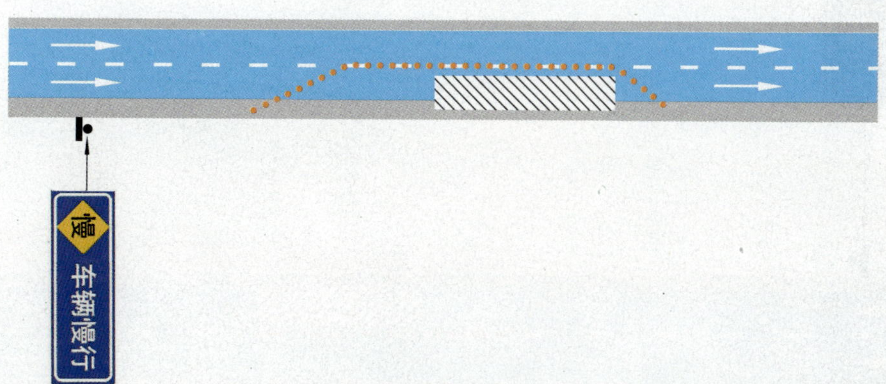

图 14　车辆慢行标志的设置图

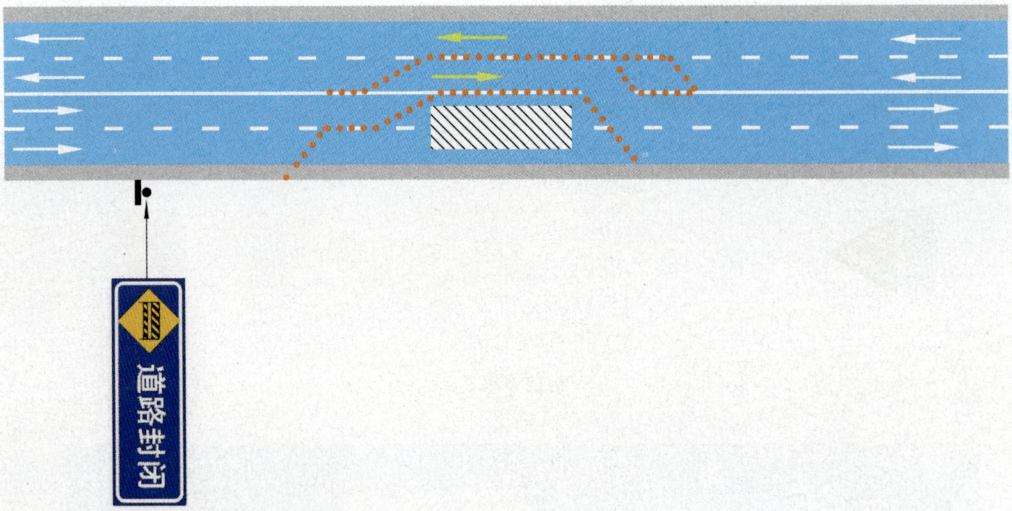

道路封闭

a)道路封闭标志

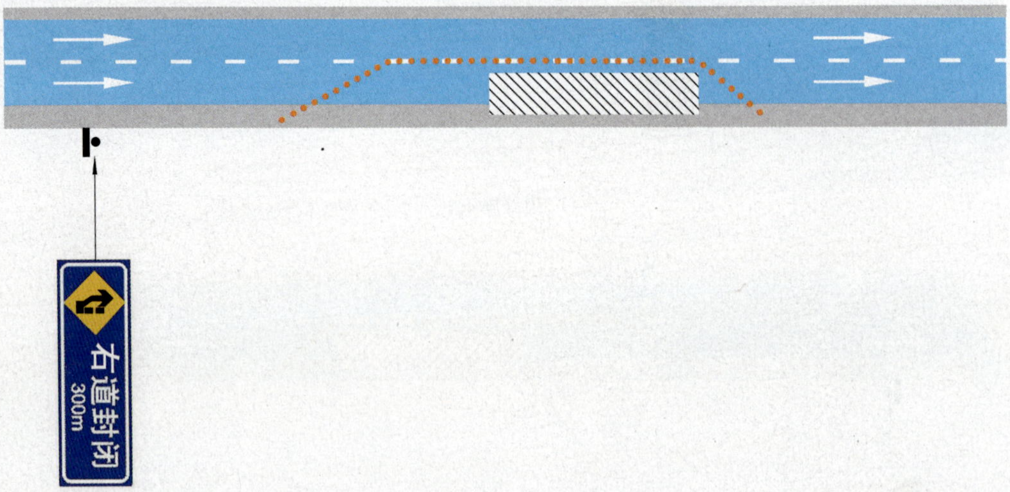

右道封闭
300m

b) 右道封闭标志

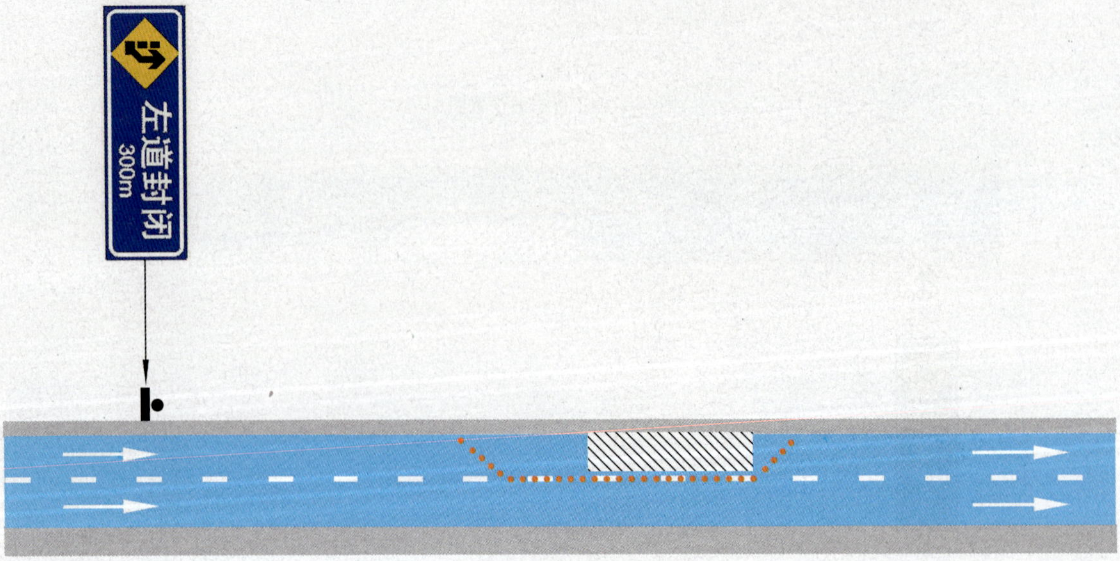

左道封闭
300m

c)左道封闭标志

图 15

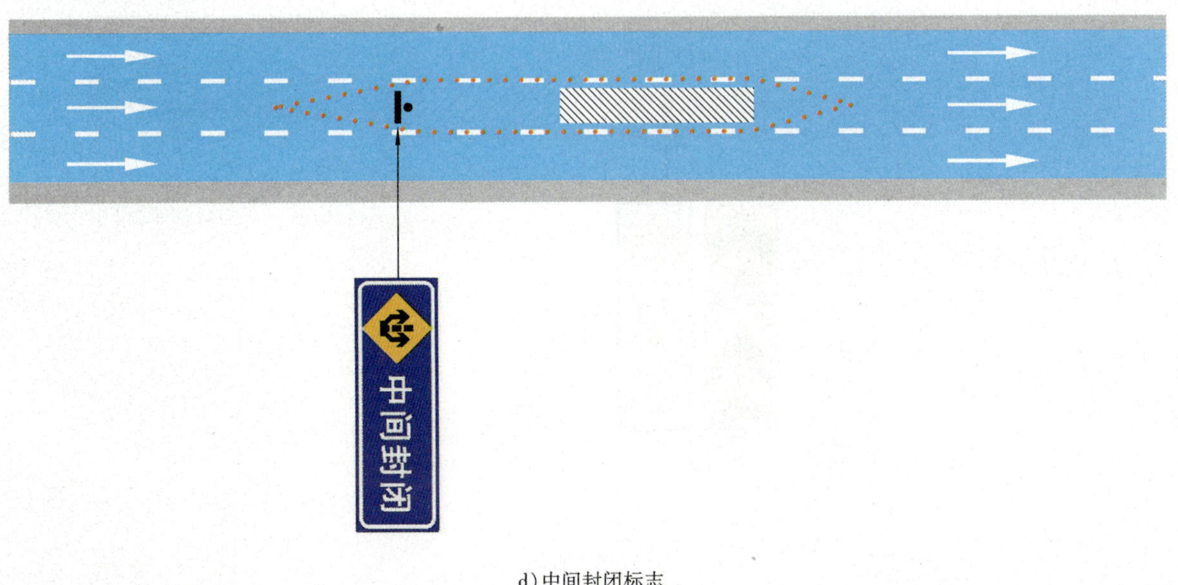

d）中间封闭标志

图15　车道封闭标志的设置图

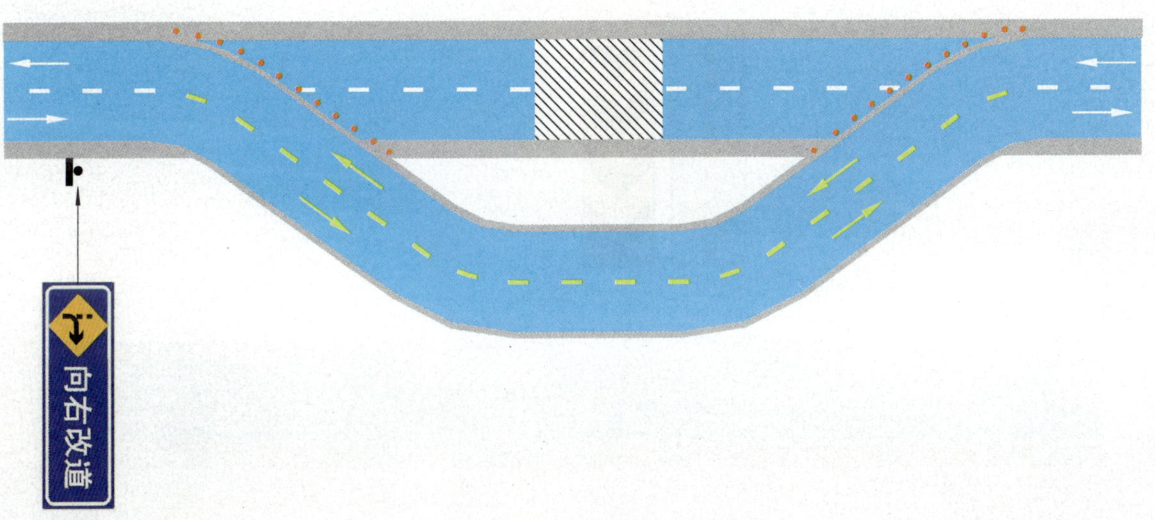

a）向右改道

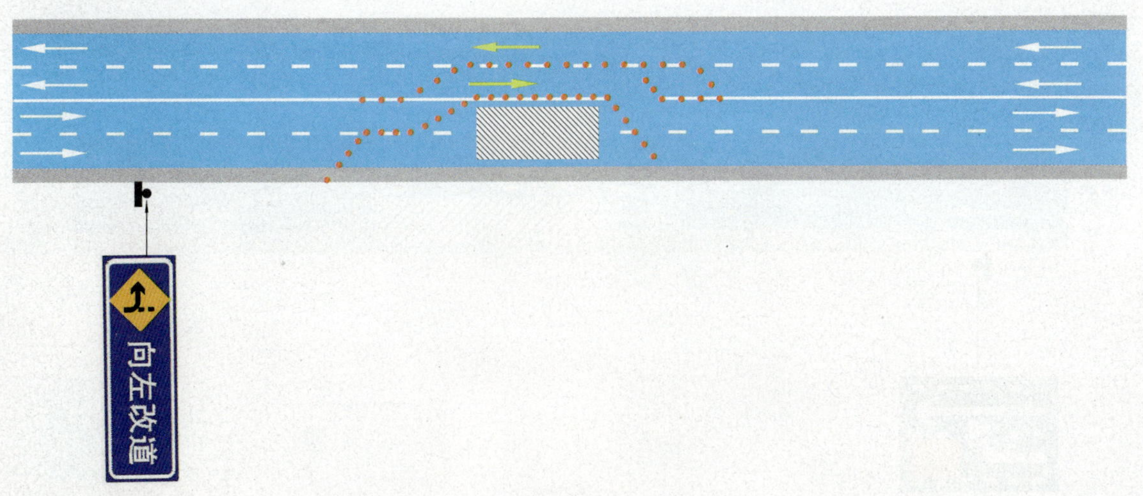

b）向左改道

图16　改道标志的设置图

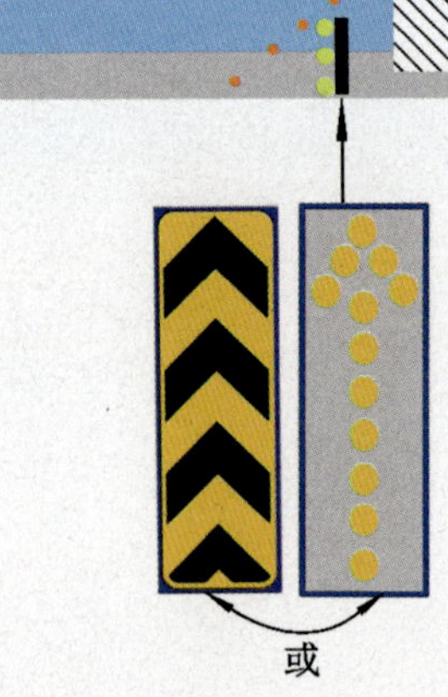

a)向左行驶

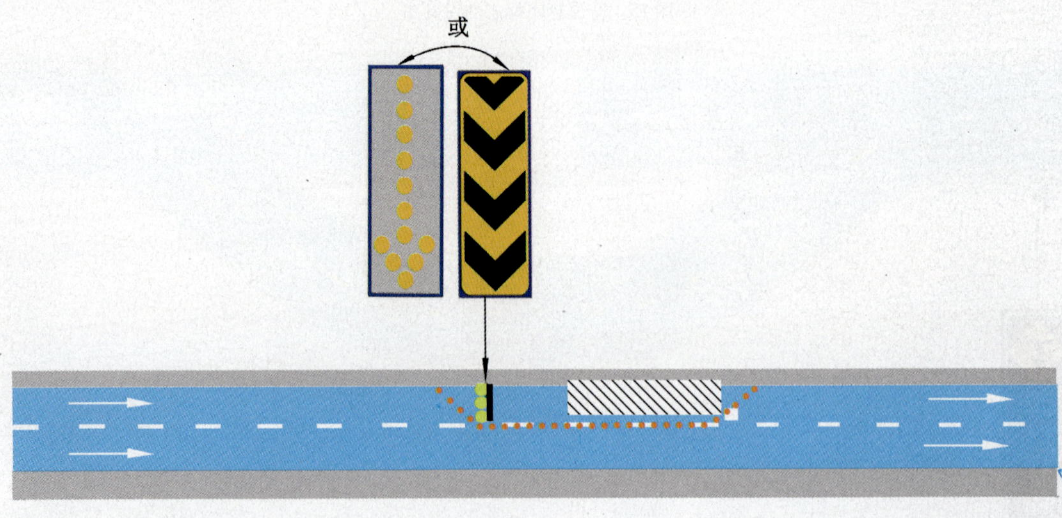

b)向右行驶

图 17　线形诱导标的设置图

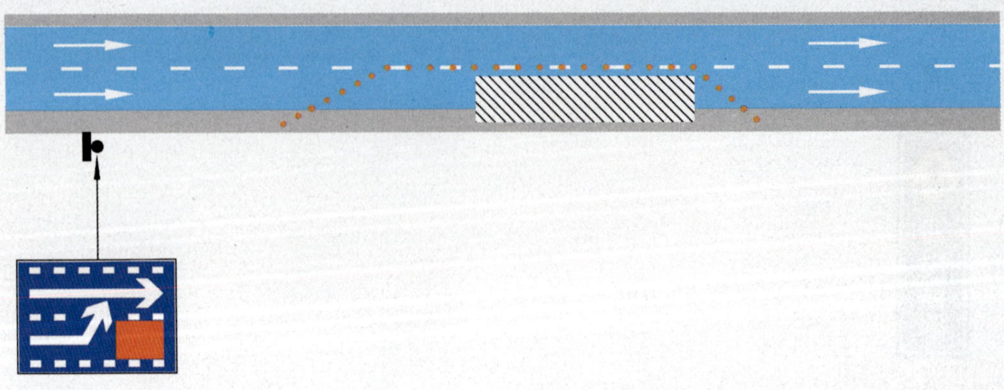

图 18　车道合流标志的设置图